생태정치학

생태정치학 :

근대의 초극을 위한 생태정치학적 대응

Eco-politics

최민자 지음

도서
출판 모시는사람들

생태정치학 :

차 례

▌제4부 에코토피아ecotopia를 향하여

서 문

왜 서구적 근대는 초극되어야 하는가? 이에 대한 답은 물질문명의 상흔傷痕으로 얼룩진 지구촌 곳곳에 널려 있다. 근대 서구의 산업 문명은 물질 · 정신, 이성 · 자연 이원론에 기초한 기계론적 세계관이 인간 중심주의와 결합하면서 최대생산 · 최대소비 구조를 낳고 20세기 말에 이르러서는 자원 고갈, 대기 · 해양 · 토양 오염, 생물종 다양성 감소, 지구 온난화와 오존층 파괴, 사막화 현상 등 심각한 환경 파괴와 생태 위기를 초래하였다. 일체 현상을 분할 가능한 입자의 기계적 상호작용으로 파악하는 기계론적 세계관은 생명의 전일성과 유기적 통합성을 자각하지 못하고 이성과 자연의 심대한 분열을 초래함으로써 오늘의 생태 위기를 낳는 근원이 되었다. 과학적 합리주의에 의해 추동된 근대 산업 문명은 과학 기술의 비약적 발전과 더불어 물질적 풍요의 혜택을 가져오기는 했지만 다른 한편으로는 정신까지도 물질화하는 결과를 초래함으로써 반생태적 · 반생명적인 물신 숭배가 만연하게 되었다. 더욱이 경제적 제국주의와 맞물려 작동하는 '생태제국주의(ecological imperialism)' 구조에 의해 지배되는 오늘의 국제 관계는 유해 폐기물 교역과 환경 오염원의 해외 이전, 자연과 채무를 교환하는 후진국 국제 채무의 실상이 말하여 주듯 후진국 소외 계층이 환경 비용을 부담하게 됨으로써 구조적 불균형과 더불어 위기의 전 지구적 확산이라는 짙은 그림자를 드리우게 되었다. 이러한 전 지구적 차원의 생태 재앙은 서구 산업 문명의 몰가치적 정향을 대변하는 이른바 '도구적 이성(instrumental reason)'의 발흥에 따른 것이다. 생명의 전일적(holistic) 과정은 도외시한 채 목표 달성의 효과성·효율성만을 강조하는 '도구적 합리성(instrumental rationality)'은 근대적 합리성의 허구를 여실히 보여 준다.

근대합리주의(modern rationalism)를 대체하는 개념으로 생태합리주의(eco-rationalism)가 등장하게 되었다. 생태합리주의는 생태계를 하나의 '살아 있는 시스템', 즉 네트워크로 인식하는 데서 출발한다. 근대합리주의가 인간 이성을 자각하지 못한 중세적 패러다임을 전근대적이며 비합리적인 것으로 규정하고 합리적 정신과 과학적 방법에 의해 세계를 해석하려고 했던 것과 마찬가지 방식으로, 생태합리주의는 전일적인 생명 과정을 자각하지 못하는 근대합리주의를 기계론적이며 비합리적인 것으로 규정하고 전일적인 생태 패러다임에 의해 세계를 재해석하려고 한다. 인간 중심의 가치관에서 생태 중심의 가치관으로의 패러다임 전환을 통해 근대의 과학적 합리주의 내지 실증주의는 전일적인 생명 과정을 포괄하는 생태합리주의로 대체되고 있다. 오늘날 통용되고 있는 사회과학적 패러다임은 산업 문명을 추동시킨 근대적 사유의 특성을 바탕으로 하고 있긴 하지만 근대의 초극을 위한 생태정치학적 대응의 필요성을 강조한다.

오늘의 생태 위기에 대한 생태정치학적 대응은 자연-인간-문명이 조화를 이루는 상생의 패러다임을 구현하기 위한 것이다. 따라서 생태정치학은 단순히 지배-복종의 단선적 구조를 강화시키는 전략이나 기술이 아니며, 또한 그 어떤 의미에서도 권력·부富·명예로 통하는 통로와 연결될 수도 없다. 그것은 물질적 성장 제일주의가 아닌 인간의 의식 성장을 목표로 하는 것이어야 한다. 생태적으로 건전하고 지속 가능한 공동체는 무한 경쟁이나 물신 숭배를 통해서가 아니라 인간의 의식 성장을 통하여 구현될 수 있는 것이다. 생태정치학은 생태적 합리성에 기초한 새로운 사회과학적 패러다임의 수립과 더불어 전체 생물권(biosphere) 내지 우주권(cosmosphere)으로의 의식 확장을 통해 인간과 인간, 인간과 우주자연의 연대성을 회복함으로써 윈-윈(win-win) 구조의 협력 체계에 기초한 대안적 사회를 구현하기 위한 것이다. 서구적 근대의 태생적 한계를 극복하고 공존의 대안적 사회를 구현하기 위해서는 정치 패러다임의 전환과 더불어 시민사회와 국가의 관계 재정립이 요망된다. 생태정치학의 출현은 시민사회의 정치화 과정과 맥을 같이 하고 있으며 자율성과 평등성에 기초한 세계 시민사회의 영역을 그 대상으로 한다.

본 연구는 다음과 같은 몇 가지 점에서 기존 연구와 차별화된다.

첫째는 서구 중심주의(Eurocentrism)를 극복할 수 있는 대안적인 생태정치학의 기본 틀을 제시하고 있다는 점이다. 국내에서도 서구 중심주의를 넘어설 수 있는 전일적 패러다임(holistic paradigm)의 도입 필요성은 제기되어 왔지만 대안적인 생태정치학의 이론 체계는 여전히 미약한 실정이다. 더욱이 국내에 통용되고 있는 생태 이론은 서구 이론 일색이어서 마치 동양은 서구 이론의 전시장이거나 생태학의 불모지인 것처럼 여겨질 정도이다. 하여 본 연구에서는 이러한 한국 생태정치학의 태생적 한계를 극복하고 대안적인 이론 체계를 구축하고자 생태정치학적 사유의 사상적 연원에 대한 규명과 더불어 유·불·도와 동학, 그리고 서구의 탈근대 논의에 나타난 생태정치학적 사유

의 본질을 살펴보고 이를 현대 물리학의 새로운 실재관과 비교 고찰
한 후 존재론과 인식론의 재정립을 바탕으로 전일적 패러다임에 기초
한 생태정치학의 기본 틀을 제시하였다. 특히 본 연구에서는 기존 연
구에서 결여되어 있는 생명의 전일성과 자기근원성〔자기조직화〕에 대
한 본질적 규명을 통하여 생태정치학의 존재론적·인식론적 기반을
강화하였다.

둘째는 방법론에 있어 생태학, 정치학, 동서고금의 철학과 사상,
역사학, 사회심리학, 경제철학, 현대 물리학, 우주과학, 종교학 등과
의 학제적 접근(interdisciplinary approach)을 시도하고 있다는 점이다.
생명계가 상호 의존성과 유기적 통합성에 의거한 '살아 있는 시스템'
이니만큼, 이를 연구 대상으로 하는 생태정치학의 학문적 성격이 종
합적이고 학제적인 특징을 띠게 되는 것은 당연한 것이다. 이러한 생
태정치학의 통섭적 특징은 전일적 패러다임이 함축하고 있는 문명의
대전환과 같은 맥락 속에 있다. 문명의 대전환이란 단순히 정신개벽
과 사회개벽을 통한 지구적 질서의 재편성이 아니라 천지 운행의 원
리에 따른 우주적 차원의 질서 재편과 연계된 것으로 천시天時와 지
리地理, 그리고 인사人事가 조응관계에 있음을 보여 준다. 말하자면
생태정치학이 상정하는 문명의 대전환의 본질은 인간 존재의 '세 중
심축'이랄 수 있는 천·지·인 삼재의 융화에 대한 자각적 실천과 관
계되는 것이다. 그런 점에서 학제적 접근을 통한 근본지根本智로의 회
귀는 가장 깊은 수준에서의 존재혁명 내지는 생태혁명을 촉발시킴으
로써 근대 인간 중심(anthropocentric)의 시각을 넘어 전체 생물권으로
의 의식 확장을 통해 생태적 지속성을 띤 지구공동체 건설에 기여하
게 될 것이다.

셋째는 대안적인 이론 체계 구축과 관련하여 실험물리학과 동양적 지혜의 상호 피드백 과정의 필요성에 착안하고 있다는 점이다. 미시 세계를 다루는 실험물리학과 거시 세계를 다루는 동양적 지혜의 상호 피드백 과정(mutual feedback process)이 필요한 것은 물리·화학적인 분석 방법만으로는 우주와 생명의 본질을 이해하는 데 한계가 있기 때문이다. 모든 생명체와 사회의 제 현상은 복잡계의 현상이며 그 특성은 전체가 부분의 총화 이상의 것이라는 점에서 천·지·인의 통합성에 대한 자각이 없이 생명 현상을 이해하기는 불가능하며, 이에 대해 동양적 지혜는 많은 시사점을 제공해 준다. 이성과 영성, 논리와 직관의 상호 피드백 과정은 인식의 지평을 확장시킴으로써 우주와 생명의 본질에 보다 심층적으로 접근할 수 있는 메커니즘으로 작용하게 될 것이다. 이러한 상호 피드백 과정을 통하여 존재와 인식의 통합적 기초 위에 존재론과 인식론을 재정립하여 이원론의 유산을 극복하고자 하였다. 자연계를 비선형(non-linear) 피드백 과정에 의한 자기조직화(self-organization)의 창발 현상으로 보는 현대 물리학의 전일적 실재관은 이 우주를 자기생성적(self-generating) 네트워크 체제로 보는 동양의 천부사상, 힌두사상, 유·불·선, 동학 속에 이미 구현되어 있다. 양자역학적 실험에서 나타난 파동과 입자의 이중성은 동양사상에서는 본체〔의식계〕와 작용〔물질계〕의 관계로서 '스스로(自) 그러한(然)' 자, 즉 자연의 본질인 것으로 나타난다.

넷째는 생명에 관한 정확한 인식을 위하여 과학과 종교의 접합을 시도하고 있다는 점이다. 생태 문제의 핵심은 생명에 관한 정확한 인식에 있으며 모든 해답은 이미 경전 속에 나와 있다. 필자가 인식한 바로는, 천부경의 천·지·인, 불교의 법신·화신·보신, 기독교의

성부·성자·성신, 동학의 내유신령·외유기화·각지불이의 3화음
(triad)적 구조, 즉 본체-작용-본체와 작용의 합일, 정신-물질-정신과
물질의 합일, 보편성-특수성-보편성과 특수성의 합일이라는 구조 속
에 생명의 정수가 다 들어 있다. 하늘이 본체라면 우주만물은 그 작용
이며, 일심〔참본성, 근원의식, 전체의식, 보편의식〕 속에서 모두 하나가 된
다. 일심의 원천으로 돌아가면 우주만물이 하늘기운〔混元一氣〕의 자기
복제(self-replication)임을 자연히 알게 되어 우주만물의 근원적 평등
성과 유기적 통합성을 깨닫게 되는 것이다. 따라서 이들 경전의 중핵
을 이루는 3화음적 구조의 비밀은 바로 일심에 있다. 우리의 마음이
태양과도 같이 광명하게 되면 사람과 우주만물의 근원이 모두 하나인
하늘기운으로 연결되어 있음을 알게 되는 것이다. 소립자(elementary
particle)의 수준에서 물질은 어디에도 존재하지 않거나 또는 모든 곳
에 존재하는 비국소성(non-locality)〔초공간성〕을 띠는 안개와도 같이 분
리 자체가 근원적으로 불가능한 것으로 나타난다. 말하자면 물질과
비물질의 본질은 하나이다. 에너지의 흐름 그 자체인 생명은 분리될
수 없는 하나이기에 '하나'(님) 또는 유일신〔유일자, 唯我〕이라고 부르
기도 하는 것이다. 생명은 시작도 끝도 없으며 없는 곳이 없이 실재하
는 까닭에 대상화될 수 없다. 따라서 유일신은 숭배해야 할 대상이 아
니라 우리 자신이며 우주만물 그 자체다. 주체와 객체의 이분법은 성
립되지 않는다.

　상기 네 가지 사항은 상호 연결되어 있으며 상호 관통한다. 진리는
경계선이 없다. 경계선이 없는 진리에 인위적으로 경계선을 긋는 것
자체가 비과학적이고 비학문적이다. 위에 언급한 3화음적 구조는 특
정 종교의 진리가 아니라 이 우주의 보편적 진리이며, 다양한 언어로

각기 다르게 표현했을 뿐이다. 근대 과학의 발달로 과학적 방법론이 모든 학문을 지배하면서 학문과 종교의 영역이 뚜렷이 분화되게 되었으나 현대 물리학의 발달로 과학과 종교 간의 새로운 접합이 이루어지고 있다. 사회과학의 영역에서도 새로운 패러다임을 주도하고 있는 현대 물리학의 방법론을 수용하지 않을 수 없을 것이며 이에 따라 과학과 종교의 접합은 머지않아 보편적인 현상으로 자리 잡게 될 것이다. 상기 네 가지 사항 외에도 본 연구에서는 환경 친화적이고 생태효율적인 생활을 직접 체득할 수 있도록 지구촌의 미래 청사진으로 계획된 유엔세계평화센터(UNWPC)에 대해서도 소개하고 있다. 필자 등이 중국·북한·러시아의 3국접경지역에 부지를 마련하고 설립을 추진 중인 UNWPC는 국가간 경계를 초월한 세계 문화 경제 활동의 중심지이자 지구촌 환경 문화 교육 센터로서「저底 환경 비용 고高 생산 효율」의 사회 체제를 구축함으로써 주권국가를 기본 단위로 하는 연대의 내재적 한계를 극복하고 21세기 새로운 동북아시대를 여는 해법을 제공하기 위한 것이다.

　과학사적으로 볼 때 20세기가 상대성이론과 양자역학으로 대변되는 물리학의 세기였다면, 21세기는 유전자에 의해 대변되는 생명과학의 시대가 될 것이라는 전망이 유력하다. 기계론적·환원론적 세계관은 시스템적·전일적 실재관으로 대체되고 있으며, 이러한 새로운 실재관의 핵심에는 생명이 자리 잡고 있다. 우주만물이 하나의 뿌리에서 나와 다시 그 하나로 돌아가는 것이니 생명은 전일성과 다양성의 속성을 동시에 지닌다. 따라서 생명의 다양성이 손상된다는 것은 곧 전일성이 손상되는 것이다. 오늘날 전일적 패러다임이 통용되지 못하고 있는 것은 생명의 다양성이 손상되었기 때문이다. 복잡계 과

학은 개체와 전체의 유기적 통합성에 기초한 세계관이자 방법론으로
서 양 차원의 소통체계가 확립되지 않으면 진화에 역행하게 된다는
사실을 말하여 준다. 네트워크로서의 생명계를 이해할 수 있기 위해
서는 일체의 생명이 곧 우주적 생명이며 이 우주는 '참여하는 우주
(participatory universe)' 라는 사실을 깨닫지 않으면 안 된다.

이제 연변대학에 객좌교수로 온 지도 거의 일 년이 다 되었다. 본
연구는 필자가 오랫동안 구상해 온 것으로 이곳에서 집필을 마칠 수
있게 되어 뜻깊게 생각한다. 그동안 필자의 생태정치학 집필에 많은
관심을 가지고 격려를 아끼지 않으셨던 분들께 감사하는 마음을 전하
고 싶다. 끝으로 이 책이 출판되기까지 성심을 다한 '도서출판 모시
는사람들'의 박길수 대표와 편집진 여러분에게도 감사드린다.

2007년 2월

중국 · 북한 · 러시아 3국접경지역
유엔세계평화센터에서
최민자

제1부 생태정치학의 이해

제1장 21세기 정치학의 메가트렌드
megatrend: 파워 폴리틱스(power politics)
에서 에코 폴리틱스(eco-politics)로

제1절 문제 제기

오늘날 인류가 당면한 과제를 가장 본질적이고도 다차원적이며 함축적으로 나타낸 것이 있다면 그것은 아마도 '근대의 초극超克'이라는 테제These일 것이다. 20세기 들어 오스발트 슈펭글러(Oswald Spengler)가 문명의 흥망에 관한 문화형태학에 근거하여 '서구의 몰락(the decline of the West)'[1]을 예견한 이후 서구적 근대의 극복은 20세기 역사의 중심 주제가 되었을 뿐 아니라 지금도 여전히 인류의 실천 과제가 되고 있다. 이 과제가 포괄하는 영역은 미시적인 차원에서 거시적인 차원에 이르기까지 개인과 국가와 세계의 거의 모든 것과 연관되어 있으며, 그런 점에서 그것은 고도의 정치적 문제이기도 하다.

근대의 초극 문제는 복합적이며 다차원적인 세계적 변화—국제 정치의 영역과 세계 자본주의의 영역은 물론 문화와 이데올로기의 영

---

1 Oswald Spengler, *The Decline of the West*, 2 vols., trans. Charles Francis Atkinson(New York: Alfred A. Knopf, 1922).

역, 나아가 과학과 사유의 영역에까지 미치고 있는—의 역동성과 그 맥을 같이 한다. 미소美蘇 간 냉전 종식이 공식적으로 천명된 1989년 12월 말타Malta 선언 이후 세계 실서 재편을 예난像斷하면서 탈냉선 (post-Cold War) 시대의 본질에 대한 관심이 고조된 것은 바로 이러한 냉전 종식이 사실상 서구적 보편주의의 종식을 가져오리라는 전망에 서 비롯된 것이다. '다극화(multipolarization)', '다문명화(multicivi-lization)'로 특징 지워지는 현대 국제 정치 체제의 구도 변화와 조응照 應하여 비서구 사회, 특히 동아시아 국가들의 국제 위상 변화로 인한 세계 정치의 외연적 확대는 필연적으로 서구적 근대의 극복이라는 내 포적 과제를 안게 된 것이다. 말하자면 동아시아론의 부상은 서구 문 명의 쇠퇴에 따른 세계 질서의 '문화적 재편(cultural reconfiguration)' 2 과 조응하는 것이라는 점에서 서구적 근대의 대안 내지는 극복으로서 의 의미가 함축되어 있는 것이다.

생태학은 지금 인류가 직면하고 있는 다차원적인 문제들이 기존의 낡은 패러다임으로서는 해결될 수 없다고 보고 코페르니쿠스적 전환 과도 같은 대전환을 거쳐 완전히 새로운 삶의 패러다임을 채택할 것 을 요구한다. 그것은 정신·물질, 자연·문명, 생산·생존 이원론의 극복을 통하여 생산성 제일주의 내지 성장 제일주의적 산업문명을 넘 어서는 탈근대주의에 닿아 있다. 말하자면 근대 산업 문명의 폐해라 할 수 있는 국가·지역·계층 간 빈부격차, 지배와 복종, 억압과 차 별, 환경 파괴 등의 문제를 해결하고 공존의 대안적 사회를 마련하려

2 Samuel P. Huntington, *The Clash of Civilizations and the Remaking of World Order*(New York: Simon & Schuster, 1996), p.125.

는 모색의 중심에 생태 담론이 자리 잡고 있는 것이다.

근대의 역사적·사회적 상황을 어떤 방향으로, 또한 어떤 방식으로 초극할 것인가에 대해서는 다양한 논의가 있어 왔다. 오늘날 생태정치학적 담론의 배경에는 이성과 영성, 현상과 실재, 객관과 주관, 기술과 도덕, 보편성과 특수성 간의 심연(深淵 abyss)이 자리 잡고 있다. 이러한 심연을 메우려는 시도로서의 생태정치학적 담론은 지난 수백 년 간 서구 문화를 지배한 기본적 패러다임이 되었던 근대 서구의 세계관과 가치 체계의 근본적인 변화를 함축하고 있다. 말하자면 근대 서구 사회의 형성과 기타의 세계에 심대한 영향을 끼쳤던 데카르트-뉴턴의 기계론적 세계관으로부터 전일적인 새로운 실재관—동양의 실재관이자 현대 물리학의 실재관—으로의 패러다임 전환과 그 맥을 같이 하는 것이다. 근대 서구의 기계론적 세계관의 지양과 더불어 세계관 형성 기반 그 자체의 재건설과 새로운 인간의 자각적 형성을 위해서는 다양한 분야에서의 생태학적 담론이 필요하겠지만, 그러한 이론적 논의가 실천적 차원으로 전개될 수 있기 위해서는 정치적 차원에서의 논의가 불가피하다는 것이 필자의 견해이다. 근대의 초극을 위한 생태정치학적 대응의 필요성이 여기에 있다.

여기서 말하는 근대의 초극은 태평양 전쟁을 전후한 시기에 세계 경영을 꿈꾸며 '일본 민족주의의 심층 심리를 자기 기만적으로 로고스화'[3]한 일본 지식층의 폐쇄적인 근대의 초극 논의와는 구별된다. 당시 일본 논단에서의 근대의 초극에 관한 논의는 일본이 세계 정치·문화의 헤게모니를 장악하는 것이 그 전제 조건으로 이해된 만큼, 일

---

3 히로마쓰 와타루 지음, 김항 옮김, 『근대초극론』(서울: 민음사, 2003), 167쪽.

본 제국주의의 동아시아 정책, 나아가 세계 정책에 대한 이데올로기적 추인이라는 본질적 성격이 불식될 수 없었다는 점에서 결과적으로 근대의 초극이라기보다는 서구의 단순한 대체에 불과한 것이었다.

근대의 초극은 그 어떤 의미에서도 세력의 축의 단순한 이동이 아니다. 그것은 인간 중심주의가 초래한 근대의 역사적 · 사회적 상황의 초극이어야 하며, 구체적으로는 서구적 근대의 사상적 토대라 할 수 있는 자유민주주의와 자본주의는 물론 서구적 근대의 변종인 사회주의의 초극이라는 점에서, 정신 · 물질 이원론에 입각한 근대 문명의 자기 부정인 동시에 패러다임 전환(paradigm shift)을 내포하는 것이다. 프랑스의 환경철학자 오귀스탱 베르크(Augustin Berque)가 '근대성이 세계를 해체한다.'[4]는 표현으로 요약했듯이 근대성에는 생태계의 균형을 깨뜨리는 원리가 내재해 있는 까닭에 근대의 초극으로의 지향성은 균형 회복을 위한 시대적 필연이다. 이러한 근대의 초극이 단순한 선언적 의미로서가 아니라 세계사적인 실천으로 나타날 수 있기 위해서는 개인과 국가와 세계를 관통하는 새로운 세계관 및 역사관을 정립하고 근대 초극의 방향과 방법을 구체적으로 논의할 필요가 있다.

그런데 '우리에게 과연 초극할 근대라는 것이 있는가.' 라고 혹자는 말할지 모른다. 근대의 해체기에 접어든 구미歐美와는 달리 아직도 근대의 장년기를 향해 달리고 있는 마당에 초극은 무슨 초극이며, 더욱이 한 · 중 · 일 간에 역사 · 영토 갈등의 파고가 높아지고 있는 것도 세 나라 모두 근대 국민국가 건설이라는 지상 과제를 위해 민족주의

---

4 오귀스탱 베르크 지음, 김주경 옮김, 『대지에서 인간으로 산다는 것』(서울: 미다스북스, 2001), 21-22쪽.

로 국민 에너지를 결집시키려 하고 있기 때문이 아니냐고 반문할지도 모른다. 이러한 물음은 서구적 표준의 단선적 확대가 진보, 곧 근대성이라고 믿는 데서 오는 것이다. 다시 말해서 근대적인 것을 서구적인 것과 등식화하는 데서 오는 것이다.

그러나 오늘의 세계는 아직 국제적 표준이 형성되지 않았던, 훨씬 더 시험적인 서구의 근대 세계와는 달리, 이미 형성된 서구적 표준이 지구촌 차원으로 확대되는가 하면, 산업 사회의 정치·경제 논리와 문화적 정체성이 정보화 혁명으로 구심력을 상실하고 네트워크가 모든 것을 지배하는 사회로 이행하고 있다. 역사상 처음으로 인터넷과 정보 통신에 의해 전 지구가 동同시간대에 연동되는 시장이 생겨남으로써 '지구 동시 생활권'이 형성된 것이다. 그리하여 매스mass와 디매스demass, 빅 프레임(big frame)과 그랜드 네트워크(grand network)가 병존하는, 말하자면 근대와 탈근대(postmodernism), 국민국가 패러다임과 세계 시민사회 패러다임이 중층화된 구조를 이루는 이른바 지구 한마당이 우리의 활동 무대가 된 것이다.

이제 우리에게 정작 필요한 것은 물신物神 숭배가 아니라 진정한 의미에서 서구적 근대의 대안을 모색하는 일이다. 역사상 유례 없는 풍요를 이룩한 근대 산업 사회의 원리와 구조 자체가 파멸적인 재앙의 근원으로 변모하는가 하면, 근대화 담론에 기초하여 서구적 보편주의의 망령이 여전히 횡행하고 있는 현 시점에서 독일의 사회학자 울리히 베크(Ulrich Beck)의 '성찰적 근대화(reflexive modernization)'[5] 명제는

---

5 Ulrich Beck, Anthony Giddens and Scott Lash, *Reflexive Modernity : Politics, Tradition and Aesthetics in the Modern Social Order*(UK :

근대성의 역설을 직시하고 인류의 문명을 보다 지속 가능한 기반 위에 세울 수 있게 하는 지침을 제공한다. 말하자면 과학 기술의 가능성과 그 한계를 동시에 인식함으로써 과학에 대한 사회적 제어력을 높이는 과정을 모색하게 된 것이다.

'위험사회(Risikogesellschaft)'를 극복하기 위해 베크가 제시하는 핵심 개념은 '국민국가(Nationalstaat)'의 한계를 넘어선 '제2의 근대화' 개념이다. 특히 환경운동, 여성운동, 비판적인 소비자 운동 등 각종 NGO의 활동과 다국적 기업에서 보여지는 정치적인 행위자들의 다원화된 활동 증대, 그리고 WTO(세계무역기구) 체제의 출범과 FTA(자유무역협정) 체결의 확산으로 점차 국민국가의 패러다임이 깨어지고 그 결과 '제2의 근대'[6]의 도전에 직면하게 된 것이다. 세계 정보통신계 선구자 니콜라스 네그로폰테(Nicholas Negrofonte)가 "20년 내 큰 나라들이 핵분열하여 수천 개 국國이 생긴다."[7]고 예단한 것도 이와 같은 맥락에서 고찰될 수 있다.

Polity Press, 1994) 참조.
6 '국민국가(Nationalstaat)'의 한계를 넘어선 '제2의 근대화' 개념은 '위험사회'를 극복하기 위해 베크(Ulrich Beck)가 제시하고 있는 핵심개념이다. '제2의 근대'의 패러다임에서 글로벌화는 국가와 정치, 사회와 문화 등이 지역적인 척도에 의해 해석되었던 '제1의 근대'의 패러다임에서와는 달리 영토에 귀속되어 있었던 국가와 사회의 개념과 내용을 바꿔놓음으로써 국가 · 민족 · 계급 · 인종 · 성 · 가족 등의 전통적인 개념들이 이제 그 구분의 정당성이나 효용성을 잃게 되었다는 것이다.(Ulrich Beck, *Risikogesellschaft : Auf dem Weg in eine andere Moderne*, Suhrkamp Verlag, Frankfurt am Main, 1986 참조)
7 『조선일보』, 2000년 1월 1일자 인터뷰 기사.

물리학자이며 신과학 운동의 거장인 프리초프 카프라(Fritjof Capra)
에 의하면, 전 지구적인 각종 위기 현상은 하나의 동일한 위기가 각각
달리 나타나는 것으로서 본질적으로 인식의 위기이며, 이는 이미 낡
은 데카르트-뉴턴의 기계론적 세계관의 관점을 그러한 관념으로는
도저히 이해할 수 없는 실재에 무리하게 적용하려는 데서 연유된 것
이라고 한다. 그는 우리가 살고 있는 세계가 생물적 · 심리적 · 사회
적 · 환경적 현상이 상호 연결되어 있기 때문에 이러한 세계를 적절히
기술하기 위해서는 생태학적 전망이 필요하다고 본다.[8] 그리하여 그
는 새로운 정치의 제1원리를 생태학에서 찾고 녹색정치의 위상을 새
로운 생태 패러다임에 근거하는 것으로 규정하고 있다.

그러나 지금까지 생태학적 논의는 주로 철학적 · 사회학적 및 경제
학적 차원에서 이루어져 온 까닭에 전 지구적 차원의 생태 위기에 효
율적으로 대처하기에는 미흡한 감이 없지 않았다. 예컨대 풀뿌리 민
주주의 · 분권화 · 비폭력 · 사회적 책임 등과 같은 원칙은 고도의 정
치성을 내포하고 있는 반면, 생태정치학적 논의와 더불어 정치 실천
적 차원의 노력은 상대적으로 미약했던 것이 사실이다. 더욱이 20세
기 정치의 메가트렌드megatrend인 파워 폴리틱스(power politics)의 횡행
으로 에코 폴리틱스(eco-politics)[9]라는 개념 자체가 아직은 생경生硬하
게 여겨지고 있는 측면이 없지 않다. 생태학의 진정한 자기 실현은 정

---

8 Fritjof Capra, *The Turning Point*(New York : Simon & Schuster,
  1982), pp.15-16.
9 필자가 본서에서 굳이 '에코 폴리틱스(eco-politics)' 라는 英字로 표기한 것
  은 전 지구적으로 통용되고 있는 '파워 폴리틱스(power politics)' 라는 개념
  을 대체하기 위한 것이다.

치 실천적 차원과의 연결을 요구한다.

그러면 새로운 동북아시대를 맞이하여 생태정치학의 시대적 · 역사적 과제는 무엇인가. 21세기에 진입한 지금도 20세기 권력정치의 유산이 여전히 정치학적 논의의 기본 틀이 되고 있고, 국제 정치 무대에서도 정치 행위자들의 행위 준거가 '국제 정의(international justice)'가 아닌 '국익(national interests)'에 초점이 맞춰져 있다는 것은 주지의 사실이다. 그러나 21세기 정치학의 메가트렌드인 생태정치학은 국민국가 패러다임에서 세계 시민사회 패러다임으로, 빅 프레임(big frame) 체제에서 그랜드 네트워크(grand network) 체제로의 전환을 요구한다. 고전적 의미에서 정치의 탈정치화 현상이라고도 할 수 있을 것이다.

작금의 동북아는 탈냉전 시대를 맞이하여 사회주의권 국가들이 연성화軟性化되는 듯 보이기도 하지만, 한반도를 둘러싼 미국 · 일본 · 중국 · 러시아 등 강대국들의 정치 · 군사적 이해관계는 여전히 첨예하게 대립하고 있고, 역내 국가들의 이해관계 또한 복잡하게 얽혀 있어 이 지역 국가들 간의 연대로서는 그 난맥상을 푸는 데 한계가 있을 수밖에 없다는 것이 필자의 관점이다. 더욱이 시베리아 횡단 철도(TSR)의 전철화電鐵化 작업이 완공됨으로써 시베리아 횡단 철도를 축으로 남북한~러시아 동서남북~유럽 전체를 연결하는 물류망 확보와, 극동으로 연결되는 송유관 · 가스관 건설을 위한 극동 시베리아 개발과 같은 '철의 실크로드' 계획이 탄력을 받게 됨에 따라 역내 국가들의 이해관계는 더 복잡해질 전망이다.

더욱이 동북아 질서 개편과 헤게모니 장악을 노린 작금의 불붙는 동북아 역사 전쟁—고구려사를 중국 역사에 편입시키려는 중국의 이른바 '동북공정東北工程'을 둘러싼 한 · 중 역사 전쟁에 이어 중 · 일

댜오위다오(釣魚島) 분쟁과 한·일 역사 전쟁—은 영토 주권과 역사 주권 간의 갈등상을 드러냄으로써 동북아시대의 본격적인 개막이 순탄치만은 않을 것임을 예고하고 있다. 21세기 동북아시대에는 이 지역 국가들 간의 관계가 세계 안보, 갈등과 분쟁의 단초로 작용하게 되며, 만일 첨예한 갈등 상태가 지속되면 국제 역학 관계의 불안정이 심화될 수밖에 없다. 이러한 이유로 이 지역에서의 문제를 상호 대화와 이해로 해결하는 새로운 패러다임이 필요한 것이다.

생태정치학의 시대적·역사적 과제는 서구적 근대의 초극이며 국민국가의 패러다임을 넘어선 초국가적 발전 패러다임의 모색이다. 다시 말해서 주권 국가를 기본 단위로 하는 연대의 내재적 한계를 극복할 수 있는 이른바 윈-윈(win-win) 구조의 협력 체계의 가능성을 열어 보이는 것이다. 21세기 정치학의 메가트렌드[10]인 생태정치학은 지구를 살리는 새로운 정치학이다. 그것은 우주자연-인간-문명이 조화를 이루는 상생의 패러다임을 구현하는 정치학이다. 이제 우리에게 필요한 것은 단순한 해석의 정치학이 아니라 지구촌의 새로운 구성 원리로서의 생태 패러다임에 입각한 변혁의 정치학이다. 그것은 생명의 자기근원성과 전일성全一性을 직관적으로 깨닫는 생태적 자각에 기초한 것이다. 다시 말해서 개체성[多]과 전체성[一], 내재와 초월, 본체[一]와 작용[多]의 통합성[11]에 대한 자각을 바탕으로 한 것이다. 생명현

---

10 '메가트렌드(megatrend)'는 미국의 미래학자 존 나이스빗(John Naisbitt)의 저서 『메가트렌드 *Megatrends*』(1982)에서 유래한 용어로 현대 사회에서 일어나고 있는 거대한 조류를 뜻하며, 탈공업화 사회, 분권화, 글로벌 경제, 네트워크형 조직 등을 그 특징으로 하고 있다

11 cf. David Bohm, *Wholeness and the Implicate Order*(London:

상은 개별 유기체의 속성이 아니라 시스템의 속성[12]인 까닭에 개체의
존재성은 우주적 에너지의 흐름[13] 속에서만 파악될 수 있는 것이다.
이러한 생태적 자각에 기초한 에코 폴리틱스는 인간 존재의 '세 중심
축'—종교와 과학과 인문, 즉 신과 세계와 영혼의 세 영역(天地人 三
才)—의 연관성 상실을 초래한 근대 서구의 정치적 자유주의를 치유
할 수 있는 묘약을 함유하고 있다. 파워 폴리틱스에서 에코 폴리틱스
로의 전환의 필요성이 여기에 있다.

　오늘의 인류가 처한 생태 위기와 더불어 총체적인 인간 실존의 위
기는 인류 문명의 구조를 생태 패러다임으로 재구성해야 할 시점에
와 있음을 주지시킨다. 정치학 분야에서는 1927년 정치학자 문로
(William Bennett Munro)가 미국정치학회 회장 취임사에서 양자역학(量
子力學 quantum mechanics)적 실재관을 정치학에 도입할 필요성을 처음

Routledge & Kegan Paul, 1980), p.134; Ashvaghosha, *The Awakening of Faith*, trans. Teitaro Suzuki(Mineola, New York: Dover Publications, INC., 2003), p.55: "In the one soul we may distinguish two aspects. The one is the Soul as suchness(眞如), the other is the soul as birth-and-death(生滅)…both are so closely interrelated that one cannot be separated from the other"; 『華嚴一乘法界圖』: "生死般若常共和 理事冥然無分別."

12　cf. Harold J. Morowitz, *Beginnings of Cellular Life*(New Haven: Yale University Press, 1992), p.6.

13　Eugene Odum, *Fundamentals of Ecology*(Philadelphia: Saunders, 1953)에서는 생태계를 단순한 흐름도(flow diagrams)로 나타내고 있는데 이는 생명의 전일적 과정에 초점을 맞춘 것이다. 과정중심의 철학을 체계화한 것으로는 Alfred North Whitehead, *Process and Reality*(New York: Macmillan, 1929) 참조.

제기한 이후 거의 80년이 다 되었지만, 전일적 실재관에 입각한 생태
정치학 연구는―생태학 연구 일반이 그러하듯―그 본질에 있어 그다
지 진전이 보이지 않는다. 이는 전일적 패러다임에 입각한 생태정치
학이 아직까지 정교한 이론적 틀을 갖추고 있는 것이 아니며 생성, 발
전 중에 있는 담론임을 말하여 준다. 우주만물[多]을 전일성[一]의 자
기복제(self-replication)로 보는 일즉다―卽多 · 다즉일多卽一―의 원리에 기
초한 전일적, 생태학적 시각은 우주만물의 근원적 평등성과 유기적
통합성을 그 본질로 한다. 여기서 일(一)과 다多의 관계는 본체[본체계,
의식계]와 작용[현상계, 물질계]의 관계로서 이는 곧 생명의 본체인 혼원
일기(混元一氣: 무어라 형용할 수 없는 태초의 한 기운)와 우주만물의 관계이
다. 생명의 본체인 혼원일기[一]에서 우주만물[多]이 나오고 다시 그
본체인 혼원일기로 돌아가는 것이니 일즉다 · 다즉일인 것이다. 전일
성과 다양성은 결국 하나이다.

　전일적 패러다임이란 우주만물의 근원적 평등성과 유기적 통합성
에 기초한 세계관과 가치 체계를 총칭한 것이다. "상호배타적인 것은
상보적이다."라는 명제로 일반화된 닐스 보어(Niels Bohr)의 상보성원
리(complementarity principle)가 말하여 주듯, 이러한 근원적 평등성과
유기적 통합성 속에는 다양성이 그 본질로서 내재해 있다. 다양성이
살아 숨쉬는 곳에는 고도의 사회적 응집력(social cohesion)이 생겨나 일
체감이 형성되게 되는 것이다. 생태적 지속성(ecological sustainability)을
띤 지구공동체를 구현할 수 있기 위해서는 전일성과 다양성의 소통
체계가 확립되어야 한다. 이러한 소통 체계의 확립은 단순히 기술적
인 문제가 아니라 세계관과 사고방식 및 가치 체계의 문제이며 정치
적 의지와 결단의 문제이다. 진정한 생태정치학은 의식과 제도가 하

나의 고리로 연결되어 있다는 사실을 직시하는 데서부터 시작되어야
한다.

　본체인 동시에 작용으로 나타나는 혼원일기[14]는 하늘(天) · 천주[하느
님, 하나님, 창조주, 유일신, ALLAH神] · 도道 · 불佛 · 태극(太極, 無極) · 브라
흐마(Brahma: 梵, 創造神) · 보편의식[우주의식, 전체의식, 근원의식, 一心, 참본

14　『성경 Bible』, 『우파니샤드 The Upanishads』, 『바가바드 기타 The
　　Bhagavad Gita』에서는 생명의 본체인 혼원일기를 다음과 같이 나타내고
　　있다. cf. "Revelation" in Bible, 1:8 : "I am the Alpha and the Omega,"
　　says the Lord God, "who is, and who was, and who is to come, the
　　Almighty"; "Revelation" in Bible, 21:6 : "I am the Alpha and the
　　Omega, the Beginning and the End"; Chandogya Upanishad in The
　　Upanishads, translated from the Sanskrit with an introduction by
　　Juan Mascaro(London: Penguin Books Ltd., 1962), 8. 7. p.121:
　　"There is a Spirit which is pure and which is beyond old age and
　　death; and beyond hunger and thirst and sorrow. This is Atman, the
　　Spirit in man"; Svetasvatara Upanishad in The Upanishads, 4, p.92:
　　"He rules over the sources of creation. From him comes the universe
　　and unto him it returns. He is···the one God of our adoration"; Kata
　　Upanishad in The Upanishads, 5, p.64: "He is Brahman···who in
　　truth is called the Immortal. All the worlds rest on that Spirit and
　　beyond him no one can go···There is one Ruler, the Spirit that is in all
　　things, who transforms his own form into many"; The Bhagavad
　　Gita, translated from the Sanskrit with an introduction by Juan
　　Mascaro(London: Penguin Books Ltd., 1962), 9. 11. : "···They know
　　not my Spirit supreme, the infinite God of this all"; Mandukya
　　Upanishad in The Upanishads, p.83: "OM. This eternal Word is all :
　　what was, what is and what shall be, and what beyond is in eternity.
　　All is OM."

성, 神性] · 우주의 창조적 에너지[至氣, 一氣] · 진리[自然] 등으로 다양하
게 명명되고 있는 근원적 일자 또는 궁극적 실재로서의 우주의 본원
을 일컫는 것이다. 말하자면 우주만물의 중심에 내려와 있는 신성[神
性, 본체]인 동시에 다함이 없는 기화(氣化, 작용)의 작용으로 만유를 화
생化生시키는 지기至氣인 것이다. 우주만물을 관통하고 있는 생명의
본체인 혼원일기에 대한 인식이 없이는 본체계와 현상계의 유기적 통
합성에 대한 자각이 이루어질 수가 없고[15] 그러한 자각이 없이는 물
질계에서 구현되고 있는 정신의 참모습을 볼 수가 없으니 물질계의
존재 이유를 알 수가 없으므로 생태정치학에 대한 본질적인 접근은
사실상 불가능한 것이다. 우주만물은 불변不變의 우주섭리를 그 체體
로 하고 있는 까닭에 불변의 이치를 알지 못하고서는 현상계의 변화
하는 이치 또한 알 수 없다는 말이다.[16]

오늘의 인류가 온전한 생명을 누리지 못하고 총체적인 난국
(impasse)에 처하게 된 것은 철학의 빈곤(poverty of philosophy) 때문이
아니라 우주의 본질인 생명에 관한 진지眞知의 빈곤(poverty of true
knowledge) 때문이다. 진리인 생명의 본체를 그 무어라 명명命名할 수

---

15 본체계[본체]와 현상계[작용]의 유기적 통합성에 대해서는 본서 제7장 3절
"현대 물리학과 동양사상"과 제8장 1절 "존재론과 인식론의 재정립" 참조.
16 본체계와 현상계의 관계는 물체와 그림자의 관계에 비유할 수 있다. 즉, 물
체와 그림자가 하나라는 자각이 없이는 그림자가 어떻게 해서 존재하게 되
는지 그 이치를 알 수가 없으므로 그림자 세계에 대한 본질적인 접근이 사실
상 불가능하듯이, 본체계와 현상계가 하나라는 자각이 없이는 현상계가 어
떻게 해서 존재하게 되는지 그 이치를 알 수가 없으므로 현상계에 대한 본질
적인 접근 또한 사실상 불가능한 것이다.

있는 것은 아니지만 사실상 지금까지 다양한 이름으로 불려 왔고 또한 그 이름들은 다양한 종교 세계에서 각기 숭배의 대상이 되어 왔다. 그러나 생명의 본체는 없는 곳이 없이 우주만물에 편재해 있는 까닭에 대상화될 수 없으며, 불가분의 하나인 까닭에 분리될 수 있는 것이 아니다. 생명은 입자(물질, 작용)인 동시에 파동(정신 또는 의식, 본체)으로서 분리될 수 없는 하나인 까닭에 '하나'님 또는 유일신(유일자)이라고 부르기도 하는 것이다. 따라서 유일신은 숭배해야 할 대상이 아니라 우리 자신이며 우주만물 그 자체다. 생명은 스스로 생성되고 스스로 변화하여 스스로 돌아가는 '스스로(自) 그러한(然)' 자, 즉 자연이다. 따라서 자연지(自然智)는 스승이 없이도 자연(참본성)으로 돌아감으로써 자연히 알게 되는 무사지(無師智, 根本智)다. 이러한 생명의 본체를 본서에서는 전통적으로 사용해 온 '혼원일기混元一氣'라고 명명하고 있는 것이다.

생명에 관한 진지眞知의 빈곤은 참본성(자연)으로 돌아가기를 거부하는 데서 오는 것이다. 생명은 참본성(자연)으로 돌아감으로써 자연히 알게 되는 무사지無師智인 까닭에 참본성으로 돌아가지 않고서는 알 길이 없는 것이다. 생명을 알지 못하고서 생태학을 논한다는 것은 혼탁한 세상에 이념 공해까지 가중시키는 격이니 살기 힘든 세상 만드는 데 일조하는 것일 뿐이다. 생명은 흔히 '천(天, '하늘'님)'이라고 부르기도 하고, '성(性, 참본성)'이라고 부르기도 하며, '신(神, 유일신)'이라고 부르기도 하는 것으로 전 세계 종교와 사상 및 문화의 근원이기도 하다. 생명은 개체성과 전체성이 통합된 전일적인 속성을 지니는 까닭에 본질적으로 영적이다. 우주의 실체는 의식이므로 생명은 곧 영성(神性, 참본성, 보편의식, 근원의식, 전체의식)이다. 진리는 설說이 될 수 없으며 이데올로기화할 수도 없다. 따라서 '영성주의' 내지는 '영성주의자'라는 표현은 '도구적 이성'의 발흥을 보여 주는 것으로 서구적 이원론의 덫에 걸린 것이다. 인간과 자연의 조화란 곧 이성과 영성[신성]의 통합을 의미한다. 진리는 특정 개인이나 집단이 배타적으로 소유할 수 있는 것이 아니다. 성직자의 마지막 사명은 종교의 성벽 속에 가두어 놓은 '하늘'(님)[유일신]을 만인의 하늘로 되돌려 주고 사라지는 것이다.

데카르트-뉴턴의 기계론적 세계관이 본체계와 현상계의 통합성을 자각하지 못하고 정신과 물질을 분리시키는 반생태적·반생명적 사유의 전형을 보이고 있는 것에 대해, 현대 물리학과 서구 생태이론에서는 줄기차게 비판적 분석을 내놓고 있고 한국에서도 서구 중심주의(Eurocentrism)를 넘어설 수 있는 전일적 패러다임의 도입 필요성이 제기되어 왔지만 그것을 넘어설 수 있는 대안적인 생태정치학적 이론 체계는 여전히 미비한 실정이다. 더욱이 국내에 통용되고 있는 생태이론은 서구 이론 일색이어서 마치 동양은 서구 이론의 전시장이거나 생태학의 불모지인 것처럼 여겨질 정도이다. 그렇다고 서구 이론을 폄하하거나 데카르트-뉴턴의 기계론적 세계관의 무용성無用性을 주장하는 것은 결코 아니다. 정신·물질 이원론에 입각한 기계론적 세계관의 등장은 전일성에 내재한 다양성을 드러냄으로써 그 다양성이 다시 전일성으로 돌아가는 계기를 제공했다는 점에서 그 의의를 찾을 수 있다. 카프라는 현대 물리학과 동양 사상 간의 심오한 조화를 깨닫는 것이 문명의 대전환의 요체가 되는 것으로 보았거니와, 사실상 동양의 전일적 실재관은 이 세계를 복합적인 관계망으로 보는 오늘날의 생태학과 양자역학의 관점을 잘 반영하고 있을 뿐더러 생태적으로 건전하고 지속 가능한 사회(ecologically sound and sustainable society)를 구현하는 추동체로서 기능할 수 있다.

생태정치학적 사유의 연원은—제4장 1절에서 밝히고 있듯이—동·서양의 문화·문명을 발흥시킨 모체였던 우리의 천부天符사상[17]이다. 아시아의 대제국 환국桓國이 배달국倍達國, 단군 조선에 이르는 과정에서 천부사상은 전 세계로 퍼져 나가 선천 문화·문명의 시원을 이루었던 관계로 인류의 문화·문명사와 더불어 생태정치학적 사유를 제대로 이해하려면 약 9,000년 전부터 찬란한 문화·문명을 꽃피우며 생태정치를 구현하였던 우리 상고사와 그 중심축으로서 기능하였던 천부사상에 대해 알 필요가 있다.[18] 하늘天과 성性과 신神이 하나로 용해된 천부사상에서 전 세계 종교와 사상 및 문화가 수많은 갈래로 나누어져 제각기 발전하여 꽃피우고 열매를 맺었다가 이제는 다시

---

17 天符思想이란 천·지·인 三神一體〔三位一體〕의 天道에 부합하는 사상으로 흔히 『天符經』, 『三一神誥』, 『參佺戒經』의 사상을 일컫는 것이다. 광의로는 이들 세 경전을 압축한 檀君八條敎나 세 경전에서 파생된 부여의 九誓 등도 여기에 속하는 것으로 볼 수 있다.

18 그동안 식민사관의 영향으로 우리 상고사가 부인되기도 했으나 줄기찬 상고사 연구와 고고학적인 발굴 작업 등의 성과로 상고사의 비밀이 하나씩 벗겨지면서 천부사상에 대한 관심도 높아지고 있다. 특히 한국·동양정치사상사학회에서 전국 대학생들의 한국정치사상 교재로 전국 대학 교수 42인의 연구를 담은 『한국정치사상사: 단군에서 해방까지』(서울: 백산서당, 2005)를 출간한 것은 괄목할 만한 진전이다. 김세균 외, 『정치학의 대상과 방법』(서울: 박영사, 2005), 151쪽 각주) 4에는 "『삼국유사』에 실린 단군에 관한 이야기를 '신화'가 아닌 '역사 이야기' 즉 檀君史話로 보는 시각도 있다. 그 대표적인 예로는 최민자, 「단군조선의 건국이념과 정치사상」, 한국·동양정치사상사학회 편, 『한국정치사상사』(2005) 참조"라고 나와 있다.

하나의 뿌리로 돌아가 통합되어야 할 시점에 이른 것이다.

천·지·인 삼재의 융화에 기초한 천부사상은 오늘의 서구 생태학이 갖는 이론적 기반의 취약성을 극복하게 함으로써 대안적인 생태정치학적 이론 체계를 정립할 수 있게 할 것이다. '전일적', '시스템적'인 속성을 갖는 생태학 일반이 그러하듯 생태정치학 또한 본체계와 현상계를 관통하는 생명의 본체에 대한 인식이 없이는 공허한 말잔치에 불과한 것이 된다. 이러한 생명의 본체를 『천부경天符經』에서는 '하나(一)'[19]로 나타내고 있다. 무시무종無始無終이며 무소부재無所不在이고 불생불멸不生不滅인 생명의 본체는 불가분의 하나인 까닭에 유일자 또는 유일신이라고 명명하기도 한다. 생명의 본체인 유일신〔混元一氣〕에 이름을 붙이지 않고 그냥 '하나(一)'라고 한 것은 그 어떤 종교적 교의나 철학적 사변이나 언어적 미망에 빠지지 않고 무수한 진리의 가지들을 하나의 진리로 되돌리기 위한 우리 국조의 심원深遠한 뜻이 담겨진 것이다. 천부사상의 핵심은 생명이다. 21세기 생명학의 단초는 우리의 천부사상에서 찾을 수 있다. 오늘날 천부사상이 주목을 받고 있는 것은 생명 시대가 도래했기 때문이다. 생명의 근원에 대한 인식은 이제 더 이상은 유보할 수 있는 것이 아니다. 이에 관해서는 제4장 1절에서 자세히 다루게 될 것이다. 제5장 4절에서 다루게 될 동학 사상 또한 생명의 본체에 대한 명징한 인식을 보여 주고 있다.

---

[19] 여기서 '하나(一)'라고 한 것은 '하나(一)'라는 名相이 생기기 전부터 이미 사실로서 존재해 온 것으로, 有라고 하자니 그 모습이 텅 비어 있고 無라고 하자니 우주만물이 다 이로부터 나오니 그 이름을 알지 못하여 그냥 그렇게 부른 것이다. 이 묘한 '하나(一)'에서 萬有가 비롯되니 하도 신령스러워 때론 '님' 자를 붙여 '하나'님이라고 부르기도 한다.

인간 사회를 논하면서 그 핵심인 생명 논의[20]를 제외시킨다면 그 인간 사회는 추상적인 관념체에 불과한 것이 될 것이다. 미시 세계를 다루는 양자역학적 실험에서도 밝혀진 바 있거니와, 주체-객체 이분 법은 인간의 분별지分別智가 만들어 낸 허상일 뿐 실재하는 것이 아니 다. 우주만물의 생성 · 변화 · 소멸 자체가 하나인 혼원일기의 조화造 化 작용이니,[21] 혼원일기는 우주만물의 근원으로서 본체계와 현상계 를 관통하는 가장 근원적이고도 포괄적이며 보편적인 궁극적 실재를 지칭한 것이다. 우주만물의 개체성은 누가 누구를 창조한 것이 아니 라 우주의 본원인 혼원일기가 스스로 다양한 모습으로 현현한 것이니 일체 생명은 자기근원성을 갖는 것이요, 일체 생명의 근원은 하나인 혼원일기로 연결되어 있으니 생명계〔생태계〕는 불가분의 전일성, 즉 '살아 있는 시스템(living systems)'[22]인 것이다. 하나인 혼원일기에서

---

20 김지하, 『생명학』, 2 vols.(서울: 화남, 2003)에서는 생명가치가 새 시대의 근본적인 중심 가치관이 되어야 한다고 역설하면서 생명학의 수립과 생명 문화의 창출을 시대적 과제로 보고 있다.

21 하나인 混元一氣는 인간의 일상사와는 무관한 허공에 있는 그 무엇이 아니 다. 可視圈에서 非可視圈에 이르기까지, 극대로부터 극미에 이르기까지 이 混元一氣에서 벗어나 존재할 수 있는 것은 이 우주에 아무 것도 없다. 비바 람이 몰아치고 무지개가 뜨고 꽃이 피고 시드는 자연현상에서부터 눈을 감 고 뜨고 호흡을 하고 똥오줌을 누는 인체 현상, 온갖 거짓과 위선과 부패가 판을 치는 사회 현상, 역사의 무대 위에서 무수하게 明滅하는 국가현상, 지 구가 태양을 공전하고 태양계는 은하 세계를 2억 2천만 년 주기로 회전하 며 은하 세계는 은하단을 향하여 회전 운동을 하는 천체 현상에 이르기까 지, 그 어느 것 하나도 混元一氣에서 벗어나 있는 것은 없다. 한마디로 천 지 운행 그 자체가 混元一氣의 法이다.

22 Fritjof Capra, *The Web of Life*(New York: Anchor Books, 1996), p.3.

우주만물이 나와 다시 그 하나로 돌아가는 것이니 생명은 전일성과 다양성의 속성을 동시에 지닌다. 생명의 다양성이 손상된다는 것은 곧 전일성이 손상되는 것이다. 오늘날 전일적 패러다임이 통용되지 못하는 것은 생명의 다양성이 손상되었기 때문이다. 일체의 이분법은 본체와 작용, 즉 생명의 본체인 혼원일기와 그 작용인 우주만물이 하나임을 알지 못하는 데서 오는 것이다. 극대로부터 극미에 이르기까지 다함이 없이 작용하고 있는 이 하나의 원리가 미시적인 생활 세계와는 거리가 멀게 느껴지는 것은 의식의 진동수가 낮아 파장 동조가 일어나지 않는 것일 뿐이다. 의식의 자기 분열로 인해 거시 세계와 미시 세계, 전일성의 세계와 다양성의 세계가 하나로 고리로 연결되어 있음을 인식하지 못하는 것이다. 그러나 인식하지 못한다고 해서 우주 원리가 작용하지 않는 것은 아니다. 인간 사회의 이론과 실제상의 모든 문제는 하나의 고리로 연결된 세계가 분리되어 있다고 착각하는 데서 파생된 것이다.

따라서 자본자근自本自根·자생자화自生自化하는 생명의 본체인 혼원일기는 생태학적 사유의 바탕을 이루는 생명의 자기근원성과 전일성을 인식하는 키워드이며, 그런 점에서 혼원일기에 대한 인식이 없는 생태정치학 연구는 실제성이 없으며 사상누각沙上樓閣에 불과한 것이다. 근대 세계의 이분법은 생명의 전일적 속성에 내재한 다양성의 본질을 드러냄으로써 근대 서구 문명이라는 다양성의 세계를 꽃피우고 이제 그 임계점(critical point)에 달하여 다양성 속에 내재한 전일성의 본질로 돌아가려 하고 있다. 역사는 우리에게 양 차원의 소통이 이루어지지 않으면 그 어느 쪽도 온전할 수 없음을 말하여 준다. 즉, 근대 자유민주주의는 다양성을 강조했지만 다양성의 본질로서 내재해 있는 전일성을 자각하지 못함으로써 결과적으로 다양성이 손상되었고, 전체주의는 전일성을 강조했지만 전일성의 본질로서 내재해 있는 다양성을 자각하지 못함으로서 결과적으로 전일성이 파괴된 것이다. 생명의 전일적 속성은 그 자체 속에 다양성의 요소를 함유하고 있는 까닭에 전체주의 이데올로기에서 말하는 다양성과 분리된 전일성과는 본질적으로 다른 것이다. 그러나 악이 선을 명료하게 드러내는 한 요소일 수 있듯이 왜곡된 전일성은 온전한 전일성을 명료하게 드러내는 한 요소일 수 있다는 점에서 이러한 이데올로기들의 실험은 소통의 중요성을 일깨워 주는 학습기제가 된 셈이다.

삼라만상이 무수한 것 같지만 기실은 하나의 기氣밖에 없다. 전일성과 다양성의 통합은 본체[一]인 동시에 작용[多]으로 나타나는 생명의 본체인 혼원일기에 대한 자각이 있게 되면 자연히 이루어지게 된다. 양자역학적 실험에서 밝혀진 빛[전자기파]의 파동-입자의 이중성(wave-particle duality)에 관한 설명이 여전히 현대 물리학의 아킬레스건achilles腱으로 남아 있는 것도 본체인 동시에 작용으로 나타나는 혼원일기에 대한 인식이 이루어지지 못한 데 있다고 보아야 할 것이다. 다시 말해서 생태정치학 연구나 현대 물리학 연구는 이들 연구가 본질적으로 함유하고 있는 형이상학적 과제—필경에는 종교 세계와의 접합을 통해서만 해결할 수 있는—를 외면하고서는 차원 전환이 이루어질 수 없다. 오늘날 양자론(量子論 quantum theory)의 주선으로 과학과 신神의 운명적인 만남이 이루어지고 있는 것은 차원 전환의 서곡에 불과하다.

필자의 생태정치학 연구는 이상과 같은 문제 인식에서 출발하여 존재론과 인식론의 재정립을 통해 문명의 대전환기에 에코 폴리틱스

(eco-politics)의 새로운 지평을 여는 추동체로서 기능할 수 있게 하기 위한 것이다. 지금까지 정치학이라고 하는 학문이 지배와 복종의 이원화된 구조에 입각하여 우주의 본질인 생명을 살리는 정치가 아닌 생명을 죽이는 파워 폴리틱스(power politics)에 천착해 온 까닭에 오늘날 '생태정치학'이라는 또 하나의 분과가 생겨나게 된 것이다. 생명계가 상호의존성 · 통합성에 의거한 '살아 있는 시스템'이니 만큼, 이를 연구 대상으로 하는 생태정치학의 학문적 성격이 종합적이고 학제적인 특징을 띠게 되는 것은 당연하다 할 것이다. 정치학, 생태학, 동서고금의 철학과 사상, 역사학, 사회심리학, 경제철학, 현대 물리학, 우주과학, 종교학 등과의 학제적 접근(interdisciplinary approach)을 통한 근본지根本智로의 회귀는 가장 깊은 수준의 존재혁명 내지는 생태혁명을 촉발시킴으로써 근대 인간 중심(anthropocentric)의 시각을 넘어 전체 생물권(biosphere) 내지 생명권[ecosphere] 또는 우주권(cosmosphere)으로의 의식 확장을 통해 생태적으로 건전하고 지속 가능한 공동체를 건설할 수 있게 할 것이다.

제2절 연구 목적 및 필요성

세계는 지금 기계론적이고 물질적이며 환경 파괴적인 양적陽的인 특성을 지닌 서구 문명이 쇠망해 가는 반면, 전일적이고 정신적이며 환경 회생적인 음적陰的인 특성을 지닌 새로운 문명—동아시아 문명—이 대두하고 있으며, 우리는 바로 그 전환점에 와 있다. 이제 동아시아, 특히 동북아시대의 도래와 더불어 동북아는 서구적 보편주의의 관성慣性이 움직이는 마지막 무대가 되고 있는 동시에 새로운 문명의 최초 무대가 될 운명을 지니고 있기도 하다. 낡은 문명의 마지막 세내이사 새로운 문명의 최초 세내가 될 우리에게 근내싱의 딜싱과 더불어 서구적 근대의 극복은 역사적·시대적 실천 과제가 되고 있는 것이다. 다시 말해서 근대 초극의 논리는 전 지구적으로 진행되고 있는 환경 파괴와 정신공황精神恐慌으로 인한 총체적 인간 실존의 위기 현상이 제도와 운영 면에서 근대산업사회의 낡은 틀을 무리하게 적용시키려는 데서 오는 것이라는 문제 인식에 기초한다.

미래학자 앨빈 토플러(Alvin Toffler)는 '제1물결(the First Wave)'과 '제2물결(the Second Wave)' 문명으로 분할된 세계에서 어느 것이 세력을 장악했는지는 아주 분명했듯이, '제2물결'과 '제3물결(the Third Wave)' 문명으로 분할된 세계에서 장차 어느 것이 세력을 장악할지는 분명하며, 이 권력 재편의 과정에서 지식의 역할 증대 및 본질의 변화가 이루어지고 있다고 본다.[23] 말하자면 토플러적인 의미에서 '제2물결'의 낡은 정치 제도나 조직은 '제3물결' 시대에는 적용될 수 없을 뿐더러 오히려 역사 발전을 저해하는 질곡이 되어 위기를 증폭시키는 요인이 된다는 것이다. '제2물결'의 산업 문명의 퇴조와 '제3물결'의 새로운 문명의 부상—그것은 지난 수백 년 간 서구와 여타 세계를 지배해온 서구적 보편주의의 종언을 예고하는 것이다. 다시 말해서 세계 자본주의 체제의 가공할 메커니즘에 의해 생성되는 욕구 구조가 지배하는 근대 서구 사회의 종식을 의미하는 것이다.

---

[23] Alvin and Heidi Toffler, *Creating a New Civilization*(Atlanta: Turner Publishing, Inc.,1994), p.34.

우주과학적 측면에서 보면, 우주 질서 속에서 지구 문명은 물고기 별자리인 쌍어궁雙魚宮 시대를 지나 물병 별자리인 보병궁寶甁宮 시대를 맞이하고 있다. 뉴턴이 만유인력의 법칙으로 설명한 지구의 세차운동 기간은 25,920년이다. 이 세차운동상에는 12별자리가 있으며, 각 별자리와 별자리 사이의 거리에는 2,160년이라는 시간이 소요된다. 천문학적으로는 기원전 약 100년경 황도대의 춘분점부터 물고기 별자리가 시작된 것으로 보며, 2,100여 년이 흐른 현재는 다시 물병 별자리로 옮겨 가고 있다는 것이다. 이제 물병 별자리인 보병궁 시대로의 초입初入에서 많은 사람들은 새 시대가 쌍어궁 시대의 단순한 연장이 아니라, 근본적인 패러다임 전환을 가져올 것이라고 예측한다. 그것은 곧 물질 시대에서 의식 시대로의 대전환을 의미한다. 대형大型 시대에서 소형小型 시대를 거쳐 극미세極微細에서 공空의 시대로 진입하고 있는 것이다. 물병 별자리가 바로 '공'을 상징함은 우연이 아닐 것이다.

우주 1년의 이수理數를 처음으로 밝혀낸 송대宋代의 거유巨儒 소강절(邵康節, 이름은 雍. 1011~1077)에 의하면,[24] 우주 1년의 12만 9천6백 년 가운데 인류 문명의 생존 기간은 건운乾運의 선천先天 5만 년과 곤운坤運의 후천後天 5만 년을 합한 10만 년이며, 나머지 2만 9천6백 년은 빙하기로 천지의 재충전을 위한 휴식기이다. 우주력宇宙曆 전반 6개월(春夏)을 생장 · 분열의 선천 시대라고 한다면, 후반 6개월(秋冬)은 수렴 · 통일의 후천 시대로 천 · 지 · 인 삼재의 융화에 기초한 정음정양正陰正陽의 시대라고 할 수 있을 것이다. 말하자면 우주의 시간대가

---

24 『黃極經世書』, 「纂圖指要 · 下」와 「觀物內篇 · 10」.

새로운 질서로 접어들면서 선천의 건운 5만 년이 다하고 곤운의 후천 5만 년이 열리는 시점에 와 있는 것이다.

생태정치학의 출현은 이러한 문명의 대전환과 맥을 같이 하는 것으로, 인간 존재의 '세 중심축(天地人 三才)'의 연관성에 대한 자각에 기초한다. 천·지·인 삼재의 융화에 관해서는 제3장 1절과 제4장 1절에 나오는 천부사상, 그리고 제5장에 나오는 동양사상 일반에서 자세히 다루게 될 것이다. 오늘날 세계화란 것이 단지 표면적으로만 이루어졌을 뿐 우리의 내적 자아를 결속시키는 진정한 수준이 되지 못하고 있는 지금, 우리에게 필요한 것은 인류와 우주에 대한 새로운 자각과 함께 인간과 지구에 대한 새로운 관계 정립이다. 이는 곧 우리 모두가 단순한 개아(個我)적 존재가 아니라 궁극적 실재의 한 부분이라는 자각을 의미하는 것으로 인류가 나아가야 할 방향을 제시해 준다. 생태정치학은 혼원일기(混元一氣)로 이루어진 생명의 유기성과 상호관통을 깨닫는 생태적 자각에 기초해 있는 까닭에 본질적으로 에코토피아ecotopia[25]적 지향성을 띠게 된다. 인간과 비인간(non-human)을 분리시키는 근대적 인간 중심주의는 이제 생태혁명을 통하여 모든 생명의 유기적 통일성을 깨달음으로써 새로운 연대로 거듭나야 한다. 생태혁명의 요체는 근대적 인간 중심주의를 넘어 전체 생물권(biosphere) 내지 생명권[ecosphere] 또는 우주권(cosmosphere)으로의 의식 확장을 통해 우

---

25 에코토피아(ecotopia)는 '주거지, 집'을 뜻하는 그리스어 'oikos'에서 유래한 'ecology'에 '없음'을 뜻하는 그리스어 'ou'와 '장소'를 뜻하는 그리스어 'topos'가 합쳐진 데서 유래한 'utopia'의 합성어로 생태적 이상향을 의미한다.

주만물을 차별 없이 공경하고 사랑하는 것이다. 그것은 곧 우리의 우주적 본성에 대한 인식이며 동시에 그것의 실천이다.

생태적 이상향은 우주 자연과 인간, 인간과 인간의 연대성에 기초한 도덕 공동체이다. 이는 수운水雲이 제시한 '접接'이라는 소규모의 자율적인 영성 공동체나, 『용담유사龍潭遺詞』「몽중노소문답가夢中老少問答歌」에 나오는 태평곡 '격양가擊壤歌'가 의미하는 무위자연의 이상향, 그리고 자연스런 연대 의식이 피어나는 소국과민小國寡民의 촌락 공동체를 이상 사회의 원형으로 보는 노자老子의 관점과 일맥상통하는 점이 있다. 또한 『작은 것이 아름답다 Small is Beautiful』[26]라는 저서에서 프리츠 슈마허(E. F. Schumacher)가 제시한 유기적이고 소규모 지향적이며 영속성을 띤 생태경제학적 관점과도 일치하는 바가 있다. 이러한 소규모 공동체의 연대 강화와 역할 증대의 요체는 바로 자율적인 직접 참여를 통한 자기효능감(self-efficacy)의 확산이다. 이러한 생태적 사회관은 NGO와 다국적 기업의 활동 증대로 점차 국민국가의

---

26 E. F. Schumacher, *Small is Beautiful: Economic as if People Mattered*(New York: Harper & Row, 1973). 슈마허 경제 철학의 핵심 사상은 다음 글 속에서 명징하게 드러난다. "세계 인구의 6%를 지탱하기 위해서 세계 1차 자원의 40%를 사용하고서도 행복, 복지, 평화 또는 문화 수준에 이렇다 할 증진이 보이지 않는데 누가 미국 경제를 효율적이라고 주장할 수 있을 것인가?" 일찍이 1950년대 중반—기술적 낙관주의(technological optimism)가 절정에 달해 있었으며, 어디를 가나 성장과 팽창이 강조되었고, 자연 자원은 무한한 것으로 여기던 그 시기—에 그는 재생 가능 자원의 활용을 주장하고 경제학적 사고에 명시적으로 가치 개념을 도입함으로써 20년 뒤에 등장할 생태운동의 선구자적 역할을 담당했던 것이다.

패러다임이 깨어지고 그 결과 '제2의 근대'의 도전에 직면하게 된 오늘날에 재음미될 수 있는 것이다.

생태정치학은 초국가적 발전 패러다임에 입각해 있다. 초국가적 발전 패러다임의 모색의 필요성은—다니엘 벨(Daniel Bell)의 표현을 빌리자면—'세계화 시대의 국민국가는 큰 문제를 해결하기에는 너무 작고 작은 문제를 해결하기에는 너무 크다.'는 데 있다. 오늘날 초국가적 발전 패러다임에 관한 논의의 근거는 크게 두 가지로 나누어 살펴볼 수 있다. 그 하나는 '정보화 혁명'으로 인해 비대한 조직과 제왕적 위계 질서, 대량주의와 비효율적인 결제 라인을 가진 수직 구조의 문화에서 자율적 소집단의 그랜드 네트워크로 이루어진 탈대량주의적인 수평 구조의 문화로 바뀌게 됨에 따라 지구 동시 생활권 형성과 더불어 전 지구적 삶의 조건이 근본적으로 변화한 것을 들 수 있다. 다른 하나는 탈냉전 이후 만주 지역 대부분과 연해주 일대가 한·소 수교와 한·중 수교로 내왕이 자유로워지고 교류 및 협력이 촉진됨에 따라 동북아 권역의 외연적 확대와 더불어 지정학적으로나 물류 유통상으로 이 지역의 통합적 가치가 증대된 것을 들 수 있다.

초국가적 발전 패러다임의 적실성은 미국의 역사사회학자 이매뉴얼 월러스틴(Immanuel Wallerstein)의 세계체제론(world-system perspective)[27]에서 선명하게 드러난다. 그의 세계체제론은 기존 사회과학이 분석 단위로 국가를 상정하는 것과 분과 학문화를 통해 몰沒역사적 분석에

---

27 Immanuel Wallerstein, *The Modern World System: Capitalist Agriculture and the Origins of the European World Economy in the Sixteenth Century*(New York : Academic Press, 1974) 참조.

매몰되는 것을 비판한다. 이러한 그의 관점은 세계화 시대를 살고 있
는 오늘의 우리에게 시사하는 바가 실로 크다. 미국 헤게모니 체제의
쇠퇴와 중국의 등장이라는 세계사적 변화 속에서 한반도 통일 문제
역시 동북아와 세계의 평화질서 구축과 같은 세계사적인 담론으로 전
환될 수 있어야 한다. 다시 말해서 한반도 통일 문제 역시 세계 권력
중심의 이행과 더불어 한반도를 둘러싼 동북아의 지정학적, 경제지리
학적 및 물류 유통상의 역동성이라는 거시적 변화와 연결시킴으로써
제로섬(zero-sum) 게임이 아닌 윈-윈(win-win) 게임이라는 새로운 발전
패러다임을 제시할 수 있어야 하는 것이다.

　생태학적 측면에서 본 오늘의 국제관계는 경제적 제국주의와 맞물
려 작동하는 '환경제국주의(environmental imperialism)' 또는 '생태제국
주의(ecological imperialism)' 28 구조에 의해 지배되고 있다. 환경제국주
의는 대개 3단계로 구분될 수 있다. 제1단계는 1492년 신대륙 발견
으로부터 19세기에 이르는 기간에 유럽과 신대륙 간에 이루어진 생
태학적 불평등 교환에 의거해 있고, 제2단계는 1960년대 이래 지속
되어온 선진 산업 국가에 의한 공해 산업의 해외 수출 및 후진국 국제

28 A. W. Crosby, *Ecological Imperialism: The Biological Expansion of Europe, 900-1900*(Cambridge: Cambridge University Press, 1986)에서는 10세기부터 19세기까지 이루어진 유럽인들의 신대륙—북미, 호주, 뉴질랜드, 아프리카 등—진출을 생태적 정복이라는 관점에서 설명하면서 생태제국주의라는 용어를 사용하고 있다. 이와 유사한 개념으로 '녹색제국주의(green imperialism)'라는 용어도 사용되고 있다(G. Porter and J. W. Brown, *Global Environmental Politics*(Boulder, Colo.: Westview Press, 1991), p.127).

채무〔'자연 대 채무 교환정책' debt-for-nature-swaps〕의 환경 파괴적 메커니즘에 의거해 있으며, 제3단계는 지구 온난화에 따른 생태 위기의 전 지구적 확산과 관계된 것이다.[29] 1992년 6월 리우Rio 유엔환경개발회의(UNCED)에서 채택된 기후변화협약(UNFCCC)을 이행하기 위해 1997년에 만들어진 '교토 의정서(Kyoto Protocol 또는 교토기후협약)'[30]가 세계 온실 가스 배출량의 25%와 선진국 배출량의 36.1%를 차지하는 미국이 불참 원칙을 고수하고 있어 발효가 늦어지고 있는 것은, 자연 이용 과정에서 혜택은 선진국 지배 계층이 누리고 환경 비용은 후진국 일반 민중이 부담하는 식의 환경제국주의적 구조의 단면을 보여주는 것이라 하겠다. 이러한 환경제국주의적 구조는 국민국가의 한계를 넘어선 '제2의 근대화'가 풀어야 할 시대적 과제다.

세계화의 시대를 살고 있는 오늘의 우리에게 심대한 과제로 떠오르고 있는 지역화와 세계화, 특수성과 보편성의 통합 문제 또한 초국가적 실체에 대한 인식 및 협력의 다층적 성격에 대한 이해와 더불어 초국가적 발전 패러다임을 모색하는 접근이 필요하다. 세계체제론의

---

29 황태연, 『환경정치학과 현대정치사상』(서울: 나남출판, 1994), 18-33쪽.

30 교토의정서는 기후변화협약 회원국 중 55개국 이상이 비준하고 비준서를 제출한 선진국들의 이산화탄소 배출량이 전 세계 배출량의 55% 이상 초과되면 90일 이후 발효된다. 2004년 4월 현재 120여 개국이 비준함으로써 첫 번째 조건은 이미 충족됐으나 비준한 선진국의 온실가스 배출량이 전체 선진국 배출량의 37.4%에 불과하여 발효가 늦어지고 있다. 선진국 온실가스 배출량의 17.4%를 차지하는 러시아의 비준 여부에 따라 교토의정서가 발효될 수도 있으나 러시아 또한 자국 경제에 미칠 타격을 우려하여 비준을 거부하고 있는 실정이다. 우리나라는 2002년 10월 국회에서 비준안이 통과되었다.

입장에서 볼 때 동북아는 미국 헤게모니의 쇠퇴와 중국의 등장이라는 세계사적 변화를 담아 내고 있음은 물론 통일 한국의 새로운 발전 패러다임을 제시하는 틀을 제공하는 것으로 볼 수 있다. 이와 관련하여 일본의 러시아·한국 근현대사 전문가 와다 하루키는 동북아 지역 협력을 위한 구상의 일환으로 '동북아 공동의 집'[31]을 제창하고 있다. 그에 의하면 '동북아 공동의 집'은 '평화 정착→환경·경제·문화 공동체 형성→정치·안보 공동체 수립'의 세 단계로 이루어진다. 동북아 공동체 형성에 있어 그는 특히 한국의 중추적 역할을 강조하고 있다. 그 근거로서 그는 한국이 동북아의 지리적 중심에 위치해 있고 동북아 주요 지역에 동북아 코리안이 산재해 있다는 사실을 들고 있다. 그가 포괄하는 동북아는 남북한·일본·중국·몽골·러시아·미국 등 7개국과 타이완·오키나와·하와이·사할린·쿠릴열도 등 5개 섬으로 포괄적으로 이루어져 있다는 점에서 '동북아 공동의 집'은 '인류 공동의 집'으로 발전할 가능성이 다분히 내재해 있다. 말하자면 그는 동북아 지역 공동체, 나아가 지구공동체 형성이라는 한민족의 세계사적 책무를 환기시킨 셈이다.

본 연구는 초국가적 발전 패러다임에 입각하여 20세기 파워 폴리틱스의 폐해를 치유하고 에코 폴리틱스의 새로운 지평을 열기 위한 것이다. 선천 건도乾道 시대가 음양 상극의 시대인 관계로 '닫힌사회(closed society)'·수직사회(vertical society)의 전형을 보여 왔다면, 후천 곤도坤道 시대는 음양지합의 시대인 관계로 평등무이平等無二한 '열린사회(open society)'·수평사회(horizontal society)로 전환하게 될 것이다.

---

31 와다 하루키 著, 이원덕 譯, 『동북아시아 공동의 집』(서울: 일조각, 2004).

수직 사회는 힘(power)의 논리에 기초하여 정치 체계가 하향식 구조를
이루고 있는 반면, 수평 사회는 영성(divinity)의 논리에 기초하여 정치
체계가 상향식 구조를 이루게 될 것이다. 흔히 20세기 정치를 통칭하
여 '파워 폴리틱스(power politics)'라고 하는데 여기서는 '힘'이 지배하
는 선천의 정치 형태를 포괄하여 '파워 폴리틱스'라고 하고, '영성'
이 지배하는 후천의 정치 형태를 포괄하여 에코 폴리틱스 또는 '디비
너틱스divinitics'[32]라고 명명하였다. 생태학과 영성 간의 심오한 연계
에 비추어 볼 때 에코 폴리틱스eco-politics는 그 본질에 있어 디비너틱
스와 다르지 않다.

　　이제 우리가 필요로 하는 것은 진정한 의미에서 서구적 근대의 대

---

32 디비너틱스(divinitics)란 '영성[신성]'을 뜻하는 '디비너티(divinity)'와
　　'정치'를 뜻하는 '폴리틱스(politics)'를 합성하여 필자가 주조한 것으로
　　'영성정치'를 의미한다. 최민자, 「수운의 후천개벽과 에코토피아
　　(Ecotopia)」, 『동학학보』 7호, 동학학회, 2004에서 처음으로 이 용어를 사
　　용하였다. 흔히 21세기는 4D, 즉 유전자(DNA)·정보화(Digital)·디자
　　인(Design)·영성(Divinity)의 시대로 불리고 있거니와, 프랑스의 작가
　　앙드레 말로(Andre-Georges Malraux)는 "21세기는 영적인 세기가 되든
　　지 아니면 존재하지 않게 될 것이다."라고 했고, 독일의 철학자 마르틴 하
　　이데거(Martin Heidegger)도 "인간은 영적으로 창조된 존재이므로 영적
　　인 존재와의 교감 없이는 고향상실증(Heimatlosigkeit)에 빠지고 만다."
　　고 경고한 바 있다. 또한 알버트 아인슈타인(Albert Einstein)은 "과학 없
　　는 종교는 절름발이와 같고 종교 없는 과학은 장님과 같다."고 하여 과학
　　과 영성(spirituality)의 불가분성을 밝힌 바 있다. 프리초프 카프라(Fritjof
　　Capra) 지음, 김재희 옮김, 『신과학과 영성의 시대 belonging to the uni-
　　verse；explorations on the frontiers of science and spirituality』(서울：
　　범양사, 1997)는 과학과 영성의 주제를 다룬 대표적인 저작이다.

안을 모색하는 일이다. 과학적 지식에 기반된 물질문명은 그 본신인 정신과의 메워질 수 없는 간극으로 인해 중환에 허덕이고 있다. 이러한 중환에서 벗어날 수 있기 위해서는 서구의 기계론적 세계관의 근저에 있는 가치 체계의 한계성을 극복할 수 있어야 하는데, 바로 전일적인 새로운 실재관—카프라의 용어를 빌면, '시스템적' 세계관[33]—으로의 패러다임 전환이 서구적 근대의 대안이 될 수 있다. '시스템적' 세계관은 우주자연과 인간, 인간과 인간의 연대성에 기초한 상생의 패러다임과 그 맥을 같이 하는 것이다. 이는 곧 막스 플랑크(Max Plank)의 양자가설(quantum hypothesis, 1900), 알버트 아인슈타인(Albert Einstein)의 광전효과(photoelectric effect, 1905), 닐스 보어(Niels Bohr)의 원자 모델(atomic model, 1913), 베르너 하이젠베르크(Werner Heisenberg)의 행렬역학(matrix mechanics, 1925)과 에르윈 슈뢰딩거(Erwin Schrödinger)의 파동역학(wave mechanics, 1926)에 이르러 그 모습을 드러낸 양자역학의 실재관이며 동시에 동양의 실재관이다. 합리성과 논리성을 기반으로 한 서구의 과학적 지식이 '불합리의 합리'라는 역설적 표현으로 동양의 '정신과학'에 접근한 것은 서구 과학적 지식의 기반 자체를 흔드는 것이라는 점에서 그 시사하는 바가 크다.

파워 폴리틱스에서 에코 폴리틱스〔디비너틱스〕로의 이행은 바로 이러한 패러다임 전환과 그 맥을 같이 하는 것이다. 세계는 지금 WTO 체제의 출범과 FTA 체결의 확산으로 점차 국민국가의 패러다임이 깨어지고 세계화 현상이 급물살을 타고 있고, 세계 경제의 자본주의 경

33 Capra, *The Web of Life*, pp.36-50; Capra, *The Turning Point*, pp.265-304.

제 체제로의 통합 가속화, 국제 경제 관계에서의 자유주의 경제 원칙의 확대·강화, 세계 경제 운용 원칙으로 다자주의 원칙의 제도화를 초래함으로써 전 세계가 이념과 체제를 초월한 무한 경쟁 시대로 돌입하게 했다. UR(Uruguay Round), WTO 등 초국가적 경제 실체의 등장과 더불어 다국적 기업의 확대로 세계 경제가 출현하게 된 것이다. 이러한 경제의 세계화와 더불어 정치의 세계화로 국내 정치와 국제 정치의 구분이 점차 의미를 상실하고 있고 그에 따라 NGO와 국제 기구의 역할이 커지게 되었으며, 또한 문화의 세계화가 이루어지면서 다양하고 이질적인 문화의 소통이 가속화되고 있다. 흔히 21세기를 4D, 즉 유전자(DNA)·정보화(Digital)·디자인(Design)·영성(Divinity)의 시대라고 부르는데 이는 물질문명이 그 극에 이르면서 스스로의 본체인 영성에 대한 인식이 이루어지기 시작했음을 반증하는 것이다.

20세기 파워 폴리틱스가 국민국가의 패러다임에 기초하여 헤게모니 장악을 그 목표로 한 것이라면, 21세기 에코 폴리틱스는 NGO, 다차원적 공동체 및 국제 기구와 같은 초국가적 실체에 기초하여 진정한 지구공동체 실현을 그 목표로 한다. 말하자면 주권 국가를 기본 단위로 힘의 논리에 기초한 권력정치와는 달리, 초국가적 실체를 기본 단위로 대등한 상호의존적·호혜적 협력 체계에 기초해 있는 것이다. 따라서 파워 폴리틱스가 제로섬 게임의 발전론에 입각하여 지배자와 피지배자, 강대국과 약소국, 선진국과 후진국을 이원화하여 약육강식의 논리가 지배하는 대립적이고 분절적인 세계를 낳은 반면, 에코 폴리틱스는 윈-윈 게임의 발전론에 입각하여 주관과 객관, 개체성과 전체성이 하나라는 통합의 논리에 의해 우리 모두가 주인인 조화 세계를 열 것이다. 21세기 정치학의 뉴 패러다임을 제시할 생태정치학은 우리 인류가 시대적 · 사상적 · 종교적 질곡에서 벗어나 유기적 생명체 본연의 통합적 기능을 회복하게 함으로써 진정한 역사 발전의 동력이 될 수 있게 할 것이다. 본 연구의 목적 및 필요성이 여기에 있다.

제3절 연구 내용 및 방법

근대 서구의 세계관과 가치 체계는 16, 17세기에 그 본질적 형태가 형성되어 지난 수백 년 간 서구 문화를 지배한 기초적 패러다임이 되었다. 그것은 르네상스와 종교개혁, 과학혁명, 계몽주의 및 산업혁명 등 일련의 서구 문명의 흐름과 연결된 것으로서 근대 서구 사회를 형성하였을 뿐만 아니라 여타 세계에도 심대한 영향을 끼쳐 왔다. 그러나 서구 산업 문명은 이제 전 지구적 자원과 환경이 이를 지탱할 수 없는 상태에까지 이르게 하고 있다.

2002년도 유엔환경계획(UNEP) 보고서에 따르면, 지구상에서 하루 평균 130여 종의 생물이 사라지고 있는 것으로 추정되며, 특히 한국은 국토 1만㎢당 야생동물 종種 수가 95종으로, 세계 155개 국 가운데 131위에 그칠 정도로 '종種 다양성 극빈국'이다. 지구 온난화가 지금 추세로 계속 진행된다면 2050년까지 세계 동식물의 4분의 1이 멸종할 수 있다는 연구 결과도 나오고 있다.[34] 현재 전 세계의 주요

---

34 영국 리즈대학의 크리스 토머스(Chris Thomas) 등은 영국의 과학잡지 네이처Nature에 발표한 '기후 변화에서 오는 멸종 위기'라는 제목의 보고서

에너지원인 석유의 채굴 가능 매장량은 1조 배럴로 이는 앞으로 40년 정도 사용할 수 있는 양에 불과하며, 연간 600만ha가 사막화되고 있고, 80개 국에서 전 세계 인구의 40%가 식수 부족으로 고통 받고 있으며, 이대로라면 오는 2025년에는 30억 명이 물 부족으로 고통을 받게 될 것이라고 한다.[35] UNEP이 지난 30년 간 지구 환경 변화에 대한 평가와 더불어 향후 30년 간 지구 환경에 영향을 미칠 정책 방향을 담은 '지구 환경 조망(GEO) - 3' (2002)이라는 보고서에 따르면, 무분별한 개발로 인한 산림 파괴와 물 부족 등에 대한 비상 대책이 마련되지 않으면 향후 30년 내에 지구촌은 황폐화할 것이라고 한다.[36]

(2004년 1월 8일자)에서 이같이 주장했다. 1970년대 초 대기학자 제임스 러브록(James Lovelock)은 지구 유기체가 단순히 주위 환경에 적응해서 생존을 영위하는 소극적이고 수동적인 존재가 아니라 지구의 물리 · 화학적 환경을 변화시키는 살아 있는 생명 실체라는 '가이아 가설(Gaia hypothesis)'을 내놓았다. 그는 컴퓨터 모의실험(computer simulation)을 통하여 지구상의 생명체가 무생명계와 상호작용함으로써 스스로 항상성(恒常性 homeostasis)을 유지할 수 있음을 밝혔다. 그 데이지 행성(Daisyworld) 모의실험 결과, 자연이 허용하는 범위 내에서 생태계의 생물종 다양성(biodiversity)이 구현된 곳일수록 안정성과 자체 복원력이 더 강한 것으로 드러났다. 생태계 보전의 노력이 생물종 다양성 구현을 중시하는 이유가 여기에 있다.

35 UNEP의 2004년도 연구 보고는 물 부족뿐만 아니라 수질 환경의 황폐화로 인한 생물 다양성 감소와 어업 및 농업 잠재력 소멸의 심각성을 지적하고 있다(UNEP, *Our Planet*, 통권 14호, UNEP 한국위원회, 2004).

36 세계적으로 지속 가능한 발전을 하기 위해서는 생산 및 소비 방식의 근본적인 변화—즉, 생태친화적인 경제관에 기초하여 최소 소비로써 최대 만족 달성, 성장 개념(growth concept)을 균형 개념(equilibrium concept)으로 대체, 리사이클링(recycling) 생활화 등—가 불가피한 것으로 월드워치 연

뿐만 아니라 2005년 태국 푸껫 등지를 휩쓸고 지나간 지진해일(쓰나미)이나 캐슈미르 지진, 그리고 미국 뉴올리안 주를 강타한 허리케인이나 엘니뇨(El Nino) 및 라니냐(La Nina) 현상[37]과 같은 전 지구적 환경 재앙은 날이 갈수록 심각해지고 있다. 2007년 2월 2일에 발표된 기후 변화에 따른 지구적 대재앙을 경고한 유엔의 '지구 온난화 보고서'[38]는 인류의 공동 대처를 촉구하는 목소리가 높아지면서 전 세계

구소(World Watch Institute)는 보고 있다(월드워치 연구소 펴냄, 생태사회연구소 번역, 『2004 지구환경보고서』(서울: 도서출판 도요새, 2004) 참조).

37 '엘니뇨(El Nino)'는 스페인어로 '남자아이' 또는 '아기예수'를 뜻한다. 기상학자들에 의하면 엘니뇨 현상은 열대 동태평양 적도 부근 해수면 온도가 5개월 이상 평년보다 0.5도 이상 높은 상태가 지속되는 경우를 말한다. 엘니뇨 현상이 발생하여 동태평양 쪽의 바닷물 온도가 높아지면 공기가 동태평양에서 서태평양으로 흐르게 되므로 정상적인 기상 패턴이 깨져 보통 화창한 날씨인 페루 등 남미지역에는 비가 많이 내리고, 열대성 강우가 쏟아지는 동남아시아에서는 극심한 가뭄이 일어나는 등 기상이변이 생긴다. '라니냐(La Nina)'는 스페인어로 '여자아이'라는 뜻이다. 엘니뇨의 반대 현상으로 동태평양의 해수면 온도가 5개월 이상 평년보다 0.5도 이상 낮은 상태가 지속되는 경우를 말한다. 이 현상이 발생하면 원래 찬 동태평양의 바닷물은 더욱 차가워져 서진하게 되므로 인도네시아, 필리핀 등의 동남아시아에는 격심한 장마가, 페루 등 남아메리카에는 극심한 가뭄이, 그리고 북아메리카에는 강추위가 찾아올 수 있다. 근래 빈번하게 발생하는 대형 가뭄과 홍수, 酷寒과 酷暑 등은 지구온난화, 엘니뇨, 라니냐 등 세계적인 기상이변에 의한 것으로 우리나라도 예외가 아니다.

38 2007년 2월 2일 프랑스 파리 유네스코 본부에서 발표된 유엔의 '지구 온난화 보고서'는 유엔 산하 '정부간 기후변화위원회(IPCC)'가 130개국 2500명 과학자들의 보고서를 취합하여 同年 1월 29일부터 회의를 거듭해 최종 확정한 것이다. 이에 따르면 20세기 동안 지구 평균 기온이 0.7도 상

적인 파장을 낳고 있다. 더욱이 환경 파괴의 시너지 효과(synergy effect)[39]는 환경 파괴의 과정을 가속화함으로써 지구 행성의 미래에 대해 심각한 우려를 낳게 하고 있다.

카프라에 의하면 전 지구적인 각종 위기 현상—에너지 위기, 건강 관리의 위기, 생태계 파괴와 환경 재해, 해수 오염 등 총체적인 인간 실존의 위기—은 하나의 동일한 위기가 각각 달리 나타나는 것으로서 본질적으로 인식의 위기이며, 이는 이미 낡은 데카르트-뉴턴의 기계론적 세계관의 관점을 그러한 관념으로는 도저히 이해할 수 없는 실재에 무리하게 적용하려는 데서 연유된 위기라고 한다. 그는 우리가 살고 있는 세계가 생물적 · 심리적 · 사회적 · 환경적 현상이 상호적으

승하였으며, 온난화 원인 중 인간의 책임이 90%인 것으로 분석되고 있다. 해수의 경우 최소 3000미터까지 온난화가 확산됐으며, 북극 영구동토층의 표면 오도는 1980년 이후 3.0도 가량 높아진 것으로 나타난다. IPCC는 2100년까지 지구 표면 온도가 1.1도~6.4도 높아지고 해수면도 18~58cm 상승할 수 있으며 극지방 빙산이 계속 녹을 경우 해수면은 추가로 10~20cm높아질 것으로 내다보았다. 또한 해수면 상승에 따른 저지대 국가와 지역이 침수 위기를 맞을 것이라고 경고했다.(http://news.naver.com/news/read.php?mode=LSS2D&office_id=0000269446&sectio_id=102&section_id2=252&menu_id=102(2007.2.3)

39 환경 파괴의 시너지 효과는 지구 온난화와 해빙 간의 관계에서 보듯 기온 상승으로 해빙이 일어나고 해빙으로 얼음과 눈 아래에 있던 토양과 물이 태양빛의 에너지 중 많은 부분을 흡수하여 기온이 더 상승하게 되며 기온이 상승할수록 해빙은 더 급속하게 일어나는 현상과 같이 환경 파괴 추세들이 서로를 강화해서 그 과정을 가속화하는 것을 말한다. 또 다른 시너지 효과의 예로서 기온상승과 숲의 화재, 기온 상승과 산호초의 격감과 해양 생태계 파괴 간의 관계를 들 수 있다(레스터 브라운 著, 한국생태경제연구회 옮김, 『에코 이코노미』(서울: 도서출판 도요새, 2003), 102-103쪽.

로 연결되어 있는 까닭에 이러한 세계를 적절히 기술하기 위해서는 생태학적 전망이 필요하다고 본다.[40] 그리하여 그는 새로운 정치의 제1원리를 생태학에서 찾고 녹색정치의 위상을 새로운 생태 패러다임에 근거하는 것으로 규정짓고 있다.

자연은 이제 더 이상은 '자유재自由財'가 아니라 더불어 보존하지 않으면 파괴되어 없어지는 '연대자본連帶資本'이다. 물질적 재화가 유한하기 이전에 지구의 자원과 자연이 유한하다는 점이 우리에게는 중대한 의미를 지니게 된 것으로, 그것은 인간과 자연의 연대성을 근본적으로 변화시켰다.[41] 그리하여 지금까지 낡은 산업 문명 하에서 신봉되던 사상 및 가치 체계의 변화가 최근 몇십 년 동안에 나타나게 된 것이다. 「다운사이징(Downsizing, 규모축소)」·「심플 리빙(Simple Living)」·「자발적 검소(Voluntary Simplicity)」·「자발적 빈곤(Voluntary Poverty)」·「다운시프트Downshift」[42]라는 용어 사용의 확산은 가치 체계와 생활양식의 변화를 단적으로 말하여 주는 것이다.

무한한 물질 소비와 과도한 경쟁, 그리고 일체의 질(quality)을 양

---

40 Capra, *The Turning Point*, pp.15-16.
41 송희식, 『존재로부터의 해방』(서울: 비봉출판사, 1991), 295쪽.
42 '다운시프트'의 사전적 정의는 低速 기어로 바꾼다는 뜻인데, 속도를 우선시하는 삶에 브레이크를 밟는다는 의미로 해석할 수 있다. 현대 유럽인들 사이에서 치열한 생존 경쟁을 자진해 이탈하여 느긋하게 삶을 즐기고 싶어 하는 사람들이 늘어나면서 '다운시프트族', 즉 '느림보族'이라는 신조어가 생겨났다. 이들은 원하는 형태의 삶을 위해 고소득을 기꺼이 포기하는 것이 뚜렷한 공통점인 것으로 나타난다. 시장조사기관인 데이터모니터에 따르면, 다운시프트族이 지난 6년간 30% 이상 증가했고 2007년에는 1600만 명에 달할 것으로 내다보고 있다.

(quantity)으로 환원하는 경제 체제는 장기적으로 활력을 유지할 수 없어 머지않아 붕괴할 운명에 처하게 되는 것은 자명한 이치다.[43] 슈마허가 적절하게 지적한 바와 같이, 인간적인 규모, 성장의 질質, 건전한 생태적 원리를 바탕으로 한 영속적인 경제학, 그리고 인간의 본성에 순응하는 기술의 중요성은 아무리 강조해도 지나치지 않을 것이다. 또한 생태학이 모든 정치학자들에게 필수과목이 되어야 하는 것은, 자기균형적(self-balancing)이고 자기조정적(self-adjusting)이며 자기정화적(self-cleansing)인 자연 체계와는 달리 정치적 및 기술적 사고는 그 어떠한 자기 제한적 원리도 인정하지 않기 때문이다. 말하자면 '인간 존중의 정치학(politics as if people mattered)'과 '인간의 얼굴을 가진 기술(technology with a human face)'이 실현되어야 하는 것이다.[44]

모든 제도와 조직의 성장에도 기본적인 생태적 통찰(ecological insight)은 적용된다. "지난 해 잎들이 썩어 이듬해 봄 새롭게 돋아날 싹을 위해 두엄을 마련하듯이, 어떤 제도나 조직도 몰락하여 썩어야만 그들의 구성체인 자본, 토지, 인간 재능이 새로운 조직 창출을 위해 사용될 수 있다."[45] 수운水雲이 "십이제국 괴질운수 다시 개벽 아닐런가"[46]라고 하여 쇠운衰運과 성운盛運이 교체하는 역학적易學的 순환사관을 펼쳐 보인 것도 이러한 생태적 통찰의 범주를 벗어나는 것은 아니다. 우주만물은 모두 간 것은 다시 돌아오고 돌아온 것은 다시 돌아가는

---

43 생태학적 대안에 대해서는 Fritjof Capra, *Uncommon Wisdom*(New York: Simon & Schuster Inc.,1988), pp.206-261 참조.

44 cf. E. F. Schumacher, *op.cit.*.

45 Capra, *Uncommon Wisdom*, p.237.

46 『龍潭遺詞』「夢中老少問答歌」.

법. 그것은 그 무엇으로도 거역할 수 없는 자연의 이법理法인 것이다.

생태정치학은 삼라만상이 모두 혼원일기混元一氣의 역동적인 나타남으로 무수한 것 같지만 기실은 하나의 기氣밖에 없다는 명제에 입각해 있다. 다시 말해서 영靈과 기운은 본래 둘이 아니라 일기一氣라는 점에서 생태정치학은 본질적으로 생태적인 동시에 영적이다. 에코 폴리틱스가 디비너틱스와 둘이 아닌 것은 이 때문이다. 이제 근대적 인간 중심주의는 생명의 유기성을 깨달음으로써 새로운 연대로 거듭나야 한다. 마치 눈송이가 바다와 재결합하기 위해서는 그 구조와 개별성을 포기해야 하듯, 우리가 우주적 본성과의 고리를 되찾기 위해서는 '나'라는 에고(ego 個我)가 사라져야 하는 것이다.[47] 사람을 '인人'이라고 하지 않고 '인간人間'이라고 하는 것은 인간이 단순한 개인적 존재이기에 앞서 관계적 존재임을 나타낸 것이다.[48]

파워 폴리틱스에서 에코 폴리틱스〔디비너틱스〕로의 이행은 천시天時와 인사人事가 상합하는 것으로 우주 변화의 원리에 따른 것이다. 분열과 통일을 순환 반복하는 리듬이 음양이고 춘하추동의 생장염장生長斂藏의 모습인 것이다. 천지도 이러한 변화를 반복하고, 인사도 이를 반복하고, 만물 만상이 이를 반복하는 것이다. 하찮은 미물에도 천지의 이치가 포괄되어 있거늘, 하물며 인사에 있어서랴! 천시天時가

---

47 전체와 분리된 '나'라는 에고는 실재하는 것이 아니니, '사라져야 한다'는 말은 적절하지 않을지도 모른다. 그럼에도 실재한다고 착각하고 있으니 착각하는 그 마음이 사라져야 한다는 것이다.

48 헤겔 변증법의 中核을 이루는 '間主觀性(intersubjectivity)'의 개념은 인간이 관계적 존재임을 단적으로 말하여 준다. 그는 주인과 노예의 변증법적인 관계를 통하여 생생하게 이를 보여 준다.

동動하면 인사가 일어난다고 하는 것은 만고불변의 이치다. 그럼에도 세상 사람들이 시時와 사事를 분리시키는 것은 자유의지와 필연의 조화를 깨닫지 못한 데서 오는 것이다. 다시 말해서 천인합일의 이치를 체득하지 못한 데서 오는 것이다. 우주만물의 전일성이 개오되지 않았을 때 개체화(particularization)와 무지無知가 일어나게 되는 것이다. '만법귀일萬法歸一', 즉 만 가지 법이 하나인 마음의 법으로 돌아간다는 것은 이 세상에 일심법一心法에서 벗어나 존재할 수 있는 것은 아무 것도 없다는 뜻이다. 오직 일심법만이 가없는 변화에 응답하는 원궤圓軌의 중심축인 것이다.

이렇게 볼 때 파워 폴리틱스에서 에코 폴리틱스로의 이행은 시대적 필연이며 이는 사조의 전환을 통해 가시적으로 나타나고 있다. 카프라는 현재 지구촌에 진행 중인 과도기적 변천을 크게 세 가지로 요약하고 있다. 우리 삶의 기반 자체를 흔들고 사회 경제 및 정치 체계에 심각한 영향을 미칠 세 가지 변천은 부계 사회의 쇠퇴와 여성운동의 고조, 화석 연료 시대(fossil-fuel age)의 종언과 태양 시대(solar age)로의 변천, 그리고 패러다임 전환(paradigm shift)[49]이 그것이다. 부계 사회의 쇠퇴와 여성운동의 고조가 이 시대의 가장 강력한 조류의 하나가 되었으며 미래의 진화에도 심각한 영향을 미칠 것이라고 보는 것은, 음양동정陰陽動靜의 순환에 따른 곤운坤運의 후천 5만 년의 도래와 더불어 자연스런 현상이라 하겠다. 여기서 주목하고자 하는 것은 세 번째의 변천이다. 이는 곧 서구 문명의 지양을 위한 새로운 패러다임 즉 새로운 실재관의 정립과 관련된 것으로, 우리의 세계관과 사고방

---

49 Capra, *The Turning Point*, pp.29-30.

식 및 가치 체계의 근본적인 변화를 필요로 한다.

역사를 '변화의 물결(waves of change)'[50]에 비유하고 있는 토플러적인 의미에서 물신 숭배는 흔히 산업 사회로 불리는 '제2물결(the Second Wave)'의 낡은 유산이다. 토플러(Alvin Toffler)는 오늘날의 정치 위기가 전 지구적으로 동시다발화할 수 있는 것이라고 지적하고, 제도와 운영면에서 '제2물결'의 틀에서 벗어나지 못하고 있는 데서 문제의 본질을 찾고 있다. 그러나 그는 "마치 수 세기 전 '제2물결'의 근대 문명이 '제1물결(the First Wave)'의 전근대적 사회와 싸운 것처럼 지금의 새 문명도 전 지구적 헤게모니 장악을 위해 싸워 나갈 것"[51]이라고 단언한다. 따라서 대량화에 기반된 '제2물결'의 '완력경제(brute-force economies)' 또한 탈대량화(de-massification)에 기반된 '제3물결(the Third Wave)'의 '두뇌력 경제(brain-force economies)'로 이행할 수밖에 없다고 본다.[52]

그렇다면 토플러가 말하는 '제3물결'의 새 문명은 그것이 '지식혁

---

50 Alvin and Heidi Toffler, *op.cit.*, p.27.

51 *Ibid.*, pp.32-33.

52 *Ibid.*, pp.31-34. Toffler에 의하면, 오늘날 세계 문명의 배열 상태는 제각각이며 전혀 다른 권력 구조를 향해 달려가고 있는데 이 구조는 양분된 세계를 만들어 내는 것이 아니라 서로 대립하여 경쟁하는 3개의 문명—첫 번째는 쟁기로 상징되고, 두 번째는 조립라인(assembly line)으로, 세 번째는 컴퓨터로 상징되는 문명들—으로 뚜렷이 분할된 세계를 만들게 될 것이라고 한다. 이 3분된 세계에서 '제1물결' 부문은 농산물 및 광물 자원을 공급하는 농업 세력이, '제2물결' 부문은 값싼 노동력을 공급하여 대량생산을 하는 산업 세력이, '제3물결' 부문은 지식을 창조, 이용하는 새로운 방법에 기초한 지식 세력이 우위를 차지하게 된다고 한다(*Ibid.*, pp.30-31).

명'의 산물이라는 점에서 그 혁명을 끝까지 밀고 나가면 결국 과학적
지식의 자기 부정을 통해 동양적 사유에 접근한 카프라의 체계에 도
달하게 되는 것은 아닐까? 그것은 곧 '제2물결'의 산업 문명의 퇴조
와 '제3물결'의 새로운 문명의 부상이 지난 300년 간 서구와 여타 세
계를 지배해 온 서구적 보편주의의 종언을 예고하는 것임을 말하여
준다. 토플러는 '제1물결'의 변화—농업혁명—가 완결되기까지는 수
천 년이 걸렸지만, '제2물결'인 산업 문명이 대두하는 데는 단지 300
년이 걸렸고, 오늘날에는 변화의 속도가 더욱 가속화되어 '제3물결'
은 수십 년 내에 역사를 휩쓸어 스스로를 완성시킬 가능성이 있다고
본다.[53]

또한 미래학자 존 나이스빗(John Naisbitt)은 21세기 미래를 이끌어
갈 메가트렌드megatrend 중 가장 큰 하나로 경제의 글로벌화를 들고
그 핵심으로 '열린 마음(open mind)'과 '네트워크network'를 꼽는다.
그는 글로벌 경제의 기본 단위(basic units)가 기업이며 국가의 역할은
사실상 끝난 것으로 보고 있다. 그에 의하면 지금까지 정부의 역할은
크게 두 가지, 즉 공평성(fairness)과 자유(freedom)를 달성하는 데 초점
을 두어 왔으며, 대부분의 정부는 중앙집중적 계획을 통해 소득이나
복지를 재분배함으로써 공평성을 달성하려고 노력해 왔지만 지금까
지도 성공하지 못했을 뿐 아니라 앞으로도 성공할 수 없을 것이라고
단언한다. 대신 정부는 경제적 자유도를 높이기 위해 노력해야 하며,
개인이든 기업이든 서로 공평하게 경쟁할 수 있는 환경을 만들어줘야
경제나 사회가 동력을 잃지 않으면서 발전해 나갈 것이라고 한다.[54]

---

53 *Ibid.*, p.19.

다시 말해서 정부가 나서서 무엇을 해야 하는 시기는 끝났다는 것이다. 말하자면 '제2물결'의 낡은 정치 제도나 조직은 '제3물결' 시대에는 적용될 수 없을 뿐만 아니라 오히려 위기를 증폭시키는 요인이 된다는 것이다.

21세기 에코 폴리틱스는 신성[영성]과 이성의 통합을 기초로 하는 까닭에 우주만물의 전일성과 생명의 유기성을 깨달아 순천順天의 삶을 지향하게 한다. 최상의 정치 형태는 '무위자화無爲自化'의 그것이며, 이상적 위정자가 될 수 있기 위해서는 무위이화無爲而化의 덕을 지녀야 한다. 그것은 곧 신성과 이성의 통합을 통하여 이루어진다. 우리의 마음이 순수하게 도道에 계합契合되어 무위이화의 덕을 지켜나가게 되면, 무위無爲이나 실제로는 무불위無不爲[55]인 통치를 하게 되는 것이고, 따라서 최고도로 유능한 정부가 되지만 그러한 유능성은 백성들에게는 의식되지 않는 까닭에 모두가 저절로 그렇게 된 것인 양 생각하게 되는 것이다. 지배와 복종의 관계에 있어서도 피치자가 저절로 순화되므로 사실상 종적인 관계라 할 수 없으며, 결과적으로 치자와 피치자의 구분 자체도 의미를 상실하게 되어 만인이 자유롭고 평등한 무극대도無極大道의 세계가 현실 속에서 현현하게 되는 것이다.

---

54 John Naisbitt and Patricia Aburdene, *Megatrends 2000*(New York: William Morrow and Company, Inc., 1990); John Naisbitt, *Global Paradox: The Bigger the World Economy, the More Powerful Its Smallest Players*(New York: William Morrow and Company, Inc., 1994) 참조.
55 『道德經』 48章: "無爲而無不爲" 즉 함이 없으면서도 하지 않음이 없게 되는 경계를 말함이다.

　도덕과 정치의 묘합妙合에 기초한 에코 폴리틱스는 우주 '한생명'을 구현하는 통로이다. 이제 새로운 문명은 '참나[참본성, 混元一氣]'에 대한 깨달음에서 시작되어야 한다. 참나는 이 우주를 포괄하는 전체, 말하자면 생태계[생명계] 그 자체이다. 그러나 물질 차원의 에고에 갇혀서는 참나와 만나지 못한다. 내재적 본성인 신성을 깨달을 때 비로소 참나는 그 모습을 드러낸다. 그것은 곧 평등성지平等性智의 나타남이다. 참나로 가는 길이 곧 동귀일체同歸一體요 귀일심원歸一心源이다. 무극대도의 세계란 '나'를 잊고 '나'를 잃지 않음으로써, '나'와 '너', '이것'과 '저것'의 경계가 사라지고 존재계와 하나가 됨으로써 닿을 수 있는 순수의식[우주의식, 근원의식, 전체의식, 참본성]의 영역이다. 거기에 이르는 통로가 에코 폴리틱스이다. 에코 폴리틱스는 권력과 자유, 자유와 평등이 조화를 이루는 이상적인 직접정치의 원형(prototype)을 보여 준다. 그런 점에서 자율성과 평등성에 기초한 에코 폴리틱스는 권력과 자유의 부조화라는 대의 정치의 유산을 극복하는 하나의 방안을 제시한 것으로 볼 수 있다.

　이상에서 볼 때 생태정치학은 근대 국민국가의 한계를 넘어 정신·물질, 자연·문명, 생산·생존 이원론의 극복을 통하여 근대 산업 문명의 폐해를 극복하고 공존의 대안적 사회를 마련하려는 모색의 중심에 자리 잡고 있는 것이다. 그것은 정치경제학, 역사철학, 사회심리학, 우주과학, 현대 물리학의 측면 등과 긴밀히 연계되어 있는 까닭에 연구 방법으로는 학제적 접근(interdisciplinary approach)이 필수적이다. 이는 생태정치학이라는 학문 자체가 상호 의존성·통합성에 의거한 '살아 있는 시스템'을 연구 대상으로 하는 것인 만큼, 학문적 성격 또한 종합적이고 학제적인 특징을 띨 수밖에 없는 것이다. 이와 더불어 문명의 대전환과 그 맥을 같이 하고 있다는 점에서 동서東西의 세계관과 가치 체계에 대한 비교 분석이 선행되어야 한다. 말하자면 개인과 국가와 세계를 관통하는 새로운 세계관 및 역사관의 정립과 더불어 근대 초극의 방향과 방법에 대한 구체적인 논의가 필요한 것이다. 나아가 우주 자연과 인간, 인간과 인간의 연대성을 파기시키고 자원 고갈 · 환경 파괴 · 정신 공황 · 공동체 의식 쇠퇴 등을 초래한 근대적 인간 중심주의를 넘어서야 한다는 점에서 존재론과 인식론의 재정립이 필수적이다.

지금까지의 생태정치학적 논의는 상기와 같은 본질적이고도 다차원적인 연구 방법이 결여되어 있었던 까닭에 학문으로서의 위상이 제대로 정립되지 못했을 뿐만 아니라 생태정치학이라는 학문 분과 자체가 아직은 보편적으로 인식되고 있지는 못하다. 특히 본 연구는 생태정치 이론과 실제를 생생하게 보여 주는 상고 시대의 역사적 사례 분석을 통해 기존의 생태학적 논의의 한계성을 극복하고 생태학적 담론이 정치 실천적 차원으로 연결될 수 있는 고리를 제공하게 될 것이다. 실로 생태정치학의 본질에 내재된 에코토피아적 지향성은 현재의 모든 생명 전략들에 대한 재검토와 더불어 생존의 영적 차원의 중요성을 인식하게 함으로써 물리적 우주 이미지에 변화를 가져오는 동시에 불가분의 에너지 패턴을 생각하게 될 것이다. 이는 전일적이고 생태적이며 영적인 비전과 조화를 이루는 현대 물리학의 새로운 실재관과도 일치하는 것이다. 생태혁명의 요체는 하늘(天)과 사람(人)과 만물(物)에 대한 차별 없는 공경과 사랑이다. 이는 곧 무시무종無始無終의 영원한 참본성[混元一氣]에 대한 인식이며 동시에 그것의 실천이다.

본 연구는 모두 4부—'생태정치학의 이해', '생태정치학적 사유의

사상사적 전개', '생태정치학과 현대정치사상', '에코토피아ecotopia
를 향하여'—로 구성되어 있다. 제1부 생태정치학의 이해는 3장—
21세기 정치학의 메가트렌드megatrend', '생태정치학이란 무엇인가',
'생태적 사유와 정치적 사유의 변증법적 전개'—으로 구성되어 있다.
제1장 21세기 정치학의 메가트렌드에서는 문제 제기, 연구 목적 및
필요성, 연구 내용 및 방법에 대해, 제2장 생태정치학이란 무엇인가
에서는 문명의 대전환과 생태 패러다임, 생태정치학의 개념, 생태정
치학의 본질에 대해, 제3장 생태적 사유와 정치적 사유의 변증법적
전개에서는 상고 및 고대의 제정일치시대, 중세 그리스도교적 보편사
회, 르네상스와 종교개혁기, 근대 이후 물질만능주의시대의 생태적
사유와 정치적 사유의 변증법적 전개에 대해 살펴볼 것이다.

　제2부 생태정치학적 사유의 사상사적 전개는 3장—'생태정치학적
사유의 사상사적 연원과 전개 과정', '유·불·도와 동학에 나타난
생태정치학적 사유', '탈근대 논의에 나타난 생태정치학적 사유'—으
로 구성되어 있다. 제4장은 생태정치학적 사유의 사상사적 연원과 전
개과정에 대해, 제5장은 유·불·도와 동학에 나타난 생태정치학적
사유에 대해, 제6장은 탈근대 논의에 나타난 생태정치학적 사유, 즉
심층생태론(deep ecology), 사회생태론(social ecology), 생태사회주의(eco-
socialism), 에코페미니즘(ecofeminism)에 대해 살펴볼 것이다.

　제3부 생태정치학과 현대 정치사상은 3장—'생태합리주의와 현대
물리학의 실재관', '생태 패러다임의 정치사상적 수용', '생태정치학과
현대 한국의 정치사상'—으로 구성되어 있다. 제7장 생태합리주의와
현대 물리학의 실재관에서는 생태합리주의의 특질과 현대 물리학의 사
상, 현대 물리학적 실재관의 전일적 특성, 현대 물리학과 동양사상에

대해, 제8장 생태 패러다임의 정치사상적 수용에서는 존재론과 인식론의 재정립, 생태정치학과 포스트모더니즘, 생태적 근대화와 생태민주주의에 대해, 제9장 생태정치학과 현대 한국의 정치 사상에서는 한국 생태정치학의 현주소와 과제, 전일적 패러다임의 정치사상적 수용 실태, 지속 가능성 담론의 함의와 한국적 수용에 대해 살펴볼 것이다.

제4부 에코토피아ecotopia를 향하여는 3장— '생태적 리더십의 본질과 통치의 정당성', '녹색 거버넌스와 녹색국가', '지구 생태공동체의 구현' —으로 구성되어 있다. 제10장 생태적 리더십의 본질과 통치의 정당성에서는 생태적 리더십과 생태효율성, 리더십과 통치의 정당성, '21세기 리더십의 정치실천적 과제'에 대해, 제11장 녹색 거버넌스와 녹색국가에서는 녹색 거버넌스의 특성과 과제, 녹색적 사유와 녹색국가론, 한국에서의 녹색정치의 가능성에 대해, 제12장 지구 생태공동체의 구현에서는 동북아시대의 개창과 동북아 연대를 위한 담론, 생태적 지속성을 띤 지구공동체의 구현, 지구촌의 pilot project: UN세계평화센터(UNWPC)에 대해 살펴볼 것이다.

이상에서 보듯 본 연구는 인간 존재의 '세 중심축(天地人 三才)'의 분절성 극복을 통해 유기적 생명체 본연의 통합적 기능을 회복하게 함으로써 정신·물질 이원론에 입각한 서구적 근대의 태생적 한계를 극복하고 생태적 지속성(ecological sustainability)을 띤 지구공동체 건설에 기여할 수 있을 것이다. 생명계를 개별적 유기체로서가 아니라 '살아 있는 시스템'으로 인식하는 생태정치학은 생존의 영적 차원의 중요성을 인식함으로써 진정한 생명 시대의 개창을 촉구하게 될 것이다. 근대의 초극을 위한 생태정치학적 대응의 필요성이 여기에 있다.

제2장 생태정치학이란 무엇인가

제1절 문명의 대전환과 생태 패러다임

1. 패러다임 전환과 후천개벽

현재 인류가 직면한 지구 환경의 급격한 변화와 더불어 복합적이며 다차원적인 세계적 변화에 따른 총체적인 인간 실존의 위기는 인류 문명의 대전환을 예고하고 있다. 지구촌 곳곳에서 발생하는 환경 문제와 생태 위기에서 단적으로 드러나듯이, 현대 사회가 '불확실한 문명'을 안은 '네거티브 섬 게임(Negativsummen-Spiel)'의 '위험사회(Risikogesellschaft)'[56]라고 하는 것은 울리히 베크(Ulrich Beck)에 의해 이미 천명된 바이다. '위험사회'를 극복하기 위해 베크가 제시하고 있는 '국민국가'의 한계를 넘어선 '제2의 근대화' 개념, 새뮤얼 헌팅턴(Samuel P. Huntington)이 제기한 세계 질서의 '문화적 재편(cultural reconfiguration)', 광범하게 운위云謂되고 있는 '문화적 르네상스(cultural renaissance)',[57] 토플러가 말하는 '제3물결'의 새 문명, 그리고 20세기

---

56 Beck, *op.cit.*.

역사의 중심 주제가 되었던 '서구의 몰락(the decline of the West)'과 같
은 일련의 논의들은 피티림 소로킨(Pitirim Sorokin)이 단언한 것처럼
'새로운 창조력, 새로운 형태의 문화를 낳는 산고(産苦 birth pangs)'[58]
인 것일까? 역사의 흐름이라는 측면에서 이들의 논의 방향은 어떤 접
점을 찾을 수도 있지 않을까. 카프라는 현대 물리학에 의해 암시되고
있는 세계관과 동양의 전일적인 실재관 사이의 심오한 조화를 깨닫는
것이 문화적 대전환의 요체가 되는 것으로 보았다.[59]비록 그들 자신
은 예측하지 못했을지라도, 카프라의 체계 속에서 그들은 조우遭遇할
수 있지 않을까.

문명 발생의 기본 패턴을 '도전과 응전(challenge-and-response)'의 상
호작용의 패턴으로 본 아놀드 토인비(Arnold Joseph Toynbee)의 문화 모
형에 기초하여 카프라는 이 시대 도전의 본질을 분석함으로써 일어나
고 있는 몇 가지 과도기적 변화—우리 삶의 기반 자체를 흔들고 사회
경제 및 정치 체계에 심각한 영향을 미칠 세 가지 변천—를 지적해 내
고 있다. 가장 심각한 첫 번째 변천은 부계 사회의 쇠퇴에서 오는 것

---

57 아시아의 경제 발전을 원동력으로 삼는 이 르네상스는 아시아 각국의 고유
    한 문화적 정체성과 서구 문화와 구별되는 아시아 문화의 공통성을 강조하
    는 시대적 분위기에서 감지되는데 이러한 현상은 아시아인이 더 이상은 서
    구적인 것, 미국적인 것에 대한 무조건적인 수용을 거부함을 뜻한다.
    Tommy Koh, *America's Role in Asia : Asian Views*, Asia Foundation,
    Center for Asian Pacific Affairs, Report No.13(Nov. 1993), p.1 참조.
58 Pitirim A. Sorokin, *Social and Cultural Dynamics*, 4vols.(New
    York : American Book Company, 1937-41), pp.25-26.
59 Fritjof Capra, *The Tao of Physics*(Boston : Shambhala Publications,
    Inc., 1975) 참조.

으로, 여성운동이 우리 시대의 가장 강력한 문화 조류의 하나가 되었으며 미래의 진화에도 심각한 영향을 미칠 것이라고 보는 것이다. 두 번째 변천은 화석 연료 시대(fossil-fuel age)의 쇠퇴에서 오는 것으로, 화석 연료—석탄, 석유 및 천연가스—는 근대 산업 시대의 주 에너지원이며 이것이 소진됨에 따라 이 시대는 종언을 고하게 될 것이고 따라서 태양 시대(solar age)로의 변천이 이루어지게 되는데 이 변천은 현재의 경제 정치 체계를 근본적으로 변화시킬 것이라고 보는 것이다. 세 번째 변천은 문화적 가치와 연관된 것으로, 특정 실재관을 형성하는 사상, 지각 및 가치의 변화, 즉 패러다임 전환(paradigm shift)을 내포하는 것이라고 보는 것이다.[60] 여기서 우리가 주목하고자 하는 것은 세 번째의 변천이다. 이는 곧 서구 문명의 지양을 위한 새로운 패러다임, 즉 새로운 실재관의 정립과 관련된 것으로, 우리의 세계관과 사고방식 및 가치 체계의 근본적인 변화를 필요로 한다. 이제 가장 중요한 소유 형태는 무형적 자산, 즉 '지식(knowledge)'[61]이라는 '소유의 패러독스(the property paradox)' 시대에 우리는 살고 있다. 1세기가 넘도록 공적 소유냐 사적 소유냐를 둘러싸고 목숨을 건 투쟁을 벌인 사회주의자와 자본주의 옹호자들 그 어느 쪽도 그들의 투쟁이 시대에 뒤떨어진 것이 되리라고는 상상하지 못했다.[62]

카프라에 의해 암시된 바 있는 새로운 문화 · 문명 시대로의 대전

---

60 Capra, *The Turning Point*, pp.29-30.
61 Toffler는 지식을 데이터, 정보, 이미지, 심벌, 문화, 이데올로기 및 가치를 포함하는 광의로 정의하고 있다(Alvin and Heidi Toffler, *op.cit.*, p.42).
62 *Ibid.*, p.67.

환은 냉전 체제 붕괴 후 가시적으로 나타나고 있다. 탈냉전 이후 세계적 변화는 복합적이며 다차원적인 것으로 지역화 · 세계화 추세 속에 국제 정치 영역과 세계 자본주의 영역은 물론 문화와 이데올로기 영역, 나아가 과학과 사유 영역에까지 미치고 있다. 세계는 지금 서구 산업 문명이 초래한 정신 공황精神恐慌으로 역사상 유례가 없는, 지구 상의 전 생명의 절멸絶滅이라는 심각한 위협에 직면해 있다. 과학적 방법론에 대한 회의가 일고 과학적 지식의 한계를 절감하면서 이제 우리는 인식의 대전환기를 맞고 있다. 물질문명의 상처를 치유해 줄 새로운 문명, 바로 동아시아의 정신문명이 대두하고 있으며 우리는 바로 그 전환점에 와 있다. 이는 냉전 이후 세계 정치가 문화의 경계선을 따라 재편되고 있고 정치적 경계선이 문화적 경계선, 곧 민족적 · 종교적 · 문명적 경계선과 일치해 가는 추세63와 무관하지 않다.

우주 과학적 측면에서 보면, 우주 질서 속에서 지구 문명은 물고기 별자리인 쌍어궁雙魚宮 시대에서 물병 별자리인 보병궁寶瓶宮 시대를 맞이하고 있으며, 많은 사람들은 새 시대가 근본적인 패러다임 전환을 가져올 것이라고 예측한다. 물병 별자리가 바로 공空을 상징함은 우연이 아닐 것이다. 이는 곧 지식 차원의 좌뇌左腦 주도 시대에서 초지超知의 우뇌右腦 주도 시대로의 이행을 의미한다. 좌뇌 주도 시대가 에고 차원의 물리 시대라면, 우뇌 주도 시대는 우주 차원의 공空 시대다. 여기서 '공'은 모든 형상을 일으키는 살아 있는 공으로, 무궁무진한 생명력을 가진 허虛나 도道와 같은 것이다. 대소大小는 물질 차원의 개념이지만 '공'은 의식 차원의 개념이다. 물질 시대에서 의식 시대

63 Huntington, *op.cit.* 참조.

로의 패러다임 전환의 단초가 여기에 있다. 이러한 전환은 과학과 신
神의 운명적인 만남을 통하여 이루어진다.

우주 가을로의 초입初入에서 이루어지는 과학과 신의 운명적인 만
남, 그것은 생장 · 분열〔宇宙曆 전반 6개월(春夏)〕의 선천 시대를 마감하고
수렴 · 통일〔宇宙曆 후반 6개월(秋冬)〕의 후천 시대로 넘어가는 과정에서
나타나는 시대적 필연이다. 우주의 시간대가 새로운 질서로 접어들면
서 이제 우리 인류는 건운乾運의 선천 5만 년이 다하고 곤운坤運의 후
천 5만 년이 열리는 후천개벽기, 즉 미회未會에 들어서 있다. 인간은
단순한 지구적 존재가 아니라 우주의 본질과 천지 운행의 원리에 조
응하는 우주적 존재인 것이다. 과학과 신의 관계는 곧 이성과 신성〔영
성〕의 관계요, 물질과 정신의 관계다. 물질과 정신을 뚜렷하게 구분되
는 두 개의 독립된 영역으로 간주하던 근대 과학이, 20세기에 접어들
어 실험물리학의 발달로 물질〔色 · 有〕의 궁극적 본질이 비물질〔空 · 無〕
과 둘이 아님을 밝혀 내면서 물질과 정신이 하나임을 과학 스스로 천
명한 것은 소위 과학적 합리주의라는 이름으로 물질만능주의를 초래
한 근대 서구적 가치관과 세계관에 있어서의 일대 지각 변동이다. 이
렇게 볼 때 패러다임 전환의 요체는 정신과 물질의 합일, 즉 신성과
이성의 통합에 있다.

선천 건도乾道시대는 천지비괘(天地否卦 ䷋)인 음양상극陰陽相剋의
시대인 관계로 민의가 제대로 반영되지 못하고 빈부의 격차가 심하며
여성이 제자리를 찾지 못하는 시대로 일관해 왔으나, 후천 곤도坤道시
대는 지천태괘(地天泰卦 ䷊)인 음양지합陰陽之合의 시대인 관계로 대립
물의 통합이 이루어지고 종교적 진리가 정치사회 속에 구현되는 성속
일여聖俗一如 · 영육쌍전靈肉雙全의 시대라고 할 수 있을 것이다. '이기

지종理氣之宗' 또는 '역易의 조종祖宗'으로 일컬어지는 소강절의 상수象數 학설에 기초한 우주관과 자연철학은 주돈이(周敦頤, 周濂溪라고도 함. 1017~1073)의 태극도설太極圖說과 더불어 동양 우주론의 바탕을 이루고 있으며, 주자朱子에 의해 성리학의 근본 이념으로 자리 잡게 되었다는 점에서 문명의 대전환과 관련하여 음미해 볼 만하다.

소강절은 춘하추동의 생장염장生長斂藏의 이치를 통해 '원회운세元會運世'를 밝힘과 동시에 삼라만상의 일체의 변화를 꿰뚫고 있다. 천지의 시종始終은 일원一元의 기(氣, 混元一氣)이며, 일원은 12만 9천6백 년이요 일원에는 12회會[64]가 있으니 1회인 1만 8백 년마다 소개벽이 일어나고 우주의 봄과 가을에 우주가 생장·분열하고 수렴·통일되는 선·후천의 대개벽이 순환하게 되는 것이다. 또한 1회에는 30운運이 있으니 1운은 360년이고 또 1운에는 12세世가 있으니 1세는 30년이다. 즉 일원에는 12회 360운 4,320세가 있는 것이다.[65] 우주력宇宙曆 12회에서 전반부 6회인 자회子會에서 사회巳會까지는 자라나고 후반부 6회인 오회午會에서 해회亥會까지는 줄어든다. 오회에 이르러 역逆이 일어나고 미회未會에 이르러 통일이 되는 것이다. 천개어자天開

---

64 12會는 宇宙曆 12개월, 즉 子會, 丑會, 寅會, 卯會, 辰會, 巳會, 午會, 未會, 申會, 酉會, 戌會, 亥會를 말한다. 每 會는 1만 8백 년으로 12會, 즉 宇宙曆 1년(1元)은 12만 9천6백 년이다. 邵康節은『黃極經世書』「觀物內篇·10」벽두에서 日月星辰을 元會運世로 헤아리고 있다. 즉 "日은 하늘의 元으로 헤아리고, 月은 하늘의 會로 헤아리며, 星은 하늘의 運으로 헤아리고, 辰은 하늘의 世로 헤아린다(日經天之元 月經天之會 星經天之運 辰經天之世)."가 그것이다.

65『黃極經世書』「纂圖指要·下」와「觀物內篇·10」.

於子, 즉 자회에서 하늘이 열리고, 지벽어축地闢於丑, 즉 축회丑會에서 땅이 열리며, 인기어인人起於寅, 즉 인회寅會에서 인물人物이 생겨나는 선천개벽이 있게 되는 것이다.[66] 성星의 76, 즉 인회의 가운데에서 개물開物이 되는 것은 1년의 경칩驚蟄에 해당하고, 315, 즉 술회戌會의 가운데에서 폐물閉物되는 것은 1년의 입동立冬에 해당한다.

소강절이 자회에서 하늘이 서북으로 기운다고 하고 축회에서 땅이 동남이 불만이라고 한 것은 천축과 지축이 기울어진 것을 말하는 것이다. 지축이 23.5도로 기울어짐으로 인해 양陽은 360보다 넘치고 음陰은 354일이 되어 태양·태음력의 차이가 생겨나게 된 것이다. 건운乾運의 선천 5만 년이 음양상극陰陽相剋의 시대로 일관한 것은 지축의 경사로 인해 음양이 고르지 못한 데 기인한다. 음양동정陰陽動靜의 원리로 이제 그 극에서 음으로 되돌아오면서 우주의 가을인 미회未會에서는 천지가 정원형으로 360이 되어 음양이 고르게 되는 후천개벽이 일어나게 되는 것이다. 이른바 지축이 바로 선다는 것이 이를 두고

---

66 『皇極經世書』「纂圖指要 ·下」. cf. 『天符經』: "天一一 地一二 人一三." 즉 "하늘의 본체(天一)가 첫 번째(一)로 열리고, 땅의 본체(地一)가 두 번째(二)로 열리고, 人物의 본체(人一)가 세 번째(三)로 생겨나게 된다."는 뜻이다. 여기서 '천일(天一)·지일(地一)·인일(人一)'은 混元一氣인 '하나(一)'의 본체를 천·지·인 셋으로 나눈 것으로 그 근본은 모두 하나로 통하는 것이다. 그리고 '하나(一)'의 妙理의 작용으로 천지가 열리고 인물이 생겨나는 無爲의 天地創造 과정을 일(一), 이(二), 삼(三)의 순서로 나타낸 것이다. 무위의 천지창조란 작용하는 주체가 없는 작용, 즉 無爲의 작용에 의해 생겨난 것을 말한다. 창조하는 주체가 없으니 창조되는 객체도 없다. 말하자면 이 우주는 자기생성적 네트워크 체제로 이루어져 있으므로 모두가 참여자의 위치에 있게 되는 '참여하는 우주'인 것이다.

하는 말이다. 말하자면 우주의 시간대가 새로운 단계로 접어들면서 선천의 건운 5만 년이 다하고 곤운坤運의 후천 5만 년의 새로운 질서가 열리게 되는 것이다.

소강절이 『황극경세서黃極經世書』에서 '원회운세'의 수數로 밝히는 천지 운행의 원리는 천시天時와 인사人事가 조응하고 있음을 보여 준다. 「관물내편觀物內篇」에서는 회會로 운運을 헤아려 세수世數와 세갑자(歲甲)를 나열하여 제요帝堯부터 오대五代에 이르는 역사 연표를 통해 천하의 이합치란離合治亂의 자취를 보여 줌으로써 천시가 인사에 징험徵驗되는 것을 나타내었고, 「관물외편 상하(觀物外篇 · 上下)」에서는 운運으로 세世를 헤아려 세수와 세갑자를 나열하여 제요부터 오대에 이르는 전적典籍을 통해 흥패치란興敗治亂과 득실사정得失邪正의 자취를 보여 줌으로써 인사가 천시에 징험되는 것을 나타내고 있다. 그리하여 그는 천지 만물뿐 아니라 인사가 생장 · 분열과 수렴 · 통일을 순환 반복하는 '원회운세' 라는 천지 운행의 원리와 상합相合하고 있음을 밝히고 있다.

천시와 인사의 조응 관계는 "마치 형태가 있으면 그림자가 모이고 소리가 있으면 울림이 있는 것과 같다."[67] 말하자면 "천시가 인사에 말미암는 것이고 인사 또한 천시에 말미암는 것이다."[68] "시時는 천天이고 사事는 인人이다. 시時가 동動하면 사事가 일어난다."[69] 인사와 천

---

67 『黃極經世書』「纂圖指要 · 下」: "時動而事起天運而人從, 猶形行而影會聲發而響."
68 『黃極經世書』「纂圖指要 · 下」: "天之時由人之事乎. 人之事有天之時乎."
69 『黃極經世書』「纂圖指要 · 下」: "時者天也. 事者人也. 時動而事起…."

시의 상합은 본체계와 현상계를 회통시키는 수운水雲의 불연기연적不然其然的 세계관에서도 분명히 드러난다. 불연기연[70]은 체體로서의 불연과 용用으로서의 기연의 상호 관통에 대한 논리이다. 기연은 불연으로 인하여 존재하는 것으로 모두 불연의 투영에 지나지 않으며, 불연 역시 기연으로 인하여 존재하므로 기연과 둘이 아니다. 본체계와 현상계는 본래 하나인 것이다. 순천의 삶이란 인人이 시時에 머물러 같이 가며 하늘을 거스르지 않는 것으로, 이로써 하늘이 도와 길함이 있으며 이롭지 않음이 없게 되는 것이다.[71] 무릇 성인이란 나아갈 때와 물러날 때를 아는 사람이라고 한 것은 이를 두고 하는 말이다.

수운의 후천개벽 또한 우주가 12만 9천6백 년을 주기로 순환 반복하는 천지 운행의 원리에 기초해 있다. 『용담유사龍潭遺詞』「몽중노소문답가夢中老少問答歌」와「안심가安心歌」에 나오는 '윤회시운輪回時運'[72] 이라는 말은 수운의 '다시개벽'이 우주의 대운大運 변화의 한 주기에 해당한다는 것으로 이제 시운이 다하여 선천이 닫히고 후천이 새롭게 열린다는 의미를 함축하는 것이다. 개벽이란 하늘이 열리고 땅이 열

---

70 東學의 창시자 水雲 崔濟愚는 인간의 지식과 경험으로는 분명하게 인지할 수 없는 세상일에 대하여서는 '不然'이라고 말하고, 상식적인 추론 범위 내의 사실에 대하여서는 '其然'이라고 말하고 있다. 不然이 사물의 근본 이치와 관련된 超논리 · 超이성 · 직관의 영역이라면, 其然은 사물의 현상적 측면과 관련된 감각적 · 지각적 · 경험적 판단의 영역이다.

71 『黃極經世書』「纂圖指要 · 下」: "故聖人與天 行而不逆與時俱遊而不違是以自天祐之吉無不利…."

72 『龍潭遺詞』「夢中老少問答歌」: "천운이 둘렀으니 근심말고 돌아가서 윤회시운 구경하소 십이제국 괴질운수 다시 개벽 아닐런가."; 『龍潭遺詞』「勸學歌」: "차차차차 증험하니 윤회시운 분명하다."

린다는 '천개지벽天開地闢'에서 유래한 말로 쉬임없이 열려 변화하는 우주의 본성을 일컫는 것이다. 수운은 선천의 분열 도수度數가 다하여 후천의 통일 도수가 밀려옴을 감지하고 후천개벽에 의한 무극대도無極大道의 세계를 펼쳐 보였던 것이다. 수운은 "십이제국 괴질운수 다시 개벽 아닐런가"[73]라고 하여 쇠운과 성운이 교체하는 역학적 순환 사관에 입각한 시운관時運觀을 보여 준다. 수운은 당시의 시대상을 역학상의 쇠운괘衰運卦인 '하원갑下元甲'에 해당하는 '상해지수傷害之數'로 파악하고, 곧 새로운 성운의 시대가 올 것임을 예견하였다. 「몽중노소문답가」에 "하원갑 지나거든 상원갑 호시절에 만고 없는 무극대도 이 세상에 날 것이니…"[74]라고 한 것이 그것이다.

흔히 후천개벽을 특정 종교의 주장이나 사상으로 치부하는 것은 천지 운행의 원리를 알지 못하는 데서 오는 것이다. 그것은 일원인 12만 9천6백 년이라는 시간대를 통해 우주가 봄 · 여름 · 가을 · 겨울의 개벽으로 이어지는, 이른바 천지개벽의 도수에 따른 것이다. 말하자면 우주의 봄 · 여름인 선천 5만 년이 끝나고 우주의 가을이 되면 우주 섭리에 따라 후천개벽이 찾아오게 되는 것이다. 수운의 후천개벽 또한 이러한 천지개벽의 도수에서 벗어난 어떤 것을 주장하는 것은 결코 아니다. 그런 점에서 생生, 장長, 염斂, 장藏 4계절의 순환 원리로 원元, 회會, 운運, 세世의 이치를 밝혀 12만 9천6백 년이라는 우주 1년의 이수理數를 통해 소강절이 밝힌 천지 운행의 원리는 후천개벽을 연구함에 있어 음미해 볼 필요가 있는 것이다. 소강절의 표현대

---

73 『龍潭遺詞』「夢中老少問答歌」.
74 『龍潭遺詞』「夢中老少問答歌」.

로 천문天文 그 자체가 역易이고 천지 운행의 원리가 상수象數에 기초
해 있으니 이를 알지 못하고서는 후천개벽을 논할 수 없기 때문이다.

후천개벽은 우주가 생, 장, 염, 장 4계절로 순환하는 과정에서 후천
가을의 시간대로 접어들면서 일어나는 대격변 현상이다. 다시 말해서
우주의 가을인 미회未會에서는 음양동정陰陽動靜의 원리에 의해 양의
극에서 음으로 되돌아오면서 지축 정립과 같은 대변혁 과정을 거쳐
천지가 정원형이 되어 음양지합이 이루어지게 되는 것이다. 수운은
새로운 성운盛運의 시대를 맞이하여 만인이 본래의 천심을 회복하여
소아小我의 유위有爲가 아닌 대아大我의 무위無爲, 즉 천리를 따르면 동
귀일체同歸一體가 이루어져 후천개벽의 새 세상이 열리게 된다고 보았
다. 말하자면 우주의 자정작용自淨作用의 일환인 천지개벽의 도수에
조응하여 인위의 정신개벽과 사회개벽이 이루어지면 천지가 합덕하
는 후천의 새 세상이 열리게 되는 것이다. 이렇게 볼 때 수운의 후천
개벽의 논리가 변혁에 중점을 두고 인간의 주체적 역할을 강조하고
있다고는 하지만, 그의 시운관時運觀 역시 천시天時와 지리地理, 그리고
인사人事가 조응관계에 있음을 보여 준다.[75] 따라서 후천개벽은 단순
히 정신개벽과 사회개벽을 통한 지구적 질서의 재편성이 아니라 천지
운행의 원리에 따른 우주적 차원의 질서 재편으로 이를 통해 곤운坤運
의 후천 5만 년이 열리게 되는 것이다. 문명의 대전환이란 바로 이를
두고 하는 말이다.

---

[75] 『東經大全』「論學文」: "故天有九星 以應九州 地有八方 以應八卦 而有盈虛
迭代之數 無動靜變易之理."

2. 생태 패러다임의 필요성

생태〔생명〕패러다임의 출현은 이러한 문명의 대전환과 맥을 같이
한다. 생태 패러다임은 혼원일기混元─氣로 이루어진 생명의 유기성과
상호 관통을 직관적으로 깨닫는 생태적 자각에 기초한다. 다시 말해
서 생태 패러다임은 인간 존재의 세 중심축—종교와 과학과 인문 즉
신과 세계와 영혼의 세 영역(天地人 三才)—의 연관성 및 통합성에 대한
자각에 기초한다. 이는 곧 우주만물의 전일성에 대한·자각이며, 근대
인간 중심의(anthropocentric) 시각에서 전체 생물권(biosphere) 내지 생
명권〔ecosphere〕또는 우주권(cosmosphere)으로의 의식 확장과 관계되는
것이다. 그런 점에서 본질적으로 생태적인 동시에 영적(靈的 spiritual)
이며 동양의 전일적인 실재관과 일치한다. 따라서 생태 패러다임으로
의 패러다임 전환은 정신 · 물질, 자연 · 문명, 생산 · 생존 이원론에
입각한 근대 문명의 자기 부정인 동시에 생산성 제일주의 내지 성장
제일주의적 산업 문명을 넘어서는 탈근대주의를 내포하는 것이다.

생태 패러다임은 근대의 이분법적 사유 체계를 초월해 있다는 점
에서 서구의 오리엔탈리즘orientalism과 아시아의 옥시덴탈리즘occi-
dentalism을 모두 넘어선 것이다. 오리엔탈리즘에 의해 대변되는 동양
은 서구인들에 의해 재구성되거나 표상된 허상일 뿐이며 그 배후에는
동양에 대한 체계적인 편견과 인종 차별적 왜곡이 숨어 있다. 다시 말
해 오리엔탈리즘은 서구의 문화적 우월성을 확보함과 동시에 타 지역
지배를 정당화하기 위한 이데올로기였다.[76] 이제 서구의 오리엔탈리
즘이 아시아를 묘사했던 방식처럼 획일적이며 부정적으로 서구를 묘

사하는 아시아의 옥시덴탈리즘이 나타나고 있다. 동아시아의 경제 발전이 문화적 자기 주장을 낳고 점증하는 자신감이 아시아의 새로운 보편성을 낳고 있는 현상을 헌팅턴은 서구의 오리엔탈리즘에 맞서 아시아의 옥시덴탈리즘이 나타나는 것이라고 단언한다.[77] 생태 패러다임이 오리엔탈리즘과 옥시덴탈리즘을 모두 넘어설 수 있는 것은 근원성·포괄성·보편성을 띠는 생명의 본질에 닿아 있기 때문이다.

오늘의 세계는 인터넷으로 대표되는 정보 기술의 혁명적 효과로 전 세계가 단일한 사회 체계 속에서 상호 의존성이 심화되면서 삶의 조건이 근본적으로 변화하고 있다. 1995년 WTO 체제의 출범과 FTA 체결의 확산으로 급물살을 타고 있는 세계화 현상은 세계 경제의 자본주의 경제 체제로의 통합의 가속화, 국제 경제 관계에서의 자유주의 경제 원칙의 확대·강화, 세계 경제 운용 원칙으로 다자주의 원칙의 제도화를 초래함으로써 전 세계가 이념과 체제를 초월한 무한 경쟁 시대로 돌입하게 했다. UR, WTO 등 초국가적 경제 실체의 등장과 더불어 다국적 기업의 확대로 세계경제가 출현하게 된 것이다. 이러한 경제의 세계화와 더불어 정치의 세계화로 국내 정치와 국제 정치의 구분이 점차 의미를 상실하고 있고 그에 따라 NGO와 국제기구의 역할이 커지게 되었으며, 또한 문화의 세계화가 이루어지면서 다양하고 이질적인 문화의 소통이 가속화하게 되었다. 바야흐로 지구촌 '한마당'이 형성되고 있는 것이다.

---

76 이승환, 「오리엔탈리즘을 해부한다」, 『전통과 현대』, 1997년 겨울호, 206-223쪽.

77 Huntington, *op.cit.*, p.109.

이러한 세계화의 추세를 바라보는 두 개의 상이한 시각이 있다. 그 하나는 세계 경제의 출현이라는 시대적 조류를 역류할 수는 없는 것이라고 보고 이에 대응하여 생존하기 위해서는 이러한 추세를 능동적으로 받아들임과 동시에 적극적으로 대처해야 한다는 입장이다. 따라서 국제 경쟁력의 제고와 더불어 상호 협력할 수 있도록 의식 및 제도 차원의 개선이 필요하다는 긍정적인 시각이다. 다른 하나는 세계화를 선진 자본주의의 시장 확대 과정, 즉 강대국들의 또 다른 식민 정책이라고 보고 이러한 추세가 시장과 자본의 독점을 초래하여 '부익부 빈익빈(富益富 貧益貧)' 현상을 심화시킴으로써 심각한 경제적·생태적 재앙을 불러올 것이라는 입장이다. 말하자면 강대국이 주도하는 세계 자본주의 질서를 조정할 '보이지 않는 손(invisible hand)'이란 존재하지 않는다는 것이다. 따라서 세계화가 안정과 평화를 가져오는 수단이라는 세계화론자들의 주장을 허구라고 보는 부정적인 시각이다.

오늘날 신자유주의와 세계화는 1980년대 '철의 여인'으로 불리던 전 영국 총리 마거릿 대처(Margaret Thatcher)의 '대처리즘(Thatcherism)'과 당시 미국 레이건 정부의 '레이거노믹스(Reagonomics)'가 그 초석이 된 것으로 보인다. 근년에 출간된 대처의 『국가경영 Statecraft』[78]은 대처리즘의 정수를 모아 놓은 것으로, 신자유주의와 세계화의 기본 논리와 추구하는 방향 그리고 세계의 평화·안전을 위해 외교적 수단보다는 힘을 앞세우는 보수적 시각이 돋보이고 있다. 그리하여 자본주의와 자유 시장 경제 체제만이 세계의 안전과 평화를 담보할 수 있

---

[78] Margaret Thatcher, *Statecraft : Strategies for a Changing World* (London : Perennial, 2003) 참조.

다고 보고, 북한과 같은 이른바 '불량국가'들에 대해서는 외교적 노력보다는 힘의 논리를 바탕으로 단호히 대처할 것을 요구하고 있다.

반면 대처리즘과 반대편에 서 있는 노암 촘스키(Noam Chomsky)로 대표되는 진보주의자들은 신자유주의와 세계화가 '진정한 참여민주주의의 최대의 적'이라고 보고 있다. 미국의 제국주의적 대외 정책과 제3세계에서의 만행을 비판해 온 정치 평론가로서, 권력의 언론 조작에 맞서 투쟁해 온 실천적 언론 비평가로서, 촘스키는 그의 저서[79]에서 신자유주의의 문제점을 예리하게 지적하면서 WTO, NAFTA(북미자유무역지대), 다자간 투자협정이 전 세계 민중을 어떻게 착취하고 비탄에 빠뜨리게 될 것인지를 생생하게 펼쳐 보여 주고 있다.[80] 이러한 촘스키의 이념적 지향성을 대변하는 NGO의 반세계화 시위는 오늘날 가장 세계화된 현상이 되고 있다. 1990년대 이후 다자간 국제회의와 다보스 포럼 등 세계화 확산을 주창하는 국제 행사장에서 어김없이 발생했던 반세계화 시위는 시위 참가자의 다양성에도 불구하고 공통적으로 기존 국제 정치경제 체제, 특히 신자유주의와 세계화를 비판하고 정의와 부富의 형평한 분배를 강조한다.

세계화는 그 어떤 의미에서도 획일성을 추구하거나 유도하는 것이 되어서는 안 되며, 다양성 존중을 바탕으로 다차원적 세계화가 되어

---

79 Noam Chomsky, *Profit over People*(New York : Mosek Publishing Co., 1999).
80 UNEP(유엔환경계획)의 2003년도 연구 보고에 따르면 세계 최부유국 국민의 1/5이 세계 GDP의 86%를 차지한 반면, 최빈국 국민의 1/5이 겨우 세계 GDP의 1%에 미치고 있고 이러한 격차는 증가하고 있다고 한다 (UNEP, *Our Planet*, 통권 8호, UNEP 한국위원회, 2003, pp.18-19).

야 한다. 여기서 세계화와 지역화의 통합 문제가 제기된다. 지역화와 세계화, 특수성과 보편성의 통합 문제는 세계화의 시대를 살고 있는 오늘의 우리에게 심대한 과제이다. 오늘날 세계 경제는 세계화와 다자주의를 지향하는 한편, 지역주의 추세가 강화되고 있고 지역 협력의 범위 또한 다층적이다. APEC(아시아 · 태평양경제협력체), ASEM(아시아 · 유럽정상회의), TAFTA(범대서양자유무역지대) 등은 '지역 대 지역'의 협력 형태로 발전한 것으로 가장 지역적으로 포괄적인 형태의 것이다. 이렇게 볼 때 향후 세계화와 지역 협력의 문제는 초국가적 실체에 대한 인식 및 협력의 다층적 성격에 대한 이해와 더불어 윈-윈(win-win)구조의 협력 체계를 기반으로 한 초국가적 발전 패러다임을 모색하는 접근이 필요하다.

세계화와 지역 협력의 추세로 볼 때 적어도 표면상으로는 지구공동체 이상의 실현이 목전에 와 있는 듯하다. 그러나 우리의 내적 자아(inner self)를 결속시키는 진정한 수준이 되지는 못하고 있다. 진정한 지구공동체의 실현은 단순히 외적 자아(outer self)의 결속으로 이루어질 수 있는 것이 아니다. 아무리 세계 평화, 인류애, 사회 정의, 복지 사회, 상생의 정치 등을 부르짖어도 그것을 다루는 인간의 마음 자체가 병들고 뒤틀려 있다면 실천은 벽에 부딪칠 수밖에 없다. 인류가 표방하는 제가치가 실현되지 못하는 것은 정책 탓이 아니라 마음자리 탓이다. 이들 제가치는 내면적인 각성이 없이는 현실화될 수 없는 한갓 구호에 불과한 것이다. 자연과 인간, 인간과 인간의 관계가 병들고, 정치 · 경제 · 사회 · 문화가 병들고, 지구가 중환重患에 허덕이는 지금에도 '정보화 혁명'만 외칠 것인가. '정보화 혁명'이 인간의 마음자리까지도 혁명적으로 바꿔 놓을 수 없다는 것은 자명하다. 인류의 가치관과 삶의 패러다임 자체가 바뀌어야 하는 것은 이 때문이다.

　세계화·정보화에 따른 오늘의 자본주의 문명에 대해 '기회'와 '가능성'이라는 찬사보다는 '파괴성'이라는 비판의 목소리가 더 높다. 무분별한 개발 이데올로기, '무한 경쟁(limitless competition)'이라는 미신(superstition), 성장(growth)이라는 이름의 신화(myth), 공급 과잉과 병리적 소비 행태에 의해 지구촌이 병들고 삶의 조건이 왜곡되고 파괴된 데 따른 것이다. 그러나 지구의 자원과 환경이 이제 더 이상 현세계 자본주의 경제 체제를 지탱할 수 없는 상태에 이르게 하고 있다. 현재 전 세계의 주요 에너지원인 석유만 보아도 채굴 가능 매장량은 1조 배럴인데 이 같은 매장량은 앞으로 40년 정도 사용할 수 있는 양에 불과하다고 한다. 게다가 연간 600만ha가 사막화됨으로써 세계인구 40%가 물 부족에 허덕이고 있다. 중국 대륙의 젖줄인 황하黃河는 연중 3분의 1 이상 강물이 말라 바닥을 드러내는 단류 현상에 허덕인다. 20세기가 석유 전쟁의 세기였다면 21세기는 물 전쟁이 예상된다고 세계은행(IBRD)이 밝힌 바 있고, 전 세계의 많은 지역이 2010년까지 물 부족으로 위기에 직면하게 될 것이라고 유엔 보고서(UN Report)에서도 밝힌 바 있다. 한국도 10년 뒤엔 물 20억t이 부족할 것으로 추정되고 있다. 또한 생태계 파괴로 지구 생명체 자체가 멸종 위기에 놓이게 되었다. 이러한 자연환경의 파괴는 인성人性 파괴로 이어져 정신적 황폐화를 초래하고 나아가 공동체 해체 현상까지 보이고 있다.

　이제 생태적 측면이 고려되지 않은 낡은 패러다임으로는 인류가 처한 생태 위기에 근본적으로 대처할 수 없게 되었다. 현 자본주의 경제 체제는 자원 고갈·생태계 파괴·정신적 황폐 등으로 더 이상 지탱하기 어렵게 된 것이다. 공동 운명체 의식이 사라지고 집단 이기주의와 군중 심리가 사태를 주도하는 자본주의 사회는 우주의 본질과 단절된 '공허한 자아(empty self)'를 계속 확대 재생산해 내는 악순환을 거듭하고 있다. 모든 것이 가능해 보이지만 확실한 것이 거의 없는 세계를 살고 있는 오늘의 우리에게 필요한 것은 인류와 우주에 대한 새로운 자각과 함께 인간과 지구의 새로운 관계 정립이다. 이는 곧 생명계가 개별적 유기체가 아니라 유기적 통합체, 즉 '살아 있는 시스템(living systems)'이라는 사실을 자각하는 것으로 인류가 나아가야 할 방향을 제시해 준다. 진정한 세계화는 인간과 인간, 인간과 우주 자연의 연대에 기초하여 생태적으로 건전하고 지속 가능한 지구공동체 건설에 기여할 수 있어야 한다. 이러한 연대성은 단순히 환경 정책의 강화나 환경 기술 및 환경 공학 개발과 같은 기술적 능력의 증대를 통해 달성될 수 있는 것이 아니다. 욕구 구조의 재조정 및 삶의 양식 변화와 더불어 정치경제 구조를 생태 친화적인 형태로 재구성해야 한다.

생태경제학자 레스터 브라운(Lester. R. Brown)은 니콜라우스 코페르니쿠스(Nicolaus Copernicus)의 지동설地動說이 사고思考의 혁명과 더불어 새로운 세계관을 형성하였듯이 지구와 경제 활동 간의 관계를 파악하는 우리의 세계관 역시 이와 유사한 전환이 필요하다고 본다. 즉 환경이 경제의 일부인가 아니면 경제가 환경의 일부인가라는 차원이다. 경제학자들은 환경을 경제의 일부로 간주하는 반면, 생태학자들은 경제를 환경의 일부로 인식한다는 것이다.[81] 생태 패러다임은 인간 중심의 가치관에서 생태 중심 내지는 생명 중심의 가치관으로의 패러다

---

81 레스터 브라운 지음, 한국생태경제연구회 옮김, 『에코 이코노미』(서울: 도서출판 도요새, 2003), 21쪽.

임 전환을 통해 이러한 연대성을 회복함으로써 이성과 영성, 현상과 실재, 객관과 주관, 기술과 도덕, 보편성과 특수성 간의 심연을 메울 수 있게 할 것이다. 생태 패러다임의 필요성이 바로 여기에 있다.

제2절 생태정치학의 개념

오늘의 인류가 직면한 전 지구적 차원의 생태 위기를 본질적으로 '인식의 위기'라고 본 카프라의 관점은 문제의 핵심을 간파한 것이다. 말하자면 오늘의 생태 위기는 우주의 본질이 생명이고 일체의 생명은 자기생성적(self-generating) 네트워크 체제[82]로서의 우주에 참여하고 있으며 그 근원은 모두 하나로 연결되어 있다는 사실을 자각하지

---

[82] 여기서 '자기생성적'이란 말은 창조하는 주체와 피조물이 따로 있는 것이 아니라 우주의 본체인 混元一氣가 스스로 화현한 것이 우주만물임을 나타낸 것이다. 말하자면 자기복제(self-replication)와도 같은 것이다. 우주만물의 개체성은 누가 누구를 창조한 것이 아니라 우주의 본체인 混元一氣가 스스로 다양한 모습으로 현현한 것이니 자기생성적이라 한 것이다. 따라서 일체 생명은 자기근원성을 가지며 그 근원은 모두 하나로 연결되어 있는 것이다. 이렇게 볼 때 자기생성적 네트워크 체제란 생명 현상을 개별 유기체의 속성이 아니라 시스템의 속성으로 파악한 것으로 주체-객체 이분법은 성립되지 않는다. 이에 대해서는 Fritjof Capra, *The Hidden Connections*(New York: Random House Inc. 2004); Pier Luigi Luisi, "Defining the Transition to Life: Self-Replicating Bounded Structures and Chemical Autopoiesis," in W. Stem and F. J. Varela(eds.), *Thinking about Biology*(New York: Addison-Wesley, 1993) 참조.

못하는 데서 오는 것이다. 세계 자본주의 체제의 가공할 메커니즘에 의해 생성되는 욕구 구조가 지배하는 근대 서구 사회는 전일적 (holistic)인 생명 과정이나 우주자연-인간-문명의 통합성에 대한 자각이 없이, 풍요의 허구 속에서 물질적 가치를 지상 가치로 신봉하며, 공동체적 삶보다는 고립된 개별아(個別我)라는 관념을 극대화시킴으로써 자연과 인간, 인간과 인간의 연대 관계를 파기시키기에 이른 것이다. 그리하여 인간이 지배권을 행사하는 일체 대상, 즉 인간과 비인간 (non-human) 모두로부터 소외(alienation)됨으로써 그 결과 생태 위기 (ecological crisis)가 야기된 것이다.

이제 과학이란 이름의 무소불위(無所不爲)의 신(神)이 건설한 물질문명의 왕국은 문명의 독기(毒氣)로 죽어가고 있다. 생태계의 자정 능력이 한계에 이르렀음을 카프라도 면밀히 연구하여 밝힌 바 있거니와,[83] 이제 인류 문명의 구조를 생태[생명] 패러다임으로 재구성해야 한다는 목소리가 높아지고 있다. 패러다임 전환의 필요성은 지난 수백 년 간 근대 서구 사회의 형성과 여타 세계에 심대한 영향을 끼쳐온 데카르트-뉴턴의 기계론적 세계관으로는 생물적 · 환경적 · 사회적 · 심리적 현상이 상호적으로 연결된 오늘의 세계를 적절하게 설명할 수 없다는 데 있다. 다시 말해서 국제 정치의 영역과 세계 자본주의의 영역은 물론 문화와 이데올로기의 영역, 나아가 과학과 사유의 영역에까지 미치고 있는 복합적이고도 다차원적인 세계적 변화에 역동적으로 대처할 수 있기 위해서는 생태 패러다임으로의 전환이 필수적인 것이다. 따라서 생태학적 측면이 고려되지 않은, 성장 체제를 전제로 한 종래

---

83 Capra, *The Turning Point*, pp. 21-24.

의 정치 이론과 실제는 급격히 진행되고 있는 생태 위기에 신속하고
도 효율적으로 대처하기 위하여 전일적인 생태 패러다임에 의해 재정
립될 필요가 있다.[84]

지금 인류가 직면하고 있는 다차원적인 문제들에 대한 생태정치학
적 접근은 근대 산업 문명의 폐해라 할 수 있는 국가 · 지역 · 계층 간
빈부 격차, 지배와 복종, 억압과 차별, 환경 파괴 등의 문제를 해결하
고 공존의 대안적 사회를 마련하기 위한 것이다. 근대의 역사적 · 사
회적 상황의 초극 방향과 방식에 대해서는 다양한 논의가 있어 왔다.
이에 관해서는 제6장 "탈근대 논의에 나타난 생태정치학적 사유"에
서 자세히 다루게 될 것이다. 근대 서구의 기계론적 세계관을 지양하
고 세계관 형성의 기반 그 자체를 재건설함으로써 신인간을 자각적으
로 형성할 수 있기 위해서는 다양한 분야에서의 생태학적 담론이 필
요한 것이 사실이다. 그러나 그러한 담론이 실천적 차원으로 전개될
수 있기 위해서는 정치적 차원에서의 논의가 불가피하며, 그런 점에
서 생태학과 정치학의 결합이 일어나는 것이다. 다시 말해서 근대의
초극을 위한 생태정치학적 대응의 필요성이 생겨나게 되는 것이다.

생태학과 정치학이 결합된 생태정치학은 지구를 살리는 새로운 정

---

[84] 이와 유사한 시각으로는 임효선, 「전일적 정치시각의 의의」, 『한국정치학
회보』 30권 4호, 한국정치학회, 1996. cf. 김번웅, 「생태학적 정치이론과
공공정책」, 『한국정치학회보』 14권, 한국정치학회, 1980, 342쪽: "성장의
한계에 관한 논쟁은 성장 체제를 전제로 한 종래의 전통적인 정치이론의
재검토를 필요로 한다…물질적 성장 추세를 지원하는 정치 이론은 물량적
산출을 원칙적으로 고정시키고 비자원소비적 · 비오염적 활동만을 증진시
키는 이른바 균형 상태 하의 생태학적 정치 이론으로 대체되어야 한다."

치학이다. 생태학이라는 용어는 1866년 독일의 생물학자 에른스트 헤켈(Earnst Haeckel)이 그의 저서 『일반형태학 *Generelle Morphologie*』에 서 개체나 종種의 차원이 아닌 '유기체와 환경 간의 관계에 관한 학 문'의 의미로 처음 사용한 것이다. 옥스퍼드 영어사전에는 생태학을 '생물과 생물 또는 생물과 주위 환경 간의 관계를 연구하는 생물학의 한 분야'라고 정의하고 있다. 헤켈은 적자생존(適者生存 survival of the fittest)의 가설에 입각한 찰스 다윈(Charles Darwin)의 진화론에 동조하 여 그 보급에 노력하였다. 이후 생태학은 크게 두 가지 경향으로 발전 하게 되는데 그 하나는 다윈의 진화론적 견해를 계승하여 '부분을 이 해하면 전체를 이해할 수가 있다.'는 가정에서 출발한 환원주의적 (reductionistic) 관점이고, 다른 하나는 '부분의 단순한 합으로는 전체 를 이해할 수 없다.'고 주장하며 부분과 전체의 상호작용 분석에 초 점을 두는 전일적(holistic) 관점이다. 즉 20세기 전반기에는 원자물리 학(原子物理學 atomic physics)과 소립자물리학(素粒子物理學 elementary particle physics)의 급속한 성장으로 환원주의적 과학관이 주도적인 위 치에 있었다면, 20세기 후반에 들어서는 그러한 환원주의에 대한 반 동으로 복합적인 현상을 다루는 생명 현상, 응집 현상, 비선형(非線型 non-linear) 패턴, 복잡계(complex system) 등에 대한 과학 연구가 두각을 나타내기 시작한 것이다.

19세기 말까지 과학 연구의 기본적인 패러다임이었던 기계론적 세 계관은 생명 현상까지도 물리, 화학적으로 모두 설명할 수 있다고 보 는 환원주의 과학 방법론에 의해 적절하게 기술될 수 있는 것이었다. 그러나 21세기 주류 학문인 생명공학, 나노과학 등의 이론적 토대가 되고 있는 일명 '네트워크 과학'으로도 불리는 복잡계 과학은 생명을 이해하기 위해 분자를 연구하는 식의 환원주의에서 완전히 벗어나 생명계뿐만 아니라 생명의 본질 그 자체를 네트워크로 인식한다. 복잡계 네트워크 이론의 창시자인 알버트 라즐로 바라바시(Albert-Laszlo Barabasi)의 21세기를 지배하는 네트워크 과학으로서의 『링크 Linked』[85]는 오늘의 인류가 부분의 모든 것을 알게 되고서도 전체를 파악하지 못하는 이유를 수많은 구성 요소들이 유기적으로 링크되어 있는 '복잡계'에서 찾고 있다. 네트워크 과학은 생명계를 전일적이고 유기적으로 통찰하는 세계관이자 방법론으로서 21세기 전 분야의 패러다임을 주도하게 될 전망이다.

지배와 복종의 이원화된 구조에 입각해 있는 오늘의 정치학은 '가치의 권위적 배분', '분배적 정의' 등을 표방하는 것과는 별도로 정치의 주체인 인간이 인간과 비인간 모두로부터 소외되고 있는 현실에 대해 진지하게 고민하지 않을 수 없게 되었다. 말하자면 생태계(ecosystems) 보전을 위해 인간과 인간, 인간과 우주자연의 새로운 관계정립에 대해 생각하지 않을 수 없게 된 것이다. 생태정치학적 담론은 1970년대 초에 등장하여 1970년대 말과 1980년대 초에 들어 비평 담론으로서 확고한 위치를 굳히게 되는데 이에 관해서는 제6장 "탈근대 논의에 나타난 생태정치학적 사유"에서 살펴보기로 한다. 오늘의 생태적 사유는 이 우주를 자기생성적 네트워크 체제로 인식하는 양자역학적 실재관과 일치한다는 점에서 소극적 의미의 환경 보호와는 차원을 달리하는 것이다. 환경 보호의 관점은 보호하는 주체와 보

---

85 Albert-Laszlo Barabasi, Linked(New York: Penguin, 2003).

호받는 객체가 분리된 것으로 여전히 인간 중심의 시각에서 벗어나지 못한 까닭에 우주만물을 전일성의 현시로 보는 생태적 시각과는 질적으로 차이가 있다. 말하자면 환경 보호를 통한 생물학적 이용가능성(bioavailability) 내지는 환경 보호의 유용성(utility)에 근거한 시각은 이 우주를 '생명의 그물(web of life)'로 인식하는 전일적 시각과는 다른 것이다. 또한 환경이라는 용어 자체도 생태계를 하나의 시스템으로 보지 않고 관측자와 대상을 이원화시키는 기계론적(mechanistic), 도구적(instrumental) 관점을 내포한 것이다.[86] 필자가 '환경정치'라는 용어보다는 '생태정치'라는 용어를 선호하는 것은 이 때문이다. 이 외에도 녹색정치, 녹색정부와 녹색국가, 생명정치 등의 용어가 사용되고 있는데—그 뉘앙스가 조금씩은 다르다 할지라도—근본적으로는 모두 전일적 패러다임을 지향한다. 이러한 용어들의 등장은 낡은 정치사회 구조를 재구성할 새로운 정치 패러다임의 도입 필요성이 커진 데 따른 것이다. 생태정치학은 근대 인간 중심의 시각에서 벗어나 전체 생물권 내지 생명권 또는 우주권으로의 의식 확장을 통해 인간과 인간, 인간과 우주자연의 연대성을 회복하는데 초점을 둔다. 이는 곧 인류가 처한 생태 위기에 효율적으로 대처할 수 있는 위기 관리(crisis

---

86 cf. Murray Bookchin, *The Ecology of Freedom: The Emergence and Dissolution of Hierarchy*, rev. ed.(Montréal, New York: Black Rose Books, 1991), pp.21-22. 머레이 북친은 'environmentalism'과 'ecology'를 구별하여, 전자는 인간과 자연을 이원화하여 자연을 '자원의 저장고'로 보는 기계론적, 도구적 관점을 내포한 것이고 후자는 인간을 포괄한 자연의 '역동적 균형(dynamic balance)', 생물과 무생물의 상호의존성을 다루는 것으로 본다.

management) 능력을 배양하기 위한 것이다.

　서구 산업 문명은 이제 전 지구적 자원과 환경이 이를 지탱할 수 없는 상태에까지 이르게 하고 있다. 카프라가 새로운 정치의 제1원리를 생태학에서 찾고 녹색 정치의 위상을 새로운 생태 패러다임에 근거하는 것으로 규정짓는 것은 이 때문이다. 생태계 보전은 단순히 환경 정책의 강화나 기술적 능력의 증대만으로 달성될 수 있는 것이 아니다. 인간 중심의 가치관에서 생명 중심의 가치관으로의 패러다임 전환을 통해 근대의 과학적 합리주의 내지 실증주의는 전일적인 생명 과정을 포괄하는 생태적 합리주의로 일신해야 한다. 오늘의 생태 위기에 대한 생태정치학적 대응은 우주자연-인간-문명이 조화를 이루는 상생의 패러다임을 구현하기 위한 것이다. 21세기 정치학은 힘의 논리에 입각한 단순한 해석의 정치학이 아니라 지구촌의 새로운 구성 원리로서의 생태 패러다임에 입각한 변혁의 정치학이다. 따라서 생태정치학은 단순히 지배-복종의 단선적 구조를 강화시키는 전략이나 기술이 아니며, 또한 그 어떤 의미에서도 권력·부富·명예로 통하는 통로와 연결될 수도 없다. 그것은 물질적 성장 제일주의가 아닌 인간의 의식 성장을 목표로 하는 것이어야 한다. 이는 곧 근대 서구의 세계관과 가치 체계의 근본적인 변화를 의미하는 것으로 데카르트-뉴턴의 기계론적 세계관으로부터 전일적인 실재관으로의 패러다임 전환과 맥을 같이 하는 것이다.

　생태정치학이란 생태 패러다임에 입각하여 학제적 접근을 통해 생명계[생태계]의 본질과 구조 및 기능을 밝히고 생태적 합리성[87]에 기초한 분권화를 상정함으로써 생태적 지속성(ecological sustainability)을 띤 지구공동체의 구현을 목표로 하는 학문이라고 정의할 수 있다. 우선

생태정치학은 생명계를 개별적인 유기체로서가 아니라 '살아 있는 시스템'으로 인식한다. 그것은 인간과 비인간을 분리시켜 비인간에 대한 인간의 본질적 우월성과 지배의 정당성에 기초한 근대 인간 중심의(anthropocentric) 시각을 넘어서 있으며 또한 인간과 인간을 분리시키는 반反생명적인 시도도 거부한다. 일체의 생명은 천·지·인 혼원일기混元─氣에서 나와 다시 그 하나인 혼원일기로 돌아가는 까닭에 생명의 본질은 초월성인 동시에 내재성이며, 전체성〔─〕인 동시에 개체성〔多〕이며, 우주의 본원인 동시에 현상 그 자체라는 인식에 기초한다. 실로 개체의 존재성은 우주적 에너지의 흐름 속에서만 파악될 수 있으며, 그런 점에서 존재성은 곧 관계성이다.[88] 밤하늘에 흩어져 있는 무수한 별들 사이에 인력이 작용하고 있는 것처럼, 우주만물은 끝없이 상호 연결되어 있으며 서로가 서로를 비추는 상즉상입相卽相入의 구조로 연기緣起하고 있는 것이다.[89] 따라서 생태적으로 건전하고 지

---

87 생태적 합리성은 생태계를 하나의 '살아 있는 시스템'으로 인식하여 인간을 포함한 우주만물의 근원적 평등성 및 유기적 통합성에 기초해 있다는 점에서 지배와 복종의 이원화된 구조에 입각하여 일체의 대상을 도구화 내지는 수단화하는 근대적 합리성(도구적 합리성 instrumental rationality)과는 대비된다.

88 Fritjof Capra, *The Hidden Connections*에서는 세포 내의 대사 네트워크에서 생태계의 먹이사슬까지 모든 생명계의 구성 요소가 살아 있는 네트워크로 연결되어 있고 전체 네트워크는 지속적으로 역동적인 구조적 변화 속에 있음을 명징하게 보여 준다.

89 cf. 『華嚴經』의 인드라망(Indra網). 상호 연관과 상호 의존의 세계 구조를 『華嚴經』에서는 Indra網(제석천왕의 보배 그물)으로 비유한다. 즉 帝釋天宮에는 그물코마다 보석이 달려 있는 무한히 큰 그물이 있는데, 서로의 빛을 받아 서로 비추는 관계로 하나만 봐도 나머지 전체 보석의 영상이 보이

속 가능한 지구공동체의 구현은 생태 패러다임에 입각하여 학제적 접근을 통해 상호 의존성·통합성에 의거한 생명계의 본질과 구조 및 기능을 밝힘으로써 본체계와 현상계의 관계에 대한 인식과 더불어 물질계의 존재 이유가 규명되고 나아가 생태적 합리성에 기초한 분권화가 실시될 수 있을 때 비로소 가능한 것이다.

생태정치학은 전일적인 생명 과정을 포괄하는 새로운 사회과학적 패러다임의 수립과 더불어 전체 생물권 내지 생명권 또는 우주권으로의 의식 확장을 통해 인간과 인간, 인간과 우주자연의 연대성을 회복함으로써 공존의 대안적 사회를 구현하기 위한 것이다. 자연을 인간의 정복 대상으로만 간주하던 근대 인간 중심의 세계에서 정치 영역은 인간의 복지 구현을 주요 기능으로 담당한 국가가 배타적 권한을 행사하였다. 이제 생명계의 시스템적 성격이 강조되는 오늘의 세계에서 정치 영역은 국가의 경계를 넘어 세계 시민사회로까지 확장되고 있는 추세이다. 말하자면 초국가적 경제 실체의 등장과 다국적 기업의 확대에 따른 세계 경제의 출현으로 경제의 세계화와 더불어 정치의 세계화·문화의 세계화가 가속화되면서 NGO의 활동 증대에 따른 시민사회의 활성화로 정치가 더 이상은 국가의 배타적 영역이 될 수 없게 된 것이다. 이러한 정치 영역의 확장은 공존의 룰을 무시한 특정 국가 중심의 세계 질서나 다양한 시민사회를 의식하지 않은 국가 중심의 세계 질서에 대한 NGO의 연대적 반란에서 명징하게 드러난다. 고전적 의미에서 정치의 탈정치화 현상이 나타나게 된 것도 정

게 된다는 것이다. 말하자면 一卽多요 多卽一이다. 이는 불교적 세계관의 본질이 생태적 사유에 기초하고 있음을 보여 주는 대표적인 것이다.

치와 비정치의 구분이 점차 사라지면서 정치 영역이 대폭적으로 확장
된 데 따른 것이다. 또한 이러한 정치 영역의 확장은 '위험사회'를 극
복하기 위해 울리히 베크가 제시하고 있는 핵심 개념인 국민국가의
한계를 넘어선 '제2의 근대화' 개념과도 맥을 같이 하는 것이다. 앤
서니 기든스(Anthony Giddens)가 제시한 '제3의 길'의 실현 가능성 또
한 시민사회의 활성화와 자율성 증대에 있는 것으로 나타난다.[90]

　생태정치학은 자율성과 평등성에 기초한 세계 시민사회의 영역을
그 대상으로 한다. 다시 말해서 21세기 정치학의 메가트렌드인 생태
정치학은 국민국가 패러다임에서 세계 시민사회 패러다임으로, 빅 프
레임(big frame) 체제에서 그랜드 네트워크(grand network) 체제로의 전
환을 요구한다. 생태정치학적 접근은 정치 영역의 확장과 더불어 전
지구적 차원의 생태 위기에 효율적으로 대처하기 위한 것이다. 그러
나 지금까지 생태학적 논의는 주로 철학적 · 사회학적 및 경제학적 차
원에서 이루어져 온 까닭에 총체적인 생태 위기 내지는 인간 실존의
위기에 효율적으로 대처하기에는 미흡했다. 예컨대 풀뿌리 민주주의,
분권화, 비폭력, 사회적 책임 등과 같은 원칙에서 나타나듯 생태학적
논의가 고도의 정치성을 내포하고 있음에도 정치학적 차원에서의 논
의와 더불어 정치 실천적 차원의 노력은 상대적으로 미약했던 것이
사실이다. 이는 21세기에 진입한 지금에도 20세기 파워 폴리틱스의
유산이 여전히 정치학적 논의의 기본 틀이 되고 있고, 국제 정치 무대
에서도 정치 행위자들의 행위 준거가 국제 정의(international justice)가

---

[90] Anthony Giddens, *The Third Way: The Renewal of Social Democracy*(Cambridge: Polity Press, 1998) 참조.

아닌 국익(national interests)에 초점이 맞춰져 있다는 사실에서 잘 드러난다. 그러나 서구적 근대의 태생적 한계를 극복하고 공존의 대안적 사회를 구현하기 위해서는 정치 패러다임의 전환과 더불어 시민사회와 국가의 관계 재정립이 요망된다.

생태정치학은 생존의 영적 차원의 중요성을 인식함으로써 인간의 의식 성장을 목표로 진정한 생명 시대를 개창하기 위한 것이다. 생태적으로 지속 가능한 공동체는 무한 경쟁이나 물신 숭배를 통해서가 아니라 인간의 의식 성장을 통하여 구현될 수 있는 것이다. 따라서 인간 존재의 '세 중심축(天地人 三才)'의 분절성 극복을 통해 유기적 생명체 본연의 통합적 기능을 회복하게 함으로써 윈-윈 구조의 협력 체계에 기초한 생명시대를 개창하고자 하는 것이다. 그것은 곧 생명 경외 사상에 입각하여 우주자연-인간-문명이 조화를 이루는 상생의 삶을 구현하는 것이다. 우주자연과 인간, 인간과 인간의 연대성을 인식하고 '진보의 역설'을 직시하며 무소유의 소유 개념에 입각하여 소박하고 단순한 삶을 추구하는 것이야말로 우리 인류가 지향해야 할 이상적인 삶의 형태이다. 자연과 인간의 연대성이라는 측면에서 노자老子의 무위자연無爲自然 사상은 우리에게 그 시사하는 바가 크다. 그는 자연의 대도大道에 순응하는 삶을 가장 이상적인 것으로 보고, 인간의 자연스런 연대 의식이 피어날 수 있는 소국과민小國寡民의 촌락 공동체[91]에서 이상 사회의 원형을 찾고 있다. 그의 자연적 사회관은 유기적이고 소규모 지향적이며 영속성을 띤 생태경제학적 관점과도 일치하는 것이다. 오늘날 자연적 · 생태적 사회관에 기초한 소규모 공동체의 연

---

[91] 『道德經』80章.

대강화와 역할증대는 자율적인 직접 참여를 통한 자기효능감(self-efficacy)의 확산에 따른 것으로 생태정치학적 접근과 그 맥을 같이 하는 것이다.

제3절 생태정치학의 본질

1. 생태정치학의 본질과 그 의미

생태정치학은 생명의 유기성과 상호 관통에 대한 직관적 지각에 기초해 있는 까닭에 본질적으로 생태적이며 영적(spiritual)이다. 이는 곧 생태정치학의 본질이 우주만물의 전일성에 대한 자각에 닿아 있음을 의미한다. 즉 일체의 생명은 우주적 생명이며 그 근원은 모두 하나로 연결되어 있다는 사실에 대한 자각이다. 이러한 자각은 정신·물질 이원론에 입각한 근대 서구의 기계론적 세계관에서 동양의 전일적인 실재관으로의 인식론적 회귀를 통해 인류가 처한 생태 위기에 효율적으로 대처할 수 있게 할 것이다. 오늘날 생태정치학의 부상은 근대 인간 중심주의적 시각에서 전체 생물권 내지 생명권 또는 우주권으로의 의식 확장과 관계된다는 점에서 인류의 의식 성장과 맥을 같이 한다.

지배와 복종의 이원적 구조를 토대로 한 종래의 정치 이론과 실제는 우주와 생명의 본질에 대한 인식이 결여된 까닭에 복합적이고 다차원적인 현상이 연결된 오늘의 생태 위기를 적절하게 설명하지 못할 뿐더러 그러한 위기에 효율적으로 대처할 수 없게 한다. 생태학적 측면이 고려된 새로운 정치학, 즉 생태정치학의 모색이 이루어져야 하는 것은 이 때문이다. 생태정치학은 인류와 우주에 대한 새로운 자각과 함께 인간과 지구에 대한 새로운 관계 정립, 그리고 생명에 대한 재인식에 기초해 있다. 즉 우주의 본질은 생명이고, 일체 생명은 자기 생성적 네트워크 체제로서의 우주에 참여하고 있으며 그 근원은 모두 하나로 연결되어 있다는 점에서 이 우주는 '참여하는 우주(participatory universe)'인 것이다. 이 우주는 방대하고 복잡하면서도 정교하게 짜인 생명의 피륙으로, 비록 오관五官의 지각으로는 그것의 극히 일부밖에는 볼 수가 없다고 할지라도 보이지 않는 얽히고설킨 무수한 실들이 빈틈없이 짜여 있다. 생명의 원리는 자동성(自動性 automatism)이며, 보편의지(普遍意志 universal will)에 기초한 자발성(自發性 spontaneity)이다. 우주만물은 스스로 생성되고 스스로 변화하여 스스로 돌아가는 것이어서, 누가 누구를 창조하는 것이 아니다. 창조하는 주체도 없고 창조되는 객체도 없다. 따라서 주체-객체 이분법에 근거한 근대 서구의 패러다임은 자본자근自本自根[92] · 자생자화自生自化하는 생명의 파동

---

92 cf. 『莊子』「大宗師」: "夫道有情有信 無爲無形 可傳而不可受 可得而不可見 自本自根 未有天地 自古以固存 神鬼神帝 生天生地 在太極之先 而不爲高 在六極之下 而不爲深 先天地 而不爲久 長於上古 而不爲老." 道는 의심할 바 없이 실재하되, '無爲無形'이며 체득할 수는 있어도 볼 수가 없고, 自本自根하여 천지가 있기 이전에 옛날부터 본래 존재하였으며 천지를 생성한 것으로 나와 있다.; 『道德經』 40장: "弱者道之用." '약한 것이 道의 작용'이라고 한 것은 道의 작용을 無爲自然의 그것으로 본 까닭이다. 말하자면 道는 곧 자연의 道로서 天地人의 모든 활동을 포괄하는 자기 스스로의 순수 활동이다.

적波動的 성격을 깨닫지 못한 데서 오는 것이다.

　지금까지 자유민주주의가 이상적인 정치 이데올로기로서 자리매김할 수 있었던 것은 적어도 이념상으로는 생명의 원리에 순응해 있기 때문일 것이다. 즉 치자와 피치자의 자동성의 원리에 입각하여 자발적 복종의 개념을 중시하고 정치 참여를 활성화시킨 점이 그것이다. 그러나 정치 참여의 활성화는 생태적으로 지속 가능한 발전(sustainable development)93을 위한 필요조건은 될지언정 충분조건은 될 수 없다는 세계환경발전위원회(World Commission on Environment and Development, WCED)의 입장은 자유민주주의가 직면한 생태적 딜레마를 명징하게 보여 준다. 오늘날 자유민주주의는 오로지 물질적 성장이라는 신화를 꿈꾸며 주체-객체 이분법에 근거한 패러다임의 태생적 한계로 인해 존재의 자기근원성에 대한 인식이나 인간 존재의 세 중심축—종교와 과학과 인문 즉 신과 세계와 영혼의 세 영역(天地人 三才)—의 통합성에 대한 자각을 하지 못함으로 해서 생명의 본질에서 점차 멀어지게 되었다. 자유민주주의의 근간이 되는 '개인(individual)'의 어원을 보면, '분리하다'는 의미의 'divide'에 부정하는 의미의 접

---

93 이 개념은 '환경적으로 건전하고 지속 가능한 발전(environmentally sound and sustainable development, ESSD)'의 개념을 축약한 것으로 세계환경발전위원회(WCED)가 1987년에 발표한 『우리 공동의 미래 (Our Common Future)』라는 브룬트란트(Bruntland) 보고서에서 '미래 세대의 필요를 충족시킬 수 있는 능력을 저해하지 않으면서 현 세대의 필요를 충족시키는 발전'이라고 정의함으로써 공식적으로 확립되었다. 여기서 '환경적으로(environmentally)'라는 말은 '생태적으로(ecologically)'라는 말로도 대체될 수 있다.

두어 'in'이 붙었으니, 원래 개인은 불가분의 존재라는 의미로 전체와 분리될 수 없다. 그럼에도 스스로를 전체로부터 분리시켜 고립감과 공허감의 포로가 된 것은 개인적 가치를 공동체적 가치와 결합시키지 못한 데서 오는 것이다. 다시 말해서 우주의 실체는 의식(意識 consciousness)이며 그 진행 방향은 영적 진화[意識의 진화]라는 사실을 놓치고 있는 것이다. 그리하여 오늘의 생태 위기에 그 어떤 효율적인 방안도 내놓지 못하고 있는 실정이다. 물질에서 의식으로의 패러다임 전환이 이루어져야 하는 것은 이 때문이다.

　생태정치학의 본질은 생명의 본질에 대한 인식이 없이는 정확하게 설명될 수가 없다. 우주의 본질인 생명에 뿌리를 내리지 않은 현상계의 그 어떤 것도 생태적 지속성을 띨 수가 없는 것이다. 반反생명적인 것은 곧 반우주적인 것이며 우주에 역행하는 그 어떤 것도 생명력을 지닐 수 없기 때문이다. 따라서 생명의 원천과 연결되지 못한 것은 결국 허구다. 세계 자본주의 체제의 반생명적인 문화가 시들 수밖에 없는 것은 이 때문이다. 동양의학에서 인간을 보는 관점에 대한 선언이랄 수 있는 『황제내경黃帝內經』[94]의 상고천진론上古天眞論은 가히 인류의

---

94 『黃帝內經』은 중국 고대 전설상의 인물인 黃帝(성은 公孫, 이름은 軒轅)와 名醫 岐伯의 의술에 관한 토론을 기록한 것이라고 전하나 사실은 秦漢 시대에 黃帝의 이름에 假託, 전승되어 온 의료법을 모아 엮은 책으로 추정된다. 黃帝 軒轅은 배달국 제14대 蚩尤天皇(慈烏支桓雄이라고도 함)과 동시대의 인물로 치우천황이 기원전 2,707년에 제위에 올랐으니, 지금으로부터 4,700여 년 전의 인물로 추정할 수 있다. 중국의 고전의학서 중에서 현존하는 가장 오래되고 중요한 책으로 內經이라고도 하며 醫學五經의 하나로서 동양의학의 원류로 간주된다. 내용은 의학서이면서 동시에 천문, 역법, 지리, 음률 등 각 분야의 지식을 두루 섭렵한 것으로 그 이론과 정신은

생명 헌장憲章이라고 할 만한 내용이 수록되어 있다. 현대 의학으로서
도 게놈genome 프로젝트를 통해 이제 겨우 그 단초를 규명하는 단계
에밖에 이르지 못한 생명의 비밀을, 상고천진론에서는 이미 수천 년
전에 인간이 태어나면서부터 여자는 7년을 주기로, 남자는 8년을 주기
로 성장·쇠퇴하는 그 자체의 생명 프로그램을 가지고 나온다는 사실
을 밝혀 놓고 있는 것이다. 특히 마지막 부분에서는 인간 생명의 완성
을 다루고 있어, 동양의학의 목표가 단순히 무병장수하는 삶이 아니라
인간 자체의 완성이라는 사실을 알려 준다는 점에서 특기할 만하다.

　모든 인간이 그 자체의 생명 프로그램을 가지고 나온다는 상고천
진론의 관점은 존재의 자기근원성과 관련된 것이라는 점에서, 이 우
주를 자기생성적 네트워크 체제로 인식하는 현대 물리학의 양자역학
(量子力學 quantum mechanics)적 관점과도 그 맥이 통하는 바가 있다. 즉

모두『易經』에 근원을 두고 있다. 이 경은 소우주인 인간의 육체를 논한 자
연철학적 이론 의서로서 원래 18권으로 전반 9권은「素問」, 후반 9권은
「靈樞」로 구분된다.「素問」은 天人合一說·陰陽五行說 등에 입각한 병리
학설을 주로 하여 臟腑·經絡·病機·診法·治則·針灸·方藥 등의 각 분
야 및 인체생리·병리·진단·치료에 대해 계통적으로 논술하여 중국 의
학이론의 기초를 공고히 하게 되었고 오랜 기간 동안 중의학의 발전에 지
도적인 역할을 해온 까닭에 특히 중의학에서 그 중요성을 인정받고 있는
경전이다.「靈樞」는 사람의 몸속에서 양에 속하는 정기인 神과 음에 속하
는 정기인 靈의 관건이 되는 주요한 문제를 개괄적이고도 정밀하게 논술하
고 있으며, 경락·침구 분야에서 쓰이는 물리요법을 상세히 서술하고 있
다. 기초이론과 임상 방면에서 이 두 책은 상호 보완 관계에 있으면서도 각
기 특색이 있다. 경락·침구 방면에서는「靈樞」가「素問」에 비해 풍부하고
자세하여「靈樞」를 針經이라고 부르는 것이다. 상고천진론은 상고시대의
仙人들이 행한 자연적인 양생법 내지는 存命法의 요체를 밝힌 것이다.

주체-객체 이분법이 폐기됨으로써 전 우주가 참여자의 위치에 있게 되는, 이른바 '참여하는 우주'의 경계가 미시 세계를 다루는 양자역학적 실험에서 밝혀진 것이다. 그 대표적인 것이 빛[전자기파]의 파동-입자의 이중성(wave-particle duality)에 관한 닐스 보어(Niels Bohr)의 상보성 원리(complementarity principle)와 전자의 속도 및 위치에 관한 하이젠베르크(Werner Heisenberg)의 불확정성 원리(uncertainty principle)이다. 그 핵심은 인과론에 기초한 뉴턴(Isaac Newton)의 고전역학의 틀을 벗어나 관측의 대상이 항상 관측자와 연결되어 있고 또한 관측의 대상과 관측자의 경계가 고정된 것이 아니라고 보아 주체와 객체를 대립적인 관계가 아닌 하나의 연속체로 파악한 것이다. 여기서 관측자의 의식이 관측의 대상에 영향을 미칠 수 있다고 본 것은 적어도 정신과학의 측면에서 보면 전혀 새로운 것이 아니다.

　주체-객체 이분법에 근거한 근대 서구의 패러다임은 이제 현대 물리학의 안내로 전일적인 생태 패러다임으로 전환되고 있다. 인류의 의식 확장과 더불어 전일적인 생명 과정에 대한 인식이 이루어지면서 생명의 신비의 베일이 벗겨지고 있는 것이다. 생명은 무시무종이며 무소부재이고 불생불멸인 우주의 창조적 에너지 그 자체다. 가을이 되면 나무가 수기水氣를 뿌리로 돌리듯, 일체의 생명은 본래의 뿌리[混元一氣]로 돌아감으로써 영원한 생명을 유지한다. 만물이 생장生長하고 변화하는 이 모습이 기실은 모두 그 근원으로 되돌아가는 작용인 것이다.[95] 생사生死란 생명의 낮과 밤의 주기일 뿐, 생명은 결코 죽지 않

---

95 『道德經』 16章 : "致虛極 守靜篤 萬物竝作 吾以觀復 夫物芸芸 各復歸其根…."

는다. 다만 형태와 모습만이 변할 뿐이다. 우리가 늙는 것이 아니고 우리 육체가 늙는 것이다. 우리가 죽는 것이 아니고 단지 육체라는 허물을 벗는 것이다. 따라서 죽음이란 슬픈 것도 아니고, 마지막도 아니다. 생명의 흐름은 상호 의존·상호 전화·상호 관통하는 원궤를 이루며 영원히 이어진다. 일원(一元, 宇宙曆 1년)인 12만 9천6백 년을 주기로 천지개벽의 도수度數에 따라 우주가 봄·여름·가을·겨울의 '개벽'으로 이어지는 우주의 순환, 지구가 태양을 공전하고, 태양계는 은하 세계를 2억 2천만 년 주기로 회전하며, 은하 세계는 은하단을 향하여 회전 운동을 하는 천체의 순환, 그리고 천시天時와 지리地理에 조응하는 생명체의 순환과 카르마(karma, 業)의 작용이 불러일으키는 의식계의 순환—그 속을 우리가 살고 있는 것이다.

생태정치학은 근원성·포괄성·보편성을 띠는 생명의 본질을 구현하는 정치학이다. 실로 생명은 불가분의 전체이며 유기적 통일성을 그 본질로 한다. 생명은 곧 진리이다. '진리는 통일체(The Truth is the Whole)'라고 한 헤겔(G. W. F. Hegel)의 명구도 있거니와, 거기에는 어떠한 분열도 경계선도 없다. 따라서 가장 근원적이고도 포괄적이며 보편성을 띠는 생명의 본질을 구현하는 생태정치학은 본질적으로 인간 존재의 '세 중심축(天地人 三才)'의 통합성에 대한 자각에 기초하여 자율성과 평등성을 바탕으로 한 에코 폴리틱스(eco-politics) 또는 디비너틱스(divinitics)의 구현을 목표로 한다. 이는 곧 인간 중심의 가치관에서 생명 중심의 가치관으로의 패러다임 전환을 통해 물질 차원의 에고가 만들어낸 지배와 복종의 이원화된 구조를 넘어서는 것이다. 그리하여 권력과 자유의 부조화라는 대의 정치의 유산을 극복하고 자유와 평등이 변증법적 통합을 이루는 생태적으로 건전하고 지속 가능한 공동체를 구현하는 것이다.

2. 생태 위기의 본질과 생태정치학적 대응

오늘의 인류가 처한 전 지구적 차원의 생태 위기는 생명의 전일성을 자각하지 못함으로 해서 인간과 인간, 인간과 우주자연의 연대 관계가 파괴된 데 기인한다. 연대성의 파괴에 따른 생태 위기의 전 지구적 확산은 정신·물질 이원론에 입각한 기계론적 세계관의 전 지구적 확산과 맥을 같이 한다. 과학적 합리주의라는 미명하에 물질 차원의 에고에 의해 건설된 근대 세계는 인간 존재의 '세 중심축(天地人 三才)'의 통합성을 자각하지 못함으로 해서 생명 현상을 분리된 개체나 種의 차원에서 인식함으로써 단순한 물리현상으로 귀속시키는 결과를 낳았다. 에너지 위기, 건강 관리의 위기, 생태계 파괴와 환경 재해, 해수 오염 등 총체적인 인간 실존의 위기는 생태 위기를 조장하는 근대적 경제 기술 체계와 더불어 보다 근원적으로는 반생명적인 가치관과 삶의 패러다임에 의해 삶의 조건이 왜곡되고 파괴된 데 기인한다. 산업 문명의 폐해라 할 수 있는 국가·지역·계층 간 빈부 격차, 억압과 차별, 환경 파괴 등의 문제 또한 생태적 측면이 고려되지 않은 낡은 패러다임으로는 근본적으로 해결하는 것이 불가능하다.

생태 위기에 대한 생태정치학적 대응은 생명을 개별적 유기체로서가 아닌 '살아 있는 시스템'으로 인식하는 생태적 자각에 기초한다. 이 우주가 본질적으로 역동적이며 불가분적인 전체로서, 정신적인 동시에 물질적인 하나의 실재로서 인식되게 된 것은 20세기 실험물리학이 발달하면서였다. 아인슈타인(Albert Einstein)의 상대성이론(theory of relativity)과 양자역학(量子力學 quantum mechanics)[96]에 이르러 뉴턴 (Isaac Newton)의 3차원적 절대 시공時空의 개념이 폐기되고 4차원의 '시공 연속체'가 형성됨으로써 이 우주가 상호 작용하는 네트워크 체제로 이루어져 있다는 생태적 관점이 점차 힘을 얻게 된 것이다. 말하자면 생명 현상을 개체나 종의 차원이 아닌 생태계 그 자체로 인식[97] 하게 된 것이다. 생명은 불가분의 전체이며 그 근원은 모두 하나로 연결되어 있다는 생태적 자각이 이루어지면서 근대 서구 문명의 지양을 위한 새로운 패러다임, 즉 새로운 실재관의 정립의 필요성이 제기되게 된 것이다.

오늘의 생태 위기에 대한 생태정치학적 대응의 필요성은 대개 다

---

96 아인슈타인에 의해 제창된 상대성이론은 E＝mc²(질량 m, 에너지 E, 광속 c)라는 질량-에너지 등가 원리로 나타난다. 상대성이론은 1905년에 제출된 특수상대성이론(special theory of relativity)과1916년에 정리된 일반 상대성이론(general theory of relativity)으로 이루어져 있다. 전자는 뉴턴역학 이래 물리학의 대전제였던 時空의 절대성을 부정하고 그 상대성을 적극적으로 밝힌 것이고, 후자는 특수상대성이론에서 밝힌 자연법칙의 絶對性과 時空의 상대성 개념을 강화하고 아울러 時空이 물질의 존재와 밀접한 관련을 맺고 있음을 밝힌 것이다. 그리고 量子力學은 막스 플랑크(Max Plank)의 양자가설(quantum hypothesis, 1900), 아인슈타인(Albert Einstein)의 광전효과(photoelectric effect, 1905), 닐스 보어(Niels Bohr)의 원자 모델(atomic model, 1913), 하이젠베르크(Werner Heisenberg)의 행렬역학(matrix mechanics, 1925)과 슈뢰딩거(Erwin Schrödinger)의 파동역학(wave mechanics, 1926)에 이르러 그 모습을 드러낸 것으로 원자, 전자 등 미시 세계의 신비를 밝힌 것이다. 오늘날의 반도체, 컴퓨터 등 IT 기술은 양자역학에 힘입은 것이다.

97 cf. Morowitz, op.cit., p.54.

음과 같은 세 가지 정도로 나누어 살펴볼 수 있다. 그 첫째는 현재의 세계 자본주의 네트워크가 생태학적으로나 사회적 및 정치적으로 지속 가능하지 않다는 점, 둘째는 인간의 자기 실현과 생태계의 지속 가능성을 위해서는 생물학적 · 인지적 · 사회정치적 차원에서의 근본적인 변화가 필요하다는 점, 셋째는 세계화의 도덕적 기반 상실에 따른 지구공동체의 구심력 약화 등이 그것이다.

우선 현재의 세계 자본주의 체제가 생태학적으로나 사회적 및 정치적으로 지속 가능하지 않은 징후는 영국의 가디언지가 소개한 전 세계 과학자들이 전망한 '인류의 10대 재앙'에서도 분명히 드러난다. 인류가 직면할 10대 재앙으로는 기후 변화, 텔러미어 퇴화, 바이러스 창궐, 테러, 핵전쟁, 유성체 충돌, 로봇의 반란, 별 폭발에 의한 우주선 폭풍, 초대형 화산 폭발, 지구가 블랙홀에 먹힘 등의 10가지이다. 이 중 바이러스 창궐, 테러, 초대형 화산 폭발은 70년 내 발생확률이 매우 높은 것으로 나타나고 있고, 기후 변화, 로봇의 반란도 발생 확률이 높은 것으로 나타나고 있다. 인류 멸망을 10이라는 수치로 나타낼 경우 2050년쯤 인간의 지적 능력을 갖춘 로봇의 반란으로 인류가 멸망할 가능성은 8이라는 매우 높은 수치를 보이고 있고, 초대형 화산폭발의 경우에도 7이라는 높은 수치를 보이고 있다. 기후 변화의 경우 세계 평균 기온 상승이 식량 불안과 사회 체제 붕괴로 이어져 인류가 멸망할 가능성은 6이라는 비교적 높은 수치를 보이고 있다.[98] 현 자본주의 체제가 자원 고갈 · 환경 파괴 · 정신적 황폐 등으로 더 이상 지탱하기 어렵다는 사실은 앞에서도 살펴 본 바이다. 인류

---

98 『조선일보』, 2005년 4월 16일자 기사.

문명의 구조를 생태 패러다임에 의해 재구성해야 할 시점에 와 있는 것이다.

다음으로 인간의 자기 실현과 생태적 지속 가능성을 위해 생물학적 · 인지적 · 사회정치적 차원에서의 근본적인 변화가 필요하다는 것이다. 인간의 자기 실현과 생태적 지속 가능성이 세계화를 재설계하는 기본 윤리가 되어야 한다는 것은 두말할 필요도 없다. 그러기 위해서는 우리의 세계관과 사고방식 및 가치 체계의 근본적인 변화가 선행되어야 하며, 생물적 · 심리적 · 사회적 · 환경적 현상이 상호 연결된 오늘의 세계에 부응하는 생태정치학적 모색이 이루어져야 한다. 말하자면 토플러적인 의미에서 '제2물결'의 낡은 세계관과 사고방식 및 가치 체계, 그리고 낡은 정치철학과 정치제도 및 조직은 '제3물결' 시대에는 적용될 수 없을 뿐더러 오히려 역사 발전을 저해하는 질곡이 되어 위기를 증폭시키는 요인이 되는 것이다. 그런 점에서 경쟁적 시장 메커니즘에 의해 작동되는 근대 산업 문명과 연계된 성장(growth)이라는 이름의 신화는 인간의 의식(consciousness)과 연계된 것으로 다시 씌어져야 한다. 말하자면 인간의 자기 실현과 생태적 지속성을 위해서는 성장사회(growth society)라는 개념 자체가 근대의 과학적 합리주의나 실증주의가 아닌 생태적 합리성을 띤 균형사회(equilibrium society)[99]로 전환되어야 하고, 물질적 성장이 아닌 인간의

---

[99] 윌리엄 오펄즈(William Ophuls)는 인류의 생태 위기에 대처할 것으로 기대되는 균형사회 정치체제의 특성을 다음과 같이 밝히고 있다. 즉, 1) 개인주의에서 지역주민의 공생주의(communalism)로 전환, 2) 평등 민주주의(egalitarian democracy)에서 능력과 지위를 중시하는 啓導的 엘리트주의로 전환, 3) 문화적 규범의 다양화, 4) 프란시스 베이컨(Francis

의식 성장에 초점을 두는 것이어야 한다.

끝으로 세계화의 도덕적 기반 상실에 따른 지구공동체의 구심력 약화로 세계의 안전과 평화를 담보할 수 없게 되었다는 것이다. 뿐만 아니라 현재 세계 도처에서 유발되고 있는 예측 불허의 테러는 지구 공동체의 미래를 더욱 어둡게 한다. 세계화가 안정과 평화를 가져오는 수단이라는 세계화론자들의 주장은 허구일 뿐 강대국들의 또 다른 식민 정책이라고 보고 이러한 추세가 시장과 자본의 독점을 초래하여 '부익부 빈익빈' 현상을 심화시킴으로써 심각한 경제적·생태적 재앙을 불러올 것이라는 진보주의자들의 시각이 점차 힘을 얻고 있다. 세계는 지금 WTO 체제의 등장과 FTA 체결의 확산으로 자본주의 경제의 세계화가 가속화되고 있고, 국제 경제 관계에서 자유주의 경제 원칙이 확대·강화되고 있으며, 이러한 경제적 자유주의를 구현할 수 있는 다자주의(multilateralism) 원칙이 세계 경제의 운용 원칙으로 제도화되게 되었다. WTO 체제는 서비스, 지적 재산권, 무역 관련 투자 등 새로운 분야를 포괄하고 있음은 물론, GATT(관세 및 무역에 관한 일반 협정) 체제 하에서 등한시되었던 농산물 문제 등에 대한 규정도 도입함으로써 사실상 모든 국제 교역을 관할 하에 두고 있다. 이러한 세계적 경제통합의 추세와 더불어 특기할 만한 것은 지역주의(regionalism),[100]

Bacon)류의 과학적 환원주의(reductionism)보다는 전일적 패러다임 강조, 5) 老莊의 道, 無爲自然思想에 조응, 6) 인간과 비인간을 동등시하는 자연관, 7) 최소한의 소박한 定常社會(steady-state society)의 실현 등이다(김번웅, 앞의 논문, 352-353쪽; William Ophuls, *Ecology and the Politics of Scarcity*(San Francisco: W. H. Freeman and Company, 1977), pp.226-242).

쌍무주의(bilateralism) 혹은 일방주의(unilateralism)와 같은 상반된 추세가 공존하고 있다는 점이다. 이러한 상반된 추세의 공존은 역시 국제정치경제 질서가 '국익의 극대화'를 지향하는 국가 이기주의에 의해 지배되고 있음을 극명하게 보여 주는 것이다.

더욱이 한반도를 둘러싼 미국, 중국, 러시아, 일본 등의 정치·군사적 이해관계의 첨예한 대립과 북한 핵문제, 역내 국가들의 경제 체제의 이질성 및 발전단계의 다층성과 안보·경제 분야에서의 높은 대미 의존도, 그리고 중국의 경제적 부상과 일본의 군사대국화 및 과거사 문제 등으로 그 어느 때보다도 동북아의 역동적 변화가 예상되는 시점이다. 냉전 종식 이후 세계 질서의 재편과 더불어 동북아 사회주의 국가들의 변화에 따라 동북아지역에서도 여타 지역주의에 대응하고 평화와 번영의 21세기를 열기 위한 구상의 일환으로 부상하고 있는 동북아 공동체론은 윈-윈(win-win) 구조의 협력 체계를 바탕으로 초국가적 발전 패러다임을 상정한 것이다. 현 시점에서 동북아의 평화로운 협력 관계 구축을 통한 동북아 환경 생태·문화·경제 공동체 형성은 지구공동체로의 발전 가능성이 내재해 있다는 점에서 깊이 연구해 볼 필요가 있다. 그러나 한 가지 분명한 것은 지역화와 세계화의

---

100 세계주의(globalism)와 국민국가주의(nationalism)의 절충적 산물로서의 현재의 지역주의(regionalism)라는 정치경제적 실험은, 초국적 생산 자본과 금융자본의 연결망인 세계경제(global economy)의 하위 형태라는 점에서 국민경제(national economy)를 국민국가의 군사력을 기반으로 확장한 결과로서의 1930년대 지역주의와는 구별되는 것이다(구갑우, 「지역통합의 원인과 결과 : 유럽의 사례」, 경남대학교 극동문제연구소 편, 『동아시아 신질서의 모색』(서울: 서울프레스, 1996), 277-278쪽.

통합이나 생태 설계에 바탕을 둔 지속 가능한 공동체의 건설과 지속 가능한 미래로의 전환은 기술적인 문제가 아니라 세계관과 사고방식 및 가치 체계의 문제이며 정치적 의지와 결단의 문제라는 사실이다. 생태정치학적 대응의 필요성이 여기에 있다.

생태정치학적 대응이란 근대 산업 문명의 폐해라 할 수 있는 지배와 복종, 억압과 차별의 이원화된 구조에서 벗어나 생존의 영적 차원의 중요성을 인식함으로써 생태적으로 지속 가능한 사회를 건설할 수 있게 하는 것이다. 말하자면 자율성과 평등성을 바탕으로 생태적 합리주의에 기초한 분권화와 풀뿌리 민주주의를 지향함으로써 조직의 유기성 및 효율성이 최고도로 발휘될 수 있게 하는 것이다. 그리하여 인간과 인간, 인간과 우주자연의 연대성 회복을 통하여 인간 존재의 '세 중심축(天地人 三才)'의 분절성을 극복하고 생명의 유기적 통일성을 깨달음으로써 근대 서구의 정치적 자유주의를 치유할 수 있게 하는 것이다. 이러한 대응은 시민사회의 활성화에 따른 정치 영역의 확장과 더불어 전 지구적 차원의 생태 위기에 효율적으로 대처할 필요성에서 생겨난 것이다. 그 요체는 이분법적 사유 체계에 입각해 있는 서구적 근대의 초극이다. 생태 패러다임의 진정한 자기 실현은 정치 실천적 차원과의 연결을 요하며 그런 점에서 에코 폴리틱스의 구현과 그 맥을 같이 한다.

3. 에코 폴리틱스와 디비너틱스divinitics

현 지구촌의 생태 위기에 대한 생태정치학적 대응은 한마디로 원-원 구조의 협력 체계에 기초한 공존의 대안적 사회를 구현하기 위한 것이다. 그러한 공존의 대안적 사회는 무한 경쟁이나 물신 숭배를 통해서가 아니라 인간의 의식 성장을 통하여 구현될 수 있으며 그 통로가 바로 에코 폴리틱스(eco-politics) 또는 디비너틱스(divinitics)이다. 앞서 우리는 힘이 지배하는 선천의 정치 형태를 포괄하여 파워 폴리틱스(power politics)라고 하고, 영성靈性이 지배하는 후천의 정치 형태를 포괄하여 에코 폴리틱스 또는 디비너틱스라고 명명하였다. 생태학과 영성 간의 심오한 연계에 비추어 볼 때 에코 폴리틱스는 그 본질에 있어 영성과 정치의 묘합에 기초한 디비너틱스와 다르지 않다. 실로 생태적 자각이란 혼원일기混元一氣로 이루어진 생명의 전일성과 상호 연관성을 직관적으로 깨닫는 것이라는 점에서 본질적으로 영적인 까닭이다. 인간의 신성[靈性]과 생명의 유기성을 깨달아 순천의 삶을 지향한다는 것은 우주적 본성의 자리를 지키는 것인 동시에 그것의 자각적 실천의 나타남이며 이는 곧 더불어 사는 삶을 실천하는 것이다. 말하자면 본래의 진여眞如한 마음을 지키고 기운을 바르게 하는 것이라는 점에서 그것은 본질적으로 생태적이며 영적일 수밖에 없는 것이다.

　에코 폴리틱스 또는 디비너틱스로의 이행은 근대성의 한계에 따른 생태정치학적 대응의 나타남으로 문명의 대전환과 맥을 같이 하는 것이다. 다시 말해서 천시天時와 인사人事가 상합하는 것으로 생장·분열과 수렴·통일을 순환 반복하는 우주 변화의 원리에 따른 것이다. 근대 물질문명의 자기부정을 통하여 스스로의 본체인 영성에 대한 자각이 이루어지기 시작했음을 반증하는 것이다. 세계는 지금 UR, WTO 등 초국가적 경제 실체의 등장과 다국적 기업의 확대에 따른 세계 경제의 출현으로 경제의 세계화와 더불어 정치의 세계화·문화의 세계화가 이루어지면서 NGO와 국제기구의 역할 증대에 따라 다양하고 이질적인 문화의 소통이 가속화되고 있다. 21세기 에코 폴리틱스[디바너틱스]는 NGO, 다차원적 공동체 및 국제 기구와 같은 초국가적 실체를 기본단위로 대등한 상호 의존적 협력 체계에 기초하여 생태적 지속성을 띤 지구공동체 실현을 그 목표로 한다. 따라서 윈-윈 게임의 발전론에 입각하여 주관과 객관, 개체성과 전체성이 하나라는 통합의 논리에 의해 우주자연-인간-문명이 조화를 이루는 상생의 세계를 낳는다. 이렇게 볼 때 에코 폴리틱스로의 패러다임 전환은 우리 인류가 시대적 · 사상적 · 종교적 질곡에서 벗어나 유기적 생명체 본연의 통합적 기능을 회복하게 함으로써 진정한 역사 발전의 동력이 될 수 있게 할 것이라는 점에서 시대적 필연이다.

에코 폴리틱스의 본질은 노장老莊의 정치관에서도 잘 드러난다. 이상적인 정치란 비록 그 공덕이 천하를 뒤덮고 교화가 만물에 미쳐 있을지라도 백성들은 그것을 전혀 느끼지조차 못하는 정치라고 했다. 말하자면 저절로 그렇게 된 것인 양 생각하게 된다는 것이다. 이는 치자와 피치자 간에 완전한 일체감이 형성되어 주관과 객관이 하나의 보편의식 속에 통합될 때 가능한 것이다. 우리가 흔히 사용하는 이심전심以心傳心이라는 말은 주관과 객관의 완전한 조화를 함축한 것이다. 루소(J. J. Rousseau)의 이상 국가 개념도 이와 유사하다. 그에 의하면 이상 국가의 현저한 특징은 그것이 가지고 있는 유기적 성격으로 그 속에는 개인과 국가, 권력과 자유가 완전히 조화를 이루고 있다. 하여 개인은 자신을 전체와 결합하면서도 여전히 자기 자신에게만 복종하고 그 이전과 마찬가지로 변함없이 자유로운 것이다. 이러한 유기적 성격을 낳는 개념이 바로 일반의지(volonté générale)[101]인데 그 속에는 주관과 객관이 하나로 융합되어 있다. 그러나 루소의 일반의지의 이념이 프랑스 혁명 당시 로베스피에르(M. Robespierre)의 손에서 피 묻은 무기로 화한 것은 이념의 운용 주체가 인간인 점을 환기시킨다.

에코 폴리틱스는 천시天時와 인사人事의 상합에 기초해 있는 까닭에 그 본질에 있어 자유의지와 필연의 조화를 함축하고 있다. 자유의지와 필연의 문제는 헤겔의 역사철학에서도 생생하게 나타난다. 그에게 있어 역사는 곧 자유의 자기 실현화 과정으로 그 최후의 단계에서는 대립을 이루는 특수의식(particular consciousness)이 통합을 이루어 보편의식(universal consciousness)이 되면서 '이성적 자유(rational freedom)'가 필연으로서 현실 속에 현현하게 된다. 여기서 이성적 자유란 '나(I)'의 형태로서가 아니라 보편적으로 상호의존적인 '우리(We)'의 형태로서의 자유로운 정신을 말한다. 자유의지와 필연이, 주관과 객관이 하나로 통합된 보편의식은 단순한 개별체적인 의식이 아니라 사회적이요 역사적이며 공동체적인 의식이다. 헤겔의 역사철학에 기초하여 헤겔의 관념변증법을 유물변증법으로 변개시킨 칼 마르크스(K. Marx)의 경우에도 자유의지와 필연의 문제는 그의 이론의 중핵을 이루고

---

101 '일반의지〔一般意思, 普遍意志〕'는 프랑스의 계몽사상가 루소의 『사회계약론 Du contrat social』(1762)의 중핵을 이루는 개념이다. 그에게 있어 국가는 그 구성원인 각 개인의 자유의사의 상호계약에 의해 형성된 것으로 그러한 상호계약에 의거하여 성립된 일반적〔公的〕인 인격의 의사를 일반의사라고 지칭하였다. 이러한 그의 논의는 국민주권론에 의거하여 사회계약에 의해 성립된 국민의 일반의사가 보편적 가치를 지닌다는 것으로 현실의 의사결정에 있어 국가 특권층의 특수의사를 견제하기 위한 것이었다. 루소의 일반의사 이념은 헤겔의 보편의식(universal consciousness) 형성에 영향을 미치기도 했다.

있다. 그는 자유와 결정론이 변증법적인 통합을 이룩함으로써 종국에는 계급 없는 사회가 도래할 것으로 보았다. 프롤레타리아 계급에 의한 폭력 혁명과 그것의 역사적 필연성에 관한 문제는 자유의지와 필연이 어떻게 조화할 수 있는가의 문제로서 마르크스 이론에서 핫 이슈가 되어 왔다.

주관과 객관, 자유의지와 필연의 조화─그것은 세상 만사가 인간이 주재할 수 있는 영역과 주재할 수 없는 영역으로 나누어지며 주재할 수 없는 객관적 제한의 영역이 있다는 사실을 인정하는 속에 깃들게 된다. 그리하여 세상만사를 관조하는 경지에서 편별심을 가지지 않게 되니, 귀가 순해지고〔耳順〕 종국에는 마음이 하고자 하는 대로 따라도 법도를 넘지 않게 되는 것이다. 공자가 50세에 '지천명知天命', 즉 하늘의 명을 알 수 있었다고 한 것은 바로 자유의지와 필연의 조화를 뜻하는 것이다. 이 경지에 이르게 되면 가히 마음을 자유자재로 운용한다고 할 수 있을 것이다. 다시 말해서 사람의 할 일을 다하고 하늘의 명을 기다리는, 이른바 '진인사대천명盡人事待天命'의 지혜를 나타내 보일 수 있는 것이다. 개체성과 전체성의 상호 의존성, 즉 합일성에 대한 인식에 이르지 않고서는 결코 물질계에서 구현되고 있는 정신의 참모습을 볼 수가 없다. 현재 인류가 물질 차원의 에고에 머무는 것은 단순히 철학의 빈곤 때문이라기보다는 진지眞知의 빈곤 때문이다. 진지를 기반으로 한 새로운 인간학의 수립이 절실한 시점이다.

에코 폴리틱스는 근본지根本智로의 회귀를 통해 진정한 문명을 개창하기 위한 것이다. '나'와 '너', '이것'과 '저것'을 분리시키는 분별지分別智가 작용하면서 인간은 낙원〔根本智·自然智〕에서 멀어지게 되고 드디어는 번뇌의 대해大海에 들게 되었다. 성경 속의 선악과善惡果

는 인간의 분별지를 표징한 것 이외에 다른 것이 아니다. 합리적 이성
이라는 이름의 분별지에 의해 재단된 근대 서구 문명은 생명의 유기
성과 상호 관통을 직시하지 못함으로 해서 반反생명적인 문화를 창출
해 내었다. 우주의 본질인 생명에 뿌리를 내리지 못한 근대 문명은 꽃
꽂이 문명과도 같은 것이기에 결국 시들어 사라질 수밖에 없다. 진정
한 문명은 이제부터 시작되어야 한다.

　진정한 문명이란 무엇인가? 그것은 한마디로 실체實體를 지향하는
문명이다. 우주의 실체는 의식이므로 물신 숭배에 기초한 문명이 아
니라 순수의식〔우주의식, 전체의식, 근원의식〕을 지향하는 문명이다. 따라
서 물질적 성장 제일주의가 아닌 인간의 의식 성장에 초점을 두는 문
명이다. 생명과 사랑의 문명이다. 종교적 진리가 개개인의 삶 속에 구
현되는 문명이다. 삶의 도道, 종교의 도, 학문의 도가 하나인 문명이
다. 진정한 문명은 내재적 본성인 신성에 대한 깨달음에서 시작되어
야 한다. 그것은 곧 우주만물의 전일성과 생명의 유기성을 깨닫는 것
이다. 말하자면 참나를 깨닫는 것이다. 이 세상에서 새로이 이룰 것은
아무 것도 없다. 단지 인간 본래의 자성自性을 회복하는 일만이 있을
뿐이다. 참나와 만나기 위해 인류는 그토록 멀고도 험난한 길을 달려
왔다. 역사상 그 무수한 국가의 명멸과 문명의 부침浮沈과 삶과 죽음
의 투쟁, 그 모든 것은 참나와 만나기 위한 과정이요, 국가 · 민족 · 인
종 · 종교 · 성 · 계급 간의 경계를 넘어 인류가 하나임을 인식하기 위
한 시험의 관문이었다. 삶과 죽음, 전쟁과 평화, 빛과 어둠, 기쁨과 슬
픔, 사랑과 증오, 건강과 병, 맑은 하늘과 태풍 등의 대조적 체험을 통
해 우리의 영혼은 더욱 맑고 밝고 확대되고 강화되게 된다. 그리하여
마침내 이들이 모두 하나라는 인식에 이르게 된다.

이제 새로운 문명은 참나에 대한 깨달음에서 시작되어야 한다. 참나는 이 우주를 포괄하는 전체다. 그러나 물질 차원의 에고에 갇혀서는 우리는 참나와 만나지 못한다. 내재적 본성인 신성을 깨달을 때 비로소 참나는 그 모습을 드러낸다. 그것은 곧 평등성지平等性智의 나타남이다. 참나는 생명이요 사랑이며 진리이다. 참나로 가는 길이 곧 동귀일체同歸一體요 귀일심원歸一心源이다. 무극대도無極大道의 세계란 '나'와 '너', '이것'과 '저것'의 경계가 사라지고 존재계와 하나가 됨으로써 닿을 수 있는 대공大公한 경계이다. 거기에 이르는 통로가 에코 폴리틱스이다. 생태 위기는 단순히 환경 정책의 강화나 기술적 능력의 증대만으로 해결될 수 있는 것이 아니다. 에코 폴리틱스는 인간 중심의 가치관에서 생명 중심의 가치관으로의 근본적인 패러다임 전환을 통해 권력과 자유가 조화를 이루는 이상적인 직접 정치의 원형(prototype)을 보여 준다. 그런 점에서 자율성과 평등성에 기초한 에코 폴리틱스는 권력과 자유의 부조화라는 대의 정치의 유산을 극복하는 하나의 방안을 제시한 것으로 볼 수 있다.

제3장 생태적 사유와 정치적 사유의
변증법적 전개

제1절 상고 및 고대의 제정일치시대

본서의 주제인 근대의 초극을 위한 생태정치학적 대응과 관련하여, 본 장에서는 생명의 자기근원성과 전일성에 대한 자각에 기초한 생태적 사유와 지배-복종의 이원화된 구조에 입각한 종래의 전통적인 정치적 사유의 변증법적 전개 과정을 역사의 장—상고 및 고대 일부의 제정일치시대, 중세 그리스도교적 보편사회, 르네상스·종교개혁기, 근대 이후 물질만능주의시대—을 통하여 살펴보기로 한다. 생태적 사유와 정치적 사유의 변증법적 논의의 핵심은 신성과 이성의 통합이다. 여기서 '생태적'이란 용어는 '전일적', '시스템적'이라는 의미가 함축된 것으로 인간의 사유 체계에서 이는 곧 신성과 이성의 통합으로 나타난다. 내재적 본성인 신성은 영성靈性 또는 자연(nature)과도 같은 의미이니,[102] 신성과 이성의 통합은 영성과 이성 또는 자연

---

102 내재적 본성인 신성은 생명의 본체를 의미한다. 생명은 개체성과 전체성이 통합된 전일적인 속성을 지니는 까닭에 본질적으로 영적이다. 우주의 실체는 의식이므로 생명은 곧 영성〔참본성, 우주의식, 근원의식, 전체의

과 이성[인간]의 통합이라고도 할 수 있을 것이다. 인간 본질의 양극성을 기반으로 한 현상계는 필연적으로 신적 인식과 인간적 인식 사이에 놓이게 되므로, 신성과 이성의 통합적 의미를 알기 위해서는 신성과 이성이 구체적인 역사의 장에서 어떻게 발현되었는지를 고찰할 필요가 있다. 그러면 먼저 상고 및 고대 일부의 제정일치시대에 나타난 양 사유의 변증법적 전개에 대해 살펴보기로 하자.

신라 눌지왕 때의 충신 박제상朴堤上의 『부도지符都誌』에 따르면, 약 9,000년 전 파미르 고원의 마고성麻姑城에서 시작된 우리 민족은 마고麻姑, 궁희穹姬, 황궁黃穹, 유인有因, 환인, 환웅, 단군에 이르는 과정에서 전 세계로 퍼져 나가 천·지·인 삼신일체三神一體의 가르침에 토대를 둔 우리의 천부天符 문화를 세계 도처에 뿌리내리게 한 것으로 나온다. 파나류산(波奈留山=天山崑崙=시베리아 중앙고원=파미르고원)을 도읍으로 한 아시아의 대제국 환국桓國의 12연방 중 하나인 수밀이국須密爾國은 천부사상으로 오늘날 4대 문명이라 일컬어지는 수메르 문화를 발흥시켰으며, 특히 수메르인들의 종교 문학과 의식이 오늘날 서양 문명의 뿌리라고 할 수 있는 기독교에 상당한 영향을 미쳤다는 사실은 이미 밝혀진 바이다. 러시아 태생의 저명한 미국인 수메르학자 사무엘 크레이머(Samuel Creimer)는 인류 최초의 학교, 최초의 민주적 대의제도 등 인류의 문화·문명사에서 최초의 중요한 것 27가지가 모두 수메르인들의 발명품이라고 밝히고 있으니, 수메르인들이 우리 인류의 뿌리에 대한 비밀을 간직하고 있는 민족으로 여겨지는 것도

식, 보편의식, 순수의식]이다. 생명은 스스로 생성되고 스스로 변화하여 스스로 돌아가는 '스스로(自) 그러한(然)' 자, 즉 자연이다.

당연하다 할 것이다.

이처럼 우리의 천부天符사상이 동·서양의 문화·문명을 발흥시킨 모체였다는 사실이 점차 밝혀지고 있는 것은, 하늘(天)과 성性과 신神이 하나로 용해된 천부사상에서 전 세계 종교와 사상 및 문화가 수많은 갈래로 나누어져 제각기 발전하여 꽃 피우고 열매를 맺었다가 이제는 다시 하나의 뿌리로 돌아가 통합되어야 할 시점에 이르렀기 때문일 것이다. 오늘날까지도 세계 각지의 신화, 전설, 종교, 철학, 정치제도, 역易사상과 상수학象數學, 역법曆法, 천문, 지리, 기하학, 물리학, 언어학, 수학, 음악, 건축, 거석巨石, 세석기細石器, 빗살무늬 토기 등 거의 모든 분야에서 천부 문화의 잔영을 찾아 볼 수 있다는 점에서 인류의 문화·문명사와 더불어 생태정치학적 사유를 제대로 이해하려면 약 9,000년 이상 전부터 찬란한 문화·문명을 꽃피우며 생태정치를 구현했던 우리 상고사와 그 중심축으로서 기능하였던 『천부경天符經』—그리고 『삼일신고三一神誥』, 『참전계경參佺戒經』—을 아는 것이 필수적이라 하겠다. 우리 민족의 3대 경전인 『천부경』, 『삼일신고』, 『참전계경』에 대해서는 제4장 "생태정치학적 사유의 사상사적 연원"에서 자세히 살펴보기로 한다. 특히 여기서는 아시아의 대제국 환국桓國이 배달국倍達國, 단군 조선에 이르는 과정에서 찬란한 문화·문명을 꽃피우며 전 세계로 퍼져 나가 선천 문화·문명의 시원을 이루었던 관계로 우리 상고사를 중심으로 생태적 사유와 정치적 사유의 변증법적 전개에 대해 살펴보고, 아울러 고대 그리스 세계에서 가장 영광스러운 위치를 차지하고 있는 아테네(Athens)의 직접 민주 정치와 간단히 비교해 보기로 한다.

상고 및 고대 일부의 제정일치시대에는 정치적 군장이 곧 제사장으로서 정신적 권위와 세속적 권위가 구분되지 않고 신성과 이성이 통합된 형태로 나타났다. 한국 전통 사상의 골간이 되어온 경천숭조敬天崇祖의 보본報本 사상은 생태적 사유와 정치적 사유의 변증법적 통합을 명징하게 보여 주는 것이다. B.C. 2333년에 개창한 고조선의 개조 제1대 단군은 경천숭조의 보본사상을 이전의 신시(神市, 倍達國) 시대로부터 이어받아 고유의 현묘지도(玄妙之道, 風流)를 기반으로 하는 조의국선皂衣國仙[103]의 국풍國風을 열었다. '보본報本'이라 함은 '근본에 보답한다'는 뜻으로 효孝와 충忠에 기반된 숭조崇祖 사상은 제천祭天에 기반된 경천(敬天, 敬神) 사상과 함께 한국 전통사상의 골간을 형성해 온 것이다. 상고와 고대의 국중國中 대축제는 물론, 중세와 근세에도 제천祭天, 즉 천지의 주재자를 받들고 보본하는 예를 잊지 아니하였다. 이는 곧 우리의 전통사상이 천·지·인 삼재의 조화에 기초하여 하늘(天)과 사람(人)과 만물(物)을 하나로 관통하고 있음을 보여 주는 것이다.

예로부터 우리 민족이 하늘을 숭경하고 조상을 숭배하는 것을 하나로 본 것은 사람이 곧 하늘이기 때문이다. 우리 조상들은 박달나무 아래 제단을 만들고 소도蘇塗라는 종교적 성지가 있어 그곳에서 하늘과 조상을 숭배하는 수두교[蘇塗敎]를 펴고 법질서를 보호하며 살았다. 말하자면 당시로서는 수두교가 정치의 핵심 사상이 되었던 것이다. 이러한 수두, 제천의 고속古俗은 대개 삼한 시대 혹은 삼국 시대까

---

103 단군 시대로부터 고구려를 거쳐 고려에 이르는 심신훈련단체. 宋나라 사신으로 왔던 徐兢의 『高麗圖經』에는 훈련 단체 단원들이 머리를 깎고 허리에는 검은 띠를 매고 훈련을 받은 것으로 나타나 있다.

지 이어졌는데, 부여의 영고, 고구려의 동맹, 동예의 무천, 삼한의 5
월제와 10월제 등이 그것이다. 이처럼 하늘에 제사 지내고 보본하는
소도 의식을 통하여 천인합일天人合一 · 군민공락君民共樂을 이루어 국
권을 세우고 정치적 결속력을 강화하며 국운의 번창을 기원했던 것으
로 보인다. 이와 같이 제천에 기반된 '경천' 사상과 효孝와 충忠에 기
반된 '숭조' 사상이 한국 전통사상의 골간이 되어 왔다는 사실은 우
리의 전통사상이 천 · 지 · 인 삼재의 조화를 바탕으로 경천敬天 · 경인
敬人 · 경물敬物을 생활화해 왔음을 말하여 준다.

　북애자北崖子에 의하면 고대의 임금은 반드시 먼저 하늘과 단군 삼
신三神을 섬기는 것을 도道로 삼았다고 한다. 관직에는 대선大仙 · 국선
國仙 · 조의皂衣라는 것이 있었다. 고구려의 조천석朝天石, 발해의 보본
단報本壇, 고려의 성제사聖帝祠, 요遼의 삼신묘三神廟, 금金의 개천홍성
제묘開天弘聖帝廟는 모두 단군의 묘이며, 근조선에 이르러서도 세종은
단군묘를 평양에 설치했고 세조 원년에는 위패를 「조선시조단군사
당」이라 하였다고 한다.[104] 옛부터 높은 산은 하늘로 통하는 문으로
여겨져 제천 의식이 그곳에서 거행되었다. 단군이 천제를 지낸 백두
산과 갑비고차甲比古次의 단소壇所와 마리산摩利山의 참성단塹城壇 등은
고산高山 숭배 사상의 단면을 보여 준다.

　단군이 고조선을 세워 거의 2천여 년 동안 계승한 건국 이념은 신
시 시대로부터 이어받은 홍익인간이다.[105] 홍익인간은 널리 모든 사
람을 이익 되게 하는 것으로 전 인류 사회의 평화와 행복이라는 이상

---

104 『揆園史話』「檀君記」.
105 『三國遺事』紀異 第1 王儉朝鮮條;『帝王韻紀』「前朝鮮紀」初頭.

을 담고 있다. 그것은 인간의 존엄성에 기초하여 인간을 본위로 하며 인민을 근본으로 하는 '인본人本' '위민爲民' 사상이다. 여기서 '인본' 은 인간 존재의 '세 중심축(天地人)'의 통합성을 자각하지 못한 근대의 인간 중심주의와는 본질적으로 다른 것이다. 치자治者와 피치자被治者, 개인과 국가가 일체가 되어 하늘과 조상을 숭경崇敬하는 천인합일의 보본 사상이다.

이렇듯 광대한 이념은 광명이세(光明理世, 밝은 정치)라는 정치이념과 깊은 관계가 있다. 이화(理化, 造化)· 교화敎化· 치화治化의 시대를 연 환인·환웅·환검의 '환'과 우리나라 최초의 나라인 환국의 '환'은 환하게 밝음을 뜻하는 것으로 밝은 정치의 이념을 표상한 것이다. 고 구려의 시조가 태양이 비치어서 수태하였다 하여 그 이름을 동명東明 이라고 한 것과, 신라의 시조를 박혁거세(朴赫居世, 밝게 세상을 다스린다는 뜻)라고 이름 한 것, 그리고 신선한 아침 해의 밝음을 뜻하는 조선이 라는 국호는 모두 광명의 이념을 나타낸 것이다. 태백산, 백두산, 장 백산의 '백白'과 배달민족이 즐겨 입은 흰 옷빛 또한 그러한 이념이 투영된 것이다.

환桓 또는 한韓은 전일全一· 광명 또는 대大· 고高를 의미한다. 이러 한 '환'의 이념은 국가· 민족· 계급· 인종· 성· 종교 등 일체의 장 벽을 초월하여 평등하고 평화로운 이상 세계를 창조하는 토대가 될 수 있다. 그런 점에서 '환'은 지상천계地上天界 또는 지상선계地上仙界 의 이념을 함축한 것이라 하겠으며, 그 구현자로서의 우리 민족은 스 스로를 천손족天孫族이라고 불렀던 것이다. 환인·환웅·환검(天皇· 地 皇· 人皇)께서 마음을 밝히는 가르침을 근본으로 삼으신 것은 정치의 주체인 인간의 마음이 밝아지지 않고서는 밝은 정치가 이루어질 수 없는 까닭이다.

단군 사상의 정수는 우리 민족의 3대 경전인 『천부경』·『삼일신고』·『참전계경』과 홍익인간·광명이세의 건국 이념과 경천숭조의 보본 사상 속에 잘 구현되어 있다. 이들 사상의 요체는 한마디로 천·지·인 삼재의 조화이며, 그 조화라는 것은 사람의 마음이 밝아지면 저절로 일어나게 되는 것이다. 다시 말해서 우리 내부의 신성에 눈뜨게 되면 내재와 초월이, 개체성과 전체성이 결국 하나임을 알게 되어 권력·재물·명예·인기와 같은 허상에 좌우되지 않고 실체를 지향하는 삶을 살 수 있게 되는 것이다. 붓다나 예수와 같은 성인이 이 세상에 온 것도 바로 우리 내부의 신성에 눈뜨게 함으로써 빗나긴 길을 가지 않도록 하기 위한 것이었다. 내재적 본성인 신성 회복을 통해 궁극적으로 생명의 전일성을 체득하게 되면 에코토피아ecotopia는 스스로 그 모습을 드러낼 것이다.

우리 상고 시대의 생태정치학적 사유는 우리 고유의 풍류風流 속에 잘 나타나 있다. 통일신라 말기 3교의 설說을 섭렵한 당대 최고의 지식인이었던 고운 최치원의 〈난랑비서鸞郎碑序〉에는 신시 시대와 고조선 이래 우리의 고유한 전통적 사상의 뿌리에 대한 암시가 다음과 같이 나타나 있다.

나라에 현묘玄妙한 도道가 있으니, 이를 풍류라고 한다. 그 교敎의 기원은 선사先史에 상세히 실려 있거니와, 실로 이는 3교(儒·佛·仙)를 포함하며 중생을 교화한다. 이를테면, 들어오면 집에서 효도하고 나가면 나라에 충성하는 것은 노사구(魯司寇: 孔子)의 주지主旨와 같은 것이고, 무위無爲에 처하고 불언不言의 교를 행함은 주주사(周柱史: 老

子)의 종지宗旨와 같은 것이며, 모든 악한 일을 행하지 않고 착한 일을
받들어 행함은 축건태자(竺乾太子: 釋迦)의 교리와 같은 것이다."[106]

당시 교육의 원천이 되었던 우리 고유의 풍류 속에는 유 · 불 · 선
이 중국에서 전래되기 수천 년 전부터 3교를 포괄하는 내용이 담겨져
있어 그 사상적 깊이와 폭을 짐작케 한다. 『삼국사기三國史記』에는 3교
의 전래 연대가 삼국 시대라고 명기되어 있다.[107] 예로부터 조선이 신
선의 나라로 알려진 것은 선교의 뿌리가 동방임을 시사하는 것이다.
환국으로부터 역易사상의 뿌리가 되는 『천부경』이 전수되어 온 것[108]
이나, 배달국 제5대 태우의太虞儀 환웅 때 신선도 문화가 체계화된 것
[109] 등이 이를 입증하는 것이다. 『삼국사기』(卷30)에는 고구려 영류왕
榮留王 7년(624)에 당 고조高祖가 도사道士를 보내 고구려에 천존상天尊
像 및 도교를 전하고 『노자老子』를 강술했다는 기록이 나오는데,[110] 우

---

106 『三國史記』 新羅本紀 第4 眞興王 37년 봄 記事에서 인용. 공자는 일찍이
  노나라의 사구(사법대신)라는 벼슬을 한 적이 있고, 노자는 주나라의 주
  하사(柱下史: 주사는 주하사의 약칭)가 된 적이 있으며, 축건은 인도의
  별칭으로 석가는 정반왕(淨飯王)의 태자였다.
107 『三國史記』 高句麗本紀 第6 小獸林王 2년 6월 記事; 『三國史記』 新羅本紀
  第8 神文王 2년 6월 記事; 『三國史記』 百濟本紀 第2 枕流王 元年 9월 記
  事; 『三國史記』 新羅本紀 第4 法興王 14년 記事; 『三國史記』 高句麗本紀
  第8 建武(榮留)王 7년 2월 記事; 『三國史記』 高句麗本紀 第9 寶藏王 2년
  3월 記事; 『三國史記』 新羅本紀 第4 眞平王 9년 7월 記事 등이 그것이다.
108 『桓檀古記』 「太白逸史」 蘇塗經典本訓.
109 『桓檀古記』 「太白逸史」 神市本紀. 중국의 시조로 여겨지는 太皥伏羲氏는
  배달국 제5대 太虞儀 桓雄의 막내아들로서 『易經』을 처음 만든 것으로 전
  해진다.

리의 신선도문화는 그보다 수천 년 앞선 것으로 중국의 도교를 열게 하였으며 후에 그것이 다시 유입된 것이다. 유교 또한 그 창시자인 요堯·순舜 황제가 동이인이었다는 점과 공자가 동이 문화를 흠모하여 영원불멸의 군자국 구이九夷에 가서 살고 싶다는 견해를 피력한 것 등으로 미루어 순수한 외래 사상이라고 보기는 어렵다. 불교는 본래 인도에서 중국으로 유입되었다가 다시 우리나라에 전래된 것으로 보고 있으나 『삼국유사三國遺事』에는 석가釋迦 이전 불교의 중심지가 우리나라였음을 시사하는 글을 인용하고 있다.[111] 이렇듯 동양정치사상의 뿌리가 되는 유·불·선 3교의 내용이 수천 년 전 우리 고유의 풍류 속에 담겨 있었다는 사실은 우리 문화의 선진성을 말해 주는 것이다.

단군의 건국 이념 및 교훈은 부여의 9서(九誓: 孝·友愛·師友以信·忠誠·恭謙·明知·勇敢·淸廉·義)와 삼한의 5계(五戒: 孝·忠·信·勇·仁)와 고구려의 조의국선의 정신 및 다물多勿[112]의 이념과 신라 화랑도의 세속

110 또한 『三國史記』(卷30)에는 고구려 寶藏王 2년(643)에 淵蓋蘇文의 주장으로 다시 도교를 들여오는 대목이 나오는데, 당시 唐 太宗은 고구려의 요청에 따라 道士 8명과 『道德經』을 보낸 것으로 기록되어 있다. 그보다 앞서 『三國遺事』(卷3)에는 7세기 초 고구려의 민간에서 도교의 한 유파로 추정되는 五斗米道가 유행했다는 기록이 있다. 그러나 최근 들어 고구려의 天文圖 등에 대한 연구를 통해 七星 신앙 등 우리 고유의 신선도문화에 뿌리를 둔 도교신앙의 존재가 밝혀진 것은 매우 고무적인 일이다.

111 『三國遺事』 興法 第3 迦葉佛宴坐石 初頭에 "玉龍集과 慈藏傳 및 諸家傳紀에 이르되, 신라의 月城 동쪽, 龍宮 남쪽에 迦葉佛의 宴坐石이 있는데 그곳은 前佛 시대의 가람 터이니 지금 皇龍寺의 지역은 7가람(伽藍)의 하나라 하였다."고 한 것이 그것이다.

112 이는 본래 고구려의 시조 고주몽(高朱蒙)의 연호(年號)로서 "옛땅을 회복한다"는 뜻으로 쓰이던 고구려 때의 말. 이러한 '회복(恢復)'을 뜻하는

5계(世俗五戒: 事君以忠 · 事親以孝 · 交友以信 · 臨戰無退 · 殺生有擇)로 그 맥이 이어져 내려왔다. 고조선 시대와 삼국 시대의 제천은 천지의 주재자를 받들어 보본하는 신앙의 표현이었다는 점에서 삼국 시대 후기 이래 살만교의 일종으로 퇴화한 잡귀를 숭배하는 미신적인 통상의 살만교(薩滿敎, 샤머니즘)와는 다르다. 『규원사화揆園史話』「단군기檀君記」에도 이에 관한 언급이 나오거니와, 『삼국사기』 고구려본기 보장왕 4년 기사에도 조선의 무속이 잡귀 숭배의 미신으로 퇴화하였음을 보여 주는 한 사례가 나와 있다. 우리 상고의 무속은 통상의 살만교와는 확연히 구분되며, 천 · 지 · 인 삼재의 융화에 기초한 심오한 사상적 배경을 가지고 있다는 점에서 그 차원이 높은 것이다. 그것은 홍익인간 · 광명이세의 건국이념과 경천숭조의 보본 사상 그리고 풍류와 마찬가지로 생태적 사유와 정치적 사유, 신성과 이성, 자연과 이성의 변증법적 통합의 전형을 보여 주는 것이다.

끝으로 우리는 고대 그리스 세계에서 가장 영광스러운 위치를 차지하고 있는 아테네의 직접 민주 정치를 동 · 서 비교론적 차원에서 간략하게나마 살펴볼 필요가 있다. B.C. 8세기 중엽 도시국가로 출발하여 B.C. 338년 마케도니아에 패배하면서 그 정치적 생명력을 다하기까지 아테네는 처음 귀족정貴族政에서 B.C. 6세기 중엽 페이시스트라토스Peisistratos에 의한 참주정僭主政을 거쳐 B.C. 508년 클레이스테네스(Cleisthenes of Sicyon)에 의한 민주정으로 발전하였다. 3차에 걸친 페르시아 전쟁(B.C. 492~479)에서 승리한 이후 아테네는 델로스 동

고구려의 정치 이념을 '다물이념'이라고 하는데 이는 곧 단군조선의 영광을 되찾고 그 통치 영역을 되물려받겠다는 것이다.

맹(Delian League, B.C. 478~B.C. 477)을 결성하여 그리스와 에게해 (Aegean Sea)의 지배자가 되었으며, 페리클레스Perikles 시대에 이르러 민주주의의 전성기를 맞이하였다. 그러나 아테네의 델로스 동맹에 대항하는 스파르타Sparta의 펠로폰네소스 동맹(Peloponnesian League)과의 거의 30년에 걸친 펠로폰네소스 전쟁(B.C. 431~404) 과정에서 페리클레스가 사망하고 전염병의 창궐과 더불어 최후의 해전에서 패배하고 델로스 동맹이 해체되면서 지도력을 잃게 되었다. 정치군사적 패권 상실에도 불구하고 아테네의 문화적 지도력은 유지되어 소크라테스Socrates, 플라톤Plato, 아리스토텔레스Aristotle 등 세계적인 사상가를 배출하였다.

페리클레스 시대에 완성된 아테네의 데모크라티아(demokratia 民主政), 즉 직접 민주 정치는 절차 및 제도상에 있어 민주주의적인 원칙을 준수한 것과는 별도로, 시민권을 가진 소수 시민을 대상으로 한 것이어서 시민권이 없는 외국인, 부녀자, 미성년자, 노예, 이방인 등 많은 사람들이 제외된 불평등한 민주주의였다. 당시 소수 시민들에 의한 직접 민주정치가 가능했던 것은 농업·광업·제조업 등 경제 활동을 노예들이 전담했고 그 덕분으로 시민들은 정치 활동에 많은 시간을 투입할 수 있었기 때문이다. 아테네 민주 정치는 대의제가 아닌 직접 민주주의 이념에 입각하여 통치의 효율성보다는 시민들의 참여와 의사를 존중하는 민주주의 원리를 구현하고자 했다는 점에서 오늘날에도 많은 연구 대상이 되고 있기는 하지만, 많은 노예들과 여성들을 희생양으로 삼았다는 점에서 다분히 자기 기만적인 것이었다. 민주주의 원리의 구현이란 것이 인구의 대다수를 제외하고 있다면, 그것은 미덕이 없는 껍질뿐인 원리에 불과한 것이다. 특히 여자아이는 태어

나면서부터 내버려지는 경향이 있었을 뿐만 아니라 자라서도 자신의
결혼에 대한 의견 제시는 물론이고 상대방과의 대면조차 허용되지 않
았으며, 외출이나 사교 활동도 종교적 축제일 이외에는 거의 없어 폐
쇄된 공간에서 종일 노예들과 소일하였던 것이다.

이렇게 볼 때 아테네의 직접 민주 정치 이념은 천 · 지 · 인 삼재의
조화를 바탕으로 경천敬天 · 경인敬人 · 경물敬物을 생활화해 온 우리의
전통사상과는 본질적으로 다른 것이다. 아테네의 민주정치는 생명의
유기성과 전일성에 대한 자각이 없이 정치 과정에서 인구의 대다수를
제외시키는 인간 소외 현상을 낳았다. 또한 자율성과 평등성에 기초
하지 않은 민주주의 원리는 권력과 자유의 부조화를 초래함으로써 직
접 민주 정치의 허구를 드러내었다. 이성과 자연의 부조화는 플라톤
의 로고스(logos 이성) · 자연의 이분법이 이성과 지배의 결합을 통해
여성, 노예, 자연을 통제하는 데서도 잘 드러난다. 당시 노예들과 여
성들이 어느 정도로 스스로의 부자유를 자각할 수 있었는가 하는 것
은 별개의 문제이다. 인간 존재의 '세 중심축(天地人 三才)'의 분절성에
기초한 아테네의 직접 민주 정치는 본질적으로 반反생태적이고 반생
명적이라고 할 수밖에 없다. 반면 홍익인간 · 광명이세의 이념과 '환
(桓 또는 韓)'의 이념, 그리고 치자와 피치자, 개인과 국가가 일체가 되
어 하늘과 조상을 숭경하는 천인합일의 보본 사상은 국가 · 민족 · 계
급 · 인종 · 성 · 종교 등 일체의 장벽을 초월하여 평등하고 평화로운
이상 세계를 창조하는 토대가 될 수 있다는 점에서 21세기 인류가 나
아갈 방향을 제시해 준다.

제2절 중세 그리스도교적 보편사회

신성과 이성, 생태적 사유와 정치적 사유가 변증법적 통합을 이루었던 상고 및 고대 일부의 제정일치시대와는 달리, 중세 초기에 이르러 로마의 그리스도교가 콘스탄티누스Constantinus 대제에 의해 공인되고 테오도시우스Theodosius I세에 의해 394년에 국교로 채택된 이후 신국과 지상국가에 관한 이원적 견해가 등장하게 된다. 말하자면 세속적 권위에 대한 신적 권위의 가치성이 정립된 것이다.

중세 초기 교부철학(敎父哲學 patristic philosophy)의 대표자인 아우구스티누스(Saint Augustine, 354~430)의 『신국론(神國論 De civitate Dei』[113] 에 나타난 양검론(兩劍論 The Two Swords)은 세속적 권위에 대한 신적 권위의 가치성을 정립한 것으로 사실상 두 개의 왕국(Two Kingdoms)을 상정한 것이다. 2~3세기에 틀을 갖추기 시작한 가톨릭 교회는 아우구스티누스에 의해 그 내용이 확립되면서 중세로 접어들게 된다는 점에서 아우구스티누스는 고대 교회와 중세 교회의 분수령을 이룬 것으로 볼 수 있다. 또한 아우구스티누스에 의해 확립된 가톨릭 교회를 개혁하고자 했던 에라스무스(Desiderius Erasmus)와 마르틴 루터(Martin Luther) 역시 아우구스티누스의 전통을 이어받은 수도회 출신이었으며, 20세기 초 자유주의 신학 지배에 종지부를 찍은 개신교 신학의 코페르니쿠스적 혁명을 주도한 칼 바르트(Karl Barth)의 사상 역시 아우

---

113 Saint Augustine, *The City of God*(New York: Random House Inc., 2000) 참조.

구스티누스 연구에서 비롯되었다는 점에서 기독교의 본질에 이르게
하는 통로로서의 아우구스티누스의 사상사적 위치를 엿볼 수 있다.

아우구스티누스의 『신국론』에 의하면, 인간 역사는 신국과 지상국
가 간의 대립하는 두 힘의 끊임없는 다툼으로, 지상국가는 결국 망할
수밖에 없으며 영원한 것은 신국이라고 하였다. 아우구스티누스는 플
라톤의 이데아Idea론을 도입하여 영원한 진리는 신국에만 존재하여
그것을 깨닫기 위해서는 신의 은총이나 계시가 필요하다는 조명설照
明說을 제창했다. 그는 로마를 도덕적 타락과 부패가 만연한 지상국가
로 인식했던 까닭에 로마의 멸망을 당연한 것으로 보았다. 이러한 신
국과 지상국가 간의 관계는 곧 신성과 이성, 생태적 사유와 정치적 사
유의 관계로서 양자의 변증법적 통합에 기초한 신국 건설을 목적으로
『신국론』을 저술한 것이다. 영원성에 기초한 그의 거시적 역사관은
이성의 한계와 신적 계시의 절대성을 기본 전제로 역사철학과 발전이
라는 주제의 틀을 형성하였다. 그는 인간의 본성을 지성이나 이성이
아닌 의지(will)라고 보고 의지의 작용인 믿음을 지식의 작용인 인식보
다 우위에 있는 것으로 보았다. 그리하여 믿으면 자연히 인식하게 된
다는 중세적인 테제가 성립되고 그에 따라 철학에 대한 신앙의 우위
가 구축되기 시작한 것이다. 이러한 테제의 근거는 하나 님[근원의식,
우주적 본성, 궁극적 실재, 混元一氣]에 대한 인식은 지식 차원에서가 아닌
신앙을 통해서만이 이루어질 수 있기 때문이라는 것이다. 말하자면
내재적 본성인 신성의 발현을 통해서만이 신의 임재臨在를 체험할 수
있으며 그 통로가 바로 신앙이라는 것이다.

중세 봉건제가 확립되고 그리스도교가 중세의 지배적 이데올로기
가 되면서 신적 권위와 세속적 권위에 관한 이원적 견해는 스콜라 철

학(Scholasticism)의 대표자인 토마스 아퀴나스(Thomas Aquinas, 1225~1274)의 『신학대전(神學大全 Summa Theologiae)』[114]에서 체계화된다. 토마스 아퀴나스는 기독교적 플라톤주의에 반대하고 아리스토텔레스의 이원론적 철학 방법을 가톨릭 세계관에 도입하여 이성과 신앙, 도덕과 은총, 철학과 신학을 구별하는 동시에 조화를 모색함으로써 스콜라 철학을 종합적으로 체계화하였다. 그것은 바로 중세 그리스도교적 보편사회로의 통일이다. 말하자면 아우구스티누스의 사상에서 나타난 신국과 지상국가, 신앙과 이성의 분리된 두 세계의 대립은 13세기에 이르러 이성에 대한 신앙의 우위를 철학적으로 입증한 아퀴나스에 의해 종결되면서 중세는 그 절정에 이르게 된다. 신학이 모든 학문의 중심이 되면서 철학은 신학의 시녀가 되고 이렇게 해서 이성에 대한 종교의 학대가 만연하게 되었다.

아퀴나스의 『신학대전』은 경험적 방법과 신학적 사변思辨을 양립시킨 것으로 이성과 신앙의 조화적 바탕 위에 독창적이고도 종합적으로 집대성된 것이다. 여기서 신앙과 이성의 조화적 바탕은 그 본질에 있어 신앙의 우위를 상정함으로써 결과적으로 중세 그리스도교적 보편사회로의 통일과 연결된 것이라는 점에서 명실공히 중세 사상의 완성자로서의 아퀴나스의 사상사적 위치를 가늠할 수 있게 한다. 실로 진실한 신앙 생활을 통해 내재적 본성인 신성(根本智)이 발현될 수 있다면 신앙과 이성의 조화는 저절로 이루어지게 될 것이다. 그러나 중세교회의 권력 남용에서 보듯 왜곡된 신앙은 정치사회 전반에 대한 배

---

[114] Thomas Aquinas, *Summa Theologiae*, ed. by Thomas Gilby(Garden City, N.Y.: Image Books, 1969) 참조.

타적 지배권을 행사함으로써 결과적으로 신앙과 이성의 심대한 부조화를 초래했다. 다른 한편으로는 비록 아퀴나스가 신앙의 우위를 상정하긴 하지만 그의 윤리관이 이성을 토대로 지知에서 행行으로 나아가는 주지주의主知主義적 입장을 취하고 있음은 인간의 상대적 자율성을 허용한 것이며 그 자체 속에 신앙에 대한 이성의 대반격을 배태한 것이라는 점에서 그는 최초의 근대인으로 인식되기도 한다.

아퀴나스에 의해 집대성된 스콜라 철학은 토미즘Thomism으로 명명되어 카톨릭 신학 체계에 큰 영향력을 행사해 오다가 1879년에는 교황 레오 13세의 회칙 「영원한 아버지」에 의해 카톨릭 교회의 공식 학설로 인정되었다. 이러한 그의 사상은 19세기 후반부터 토마스 철학의 재발견과 영원한 철학의 수립이라는 명제 하에 근대합리주의 철학에 대한 존재론적 대안으로서의 네오토미즘(neo-Thomism) 운동으로 부활되었다. 1930년대 이후에는 특히 교육적으로 현대 물질문명의 파국을 초래한 실용주의(진보주의) 교육 이념을 전면 부정하면서 진리의 절대성과 영원성을 추구하는 항존주의(Perennialism)의 철학적 배경이 되어 오늘날에 이르고 있다.

신앙과 이성의 조화적 바탕 위에 중세 사상을 집대성한 아퀴나스의 시도와는 달리, 그러한 조화가 중세적 삶 속에 뿌리내리지 못한 것은 중세인들의 의식이 분별지分別智에 가리워져 실체를 지향하는 자각적 삶을 살지 못한 데 있다고 보아야 할 것이다. 중세의 왜곡된 신앙이 초래한 신성에 의한 이성의 학대는 근세에 이르러 소위 과학적 합리주의 내지 실증주의라는 이름으로 이성에 의한 신성의 학대로 대반격이 가해졌으니, 참으로 절묘한 역사의 아이러니라 하지 않을 수 없다. 왜곡된 신성에 의한 이성의 학대가 만연하면서 인간적 권위와 신

적 권위의 심대한 훼손으로 인한 존재론적 치명상은 드디어 이들 권
위의 회복을 촉구하는 기폭제로 나타나게 되었으니, 이것이 곧 르네
상스와 종교개혁이다.

제3절 르네상스와 종교개혁기

유럽의 근대사는 인간적 권위와 신적 권위의 회복을 각기 기치로
내건 르네상스Renaissance와 종교개혁(Reformation)에서 시작되었다. 르
네상스는 14~16세기에 걸쳐 유럽의 전통 문화인 고대 그리스 · 로
마 문화의 재생 또는 부활을 통하여 중세에서 르네상스에 이르기까지
의 인간성이 말살된 시대정신을 극복하려는 운동으로 나타났다. 그
범위는 학문과 예술 분야, 즉 사상 · 문학 · 미술 · 건축 등 다방면에
걸친 것으로, 거기에는 단순한 복고 정신뿐만 아니라 인간성의 부활
내지는 인간의 지적知的 · 창조적 힘의 재흥再興이라는 의미가 담겨 있
다. 이는 중세 그리스도 교회가 신의 권위만을 강조함으로써 그 결과
인간 권위의 심대한 훼손을 가져온 것에 대한 일종의 반동으로 볼 수
있다. 르네상스를 휴머니슴(humanism 인본주의) 사상 또는 휴머니즘 운
동이라고도 부르는 것은 이 때문이다.

르네상스는 14세기 후반부터 15세기 전반에 걸쳐 이탈리아를 시
작으로 페트라르카(Francesco Petrarca), 보카치오(Giovanni Boccaccio)를
선구적 지도자로 하여 프랑스 · 독일 · 영국 등 북유럽 지역에 전파되
어 교회로부터 독립된 새로운 인간관 · 자연관을 낳고, 신 중심의 인
생관에서 인간 중심의 세속적 인생관을 추구함으로써 근대 유럽 문화

를 태동시키는 기반이 되었다. 특히 부르크하르트(Jacob Burckhardt)의
『이탈리아의 르네상스 문화』(1860)는 르네상스를 인간성의 해방과 인
간의 재발견, 그리고 합리적 사유思惟와 생활 태도로 나아가게 한 근
대 문화의 선구라는 해석학적 기초를 제공함으로써 랑케(Leopold von
Ranke)가 정치사에서 차지한 것과 같은 위치를 문화사에서 차지한 것
으로 간주된다. 여기서 '시대'로서의 르네상스라는 사고방식이 정착
하여 오늘날까지도 르네상스 사史 연구에 큰 영향을 미치고 있다.

　이탈리아의 시인이자 문예부흥의 선구자로 일컬어지는 알리기에
리 단테(Alighieri Dante)가 남긴 불멸의 거작 『신곡(神曲 La Divina
Commedia』[115]은 단테 자신의 영혼의 순례 과정, 즉 잃어버린 신성을
찾아가는 과정을 그린 것으로, 당시는 물론 오늘의 인류 문화가 지향
할 목표를 제시한 르네상스기를 대표하는 작품이다. 〈지옥편〉〈연옥
편〉〈천국편〉의 3부로 이루어져 있는 이 작품은 우리에게 신성에 이
르는 길을 생생하게 보여 준다. 단테는 베르길리우스의 안내로 '세
마리의 야수[세 가지 야집: 색욕·교만·탐욕]'에 의해 지배되는 '어두운 숲
[이성과 덕이 결핍된 삶]'을 벗어나 먼저 지옥으로, 다음에는 연옥의 산으
로 오르며 현세에 있어서의 지선(至善, 지상낙원)에 이른다. 산꼭대기에
서 베르길리우스와 작별한 단테는 다시 성녀 베아트리체에게 인도되
어 지고천至高天에까지 이르고, 그곳에서 한순간 신神을 친견하게 된
다는 이야기다.

---

115 Alighieri Dante, *The Divine Comedy: Hell, Purgatory, Paradise*,
　　translated by Henry F. Cary(Danbury, Conn.: Grolier Enterprises
　　Corp., 1980) 참조.

여기서 일반적으로 지옥편은 조각에, 연옥편은 회화에, 천국편은 음악에 비유되기도 하는데, 이는 지옥편이 예리한 조각적 표현으로, 연옥편이 섬세한 회화적 표현으로, 그리고 천국편이 시공을 초월한 음악적 표현으로 노래하고 있는 데서 붙여진 이름이다. 지옥은 물질〔형상〕 차원에 갇힌 무명無明의 삶의 행태를 말함이니 조각 작품처럼 표현되고 있는 것이고, 천국은 형상을 초월한 초超시공의 영역을 말함이니 음악적 표현으로 나타낸 것이다.『장자莊子』에서는 '천악天樂', 즉 우주자연의 오묘한 조화로서의 하늘음악을 노래했고,『부도지符都誌』에서는 '태초에 소리가 있었다'고 하였으며,『요한복음』(1:1)에서는 "태초에 말씀〔하늘 소리〕이 계시니라…"고 하였다. 이는 모두 초형상·초시공의 소리의 오묘한 경계를 나타낸 것으로 우주 삼라만상의 기원과 천국의 조화성을 이로써 보여 준다.

지옥이 물질 차원에 갇힌 에고의 영역〔어두움의 세계〕이라면, 천국은 물질과 정신이 조화를 이루는 근원 의식의 영역〔빛의 세계〕으로 하늘 음악은 바로 조화자의 말씀 그 자체다. 그리고 이 양단의 중간에 지옥보다 순화된 회화적 표현으로 연옥편이 나타나고 있다. 지옥편에서 연옥편을 거쳐 천국편으로 여행하는 것은 물질 차원에서 의식 차원으로의 변환, 즉 의식의 자기 확장을 의미한다. 흔히 이 마음 하나가 천국이요 지옥이라는 말은 천국과 지옥이 시공개념이 아니라 인간의 의식상태임을 나타낸 것이다. 천국의 문은 누구에게나 항상 공평하게 열려 있지만, 문제는 영적靈的 시력이 좋지 않은 사람은 그 문을 찾을 수 없다는 것이다. 물질에 대한 욕망이 크면 클수록 영적 시력은 약해져서 결국 물질의 노예가 되어 사는 것이 천국이라고 착각하기까지에 이르는 것이다. 자신을 잃어버린 채 스스로 기뻐하며 물질을 숭배하

고 그것의 노예가 되기를 자청하는 자들이 이 세상에는 얼마나 많은
가! 자신을 잃어버렸다는 것은 곧 내재적 본성인 신성을 잃어버렸다
는 것이다. 중세에 나타난 신앙과 이성의 부조화, 즉 신성에 의한 이
성의 학대는 신성의 가면을 쓴 어두운 기운들이 벌인 굿판이다.

르네상스는 중세의 봉건적 이데올로기의 붕괴 과정과 결부된 운동
이라는 점에서 단순한 문예 부흥 운동이 아니라 일종의 사회 개혁 운
동으로서 종교개혁과 불가분의 관계를 갖는다. 로마 교황의 면죄부
발매에 반대하여 1517년 95개조 반교황 선언문을 기치로 내걸고 종
교개혁의 횃불을 들었던 마르틴 루터(Martin Luther). 그가 비텐베르크
성城 교회 정문에 게시한 〈95개조의 논제〉는 순식간에 전 독일에 퍼
져 종교개혁 운동의 발단이 되었으며, 나아가 중세적 봉건 질서의 해
체를 촉발시킴으로써 유럽 근대사를 여는 포문이 되었다. 그는 중세
를 풍미했던 스콜라 사변 신학을 지칭하는 '영광의 신학'에 반기를
들고 천국은 면죄부를 통해서가 아니라 고난을 통해서만이 들어갈 수
가 있다[116]며 그리스도의 '십자가의 신학'을 갈파했다.

당시 신학교수였던 그는 양검론에 의거하여 신국과 지상국가, 정
신적 권위와 세속적 권위를 구분하고 양 권위의 영역의 한계를 설정
하여 군주의 독립된 정치적 권위를 인정함으로써 중세 그리스도교적
보편사회의 모순적 속성으로부터 일탈하고자 했다. 그리하여 법황을

---

116 천국은 면죄부에 의해 보증될 수 있는 것이 아니라 많은 고난을 통하여 들
    어갈 수 있다는 내용이 루터의 「95개조 논제」의 마지막 條인 제95조에
    나온다: "And thus to enter heaven through many tribulations
    rather than in the security of peace."

정점으로 하는 위계주의적 권위를 거부하고 교회의 권위 남용을 비난하며 법황 제도의 전면적인 급진적 개혁을 주장함으로써 유럽 사회의 봉건적 사회 구조를 붕괴시키고 결과적으로 근대 민족 국가의 형성을 촉발시키는 계기를 제공하게 된 것이다. 종교개혁이 르네상스와 함께 유럽 근대사의 기점을 이루고 있다는 사실은 재론의 여지가 없다. 그렇다면 그의 반교황 선언문은 유럽 근대사를 여는 포문이었다고 할 수 있을 것이다.

그에게 있어 종교의 본질은 내적 경험이며 외형적인 것은 종교적 목적을 달성하기 위한 보조 수단에 불과한 것이었다. 신앙은 순수히 개인적인 것이며 신神과의 관계에선 직접적인 것으로 성서의 해석에 의해서만 신을 이해할 수 있는 것으로 보았다. 또한 만인은 신을 신앙하거나 신의 말을 이해하는 데 있어 평등하다고 보았다. 교회는 신도들의 공동체이며 교회의 수장은 신과 그리스도라고 보아 신과 개인과의 사이에 법황 · 사교司敎 · 승려가 개재하는 것을 반대했다. 말하자면 그는 종교적 직접 시대를 연 인물이다. 이러한 그의 실존적인 고뇌에도 불구하고 종교개혁은 신적 권위의 회복이라는 측면에서 볼 때 결코 완성된 것이 아니다. 신 중심의 세계관이 지배한 중세로부터 인간 중심의 세계관이 지배하는 근세로 이행하면서, 특히 근대 과학의 비약적인 발달로 인간 이성의 오만함이 극에 이르렀기 때문이다.

르네상스와 종교개혁의 정치사상사적 의의는 신적 권위에 대한 세속적 권위의 가치성을 정립함으로써 근대 민족 국가의 형성을 촉진시킨 데 있다. 이러한 양검론은 르네 데카르트(René Descarte)의 합리주의 철학에 이르러서는 정신과 물질이라는 극단적인 이원론의 공식화를 초래하게 되고 나아가 근대 과학의 탄생과 더불어 물질문명의 비

약적인 진보를 이루는 계기가 되었다. 이제 과학이라는 이름의 물신
物神의 등장에 힘입어 이성은 신성에 대한 대반격을 감행하게 된다.

제4절 근대 이후 물질만능주의시대

16, 17세기에 그 본질적 형태가 형성된 근대 서구의 세계관과 가
치 체계는 르네상스와 종교개혁, 과학혁명(Scientific Revolution),[117] 계
몽주의 및 산업혁명(Industrial Revolution) 등 일련의 서구 문명의 흐름
과 연결된 것으로 지난 수백 년 간 서구 문화를 지배한 기초적 패러다
임이 되었다. 특히 천재적 미술가이자 또한 과학자로서도 천재성을
드러낸 레오나르도 다빈치(Leonardo da Vinci)의 과학적 연구를 시작으
로 코페르니쿠스(Nicolaus Copernicus)의 지동설, 케플러(Johannes Kepler)
의 천체 운동 법칙, 갈릴레이(Galileo Galilei)의 천문학 연구, 하비(William
Harvey)의 생리학 및 해부학 연구, 로버트 보일(Robert Boyle)의 화학 연
구, 그리고 뉴턴(Isaac Newton)의 역학 체계의 확립으로 완성된 근대
과학은 신 중심의 세계관으로부터 인간 중심의 기계론적 세계관으로

---

117 과학혁명이란 용어는 버터필드(Herbert Butterfield)가 그의 저서 『근대
　　과학의 탄생 *The Origins of Modern Science*』(1946)에서 사용한 용어
　　이다. 전통적으로 서구 유럽의 '근대'는 르네상스와 종교개혁을 그 기점
　　으로 잡고 있지만, 2차 세계대전 이후 비서구 국가들의 독립과 발전으로
　　서구 중심적 사상에 의한 세계사의 시대 구분이 부적절함을 간파한 버터
　　필드는 비서구권에서도 수용할 수 있는 근대 과학의 보편성에 주목하여
　　과학혁명을 '근대'의 분기점으로 제시했다.

제3장 생태적 사유와 정치적 사유의 변증법적 전개 139

의 패러다임 전환을 주도하는 과학혁명을 이룩했다.

토머스 쿤(Thomas Kuhn)의 저서 『과학혁명의 구조 The Structure of Scientific Revolutions』(1962)는 근대 이후 오늘에 이르기까지 과학 발전의 과정에 나타난 과학혁명과 패러다임 전환의 상관 관계를 구체적 예증을 통해 명징하게 보여줌으로써 그의 패러다임 개념은 과학사 분야는 물론 인문사회과학 분야 전반에 커다란 반향을 불러 일으켰다. 기존의 낡은 제도로는 더 이상 사회적 제반 문제를 적절하게 해결할 수 없다는 인식이 정치사회 집단에 팽배하게 되면 혁명이 일어나듯이, 과학혁명 또한 기존의 정상과학(正常科學 normal science)[118]의 패러다임으로는 더 이상 설명할 수 없는 현상이나 연구 실행의 기존 관행을 파괴하는 이변이 거듭되면 정상과학의 위기를 극복하기 위해서 일어나게 된다는 것이다. 그리하여 새로운 이론이 나타나 대부분의 과학자들이 이를 수용하게 되면, 마치 천동설이 쇠퇴하고 지동설이 정

---

[118] 정상과학(正常科學 normal science)이란 그 시대가 공유하는 특정 패러다임 내에서 이루어지는 과학을 말한다. 그러나 정상과학의 패러다임으로 설명할 수 없는 이상 현상이 일어나거나 의문시되는 과학적 증거들이 누적되어 정상과학이 위기에 직면하게 되면 과학혁명을 통해 새로운 패러다임에 의한 새로운 정상과학이 그 자리를 대체하게 된다는 것이다. 화학자 라부아지에(Antoine Laurent Lavoisier)의 산소의 발견으로 기존의 연소개념이 총체적으로 전복되고 새 패러다임을 열었듯이, 과학발전의 계기가 되는 과학혁명은 기존 패러다임이 무너지고 양립 불가능한 새 패러다임이 그 자리를 대신하는 것이다. 말하자면 이론 및 가치 체계의 전면적인 재조정과 개념체계의 재구성이 이루어지게 되는 과정의 총체를 지칭한다. 이러한 과학혁명은 정상과학의 연장선상에서가 아닌, 기존의 패러다임이 철저하게 부정되는 단절적이고도 비약적인 방식에 의해 일어난다는 것이다.

상과학의 자리를 차지한 것처럼 이 새로운 이론이 정상과학으로 자리 잡게 된다는 것이다. 천동설에서 지동설로의 전환에서 보듯, 쿤은 상호 경쟁하는 둘 이상의 패러다임이 양립할 수도 없고 공통점도 있을 수 없다는 패러다임의 불가공약성不可公約性을 강조함으로써 과학 발전의 객관적 보편성을 부정하고 혁명적인 성격에 초점을 맞추었다.

대개 16세기에 시작하여 17세기에 그 정점에 이른 근대 과학혁명은 기계론적 세계관에 힘입어 과학 기술의 비약적 발전과 더불어 물질적 풍요의 혜택을 가져왔다. 그러나 기계론적 세계관에 입각한 합리적 정신과 과학적 방법은 모든 현상을 분할 가능한 입자의 기계적 상호작용으로 파악한 까닭에 정신까지도 물질화하는 결과를 초래함으로써 반생태적 · 반윤리적인 물질주의가 만연하게 되었다. 이러한 근대적 사유의 특성은 정신 · 물질 이원론에 입각한 데카르트- 뉴턴의 기계론적 세계관에 함축되어 있다. 정신 · 물질 이원론의 공식화는 17세기 르네 데카르트(René Descartes)의 철학에서 드러난다. 자연을 마음(res cogitans)과 물질(res extensa)로 이원화한 그의 철학은 근대 과학의 탄생과 발전에 크게 기여했을 뿐만 아니라 오늘에 이르기까지 서양의 일반적 사고방식에도 지대한 영향을 미쳤다. '나는 생각한다. 고로 나는 존재한다(Cogito ergo sum)' 라는 그의 말은 인간 존재를 전체적 유기체로서가 아니라 자신의 마음과 동일시하게 함으로써 자신을 육체 속에 내재하는 고립된 자아로 인식하게 했다.

이러한 기계론적 세계관은 뉴턴에 의해 더욱 확고해졌다. 고전 물리학에 있어 사물의 본질적 속성은 뉴턴의 기계론적 우주 모형에 의해 설명된다. 그것은 3차원적인 절대적 공간, 절대적 시간 속에서 움직이는 물질적 입자, 이른바 '질점質點' 으로 인식되는 더 이상 쪼갤 수 없는 단단한 원자들의 운동과 상호작용인 것으로 나타난다. 이는 기원전 5세기경 그리스 원자론자들--대표적으로 레우키포스 Leucippos와 데모크리토스Democritos[119]--의 모형과도 매우 유사한 것으로, 공허와 충만, 공간과 물체의 구분에 기초하고 있으며 입자들의 질량과 형태가 동일하므로 물질은 항상 보존되는 것으로 보았다. 이들과의 차이점은 물질적 입자들 간에 작용하는 힘, 즉 중력에 대해 정확하게 기술하고 있다는 것이다.

데카르트와 뉴턴에 의해 확립된 기계론적 세계관은 과학혁명의 급속한 진행을 가져온 반면, 종교와 과학과 인문, 즉 신과 세계와 영혼의 세 영역(天地人 三才)의 통합성을 자각하지 못함으로 해서 인간과 인간, 인간과 우주자연의 연대성 상실을 초래하는 단초를 제공했다. 중세에는 말할 것도 없고 갈릴레이 시대까지도 신의 이름으로 종교가 과학을 심판하는 위치에 있었으나 정신·물질 이원론에 입각한 근대 과학의 탄생과 더불어 물질문명의 비약적인 진보로 과학이 신을 심판하게 되고 드디어는 인간 이성의 궁극적인 승리를 선언하게 되었다. 과학과 신의 관계는 곧 물질과 정신의 관계이며 이성과 신성의 관계

---

119 데모크리토스의 학설은 그의 스승, 레우키포스의 原子論을 계승·완성한 것이다. 그의 원자론은 不生不滅의 더 이상 쪼갤 수 없는 아토마(atoma)가 무수히 있다고 보고 이러한 아토마가 존재하고 운동하기 위한 장소로서 케논(Kenon 공허)을 그 원리로 삼았다. "있지 않는 것은 있는 것에 못지않게 존재한다."는 말은 케논의 존재를 천명한 것으로 유명하다. 아토마는 처음에 햇빛 안에 움직이고 있는 먼지와도 같이 각 방면에 움직여 충돌하는 동안에 선회운동을 일으키며 다양한 결집 방법을 통하여 물체를 형성하고 그에 따라 세상이 이루어진다는 것이다.

이다. 이성에 의한 신성의 학대가 만연하게 되면서 반생태적 · 반생명적인 패러다임이 사회 전반을 주도하게 되고, 힘의 논리에 입각한 파워 폴리틱스가 횡행하면서 생태적 사유와 정치적 사유의 심대한 부조화로 인해 인류는 총체적인 인간 실존의 위기에 직면하게 되었다. 이러한 근대 물질문명의 진보 과정은 과학 기술과 밀접한 관련을 지닌 '도구적 이성(instrumental reason)'[120]의 기형적 발달을 극명하게 보여주는 것이다. 생태계 파괴, 무한 경쟁, 생산성 제일주의, 공동체 의식 쇠퇴와 같은 근대 산업 문명의 폐해는 바로 도구적 이성의 발흥에 따른 것으로 근대적 합리성이란 단지 도구적 합리성(instrumental rationality)에 지나지 않음을 명징하게 보여 준다.

그러나 20세기에 들어와 원자와 아원자 세계에 대한 탐구로 고전 물리학에 있어서의 전통적 실체관이 그 한계를 드러내면서 물질,

---

120 '도구적 이성'은 프랑크푸르트 학파의 중심인물로 근대 문명에 대해 독자적인 비판을 제시한 아도르노(Theodor Wiesengrund Adorno) 사상의 핵심 개념이다. 도구적 이성은 목적의 타당성이나 가치를 중요시하는 대신 목표 달성의 효과성 · 효율성을 강조하는 서구 물질문명의 몰가치적(value free) 정향을 대변하는 개념으로 '도구적 합리성'은 근대적 합리성의 허구를 여실히 보여준다. 도구적 이성으로 계몽된 인간은 일체를 도구의 대상으로 파악하고 계측, 수량화하여 심지어는 人性까지도 物化시킴으로써 모든 것을 도구적 기능으로 환원시킨다는 것이다. 마찬가지로 프랑크푸르트 학파의 대표적 인물인 호르크하이머(Max Horkheimer) 역시 이러한 도구적 이성을 비판하고 있다. 이들의 공저인 Max Horkheimer and Theodor W. Adorno, *Dialectic of Enlightenment* (San Francisco: Stanford University Press, 2002)에서는 인류가 계몽이 진행됨에 따라 진정한 인간적인 상태에 들어간 것이 아니라 오히려 새로운 종류의 야만 상태에 빠져들었다고 보고 있다.

시간, 공간, 인과율과 같은 고전 물리학에 있어서의 기본 개념에 대한 근본적인 수정이 불가피하게 되었다. 아인슈타인(Albert Einstein)은 그의 상대성이론과 양자론에서 이미 과학과 신神의 운명적인 만남을 예언했었다. 그에 이르러 뉴턴의 3차원적 절대 시공時空의 개념은 폐기되고 4차원의 '시공' 연속체가 형성되어 우주는 본질적으로 역동적이며 불가분적인 전체로서, 정신적인 동시에 물질적인 하나의 실재로서 인식되게 된 것이다. 순수한 에너지에서 물질적 입자를 도출해 내어 질량을 에너지의 한 형태로 본 그의 입자관은 우리의 물질상에 심대한 영향을 끼침으로써 정신세계에 대한 깊은 통찰을 환기시키게 했다. 그는 사유와 언어의 영역을 초월한 실재 세계가 과학적인 지식의 기반인 논리와 추론에 의해서는 적절하게 그 본성이 드러날 수 없다고 보았다. 그리하여 종교적인 지식의 기반인 직관直觀의 상보성을 사실상 인정함으로써 종교와 과학의 오랜 분열에 종지부를 찍는 계기를 마련했던 것이다.

현대 물리학의 발달로 원자의 존재가 실증되면서 원자를 구성하는 핵과 전자가 발견되고 이어 핵의 구성물인 양자와 중성자 및 기타 수많은 아亞원자 입자가 발견되면서 물질의 근본적인 단위로서의 소립자(素粒子 elementary particle)라는 개념은 사실상 폐기되게 되었다. 아원자 물리학의 양자장(量子場 quantum field) 개념은 물질이 개별적인 원자들로 구성되어 있는 것이 아니라 근본적인 물리적 실체, 즉 공간의 도처에 미만彌滿해 있는 연속체로 되어 있는 것으로 본다. 말하자면 장이 유일한 실재이며 물질은 장이 극도로 강하게 집중된 공간의 영역에 의해 성립되는 것이라고 보는 것이다. 그것의 입자성은 마치 무한한 창조성을 지닌 공空과도 같이 대립자의 역동적 통일성에 기초해 있다. 이 세계가 근본적인 전일성의 현시이며 독립적인 최소의 단위로 분해될 수 없다고 하는 양자장 개념은 『반야심경般若心經』의 '색즉시공 공즉시색(色卽是空 空卽是色)' 속에 이미 구현되어 있다.[121]

카프라는 그의 두 권의 기념비적 저술[122]에서 전일적이고 생태적인 세계관으로의 패러다임 전환이 서구의 기계론적 세계관의 근저에 있는 가치 체계의 한계성을 극복할 수 있다고 본다. 이는 곧 아인슈타인, 하이젠베르크, 보어 등으로 대표되는 현대 물리학의 실재관이며 동시에 동양의 실재관이다. 과학적 지식의 자기 부정을 통해 동양적 사유에 접근한 카프라의 체계는 만물의 교직성과 상호 관통을 직시함으로써 부분과 전체, 주관과 객관이 결국 하나라는 인식에 이르고 있다. 이러한 인식이야말로 의식 확장의 단초가 되는 것이다. 근대 과학혁명을 통해 새.패러다임(기계론적 세계관)에 의한 새로운 정상과학正常科學이 기존의 정상과학을 대체하였듯이, 이제 현대 과학혁명을 통해 새 패러다임(전일적 실재관)에 의한 새로운 정상과학이 기존의 정상과학을 대체하려 하고 있다. 그 선두 주자가 현대 물리학이다. 전일적이고 생태적인 실재관에 기초한 현대 물리학의 안내로 인류의 가치 지향성은 대大에서 소小를 거쳐 극미세極微細에서 공空으로 진입하고 있다. 물질 시대에서 의식 시대로의 패러다임 전환은 과학과 신의 운명적인

---

121 실험물리학의 발달로 물질〔色, 有〕의 궁극적 본질이 비물질〔空, 無〕과 둘이 아님을 밝혀내면서 물질과 정신이 하나임을 과학 스스로 천명한 것이니, '量子場' 개념은 『般若心經』의 '色卽是空 空卽是色(色이 곧 空이요 空이 곧 色임)'이란 구절 속에 이미 구현되어 있다고 한 것이다.

122 Capra, *The Tao of Physics*(1975); Capra, *The Turning Point*(1982).

만남, 즉 이성과 신성의 통합을 통하여 이루어진다.

신성과 이성이 조화를 이루었던 상고와 고대 일부의 제정일치시대, 세속적 권위에 대한 신적 권위의 가치성이 정립된 중세 초기, 신성에 의한 이성의 학대가 만연했던 중세, 신적 권위에 대한 세속적 권위의 가치성이 정립된 근세 초기, 이성에 의한 신성 학대가 만연한 근대 이후 물질만능주의시대를 거쳐 이제 인류가 지향할 바는 무엇인가.

진리가 주관의 늪에 빠져 신음하는 문명의 대전환기―오늘날 만연한 물신物神 숭배의 사조와 종교적 타락상은 인간적 권위와 신적 권위의 회복을 각기 기치로 내건 서구의 르네상스와 종교개혁이 결국 미완성인 채로 끝나 버렸음을 실증적으로 보여 주는 것이다. 진정한 인간의 권위 회복은 인간 자신의 존재성에 대한 규명에서부터 시작되어야 한다. 신神은 인간과 분리된 외재적인 존재가 아니라 내재적인 동시에 초월적인 존재이다. 유사 이래 신을 섬기는 의식이 보편화된 것은 우리의 본신이 곧 신[神性]이기 때문이다. 이기적인 욕구 충족을 위해서가 아니라 영혼의 정화(purification of soul)를 위해서, 마치 신에게 바치는 번제의식燔祭儀式과도 같이 정성을 다함으로써 신성이 발현될 수 있는 까닭이다. 오늘날 만연한 인간성 상실은 곧 내재적 본성인 신성 상실에서 비롯되는 것이다.

곰팡이 슨 문화와 사상이 난무하는 시대, 기술과 도덕 간의 심연 속에서 이제 우리는 다시 인간을 찾아야 한다. 이는 곧 제2의 르네상스이다. 종교 이기주의와 세속화·상업화·기업화로 삶의 향기를 잃어버린 시대, 이성과 신성 간의 심연 속에서 이제 우리는 다시 신[神性, 참본성]을 찾아야 한다. 이는 곧 제2의 종교개혁이다. 잃어버린 우리 영혼의 환국桓國, 홍익인간의 이념으로 환하게 밝은 정치를 하는 나라인 우리 민족의 환국, 나아가 우리 인류의 환국을 찾기 위하여, 미완성으로 끝나 버린 서구의 르네상스와 종교개혁을 완수해야 한다. 서구의 르네상스와 종교개혁이 신 중심의 세계관에서 인간 중심의 세계관으로의 이행을 촉발함으로써 유럽 근대사의 기점을 이루었다면, 제2의 르네상스, 제2의 종교개혁은 물질에서 의식으로의 방향 전환을 통해 지구촌 차원의 새로운 정신문명 시대를 여는 계기가 될 것이다. 따라서 유럽적이고 기독교적인 서구의 르네상스나 종교개혁과는 그 깊이와 폭이 다를 수밖에 없다. 그것은 전 인류적이요 전 지구적이며 전 우주적인 존재혁명이 될 것이다.[123]

이제 우리 인류는 제2의 르네상스, 제2의 종교개혁을 통해 신성과 이성의 통합 시대를 열어야 할 시점에 와 있다. 기술과 도덕의 통합을 통한 인간적 권위의 회복을 의미하는 제2의 르네상스, 그리고 이성과 신성의 화해를 통한 신적 권위의 회복을 의미하는 제2의 종교개혁은 동학의 인내천人乃天에서 하나가 된다. '사람이 곧 하늘'이니, 따로이 인간의 권위나 신의 권위를 회복할 필요가 없는 것이다. 우리의 내재적 본성인 신성에 대한 주체적 자각이 있게 되면 신성과 이성의 통합은 저절로 일어나게 되고 따라서 신적 권위와 인간적 권위의 회복 또한 자연히 이루어지게 된다. 그렇게 되면 우주만물의 전일성과 생명의 유기성을 깨달아 순천의 삶을 지향하게 되는 것이다. 에코토피아 ecotopia의 문은 우리 모두가 신성의 자각적 주체가 될 때 비로소 들어갈 수 있는 문이다. 신성의 자각적 주체가 된다는 것은 곧 신성과 이성, 생태적 사유와 정치적 사유의 조화를 의미한다.

---

123 최민자, 『동학사상과 신문명』(서울: 도서출판 모시는사람들, 2005) 참조.

그러한 조화는 생명의 자기근원성과 전일성에 대한 자각과 더불어 실체를 지향하는 삶의 내공內功이 쌓일 때 비로소 가능한 것이다. 그것은 분별지分別智가 사라지고 근본지根本智가 드러남으로써 지식과 삶의 근원적인 화해가 이루어지는 것을 말한다. 우주의 본질은 생명이며, '하나'님은 바로 생명의 본체[混元一氣, 우주의 창조적 에너지, 神性]를 일컫는 것이다. 무시무종이며 자본자근自本自根 · 자생자화自生自化하는 생명의 본체는 우주만물에 편재해 있는 까닭에 우주만물과 분리될 수 없으며, 그런 점에서 신성과 이성은 결국 하나이다. 오직 자성自性에 대한 직관적 지각을 통해서만이 닿을 수 있는 초超논리 · 초이성의 영역이다. 본래의 진여眞如한 마음을 지키고 기운을 바르게 하면, 생명의 본체인 혼원일기混元一氣와 연결되는 직로가 뚫리어 다함이 없는 생명의 기운을 받게 되므로 저절로 신성의 발현이 이루어지게 되는 것이다. 이 우주가 자기생성적 네트워크 체제로 이루어져 있으며 그 근원은 모두 하나로 연결되어 있다는 생태적 자각이 이루어지면 경천敬天 · 경인敬人 · 경물敬物의 '삼경三敬'[124]의 삶을 실천하게 됨으로써 신성[영성, 자연]과 이성의 통합은 자연히 이루어지게 되는 것이다.

---

124 『海月神師法說』「三敬」; 최민자, 「宇宙進化的 側面에서 본 海月의 '三敬思想」, 『東學學報』 제3호, 동학학회, 2002, 279-327쪽 참조.

제 2부 생태정치학적 사유의 사상사적 전개

제4장 생태정치학적 사유의 사상사적 연원과 전개 과정

제1절 사상사적 연원

1. 생태정치학적 사유와 천부사상

생태정치학적 사유의 사상사적 연원은 『천부경天符經』, 『삼일신고三
一神誥』, 『참전계경參佺戒經』의 천부天符사상에서 찾을 수 있다. 천부사
상이란 천·지·인 삼신일체三神一體의 천도天道에 부합하는 사상이
다. 『천부경』과 『삼일신고』는 지금으로부터 약 9,000년 전 천제 환인
桓仁[125]이 다스리던 환국桓國[126]으로부터 구전되다가 약 6,000년 전 환

---

125 『桓檀古記』「太白逸史」桓國本紀 初頭에서는 『朝代記』를 인용하여 桓仁
(또는 桓因)이 역사적 실존인물임을 밝히고 있으며 모두 7대를 전한 것으
로 나온다. 神市本紀와 「三聖記全」下篇 등에서는 安巴堅 桓仁이 桓國을
개창하여 7대를 전하여 지난 햇수가 모두 3,301년이라고 하고, 7대 智爲
利 桓仁[檀仁]의 뒤를 이어 居發桓 桓雄이 기원전 3,898년에 倍達國(桓
雄 神市)을 개창했다고 하니, 桓國의 개창 시기는 지금으로부터 약 9,000
년 이상 전이다. 또한 「檀君世紀」에는 기원전 2,333년에 창건한 고조선

웅천황 때 녹도문자(鹿圖文)로 기록되었으며, 여러 문헌상의 기록에서
나타나듯 이때부터 『참전계경』 366사가 백성들에게 가르쳐지기 시
작했다. 우리 배달민족의 삼대경전의 가르침은 단군조선에도 그대로
이어져 이후 전서篆書로 전해지게 된다. '집일함삼執一含三'과 '회삼귀
일會三歸一'[127]을 뜻하는 일즉삼(一卽三, 一卽多)·삼즉일(三卽一, 多卽一)[128]
의 원리에 기초한 천부사상은 일체의 생명이 천·지·인 혼원일기混
元一氣에서 나와 다시 그 하나인 혼원일기로 돌아감을 보여 준다. 말

의 檀君〔桓儉〕 47대가 배달국의 18대 居弗檀 桓雄〔檀雄〕의 뒤를 이은 것
으로 나와 있다.

126 桓國의 역사적 실재에 대해서는 『三國遺事』 원본에도 명기되어 있다. 『三
國遺事』 中宗壬申刊本에는 "옛날에 **환인**의 서자 환웅이 있어(昔有**桓因**庶
子桓雄)…"가 아닌, "옛날에 **환국**의 서자 환웅이 있어(昔有**桓國**庶子桓
雄)…"로 시작하고 있다. 사실상 일본인들도 한일합방 전에는 『삼국유사』
원본과 일본어 번역본에서처럼 분명히 '桓因'이 아닌 '桓國'이라고 했던
것으로 나타난다.

127 『桓檀古記』 「太白逸史」 蘇塗經典本訓 : "所以執一含三者 乃一其氣而三其
神也 所以會三歸一者 是易神爲三而氣爲一也." 말하자면 '하나를 잡아 셋
을 포함하고 셋이 모여 하나로 돌아감'이란 뜻이다. 이는 곧 一卽三·三
卽一의 뜻으로 천·지·인 三神一體를 의미하는 것이다. 混元一氣인 '하
나(一)'가 곧 천·지·인 삼신이요, 천·지·인 삼신이 곧 혼원일기 '하
나(一)'인 것이다. 여기서 "삼일(三一)은 그 본체요, 일삼(一三)은 그 작
용이다"(『桓檀古記』 「太白逸史」 蘇塗經典本訓 : "三一其體 一三其用").
말하자면 一卽三·三卽一의 원리인 執一含三·會三歸一은 작용과 본체
라는 불가분의 관계로 분석될 수 있는 것이다.

128 여기서 기본수 '三'은 사람과 우주만물을 나타내므로 '多'와 그 뜻이 같
은 것이다. 따라서 一卽三·三卽一은 곧 一卽多·多卽一이다. cf. 『華嚴
一乘法界圖』 : "一中一切多中一 一卽一切多卽一 一微塵中含十方 一切塵
中亦如是."

하자면 초월성인 동시에 내재성이며, 전체성(一)인 동시에 개체성(多)이며, 우주의 본원인 동시에 현상 그 자체인 생명의 본질을 일즉삼·삼즉일의 논리 구조로써 명징하게 밝히고 있는 것이다. 이러한 논리 구조는 혼원일기로 이루어진 생명의 유기성과 상호 관통을 직관적으로 깨닫는 생태적 자각에 기초한 것이라는 점에서 진정한 의미에서의 에코토피아ecotopia, 즉 생태적 이상향과 그 맥을 같이 한다.

존재의 자기근원성과 전일성에 대한 천부사상의 인식은 일체의 생명이 자기생성적(self-generating) 네트워크 체제로서의 우주에 참여하고 있으며 그 근원은 모두 하나로 연결되어 있다고 본 점에서 분명히 드러난다. 그런 까닭에 생명의 원리는 자동성(自動性 automatism)이며, 보편의지(普遍意志 universal will)에 기초한 자발성(自發性 spontaneity)이다. 자본자근自本自根·자생자화自生自化하는 '하나(一)'[129]의 조화, 즉 생명의 파동적波動的 성격을 깨닫게 되면, 다시 말해서 '하나(一)'의 묘용妙用을 활연관통豁然貫通하게 되면, 본체계와 현상계를 회통會通하게 됨으로써 내재와 초월, 본체와 작용이 결국 하나임을 알게 된다.

---

[129] 『天符經』에 나오는 '一'을 그냥 하나(一)라고 하지 않고 필자가 '하나(一)'라고 표기한 것은, 이 '一'이 바로 하늘(天)·天主〔하느님, 하나님, 創造主, 絶對者, 造物者, 唯一神, ALLAH神, 一神, 天神, 한울, 한얼〕·道·佛·太極〔無極〕·브라흐마(Brahma: 梵, 創造神 / Atman)·우주의식〔전체의식, 근원의식, 보편의식, 순수의식, 一心, 참본성〕·우주의 창조적 에너지〔至氣, 混元一氣〕·진리〔실체, 眞如(suchness), 불멸〕 등으로 다양하게 명명되고 있는 근원적 일자(一者) 또는 궁극적 실재로서의 우주의 본원을 일컫는 것인 까닭에 주목할 필요가 있기 때문이다. 말하자면 '하나(一)'는 天符經의 핵심 원리인 一卽三·三卽一의 중핵을 이루는 숫자이므로 강조하여 나타낸 것이다.

창조주와 피조물, 신과 인간의 이분법적 도식화는 본체계와 현상계를 상호 관통하는 '하나(一)'의 조화 작용을 깨닫지 못한 데 기인한다. 따라서 본질적으로 반생태적이며 반생명적이다. 일체의 이분법이 폐기된 이른바 '무리지지리 불연지대연(無理之至理 不然之大然)'[130]의 경계에 이르게 되면, 삼라만상은 '하나(一)'가 남긴 자국들에 불과한 것임을 알게 된다. 다시 말해서 진여眞如와 생멸生滅, 본체와 작용의 합일을 깨달으면, 자기생성적 네트워크 체제로서의 '참여하는 우주(participatory universe)'[131]가 그 모습을 드러내게 되는 것이다.

'창조론'과 '진화론'의 논쟁은 일체의 생명 현상이 자기근원성을 가지고 있음을 인식하지 못하고 주체-객체 이분법으로 무리하게 설명하려는 데서 오는 것이다. 말하자면 생명의 본체에 대한 인식 부재에서 오는 것이다. 스스로 생성되고 스스로 변화하여 스스로 돌아가는 것인데, 누가 누구를 창조한다는 말인가! 거울에 비친 형상과 거울을 분리시킬 수 없고, 천강千江에 비친 달 그림자와 달을 분리시킬 수 없듯이, 우주만물과 혼원일기인 '하나(一)', 즉 유일신唯一神은 분

---

130 『金剛三昧經論』, 130쪽; 『大乘起信論別記』, 464쪽. 이는 〈道理 아닌 지극한 道理. 肯定 아닌 大肯定〉으로 번역될 수 있으나 그 참뜻은 상대적 차별성을 떠난 如實한 大肯定을 의미한다. 이는 곧 莊周(莊子)가 말하는 '大通과 하나가 된 '坐忘'의 경지(『莊子』「大宗師」: "墮枝體 黜聰明 離形去知 同於大通此謂坐忘")이며, '나'를 잊고 '나'를 잃지 않는 경지이다.

131 여기서 '참여하는 우주'란 주체-객체 이분법이 폐기됨으로써 전 우주가 참여자의 위치에 있게 되는 경계를 말한 것이다. 『천부경』의 一卽三·三卽一의 이치는 본체와 작용의 합일, 즉 '참여하는 우주'의 경계를 밝힌 것으로 주체-객체 이분법이 더 이상은 유효하지 않은 것으로 드러난 현대 물리학의 양자역학적 실험 결과와 맥을 같이 하는 것이다.

리될 수 있는 것이 아니다. 풀 한 포기, 물방울 하나까지도 모두 유일신 '하나(一)'의 조화 작용의 나타남 아닌 것이 없는 까닭에 '보이는 것은 보이지 않는 것의 그림자'라는 말이 나온 것이다. 창조하는 주체와 창조되는 객체가 분리되어 존재하는 것이 아니므로 주체-객체 이분법에 근거한 '창조론'의 설명은 양자역학적 관점에서 볼 때 비과학적이라 할 수밖에 없다. 진화론 또한 시작도 끝도 없는 영원한 생명의 비밀을 적절하게 설명하지 못하고 있다. '이것'이 곧 다른 '모든 것'임을, 생명의 유기성과 상호 관통을 어찌 '진화론'만으로 설명할 수 있을 것인가! '창조론'과 '진화론'의 논쟁은 주체-객체 이분법이 폐기되고 진지眞知를 체득함으로써만이 종식될 수 있는 것이다.

수천 년 동안 국가 통치 엘리트 집단의 정치 교본이자 만백성의 삶의 교본으로서 전 세계에 찬란한 문화·문명을 꽃피우게 했던 천부사상은, 현재 지구촌의 종교 세계와 학문 세계를 아우르는 진리 전반의 문제와 정치 세계의 문명 충돌 문제의 중핵을 이루는 유일신 논쟁, 창조론·진화론 논쟁, 유물론·유심론 논쟁, 신·인간 이원론, 종교적 타락상과 물신 숭배 사조, 인간 소외 현상 등에 대해 그 어떤 종교적 교의나 철학적 사변이나 언어적 미망에 빠지지 않고 명쾌하게 그 해답을 제시하고 있다. 특히 천부경의 천·지·인 삼신일체 사상은 단 81자 속에 유일신 논쟁을 침묵시킬 만한 난공불락의 논리 구조와 '천지본음天地本音'[132]을 담고 있다. 불교의 삼신불(三身佛: 法身·化身·報身)

---

132 朴堤上의 『符都誌』(『澄心錄』 15誌 가운데 제1誌) 제10장에는 "有因氏가 天符三印을 이어받으니 이것이 곧 天地本音의 象으로, 진실로 근본이 하나임을 알게 하는 것(『符都誌』 第10章 : "有因氏 繼受天符三印 此卽天地

이나 기독교의 삼위일체(三位一體: 聖父·聖子·聖神), 그리고 동학의 내유 신령內有神靈·외유기화外有氣化·각지불이各知不移는 천부사상의 중핵을 이루는 천·지·인 삼신일체의 가르침과 그 내용이 같은 것이다.

천부사상은 무수한 진리의 가지들이 결국 하나의 진리로 되돌아감을 보여 줌으로써 인간 존재의 '세 중심축'—종교와 과학과 인문, 즉 신과 세계와 영혼의 세 영역(天地人 三才)—의 연관성 상실을 초래한 근대 서구의 정치적 자유주의를 치유할 수 있는 묘약을 함유하고 있다. 근대의 초극은 그 어떤 의미에서도 세력의 축의 단순한 이동이 아니다. 그것은 정신·물질 이원론에 입각한 근대 문명의 자기 부정인 동시에, 기계론적 세계관으로부터 전일적이고 생태적인 실재관으로의 패러다임 전환을 내포하는 것이다. 천부사상은 우주자연과 인간, 인간과 인간의 연대성에 대한 자각에 기초해 있어서 21세기 생명학의 단초를 제공해 줄 수 있을 것이며, 서구적 근대의 극복을 통해 신문명의 개창 원리로 작용할 수 있을 것이다. 그러면 천부경, 삼일신고, 참전계경의 전래와 그 구조 및 요체[133]를 차례로 살펴보기로 하자.

本音之象而使知其眞一根本者也")이라고 나와 있다. 『符都誌』제2장에서는 태초에 소리(音)가 있었다고 하였으며, 『요한복음』(1:1)에서는 "태초에 말씀[하늘소리]이 계시니라…"고 하였고, 『莊子』에서는 '天樂' 즉 우주자연의 오묘한 조화로서의 하늘음악을 노래했다. 이는 모두 초형상·초시공의 소리의 오묘한 경계를 나타낸 것으로 '天地本音'이란 이를 두고 하는 말이다. 말하자면 우주 삼라만상의 기원을 소리의 경계로써 나타내고 있는 것이다.

133 천부경, 삼일신고, 참전계경의 전래와 그 구조 및 요체 부분은 최민자, 『천부경·삼일신고·참전계경』(서울: 모시는 사람들, 2006)에 나오는 내용을 축약하였음.

1) 『천부경』

(1) 천부경의 전래

『천부경』은 우주만물의 창시창조創始創造와 생성, 변화, 발전, 완성의 원리를 밝힌 총 81자로 이루어진 우리 민족 으뜸의 경전이다. 우주의 조화造化 원리를 밝히고 있다는 점에서 조화경造化經이라고 부르기도 한다. 한민족 정신문화의 뿌리이며 세계 정신문화의 뿌리가 되는 큰 원리를 담고 있어, 『삼일신고』·『참전계경』을 비롯한 우리 민족 고유의 경전과 역易사상에 근본적인 설계 원리를 제공하였다. 「태백일사太白逸史」 소도경전본훈蘇塗經典本訓 등에는 천부경이 지금으로부터 약 9,000년 전 천제 환인桓仁이 다스리던 환국桓國으로부터 구전된 글이라고 나와 있다.[134] 그 후 약 6,000년 전 배달국 시대에 환웅桓雄이 신지神誌 혁덕赫德에게 명하여 우리나라 최초의 문자인 사슴 발자국 모양을 딴 녹도鹿圖 문자로 기록케 하여 전하다가, 단군조선에 이르러서는 전문篆文으로 전하게 되었다. 따라서 오늘날 천부경은 훗날 고운孤雲 최치원崔致遠이 전자篆字로 기록해 놓은 옛 비석을 보고 다시 한문으로 옮겨 서첩書帖으로 만들어 세상에 전한 것이다.[135] 최치원 이후 천부경은 조선 중종 때 일십당주인一十堂主人 이맥李陌이 태백일사太白逸史에 삽입하여 그 명맥을 잇다가 1911년 운초雲樵 계연수桂延壽가 『환단고기桓檀古記』를 편찬하여 오늘에 이르고 있다. 『환단고기』는 신

---

[134] 『桓檀古記』「太白逸史」蘇塗經典本訓 : "天符經 天帝桓國口傳之書也."
[135] 『桓檀古記』「太白逸史」蘇塗經典本訓.

라 승려 안함로安含老의 『삼성기三聖記』와 원동중元董仲의 『삼성기三聖記』, 고려 말 행촌杏村 이암李嵒의 『단군세기檀君世紀』, 고려 말 휴애거사休崖居士 범장范樟의 『북부여기北夫餘紀』 그리고 이암의 현손인 이맥의 『태백일사』를 합본한 것으로 우리 환단(桓檀: 환국·배달국·단군조선)의 역사를 알게 해 주는 소중한 역사서이다.[136] 『환단고기』 내의 여러 기록들은 천부경이 환국·배달국·단군조선·부여·고구려·대진국〔발해〕·고려로 이어지는 우리 역사 속에서 국가적으로 매우 중시되었던 경전임을 밝히고 있다.

「삼성기」·「단군세기」·「태백일사」 등은 천부경이 우리 국조國祖이신 환웅천황과 단군왕검의 제왕적 권위를 상징하는 징표로서 천제의 즉위식이나 제천의식 거행시 '천부보전天符寶篆'으로 받들어진 성스러운 경이었음을 밝히고 있다. 또한 나라를 다스리는 만세의 경전으로서 만백성을 교화시키고자 천부경과 삼일신고를 가르쳤다는 사실

---

136 『桓檀古記』 「三聖記全」 하편에는 桓國이 波奈留山〔天山崑崙=시베리아 중앙고원=파미르고원〕을 도읍으로 天海〔바이칼호〕를 포함하여 남북 5만리, 동서 2만리의 광대한 땅을 12연방으로 나누어 다스린 것으로 나와 있다. 이러한 桓國의 강역에 관한 환단고기의 내용은 당 태종 때 편찬된 『晉書』의 내용과 일치하며, 신라시대 朴堤上의 『符都誌』(澄心錄 15지 가운데 제1지)에 나오는 중요한 기록의 대부분의 내용과 일치하고 있다. 또한 北崖의 『揆園史話』, 李承休의 『帝王韻紀』, 大野勃의 『檀奇古事』 등의 내용과도 큰 줄기가 일치한다. 근년에 들어 단군조선시대의 천문 현상 - 예를 들면, 『환단고기』 「단군세기」에 나오는 13세 단군 흘달(屹達) 50년 (B.C. 1733) 戊辰에 수성, 금성, 화성, 목성, 토성의 다섯 행성이 결집한 五星聚婁 현상 - 을 박창범 연구팀이 컴퓨터 합성 기법을 이용하여 시각화함으로써 그러한 사실을 과학적으로 검증한 것은 상고사 연구자들에게는 매우 고무적인 일이라 하겠다.

도 전하고 있다. 말하자면 수신제가치국평천하修身齊家治國平天下하는
정치 교본이자 임금과 신하와 백성 모두가 반드시 숙지해야 할 삶의
교본이었던 셈이다. 삼성기에는 환웅천황이 개천하여 백성들을 교화
할 때 천경(天符經)과 신고(三一神誥)를 강론하여 크게 가르침을 편 것으
로 나와 있고,[137] 단군세기에도 '천경'과 '신고'가 나오고 있고 『천부
경』의 핵심 원리인 삼신일체를 의미하는 '집일함삼執一含三'과 '회삼
귀일會三歸一'의 천계天戒에 대해 언급하고 있으며,[138] 『태백일사』「삼
한관경본기三韓管境本紀」마한세가 상편(馬韓世家 上)에는 윷놀이를 제정
하여 환역桓易을 풀이한 것이 바로 신지 혁덕이 기록한 '천부天符'의
남긴 뜻이라고 하고 있고,[139] 번한세가 상편(番韓世家 上)에는 '천부왕
인天符王印'을 차면 험한 곳을 지나도 위태롭지 않고 재앙을 만나도 해
를 입지 않을 것'이라고 하고 있다.[140]

이 외에도 천부경의 원리나 가르침을 거론한 자료는 적지 않으며,
그 명칭 또한 천부경 또는 천경天經, 진경眞經, 천부天符, 천부진경天符

137 『桓檀古記』「三聖記全」下篇: "桓雄天王 肇自開天 生民施化 演天經 講神
誥 大訓于衆."
138 『桓檀古記』「檀君世紀」에는 33세 단군 甘勿 7년에 삼성사를 세우고 친히
제사를 지낸 誓告文 중에 "執一含三 會三歸一 大演天戒 永生爲法"이라
하여 "하나를 잡아 셋을 포함하고 셋이 모여 하나로 돌아가게 되나니 온
누리에 삼신님〔'하나'님〕계율 널리 퍼뜨려 영세토록 변치 않는 법 이루
오리다"라고 나와 있다.
139 『桓檀古記』「太白逸史」三韓管境本紀 馬韓世家 上: "於是 作柶戲 以演桓
易 蓋神誌赫德所記天符之遺意也."
140 『桓檀古記』「太白逸史」三韓管境本紀 番韓世家 上: "遂以王土篆文天符王
印 示之曰 佩之則能歷險不危 逢凶無害."

眞經, 천부보전天符寶篆, 천부보전天符寶典, 금척金尺[141] 등으로 일컬어지
고 있다. 천부경·삼일신고·참전계경을 압축한『단군팔조교檀君八條
敎』, 환국·배달국·단군조선에 이르는 역사와 천부경의 원리를 총
180자로 밝힌『신지비사神誌秘詞』, 박제상朴堤上의『징심록澄心錄』15지
誌 가운데 제1지인「부도지符都誌」, 생육신生六臣의 한 사람인 매월당梅
月堂 김시습金時習의『징심록추기澄心錄追記』[142], 우리나라 대표적 예언

---

141 『澄心錄追記』 제8장에는 金尺이 천부경의 원리를 본떠 만들었고, 천부경
   을 영원히 보존하기 위하여 금으로 만들었으며, 무오류성을 지닌 우주만
   물을 재는 척도로서의 자(尺)로 만든 것이라고 나와 있다(『澄心錄追記』
   第8章: "…大抵其本 卽天符之法而製之以金者 爲其不變也 作之以尺者 爲
   其無誤也"). 말하자면 하늘의 뜻에 부합하는 天符都를 건설하기 위한 神
   器였던 것이다. 내용에 보면, '必在於金尺之數理' … '其數辭甚難' 이라 하
   여 금척에 새겨진 數理가 심히 어렵다고 하고, 대저 그 근본은 곧 '天符之
   法而製之' 라 하여 천부경의 법을 본떠 만든 것이라고 하고 있으니, 수리
   는 곧 천부경의 수리임이 분명하다. 제10장에는 "신라 창시의 근본이 이
   미 符都에 있었으니, 금척의 법이 또한 단군의 세상에 있었음을 가히 알
   수 있는 것이다."(『澄心錄追記』第10章: "新羅創始之本 已在於符都則金
   尺之法 亦在於檀世者可知也")라고 나와 있고, 이어서 "혁거세왕이…13
   세의 어린 나이로 능히 뭇 사람들의 추대를 받은 것은 그 혈통의 계열이
   반드시 유서가 깊었기 때문으로 금척이 오래된 전래물임을 또한 미루어
   알 수 있다."(『澄心錄追記』第10章: "赫居世王…以十三之年少 能爲衆人
   之所推則其 血系 必有由緖而金尺之爲傳來之古物 亦可以推知也")고 나와
   있으며, 제13장에는 "(조선조) 태조가 꿈에 금척을 얻은 것이 어찌 우연
   이라 할 수 있으리오."(『澄心錄追記』第13章: "太祖之夢得金尺 豈其偶然
   者哉")라고 나와 있다. 이렇게 볼 때 금척은 桓檀시대로부터 전래되어 온
   영원성·무오류성을 지닌 우주만물의 척도로서 천부경을 새겨서 天權을
   표시한 天符印의 일종이라 하겠다.

142 金時習의『澄心錄追記』는 朴堤上의『澄心錄』에 대한 追記이다.『澄心錄』

서인 격암 남사고(南師古, 1509~1571)의 『격암유록格菴遺錄』, 모든 종교
와 진리의 모체가 되는 신교의 원리를 밝힌 자하선인紫霞仙人과 팔공
진인八公眞人의 예언서 『신교총화神敎叢話』, 그리고 고구려 명재상 을파
소乙巴素의 후손 을밀선인乙密仙人이 지은 다물多勿[143]의 노래인 '다물흥
방지가多勿興邦之歌', 발해국 시조 대조영(大祚榮, 高王)의 아우 반안군왕
盤安郡王 대야발大野勃의 『단기고사檀奇古史』 등에 천부경의 원리와 그
가르침이 나타나 있으며,[144] 또한 조선 정조正祖 5년 구월산 삼성사에
올린 치제문致祭文[145]에 "천부보전天符寶篆이 지금에 이르러서는 사실적
물증이 없으나 우리 동국 역사에서는 신성하게 일컬어지며 세세로 전
해져 왔다."고 기록되어 있어 천부경의 지속적인 전승과 심대한 가치
를 짐작케 한다.

『천부경』 원문 81자가 모두 수록된 문헌과 자료로는 대개 다음과
같은 몇 가지를 들 수 있다.

첫째, 이맥의 『태백일사』에 실려 있는 〈태백일사본太白逸史本〉이다.

은 上敎 5誌인 〈符都誌〉, 〈音信誌〉, 〈曆時誌〉, 〈天雄誌〉, 〈星辰誌〉와 中敎
5誌인 〈四海誌〉, 〈禊祓誌〉, 〈物名誌〉, 〈歌樂誌〉, 〈醫藥誌〉, 그리고 下敎 5
誌인 〈農桑誌〉, 〈陶人誌〉, 그밖에 알려지지 않은 3誌를 포함하여 모두 15
誌로 되어 있는데, 이후 朴堤上의 아들 百結이 〈金尺誌〉를 지어 보태고,
金時習이 〈澄心錄 追記〉를 써서 보탬으로써 모두 17誌로 이루어져 있다.
143 이는 본래 고구려의 시조 高朱蒙의 年號로서 "옛땅을 회복한다"는 뜻으
로 쓰이던 고구려 때의 말. 이러한 '회복(恢復)'을 뜻하는 고구려의 정치
이념을 '다물이념'이라고 하는데 이는 곧 단군조선의 영광을 되찾고 그
통치영역을 되물려받겠다는 것이다.
144 『檀奇古史』「前檀君朝鮮」檀典과 第2世 扶婁條.
145 중요민속자료 〔제218-10호〕 致祭文

둘째, 1916년 계연수가 묘향산 석벽에서 발견, 이를 탁본하여 1917년에 단군 교당에 전했다는 〈묘향산 석벽본妙香山 石壁本〉이다.

셋째, 성균관대학교가 소장하고 있는 『최문창후전집崔文昌候全集』의 〈최고운 사적본崔孤雲 事跡本〉이다.

넷째, 조선 말 대유학자 노사 기정진(盧沙 奇正鎭) 계통으로 전해져 온 〈노사전 비문본(盧沙傳 碑文本)〉이다.

다섯째, 고려말 6은六隱 중의 한 사람인 농은 민안부(農隱 閔安富)의 〈농은 유집본(農隱 遺集本)〉이다. 여기에는 천부경 81자가 한자漢字의 초기 형태인 갑골문(甲骨文, 象形文字)[146]으로 수록되어 있다.

이 중에서 가장 많이 인용되고 있는 것이 〈태백일사본〉과 〈묘향산 석벽본〉으로 이 양 본은 전문이 모두 일치한다. 최문창후전집은 최치원의 후손인 최국술이 1925년에 편찬한 것으로 이 전집에 실린 〈최고운 사적본〉의 기록은 〈노사전 비문본〉의 그것과 마찬가지로 〈태백일사본〉이나 〈묘향산 석벽본〉의 천부경 81자와는 다른 글자가 몇 군데 보인다. 즉 '석析 (析三極)'을 '석碩 (碩三極)', '연衍 (一妙衍)'을 '연演' (一妙演), '동動' (不動本)을 '동同' (不同本), '앙昻' (昻明)을 '앙仰' (仰明), '지地' (天地一)를 '중中' (天中一)으로 표기한 등의 것이다. 또한 〈농은 유집

---

146 고려 말 충신인 農隱 閔安富의 遺集에서 발견된 天符經文에서 殷墟 甲骨文과 동일한 글자들이 다수 발견됨으로써, 더욱이 중국에서는 아직 발견되지 않았거나 발견되었더라도 미해독된 甲骨文字들이 발견, 확인됨으로써 甲骨文이 중국 대륙 내부에서만 발견되는 것으로 여겼던 종래의 고정관념이 깨지게 되었다. 언어학자 박대종은 漢字의 기원인 甲骨文으로 쓰여진 〈農隱 遺集本〉의 天符經文에 대한 연구를 통해 甲骨文의 뿌리가 단군조선 이전의 桓雄 시대까지 거슬러 올라간다는 사실을 밝혀내었다.

본〉의 기록도 〈태백일사본〉이나 〈묘향산 석벽본〉의 천부경 81자와는 다른 글자가 몇 군데 나타난다. 즉 '석析'(析三極)을 '신新'(新三極), '화化'(無匱化三)를 '종從'(無匱從三), '삼三'(大三合)을 '기氣'(大氣合), '운運'(運三四)을 '충衷'(衷三四)으로 표기한 등의 것이다. 그러나 몇 군데 자구가 다르다고 해서 그 의미가 달라지는 것은 아니며, 전체 내용은 다르지 않고 모두 81자로 되어 있다. 이렇듯 전래 경로가 달라도 그 내용이 일치한다는 것은 오히려 천부경의 실재를 반증하는 것이다.

(2) 천부경의 구조

『천부경』은 본래 장이 나누어져 있지 않았지만, 필자는 천부경이 담고 있는 의미를 보다 명료하게 풀기 위하여 상경上經「천리天理」, 중경中經「지전地轉」, 하경下經「인물人物」의 세 주제로 나누어 살펴보았다. 상경「천리」는 '일시무시일석삼극무진본始無始一析三極無盡本, 천일일지일이인일삼天——地一二人—三, 일적십거무궤화삼—積十鉅無匱化三'으로 구성되어 있으며, 시작도 끝도 없는 영원한 '하나(—)'의 본질과 무한한 창조성, 즉 천·지·인 혼원일기混元—氣인 '하나(—)'에서 우주만물이 나오는 일즉삼—卽三의 이치를 드러낸 것이다. 중경「지전」은 '천이삼지이삼인이삼天二三地二三人二三, 대삼합육생칠팔구大三合六生七八九, 운삼사성환오칠運三四成環五七'로 구성되어 있으며, 음양 양극 간의 역동적인 상호 작용으로 천지 운행이 이루어지고 음양오행이 만물을 낳는 과정이 끝없이 순환 반복되는 '하나(—)'의 이치와 기운의 조화造化 작용을 나타낸 것이다. 하경「인물」은 '일묘연만왕만래용변부동본—妙衍萬往萬來用變不動本, 본심본태양앙명인중천지일本心本太陽昂明人中天地一, 일종무종일—終無終—'로 구성되어 있으며, 우주만물의 근본이 '하나(一)'로 통하는 삼즉일三卽一의 이치와 소우주인 인간의 대우주와의 합일을 통해 하늘의 이치가 인간 속에 징험徵驗됨을 보여 주는 것이다. 말하자면 상경 「천리」가 가능태可能態라면, 하경 「인물」은 구체적 현실태인 것이다. 요약하면, 「천리」에서는 '하나(一)'의 이치를 드러내고, 「지전」에서는 '하나(一)'의 이치와 기운의 조화 작용을 나타내며, 「인물」에서는 '하나(一)'의 이치와 그 조화 기운과 하나가되는 일심一心의 경계를 보여 준다.

이렇듯 천부경 81자는 본체-작용-본체와 작용의 합일, 정신-물질-정신과 물질의 합일, 보편성-특수성-보편성과 특수성의 합일이라는 변증법적 논리 구조를 가지고 있다. 이러한 논리 구조는 천 · 지 · 인 삼재의 융화를 바탕으로 일즉삼 · 삼즉일의 원리가 인간 존재 속에 구현되는 함의를 지니고 있다. '하나(一)'에서 우주만물이 나오는 '일즉삼'의 이치를 드러낸 상경 「천리」, '하나(一)'의 이치와 기운의 조화造化 작용을 나타낸 중경 「지전」, 그리고 우주만물의 근본이 '하나(一)'로 통하는 '삼즉일'의 이치와 하늘의 이치가 인간 속에 징험됨을 보여 주는 하경 「인물」은 각각 다시 삼분되는 3화음(和音 triad)적 구조를 지닌다. 천부경은 81자로 이루어진 까닭에 필자는 구구경九九經이라 부르기도 하는데, 이 구구경은 삼삼三三의 구조, 즉 구九로 이루어져 있으며 9의 자승수가 구구경 81자가 되는 것이다.

(3) 천부경의 요체

『천부경』은 천 · 지 · 인 삼신일체의 천도天道를 밝힘으로써 '천부중일天符中一'[147]의 이상을 명징하게 제시한 전 세계 경전의 종주宗主요 사상의 원류라 할 만한 진경眞經이다. 여기서 삼신일체[三位一體: 聖父 ·

聖子 · 聖神]¹⁴⁸란 각각 신이 있는 것이 아니고 작용으로만 삼신三神이며 그 체는 일신[唯一神]이다.¹⁴⁹ 이는 곧 생명의 본체인 유일신의 실체를 밝힌 것으로 그 유일신이 바로 천 · 지 · 인 혼원일기인 '하나(一)', 즉 '하나' 님[天主, ALLAH神, Brahma, 道, 神性, 우주의식]이다. 말하자면 '하나 (一)'인 혼원일기[唯一神]에서 천 · 지 · 인 셋[三神]이 갈라져 나온 것이 므로 천 · 지 · 인이 각각 있는 것이 아니고 작용으로만 셋이라는 뜻으로 천 · 지 · 인 삼신이 곧 유일신이다. 이미 9,000년 이상 전부터 모든 종교와 진리의 모체가 되어 온 우리의 신교神敎는 바로 이러한 일즉삼 · 삼즉일의 원리에 기초한 삼신 사상에서 나온 것이다.

천부경을 관통하는 신교적 사유의 특성은 한마디로 대통합이다.

---

147 『桓檀古記』「太白逸史」蘇塗經典本訓. '天符中一'의 이상이란 천 · 지 · 인 三才의 융화가 인간 존재 속에 구현된 의미를 지닌 『천부경』의 '人中天地一'을 축약한 '中一'과 『천부경』의 '天符'를 합성하여 만든 용어로 在世理化 · 弘益人間의 이상을 나타내는 의미로 사용된 것이다.

148 三神一體는 기독교의 三位一體와 같은 것이다. 천 · 지 · 인 셋[三神]은 본래 각각 있는 것이 아니고 '하나(一)'인 混元一氣[唯一神]에서 나온 것이니 작용으로만 三神이고 그 근원은 唯一神이다. 이것이 곧 삼신사상이며, 天地人 三神一體[三位一體]를 상징하는 三一圖(◎)의 도형으로 나타내기도 한다. 천 · 지 · 인 三才의 조화를 강조하는 것은 분리되지 않은 '하나(一)' 즉 唯一神이 '참나'이자 우주의 본원이기 때문이다. 이 세상의 모든 반목과 갈등은 우주만물에 내재하는 유일신 즉 절대유일의 '참나'를 깨닫지 못하고 서로 다른 것으로 분리시킨 데서 오는 것이다. 기독교의 聖父 · 聖子 · 聖神은 三位一體로서 천 · 지 · 인과 조응하며 그 근원은 하나님['하나(一)'] 아버지 즉 유일신이다.

149 『桓檀古記』「太白逸史」三神五帝本紀 : "自上界 却有三神 卽一上帝 主體則爲一神 非各有神也 作用則 三神也."

다시 말해서 신성과 이성, 생태적 사유와 정치적 사유가 조화를 이루고 있는 것이다. 이 세상의 모든 반목과 갈등은 유일신의 실체를 직시하지 못하는 데서 오는 것이다. 무시무종無始無終이며 무소부재無所不在이고 불생불멸不生不滅인 하늘(天主·하늘(님))은 곧 우리의 참본성(自性, 一心, 우주의식, 근원의식, 순수의식)이다. 천·지·인 삼신은 참본성, 즉 자성의 세 측면을 나타낸 것이다. 참본성을 알지 못하고서는 인간의 자기 실현은 불가능한 까닭에 모든 경전에서는 그토록 우상숭배를 경계했던 것이다. 참본성이 바로 절대 유일의 '참나'인 유일신이다.[150] 따라서 유일신은 특정 종교의 신도 아니요 섬겨야 할 대상도 아니다. 바로 우리 자신이며 우주만물 그 자체다. 참본성(性)이 곧 하늘(天)이요 신(神)이다. 성性, 천天, 신神은 생명의 본체를 달리 명명한 것이다.

천부경에서 근원적 일자(궁극적 실재, 근원의식, 우주의식)에 이름을 붙이지 않고 그냥 '하나(一)'라고 한 것은 무수한 진리의 가지들을 하나의 진리로 되돌리기 위한 우리 국조의 심원深遠한 뜻이 담겨진 것이다. 유일신 논쟁은 단순히 종교 차원에 그치지 않고 우리 삶 속에 뿌리박은 심대한 문제이다. 삶과 종교, 종교와 종교, 학문과 종교의 화해를

---

150 cf. 『三一神誥』: "聲氣願禱 絶親見 自性求子 降在爾腦."; 『聖經』「마태복음(Matthew)」(7:21): "나더러 주여 주여 하는 자마다 다 천국에 들어갈 것이 아니요 다만 하늘에 계신 내 아버지의 뜻대로 행하는 자라야 들어가리라." 이는 소리 내어 기운을 다하여 원하고 기도한다고 해서 천국에 들어가는 것이 아니라 참본성을 직시하여 거기에 따라야 한다는 것이다. 여기서 '아버지'란 우주만물의 근원으로 참본성을 의미한다. 말하자면 '하나'님은 오직 참본성(自性)에 대한 직관적 지각을 통해 닿을 수 있는 영역인 까닭에 『三一神誥』에서는 "자성에서 씨('하나'님의 씨앗(子))를 구하라."고 한 것이다.

통해 진정한 문명이 개창될 수 있기 위해서는 유일신 논쟁이 명쾌하게 종결되지 않으면 안 된다. 일즉삼·삼즉일의 원리에 기초한 천부경의 삼신 사상은 유일신 논쟁을 침묵시킬 만한 난공불락의 논리구조와 '천지본음天地本音'을 담고 있다. 일체의 생명이 하나인 혼원일기에서 나와 다시 그 하나인 혼원일기로 돌아가는 이치를 통해 우리 인류 또한 천지에 뿌리를 둔 '한생명'임을 직시하게 하고, '중일中一'의 실천적 삶을 기반으로 한 재세이화·홍익인간의 이상을 제시한다는 점에서, 천부경은 단순히 우리 민족 고유의 경전이 아니라 모든 종교와 진리의 모체가 되는 인류의 경전이다. 우주의 순환, 천체의 순환, 생명체의 순환, 그리고 의식계의 순환과 더불어 일체 생명의 비밀을, 그 어떤 종교적 교의나 철학적 사변이나 언어적 미망에 빠지지 않고 단 81자로 열어 보인 천부경이야말로 모든 종교와 진리의 진액이 응축되어 있는 경전 중의 경전이라 할 것이다.

　천부경의 구조를 본체와 작용의 관계로 살펴보면, 상경 「천리」의 '천일 지일 인일(天一地一人一)'은 '하나(一)'의 체體의 측면을 나타낸 것으로 법신法身, 즉 내유신령(內有神靈: 내재적 본성인 신성)과 조응하는 것이라면, 중경 「지전」의 '천이삼 지이삼 인이삼(天二三地二三人二三)'은 '하나(一)'의 이치와 기운의 조화 작용인 용用의 측면을 나타낸 것으로 화신化身, 즉 외유기화(外有氣化: 氣化의 작용)와 조응하는 것이고, 하경 「인물」의 '인중천지일人中天地一'은 '하나(一)'의 이치와 그 조화 기운과 하나가 되는 상相의 측면을 나타낸 것으로 보신報身, 즉 각지불이各知不移와 조응하는 것이라 하겠다. 내유신령과 외유기화는 법신과 화신의 관계와 마찬가지로 본체와 작용의 관계로서 그 체가 둘이 아니므로 모두 일심법이다. 법신[內有神靈]이 염染·정淨 제법諸法을 포괄한 가능태라면, 보신〔各知不移〕은 자성自性의 자각적 주체가 되는 구체적 현실태이다. 천부경의 '천일 지일 인일' '천이삼 지이삼 인이삼' '인중천지일'은 천·지·인 삼신일체를 의미하는 것이다. 천부경의 천·지·인 삼신은 불교의 법신·화신·보신, 동학의 내유신령·외유기화·각지불이의 관계와 마찬가지로 자성〔自性·우주적 본성·一心·순수의식·우주의식·전체의식·보편의식·근원의식〕의 세 측면[151]을 나타낸 것이다. 여기서 천부경의 실천적 논의의 중핵을 이루는 '인중천지일'은 천·지·인 삼신일체가 인간 존재 속에 구현된 것으로, 인간의 자기실현이란 이를 두고 하는 말이다.

「단군세기」에서는 조화·교화·치화의 신이 각각 성性·명命·정精을 이루며[152] 성·명·정이 천·지·인 삼신과 조응하여 '하나(一)' 즉 일신〔唯一神, 天主〕과 상호 관통하고 있음을 밝히고 있다.[153] 이러한 자성의 세 측면은 기독교의 성부·성자·성신(聖神, 聖靈)의 관계와 마찬가지로 삼위일체(三位一體, 三神一體)로서 '회삼귀일會三歸一'의 이치에 입각해 있다. 말하자면 자성의 세 측면인 조화·교화·치화, 성·명·정, 천·지·인은 모두 삼위일체로서 혼원일기混元一氣인 '하나(一)', 즉 유일신〔一神, 天主〕으로 돌아가는 것이다. 한마디로 자성이 곧 유일신〔人乃天〕[154]이다. 「태백일사」삼한관경본기 마한세가 상편에서는

---

151 cf.『六祖壇經』卷上, Ⅵ 說一體三身佛相門, 24 : "三身佛在自性中."
152 『桓檀古記』「檀君世紀」: "造化之神 降爲我性 敎化之神 降爲我命 治化之神 降爲我精."
153 『桓檀古記』「檀君世紀」: "其性之靈覺也 與天神同其源 其命之現生也 與山川同其氣 其精之永續也 與蒼生同其業也 乃執一而含三 會三而歸一者 是也."

하늘의 기틀과 마음의 기틀, 땅의 형상과 몸의 형상, 그리고 사물의 주재함과 기氣의 주재함이 조응하고 있음[155]을 보고 천·지·인 삼신 일체의 천도가 인간 존재 속에 구현('人中天地一')되어 있음을 명징하게 나타내 보이고 있다. 삼라만상의 천변만화가 모두 혼원일기混元一氣인 '하나(一)'의 이치와 기운의 조화 작용[156]인 까닭에 '하나(一)'와 우주 만물(人物. 三)은 분리될 수 있는 것이 아니므로 '하나를 잡아 셋을 포함하고 셋이 모여 하나로 돌아가는 것(執一含三 會三歸一)'이라고 한 것이다. 이렇듯 필자가 천부경을 하늘의 이치(天理)와 땅의 운행(地轉)과 인물人物이라는 주제로 삼분하여 조명하는 것은 천부경이 천·지·인 삼재三才의 융화에 기초하여 하늘(天)과 사람(人)과 만물(物)을 '하나(一)'로 관통하고 있기 때문이다. 또한 이러한 분류는 천부경을 보다 자세하게 풀이한 『삼일신고三一神誥』의 내용과도 부합하는 것이다.

2) 『삼일신고』

(1) 삼일신고의 전래

『삼일신고』는 일신강충一神降衷, 성통광명性通光明, 재세이화在世理化, 홍익인간弘益人間[157]의 원리를 밝힌 총 366자로 이루어진 우리 민족 고

---

154 cf. 『中庸』: "天命之謂性 率性之謂道." 즉 "하늘이 명한 것이 性이고 이 性을 따르는 것이 道이다."
155 『桓檀古記』「太白逸史」三韓管境本紀 馬韓世家 上: "天地有機 見於吾心之 機 地之有象 見於吾身之象 物之有宰 見於吾氣之宰也."
156 cf. 『海月神師法說』「靈符呪文」: "吾道 義 以天食天-以天化天…宇宙萬物 總貫一氣一心也."

유의 경전이다. 또한 모든 종교와 진리의 모체가 되는 원리를 담고 있
다는 점에서 천부경과 더불어 인류의 경전이라 할 만하다. 삼일三一사
상을 본령本領으로 삼아 마음을 밝히고 세상을 밝히는 성통공완性通功
完의 비밀을 담고 있다는 점에서 교화경敎化經이라고 부르기도 한다.
「태백일사太白逸史」 소도경전본훈蘇塗經典本訓에는 삼일신고가 본래 신
시개천神市開天의 시대에 나온 것으로 그 글의 내용은 대개 하나를 잡
아 셋을 포함하고 셋이 모여 하나로 돌아가는 '집일함삼 회삼귀일(執
一含三 會三歸一)'의 원리를 근본으로 삼는다고 나와 있다.[158] 말하자면
환국으로부터 내려오던 것을 환웅천황이 신시에 개천하면서 글로 펴
내어 오늘에 전해지고 있는 것이다. 『환단고기』 내의 여러 기록들은
삼일신고가 환국·배달국·단군조선·부여·고구려·대진국[발해]·
고려로 이어지는 우리 역사 속에서 천부경과 더불어 국가적으로 매우
중시되었던 경전임을 밝히고 있다.

「태백일사」 소도경전본훈에는 "우리 환국이 환웅의 신시 개천 이
래로 천신께 올리는 제사를 주재하고 삼일신고를 조술하여 산하山河
를 널리 개척하며 인민을 교화하였다."[159]고 나와 있다. 「삼성기三聖

---

157 一神降衷이란 '하나' 님이 인간의 중심에 내려와 계심을 말함이요, '性通
光明'이란 인간의 중심에 내려와 계신 하나' 님의 眞性을 통하면 태양과
도 같이 광명하게 됨을 말하는 것으로 이는 곧 사람이 하늘임을 알게 되
는 것이다. '性通'은 在世理化·弘益人間의 구현이라는 '功完'을 이루기
위한 전제조건인 동시에 인간의 자기실현을 위한 필수조건이다.
158 『桓檀古記』「太白逸史」蘇塗經典本訓: "三一神誥 本出於神市開天之世 而
其爲書也 盖以執一含三會三歸一之 義爲本領."
159 『桓檀古記』「太白逸史」蘇塗經典本訓: "吾桓國 自桓雄開天 主祭天神 祖述
神誥 恢拓山河 敎化人民."

記」에는 환웅천황이 개천하여 백성들을 교화할 때 천경(天符經)과 신고 (三一神誥)를 강론하여 크게 가르침을 편 것으로 나와 있고,[160]「단군세기」11세 단군 도해道奚 원년 경인庚寅에 '천경'과 '신고'에 대한 언급이 나오고 있으며,[161] 또한 단군 도해 46년 3월에 천부경을 논하고 삼일신고를 강연한 사실이 언급되어 있다.[162]「태백일사」신시본기神市本紀에는 "대개 상대上代 신시의 인문 교화가 근세에 이르기까지 비록 건실하게 행해지지는 못했다 할지라도 천부경과 삼일신고는 오히려 후세에 전해져 있으며 거국적으로 남녀 모두가 말없이 숭배하여 믿으니, 인간의 생사는 반드시 삼신이 주재하는 것이라."[163]고 하였고,「태백일사」대진국본기大震國本紀에는 "태자 흠무欽武가 즉위하여 연호를 고쳐 대흥大興이라 하고…이듬해 태학太學을 세워 천부경과 삼일신고를 가르치고 환단桓檀의 옛 역사를 강론했다."[164]고 나온다.

한편 북애北崖의『규원사화揆園史話』「단군기檀君記」에는 단군이 오가五家[165]와 백성들로 하여금 일월日月, 음양陰陽, 사시四時의 신과 산악山

---

160 『桓檀古記』「三聖紀全」下篇: "桓雄天王 肇自開天 生民施化 演天經 講神誥 大訓于衆."

161 『桓檀古記』「檀君世紀」: "天經神誥 詔述於上 衣冠帶劍 樂效於下."

162 『桓檀古記』「檀君世紀」: "乙亥四十六年…三月…仍登樓殿 論經演誥."

163 『桓檀古記』「太白逸史」神市本紀: "盖上世神市之人文教化 至于近世 雖不得健行 而天經神誥 猶有傳於後世 擧國男女 亦皆崇信於潛黙之中 卽人間生死 必曰三神所主."

164 『桓檀古記』「太白逸史」大震國本紀: "太子欽武立 改元曰大興…明年立太學 教以天經神誥."

165 『桓檀古記』「太白逸史」神市本紀에서는 大辯經을 인용하여 五加에 관하여 이렇게 적고 있다. "加는 곧 家로 五加가 있었는데 牛加는 穀食을 주관

岳, 하천, 이사里社를 주관하는 신에게 제사를 올리게 하고 마친 뒤에 8훈(八訓 또는 八條目)으로써 크게 가르침을 베푼 것으로 나오는데 이는 단군 자신이 백성들을 위하여 홍익인간의 이념을 풀이한 것이다. 이는 곧 경천애인敬天愛人 사상의 발로요 재세이화의 이념이 함축된 것이라 하겠다. 이 외에도 발해국 시조 대조영(大祚榮, 高王)의 아우 반안군왕盤安郡王 대야발大野勃의 『단기고사檀奇古事』166에 삼일신고의 원리와 그 가르침이 나타나 있다. 『단기고사』 서문에는 대야발이 발해국 고왕高王의 명을 받들어 천통天統 17년 3월 3일에 「삼일신고 서序」를 적게 된 경위가 나타나 있으며, 단기고사 또한 임금의 명을 받들어 사해에 널려 있는 사서를 수집하고 역사적 평론을 참고하여 13년이 걸려 완성한 것임을 밝히고 있다. 이렇듯 삼일신고는 천부경과 더불어 나라를 다스리는 만세의 경전이자 만백성을 교화시키는 교화경으로서 우리 배달겨레가 반드시 숙지해야 할 정치 교본이자 삶의 교본이

하고, 馬加는 목숨(命)을 주관하고, 狗加는 刑罰을 주관하고, 猪加는 疾病을 주관하고, 鷄加는 善惡을 주관하였으며, 백성은 64부족, 무리(徒)는 3천이 있었다(加卽家也 五家 曰牛加主穀 馬加主命 狗加主刑 猪加主病 鷄加主善惡也 民有六十四 徒有三千)"라고 하고 있고, 桓國本紀에서도 '神市에는 五事가 있었으니, 이른바 5사란 五加인 우가 · 마가 · 구가 · 저가 · 양가(羊加 또는 鷄加)가 각기 곡식, 목숨, 형벌, 질병, 선악을 주관하는 것(神市有五事…所謂五事者 牛加主穀 馬加主命 狗加主刑 猪加主病 羊加一作鷄加主善惡)'을 말하는 것이라고 하고 있다.

166 『檀奇古事』 서문 첫머리에서 저자 大野勃은 당나라 장군 蘇定方과 薛仁貴가 백제와 고구려 멸망 당시 그 國書庫를 부수고 檀奇古事와 고구려 · 백제사를 전부 불태워버린 관계로 다시 고대사를 편집하고자 여러 의견과 많은 史記를 참고하여 그 윤곽을 잡았음을 밝히고 있다.

었던 것이다.

삼일신고 원문이 수록된 문헌과 자료로는 대개 다음 몇 개 본이 가장 원형인 것으로 알려져 있다.

첫째, 〈발해 석실본(渤海 石室本)〉이다.

둘째, 〈천보산 태소암본(天寶山 太素庵本)〉이다.

셋째, 〈고경각 신사기본(古經閣 神事記本)〉이다.

상기 세 본은 약간씩 차이는 있으나 전체적인 내용으로 볼 때 그 의미가 다른 것은 아니다. 필자는 '진성'·'진명'·'진정', 즉 삼진을 일체의 상대적 차별상을 넘어선 '진성무선악眞性無善惡', '진명무청탁眞命無淸濁', '진정무후박眞精無厚薄'으로 나타낸 〈석실본〉과 〈신사기본〉의 표현이 보다 적절하다고 생각되어 이 양 본을 위주로 하되, 처음 시작 글자는 우리 고대국가 통치의 중추 역할을 맡았던 유력 부족 오가五加를 대상으로 설하는 〈태소암본〉에 의거한 이맥의 〈태백일사본〉을 따라 '제왈 이오가중(帝曰 爾五加衆)'으로 하였다.

〈석실본〉이란 말은 발해국 제3대 문왕文王 대흠무大欽武[167]께서 남기신 「삼일신고 봉장기(三一神誥 奉藏記)」[168]라는 글 속에 삼일신고를 영원히 보존키 위해 대흥大興 3년 3월 15일 '영보각靈寶閣에 두었던 어찬 진본御贊眞本을 받들어 태백산 보본단報本壇 석실 속에 옮겨 간직한다'[169]고 한 데서 유래한다. 이렇게 보본단 석실 속에 감추어진 민족 경

---

167 발해국 제3대 황제 大欽武의 廟號는 世宗, 諡號는 光聖文皇帝, 年號는 大興이다.

168 『大倧敎經典』, 「三一神誥奉藏記」, 77-80쪽; 大倧敎總本司 編, 『三一哲學譯解倧經合編』(서울: 대종교출판사, 단기 4335), 42-45쪽.

169 『三一哲學譯解倧經合編』, 45쪽: "玆奉靈寶閣 御贊眞本 移藏于太白山報本

전과 단군실사檀君實史는 조선 말기에 이르러 백봉 대종사白峯大宗師에 의해 발견되는데 그 경위는 「단군교포명서檀君敎佈明書」[170]에 잘 나타나 있다. 그 내용인즉, "백봉 대종사께서 태백산중에서 하늘에 10년 기도 끝에 대황조성신大皇祖聖神의 묵계를 받으시고 보본단 석실을 찾아내어, 그 속에서 민족 경전과 단군실사檀君實史를 얻으셨다."[171]고 한 것이 그것이다. 삼일신고 본문 앞에는 발해국 시조 대조영의 「어제삼일신고 찬(御製三一神誥贊)」[172]이 있고, 그 앞에는 어제御弟 대야발大野勃의 「삼일신고 서序」[173]가 있으며, 본문 뒤에는 고구려 개국공신 마의극재사麻衣克再思의 「삼일신고 독법讀法」[174]이 있고, 그 뒤에는 발해국 문왕의 「삼일신고 봉장기」가 있다.

「삼일신고 봉장기」에 의하면, "삼일신고는 원래 돌과 나무로 된 두 본(二本)이 있어 세상에 전해져 왔는데 석본石本은 부여 국고國庫에 간직되었고, 단본檀本은 위만조선衛滿朝鮮에 전하였다가 둘 다 병화兵火에 잃었다 하며…이 책은 곧 고구려에서 번역하여 전한 것이요, 우리 할아버지 고왕高王께서 읽으시고 예찬한 것이다."[175]라고 하였다. 이렇

壇石室中."

170 김교헌 엮음, 윤세복 번역, 『弘巖神兄朝天記』(서울: 대종교출판사, 단기 4459), 145-156쪽.

171 『弘巖神兄朝天記』, 149쪽.

172 『大倧敎經典』「御製三一神誥贊」, 33-36쪽; 『三一哲學譯解倧經合編』「御製三一神誥贊」, 8-12쪽.

173 『大倧敎經典』「三一神誥序」, 27-32쪽; 『三一哲學譯解倧經合編』「三一神誥序」, 1-8쪽.

174 『大倧敎經典』「三一神誥讀法」, 74-76쪽; 『三一哲學譯解倧經合編』「三一神誥讀法」, 39-42쪽.

듯 「삼일신고 봉장기」에는 발해국 문왕까지 이 경전이 전해진 경위가 밝혀져 있고, 그 뒤에 대종교까지 전해진 경위는 백봉 대종사와 두암 백전頭岩伯佺 등이 단기 4237(1904)년 10월 3일에 공표한 「단군교포 명서」에 밝혀져 있다. 〈신사기본〉은 대종교 소장의 신사기神事記[176]에 실린 것으로 〈석실본〉과는 처음 시작 글자만 다르며 분장分章이 되어 있지 않은 점 외에는 〈석실본〉과 같으므로 따로 부연하지 않는다.

〈태소암본〉은 「태백일사」 고려국본기 내용에서 유래한다. 그 내용 인즉, "행촌杏村 선생이 일찍이 천보산에 유람갔다가 밤에 태소암에서 유숙하였는데, 소전素佺이라는 한 거사가 기이한 고서들을 많이 간직 하고 있어 이에 이명李茗・범장范樟과 더불어 함께 신서神書를 구했는 데 모두 옛 환단桓檀으로부터 전수된 진결眞訣이라…선생이 이르기를, '도가 하늘에 있음에 이것이 삼신三神이 되고, 도가 사람에게 있음에 이것이 삼진三眞이 되니 그 근본을 말하면 하나가 될 뿐이다…스스로 홍행촌수紅杏村叟라고 부르며 마침내 '행촌삼서杏村三書'를 지어 집에 간직하였다."[177] 행촌삼서란 단군세기, 태백진훈太白眞訓, 농상집요農桑 輯要를 일컫는 것으로 〈태소암본〉이란 바로 이 행촌삼서 안에 있는 것

---

175 『三一哲學譯解倧經合編』, 44쪽; 『大倧教經典』 「三一神誥奉藏記」, 80쪽: "原有石檀二本而世傳 石本 藏於夫餘國庫 檀本 則爲衛氏之有 並失於燹… 此本 乃高句麗之所譯傳 而我高考之讀而贊之者也."

176 『大倧教經典』 「神事記」, 479-513쪽; 『三一哲學譯解倧經合編』, 73-102 쪽.

177 『桓檀古記』 「太白逸史」 高麗國本紀: "杏村先生 嘗遊於天寶山 夜宿太素庵 有一居士曰素佺 多藏奇古之書 乃與李茗范樟 同得神書皆古桓檀傳授之眞 訣也…先生曰道在天也 是爲三神 道在人也 是爲三眞 言其本則 爲一而 已…自號爲紅杏村叟 遂著杏村三書 藏于家."

이다. 「태백일사」에는 〈태소암본〉의 삼일신고 원문이 실려 있다.

(2) 삼일신고의 구조

『삼일신고』 구본舊本에선 장을 나누지 않았는데 고려 말기 행촌 이암이 5장으로 나누었으며, 필자는 「태백일사太白逸史」에 수록된 이암의 분류 방식을 따르기로 한다. 다만 제1장의 제목을 태백일사에서는 '허공虛空'이라고 하였으나, 필자는 '하늘(天)'이라고 하였다.[178] 따라서 하늘(天), 일신一神, 천궁天宮, 세계世界, 인물人物의 5장으로 나누어 살펴보기로 한다. 1장 「하늘」은 '제왈이오가중帝曰爾五加衆 창창비천蒼蒼非天 현현비천玄玄非天 천무형질天無形質 무단예無端倪 무상하사방無上下四方 허허공공虛虛空空 무부재無不在 무불용無不容'으로 구성되어 있으며, 하늘, 즉 우주의 본원인 '하나(一)'의 본질을 밝힌 것이다. 2장 「일신」은 '신재무상일위神在無上一位 유대덕대혜대력有大德大慧大力 생천生天 주무수세계主無數世界 조신신물造兟兟物 섬진무루纖塵無漏 소소영령昭昭靈靈 불감명량不敢名量 성기원도聲氣願禱 절친견絶親見 자성구자自性求子 강재이뇌降在爾腦'로 구성되어 있으며, '하나(一)'의 무한한 창조성을 밝히고 거기에 이르는 길을 제시한다. 3장 「천궁」은 '천신국天神國 유천궁有天宮 계만선階萬善 문만덕門萬德 일신유거一神攸居 군령제철호시

---

178 제1장은 '하늘(天)'의 본질에 대한 가르침으로, 하늘은 단순히 육안으로 보이는 푸른 창공이나 까마득한 허공이 아니라 참본성임을 설하고 있다는 점에서 '하늘'이란 제목이 적절하다고 본다. 하늘의 실체를 알지 못하고서는 참본성을 자각할 수 없으므로 하늘을 공경하는 敬天의 道를 바르게 실천할 수 없고 따라서 인간의 자기실현은 불가능해지는 까닭에 『삼일신고』에서는 '하늘'에 대한 가르침을 그 첫머리에 두고 있는 것이다.

群靈諸哲護侍 대길상대광명처大吉祥大光明處 유성통공완자惟性通功完者 조영득쾌락朝永得快樂 으로 구성되어 있으며, 천부중일天符中一의 실천적 의미와 그 효과를 밝힌 것이다. 4장 「세계」는 '이관삼렬성진爾觀三列星辰 수무진數無盡 대소명암고락大小明暗苦樂 부동不同 일신조군세계一神造群世界 신칙일세계사자神勅日世界使者 할칠백세계轄七百世界 이지자대爾地自大 일환세계一丸世界 중화진탕中火震盪 해환육천海幻陸遷 내성견상乃成見象 신가기포저神呵氣包底 포일색열煦日色熱 행저화유재물行翥化游栽物 번식繁殖 으로 구성되어 있으며, 천지 창조와 은하계銀河系의 생성 및 별의 진화, 그리고 태양계의 운행과 지구의 형성 과정을 밝힌 것이다. 5장 「인물」은 '인물人物 동수삼진同受三眞 왈성명정曰性命精 인전지人全之 물편지物偏之 진성眞性 무선악無善惡 상철통上哲通 진명眞命 무청탁無淸濁 중철지中哲知 진정眞精 무후박無厚薄 하철보下哲保 반진일신返眞一神 유중미지惟衆迷地 삼망착근三妄着根 왈심기신曰心氣身 심의성心依性 유선악有善惡 선복악화善福惡禍 기의명氣依命 유청탁有淸濁 청수탁요淸壽濁夭 신의정身依精 유후박有厚薄 후귀박천厚貴薄賤 진망대작삼도眞妄對作三途 왈감식촉曰感息觸 전성십팔경轉成十八境 감感 희구애노탐염喜懼哀怒貪厭 식息 분란한열진습芬爛寒熱震濕 촉觸 성색취미음저聲色臭味淫抵 중衆 선악청탁후박상잡善惡淸濁厚薄相雜 종경도임주從境途任走 타생장초병몰고墮生長肖病歿苦 철哲 지감조식금촉止感調息禁觸 일의화행一意化行 개망즉진改妄卽眞 발대신기發大神機 성통공완性通功完 시是'로 구성되어 있으며, 사람과 만물이 다 같이 '하나(一)'에서 나왔으며, 그 하나의 진성眞性을 셋으로 표현하여 성性·명命·정精이라고 하고 있다.

이렇듯 천부경 81자가 담고 있는 의미는 삼일신고 366자에서 보다 명료하게 드러난다. 전체 5장 중 1장 「하늘」과 2장 「일신」은 천부경의 상경 「천리天理」에 해당하는 것으로 천부경의 '하나(一)'가 삼일신고에서는 '하늘'·'일신'으로 명명되고 있다. 4장 「세계」는 천부경의 중경 「지전地轉」에 해당하는 것이며, 5장 「인물」은 천부경의 하경 「인물」에 해당하는 것이다. 그리고 3장 「천궁」은 '일신〔唯一神. '하나'님〕'이 거居하는 곳으로, 오직 마음을 밝히고 세상을 밝힘으로써 '성통공완性通功完'을 이룬 사람만이 갈 수 있는 곳이라고 하여 천부중일天符中一의 실천적 의미와 효과를 밝히고 있다. 이는 천지인天地人을 이룬 사람이 곧 하늘이요 '일신'임을 명징하게 보여주는 것으로, 우주만물의 중심에 존재하는 「천궁」을 다섯 장의 중앙에 위치시킴으로써 논리 구조적 명료성과 더불어 삼일三一 원리의 실천적 측면을 그만큼 강조한 것이라 하겠다.

(3) 삼일신고의 요체

『삼일신고(敎化經)』는 한마디로 삼일三一사상을 본령本領으로 삼고 삼신三神 조화造化의 본원과 세계 인물의 교화를 상세하게 논한 것이다. 삼일사상이란 집일함삼執一含三과 회삼귀일會三歸一[179]을 뜻하는데 이는 곧 일즉삼一卽三·삼즉일三卽一을 말하는 것으로 우주만물(三)이 '하나(一)'라는 사상에 기초해 있다. '하나(一)'는 곧 하늘(天)이며 삼三은 사람과 우주만물(人物)을 나타내는 기본수이기도 하므로 삼일사상은 인내천(人乃天) 사상[180]과 상통한다. 소도경전본훈蘇塗經典本訓에서는

179 『桓檀古記』「太白逸史」蘇塗經典本訓. 執一含三과 會三歸一이란 '하나를 잡아 셋을 포함하고 셋이 모여 하나로 돌아감'이란 뜻이다.
180 '人乃天'의 '人'은 사람(人) 또는 사람과 우주만물(人物), 어느 것으로 보

삼일신고의 다섯 가지 큰 지결旨訣이 천부天符에 근본을 두고 있으며, 삼일신고의 궁극적인 뜻이 천부중일天符中一의 이상에서 벗어나지 않음을 밝히고 있다.[181] 이는 삼일신고가 삼즉일三卽一의 이치를 드러낸 천부경 하경下經편을 중점적으로 다루고 있음을 보여 주는 것으로, 백성들을 교화하기 위한 교화경으로서의 위상을 말하여 주는 것이다.

설명의 편의상 삼일신고를 행촌杏村 이암李嵒의 분류 방식대로 5장으로 나누되 제1장의 제목을 '허공(虛空)'이라고 한 「태백일사」와는 달리, '하늘(天)'이라고 하였다. 제1장 「하늘(天)」에서는 하늘이란 것이 단순히 육안으로 보이는 그런 유형적인 것이 아님을 밝히고 있다. 하늘을 공경하는 경천의 도道는 허공을 향하여 상제를 공경하는 것이 아니라 참본성, 즉 내재적 본성인 신성을 경배하고 따르는 것이다. 참본성이란 우주만물에 편재遍在해 있는 생명의 본체인 '하나(一)'〔'하늘님, 唯一神, 一心〕를 일컫는 것으로 그 '하나(一)'의 본질을 근원성·포괄성·보편성·무규정성·무한성으로 나타내고 있다. 따라서 하늘(天)과 성性과 신神은 별개가 아니다. 시작도 끝도 없는 영원한 '하나(一)'의 본질을 다양하게 명명한 것일 뿐이다. 하늘의 실체를 알지 못하고서는 참본성을 자각할 수 없으므로 경천의 도를 바르게 실천할 수 없고 따라서 인간의 자기 실현은 불가능하게 된다. 하늘에 대한 가르침을 삼일신고의 첫머리에 둔 것은 이 때문이다.

아도 무방하다. 사람이 만물의 영장인 까닭에 『천부경』에서도 인물의 본체가 세 번째로 생겨나는 것을 '人物一三'이라고 하지 않고 그냥 '人一三'이라고 한 것이다.

181 『桓檀古記』「太白逸史」蘇塗經典本訓.

　제1장 「하늘(天)」이 근원적 일자[궁극적 실재]인 '하나(一)'의 본질을 밝힌 것이라면, 제2장 「일신一神」은 '하나(一)'의 무한한 창조성을 밝히고 그 '하나(一)'에 이르는 길을 제시한다. '천天'과 '신神'이 둘이 아니므로 「하늘」과 「일신」이 별개의 장이라고 볼 수는 없다. 「일신」편은 천・지・인 삼신三神 '하나'님이 시작도 끝도 없는 근본 자리에 계시어 큰 덕과 큰 지혜와 큰 힘으로 하늘을 내시고, 무한한 우주를 주재하시며, 만물을 창조하신 것으로 나와 있다. 신은 만유의 중심에 내려와 있는 신성인 동시에 만유를 화생化生시키는 지기(至氣, 混元一氣)로서 유일신이요 하늘이며 참본성이다. 소리 내어 기운을 다하여 원하고 기도한다고 해서 '하나'님[182]을 친견할 수 있는 것이 아니라고 한 것은, 자성[本性]에 대한 직관적 지각을 통해서만이 내재적 본성인 신성이 발현될 수 있다는 의미이다. '하나'님은 인간의 중심에 내려와 계시니 일신강충一神降衷이요, 인간의 중심에 내려와 계신 '하나'님의 진성眞性을 통하면 태양과도 같이 광명하게 되니 성통광명性通光明이다. 이는 곧 사람이 하늘임을 알게 되는 것으로, '성통性通'은 재세이

---

182 여기서 하나님이라고 하지 않고 '하나'님이라고 따옴표를 붙인 것은 우주 섭리의 의인화로 인한 본질 왜곡에서 벗어나 우주의 실체를 직시하게 하기 위한 것이다. '하나(一)'는 하늘(天)・天主[하느님, 하나님, 創造主, 絶對者, 造物者, 唯一神, ALLAH神, 一神, 天神, 한울, 한얼]・道・佛・太極[無極]・브라흐마(Brahma: 梵, 創造神 / Atman)・우주의식[전체의식, 순수의식, 보편의식, 근원의식, 一心, 참본성]・우주의 창조적 에너지[至氣, 混元一氣]・진리[실체, 眞如(suchness), 불멸] 등으로 다양하게 명명되고 있는 근원적 一者 또는 궁극적 실재로서의 우주의 본원을 일컫는 것이고, 바로 이 우주의 본원인 混元一氣에서 우주만물이 나오니 하도 신령스러워 '님' 자를 붙여 '하나'님이 된 것이다.

화·홍익인간의 구현이라는 '공완功完'을 이루기 위한 전제조건인 동시에 인간의 자기 실현을 위한 필수조건이다. 다시 말해서 성통이 개인적 수신에 관한 것이라면, 공완은 사회적 삶에 관한 것으로 이 둘은 동전의 양면과 같은 것이다. 따라서 '하나'님은 우리와 무관한 초월적 존재도, 참본성을 떠난 그 어디에 따로 존재하는 것도 아니다. 내재적인 동시에 초월적이며, 개체적인 동시에 전체적이며, 우주의 본원인 동시에 현상 그 자체인 천·지·인 혼원일기混元一氣인 것이다. 정성을 다하여 자신에게 주어진 의무를 성실하게 수행하는 것이 만유의 근원으로서 만유 속에 내재해 있는 '하나'님을 경배하는 것이다.

제3장 「천궁天宮」에서는 하늘을 신국神國이라고 하고 이 신국의 천궁에 일신(唯一神, '하나'님)이 계시는 것으로 나온다. 우주만물은 지기至氣인 '일신'의 화현이므로 우주만물과 '일신'은 둘이 아니며 따라서 천궁은 우주만물의 중심에 존재한다. 그것은 태양과도 같이 광명한 마음의 근본 자리를 가리키는 것이다. 오직 참본성이 열리고 공덕을 완수한 자만이, 다시 말해서 성통공완을 이룬 자만이 천궁에 나아가 영원히 쾌락을 얻게 되는 것이다. 마음을 밝히고 세상을 밝혀서 재세이화·홍익인간의 이념을 자각적으로 실천한 사람만이 '하나'님과 하나가 될 수 있고 지상천궁地上天宮을 세울 수 있다는 말이다. 참본성이 열린다는 것은 내재적 본성인 신성에 대한 주체적 자각이 이루어짐으로써 사람의 몸이 곧 '하나'님이 계시는 신국임을 깨달아 '시천주(侍天主, '하나'님을 모심)'의 자각적 주체가 되는 것을 의미한다. 한마디로 사람이 곧 하늘인 것이다.

제4장 「세계世界」에서는 천지창조와 은하계銀河系의 생성 및 별의 진화, 그리고 태양계의 운행과 지구의 형성 과정에 대하여 말해 준다.

천지창조와 더불어 우주만물이 화생化生하는 시작도 끝도 없는 전 과정 자체가 한 이치 기운(一神)의 조화 작용인 것이다. '하나' 님이 해세계, 즉 태양계(Solar System)를 맡은 사자에게 칙명을 내려 칠백 세계를 거느리게 했다는 것은 곧 태양계의 운행을 나타낸 것으로, 여기서 칠백 세계의 '700'은 태양계를 구성하고 있는 태양과 9개의 행성과 60여 개의 위성, 그리고 지름이 수백 Km에 달하는 거대한 소행성까지 합한 숫자인 것으로 짐작된다. 지구 중심의 불덩어리가 진동하여 솟구쳐서 지진地震이나 화산 폭발이 일어나며, 또한 맨틀 대류[mantle convection (對流)]에 의해 지구 표면에 떠 있는 판板대륙이 상호 이동하는, 이른바 판구조론(板構造論, Plate Tectonics)으로 설명되는 이러한 과정에서 바다로 변하고 육지가 되는 지각 변동이 있게 되는 것이다. "'하나' 님이 기운을 불어 넣어…온갖 것들이 번식하게 되었다."는 것은 혼원일기混元一氣인 '하나' 님의 조화 작용으로 만물이 화생하는 과정을 의인화해서 나타낸 것이다.

끝으로, 제5장 「인물人物」에서는 사람과 만물이 다 같이 근원적 일자─者인 '하나(一)'에서 나왔으며, 그 하나의 진성眞性을 셋으로 표현하여 성性 · 명命 · 정精이라고 하고 있다. 진성은 참본성(참성품)을 말하는 것으로 선함도 악함도 없으니 으뜸 밝은이(上哲)로서 막힘이 없이 두루 통하고, 진명眞命은 참목숨을 말하는 것으로 맑음도 흐림도 없으니 중간 밝은이(中哲)로서 미혹함이 없이 잘 알며, 진정眞精은 참정기를 말하는 것으로 두터움도 엷음도 없으니 아래 밝은이(下哲)로서 잘 보전하나니, 선악과 청탁淸濁과 후박厚薄이 구분되기 이전의 삼진三眞, 즉 근본지根本智로 돌아가면 일신과 하나가 될 수 있다는 것이다. 사람이 처지에 미혹하여 성 · 명 · 정 삼진三眞을 지키지 못하고 삼망三

홋, 즉 심心·기氣·신身이 뿌리를 내리는 것에 대해 설명하고, 또한 삼진과 삼망이 서로 맞서 세 갈래 길(三途), 즉 감感·식息·촉觸을 짓고 이 세 가지가 굴러 열여덟 가지 경계를 이루는 것에 대해 설명하고 있다. 느낌을 그치고(止感), 호흡을 고르며(調息), 부딪침을 금하여(禁觸) 오직 한 뜻으로 나아가 망령됨을 돌이켜 참됨에 이르고 마침내 무위이화無爲而化의 덕과 그 기운과 하나가 되니, 이것이 바로 본성을 통하고 공덕을 완수함(性通功完)이다.

삼일신고의 핵심 원리인 삼일三一 원리의 실천성은 바로 이 성통공완性通功完에 함축되어 있다. 말하자면 성통광명은 재세이화·홍익인간의 구현을 위한 전제조건인 동시에 인간의 자기 실현을 위한 필수조건인 것이다. 명明나라 왕엄주(王弇洲, 본명은 王世貞, 1529~1593)의 『속완위여편續宛委餘編』에 단군과 그의 치적 및 가르침에 관한 기록이 있음을 이시영의 『감시만어感時漫語』에서도 밝히고 있거니와,[183] 삼일 원리에 기초한 우리 국조의 이러한 가르침을 부여에서는 대천교代天敎, 신라에서는 숭천교崇天敎, 고구려에서는 경천교敬天敎, 고려에서는 왕검교王儉敎라 하여 숭배한 것은, 이 우주가 '한생명'이라는 삼일의 진리를 일념으로 닦아 나가면 성통광명이 이루어져 재세이화·홍익인간의 지상천국이 구현될 수 있는 까닭이다. 다시 말해서 천부경, 삼일

---

[183] 李始榮, 『感時漫語』(서울: 일조각, 1983), 21-22쪽: "동방의 단군님은 특출한 분으로 신성한 가르침을 펴서 백성을 온후하고도 근면하게 하여 당당하고 강력한 민족이 되게 하였으며, 단군의 이 가르침을 부여에서는 代天敎, 신라에서는 崇天敎, 고구려에서는 敬天敎, 고려에서는 王儉敎라 하였는데 이들 모두가 三神을 제사지내는 것이며 해마다 10월이면 하늘에 경배하였다. 단군의 개천 건국일은 10월 3일이다."

신고, 참전계경을 관통하는 천·지·인 삼신일체三神一體의 천도天道
를 닦아 나가면 성통공완을 이룰 수 있다는 데 있다.

삼일신고의 핵심은 그 제목이 말하여 주듯, 천·지·인 삼신일체三
神一體에 기초한 삼일三一 사상이다. 발해국 시조 대조영의「어제삼일
신고 찬(御製三一神誥贊)」에는 회삼귀일會三歸一을 뜻하는 삼즉일三卽一의
원리를 '반망귀진返妄歸眞', 즉 망령됨을 돌이켜 참됨으로 돌아가는
것이라고 하고 있다. 이는 곧 삼일신고 본문 속의 '반망즉진返妄卽眞'
과 상통하는 것이다. 따라서 '삼일신고'란 망령됨을 돌이켜 참됨으로
돌아가게 하는 신명神明한 말씀이라는 뜻이다. 박제상은『부도지』에
서 "미혹함이 심대하여 성상性相이 변이한 고로…그러나 스스로 힘써
닦아 미혹함을 깨끗이 씻어 남김이 없으면 자연히 복본復本할 것이
니…"[184]라고 했다. 이러한 복본 사상은 고구려의 '다물多勿'과도 관계
가 있는 것으로 이화세계, 홍익인간으로의 복귀를 나타낸다. 지유地乳
를 마시며 사는 인간이 만든 최초의 낙원국가, 고대 한민족의 발상지
인 파미르 고원 마고성으로의 복귀를 나타낸 것이다. 느낌을 그치고
(止感) 호흡을 고르며(調息) 부딪침을 금하여(禁觸) 오직 한 뜻으로 이
우주가 '한생명'이라는 삼일의 진리를 닦아 나가면, 삼진(三眞: 眞性·
眞命·眞精), 즉 근본지根本智로 돌아가 일신(唯一神, '하나' 님)과 하나가 될
수 있는 것이다. 이는 곧 삼신일체三神一體 · 삼진귀일三眞歸一로서 성통
광명, 재세이화, 홍익인간의 원리가 구현됨을 뜻한다. 에코토피아의
구현이란 이를 두고 하는 말이다.

---

184 『符都誌』第7章: "諸人之惑量 甚大 性相變異故…然 自勉修證 淸濟惑量而
無餘則自然復本…."

3) 『참전계경』

(1) 참전계경의 전래

『참전계경』은 신시神市 배달국 시대에 환웅천황이 5사(穀·命·刑·病·善惡)와 8훈(誠·信·愛·濟·禍·福·報·應)[185]을 중심으로 삼백예순여섯 지혜로 백성들을 가르친 것을 신지神誌가 기록한 것인데, 오늘날 전해지는 것은 고구려의 국상國相 을파소乙巴素가 다시 정리하여 만든 것이다. 「태백일사太白逸史」 소도경전본훈蘇塗經典本訓에 의하면, "참전계경은 세상에 전하기를 을파소 선생이 전해 준 것이라 한다. 선생이 일찍이 백운산에 들어가 하늘에 기도하고 천서天書를 얻으니 그것이 곧 참전계경이다."[186]라고 나와 있다. 을파소가 적기를, '신시이화神市理化의 세상에 8훈을 날(經)로 삼고 5사를 씨(緯)로 삼아 교화가 널리 행해져서 홍익제물弘益濟物하였으니 참전參佺의 이룬 바가 아닌 것이 없다. 지금 사람들이 이 참전계를 통해 수양에 더욱 힘쓴다면 백성을 편안케 함에 어찌 어려움이 있겠는가.'[187] 하였다. 실로 참전계경은 환웅천황 때부터 백성을 교화하는 기본 경전으로서 고구려에 이어

---

185 『桓檀古記』「太白逸史」 蘇塗經典本訓: "大始 哲人在上 主人間三百六十餘 事 其綱領有八條 曰誠曰信曰愛曰濟曰禍曰福曰報曰應."

186 『桓檀古記』「太白逸史」 蘇塗經典本訓: "參佺戒經 世傳乙巴素先生所傳也 先生 嘗入白雲山禱天 得天書 是爲參佺戒經."

187 『桓檀古記』「太白逸史」 蘇塗經典本訓: "神市理化之世 以八訓爲經 五事爲 緯 敎化大行 弘益濟物 莫非參佺之所成也 今人 因此佺戒 益加勉修己則 其 安集百姓之功 何難之有哉."

'해동성국海東盛國' 발해에 이르기까지 국운을 융성하게 하고 나라의 기상을 떨치게 한 원동력이 되었던 것이다. 참전계경은 천부경의 '인중천지일人中天地一', 『삼일신고』의 '성통공완性通功完'을 이루는 구체적인 방법을 366사事로써 제시하고 있다. 여덟 가지 이치에 따른 삼백 예순여섯 지혜로 재세이화在世理化 · 홍익인간弘益人間 하는 방법을 제시한 것이라 하여 팔리훈八理訓, 366사事 또는 치화경治化經이라고 부르기도 한다.

일연一然의 『삼국유사三國遺事』에는 환웅천황이 신시를 개천하고 인간의 360여사를 주재하며 재세이화 한 것으로 나와 있다.[188] 북애北崖의 『규원사화揆園史話』에도 "신시씨(神市氏, 배달국 환웅천황)가 세상을 다스린 것이 더욱 오래지만 치우蚩尤 · 고시高矢 · 신지神誌 · 주인朱因 제씨諸氏가 어울려 인간의 366사를 다스렸다."[189]고 나와 있다. 『환단고기桓檀古記』의 여러 기록들도 이러한 사실을 명징하게 보여 준다. 「삼성기三聖紀」 하편에서는 "환웅이 무리 3천을 거느리고 태백산 꼭대기 신단수 아래에 내려오니 그곳을 일러 신시라 하고, 그를 환웅천황이라 한다. 풍백風伯 · 우사雨師 · 운사雲師를 거느리고, 곡식 · 생명 · 질병 · 형 · 선악 등 무릇 인간의 360여 가지의 일을 주관하시어 재세이화, 홍익인간 하였다."[190]고 나와 있다. 「태백일사」 신시본기神市本紀[191]

---

188 『三國遺事』 紀異 第1 古朝鮮 王儉朝鮮條: "凡主人間三百六十餘事 在世理化."

189 『揆園史話』 「太始記」: "神市氏 御世愈遠而 蚩尤高矢 神誌朱因 諸氏幷治人間 三百六十六事."

190 『桓檀古記』 「三聖記」 下篇: "桓雄率衆三千 降于太白山頂神壇樹下 謂之神市 是謂桓雄天王也 將風伯雨師雲師 而主穀主命主刑主病主善惡 凡主人間

와 삼한관경본기三韓管境本紀 마한세가 상(馬韓世家 上)[192]에도 '범주인간
삼백육십여사凡主人間三百六十餘事'라 하여 참전계경 366사에 관한 똑
같은 내용이 나온다. 「태백일사」 고구려국본기高句麗國本紀에는 "을파
소가 국상國相이 되어 영준英俊한 이들을 뽑아서 선인과 도랑徒郎으로
삼았는데 교화를 맡은 이를 참전參佺이라 하여 무리들 가운데서 뽑아
계를 지키도록 하며 삼신에게 고탁顧托했다."[193]고 나온다. 또한 고구
려국본기에는 을파소의 후예인 "을밀선인乙密仙人이 일찍이 대臺에 머
물며 오로지 삼신에게 제사 지내며 수련하는 것을 임무로 삼았는데
대개 선인의 수련법은 참전參佺을 계戒로 삼은 것"[194]이라고 하고 있
다. 「단군세기檀君世紀」 2세 단군 부루扶婁조에는 "신시 이래로 매년 하
늘[三神]에 제사를 올릴 때면 나라 사람들이 많이 모여 일제히 노래를
부르고 덕을 기리며 화합하여 어아於阿를 풍악으로 삼고 감사함을 근
본으로 삼았다. 이는 삼신과 사람이 화락和樂을 이루는 것이라 하여
사방에서 법식法式으로 삼으니 이것이 참전계參佺戒이다."[195]라고 하고
있다.

참전계경의 의미는 제331사에 나오는 종倧과 전佺에 관한 설명에

三百六十餘事 在世理化 弘益人間."
191 『桓檀古記』「太白逸史」神市本紀.
192 『桓檀古記』「太白逸史」三韓管境本紀 馬韓世家 上.
193 『桓檀古記』「太白逸史」高句麗國本紀: "乙巴素爲國相 選年少英俊 爲仙人
　　徒郎 掌敎化者曰參佺 衆選守戒 爲神顧托."
194 『桓檀古記』「太白逸史」高句麗國本紀: "乙密仙人 嘗居臺 專以祭天修鍊爲
　　務 蓋仙人修鍊之法 參佺爲戒."
195 『桓檀古記』「檀君世紀」2世 檀君 扶婁條: "神市以來 每當祭天 國中大會
　　齊唱讚德諧和 於阿爲樂 感謝爲本."

서 명료하게 드러난다. 즉 "종(倧=倧訓)이 소중한 것은 나라의 근본이기 때문이며, 전(佺=佺戒)이 소중한 것은 백성을 가르치는 것이기 때문이다. 나라 다스리는 근본 원리가 모두 여기에서 나온 것이다." 여기서 '종倧'은 곧 '종훈倧訓'으로 천부경, 삼일신고와 같은 경전이라고 한다면, '전佺'은 곧 '전계佺戒'로 '종倧'을 이루는 구체적인 실천 방법을 제시한 참전계경, 단군팔조교 등을 말하는 것으로 보인다. 발해국〔大震國〕 문적원감文籍院監 임아상任雅相이 주해한 삼일신고 「천궁」은 '공완功完', 즉 재세이화·홍익인간을 구현하는 방법을 366사로써 제시하고 있다." 성통性通은 참본성을 통하는 것이요, 공완功完은 삼백예순여섯 가지 선행을 하고, 삼백예순여섯 가지 음덕을 쌓으며, 삼백예순여섯 가지 좋은 일을 짓는 것이다. 그리하면 나아가 '하나'님〔一神, 唯一神〕을 친견하고 영원히 쾌락을 얻으며, '하나'님과 함께 지락至樂을 누리리라."[196] 말하자면 366사는 정제된 행위의 길을 통해 궁극적으로는 영혼의 완성에 이르게 하는 구체적인 방법론임을 천명한 것이다. 「북부여기北夫餘紀」에서 해모수解慕漱 20년 신사辛巳에 '새 궁궐 366칸을 지어 천안궁이라 이름하였다'라는 대목은 366사로써 재세이화·홍익인간 하려는 의지를 나타낸 것으로 볼 수 있다. '366'이란 숫자는 삼일신고 366자字인 동시에 참전계경 366사事로서 '천궁'을 지상에 건설하려는 의지를 상징한 것이라 하겠다.

「단군세기」 3세 단군 가륵嘉勒조에는 단군 가륵이 삼랑三郎 을보륵

196 鄭鎭洪 編, 『檀君敎復興經略』「任雅相 注, "三一神誥" "天宮"」(서울: 啓新堂, 1937): "性通 通眞性也 功完 持三百六十六善行 積三百六十六陰德 做三百六十六好事 朝觀一神也 永得快樂 無等樂與天同享也."

乙普勒을 불러 종倧과 전佺의 도를 묻는 대목이 나온다. 이에 을보륵이 답하여 말하기를, "종倧은 나라가 선택하는 것이고, 전佺은 백성이 기용하는 것입니다."[197]라고 했다. 「태백일사」 신시본기에서는 "소위 전佺이라 함은 "사람들이 스스로 온전해지는 길을 좇아서 능히 성품을 틔워 참됨을 이루는 것"[198]이라고 하고 있다. 이렇게 볼 때 '전계〔佺戒=參佺戒〕'가 366사만을 의미한다고 할 수는 없지만, 366사를 경經의 위치에 설정하여 참전계경이라고 하고 있으니 366사, 즉 참전계경이 대표적인 '참전계'임은 확실하다. '참전계'는 천·지·인 삼재의 융화에 기초하여 경천숭조敬天崇祖하는 '보본報本'의 계戒이다. 「삼성기」 하편에 밀기密記를 인용하여 "환웅이 삼신의 가르침을 베풀고, 전계佺戒를 업으로 삼게 하고, 무리 지어 맹세케 하였으며, 권선징악勸善懲惡하는 법도를 세웠다."[199]고 한 것이나, 「태백일사」 신시본기에 대변경大辯經을 인용하여 "신시씨가 전佺으로 계戒를 닦고, 사람들을 교화하고, 삼신께 제사지냈다."[200]고 한 것은 환웅이 인간의 366사를 주관하며 재세이화한 내용과 일치하는 것이다.

발해국 반안군왕盤安郡王 대야발大野勃의 『단기고사檀奇古事』에는 환웅의 아들이며 환인의 손자인 단군왕검이 삼일신고를 천하에 널리 알

---

197 『桓檀古記』「檀君世紀」3世 檀君 嘉勒條："倧者 國之所選也 佺者 民之所舉也."
198 『桓檀古記』「太白逸史」神市本紀："所謂佺 從人之所自全 能通性以成眞也."
199 『桓檀古記』「三聖紀全」下篇："桓雄 乃以三神設敎 以佺戒爲業 而聚衆作誓 有勸懲善惡之法."
200 『桓檀古記』「太白逸史」神市本紀："神市氏 以佺修戒 敎人祭天."

리고, 366사의 신정神政으로 정성스럽게 훈교訓教하여 그 교화를 받은 모든 백성들이 10월 3일에 환검을 임금으로 추대하니 그가 제1세 단제檀帝라고 하고 있다.[201] 또한 『신사기神事記』「치화기治化紀」에는 치화주治化主 환검이 세 선관(三僊: 虞官 元輔 彭虞, 史官 神誌, 農官 高矢)과 네 신령(四靈: 風伯持提, 雨師渥沮, 雷公肅愼, 雲師守己)에게 직분을 주어 인간의 삼백예순여섯 가지 일을 맡아 다스리게 한 것으로 나온다.[202] 이처럼 366사로써 재세이화, 홍익인간 하는 치도治道는 환웅 신시 시대로부터 단군 시대에도 그대로 전승된 것으로 나타나고 있다.

참전계경 366사의 주요 관련 문헌[203]은 대개 다음과 같다.

첫째, 이맥李陌의 『태백일사太白逸史』「소도경전본훈蘇塗經典本訓」이다.

둘째, 일연一然의 『삼국유사三國遺事』이다.

셋째, 북애北崖의 『규원사화揆園史話』이다.

넷째, 발해국 반안군왕盤安郡王 대야발大野勃의 『단기고사檀奇古事』이다.

다섯째, 발해국 문적원감文籍院監 임아상任雅相이 주해한 『삼일신고』「천궁」이다.

여섯째, 『신사기神事記』「치화기治化紀」이다.

일곱째, 원동중元董仲의 『삼성기三聖紀』이다.

여덟째, 『태백일사』「신시본기神市本紀」와 「삼한관경본기三韓管境本

---

201 『檀奇古史』「前檀君朝鮮」 第1世 檀君王儉條.
202 『三一哲學譯解倧經合編』「神事記」治化紀(서울: 대종교출판사, 단기 4335), 92-100쪽.
203 『太白逸史』, 『三聖紀』, 『檀君世紀』, 『北夫餘紀』는 모두 『桓檀古記』에 수록되어 있다.

紀」마한세가 상(馬韓世家 上)이다.

아홉째, 『태백일사』「고구려국본기高句麗國本紀」이다.

열 번째, 행촌杏村 이암李嵒의 『단군세기檀君世紀』이다.

열한 번째, 휴애거사休崖居士 범장范樟의 『북부여기北夫餘紀』이다.

이렇듯, 참전계경이 환웅 신시 시대 때부터 실재하였음을 입증하는 문헌과 자료는 수없이 많다. 정확하게 말하자면 참전계경 366사를 배제하고는 재세이화 · 홍익인간을 논할 수가 없는 것이다. 다만 을파소 이후 참전계경 366사의 원문이 어떤 경로를 통해서 우리에게 전해지게 되었는지에 대해서는 정확하게 알려져 있지는 않다. 『대종교요감』에는 "『신사기神事記』「치화기治化記」에 인간의 366가지 일은 밝혀져 있으나 그 조항은 오랫동안 잊혀지고 있었는데 4422(1965)년에 공주 박노철朴魯哲이 『단군 예절교훈 팔리八理 366사』라는 이름으로 인쇄하였고, 4429(1972)년에는 단단학회(檀檀學會 李裕岦)에서 『참전계경』이라는 이름으로 인쇄하였다."[204]고만 나와 있을 뿐이다. 현재 유통되고 있는 참전계경 원문이 내용상 큰 차이는 없다 할지라도 상이한 부분이 있는 만큼, 원문이 전하여 온 정확한 경로에 대해 향후 면밀히 연구해서 밝힐 필요가 있다. 『대종교요감』에는 366사로써 치화하는 치화경이 팔리훈八理訓이며 참전계경이라고 밝히고 있다.

천부경, 삼일신고와 마찬가지로 참전계경의 요체는 한마디로 천 · 지 · 인 삼재의 조화이다. 경천숭조敬天崇祖하는 '보본報本'의 계戒는 366사로써 이러한 조화를 구현하기 위한 것이다. 『규원사화』에 의하면 고대의 임금은 반드시 먼저 하늘과 단군 삼신三神을 섬기는 것을

---

204 『大倧敎了勘』(서울: 大倧敎總本司, 開川 4440), 33쪽.

도道로 삼았다고 한다. 말하자면 당시로서는 하늘과 조상을 숭배하는 수두교[神敎]가 정치의 핵심 사상이 되었던 것이다. 그러나 북애北崖는 사람들이 오직 단군만을 높일 줄 알고 그 이전에 신시씨가 개창한 것은 알지 못하고 있음을 안타깝게 여기고 있다.[205] 하늘과 조상을 숭배하는 수두교는 부여, 고구려, 신라, 발해, 고려와 요나라, 금나라, 청나라, 터어키[突厥國],[206] 일본 등 세계 각지[207]에 널리 전파되어 세계

---

205 『揆園史話』「檀君記」.

206 渤海國 盤安郡王 大野勃의 『檀奇古事』序文에는 대야발이 발해국 高王 大祚榮의 명을 받들어 사해에 널려 있는 사서를 수집하고 石室에 있는 장서와 옛 비와 역사적 평론을 참고하다가 突厥國[터어키]에까지 두 번 들어가 고적을 탐사하여 13년이 걸려 『단기고사』를 완성했음을 밝히고 있다.

207 『三國史記』, 『中國 25史』 등에 보면, 일본은 서기 671년에야 국호가 처음으로 생겼는데 이는 백제 멸망 후 백제 本朝의 잔여 대집단이 왜땅 東朝로 건너가서 처음 만든 것이다. 그 어원은 원래 백제를 일컫던 '구다라'에서 온 것으로 큰 해(大日)라는 뜻의 고대 한국말인데 이를 한자로 옮긴 것이다. 사실 천황의 이름인 메이지(明治)는 광개토대왕의 손자이자 장수왕의 아들인 21대 문자왕의 연호를 그대로 따온 것이다. 2001년 12월 23일 아키히도 일왕은 50대 일왕 간무(桓武, 781~806) 생모가 백제 무령왕의 후손임을 공식 언급했다. 이는 결국 일본 왕가가 한국 혈통에서 나온 것이라는 사실을 시인하는 것이다. 고대 우리 한인들이 일본에 미친 영향은 단순한 도일(渡日)이나 문화 교류의 정도를 넘어서 한반도가 일본 왕조의 발상지이며 일본 민족의 시원이라는 사실이 드러나고 있다. 이 시와타리 신이치로(石渡信一郎)의 『백제에서 건너간 일본 천황』(2002)이나, 존 코벨(Joan C. Covell)의 『한국문화의 뿌리를 찾아』(1999)는 이러한 사실을 명징하게 보여 준다. 그리고 우리나라에서 가장 오래된 나라인 桓國의 역사적 실재에 대해서는 『三國遺事』 원본(中宗壬申刊本)이나 『桓檀古記』「三聖紀全」上篇에도 명기되어 있거니와, 「三聖紀全」下篇에서는 환국이 파미르 고원[波奈留山, 天山崑崙]을 중심으로 유라시아의 광

정신문화의 형성에 지대한 영향을 미쳤다. 당시 국가 지도자들은 사해四海를 널리 순행巡行했으며, 모든 종족과 믿음을 돈독히 하고 돌아와 부도符都를 세웠다. 훗날 화랑도의 '유오산천 무원부지(遊娛山川 無遠不至)'라는 수양 방식은 이러한 순행에서 비롯된 것이다.

『부도지符都誌』에는 "임검씨가…사해를 널리 돌아다니며 여러 종족들을 차례로 방문하니, 백 년 사이에 가지 않은 곳이 없었다. 천부天符에 비추어서 수신하고 미혹함을 풀고 근본으로 되돌아갈 것(解惑復本)을 맹세하며 부도符都 건설을 약속하니, 이는 지역이 멀고 소식은 끊어져서 종족들의 언어와 풍속이 점차 변하여 서로 달라졌기 때문에, 함께 모여 서로 돕고 화합하는 자리에서 천부의 이치를 익혀 분명히 알게 하기 위한 것이었다."[208]고 나와 있다. 말하자면 상고 시대 조선은 세계의 정치적·종교적 중심지로서, 사해의 공도公都로서, 세계 문화의 산실産室 역할을 하였던 것이다. 진실로 근본이 하나임을 알게

대한 영역에 걸친 12개의 분국으로 이루어진 나라인 것으로 나와 있다. 朴堤上의 『符都誌』에 의하면, 파미르고원의 麻姑城에서 시작한 우리 민족은 궁희(穹姬), 황궁(黃穹), 유인(有因), 환인, 환웅, 단군에 이르는 동안 麻姑城에서 天山洲로 옮겨 有因氏의 시대를 보내고, 積石山의 환인 시대를 거쳐 太白山의 환웅 시대에 이르며, 倍達國의 14대 자오지(慈烏支) 환웅 때 靑邱를 거쳐 만주로 들어오게 되는데, 그 사이 지구상의 동서남북 사방으로 퍼져 나가 天符의 神敎 문화를 전 세계에 심어놓았다. 오늘날까지도 세계 각지의 신화, 전설, 종교, 易사상과 象數學, 曆法, 천문학, 기하학, 물리학, 수학, 음악, 건축, 巨石, 細石器, 빗살무늬 토기 등에서 그 잔영을 찾아 볼 수 있다.
208 朴堤上, 『符都誌』第12章 : "壬儉氏…遍踏四海 歷訪諸族 百年之間 無所不往 照證天符修身 盟解惑復本之誓 定符都建設之約 此 地遠身絶 諸族之地 言語風俗 漸變相異故 欲講天符之理於會同協和之席而使明知也."

하는 천부天符의 이치를 366사로써 구현하고자 했던 것이다.

(2) 참전계경의 구조

『참전계경』 366사는 여덟 가지 강령(8綱領), 즉 성·신·애·제·화·복·보·응이 각각 성誠이 6체體 47용用, 신信이 5단團 35부部, 애愛가 6범範 43위圍, 제濟가 4규規 32모模, 화禍가 6조條 42목目, 복福이 6문門 45호戶, 보報가 6계階 30급及, 응應이 6과果 39형形으로 이루어져 있다. 8강령은 천부경·삼일신고와 마찬가지로 천·지·인 삼재에 기초하여 하늘과 사람과 만물을 하나로 관통하고 있음을 보여 준다. 8강령의 논리 구조를 보면, 전前 4강령 성·신·애·제와 후後 4강령 화·복·보·응은 인과관계를 이루고 있다. 여기서 성·신·애·제 4인因과 화·복·보·응 4과果는 그 성性이 따로 있는 것이 아니고 오직 일심一心일 따름이다. 다만 제문諸門에 의지하여 일성一性을 나타낸 것일 뿐이다. 따라서 '4인·4과'는 단선적 구조가 아니라 상호 의존(interdependence)·상호 전화(interchange)·상호 관통(interpenetration)하는 원궤圓軌를 형성하고 있는 것이다. 시작도 끝도 없는 영원한 '하나(一)'의 조화 기운과 하나가 되는 바로 여기에 마음을 밝히고 세상을 밝히는 '인중천지일人中天地一'·'성통공완性通功完'의 비밀이 있다. 참전계경은 거기에 이르는 구체적인 길을 366사로써 제시한 것이다.

(3) 참전계경의 요체

『참전계경』은 재세이화·홍익인간을 구현하는 방법을 366사로써 제시한 것이다. 천·지·인 혼원일기混元一氣[209]의 조화造化 기운과 하나가 됨으로써 진실로 우주만물의 근본이 하나임을 아는 것, 바로 여기에 마음을 밝히고 세상을 밝히는 '인중천지일人中天地一'·'성통공완性通功完'의 비밀이 있으니, 거기에 이르는 구체적인 길을 366사로써 제시한 것이 참전계경이다. 참전계경의 가르침은 한마디로 참전계경 제345사에 나오는 '혈구지도絜矩之道'로 압축될 수 있다. '혈구지도'란 남을 나와 같이 헤아리는 추기도인推己度人의 도를 말한다. 남을 나와 같이 헤아린다는 것은 내 마음으로 미루어 남의 마음을 헤아리는 것이다. 이는 단군팔조교檀君八條教 제2조[210]의 가르침과도 일치하는 것으로 부여의 구서九誓 제2서誓에서는 우애와 화목과 어짊과 용서함(友睦仁恕)으로 나타나고 있고,[211] 『대학大學』「전문傳文」치국평천하治國平天下 18장에서는 군자가 지녀야 할 '혈구지도'를 효孝·제悌·자慈의 도道로 제시하고 있다. 제가齊家·치국治國·평천하平天下 함에 있어 근본적인 도는 이러한 세 가지 도에서 벗어나지 않으며, 사람 마음의 근본 또한 서로 다를 것이 없다는 데 근거하여 '혈구지도'를 제시한

---

209 『天符經』의 '하나(一)'는 『三一神誥』에서 天·神·一神으로 나타나고, 『參佺戒經』에서는 天·神·天神·聖靈·天靈·天心·天理·天命으로 나타나고 있다. 이처럼 우주만물의 근본인 混元一氣 즉 '하나(一)'는 세 경전을 관통하는 핵심 개념으로 그 무어라 명명할 수 없는 까닭에 다양한 이름으로 나타나고 있지만 그 의미는 같은 것이다.

210 檀君八條教 第2條: "하늘의 홍범은 언제나 하나이고 사람의 마음 또한 다 같게 마련이니 내 마음으로 미루어 남의 마음을 헤아리도록 하라. 사람의 마음은 오직 교화를 통해서만 하늘의 홍범과 합치되는 것이니 그리 해야 만방에 베풀어질 수 있는 것이다"(『桓檀古記』「檀君世紀」: "天範恒一 人心惟同 推己秉心 以及人心 人心惟化 亦合天範 乃用御于萬邦").

211 『桓檀古記』「太白逸史」蘇塗經典本訓.

것이다. 이러한 '혈구지도'는 환웅 신시 시대로부터 비롯된 것으로
재세이화·홍익인간을 구현하는 요체인 것으로 나타난다.

　제1강령 성誠, 즉 정성이란 마음속 깊은 곳에서 우러나오는 것으로
타고난 참본성을 지키는 것이다. 정성은 '하나'님을 공경하는 것(敬
神)이고, 마음을 바르게 갖는 것正心이며, 잊지 아니하는 것(不忘)이고,
쉬지 않는 것(不息)이며, 지극한 감응에 이르는 것(至感)이고, 지극히
효도하는 것(大孝)이다. 없는 곳이 없이 우주만물에 편재遍在해 있는
하늘은 해, 달, 별과 바람, 비, 천둥, 번개와 같이 형상 있는 하늘이
있는가 하면, 형체가 없어 보이지 않고 소리가 없어 들리지 않는 형상
없는 하늘이 있다. 형상 없는 하늘을 일컬어 하늘의 하늘, 즉 '하나'
님212이라고 한다. 매순간 정성을 다하는 것이 타고난 참본성을 지키
는 것이요, 인간의 중심에 내려와 계신 '하나'님을 경배하는 것이다.
'하나'님을 높이 받드는 정성을 늘 마음에 새겨 잊지 아니하면 우주
의 창조적 에너지인 '하나'님과 연결되는 직로가 뚫리어 다함이 없는
생명의 기운을 받게 되는 것이다. 경신敬神의 실천은 하늘의 화현인
우주만물에 대한 차별 없는 사랑을 통하여 이루어질 수 있다.213 이는

212　여기서 하나님이라고 하지 않고 '하나'님이라고 표기한 것은, 하나님이
　　본래 특정 종교의 유일신이 아니라 근원적 一者 또는 궁극적 실재로서의
　　'하나(一)' 즉 우주의 本源을 의인화하여 나타낸 것이라는 사실을 강조하
　　기 위한 것이다. 근원적 一者 또는 궁극적 실재로서의 '하나(一)'는 하늘
　　(天)·天主[하느님, 하나님, 創造主, 絕對者, 造物者, 唯一神, ALLAH神,
　　一神, 天神, 한울, 한얼]·道·佛·太極[無極]·브라만(Brahma: 梵, 創
　　造神 / Atman)·우주의식[전체의식, 순수의식, 보편의식, 참본성, 一
　　心]·우주의 창조적 에너지[至氣, 混元一氣]·진리[실체, 眞如
　　(suchness), 불멸] 등으로 다양하게 명명되고 있다.

곧 자신의 의무를 성실하게 수행함으로써 참본성을 자각적으로 실천
하는 것을 뜻한다. 하늘과 우주만물[人物]이 분리될 수 없는 것은 일체
의 생명현상과 삼라만상의 천변만화千變萬化가 모두 혼원일기인 하늘
의 이치와 기운의 조화 작용인 까닭이다. 사람이 하늘의 무궁한 조화
에 눈을 떠서 무위이화의 덕과 그 기운과 하나가 되면 참본성이 곧 하
늘이요 신神임을 깨닫게 된다. 그리하여 하늘의 기틀과 마음의 기틀,
땅의 형상과 몸의 형상, 그리고 사물의 주재함과 기氣의 주재함이 상
호 조응하고 있음을 알게 되고, 천·지·인 삼신일체의 천도天道가 인
간 존재 속에 구현되어 있음을 체득하게 되는 것이다. 무릇 바른 도란
중도中道이니, 이러한 중일中一의 법도를 잘 지켜 나가면 하늘의 도가
드러나게 된다. '중일'은 우주만물의 중심에 내려와 있는 '하나(一)'
인 혼원일기混元一氣, 즉 '하나'님[하늘, 唯一神]을 뜻한다. 이러한 일신
강충一神降衷의 의미를 잘 새겨서 천·지·인 삼신일체의 천도를 밝혀
드러내는 것이 중일의 법도이다.[214] '하나'님은 우주만물의 중심에 내
려와 계시므로 우주만물을 떠나 따로이 '하나'님을 경배할 수 있는
것이 아니다. '하나'님은 무시무종無始無終이요 무소부재無所不在이며
이 세상 그 어떤 것도 포괄하지 않음이 없는 근원적 일자[唯一神, 混元一
氣]이다. 이 우주는 자기생성적 네트워크 체제로 이루어진 '참여하는

---

213 cf. 『海月神師法說』「三敬」.
214 cf. 『中庸』「中庸論」: "仲尼曰「君子 中庸 小人 反中庸 君子之中庸也 君子
而時中 小人之反中庸也 小人而無忌憚也」." '時中[中庸]'이란 어떤 상황
에서도 항상 그 中에 처해 가는 것, 즉 止於至善의 의미이다. 공자의 道를
時中의 道라고 부르는 것은 어떤 상황에서도 그가 至善을 지향하는 경지
에 이른 사람이라는 뜻이다.

우주(participatory universe)'인 까닭에 필연적인 자기 법칙성에 따라 스스로 생성되고 스스로 변화하여 스스로 돌아가는 것이어서 누가 누구를 창조하는 것이 아니다. 우주만물이 다 하나인 혼원일기에서 나와 다시 하나인 혼원일기로 돌아가니, 그 다함이 없는 창조성이 하도 신령스러워 '님'자를 붙여 의인화된 표현으로 나타냈을 뿐이다. 우주만물이 혼원일기인 '하나(一)', 즉 유일신의 화현化現 아닌 것이 없으니, 우주만물과 유일신은 분리될 수 있는 것이 아니다. 따라서 유일신의 실체를 직시하지 못하면 분별지分別智에 사로잡혀 '하나'님이 그토록 경계하는 우상숭배에 빠지게 된다. 또한 주체-객체 이분법이 폐기된 진정한 참여자의 위치에 있지 못하므로 참본성을 지킬 수가 없고, 따라서 인간의 자기 실현은 불가능하게 된다. 주체-객체 이분법이 폐기되어 삶 그 자체가 명상이요 기도가 되는 것이 정성을 다하는 삶이다.

제2강령 신信, 즉 믿음이란 하늘의 이치에 반드시 부합하는 것으로 사람의 일을 반드시 이루게 하는 것이다. 믿음이란 의로움(義)이고, 약속(約)이며, 충성(忠)이고, 정절(烈)이며, 순환(循)이다. 큰 믿음은 그에 부응하는 기운이 있으니 이를 의(義)라고 한다. 공명정대하게 일을 보면 좋고 싫음이 없으니 사람들이 그 의로움에 따르고, 정결한 마음으로 사물을 대하면 사리사욕이 생겨나지 않으니 사람들이 그 결백함을 믿게 된다. 신의가 없는 사람은 의리를 저버리고 자기 몸을 보전하지만, 신의가 돈독한 사람은 자기 몸을 버리고 의리를 지킨다. 의로운 사람은 스스로 중심을 바르게 잡아 마음을 결정하여 일에 나아가므로 길흉성패를 남에게 관련시키지 않으며, 남을 위하여 기꺼이 근심을 떠맡는다. 세상 만사가 약속으로 이루어지는 까닭에 약속을 이행함에 믿음과 정성을 다하여 중도中道, 즉 중정中正의 도道를 지킬 줄 아는 것이 '지중知中'이다. 개인의 자유의지 차원에서 이룰 수 없는 큰 약속은 청천聽天, 즉 하늘의 명(天命)을 들어야 하고, 개인적 차원의 작은 약속은 하늘에 고해야 한다. 하늘의 명을 듣는다는 것은 하늘의 명을 받들어 정성을 다할 뿐 일체를 하늘에 맡기고 감응을 기대하지 않는 것이고, 하늘에 고한다는 것은 하늘마음(天心)에 고하는 것이니 이는 곧 믿음을 잃지 않겠다는 '참나'와의 약속이다. 신의에 기반되지 않은 이익이나 사랑은 결코 지속할 수 있는 것이 아니다. 의로움이 국가 차원에 이르면 충忠으로 나타나고, 가정에서는 정절貞節로 나타난다. 한결같은 하늘의 운행과 같이 사람의 믿음도 추호의 어김이 없어야 한다. 음양동정陰陽動靜의 원리에 의해 음양이 교체되는 순환은 하늘이 사람에게 주는 믿음, 즉 추호도 어김이 없는 한결같은 하늘의 운행이다. 사람의 믿음이 하늘의 믿음과 같게 되려면 완덕完德의 실천이 수반되어야 한다. 사람이 믿음을 기르는 것 또한 무극無極의 원기元氣와 같아서, 추호라도 끊어짐이 용납되면 사람의 도리는 폐하여지고 만다.

제3강령 애愛, 즉 사랑이란 자애로운 마음에서 자연히 우러나는 것으로서 어진 성품의 근본 바탕이다. 실로 사랑(誠敬)은 유·불·선을 포함한 전 세계 종교 경전의 중핵을 이루는 덕목이기도 하다. 사랑이란 용서하고(恕), 포용하며(容), 베풀고(施), 기르며(育), 가르치고(敎), 기다리는(待) 것이다. 용서란 남을 나와 같이 생각하는 것, 다시 말해서 '내가 어찌할 수 없으면 남도 역시 어찌할 수 없다.'고 생각하는 것이다. 악의 원천을 막고 악의 뿌리를 제거하면 자연히 용서하게 되는 것은 자연에서 본받을 용서의 법칙이다. 바다가 넘치지 않고 높은 산이 무너지지 않는 것은 무위이화無爲而化의 덕德과 기운이 작용한 까닭이다. 인간도 이러한 대자연의 무위이화의 덕과 그 기운과 하나가 되면 완전한 포용이 이루어질 수 있다. 베푸는 데에도 올바른 방법을 쓰지 않으면 적절한 성과를 낼 수가 없다. 위급한 상황에 처해 있는 사람을 우선적으로 돕되, 완급緩急을 조절해 가며 적정 수준으로 도와야 한다. 하늘이 비를 내릴 때 곡식에만 내리고 잡초에는 내리지 않을 리理가 없듯이, 베푸는 것도 고루 비에 젖는 것과 같이 균등해야 하며, 베푸는 대로 잊어버려서 스스로의 공덕으로 여기지 말아야 한다. 사람이 가르침을 받아 길러지는 것은 은혜로운 큰 비가 내리는 것과 같은 이치다. 천 · 지 · 인 삼신일체三神一體의 천도天道를 주된 가르침으로 하여 사람들을 보호하고 길러야 한다. 훌륭한 장인이라도 먹줄(繩墨)이 없이는 중심을 잡지 못하듯이, 사람이 가르침을 받지 못하면 사람의 도리를 다하지 못하게 된다. 그런 까닭에 우리 국조께서는 정치 교본이자 삶의 교본으로 천부경 · 삼일신고 · 참전계경을 찬술하시어 가르침을 통하여 천심을 회복하고자 했던 것이다. 유 · 불 · 선이 중국에서 전래되기 이전부터 3교를 포괄하는 사상 내용이 담겨져 있어 교육의 원천이 되었던 우리 고유의 풍류風流 또한 그 주된 가르침이 천심을 지키는 데 있음을 쉽게 알 수 있다. 천심을 지키면 모두가 깨달음의 길 위에 있음을 알게 되므로 사람을 버리지 않고 가르치게 된다. 기다림이란 보이지도 들리지도 않는 사랑의 이치로 믿고 기다려 주는 것이다. 그 믿음도 한정이 없고 기다림도 한정이 없는 것이기에 6범範 중 기다림이 가장 크다고 한 것이다. 이는 막연히 소극적으로 기다리는 것이 아니라 잘 될 수 있도록 적극적으로 전향적인 방도를 찾아야 한다는 의미가 내포되어 있다.

제4강령 제濟, 즉 구제란 덕성德性이 갖추어진 선행으로 도道에 힘입어 사람에게 그 힘이 미치게 되는 것이다. 구제는 때(時)에 맞게 하는 것이고, 땅(地)에 맞게 하는 것이고, 순서(序)에 맞게 하는 것이고, 지혜(智)로써 하는 것이다. 밝은이가 만물을 구제함에 반드시 먼저 교화를 행하는 것은 병의 뿌리인 마음을 고치어 새롭게 하면 마음으로 인해 생긴 병의 근원은 자연히 제거될 것이기 때문이다. 또한 밝은이는 덕으로써 만물을 구제함에 좋은 방도를 준비하여 어느 때나 제공한다. 물질이 지나치게 성盛하면 법도가 쇠해져서 오로지 물질에만 의존하는 고질병을 갖게 되어 진정한 행복과 이익이 떠나게 되므로 물질만능주의를 경계해야 한다. 구제는 땅에 맞게 하는 것이어야 하며, 땅의 이치와 구제의 바탕이 수레의 두 바퀴처럼 서로 맞아야 적절한 구제가 이루어지게 된다. 사람은 태어날 때부터 지기地氣를 받고 태어나고 또한 지기를 마시며 살아가는 관계로 땅의 성질(地性)은 당연히 사람 성품(人性) 형성에 영향을 미치게 되는 것이다. 땅의 성질이 지나치게 유약하거나 억세면 교화나 덕화가 행하여지지 못하므로 비방秘方을 제시하고 있다. 하늘이 만물을 내리거나 구제함에 치우침이 없는 것은 하늘이 이쪽 땅의 산물을 저쪽 땅으로 옮기는 까닭이다. 구제는 순서에 맞게 하는 것이어야 하며, 적은 인원에게는 시혜施惠를 통한 구제의 방편을 쓰지만, 많은 인원에게는 모두 시혜가 미칠 수 없으므로 오히려 도덕을 펴서 지속적으로 자활할 수 있는 토대를 마련해 주어야 한다. 또한 노인은 물질적 시혜를 통하여 구제하고, 약한 사람은 재활 교육이나 직업 교육 등 다양한 방법을 통하여 구제한다. 오직 밝은이의 지혜라야 사람을 구제하는 데 쓰일 수 있으며, 남이 구제하기를 기다리지 말고 스스로 구제하고자 하면 구제의 지혜를 이루게 된다. 또한 지혜의 근본인 뜻을 세워야 하는 것은 뜻을 대동帶同한 지혜이면 구제하게 되고 뜻을 잃은 지혜이면 구제하지 못하게 되기 때문이다. 구제는 사전 예방조치적인 것이어야 하며 사후약방문이 되어서는 안 된다.

제5강령 화禍, 즉 앙화란 악惡하고 탁濁하고 박薄한 생각과 행동이 불러들이게 되는 것이다. 재앙으로 인한 화(殃禍)는 속이는(欺) 데서 오는 것이고, 빼앗는(奪) 데서 오는 것이며, 음란한(淫) 데서 오는 것이고, 해치는(傷) 데서 오는 것이며, 몰래 꾀하는(陰) 데서 오는 것이고, 거스르는(逆) 데서 오는 것이다. 하늘을 속이는 것을 아는 사람이 없을 것이라 여기는 것은 하늘이 거울처럼 밝게 비추어 보고 있음을 알지 못하기 때문이다. "물욕(物慾)이 영대(靈=靈臺)를 가리면 몸에 있는 아홉 구멍이 다 막히어 금수禽獸와 같아져서 단지 빼앗아 먹으려는 욕심만 있을 뿐 염치나 두려움은 없게 된다." 반면 집착을 포기한 사람은 '아홉 개의 문(九竅)이 있는 성城'인 육체 안에서 평온하게 머문다. 음란하면 반드시 몸을 망치고, 윤리를 혼탁하게 하며, 가정을 어지럽히게 된다. 남을 해친 만큼 가볍고 무거운 벌이 있게 되는 것은 사필귀정事必歸正이다. 포수가 꿩의 울음 소리를 듣고 그 자취를 쫓아 꿩을 잡듯, 하늘 또한 남을 헐뜯고 비방하며 진실을 허물로 만드는 그 자취를 쫓아 그 숨은 꾀를 깨뜨려 버린다. 사람이 하는 모든 일은 순리를 따르면 성공하고 역행하면 실패한다. 하늘의 이치에 순응할 수 있기 위해서는 우리의 모든 행위가 신(神, 하늘)에게 바치는 번제의식(燔祭儀式, sacrifice)이 되어야 한다. 왜냐하면 이 우주에서 일어나는 일체의 물질 현상과 정신 현상 모두가 하늘기운(우주의식)의 조화 작용인 까닭이다. 하늘에 죄를 짓는 것이란 도리에 위배함으로써 스스로의 본성에서 멀어지는 것을 뜻한다.

제6강령 복福이란 착함으로 받게 되는 경사이다. 포괄적 의미의 덕목으로서의 착함이란 어질고, 선善하며, 순順하고, 화和하며, 너그럽고寬, 엄嚴한 것을 말한다. 사람을 사랑함에 착한 사람도 사랑하고 악한 사람도 사랑하여 악을 버리고 선으로 나아가도록 권하며, 미혹한 사람은 인도하여 자기 스스로 터득하게 한다. 착한 사람은 옳다고 여기는 결단을 내려 하고자 하면 반드시 하며, 베풀고자 하면 구차하지 않게 한다. 성품이 착하면 일을 판단함에 틀림이 없고, 그 결행이 분명하여 하늘의 이치와 사람의 일이 자연히 명백해진다. 복은 하늘의 이치와 사람의 도리에 순응해야 받는 것이다. 마음을 편안히 하여 마음이 동요되지 않고 기운을 안정시켜 기운이 어지럽지 않으면 성내지도 저주하지도 않게 되어 하늘의 덕에 순응하게 된다. 참전參佺의 8계를 지킴에 있어서도 정整과 결潔을 주로 하여 방종과 태만이 없게 하면, "사람이 화합함에 신神도 또한 화동和同하고, 신이 화동함에 하늘도 또한 화동하여 길吉하지 않음이 없게 된다." 이는 곧 인간의 내재적 본성인 신성神性이 발현되어 천리天理에 순응하는 삶을 살게 되면 하늘이 도와 길吉하지 않음이 없게 되는 것이다. 사람을 대할 때는 말을 온화하게 하고, 일을 할 때는 기운을 온화하게 하며, 재물을 대할 때는 의로움을 온화하게 해야 한다. 너그러움에는 인내·용서·사랑의 의미가 함축되어 있다. 인내·용서·사랑은 성통공완性通功完을 이루기 위한 필수 덕목德目이다. '성통', 즉 본성을 통한다는 것은 생명의 유기성과 상호 관통을 깨닫는다는 것으로 이 우주가 '한생명'임을 체득하는 것이다. '성통'이 이루어지지 않고서는 '공완', 즉 재세이화, 홍익인간은 실현될 수가 없는 것이다. 엄하되 은혜로움과 온화함이 있게 되면 강함과 부드러움의 양 극단을 넘어서게 된다. 기색이 씩씩하여 엄하면 가르치지 않아도 제자들이 스스로 훈도訓導되고, 자제가 능히 스스로 훈육訓育되며, 이웃이 능히 스스로 훈계訓戒된다.

제7강령 보報란 하늘이 악한 사람에게는 앙화殃禍로 갚고, 착한 사람에게는 복으로 갚는 것을 말한다. 보報는 쌓음(積)으로써 받는 것이고, 중重히 여김으로 받는 것이며, 시작함(卌)으로 받는 것이고, 채움(盈)으로써 받는 것이며, 큼(大)으로 받는 것이고, 작음(小)으로 받는 것이다. 덕을 닦고 선을 행하여 오랜 세월 쌓이면 신성神性이 발현되어 천리天理에 순응하는 삶을 살게 되므로 복을 받게 된다. 또한 여러 대에 걸쳐 적선을 행하면 가히 이어지는 복을 받게 된다. 실로 지혜로운 자는 순수하고도 헌신적인 행위의 길을 통해 '참나'에 이르게 된다. 이기적인 욕구 충족을 위해서가 아니라 영혼의 정화를 위해서 행위 하는 까닭에, 마치 연꽃잎이 물에 젖지 않는 것과 같이 악에 더럽혀지지 않으므로 하늘의 복을 받게 되는 것이다. 종신토록 선을 행하여도 선은 오히려 부족하고, 단 하루를 악을 행하여도 악은 스스로 남음이 있다. 큰 허물과 큰 악은 지혜가 어두운 데서 생긴다. 작은 악도 또한 악을 짓는 것이니, 가히 그 앙화를 받게 된다. 악을 시험 삼아 행하고서 이익을 얻었다고 해서 좋은 방법으로 알고 짓는 것은 본래의 성품을 저버리는 것이다. 참된 지혜가 이기적인 욕망에 가려지면 자연히 그 앙화를 받게 된다.

제8강령 응應이란 악惡은 앙화로 응징 받고, 선善은 복으로 보응을 받는 것을 말한다. 응應이란 쌓음(積)으로 오는 것이고, 중重히 여김으로 오는 것이며, 맑음(淡)으로 오는 것이고, 가득함(盈)으로 오는 것이며, 큼(大)으로 오는 것이고, 작음(小)으로 오는 것이다. 이 우주는 자연법인 카르마(karma, 業)의 지배 하에 있으므로 각기 짓는 그 업業에 따라 다양한 형태의 화복禍福이 주어지는 것이다. 선업善業을 짓느냐

악업惡業을 짓느냐 하는 것은 모두 자신에게 달린 것으로 그에 따라 자연히 다양한 형태의 화복이 주어지는 것이다. 카르마의 목적이 단순한 징벌에 있는 것이 아니라, 영적靈的 교정의 의미와 함께 영적 진화를 위한 영성 계발에 있다는 사실을 자각한다면, 하늘이 내리는 앙화, 즉 시련의 교육적 의미를 감사하는 마음으로 깊이 새길 수 있을 것이다. 참전계경의 가르침에 따라 '혈구지도絜矩之道'를 지켜 나간다면 편안한 생활을 할 수가 있다. '하늘의 그물(天羅)'은 넓고 넓으나 사소한 일 하나라도 놓치지 아니하므로 악을 행하면 반드시 재앙을 만나게 되어 하는 일마다 끝을 맺지 못한다. '땅의 그물(地網)'은 그 누구도 벗어날 수 없으므로 악을 행하면 반드시 흉한 곳만 찾아다니게 되어 하는 일마다 끝을 맺지 못한다. 작은 선善이라 하여 행하지 않고 크지 않은 악惡이라 하여 행한다면 악으로 된 산(惡山)을 이루어 그 앙화를 받게 될 것이다. 악惡이란 선善의 결여이며, 이는 곧 남을 나와 같이 생각하는 마음이 결여된 데서 오는 것이다. 매순간 정성을 다하여 천·지·인 삼신일체(三神一體, 三位一體)의 천도天道를 실천한다면, 사람 가운데 천지가 하나(人中天地一)가 되므로 이루어지지 않는 일이 없게 된다.

이렇듯 여덟 강령은 각기 독립적으로 존재하는 것이 아니라, 상호 의존·상호 전화·상호 관통하는 관계에 있으므로 참 본성이 열리지 않고서는 세상을 밝힐 수 없는 것이다. 그런 까닭에 참전계경에서는 8강령에 따른 삼백예순여섯 지혜로 뭇 사람들을 가르침으로써 천인합일의 이치를 터득하게 하고 사람으로서의 도리를 깨우치게 하여 이른바 '무위이화無爲而化'의 세상을 열고자 했던 것이다. 말하자면 아무런 작위함이 없는 천지 운행의 이치를 본받아 명령하거나 시키지 않아도 저절로 따르는 재세이화의 세계를 구현하고자 했던 것이다. 이는 곧 '무위이화'의 덕과 그 기운과 하나가 되는 것이며, 이러한 우주의 조화 기운과 하나가 되면 소아小我의 유위有爲가 아닌 대아大我의 무위를 따르게 되어 동귀일체同歸─體가 이루어져 천덕天德은 현실 속에서 현현하게 되는 것이다. 말하자면 생태적 사유와 정치적 사유가 통합된 에코토피아가 구현되는 것이다.

2. 천부사상과 신문명

천 · 지 · 인 삼신일체의 천도에 부합하는 천부사상은 생명의 자기 근원성과 전일성이라는 측면에서 이 우주를 자기생성적 네트워크 체제로 인식하는 현대 물리학의 양자역학(量子力學 quantum mechanics)적 관점과 그 맥이 통하는 바가 있다. 현대 물리학에 의한 과학혁명이 사실상 오늘날의 패러다임 전환을 주도하고 있고 또한 그러한 패러다임 전환의 실체가 전일적인 생태 패러다임에 입각한 신문명의 도래로 집약될 수 있다는 점에서 천부사상과 현대 물리학의 실재관의 관련성에 대해 고찰할 필요가 있다. 이에 대해서는 제7장 "생태합리주의와 현대 물리학의 실재관"에서 종합적으로 다루게 될 것이므로 여기서는 생략하기로 한다.

천부사상의 '집일함삼'과 '회삼귀일'의 원리는 일체의 생명이 하나의 뿌리에서 나와 다시 하나의 뿌리로 돌아가는 '한생명'이라는 사실을 바탕으로 한다. 천부사상은 천 · 지 · 인 삼신三神이 곧 일신(─神, 唯─神, 天主)이며 그 일신이 바로 만유에 편재해 있는 신성[─心, 自性, 참본성]인 동시에 만유를 화생시키는 지기(至氣, 混元─氣)로서 일체의 우주만물을 관통한다는 사실을 밝힘으로써 삼신일체의 천도가 인간 존재 속에 구현되는 '중일中一'[215]의 이상을 제시한다. 여기서 '중일'의 이상이란 혼원일기로 이루어진 생명의 전일성을 직관적으로 깨닫는 생태적 자각에 기초한 것이라는 점에서 진정한 의미에서의 에코토피아ecotopia, 즉 생태적 이상향과 다르지 않다.

오늘날 기독교 문명과 이슬람 문명 간의 문명 충돌의 본질은 종교 충돌이며 그 핵심에는 유일신의 존재가 자리 잡고 있다. 오늘날 삶과 종교, 종교와 종교, 종교와 학문 간 불화의 단초가 되고 있는 '유일신' 논쟁은 진리의 편린에 집착함으로 인해 큰 진리가 가려진 데서 오는 것으로 단순한 종교 논쟁이 아니라 우리 삶 속에 뿌리박은 심대한 문제이다. 진리 그 자체인 유일신은 특정 종교의 신도 아니요 섬겨야 할 대상도 아니다. 바로 우리 자신이며 우주만물 그 자체다. 종교의 세속화·상업화·기업화 현상, 유일신 논쟁, 창조론·진화론 논쟁, 유물론과 유심론 논쟁, 신·인간 이원론, 물질만능주의 등은 우리의 참본성인 유일신의 실체를 직시하지 못하는 데서 오는 것이다. 우주만물이 혼원일기인 유일신의 화현임을 직시한다면, 일체의 생명 현상이 자기근원성을 가지고 있음을 인식한다면, 그리하여 본체계와 현

---

215 '中一'이란 『천부경』의 '人中天地一'을 축약한 것으로 在世理化·弘益人間의 이상을 나타내는 의미로 사용된 것이다. 桓檀古記 「太白逸史」 三韓管境本紀 馬韓世家 上에서는 "천하의 큰 근본이 내 마음의 中一에 있다. 사람이 中一을 잃으면 일을 이룰 수가 없고 사물이 中一을 잃으면 바탕이 기울어져 엎어지게 된다. 이렇게 되면 임금의 마음은 위태롭게 되고 백성들의 마음은 미약하게 될 것이다(天下大本 在於吾心之中一也 人失中一 則事無成就 物失中一 則體乃傾覆 君心惟危 衆心惟微)."라고 하고 있다.

상계가 둘이 아님을 알게 되면, 주체 · 객체, 정신 · 물질, 유심 · 유물, 신 · 인간 등 일체의 이분법은 종식될 것이다.

생태정치학과 관련하여 필자가 유일신 논쟁에 관심을 갖는 것은 그것이 단순히 종교적 차원의 문제가 아니라 진리의 중추를 틀어쥐는 문제라는 점에서 학문적 차원과도 깊이 관련되기 때문이다. 오늘날 학문이 근본지根本智에서 멀어져 '칸막이 지식'으로 전락함으로써 전 인교육이 이루어지지 못하게 된 데에는, 근대의 과학적 합리주의의 팽배로 인간 이성의 오만함이 극에 이르러 이성에 의한 신성〔참본성, 유 일신〕의 학대가 만연하면서 학문의 불구화 현상이 초래된 데 그 근본 적인 원인이 있다. 진리의 중핵을 이루는 하늘(天)과 성性과 신神은 무 시무종이며 무소부재인 '하나(一)'의 본질을 다양하게 명명한 것일 뿐 별개가 아니다. 그럼에도 근대 서구의 지식 체계에서는 이를 분리 시켜 인식함으로써 결과적으로 유일신 논쟁을 야기하게 된 것이다. 왜 '하나'님이 우상숭배를 그토록 경계했는가? 그것은 유일신의 실 체를 직시하지 못하고서는 참본성을 자각할 수 없으므로 경천敬天의 도를 바르게 실천할 수 없고 따라서 인간의 자기 실현은 불가능하기 때문이다.

우주의 실체는 의식이므로, 사람이 하늘이라고 한 뜻은 참본성〔순수 의식, 우주의식, 전체의식, 보편의식, 근원의식〕이 곧 하늘이라는 뜻이다. 참 본성〔생명〕은 분리될 수 없는 하나이므로 이름하여 유일신이라 한 것 이요, 또한 분리될 수 없는 하나이니 사람만이 아니라 우주만물이 다 하늘이다. 우주만물이 다 지기至氣인 하늘의 화현化現인 까닭에 「영부 주문靈符呪文」에서는 '이천식천以天食天-이천화천以天化天',[216] 즉 하늘로 써 하늘을 먹고 하늘로써 하늘로 화할 뿐이라고 한 것이다. 말하자면

우주만물이 모두 한 기운 한 마음으로 꿰뚫어진 까닭에 우주만물의
생성 · 변화 · 소멸 자체가 모두 하늘의 조화造化 작용인 것으로 나타
나는 것이다. 따라서 참본성이 곧 하늘이요 유일신이다.

　육조 혜능六祖慧能의 법사法嗣인 당나라 선승禪僧 하택신회(荷澤神會,
684~758)가 남종선南宗禪의 주장을 정리한 『돈오무생반야송頓悟無生般
若頌』에서는 일(一, 유일신)과 다(多, 우주만물), 진제眞諦와 속제俗諦가 같은
것임을 이理와 사事의 관계를 통하여 나타내고 있다. 여기서 '이'와
'사'는 곧 본체와 작용의 관계로서, 풀 한 포기, 물방울 하나까지도
한 이치 기운의 조화造化 작용 아닌 것이 없으니 우주만물[事]을 떠나
따로이 유일신[理]을 찾을 수 있는 것이 아니다. 음양오행의 우주적
기운의 응결에 의해 만물이 화생하나 궁극에는 그 근원으로 되돌아가
는 것이니, 유일신과 우주만물은 둘이 아니다. '작용은 하지만 흔적
이 없고 공空하지만 흔적이 없는 것도 아니니 진공묘유眞空妙有'라고
하여 신회가 진공묘유를 체와 용의 상호 관통에 대한 논리로 해석한
것은 진공묘유가 본래의 자성[참본성, 神性], 즉 유일신을 설명하는 것
임을 보여주는 것이다. 신과 세계와 영혼, 즉 천 · 지 · 인 삼재의 통합
성을 자각하게 되면 유일신의 탈을 쓴 물신은 저절로 그 모습을 감추
게 될 것이다. 지구적 의식(planetary consciousness)의 혁명적 변화는,
필자가 말하는 제2의 르네상스 · 제2의 종교개혁은, 존재의 자기근원
성에 대한 자각을 통해 유일신[참본성]의 실체를 직시함으로써 이루어
질 것이다. 삶과 종교, 종교와 종교, 학문과 종교 간의 진정한 화해는

---

216 『海月神師法說』, 「靈符呪文」: "吾道 義 以天食天-以天化天…宇宙萬物 總
　　貫一氣一心也."

이로부터 시작될 것이다.

실로 참본성이 열리지 않고서는 세상을 밝힐 수가 없으니 유일신 논쟁은 진정한 문명의 개창을 위한 당연한 수순이라고 보아야 할 것이다. 참본성이 곧 하늘이요 유일신임을 깨닫게 되면, 다시 말해서 유일신이 바로 우리의 본신(참나)임을 자각하게 되면, 종교적 진리가 삶 속에 구현됨으로써 자연히 전인교육이 이루어지고 밝은 정치가 구현될 것이다. 그런데 진리 그 자체인 유일신이 종교의 성벽에 갇혀 신음하는 동안 유일신의 탈을 쓴 물신이 인간의 우상숭배에 힘입어 맹위를 떨치며 오늘날 문명 충돌을 야기하고 있으니, 유일신 논쟁은 종교적 · 학문적 영역에서는 말할 것도 없고 정치적 영역에서까지도 초미의 관심사가 아닐 수 없다. 유일신 논쟁은 진정한 문명의 개창을 위해 반드시 매듭지어야 할 인류의 과제이다. 유일신의 실체 규명은 동시에 하늘과 참본성(참나)의 실체 규명이라는 점에서 정신 · 물질 이원론에 입각한 근대 서구의 지식 체계의 전면적인 개편과 더불어 패러다임 전환에 따른 새로운 문명의 개창을 촉구하게 될 것이다.

천부사상이 마음을 밝히는 가르침을 근본으로 삼은 것은 정치의 주체인 인간의 마음이 밝아지지 않고서는 밝은 정치가 이루어질 수 없기 때문이다. 마음이 밝아진다고 하는 것은 내재적 본성인 신성을 깨달아 우주만물이 결국 하나임을 알게 된다는 것이고 이는 곧 더불어 사는 삶을 실천하게 되는 것을 말한다. 이들 경전의 가르침은 재세이화 · 홍익인간의 이념과 경천숭조敬天崇祖의 보본報本 사상 속에 잘 구현되어 있으며, 참전계경參佺戒經에서는 그러한 성통공완性通功完에 이르는 길을 366사事로써 제시하고 있다. 천 · 지 · 인 삼재의 조화에 기초한 천부사상은 생명 현상을 개체나 종種의 차원이 아닌 생태계 그 자체로 인식하여 이 우주가 상호 작용하는 네트워크 체제로 이루어져 있다는 현대 물리학의 생태적 관점과도 일맥상통하는 것이다. 현대 민주주의가 정치의 요체를 사람이 아닌 제도와 정책에 둠으로써 인간소외 현상을 야기했다면, 천부사상은 자연과 인간, 인간과 인간의 대립성과 분절성을 지양하고 융합과 조화에 그 토대를 둠으로써 현대 사회가 안고 있는 인간 소외 문제를 극복할 수 있게 할 것이다.

종교는 진리로 안내하는 문이다. 문 안으로 들어가서도 여전히 이름으로 진리를 찾는다면 진리는 그 모습을 드러내지 않을 것이다. 왜냐하면 진리는 본래 무명無名이고 따라서 경계가 없기 때문이다. 언어는 침묵을 전하기 위한 방편일 뿐이며, 형상 또한 무형상을 나타내기 위한 방편에 불과한 것이다. 우리가 의식하든 하지 못하든, 세속적인 삶을 살든 정신 수행자로서의 삶을 살든, 종교라는 통로를 통하든 통하지 않든, 우리 모두는 우리의 본신인 신神으로 가는 도상에 있다. 어떤 사람은 오늘, 또 어떤 사람은 내일, 그리고 또 다른 사람은 모레…, 거기에 이를 것이다. 언젠가 '존재의 집'에 이르게 되면 알게 될 것이다. 마치 소를 타고 소를 찾아 헤매는 것처럼, 우리의 본신인 신을 찾아 천지사방을 헤매었다는 것을 우주 가을의 길목에서 천부사상으로의 원시반본原始返本이 이루어지고 있는 것도 사상적 원시반본을 통하여 우리 인류가 영원한 생명을 체득하기 위한 것이다.

신라 눌지왕 때의 충신 박제상朴堤上의 『부도지符都誌』에서도 밝히고 있거니와, 천부경은 상고 시대 아시아의 대제국 환국桓國이 세계의 정치적·종교적 중심지로서, 사해의 공도公都로서, 세계 문화의 산실産室 역할을 하게 했던 '천부보전天符寶典'이었다. 환인, 환웅, 단군〔환검〕이래 전해진 천부사상의 가르침은 천신교天神敎, 신교神敎, 수두교蘇塗

敎, 대천교(代天敎, 부여), 경천교(敬天敎, 고구려), 진종교(眞倧敎, 발해), 숭천교(崇天敎·玄妙之道·風流, 신라), 왕검교(王儉敎, 고려), 배천교(拜天敎, 遼·金), 주신교(主神敎, 만주)[217] 등으로 불리며 여러 갈래로 퍼져 나갔다. 부도지에 따르면, 파미르 고원의 마고성에서 시작된 우리 민족은 환국, 배달국, 단군조선에 이르는 과정에서 전 세계로 퍼져 나가 우리의 천부天符 문화를 세계 도처에 뿌리내리게 한 것으로 나온다. 이처럼 우리의 천부사상은 동·서양의 문화·문명을 발흥시킨 모체였던 것이다. 하늘天과 성性과 신神이 하나로 융해된 천부경에서 전 세계 종교와 사상 및 문화가 수많은 갈래로 나누어져 제각기 발전하여 꽃피우고 열매를 맺었다가, 이제 우주 가을로의 초입初入에서 다시 하나의 뿌리로 돌아가고 있는 것이다.

진정한 문명은 내재적 본성인 신성(性·天·神)에 대한 깨달음에서 시작되어야 한다. 그것은 곧 우주만물의 전일성과 생명의 유기성을 깨닫는 것으로 천부사상의 중핵을 이루는 것이다. 문명의 대전환이라는 맥락에서 볼 때 천부사상은 전일적이고 생태적인 새로운 문명의 패러다임을 제시함으로써 서구의 기계론적 세계관의 근저에 있는 가치 체계의 한계성을 극복할 수 있게 한다는 점에서 서구적 근대의 극복으로서의 의미가 있다 하겠다. 공동체적 삶의 중요성이 간과되어 온 지식 차원의 좌뇌左腦 주도 시대와는 달리, 초지超知의 우뇌右腦 주도 시대에는 만물의 교직성과 상호 의존성을 직시함으로써 공동체적 삶의 중요성을 인식하게 되고 따라서 진정한 복지 사회의 구현 또한 가능하게 된다. 말하자면 천지비괘天地否卦인 음양상극陰陽相剋의 선천

---

217 『大倧敎了勘』, 373-376쪽.

시대와는 달리, 지천태괘地天泰卦의 새 시대는 음양지합陰陽之合의 시대
요 상생 조화의 시대다. 한마디로 천부경의 '인중천지일人中天地一'이
구현된 시대인 것이다.

생육신生六臣의 한 사람인 매월당梅月堂 김시습(金時習, 1435~1493)의
『징심록추기澄心錄追記』는 우리 역사상 왕권과 결부되는 것으로 간주
되는 금척金尺에 천부경이 새겨져 있음을 확연하게 보여 준다는 점에
서 천부경은 단순한 종교 경전이 아니라 정치적 권위의 상징인 동시
에 나라를 경영하는 정치 대전이었다고 할 수 있을 것이다. 천부경은
단순히 우리 민족 고유의 경전이 아니라 모든 종교와 진리의 모체가
되는 인류의 경전이다. 우주의 순환, 천체의 순환, 생명체의 순환, 그
리고 의식계의 순환과 더불어 일체 생명의 비밀을, 그 어떤 종교적 교
의나 철학적 사변이나 언어적 미망迷妄에 빠지지 않고 단 81자로 열
어 보인 천부경이야말로 모든 종교와 진리의 진액이 응축되어 있는
경전 중의 경전이라 할 것이다. 미회〔未會: 우주의 8월(陰)〕인 우주 가을
로의 초입初入에서도 여전히 사상적 질곡에서 헤어나지 못하는 우리
인류에게 천부경은 '표월지지標月之指'로 다가서고 있다. 뉘라서 진리
의 달을 가리키는 우리 국조國祖의 손가락을 외면하랴! 이 순간에도
천부경은 숫자로써 숫자가 끊어진 법을 보여 주고자 무진등無盡燈으로
타오르고 있다. 참으로 역사의 종언이 아니라 '하나(一)'의 원리가 용
해되어 흐르는 새로운 역사의 시작이다.

제2절 사상사적 전개 과정

1. 생태정치학적 사유와 변증법

제3장 "생태적 사유와 정치적 사유의 변증법적 전개"에서 생태정치학적 사유의 역사적 전개 과정을 간략하게 살펴보았다. 생태정치학적 사유의 사상사적 주요 맥을 형성하고 있는 동양의 '유 · 불 · 도와 동학에 나타난 생태정치학적 사유'와 서양의 '탈근대 논의에 나타난 생태정치학적 사유'에 대해서는 각각 제5장과 제6장에서 다루게 될 것이다. 본 절에서는 사유思惟를 구체적인 실천의 장에 연결시키는 논리적 도구이자 생동하는 철학인 변증법에 대한 사상사적 고찰을 통해 생태정치학적 사유의 변증법적 요소에 대해 살펴보기로 한다.

현대에 들어 변증법에 대한 관심이 고조하는 까닭은 변증법적 사유가 동일률同一律을 근본 원리로 하는 형식논리학적形式論理學的 사유 방식과는 달리, 모순 또는 대립을 근본 원리로 하여 세계를 추상적 정태靜態로서가 아니라 구체적 동태動態로서 파악함으로써 사회적 총체성(social totality)의 체계에 대한 논리적 이해와 아울러 일체의 사물을 관통하는 운동 법칙 및 발전 법칙을 밝힐 수 있다는 데 있다. 변증법적 사유의 핵심은 모순을 기반으로 한 대립물의 통합에 있다는 점에서 인간 존재의 '세 중심축(天地人 三才)'의 통합성에 대한 자각에 기초한 생태정치학적 사유와 그 맥이 통하는 바가 있다. 변증법(dialectic)이라는 말의 의미는 역사적으로 변천해 온 것으로서 극히 다의적多義

的이기 때문에 확고부동한 일의적—義的 정의란 사실상 불가능하다.

변증법의 의미 중 가장 오래된 것의 하나는 '세계 원리(world principle)'이다. 밀레토스Miletos의 아낙시만드로스(Anaximandros, B.C. 610~546)[218]는 우주의 제원소(elements)들이 대립성에 의해 결합된다고 보았으며, 만물의 근원 및 원리로서 무한하고 무규정적이며 무제약적인 실체, 즉 '아페이론apeiron'을 설정하고 있다. 다음으로 헤라클레이토스(Heraclitus, B.C. 540?~480?)[219]는 대립이 모든 삶의 근본을 이루고 있다는 사실에서 투쟁이 변화의 원리라고 보고, "만물은 유전流轉한다.", "사람은 똑같은 강江을 두 번 다시 건널 수 없다."고 하면서 반대되는 양극兩極의 의미를 같은 것으로 보았고, 또한 엠페도클레스(Empedocles, B.C. 490?~430?)[220]는 사랑과 투쟁이 만물을 움직이는 변증법적 대립자라 믿었다. 이러한 '세계 원리'로서의 변증법은 엘레아Elea의 제논(Zeno, B.C. 490?~430)[221]에 이르러서는 대화 · 문답의 기술을 의미하는 용어, 즉 dialektike techne로서 사용되었는데, 오늘날 변증법(dialectic)이라는 말은 바로 이 그리스어에서 유래한다. 이와 같은 문답술問答術로서의 변증법은 상징적인 견해를 매개로 해서 사건의 본질에 대한 탐구 과정을 통하여 진리에 도달하게 되는 방법으로서 모순을 발전의 논리 기반으로 삼는다. 변증법이 동태動態의 논리이자 필연의 논리이며, 또한 부정否定의 부정(negation of negation)의 논리

218 Frederick Copleston, S. J., *A History of Philosophy*(Westminster, Maryland: The Newman Press, 1962), I, pp.24-26.

219 *Ibid.*, ch. 5.

220 *Ibid.*, ch. 8.

221 *Ibid.*, ch. 7.

이자 발전의 논리라고 하는 것은 바로 이 대화의 논리에서 유추할 수 있는 것이다. 이러한 대화의 논리로서의 변증법은 그 후 소크라테스(Socrates, B.C. 470~399)[222]와 플라톤(Plato, B.C. 427~347)[223]에 의해 일층 발전되어 학문적 사고의 방법 내지는 진리를 인식하기 위한 방법을 의미하는 용어로 사용되게 되었다.

근세에 들어 변증법적 세계 원리는 칸트(Immanuel Kant)의 인식론적 변증법에서 싹이 터서 피히테(J. G. Fichte), 셸링(F. W. J. Schelling)을 거쳐 헤겔(G. W. F. Hegel)에 의해 비로소 체계화되었다. 근대의 변증법이 단순한 환원(還元 reduction)의 논리가 아니라 발전(development)의 논리이며 인간 실존과의 관계에서 일체의 사회적 제현상을 파악하는 인간 존재의 기본 구조에 관한 법이라고 하는 것은, 변증법적 사유 자체가 인간학적 내지는 사회학적으로 된다는 것을 의미한다. 이는 연관적聯關的이고 총체적總體的인 변증법적 사유가 인간의 모든 행위 및 발전에 대한 논리적 기초[224]가 된다는 것이다. 칸트에서부터 새로운 형태를 갖추기 시작한 근대의 변증법이 헤겔에 이르러 관념론적觀念論的 변증법으로 완성되면서 일체의 사물이 운동·변화·발전하는 법칙으로서 정립되게 된 것이다. 헤겔에 의해 완성된 관념론적 변증법은 변증법의 발전사에서 커다란 분수령을 이루는 것으로 평가된다.

헤겔에 이르러 완성된 근대의 변증법은 고정성(固定性 fixedness)과

---

222 *Ibid.*, chs. 12–16, esp. ch. 14 참조.

223 *Ibid.*, chs. 17–26, esp. chs. 19–23 참조.

224 cf. J. F. Rychlak, "The Multiple Meanings of Dialectic," in Rychlak(ed.), *Dialectic: Humanistic Rationale for Behavior and Development*(Basel, Switzerland: S. Karger AG., 1976), p.2.

일면성(一面性 one-sidedness)을 띤 형식논리학적 사유 방식과는 달리, 이 세계를 끊임없는 생성과 발전, 운동과 변화의 과정으로 파악한다. 일체의 사물은 자기모순(self-contradiction)의 힘에 의하여 운동·발전하는 까닭에 사물이 발전하는 근본 원인은 사물의 내부에 있다 하겠으며 발전이란 다름 아닌 가능성에서 현실성으로(from potentiality to actuality) 되는 것이다. 즉 잠재되어 있는 본질의 현실화 과정이요, 이념의 실재화 과정이며, 정신의 자기실현화 과정인 것이다.[225] 이러한 과정을 추진시키는 원리로 헤겔은 절대정신(absoluter Geist 神的 理念)을 든다. 이 절대정신은 헤겔 철학의 근본 전제로서 정(正 Thesis)·반(反 Antithesis)·합(合 Synthesis)이라는 입체적인 3화음(和音 triad)적 구조를 가진다. 즉자적卽自的 존재(being-in-itself)가 자기 부정(self-negation)에 의해 대자적對自的 존재(being-for-itself)가 되고, 다시 부정의 부정(negation of negation)에 의해 즉자대자적卽自對自的 존재(being-in-and-for-itself)가 되는 이러한 절대정신의 변증법적 자기 발전은 그의 이론적 출발점인 현상적 주체(phenomenal subject)와 본질(nature) 간의 괴리乖離를 메우려는 시도라 볼 수 있으며, 이와 같은 자기 실현을 위한 부단한 교육 과정은 절대정신이 궁극적으로 인간 존재 속에 실현될 때까지, 환언하면 신적神的 이념이 역사 발전을 통하여 실재화된 인류人倫이 될 때까지 계속된다. 이러한 헤겔의 관념변증법은 마르크스(Karl Marx), 엥겔스(Friedrich Engels)의 유물변증법으로 이어진다.

그런데 여기서 한 가지 주지해야 할 사실은 변증법이 서구 사상의

---

225 이에 대한 좋은 해설서로서 Walter Kaufmann, Hegel: *Texts and Commentary*(New York: Anchor Books, Doubleday, 1965)가 있다.

전유물이 될 수는 없다는 것이다. 동양의 경우는 고대로부터 종교와 철학, 그리고 과학 간의 구분이 엄격하지 않았기 때문에 논리적이고 인식론적인 서구적인 의미의 철학은 존재하지 않는다 할지라도 동양 사상의 변증법적 기반은 결코 과소평가할 수 없다. 동양의 변증법적 사유는 특히 천지 자연에 밀접하게 연관되어 있다. 동양의 성서聖書라 일컬어지는 『역경易經』(I Ching 혹은 The Book of Changes, 周王朝, B.C. 1122~256)은 천지 자연의 법칙을 동적動的으로 파악하고 변증법적 논리에 입각하여 일체의 현상이 궁극에 달하게 되면 변화가 일어나고, 이에 의해 새로운 국면이 전개된다고 본다. 그리하여 건(乾, 天)과 곤 (坤, 地)의 대립과 통일을 우주의 근본 원리로 삼아 이를 모든 인간사에 적용시키고 대립적 연관성을 모든 사상事象의 본질로 간주한다.

노자(老子 Lao Tzu, B.C. ?~?)의 『도덕경(道德經 Tao Te Ching)』 또한 변증법적 개념으로 충만해 있는데, 특히 음양陰陽의 원리(yin-yang principle)는 우리가 익히 알고 있는 터이다. 노자는 '도(道 Tao)', 즉 '무(無 Non-Being)'가 최초의 '유(有 Being)'인 '하나(One)'의 근원이 되어 그 '하나'에서 음양陰陽의 '둘(Two)'이 생기고, 이 두 기운이 충기沖氣에 의해 화합함으로써 천지 만물이 생겨난다고 했다.[226] 말하자면 만유의 본원으로서의 도道가 만물을 생성하는 과정은 곧 음양의 원리가 변증법적인 커뮤니케이션을 통하여 발전하는 과정이다. 그리하여 노자는 수동적이고 유순柔順하나 무한한 창조성을 지닌 음陰과 능동적이며 담대한 양陽, 이 두 기운 간의 일종의 변증법적 균형으로서의 조화 (harmony)[227]를 강조하고 천지만물의 생성 및 발전의 기반을 바로 이

---

[226] 『道德經』 42章.

음양의 조화적 원리에 두었다.

노자 이후로 이 음양의 원리는 전국 시대(戰國時代 the Warring States Period, B.C. 403~221)를 거쳐 진 왕조(秦王朝 Ch'in dynasty, B.C. 221~207) 및 한 왕조(漢王朝 Han dynasty, B.C. 202~A.D. 220)의 여러 철학자들에 의해 역사적 제사건의 발전적인 전개 과정을 설명하는 데 사용되었다. 장자(莊子 Chuang Tzu, B.C. 369~289)는 그 대표적 인물로서 유가사상儒家思想의 엄격성 및 변증법적 사유의 결핍을 비판하고 노자의 사상을 창조적으로 계승·발전시켰다. 일체의 대립상相과 상대적 차별상을 떠나 만물이 평등하다고 보는 그의 만물제동설萬物齊同說은 변증법적 통찰의 백미白眉라 할 만하다.

동양사상의 삼대 주류 중의 하나인 불교 또한 변증법적인 요소가 다분히 내재해 있다. 우주만물은 끝없이 상호 연결되어 있으며 상즉상입相卽相入의 구조로 연기緣起하고 있다는 연기사상緣起思想이나 윤회사상輪廻思想은 연관과 변화의 변증법적 통찰을 보여 주는 것으로 자신에 대한 끊임없는 부정을 통해서 궁극적인 깨달음에 이르게 한다. 시작도 끝도 없는 영원(permanence), 이를테면 헤겔의 계몽군주국(enlightened monarchy)이나 마르크스의 계급 없는 사회(classless society)와도 같은 일종의 영구적 균형(eternal balance)의 추구, 이것이 바로 불교 철학이 지향하는 바이다. 이러한 변증법적인 발전 과정은 존재가 자기 실현을 완수할 때까지, 다시 말해서 해탈(nirvana)에 이를 때까지 계속된다. 이상에서 동양 철학은 이 세계를 단지 변증법적으로 파악

227 老子의 조화의 美에 대한 예찬은 矛盾의 相互依存性에 대한 그의 지적 속에서 드러난다. 『道德經』 28章 참조.

했을 뿐만 아니라 오랜 세월을 두고 동양인의 생활 태도에 지대한 영
향을 미쳤으며 이들의 생활 방식을 규정하는 것이기도 했다.

이상에서 우리는 동·서양의 사상사에 나타난 변증법적 통찰의 본
질이 대립적 연관성에 기초한 통합에 있다는 점에서 생명의 유기성과
상호 관통에 기초한 생태정치학적 사유의 본질과 그 맥이 통한다는
사실을 알았다. 말하자면 변증법은 생태정치학적 사유의 통찰을 명징
하게 보여주는 논리적 도구인 셈이다. 이는 동·서양의 변증법적 통
찰을 비교해 보면 더욱 명징하게 드러난다.

2. 동·서양의 변증법적 특질 비교

동·서양의 변증법적 특질을 비교함에 있어 여기서는 서양의 경우
근대 변증법의 체계적 완성자이자 독일 이상주의 철학의 완성자인 헤
겔, 동양의 경우 도가 사상의 대표주자인 노자老子, 이 두 사람의 변증
법적 발전 논리를 이들 변증법 체계의 핵심 개념인 절대정신(abso-
luter Geist)과 도道의 개념을 통해 살펴보기로 한다. 헤겔과 노자의 사
상 체계는 인식론적 차원과 존재론적 차원이 통합된 구체적 현실태現
實態로서의 변증법적 통찰을 생생하게 보여 주고 있을 뿐만 아니라 매
우 포괄적이고도 근원적이며 보편적인 성격을 띠고 있어 오늘날에도
재음미될 수 있다는 점에서 동·서양의 변증법적 특질을 비교하는 하
나의 모델이 될 만한 대표성이 있다고 본다. 헤겔의 '이성국가(The
Hegelian Rational State)'는 그로 하여금 근대 국가론의 아버지로 불리
게 하였고, 노자의 소국과민小國寡民의 촌락 공동체는 국민국가의 패
러다임이 깨어지면서 '제2의 근대'의 도전에 직면하게 된 오늘날에

재음미될 수 있는 것이라는 점에서 더욱 그러하다.

앞서 살펴본 바와 같이 헤겔의 절대정신은 비非본래적인 자기에서 본래적인 자기로의 인간의 자기 환귀還歸의 자각과 노력 속에서 필연적 자기 법칙성에 의해 운동하는 포괄적이고도 근원적인 존재로서의 노자의 도道 개념과 유사함을 발견할 수 있다. 그러나 한편으로는 비록 헤겔의 절대정신이 완전히 자기 실현을 함으로써 존재와 의식意識이 하나가 되어 아름다운 '윤리적 정신(the ethical mind)'으로 복귀하는 일종의 순환성循環性의 원리를 내포하고 있다 할지라도 시작과 종말은 전혀 같지 않다. 시작이 무無자각적이고 추상적인 가능태라면, 종말은 자각적이고 구체적인 현실태인 것이다. 그런 점에서 "대왈서大曰逝 서왈원逝曰遠 원왈반遠曰反"[228]이라고 하는 노자의 도의 순환적 자기 법칙성과는 차이가 있는 것처럼 보인다. 그러면 헤겔의 '부정否定의 부정'의 논리와 노자의 '무위無爲'의 논리를 통하여 이를 고찰해 보기로 하자.

1) 절대정신과 '부정否定의 부정' 논리

(1) 주인과 노예의 변증법

헤겔 철학의 근본 과제로서의 현실적인 것과 당위적인 것의 통일은 이미 현상의 본질로서 존재 자체에 내재한 당위가 구체적 현실태로 되는 것을 의미한다. 그런데 헤겔 체계 속에서 당위의 진실태眞實態는 일체의 모순과 소외疎外의 극복을 통한 '이성적 자유(rational free-

---

228 『道德經』 25章.

dom)' — '나(I)'의 형태로서가 아니라 보편적으로 상호의존적인 '우리 (We)'[229]의 형태로서의 자유로운 정신—의 실현과 더불어 현실 속에서 현현顯現하게 된다. 이는 곧 내재적 본성인 신성의 발현으로 생명의 유기성과 상호 관통을 자각하는 것을 뜻한다. 이를 헤겔은 그의 『정신현상학 Phänomenologie des Geistes』 속에서 주인과 노예 간의 변증법적인 관계를 통하여 생생하게 보여 준다.[230]

주인과 노예의 변증법(the master-slave dialectic)은 '아(我 self)'와 '비아(非我 other)'의 두 대립되는 자의식自意識에 관한 것으로 이러한 변증법은 에고ego 내에서와 마찬가지로 인간 사회의 역사 속에서도 면면히 나타나는 바, 헤겔은 이를 역사 과정의 참 동인動因이 되는 원리로 간주한다. 따라서 그에게 있어 역사는 주인과 노예의 변증법의 역사

---

229 'We'는 'I'의 복수이나 그 복수는 개인의식의 단순한 누적으로서가 아니라 개인의식의 초월로서이며, 동시에 그 다양성이 실체 속에 유지되는 것으로서이다. See Hegel, The Phenomenology of Mind, trans. by J. B. Baillie(London: George Allen & Nuwin, 1931), p.227.
230 Hegel, The Phenomenology of Mind, pp.228-240, 462-506. See also Hegel, Philosophy of Right, ed. and trans. by T. M. Knox(Oxford: Oxford University Press, 1980), p.239; Hegel, Philosophy of Mind, translated from the Encyclopedia of the Philosophical Sciences by William Wallace(Oxford: The Clarendon Press, 1894), p.175. cf. Alexandre Kojève, Introduction to the Reading of Hegel, ed. by Allan Bloom, trans. by James H. Nichols Jr.(New York: Basic Books, 1969), p.47; John Plamenatz, Man and Society(London: Longman, 1963), II, p.155; Aristotle, Politics(1277b), ed. and trans. by Ernest Barker(Oxford: Oxford University Press, 1962), III, p.105.

에 불과하며, 그 최후의 단계에서는 대립을 이루는 특수적 자의식(particular self-consciousness)이 통합을 이루어 보편적 자의식(universal self-consciousness)이 되면서 정신은 자유를 현실로서 실감하게 된다. 그러나 어떻게 특수성을 보편성으로 연결시켜 역사를 완성시킬 수 있을 것인가? 코제브Kojève에 의하면 역사를 완성시킬 수 있는 자는 오로지 노예뿐이며 이는 노예가 '의식적 만족(conscious satisfaction)'을 달성함으로써이다.[231] 그렇다면 이러한 주장의 논거는 무엇인가? 여기에는 주인과 노예 간의 관계에 대한 변증법적 고찰이 필요하다.

지배와 예속의 관계가 나타난 것은 '인식(recognition)'[232]을 위한 최초의 투쟁에서였다. 이 인식을 위한 최초의 투쟁에서 자기의 절대적 우월성이 타자他者에 의해 인식되도록 하기 위해 기꺼이 죽음을 무릅쓴 자는 주인이 되었다. 그는 피정복자를 노예로 삼아 이제는 그 노예의 노동을 통하여 그의 우월성을 현실화시키고 물질화시킨다. 이렇게 되면 그의 발전은 정지되게 된다. 더 이상 그는 욕구 충족을 위한 노력을 기울이지도, 자연을 변형시키거나 역사를 창조하려고도 하지 않는다. 삶을 매개로 하여 노예에 연결된 주인은 다시 그 노예를 매개로 하여 사물로 연결된다. 주인은 노예에 의해 인식된 한에 있어서의 주인이며 그의 지배는 타의식他意識, 즉 노예의 매개에 의거해 있다. 이리하여 인식을 위한 최초의 투쟁에서 쟁취한 주인의 자유는 이제 난국(impasse)에 처하게 된다. 자유를 실현시키기 위해서는 주인은 그의

---

231 Kojève, *op. cit.*, p.47.
232 헤겔에게 있어서 상호적 인식(mutual recognition)의 개념은 곧 자유의 개념 그 자체이다.

자유가 노예에 의해 인식되게 해야 할 것이나, 그의 자유가 추상성을 극복하고 명백하게 현존하는 구체적 현실태(a definitely existing concrete actuality)가 되는 것은, 그의 자유를 인식할 만한 가치가 있다고 그가 인식하는 자들에 의해 일반적으로 인식되는 한에서이다. 그러나 주인은 결코 이를 달성할 수가 없다. 왜냐하면 비록 그의 자유가 인식되고, 따라서 현실적인 것이라 할지라도 그것은 단지 그가 인식하지 않는 노예에 의해서만 인식되는 까닭에 불완전하며 그를 만족시킬 수도 없기 때문이다. 이와 같은 상황은 주인의 자유인 한에 있어서는 달라질 수 없는 것이다.[233] 이리하여 역사는 자신의 완성을 꿈꾸며 노예에게로 발길을 돌린다.

노예는 진정한 의미에 있어 주인의 노예(the slave of the master)가 아니라 삶의 노예(the slave of life)이다.[234] 왜냐하면 그는 죽음을 무릅쓰는 자유보다는 살아 있는 예속을 원했기 때문에 노예가 된 것이다. 주인과는 달리 그는 자연과 삶에 구속되고, 그런 까닭에 일과 노동에 의해 주인의 노예로서 주인에 의존적이 된다. 자신의 욕구 충족이나 필요성에서가 아니라 오로지 주인을 위해 일을 함으로써 그는 스스로를 부정하게 되고, 또한 그러한 자기 부정의 과정을 통하여 점차로 그는 개별적 자의지(individual self-will)를 교화(taming)시키고 자연적 존재(natural existence)를 극복하게 되어 인간의 실체(human reality)를 깨닫게 된다.[235] 이렇게 볼 때 자유의 자기 실현화 과정은 추상태가 아닌

---

233 Kojève, *op. cit.*, p.50.
234 Hegel, *The Phenomenology of Mind*, p.235.
235 Hegel, *Philosophy of Mind*, p.175; ___, *The Phenomenology of*

현실태로서의 자유에서 시작하는 주인에 의해서가 아니라, 현실태가 아닌 추상태로서의 자유의 이념에서 시작하는 노예에 의해서만이 수행될 수가 있는 것이다.

이미 고찰된 바와 같이 주인은 그를 인식하는 노예를 인식하지 않는 까닭에 그의 자유는 일반적으로 인식되고 있다고 볼 수 없으며, 결과적으로 그의 자유는 그에게 인식되지 않는 노예에 의해서만 인식되게 됨으로써 아직은 진실로 자유롭지 못하다. 그가 완전히 자유롭게 되는 것은 노예가 자유롭게 될 때 비로소 가능한 것이다.[236] 그때가 되면 이 두 의식은 상호적 인식(mutual recognition) 관계에 놓이게 된다. 그러면 노예 의식이 노동을 통하여 자유를 실현하는 과정을 살펴보기로 하자. 여기서 자유의 이념은 3단계 발전 과정을 거치게 되는데, 제1단계에서 자유는 '금욕주의(stoicism)' 속에 그 모습을 드러내고, 그 다음 제2단계에서는 '회의주의(skepticism)' 속에, 그리고 제3단계인 마지막 단계에서는 '불행한 의식(unhappy consciousness)' 속에 그 모습을 드러냄으로써 비로소 구체화된 현실태가 된다.

제1단계인 금욕주의 단계의 자유는 실제 존재태存在態ー주인이든 노예든ー와는 무관하게 생각 속에서의 관념적 자유이며, 이때 의식은 단지 추상적인 자유의 이념을 갖는 것만으로 항상 자유롭다.[237]

Mind, p.238.

[236] Hegel, *Philosophy of Mind*, p.176.

[237] Hegel, *The Phenomenology of Mind*, p.243. 역사적으로는 그리스 도시 국가(the Greek city-state) 시대가 이 단계에 해당된다. See Hegel, *The Philosophy of History*, trans. by J. Sibree(New York: Dover Publications, 1956), p.239.

헤겔에게 있어서 이 금욕주의는 단순히 어떤 특수 철학(particular philosophy)을 지칭하는 것이 아니라 모든 의식의 자기 교육 과정에 있어 필요한 보편 철학(universal philosophy)을 의미한다. 추상적인 생각하는 실재(a thinking reality)로서의 이러한 의식의 진실은 의식이 그 스스로를 객관적 본질(objective essence)에 연결시킴으로써 대자적(對自的) 존재가 된다는 데 있다.[238] 금욕주의적 노예(the stoic slave)는 점차로 자신의 무기력함에 권태를 느껴 금욕주의를 포기하게 되는데, 이는 원래 금욕주의가 자유주의 이상의 실현을 위해 싸우는 것을 단념한 노예의 무(無)활동성을 정당화하기 위해 만들어낸 노예의 이데올로기인 만큼 제반 활동은 정지되는 것이다.[239] 그러나 활동은 인간 그 자체를 규정하는 것인 까닭에 활동을 멈춘다는 것은 곧 인간임을 포기하는 것이다.[240] 이리하여 생각은 스스로가 이르게 된 폐허로부터 회복하고자 그 자체 속에서 생각하는 이성(thinking reason)이 되도록 촉구되고,[241] 결국 금욕주의적 노예는 주어진 존재를 부정하게 된다. 그러나 그는 아직은 감히 노예제를 부정하는 데까지 이르지는 못하고 단지 어떤 의미에 있어 그의 생각을 활성화시킬 뿐이다. 이렇게 해서 금욕주의적 노예는 회의주의적 노예(the skeptic slave)가 된다.

　제2단계인 회의주의 단계의 자유는 이념이 아직 자기 동일성을 유

---

238 Hegel, *The Phenomenology of Mind*, pp.242-243.

239 Kojève, *op. cit.*, p.53.

240 Hegel, *The Phenomenology of Mind*, p.415.

241 Hegel, *Reason in History*, trans. by R. S. Hartman(New York: The Bobbs-Merrill Co., Inc., 1953), p.85. See also *Ibid.*, p.15.

지하는 즉자(即自 in-itself, 正)의 단계에서와는 달리, 내재된 발전의 요소, 모순의 요소가 노예의 노동을 통하여 외현화外現化되면서 제1단계와 대립을 이루는 대자(對自 for-itself, 反)의 단계에서의 자유로서, 그 본질은 부정성(negativity)이다.[242] 헤겔에게 있어 회의주의는 경험주의에 부착된 근대의 회의주의—이를테면 흄(David Hume)의 회의주의—와는 무관하며, 오히려 모든 자의식自意識의 발전 과정에 있어 필요한 순간으로 봐야 할 것이다.[243] 회의주의적 의식은 그 본질이 부정성이므로 아직 의식 그 자체에까지는 이르지 못한 채 자기 확신(self-certainty)과 우연성(contingency)을 동시에 표출하는 카오스chaos적 의식, 즉 특수 의식(particular consciousness)에 불과하다. 회의주의적 의식은 오로지 타자적他者的 요소에 대한 부정을 통하여 자기 확신을 피력할 수 있는 까닭에 바로 이 타자에 구속되고 따라서 자의식의 주관성(the subjectivity of self-consciousness)은 자기 확신과 동시에 타자에의 구속이라고 하는 이중 의식(double consciousness)을 낳는다. 그러나 회의주의는 그 자체 내에 이러한 모순의 양극을 해소시키지 못하고 분리시킨 채 유지한다.[244] 이러한 회의주의적 의식의 진실은 불행한 의식(unhappy consciousness)의 단계에 이르러서야 비로소 그 모습을 나타내게 된다.

제3단계인 불행한 의식의 단계의 자유는 이 지상의 왕국(the earthly kingdom)에서 자기 실현이 불가능한 것을 깨닫고 다른 세계, 즉 천상

---

242 Hegel, *The Phenomenology of Mind*, pp.246-247. 역사적으로는 로마 제국시대가 이 단계에 해당된다. See Hegel, *The Philosophy of History*, p.267.

243 See Hegel, *The Phenomenology of Mind*, pp.748-749.

244 *Ibid.*, p.250.

의 왕국(the heavenly kingdom)에서 초월적 신(a transcendent God)—말하
자면 절대적 주인(an absolute master)—의 노예가 됨으로써 자기 실현
을 꿈꾸는 기독교 세계(a Christian World)에서의 자유[245]로서, 이는 다
시 3단계 발전 과정을 거쳐 그 스스로를 완성한다.[246] 불행한 의식의
제1단계에서는 특수 의식으로서의 자의식이 그 스스로를 불변성
(immutability)에 대치시킴으로써 인간의 무無존재성(nothingness)을 드
러낸다. 신神이 주인으로서, 심판관으로서 나타나는 이 단계는 하느
님의 통치기로서 불행한 의식 그 자체 내에서는 불변성과 가변성, 보
편성과 특수성, 그리고 신과 인간 간의 대립이 야기된다.[247] 제2단계
는 불변성이 특수성의 형태로 나타나는 예수 그리스도의 통치기로서
자의식은 그 자체의 통합을 달성하기는 하나 그것이 영구적이 되지는
못하는 까닭에 기독교적 의식은 그 스스로가 불행한 의식이라는 것을
알게 된다.[248] 그리하여 제3단계는 보편성과 특수성의 화해가 이루어
지는 성령聖靈의 단계로서 점차로 자의식은 정신(spirit)이 되어 그 속
에서 스스로를 발견함으로써 결국 불행한 의식을 극복하게 되는데,
이는 독일 철학 시대의 도래와 더불어 기독교 시대의 완성을 의미하

---

245 cf. Kojève, *op. cit.*, p.55. 이 단계에서의 자유는 stoicism이나
    skepticism에서와 같이 단순한 추상적인 이념이 아니라 다른 세계, 즉 천
    상의 왕국에서 현실적인 것으로 나타난다.

246 See Hegel, *The Phenomenology of Mind*, pp.251-283.

247 역사적으로 볼 때 불행한 의식의 제1단계는 神과 인간 간의 분리의식인
    Judaism에 해당된다. See *Ibid.*, pp.251-257, 366.

248 불행한 의식의 제2단계는 기독교의 초기 형태에 해당된다. See *Ibid.*,
    pp.258-259.

는 바 헤겔에서 그 절정에 이르게 된다.[249]

이와 같이 주인과 노예 간의 '삶과 죽음의 투쟁(life-and-death-struggle)'은 헤겔 '이성국가(The Hegelian Rational State)'의 출현과 더불어 종식된다. 헤겔에게 있어 국가는 '신적 이념이 지상에 구현된(the march of God in the world)'[250] 것이다. 이 단계가 되면 만인은 자유롭고 보편적으로 상호 의존적이며 상호적으로 서로를 인식하게 되는 바, 일체의 모순의 대립이 지양되어 자유의 이념이 천상의 왕국에서가 아니라 지상의 왕국에서 그 스스로를 '구체적 현실성(concrete actuality)'[251]으로 표현하는 즉자대자적卽自對自的 존재가 됨으로써 마침내 절대정신은 인간 존재 속에서 실현되는 것이다.[252] 이렇게 될 때 인간은 이 현실 세계가 정신의 산물임을 알게 되고 존재와 의식〔현상계와 본체계〕이 둘이 아니라는 사실을 깨닫게 되어 자유롭게 되며 이로써 소외의 역사는 막을 내리게 되는 것이다. 따라서 헤겔에게 있어 인간 소외란 인간의 자기 의식의 소외─말하자면 참본성〔근원의식, 우주의식〕으로부터의 소

---

249 불행한 의식의 제3단계는 중세 유럽에서 르네상스를 거쳐 modern reason에 이르는 시기에 해당된다. See *Ibid.*, pp.263-83; See also Hegel, *The Philosophy of History*, p.447; cf. Charles Taylor, *Hegel and Modern Society*(Cambridge: Cambridge University Press, 1979), p.103.

250 Hegel, *Philosophy of Right*, ed. and trans. by T. M. Knox(Oxford: Oxford University Press, 1980), Addition to §258.

251 Hegel, *The Phenomenology of Mind*, p.283. cf. Hegel, *Philosophy of Right*, §1.

252 See Hegel, *Philosophy of Mind*, pp.249-253; Hegel, *Philosophy of Right*, §§75-104; Hegel, *The Phenomenology of Mind*, §§620-679.

외—에 불과하며 이를 극복하고 자유를 쟁취하는 것이 바로 역사의 목적이다.

(2) 의식과 공동체

주인과 노예의 변증법에 대한 논의를 통하여 볼 때 헤겔에게 있어 자유 혹은 부자유의 의식은 단순히 개별체적인 의식이 아니라 사회적 이요 역사적이며 공동체적인 의식이다. 이는 자유의 위치(locus)가 바로 '실체적 통일체(substantial unity)'[253]로서의 '이성국가'이며, 그리고 호모 이코노미쿠스(homo economicus)의 위치(locus)가 욕구의 체계로서의 시민사회라는 점을 상기할 때 명약관화해진다. 실로 개인의 의식은 공동체와 연관되어 있는 연관성의 의식이며, 따라서 공동체적 시각에 의해서만이 개인 의식에 대한 이해를 제대로 할 수 있는 것이다. 그러면 사회 경제적 통합 과정을 통하여 이를 살펴보기로 하자.

헤겔은 욕구의 체계로 이루어진 시민사회가 토마스 홉스(Thomas Hobbes)적 자연 상태의 전형이라고 보는 까닭에 이 영역에서는 자유와 욕구가 대치되어 조화로울 수 없으며, 따라서 국가로의 추이는 필연적인 것으로 나타난다. 욕구의 체계는 노동을 통하여 조정되고 수정되며, 또한 노동은 노동의 사회적 분화를 낳고 결과적으로 계급을 창출한다. 그러나 욕구의 체계는 무한계적으로 증가하는 체계로 남게 되는데, 이는 사법 활동, 더 나아가서는 복지 행정(public authority) 및 직업 단체(corporation)에 의해 완화되고 균형된다.[254] 이러한 과정을 통

---

253 Hegel, *Philosophy of Right*, § 256.
254 *Ibid.*, §§ 209–256.

하여 시민사회, 즉 아담 스미스(Adam Smith) 형型의 자유 시장은 점차 스스로를 통합하게 되고 드디어는 자신의 진실태인 국가를 창출해 내게 되는 것이다.

우선 욕구의 체계[255]에 대해 살펴보면, 이는 다시 욕구 · 노동, 그리고 노동의 분화 및 계급의 분화로 삼분된다. 헤겔은 현대 욕구 체계에 대한 논의를 통하여 어떻게 해서 인간이 보편적으로 상호 의존하게 되는지를 생생하게 보여 준다. 그에 의하면 시민사회의 변증법적 발전은 정확하게는 동물적인 생활의 충동과 욕구에 의해 발생하나, 인간의 욕구는 자연적 욕구가 아니라 오히려 노동을 통하여 조정된다는 것이다.[256] 이와 같이 노동의 과정을 통한 인간의 욕구에 대한 규명은 곧 의식에 대한 조정을 의미한다. 동물의 욕구와 구별되는 인간의 욕구를 만족시켜 가는 바로 그 과정 속에는 비록 인간의 무한계적인 욕구가 끝내는 극심한 빈곤 문제를 야기시킨다 할지라도 그 속에는 해방의 계기가 내포되어 있다. 노동은 보다 높은 보편적이고도 사회적인 원칙을 표현하며, 그 과정은 시민사회로 하여금 보다 높은 수준의 끊임없는 자기 재생산을 이룩하게 함으로써 단지 개인뿐만 아니라 사회 전체를 이롭게 한다.[257] 노동은 본능적인 것이 아니라 의도적인 것이며, 그것은 자신의 객관적 세계를 창조하는 인간의 힘 그 자체를 나

---

255 *Ibid.*, §§ 189–208.

256 이러한 의미에서 헤겔은 경제적 영역인 시민사회를 'SPIRITUAL animal kingdom'이라고 한다.

257 Hegel, *The Phenomenology of Mind*, § 377.

258 cf. Hegel, *Philosophy of Right*, § 187.

259 *Ibid.*, § 183.

타낸다.[258] 노동의 과정을 통하여 인간은 상호 의존적이 되고,[259] 점차 보편적인 존재로 형성된다. 인간의 욕구를 만족시키는 데 있어서의 호혜적인 관계는 노동의 분화 과정을 통하여 더욱 고양된다.

사회적 생산에 의해 야기된 노동의 사회적 분화는 계급 분화를 촉진한다.[260] 여기서 헤겔은 현대 자본주의 사회에서의 계급 체계를 중세 신분 체계와 현저히 구별하여 후자가 세습적 특권을 기반으로 하고 있는 반면, 전자는 자유로운 개인의 능력을 그 기반으로 하고 있다고 지적한다. 즉 현대 개방 사회에서의 계급 분화는 중세 폐쇄 사회에서와는 달리 통합(integration)의 측면을 내포하고 있다는 것이다.[261] 그의 견해에 따르면 개인이 보편성에 연결될 수 있는 길은 어느 특정의 계급에 속함으로써 가능하게 되는데,[262] 이는 계급이 그의 체계 속에서 개인의 사적 존재와 공적 존재를 연결시키는 매개자로서 역할한다는 사실을 말하여 준다.

계급의 개념에 따라서 '실체적(substantial)' 혹은 '직접적(immediate)' 계급,[263] '반성적(反省的 reflecting)' 혹은 '형식적(formal)' 계급,[264] 그리고 '보편적(universal)' 계급[265]으로 나눌 수 있다. 이 중

---

260 *Ibid.*, §201.

261 *Ibid.*, §206.

262 *Ibid.*, §207 and Addition.

263 *Ibid.*, §203 and Addition, §§305-307.

264 *Ibid.*, §204 and Addition, Addition to §297, §§308-310;
    Hegel, *Philosophy of Mind*, §258.

265 Hegel, *Philosophy of Right*, §§205, 291, 296, 297, 303;
    Hegel, *Philosophy of Mind*, §258.

어떤 계급에도 속하지 않는 인간은 단순한 사적 인격에 불과하며 그의 보편성은 추상 속에 매몰되어 현실화되어 있지 않다.[266] 이와 같이 개인은 사회적 계급에 속함으로써만이 보편성에 연결되고, 따라서 사회적 계급 체계는 특수적 욕구와 객관적 질서를 통합시키는 매개체로서 나타난다. 이러한 통합 과정은 두 단계를 거쳐 수행되는데, 그 첫째는 소외된 개인이 계급 체계에 속함으로써 시민사회의 조직 속에서 통합되는 단계이고, 둘째는 공동의 본질을 정치적으로 규명하는 계급 체계에 의해 시민사회가 국가로 통합하는 단계이다.

이상에서와 같이 사회 경제적 통합의 첫 단계는 노동의 분화를 제도화함으로써 수행된다. 즉 계급 체계가 시민사회의 적절한 조직으로서 나타난다. 그러나 계급 체계는 그 자체로는 모순을 해결할 수가 없다. 시민사회 내의 모든 조직과 제도들은 재산을 보호하기 위해서 존재하는 바, 이러한 사회에서의 자유라고 하는 것은 단지 사유재산권에 관하여서이다. 계급 체계는 경제적 메커니즘을 초월하는 외부 세력을 필요로 한다. 따라서 시민사회의 자치권은 헤겔에게 있어 인정되지 않으며, 그것은 정치적 국가에 종속된다. 정치적 질서가 사회 통합의 가장 확고한 형태로 나타난다. 이리하여 상호 의존성은 사법 활동·복지 행정 및 직업 단체에서 보다 더 제도화된다.

우선 사법 활동[267]에 있어서 보면, 욕구의 체계로 이루어진 시민사회의 원심적遠心的 측면들은 이제 객관적 규범 형태인 사법 활동에 의

---

266 cf. Hegel, *Philosophy of Right*, §207.
267 *Ibid.*, §§209-229.
268 cf. Aristotle, *Politics*(1287a), III, c. xvi, sec. 3, 4. 법은 "모든 감정에

해 교화되고 수정된다.[268] 욕구 체계 속에서 법이라고 하는 것은 주관과 객관의 원시적原始的 동일성이 단순히 부활한 것으로서 '보편적으로 승인되고(universally recognized)', '알려지고(known), 의지된(willed) 것'으로서 존재하며, '현실성의 위력(power in its actuality)'을 가지고 '보편적으로 타당한(universally valid)' 것으로서 존재한다.[269] 여기에서 법은 실정법(positive law) 일반을 가리키는 바, 이는 현존하는 법률적 내용이 그 '규정된 보편성(determinate universality)' [270] 속에서 인식될 수 있기 위해서는 법전화(法典化 legal codification)가 이루어져야 한다고 하는 헤겔의 주장에서 잘 나타나 있다. 그는 또한 법이 진정으로 효력을 발생할 수 있기 위해서는 공포되어야 할 것임을 명기하고 있는데,[271] 이는-법의 부당성이 노출될 때 시민이 항의를 제기할 수 있음을 의미하는 것이다. 이러한 시민의 권리 주장은 공판을 통해 충분히 현실화된다.[272] 이와 같이 법률의 변증법적 자기 발전은 인간의 상호 의존성의 제도화 과정이며 이는 곧 시민사회의 통합 과정인 것이다.

복지 행정 및 직업 단체[273]는 헤겔의 체계 속에서 시민사회의 마지막 범주로 등장한다. 비록 재판소가 정의의 기관이긴 하지만 특수적

서 해방된 理性'이라고 아리스토텔레스는 규정한다. 그의 *Nicomachean Ethics*(1134a), trans. by J. L. Ackrill(London: Faber & Faber Ltd., 1973), V, c. vi, sec. 4에서는 만인이 법체계에 의해 통치될 때 비로소 정의가 실현된다고 하고 있다.

269 Hegel, *Philosophy of Right*, §209.
270 *Ibid.*, §211.
271 *Ibid.*, §215.
272 *Ibid.*, §§219–228.
273 *Ibid.*, §§230–256.

자유와 이익을 실현시킬 수가 없기 때문에 이 두 제도는 개인과 추상적 사법 활동을 연결시키는 매개체로서 역할한다. 헤겔은 이들 속에 특수적 자유가 실현된다 하여 이 두 제도를 '공공의 자유의 주추(the pillars of public freedom)'[274]라고 부른다. 복지 행정은 폭력 행위를 방어하고 재산권을 보장해 주는 경찰의 기능을 통해 이루어진다. 직업 단체는 경찰의 감시 하에 개인과 사회를 연결하는 적극적인 기능을 담당한다. 그것의 기능은 재산권 보장에 있는 것이 아니라 생계와 복지의 보장에 있다. 헤겔은 이 직업 단체를 진정한 국가의 결속을 향한 계기를 내포한 것으로 본다.

따라서 헤겔의 체계 속에서 호모 이코노미쿠스(homo economicus)는 두 가지 방식, 즉 하나는 직업 단체에 가입함으로써, 그리고 다른 하나는 어느 특정 계급의 성원이 됨으로써 이성적理性的인 정치 조직 속으로 진입하게 되는데, 헤겔의 '이성국가'는 보편적 통일체 속에 개인을 흡수하는 반면 개개의 모든 활동들을 다 포함하지는 않는다. 말하자면 '이성理性' 헌법은 분화된 사회 구조와 고도로 통합된 정치 체계를 결합하고 있는 것이다.[275] 국가 권력은 입법권·통치권·군주권으로 삼분되고 동시에 세 권력은 전체, 즉 입헌 군주제의 정점이며 기점인 군주로 통합된다.[276] 이러한 국가 조직은 실체가 가장 진실한 의미에 있어서는 곧 개체라고 하는 헤겔의 확고한 신념의 반영이라 볼 수 있으며, 바로 이 전체성과 개체성이 조화를 이루는 국가 속에서 가

---

274 *Ibid.*, §265.
275 *Ibid.*, §272.
276 *Ibid.*, §273.

족과 사회는 비로소 자체의 존립 기반을 마련하게 되고, 나아가서는 자유의 이념 또한 실현할 수 있게 되는 것이다.

이상에서 우리는 인간의 의식이 공동체와의 연관 속에서 비로소 절대정신으로서의 보편적 진리를 실현한다는 것을 살펴보았다. 헤겔에게 있어 보편적 진리는 본질적으로 개체인 동시에 통일체로서만 실재할 수 있는 까닭에 그의 체계의 지향성은 시민사회의 모든 성원들을 국가 속으로 통합시키는 것으로 나타난다.[277] 그러나 헤겔의 체계 속에서 개인은 사적私的 인격으로서가 아니라 사회적 계급이나 직업 단체의 매개적 기능을 통해서만이 공동의 정치적 의사에 참여할 수가 있는데, 헤겔의 사회적 계급 체계는 사회의 상당수를 구성하는 노동자 집단과 천민 집단을 제외시키고 있음으로 해서 다분히 비판의 여지가 있다 하겠다.

2) 도道와 '무위無爲'의 논리

(1) 대립 속의 통일
노자의 철학은 생성과 변화의 이법理法을 강조하는 그의 우주관에서 출발하여[278] 일체의 대립과 운동이 궁극적으로 도道에 의해 통일된

---

277 이러한 헤겔의 뜻은 그의 『법철학 Philosophy of Right』이 단지 국가를 '內在的인 理性體'로 그리기 위한 것이라고 한 Philosophy of Right, Preface, p.11의 선언에, 그리고 진실은 '統一體'로서만 실재할 수 있다고 한 The Phenomenology of Mind, p.81의 언명에 잘 나타나 있다.

278 老子의 우주관에 대하여 許大同, 『老子哲學』(臺北: 五洲出版社, 中華民國 66년), 22-34面 참조.

다고 본다. '선천지생先天地生'이라는 말에서도 알 수 있듯이 노자는 경험 세계의 총체 밖에서 그 스스로의 법칙성에 의해 활동하는 가장 포괄적이고도 근원적인 존재가 있다고 보고 그 존재는 "홀로 서서 변화되지 않으며 두루 운행하여도 위태롭지 않는 고로 가히 천하의 모체가 될 수가 있다."고 하면서 그 이름을 알지 못하여 '도道'라고도 하며 '대大'라고도 했는데, 이는 굳이 붙인 이름일 뿐[279] 그 이름이 곧 실상實相을 나타내는 것은 아니라고 본다. 또한 그것은 보이지도 들리지도 잡히지도 않아 우리 감각기관으로는 알 수가 없다고 한다.[280]

『도덕경』 1장 첫 구절에서는 상도常道와 유교의 도를 구분하여 "도라고 말하여지는 도는 상도常道가 아니요, 이름이라고 말하여지는 이름도 상명常名이 아니다."라고 하면서 "무명無名이 천지의 시작이요 유명有名은 만물의 모체이다."라고 했다.[281] 도는 아무런 형상도 없는 것이지만 그것이 운행해서 그 속성이 사물에 내재될 때 덕德이 된다. 원래 도라고 하는 것은 어렴풋하고 걷잡을 수 없는 것이나, 도를 떠나서는 삼라만상이 그 모습을 드러낼 수가 없는 까닭에 그 가운데, '상象'이 있고 '물物'이 있다고 하였다. 또한 도는 텅 빈 가운데 기氣의 작용을 지니고 있으므로 "고요하고 그윽한 가운데 정精이 있다."고 하였으며, 이 기氣가 필연적인 자기 법칙성에 따라 움직이는 까닭에 "그

---

279 『道德經』25章: "有物混成 先天地生 寂兮寥兮 獨立而不改 周行而不殆 可以爲天下母 吾不知其名 强字之曰道 强爲之名曰大."

280 『道德經』14章: "視之不見名曰夷 聽之不聞名曰希 搏之不得名曰微 此三者不可致詰 故混而爲一 其上不 其下不味 繩繩兮不可名."

281 『道德經』1章: "道可道非常道 名可名非常名 無名天地之始 有名萬物之母."

가운데 신信이 있다."고 하였다. 그러므로 일체의 차별상은 모두 도에
서 연원하는 것이다.[282] 도가 만물 생성의 근본이라는 것을 1장 후반
부분에서는 달리 표현하여 '현지우현玄之又玄 중묘지문衆妙之門'이라고
도 하였는데 '현'이란 '유현幽玄'하고 신비스러운 것을 나타내는 바
이는 곧 도를 가리키며, 이 도야말로 우주간의 삼라만상이 태어나는
'문門'이라고 보는 것이다.

또한 6장에서는 도를 '곡신谷神'이라 하고 도의 무한한 생산 능력
을 상징적으로 표현하여 '현빈玄牝'이라 했다. 이는 도의 공용功用의
영구함을 여성의 생산력에 비유한 것이다. "암컷의 문이 천지만물의
근원이다. 모든 것을 끊임없이 생산하여도 그 작용은 다함이 없다."
고 한 것이 그것이다.[283] 실로 도 자체는 생멸하지 아니하면서 만유를
생멸케 하고 또한 그 자체는 무규정자[284]이면서 만유를 규정하는 무
한자이다. 그리하여 노자는 "천지만물이 유有에서 나오고 유는 무無에
서 나온다."[285]고 했다. 이와 같이 무無가 유有의 원인이라고 하는 것
은 모든 유가 무에 의해 작용함을 의미하는 바, 『도덕경』 11장은 무無
의 공용을 시적詩的으로 표현하고 있다.

---

282 『道德經』21章: "孔德之容 惟道是從 道之爲物 惟恍惟惚 惚兮恍兮 其中有
象 恍兮惚兮 其中有物 窈兮冥兮 其中有精 其精甚眞 其中有信 自古及今
其名不去 以閱衆甫."
283 『道德經』6章: "谷神不死 是謂玄牝 玄牝之門 是謂天地根 綿綿若存 用之
不勤."
284 『道德經』32章에 나타나는 바와 같이 '道常無名'이라 하였으므로 道는 無
規定者이다.
285 『道德經』40章: "天下之物生於有 有生於無."

수레바퀴의 구조는 서른 개의 바퀴살이 한 개의 바퀴통에 모여 있는데, 그 바퀴통 빈 곳[無]에서 바퀴가 회전함으로써 수레로서의 작용을 한다. 진흙을 이겨서 그릇을 만드는 경우에도 그 빈 곳[無]이 그릇으로서의 작용을 한다. 벽을 뚫고 창을 내어 방을 만드는 경우에도 그 빈 부분[無]이 방으로서의 작용을 한다. 고로 유有가 어떤 작용을 하는 것은 무가 작용하기 때문이라 할 수 있다.[286]

만물의 원인으로서의 무無는 곧 도道이다. 노자는 도가 "텅 비어서 아무리 작용을 해도 채워지는 일이 없는 듯하다."고 하고 또 그것은 "못처럼 깊어서 만물의 근원인 듯하다."고 하면서 "만물의 날카로움을 꺾고, 그 엉킨 것을 풀며, 그 빛을 고르게 하여 티끌 세상에서 함께 산다."고 하였는데, 그는 그것이 "무엇으로부터 생겨났는지는 모르지만 상제象帝보다도 앞선 듯하다."고 했다.[287] 이러한 만유의 본원으로서의 도가 만물을 생성하는 과정은 곧 음양의 원리가 변증법적인 커뮤니케이션을 통하여 발전하는 과정이다. "도道는 하나를 낳고, 하나는 둘을 낳으며, 둘은 셋을 낳고, 셋은 만물을 낳는다. 만물은 음陰을 업고 양陽을 안으며 충기冲氣라는 화합력에 의하여 생성된다."[288] 이렇

---

286 『道德經』11章 : "三十輻共一轂 當其無有車之用 挻埴以爲器 當其無有器之用 鑿戶牖以爲室 當其無有室之用 故有之以爲利 無之以爲用."

287 『道德經』4章 : "道沖而用之 或不盈 淵兮 似萬物之宗 挫其銳 解其紛 和其光 同其塵 湛兮 似或存 吾不知誰之子 象帝之先."

288 『道德經』42章 : "道生一 一生二 二生三 三生萬物 萬物負陰而抱陽 冲氣以爲和."

게 해서 생성된 만물은 궁극에는 다시 무극無極으로 복귀하게 되는데,[289] 이는 경험세계의 사상事象에 속하는 것들이 영원 불변하지 않다는 것을 나타낸다.

만유는 무상無常한지라 불변함이 없고 오직 도만이 만유를 뛰어 넘어 영원 불변하다. 도는 만유를 범주하며 또한 만유가 의거해 있는 궁극적인 법칙으로서 대립전화적對立轉化的이고 순환운동적循環運動的인 규율[290]을 가지고 있다. 이는 곧 만물만상이 모두 변화하여 그 반대의 면으로 될 수 있다는 것을 의미하는 바, '대왈서大曰逝 서왈원逝曰遠 원왈반遠曰反'[291]이라고 하는 구절이나 '반자도지동反者道之動'[292]이라고 하는 구절 속에 잘 드러난다. 근본으로 돌아감〔反〕은 순환하여 서로 바뀐다는 뜻으로 이러한 운동과 변화는 일체의 사상事象이 대립·의존 관계에 있기 때문이며, 또한 대립물의 상호 의존성은 조화의 미를 발현시키게 된다.

경험의 세계에서 한결같이 자기 동일성을 지닌 사상事象이란 없다. 이런 까닭에 '유有'라고 하는 것도 절대적 '유'가 아니며, '무無'라고 하는 것도 절대적 '무'가 아니다. 따라서 '유무'는 절대적 모순이 아니다. 마찬가지 논리로 '난이難易', '장단長短', '고하高下', '전후前後'도 절대적 모순이 아니다. 이는 곧 음양의 조화적 원리를 나타내는 것으로 천지만물의 생성·발전이 이로써 설명된다. 일체의 현상은 일정

---

289 『道德經』 28章

290 王雲五 主 編, 陳鼓應 註譯, 『老子今註今譯』(臺北: 商務印書館, 中華民國 66년) 1-6面 참조.

291 『道德經』 25章.

292 『道德經』 40章.

한 단계에 이르게 되면 다시 변화하는 법이니, "화禍 뒤에는 복福이
따르고, 복 뒤에는 화가 도사리고 있다. 누가 그 종극을 알 것인가. 무
엇이 꼭 정正이라고 말할 수 없다. 정正도 다시 기奇가 되고, 선善도 다
시 요妖가 된다."[293]

즉 "궁즉통窮則通"이다. 도는 끊임없이 순환하는 활동을 하는 까닭
에 동일한 상태에 오래 머물지 아니하며, 따라서 모든 대립적 갈등이
나 투쟁 그 자체도 고정 불변하는 것이 아니므로 '기무정사其無正邪'
라 하였다. 우리가 사는 상대계에서의 명칭이나 개념은 상대적인 차
별에 불과한 것이므로 가변적이다. 천지 간에 모든 상황과 사물은 부
단히 변하고 바뀐다. 그러므로『도덕경』22장에서는, "굽으면 온전穩
全하고, 굽히면 곧게 되고, 움푹 파이면 가득 차고, 낡으면 새롭게 되
고, 적은즉 얻고, 많은즉 미혹하게 된다."[294] 하고, 36장에서는, "장차
죄고자 한다면 잠시 펴 있게 하고, 약하게 하고자 한다면 강하게 해
주고, 망亡하게 하고자 한다면 잠시 흥하게 해 주고, 빼앗고자 한다면
잠시 주어야 한다. 부드러운 것이 견고한 것을 이기고 약한 것이 강한
것을 이기게 마련이다."[295]라고 하고 있다.

이러한 종류의 논리는 모두 '반자도지동反者道之動'에서 나온 것이
다. 모든 것은 도에서 나와 도로 복귀하므로 도의 견지에서 보면 늘어

---

[293]『道德經』58章 : 禍兮福所倚 福兮禍所伏 孰之其極 其無正邪 正復爲奇 善
復爲妖.
[294]『道德經』22章 : "曲則全 枉則直 窪則盈 則新 少則得 多則惑."
[295]『道德經』36章 : "將欲歙之 必固張之 將欲弱之 必固强之 將欲廢之 必固興
之 將欲奪之 必固與之 …… 柔弱勝剛强." 이는 治國의 원리를 나타낸 것
으로 이러한 도리를 아는 것을 '微明'이라 한다.

난 것도 줄어든 것도 없다. 만물만상은 무상한지라 한결같을 수 없고 오직 도만이 한결같아서 이러한 대립과 운동을 통일시킨다. 도는 천지만물의 근원으로서 무한한 생명력을 지니고 있다. 그러면 도는 어떻게 해서 천지만물을 생성하는가. 노자에 의하면 무위자연無爲自然으로 그렇게 하는 것이다. 『도덕경』 28장에서는 "사람은 땅의 법칙을 본받고 땅은 하늘의 법칙을, 하늘은 도의 법칙을, 도는 자연의 법칙을 본받아야 한다."[296]고 한다. 여기서 '도법자연道法自然'은 『도덕경』의 전체적인 맥락을 통하여 볼 때 자연이 도의 상위개념으로가 아니라 동위개념인 것으로 나타나므로, 따라서 도즉자연道卽自然으로 보아야 할 것이다.[297] 말하자면 도는 곧 자연의 도로서 천·지·인의 모든 활동을 포괄하는 자기 스스로의 순수 활동이다. 이것을 40장에서는 '약자도지용弱者道之用'이라 하였는데, 이는 도의 작용을 무위자연의 그것으로 본 까닭이다. 이미 고찰된 바와 같이, 근본으로 되돌아감[反]이 도의 움직임[動]이다. 그런데 이 움직임은 이제 무위자연의 법칙에 의해 지배된다는 것을 알았다. 그렇다면 노자에 있어 도의 운동 법칙은 궁극적으로는 무위자연의 법칙 그 자체라고 해야 할 것이다.

(2) 무위無爲와 수유부쟁守柔不爭

노자 철학의 궁극적 목표는 자연의 무위無爲와 일체가 되는 것으로 우리의 마음이 순수하게 도에 계합契合될 때 비로소 가능하다는 것을 보여 준다. 도의 운동 법칙이 궁극적으로는 무위자연의 법칙인 까닭

---

296 『道德經』28章 : "人法地 地法天 天法道 道法自然."
297 cf. 王雲五主 編, 陳鼓應 註譯, 前揭書, 113-117面.

에 부단한 변화 속에 있는 외재外在 사물에 집착하게 되면 도의 자기 현현은 불가능하게 된다. 『도덕경』 64장에서 말하기를, "인위적으로 하는 자는 실패하고, 집착하는 자는 잃는다. 이 때문에 성인은 무위하므로 실패도 없으며, 집착이 없으므로 잃는 것도 없다."[298] 말하자면 '무위무집無爲無執'이라고 해야 할 것이다. 또한 무위는 '무패無敗'요 '무실無失'인 까닭에 43장에서는 '무위지유익無爲之有益'이라 하여 말 없는 자연의 가르침을 강조한다. 이러한 무위에 대한 강조는 노자의 치국술治國術에서도 잘 나타난다.

> "나라를 다스리는 데는 정도正道로써 하고 군대를 쓰는 데는 기책奇策으로써 하지만 인위적인 노력을 버림으로써 천하를 취하게 된다… 천하에 금령禁令이 많을수록 백성은 더욱 빈곤해지고, 백성이 이기利器를 많이 가질수록 국가는 더욱 혼란해지고, 사람들의 기교가 발달할수록 기물奇物이 많이 나와 국민 정신을 해하고, 법령이 정비될수록 도적이 많아진다. 그러므로 성인은 말씀하시기를, "내가 무위하니 백성이 스스로 순화醇化되고, 내가 고요함을 즐기니 백성이 스스로 바르게 되며, 내가 무사無事하니 백성이 스스로 부유하게 되며, 내가 무욕無欲하니 백성이 스스로 소박하게 된다."[299]

---

[298] 『道德經』 64章 : "爲者敗之 執者失之 是以聖人無爲 故無敗 無執 故無失."
[299] 『道德經』 57章 : "以正治國 以奇用兵 以無事取天下 …… 天下多忌諱 而民彌貧 民多利器 國家滋昏 人多技巧 奇物滋起 法令滋彰 盜賊多有 故聖人云 我無爲而民自化 我好靜而民自正 我無事而民自富 我無欲而民自樸."

무위란 어떤 일을 행함에 있어 인위적으로나 고의적으로가 아니라 자연적이며 자발적으로 한다는 것으로, 무위는 '자연自然'이라는 말과 같은 개념이다. 노자는 천지만물이 바로 이 무위의 작용, 즉 작용하는 주체가 없는 작용에 의해 생겨났다고 보고, 『도덕경』 40장에서는 '약자도지용弱者道之用'이라 하여 도가 만물을 생육하는 것이 어떤 인위적인 노력을 들여서 그렇게 하는 것이 아니라 무위자연으로 하는 까닭에 이 절대적인 힘은 지극히 유약할 것 같으나 43장의 "천하지지유天下之至柔 치빙천하지지견馳騁天下之至堅"이라는 말에서도 알 수 있듯이 실은 이 유약한 힘이 그 어떤 강자의 힘보다도 더 강한 힘인 것이다. 노자는 우리의 마음이 무위해지면 무집하게 되고 무욕하게 되므로, 허虛해지고 정靜해질 수 있다고 하면서 무위의 경계를 '허정虛靜'의 경계 그것이라고 보았다.

> 허虛의 극치에 이르고 고요함을 독실篤實하게 지킬 수 있다면 만물이 발생하여 움직이고 있는 이 모습이 실은 그 근원으로 돌아가는 작용임을 알게 된다. 무릇 만물은 끊임없이 생겨나지만 각기 그 근본으로 되돌아간다. 이렇게 근본으로 돌아가는 것을 고요해진다 하며, 고요해짐을 본연으로 돌아간다 하고, 본연으로 돌아감을 영원이라 하며, 영원을 아는 것을 진지眞知라 한다.[300]

만물은 각기 그 근원으로 돌아가서 자기 본성을 드러낸다. 노자는

---

300 『道德經』 16章: "致虛極 守靜篤 萬物並作 吾以觀復 夫物芸芸 各復歸其根 歸根曰靜 靜曰復命 復命曰常 知常曰明."

만물이 의거해 있는 도의 실상을 관조할 수 있을 때 천하를 취할 수 있다고 한다. 이는 "천하를 취하는 것이 항상 무위의 덕으로서만 가능하며 인위적인 노력으로서는 천하를 취하지 못한다."[301]고 하는 노자 특유의 정치철학인 동시에 또한 무위의 실천적 내지는 경험적 효과를 보여 주는 것으로 '무위이무불위無爲而無不爲'라는 한 마디로 포괄된다.

> 학문을 하면 날로 지식이 늘고 도를 행하면 날로 준다. 줄고 또 줄어서 더 이상 인위적인 것이 남지 않은 데까지 가면 함이 없으면서도 하지 않음이 없게 된다.[302]

그리하여 노자는 『도덕경』 37장에서 '도상무위이무불위道常無爲而無不爲'라 하였고 38장에서는 '상덕무위이무불위上德無爲而無不爲'라 하였다. 노자의 '동기진同其塵'이라는 말에서도 볼 수 있듯이 노자는 무위의 체득자가 홀로 초연하게 경험 세계를 떠나 버리는 것이 아니라 그 지혜의 빛을 세상에 비춤으로써 오히려 경험 세계를 지배하게 된다고 하는데, 이는 그의 학설이 현저하게 정치성을 띠고 있다는 것을 말하여 준다. 3장에서 "무위의 정치를 하면 다스려지지 않는 것이 없다."[303]라든지, 37장에서 "후왕侯王이 만약 이를 능히 지킬 수 있으면

---

301 『道德經』 48章 : "取天下常以無事 及其有事 不足以取天下."
302 『道德經』 48章 : "爲學日益 爲道日損 損之又損 以至于無爲 無爲而無不爲矣."
303 『道德經』 3章 : "爲無爲 則無不治."

만물이 장차 저절로 순화純化될 것이다."[304]라고 한 것이 그것이다. 이는 노자에게 있어 최상의 정치 형태가 '무위자화無爲自化'의 그것이라는 것을 보여 준다. 따라서 이상적 위정자가 될 수 있기 위해서는 백성들로부터 칭송을 받는 것만으로는 부족하며 그의 힘, 나아가서는 그의 존재 자체가 백성들에게 의식되지 않도록 하기 위하여 무위자연의 덕을 갖추어야 한다고 했다.[305] 자연의 법을 따라 통치하게 되면 무위이나 사실에 있어서는 무불위인 통치를 하게 되는 것이고, 따라서 최고도로 유능한 정부가 되게 되지만 그러한 유능성은 백성들에게는 의식되지 않는 까닭에 그들은 모두가 저절로 그렇게 되었다고 생각하게 되는 것이다. 이렇게 되면 지배와 복종의 관계도 피치자가 치자의 존재를 의식하지 않은 채 저절로 순화되기 때문에 사실상 종적인 관계라 할 수 없으며, 결과적으로 치자와 피치자의 구분 자체도 의미를 상실하게 되는 것이다. 이렇게 볼 때 무위는 단순히 개인 철학이기 이전에 국가의 통치 철학이며, 그것의 실천적 전개는 수유부쟁守柔不爭을 통해 이루어지게 된다.

　무위의 실천을 위하여 노자가 수유부쟁을 강조하는 것은 자연의 대도大道에 순응하기 위한 것으로『도덕경』40장의 '반자도지동反者道之動 약자도지용弱者道之用'이라는 원리에 근거한다. 예컨대 노자가 '수유왈강守柔曰强'[306]이라고 할 때 '수유'는 도에 계합되는 삶을 뜻한다. 성인의 도가 행하기는 해도 다투지 않는 것은 바로 이 도의 내재

304『道德經』37章 : "侯王若能守之 萬物將自化."
305『道德經』17章.
306『道德經』52章.

적 작용을 본받아 유약의 덕을 지켜 가는 까닭이다. 노자는 68장에서 말하기를 "무사武士 노릇 잘 하는 이는 무장을 하지 않고, 싸움 잘 하는 이는 성을 내지 않으며, 적을 잘 이기는 이는 관여하지 않고, 사람을 잘 쓰는 이는 자기가 쓰는 사람보다 아래에 처한다."고 하며, 이를 일러 '부쟁不爭의 덕'이라 하였다.[307] 43장에서는 "천하에 가장 부드러운 것이 천하의 가장 딱딱한 것을 부린다."[308]고 하였고, 78장에서는 "천하에 물보다 더 유약한 것이 없으나 견강한 것을 공격하는 데는 이보다 나은 것이 없다."[309]고 하였다. 이렇게 볼 때 노자의 수유부쟁에 대한 요구는 강剛을 알고 난 다음의 유柔, 말하자면 강함조차도 넘어선 약함에 대한 요구로 보아야 할 것이다. 『도덕경』 28장은 이러한 점을 분명히 밝히고 있다. "수컷이 지니는 강한 덕을 알고 있으면서도 암컷이 지니는 유순하고 부드러운 덕을 지켜 간다면 천하의 시내가 될 수 있을 것이다. 이렇게 천하의 시내가 되게 되면 상덕常德이 몸에서 떠나지 않아 마치 갓난애와도 같이 자연 그대로인 마음으로 복귀할 수 있다."[310]

이와 같은 논리는 우愚·욕辱·정靜·암暗과 같은 소극적인 덕목들에도 마찬가지로 적용된다. 즉 지知를 넘어선 우愚이고, 영榮을 알고 난 다음의 욕辱이며, 동動을 넘어선 정靜이고, 명明을 알고 난 다음의

307 『道德經』 68章 : "善爲士者不武 善戰者不怒 善勝敵者不爭 善用人者爲之 下 是謂不爭之德."
308 『道德經』 43章 : "天下之至柔 馳騁天下之至堅."
309 『道德經』 78章 : "天下莫柔弱於水 而攻堅强者莫之能勝."
310 『道德經』 28章 : "知其雄 守其雌 爲天下谿 爲天下谿 常德不離 復歸於嬰兒."

암曜인 것이다. 그렇다면 노자에게 있어 비非문화성은 원래적인 것으로서가 아니라 문화의 자기 부정으로서이며, 또한 소극적인 덕목들도 사실은 적극성의 결여로서가 아니라 그것을 넘어선 것으로서 이해해야 할 것이다. 그러나 유柔 · 우愚 · 정靜과 같은 소극적인 규범들은 아직은 의식 내지는 의지의 작용이 이루어지고 있는 까닭에 도와는 거리가 있다 하겠으며, 따라서 종국에는 그러한 규범조차도 초극될 때 비로소 무위자연과 일체가 될 수 있을 것이다. 이러한 노자의 자연적 도덕관은 유교의 인위적 도덕관의 내재적인 약점을 극복하기 위한 시도라 볼 수 있으며, 그의 무위관념의 실천적 전개는 필연적으로 그의 정치 이상이 씨족적 취락국가聚落國家의 구현이라는 것을 드러낸다.[311]

맺으며

이상에서 우리는 동 · 서양의 변증법적 특질을 살펴보기 위한 작업의 일환으로 헤겔의 절대정신과 노자의 도의 변증법적 발전 논리를 고찰하였다. 여기서 우리는 자유의지(free will)와 자연(nature)이라고 하는 헤겔과 노자의 각기 상이한 논의의 시발점이 필연적으로 제도성을 기반으로 한 인위적 공동체와 무위성無爲性을 기반으로 한 자연적 공동체를 산출한다는 것을 알았다. 헤겔은 루소(J. J. Rousseau)와의 논쟁에서도 분명히 하고 있듯이[312] 자유의지가 저절로 자연 상태에서 비롯되는 것은 아니라고 보았다. 그에게 있어 자연 상태는 자유 상태

---

311 『道德經』 80章.
312 Hegel, *Philosophy of Right*, §5.

가 아니라 오히려 홉스(Thomas Hobbes)적 '만인에 대한 만인의 투쟁 상태(the state of war of all against all)'에 지나지 않는 것으로 나타난다. 헤겔은 이러한 자연 상태의 전형이 바로 욕구의 체계로 이루어진 시민사회라고 보아 이 영역에서는 자유와 욕구가 상호 대치적인 관계에 있기 때문에 조화로울 수 없다고 하였다. 따라서 분열적인 욕구의 체계가 노동에 의한 자연의 정복 과정을 통하여, 더 나아가서는 복지 행정 및 직업 단체의 활동을 통하여 조정되고 균형을 찾을 때 비로소 시민사회는 '실체적 통일체'로서의 국가로 통합된다고 보았다. 바로 이 '실현된 자유의 영역(the realm of freedom made actual)'[313]에서 드디어 이성적인 것은 현실적인 것 속에 구현되고 절대정신은 인간 존재 속에 현현하게 되는 것이다.

한편 노자의 경우에 있어 자연은 상도常道와 동일 개념으로 사용되며 자연 상태는 무위무위無爲無僞나 무위부쟁無爲不爭의 상태, 즉 어떠한 인위적인 행동도 하지 않음으로써 위僞나 쟁爭이 없는 상태로 나타난다. 도의 체득 과정은 곧 자연으로의 복귀 과정이며, 이러한 도의 되돌아가는 움직임은 존재의 근원성을 드러내는 작용으로 자연과 완전히 일체가 되는 무위의 경계에서 도는 인간 존재 속에 구현되는 것이다. 그런데 여기서 한 가지 유념해야 할 것은 노자의 무위 사상이 개인주의에 입각한 서구의 자유 방임주의 사상과는 전혀 무관하다는 것이다. '무위무불위無爲無不爲'나 '무위자화無爲自化'라는 말에서도 볼 수 있듯이 그의 무위 관념은 오히려 경험 세계에의 응용을 시도하고 있으며, 씨족적 취락국가聚落國家와 같은 소국과민小國寡民을 그 정치

---

313 *Ibid.*, §4.

이상으로 삼고 있는 것이다.

이렇게 볼 때 노자의 국가에 대한 변증법적 도출 방식은 헤겔의 역사주의적 방식과는 달리 자연주의적이다. 헤겔에게 있어 절대정신의 자기 실현화 과정은 현상적 주체와 본질 간의 괴리를 메워 가는 소외 극복 과정이요 국가의 이념이 실제화되는 자유화 과정이며, 이는 곧 역사의 발전 과정과 일치해 있다. 이를테면 사회적 영역과 정치적 영역이 미분화 상태이던 고대 폴리스polis[314]에 있어서는 개인과 공동체의 일치로 소외 의식도 단지 잠재적이던 것이 중세[315]를 거쳐 현대[316]에 이르러 경제적 영역인 시민사회와 정치적 영역인 국가가 완전한 분화를 이루면서 사적 인간과 공적 인간이 대립하여 소외 의식 또한 제도화하게 된 것이다. 이러한 양 영역 간의 간격은 계급 체계의 매개적 기능을 통하여 시민사회의 특수성(particularity of civil society)이 국가의 보편성(universality of the state)으로 연결되면서 극복되고, 존재와 의식 또한 하나가 되어 소외의 역사는 종말을 고하게 된다.

노자의 경우에 있어서는—동양사상 일반이 그러하듯—도道의 체득에 의거한 사상이니만큼 논리성에 의거한 헤겔의 체계와는 다소 차이

314 고대 그리스 세계에 관하여, See Hegel, *The Philosophy of History*, pp.223-277.
315 중세 로마 세계에 관하여, See *Ibid.*, pp.278-340, esp. pp.278-282, 314-318.
316 현대 세계에 관하여, See *Ibid.*, pp.318-336, 366-389, 412-427, 438-457; Hegel, *Lectures on the History of Philosophy*, trans. by E. S. Haldans and F. H. Simon(London: Kegan Paul, 1896), III, pp.157-169, 379-408.

가 있다. 말하자면 헤겔의 접근은 의식과 공동체의 적극적 관련성을 논리적 전제로 삼아 자연을 극복함으로써 건설되는 이성체로서의 국가를 절대정신의 자기 실현의 장으로 삼고 있는 데 반해, 노자는 인위적 산물로서의 문화와 지식을 비판하여 도의 자기 현현은 문화의 자기부정을 통하여 무위자연과 일체가 됨으로써 이루어진다고 보고 이러한 무위 관념을 인간 세계에 투영시켜 '무위자화無爲自化', '위무위즉무불치(爲無爲 則無不治)'라고 표현하고 있다. 실로 노자의 도는 일체의 것을 포괄하는 가장 근원적인 존재인 동시에 모든 것에 내재하는 존재와 당위의 통일체로서 모든 것의 실상인 것으로 나타난다. 헤겔과 노자 양자 간의 상이한 접근은 또한 '자연의 극복'과 '자연에로의 복귀'라고 하는 그들 자연관에 있어서의 근본적인 차이를 말하여 준다.

이와 같은 헤겔과 노자의 상이한 접근을 통하여 볼 때 절대정신과 도는 모두 필연적 자기 법칙성에 의해 운동한다는 점에 있어서는 동일하지만, 후자는 전자와는 달리 일직선적이 아니라 순환 반복하는 운동을 한다는 것을 알 수 있다. 그렇다면 도의 변증 논리는 발전의 논리가 아니라 단순한 환원의 논리인가? 노자는 인간의 본성을 도성道性이라고 했다. 그러나 우리의 마음이 모든 의식적 작용을 그치고 무위자연으로 돌아가 도와 하나가 되지 않고서는 도를 자각할 수 없으며, 존재의 진상眞相 또한 인식할 수 없는 것이다. 도의 체득 과정은 비아非我에 대한 부정을 통하여 순수 자아로 복귀해 가는 존재와 의식의 합일화 과정, 말하자면 존재의 자기 실현화 과정이다. 인간의 본성을 도성道性이라고 할 때 도를 체득하기 이전의 상태는 추상적인 가능태에 불과하며, 그것의 구체적인 현실태는 도의 자각과 더불어 현현하게 된다. 이는 무위관념의 실천적 전개에서 더욱 명백해지는데, 이른바 『도덕경』 29장의 '천하신기 불가위야(天下神器 不可爲也)'라고 하는 노자의 통치 철학이 그것을 말하여 준다. 그렇다면 도의 변증 논리는 단순한 환원의 논리가 아니라 절대정신의 그것과 마찬가지로 발전의 논리라고 해야 할 것이다. 이러한 발전의 논리에 대한 비교론적 고찰은 생태정치학적 사유를 설명하는 논리적 도구로 작용할 수 있다는 점에서 그 의의를 찾을 수 있을 것이다.

여기서 우리는 헤겔과 노자의 발전에 대한 인식론적 차이가 발전에 대한 상이한 접근을 낳는다는 것을 알았다. 말하자면 자연과 문화에 대한 이들의 상이한 인식 태도가 헤겔의 경우에는 고도의 문화 세계 속에 자유의 왕국을 건설케 하였고 노자의 경우에는 자연 속에 무위無爲의 왕국을 건설케 하였던 것이다. 절대정신의 일직선적 운행 방식과 도의 순환 반복적 운행 방식은 단순히 어느 한 쪽을 절대적 기준으로 삼아 다른 쪽을 평할 수는 없으며, 이보다는 헤겔과 노자의 철학 체계, 더 나아가서는 동·서양 철학 체계 전반에 걸친 면밀한 연구가 이를 이해하는 데 하나의 지표를 제공할 수 있을 것이다. 도의 순환 반복하는 운동을 직시하는 것, 다시 말해서 만물이 생장하여 변화하는 모습이 기실은 모두 그 근원으로 되돌아가는 작용임을 직시하는 그 자체가 서구적 의미의 발전의 계기를 내포한 것이다. 지금 이 순간에도 절대정신은 역사의 완성을 열망하며 우리의 정신 속에서 살아 퍼득인다. 지금 이 순간에도 도는 만유를 주관하며 만유 속에서 만유의 진상으로 스스로를 드러낸다. 이성적理性的인 것은 현실적인 것 속에 어느 정도로 구현되었는가? 또한 우리의 삶은 얼마만큼이나 도와 하나가 되었는가? 이에 대한 답은 세계 곳곳에 널려 있다.

제5장 유·불·도와 동학에 나타난 생태정치학적 사유

제1절 유교 사상

앞서 우리는 생태정치학적 사유가 입각해 있는 생태 패러다임이 혼원일기混元—氣로 이루어진 생명의 유기성과 상호 관통을 직관적으로 깨닫는 생태적 자각에 기초해 있고, 또한 그러한 패러다임의 출현이 문명의 대전환과 맥을 같이 하고 있음을 살펴보았다. 말하자면 생태 패러다임은 인간 존재의 '세 중심축(天地人 三才)'의 연관성 및 통합성에 대한 자각에 기초하며, 천지 운행의 원리에 따른 우주적 차원의 질서 재편이랄 수 있는 후천개벽과 그 맥을 같이하는 것이다. 이는 곧 생명의 전일성에 대한 자각이며, 근대 인간 중심의(anthropocentric) 시각에서 전체 생물권(biosphere) 내지 생명권(ecosphere) 또는 우주권(cosmosphere)으로의 의식 확장과 관계된다. 본 절에서는 동양의 전통 사상 중에서 유교에 나타난 생태정치학적 사유의 특성을『역경易經』, 『서경書經』의 홍범구주洪範九疇,『논어論語』,『맹자孟子』,『대학大學』,『중용中庸』을 통하여 살펴보기로 한다.

『역경 The I Ching』[317]은『서경書經』,『시경詩經』과 함께 삼경三經의 하나로 일컬어지는 유교 경전이다. 동양의 모든 학문, 특히 철학의 기초

가 되는 『역경』은 크게 경經과 전傳의 두 부분으로 나누어지며 64괘·

---

317 『易經』은 중국의 시조로 여겨지는 배달국의 태호복희씨(太皥伏羲氏, 배달국 제5대 太虞儀 桓雄의 막내아들)에 의해 처음 만들어져 周나라 文王대에 이르러 괘사(卦辭)·효사(爻辭)가 만들어지고 이후 孔子에 의해 《十翼》으로 정리되면서 주나라 시대의 易이란 뜻에서 『周易』으로 불리게 된 유교 경전이다. 河圖洛書에 의해 발전되어온 동양의 易사상은 『역경』을 깊이 연구한 孔子에 의해 그 원뜻이 해석되고 이치가 밝혀지게 된다. '십익'은 '열 개의 날개'이니 經을 보조하는 해설이라는 뜻으로 여기에는 彖傳 상·하편, 象傳 상·하편, 繫辭傳 상·하편, 文言傳, 說卦傳, 序卦傳, 雜卦傳이 들어 있다. 중국 삼국시대 魏나라의 철학자 王弼은 복희씨가 黃河 龍馬의 등에 그려진 하도(河圖, 龍圖라고도 함)의 이치를 깨닫고 그것으로 易의 八卦를 만들고 이를 다시 겹쳐서 64괘를 만들어 삼라만상의 상호작용과 변화의 표징으로 삼았다고 하고, 중국 前漢시대 역사학자 司馬遷은 복희씨가 8괘를 만들고 文王이 64괘와 괘사·효사를 만들었다고 하였다. 괘사는 문왕이, 효사는 문왕의 아들 周公이 만들었다고 보는 것이 통설이다. 河圖는 太皥伏羲氏가 黃河 龍馬의 등에서 얻은 그림인데 이것으로 易의 八卦를 만들었다고 하며, 洛書는 夏禹가 洛水 거북의 등에서 얻은 글인데 이것으로 禹는 천하를 다스리는 大法으로서의 洪範九疇를 만들었다고 한다. 河圖(龍圖)는 열 개의 숫자 1, 2, 3, 4, 5, 6, 7, 8, 9, 10이 일으키는 변화이며 그 합인 55라는 숫자는 相生五行을 나타내고, 夏禹가 洛水 거북의 등에서 얻은 洛書(龜書 또는 九書)는 아홉 개의 숫자 1, 2, 3, 4, 5, 6, 7, 8, 9가 일으키는 변화이며 그 합인 45라는 숫자는 相剋五行을 나타내는 것으로, 하도낙서는 상생상극하는 천지운행의 현묘한 이치를 드러낸 것이다. 程頤의 주석서 『易傳』은 중국 철학사상 주요한 위치를 차지하고 있으며, 『周易正義』(위나라 王弼 및 진나라 韓康伯의 注, 당나라 孔穎達의 疏)와 『周易集解』(당나라 李鼎祚의 輯)도 일반적으로 알려진 주석본이다. 조선 후기 철학자 一夫 金恒은 복희8괘〔羲易, 先天圖〕, 문왕8괘〔周易, 後天圖〕에 이어 제3卦圖인 정역8괘〔正易, 正易圖〕를 완성했다. 정역이 전하는 개벽 문제의 핵심은 지구 자전축의 정립과 공전궤도의 변화, 유불선의 통합, 그리고 正陰正陽의 시대의 도래이다.

384효, 괘사卦辭, 효사爻辭, 십익十翼으로 구성되어 있다. 역이란 말은
변역變易, 즉 '바뀐다' '변한다'는 뜻으로 우주만물이 끊임없이 변화
하는 원리를 밝힌 까닭에 『역경』을 『변역의 서 Book of Changes』라고
부르는 것이다. 이 역은 간역簡易·변역變易·불역不易의 세 가지 의미
를 함축하고 있는데 『역경』의 요체는 이러한 역易의 세 측면이 종합될
때 자연히 드러난다. 우주만물이 생장하여 변화하는 모습이 기실은
모두 그 근본으로 되돌아가는 작용으로 이러한 과정은 다함이 없이
순환 반복되는 것이니 무위無爲의 작용으로 이루어지는 단순한 변화
라는 의미에서 간역이라 한 것이고, 음양동정陰陽動靜의 원리에 의해
우주만물이 상호 의존·상호 전화·상호 관통하며 끊임없이 변화한
다는 의미에서 변역이라 한 것이며, '하나(一)'의 묘리妙理의 작용으로
삼라만상이 오고 가며 그 쓰임(用)은 무수히 변하지만 근본은 변함도
다함도 없다는 의미에서 불역이라 한 것이다. 불역은 가없는 변화에
응답하는 원궤의 중심축인 불변의 우주 섭리를 말함이니, 이는 곧 그
자체는 생멸하지 아니하면서 만유를 생멸케 하고 또한 그 자체는 무
규정자이면서 만유를 규정하며 만유에 편재해 있는 무시무종의 유일
자(唯一神, 道, 太極)를 말함이다. 이렇듯 변화하는 우주만물은 불변의
우주섭리를 그 체로 하고 있는 까닭에 불변의 이치를 알지 못하고서는
현상계의 변화하는 이치 또한 알 수 없으며 따라서 본체계와 현상계의
상호 관통의 원리 또한 알 수 없는 것이다. 이 불변의 이치는 우주만물
에 내재해 있는 동시에 가없는 기화氣化의 작용으로 만유를 변질시키
는 하나인 혼원일기를 일컫는 것으로 『역경』에서는 이를 태극(太極, 無
極)[318]이라고 하였다. 생명의 전일성을 그 본질로 하는 생태정치학적 사
유의 요체는 바로 이 불변의 이치, 즉 태극에 대한 자각에 있다.

  유교 삼경三經의 하나인 『서경書經』에 나타난 홍범구주洪範九疇는 중
국 하夏나라 우왕禹王이 요순堯舜 이래의 정치 대법大法을 9개 조항으
로 집대성한 것으로 천·지·인 삼재의 융화를 바탕으로 생태정치학
적 사유를 정치 실제에 적용시킨 것이다. 홍범구주는 하도河圖와 낙서
洛書의 이치를 실제로 적용한 법도로서 그 주요 내용은 정치가 하늘
(天)의 상도常道인 오행五行·오사五事·팔정八政·오기五紀·황극皇極·
삼덕三德·계의稽疑·서징庶徵·오복五福 등 구주九疇에 의해 인식되고
실현된다는 것이다. 다시 말해서 천시天時와 지리地理 그리고 인사人事
의 조응 관계에 기초하여 천리에 순응하는 정치 대법을 9개 조항으로
집대성한 것이다. 홍범구주 원문의 대강을 보면, 제1주第一疇 오행五行
은 수화목금토水火木金土이고, 제2주 경오사敬五事는 용모(貌), 언행(言),
시각(視), 청각(聽), 생각(思)을 일상생활에서 공손하고 바르게 행하는

---

318 北宋 시대 성리학의 鼻祖 주돈이(周濂溪라고도 함, 1017~1073)의 『太
    極圖說』에 의하면, 우주만물의 생성 과정은 太極-陰陽-五行-萬物로 되어
    있으며 太極의 動靜에 의해 陰陽이 생겨나지만 음양 내에도 역시 태극은
    존재한다. 陰陽의 二氣에 의해 水·火·木·金·土의 五行이 생성되고
    음양오행에 의해 만물이 생겨나지만 오행 및 만물 내에도 태극은 존재한
    다. 朱子에 이르면 太極은 理라 해석되게 되는데 이 理가 곧 道이다. 太極
    은 본래 다함이 없는 無極이다. 無極의 眞과 陰陽五行의 精과의 妙合으로
    하늘의 道인 乾道는 陽의 남자를 이루고 땅의 道인 坤道는 陰의 여자를
    이루며 만물이 化生하나, 만물은 결국 하나의 음양으로, 그리고 음양은
    하나의 태극으로 돌아간다. 太極은 음과 양의 二氣로 나누어지고, 음과
    양은 다시 각각 음과 양으로 나누어져 四象 즉 太陽·小陰·小陽·太陰
    을 이루며, 사상은 다시 음과 양으로 나누어져 8괘 즉 건(乾, ☰)·곤
    (坤, ☷)·진(震, ☳)·손(巽, ☴)·감(坎, ☵)·이(離, ☲)·간(艮, ☶)·
    태(兌, ☱)를 이루고, 8괘가 서로 겹쳐서 64괘가 이루어진다.

것을 말하며, 제3주 팔정八政은 식(食: 食糧), 화(貨: 財貨), 사(祀: 祭祀), 사공(司空: 內務), 사도(司徒: 敎育), 사적(司寇: 治安), 빈(賓: 外務), 사(師: 軍師)의 여덟 가지 통치 행위와 관련된 것을 말하고, 제4주 오기五紀는 세歲, 일日, 월月, 성신星辰, 역수曆數로 천지 운행의 법도를 말한다. 제5주 건용황극建用皇極은 군왕이 어느 편에도 치우침이 없는 대공지정大公至正의 왕도를 세워서 백성들에게 펴는 것을 말하는 것으로, 홍범 9개 조항의 중앙에 위치시킴으로써 군왕이 중심에서 바른 도를 세운다는 뜻에서 왕도는 곧 중정中正의 도道임을 논리 구조적으로 명료하게 보여 준다. 제6주 삼덕三德은 군왕이 지켜야 할 천·지·인의 세 가지 덕목, 즉 정직正直, 강극(剛克: 강함으로 다스림), 유극(柔克: 부드러움으로 다스림)을 말하고, 제7주 명용계의明用稽疑는 국가의 주요 정책을 집행함에 있어 의심이 가는 일에 대해서는 사람이 할 바를 다한 후 하늘의 뜻에 다시 비추어보는 의미에서 복서卜筮 결정하는 방법을 말하고 있으며, 제8주 서징庶徵은 하늘이 사람에게 보여 주는 여러 가지 징후를 잘 파악하여 충분히 대비해야 함을 말하고 있고, 제9주 오복(五福: 壽, 富, 康寧, 德, 考終命)과 육극(六極: 凶短折, 疾, 憂, 貧, 惡, 弱)은 삶의 목표를 올바르게 유도하기 위해 경계로 삼기 위한 것이다.

　『논어論語』[319]는 『맹자孟子』, 『대학大學』, 『중용中庸』과 함께 사서四書

---

319 『論語』는 춘추시대 魯나라(지금의 山東省 지역) 출신으로 유교의 開祖인 孔子(이름은 丘, 字는 仲尼, 孔夫子라고도 함, BC 551~BC 479)의 사후에 그 제자들이 기록한 공자의 언행록이라는 것이 유교의 통설이다. 10권 20편으로 되어 있으며 현전하는 논어는 鄭玄本 계통이다. 정현본은 後漢의 鄭玄이 魯나라에 전하는 魯論 20편, 齊나라에 전하는 齊論 22편, 그리고 공자의 자손 집 벽에 발랐던 古論 21편의 3종을 절충하여 편수를

의 하나로 일컬어지는 유교 경전이다. 공자 사상의 요체는 인仁이다. 춘추 시대의 도덕적 타락상과 사회정치적 혼란상을 목격하고서 도덕성 회복을 위해 인을 강조했던 것이다. 『논어』「안연顔淵」편에 공자가 그 제자인 번지樊遲와의 문답에서 "인仁이란 남을 사랑하는 것이다."[320]라고 한 데서도 알 수 있듯이, 인을 실천한다는 것은 곧 남을 배려하는 마음을 갖는다는 것이다. 인의 실천 방법은 충서忠恕의 도道로 나타난다. 적극적인 면이 '충忠'으로 나타난다면, 소극적인 면은 '서恕'로 나타난다. 즉 "자기가 서려고 하면 남도 세워 주고, 자신이 어떤 목적을 이루고자 하면 남도 이루어지도록 해주는 것(「雍也」편)"[321]이 인의 적극적 실천 방법인 '충'이라고 한다면, "자기가 하고 싶지 않은 일을 남에게 시키지 말라(「顔淵」편)."[322]고 한 것은 소극적 실

20으로 한 것을 말한다. 논어의 주석은 많으나 1177년 南宋의 성리학자 朱子(이름은 熹, 1130-1200)가 새로운 철학이론으로 해석한 『論語集註』가 가장 대표적인 것으로 꼽힌다. 논어가 四書의 하나로 널리 인식되게 된 것은 주자에 의해 『四書集注』, 즉 『논어집주』(1177년), 『孟子集注』(1177년), 『大學章句』(1189년), 『中庸章句』(1189년)가 저술된 이후이다. 한국에는 유교가 전래된 삼국시대에 논어도 전해진 것으로 보이며, 통일신라시대인 신문왕 2년(682)에 국학을 창설하여 논어를 가르쳤고, 원성왕 4년(788)에 설치된 讀書三品科에서도 논어는 필수과목이었다. 조선시대에는 주자학의 도입으로 五經보다 四書가 더 중시되면서 사서의 중심인 논어는 벽촌의 학동들에게까지 가르쳐졌다.

320 『論語』「顔淵」: "樊遲問仁 子曰 愛人."
321 『論語』「雍也」: "夫仁者 己欲立而立人 己欲達而達人."
322 『論語』「顔淵」: "仲弓問仁 子曰 …己所不欲 勿施於人"; 『論語』「衛靈公」二十三 : "子貢問曰「有一言而可以終身行之者乎」子曰「其恕乎 己所不欲 勿施於人」."

천 방법인 '서'이다. 인은 주체와 객체가 일체가 되는 대공大公한 경계이다. 사람이 인자하면 반드시 용기를 가지게 되고 지혜를 낳을 수 있는 까닭에 군자는 자기 몸을 죽여 인을 이룩한다. 따라서 공자는 진덕進德, 즉 덕을 진작振作시키는 것을 학문의 목표로 삼아 '덕성아德性我' 계발을 위주로 하였다. 공자의 호학적好學的 정신은 수신修身에 그 토대를 두고 '제가치국평천하齊家治國平天下'로 나아감으로써 강한 정치 실천성을 내포하고 있다. 제경공齊景公이 물었다. "어떻게 하면 나라를 바로잡을 수 있겠습니까?" "군군 신신 부부 자자(君君臣臣父父子子)." 공자의 대답이었다. 즉 임금은 임금답고, 신하는 신하다우며, 어버이는 어버이답고, 자식은 자식다워야 정치 질서가 확립될 수 있다는 것이다. 정치는 '정명正名', 즉 이름을 바로잡는 것을 근본으로 삼는다는 것이 공자의 '정명' 사상이다(「子路」편). 공자는 당시의 혼란을 '정명'의 혼란으로 규정하고, 침권侵權을 정치질서 붕괴의 주요 원인으로 보았다. 자기를 닦고 백성을 다스리는 이른바 수기치인修己治人의 도를 체득하지 않고서는 인仁의 덕성적德性的 및 효용적 의미가 제대로 발현되기 어려우며 따라서 덕치德治가 구현될 수가 없다. 또한 공자는 사회질서 유지를 위해 예禮를 강조하고 있는데,「안연」편에서는 공자가 제자 안연에게 인仁과 예가 결국 하나임을 극기복례克己復禮라는 말로 설명하고 있다. 즉 자기를 이기고 예禮로 돌아가는 것이 인이며, 하루하루 자기를 이기고 예로 돌아가면 천하가 인으로 돌아갈 것이라고 한 것이 그것이다. 천하가 인으로 돌아가면 정치의 가장 주요한 과제인 사회 속의 신信의 확립은 저절로 이루어지게 되는 것이다. 예가 아니면 보지도, 듣지도, 말하지도, 움직이지도 말라(非禮勿視, 非禮勿聽, 非禮勿言, 非禮勿動)고 하는 '사물四勿'이 극기복례의 행동 지침

이고, 그 잣대가 되는 것이 중용中庸, 즉 시중時中의 도[323]이다. 백성은
가난함을 근심하지 않고 고르지 못함을 슬퍼하는 까닭에 어떤 상황에
서도 지선至善을 지향하는 '시중'의 도로써 공자는 대동사회를 구현
하고자 했던 것이다. 이는 곧 평등성지平等性智의 나타남으로 생태정
치학적 사유의 본질을 이루는 것이다.

『맹자孟子』[324]는 사서의 하나로 일컬어지는 유교 경전으로 맹자의

---

323 『孟子』「公孫丑上」에서는 공자의 時中의 道를 찬양하여 이렇게 말하였다.
"벼슬을 할 때면 나가서 벼슬하고, 그만두어야 할 때면 그만두고, 오래 머
물러 있을 때면 오래 머물러 있고, 빨리 떠날 때면 빨리 떠나는 것은 공자
였다(可以仕則仕 可以止則止 可以久則久 可以速則速 孔子也)."

324 『孟子』는 戰國時代 趨나라(지금의 山東省 지역으로 魯나라와 인접함)의
유교 사상가로서 공자의 정통유학을 계승 발전시켰던 孟子(이름은 軻,
BC 372?~BC 289?)의 언행을 기록한 유교 경전이다. 맹자는 패도정치
가 만연한 전국시대에 배출된 諸子百家의 한 사람으로서 BC 320년경부
터 약 15년 동안 각국을 유세하고 돌아다녔으나, 그가 내세운 仁義에 의
한 王道政治가 채택되지 않자 고향에 은거하여 제자 교육과 저술에 전념
하였다. 맹자는 공자의 손자인 子思의 문하생으로 수업하여 공자 사상의
정통성을 온전하게 계승 발전시킴으로써 공자 다음의 '亞聖'이라는 칭호
를 얻었으며, 이후 유교는 '孔孟之敎'로 불릴 정도로 중시되었다. 맹자의
어머니가 자식을 위해 세 번 이사했다는 孟母三遷之敎는 유명한 고사이
다. 內聖을 근본으로 삼아 仁政을 베푸는 것이 王道라는 맹자의 관점은
송·명대의 理學派에게로 계승되고 다시 조선의 趙光祖·李栗谷 등의 성
리학자들에 의해 도학의 맥이 이어졌다. 『맹자』는 맹자의 이름을 딴 후세
의 편찬물이지만 그의 사상의 진수가 담겨진 유일한 책이다. 「梁惠王」 상
하, 「公孫丑」 상하, 「藤文公」 상하, 「離婁」 상하, 「萬章」 상하, 「告子」 상
하, 「盡心」 상하의 7편으로 되어 있으며 제후·제자들과의 문답내용을 담
고 있다. 『맹자』는 唐나라 古文의 대가인 韓愈에 의해 經書로서의 가치가
세상에 드러나게 되었고, 그것이 北宋에 계승되어 차츰 고전으로서 중시

언행을 기록한 것이다. 맹자의 성선설性善說은 사람이 인仁을 실천할 수 있는 근거를 사단四端으로써 논증하고 있다. 즉 사람은 누구나 남에게 차마 잔인하게 하지 못하는 마음, 다시 말해서 남의 고통을 보고 참지 못하는 불인지심不忍之心이 있으니, 그것이 바로 측은지심惻隱之心, 수오지심羞惡之心, 사양지심辭讓之心, 시비지심是非之心이라는 것이다. 『맹자』「공손축상(公孫丑 上)」에는 이렇게 나와 있다. "측은한 마음이 없으면 인간이 아니요, 부끄러워하고 미워하는 마음이 없으면 인간이 아니요, 사양하는 마음이 없으면 인간이 아니요, 시비를 가리는 마음이 없으면 인간이 아니다. 측은한 마음은 인仁의 단서端緖요, 부끄러워하고 미워하는 마음은 의義의 단서요, 사양하는 마음은 예禮의 단서요, 시비를 가리는 마음은 지智의 단서이다. 사람이 이 사단四端을 가진 것은 마치 사지四肢를 가진 것과 같다.…이 사단이 자기에게 있는 것을 알고서 확충해 나가면…천하라도 보전할 수 있게 되지만, 확충시키지 못하면 부모조차 섬길 수 없게 된다."[325] 말하자면 유가儒家의 네 가지 덕목인 인의예지仁義禮智는 모든 사람의 본성인 이 사단四端을 충실하게 확충시켜 나가면 자연히 꽃피워질 수 있다고 본 것이

되었으며, 南宋의 성리학자 朱子(이름은 熹, 1130-1200)에 이르러 『四書集注』가 저술되면서 『論語』, 『大學』, 『中庸』과 함께 사서의 하나로서 유교의 주요한 경전이 되었다.

325 『孟子』「公孫丑 上」六 : "無惻隱之心 非人也 無羞惡之心 非人也 無辭讓之心 非人也 無是非之心 非人也 惻隱之心 仁之端也 羞惡之心 義之端也 辭讓之心 禮之端也 是非之心 智之端也 人之有是四端也 猶其有四體也…凡有四端於我者 知皆擴而充之矣 若火之始燃 泉之始達 苟能充之 足以保四海 苟不充之 不足以事父母."

다. 맹자는 인간이 진실로 인간답게 되기 위해서는 교육을 통해 '사단'을 충실하게 확충시키는 길밖에 없는 것으로 보았다. 말하자면 맹자는 '사단'으로 성선性善을 논하고 있으나 단端은 단지 시점始點일 뿐 덕성이 원만하게 피어나려면 반드시 자각적 노력이 필요한 것으로 본 것이다. 『맹자』「진심장구상(盡心章句 上)」에서도 타고난 천성을 넓혀서 충실하게 할 수 있도록 몸을 닦아야 한다고 하고 있다. 여기서 교육을 통한 '사단'의 확충은 주관과 객관의 조화를 함축한 의식의 확장과 관계되는 것으로 생태정치학적 사유와 그 맥이 통해 있다.

『대학大學』326은 사서의 하나로 일컬어지는 유교 경전으로 공자의 가르침을 정통으로 나타내는 중요한 경서經書이다. 『대학장구大學章句』의 경經은 공자의 말씀을 증자曾子가 기술한 것이고, 전傳은 증자의 뜻을 그의 제자들(주로 子思)이 기술한 것이라고 주자朱子는 단정하였다. 경에서는 명명덕(明明德: 명덕을 밝힘)·친민(親民[新民]: 백성을 친애함)·지어지선(止於至善: 지선에 머묾)을 대학의 3강령三綱領이라 하고 이를 격물格物·치지致知·성의誠意·정심正心·수신修身·제가齊家·치국治國·평천하平天下의 8조목八條目으로 정리하여 유교의 윤곽을 제시하였다.

---

326 『大學』은 원래 『禮記』의 제42편이었던 것을 北宋의 司馬光이 처음으로 따로 떼어서 『大學廣義』를 만들었고, 이어 北宋의 程顥·程頤 형제가 『大學定本』을 지어 『논어』 『맹자』 『중용』과 함께 사서라고 칭하였다. 그 후 南宋의 성리학자 朱子(이름은 熹, 1130-1200)가 『大學章句』(1189년)》를 만들어 經 1장, 傳 10장으로 구분하여 주석을 가함으로써 『論語集注』(1177년), 『孟子集注』(1177년), 『中庸章句』(1189년)와 함께 『四書集注』의 하나인 독립된 경전으로 널리 읽혀지게 되었다. 특히 주자가 보충한 補傳은 『대학장구』 서문과 함께 문장도 훌륭하고 그의 사상이 명징하게 드러나 있어 元·明·淸에 이르기까지 널리 애독되었다.

3강령 중 '친민(신민)'에 대해, 명明의 왕양명王陽明은 고본대로 백성을 친애한다는 뜻으로, 정이程頤나 주자는 친親을 신新으로 풀이하여 백성을 새롭게 한다는 뜻으로 해석했다. 본래의 타고난 명덕을 밝혀서 백성에게 베풀어 사랑하고 새롭게 하는 것이니 그 뜻이 다른 것이 아니다. 8조목의 요지는 "사물의 이치를 궁구하여 이르지 않는 데가 없게 한 다음에야 모든 사물의 이치를 알 수 있게 되고, 모든 사물의 이치를 알고 난 다음에야 뜻이 성실해지고, 뜻이 성실해진 다음에야 마음이 바르게 되고, 마음이 바르게 된 다음에야 몸이 닦아지고, 몸이 닦아진 다음에야 집안이 다스려지고, 집안이 다스려진 다음에야 나라가 다스려지고, 나라가 다스려진 다음에야 천하가 태평하게 된다."는 것이다. 즉 3강령 8조목을 순서대로 실행하면 개인과 가족, 나라 전체가 화평하게 된다는 유교의 근본적인 사상이다. 전傳은 경經에 대한 각론으로서 증자가 해설한 것을 주자가 체계적으로 정리하여 놓은 것이다. 『대학』「전문傳文」 치국평천하 18장은 치국평천하함에 있어 군자가 지녀야 할 '혈구지도絜矩之道'를 제시하고 있다. 즉 윗자리에 있는 이들이 노인을 노인으로 섬기고 어른을 어른으로 받들며 외로운 이들을 긍휼이 여기는 효孝·제悌·자慈의 도를 실천하면 백성들도 이에 분발심을 일으키게 된다는 뜻이다. 이 세 가지 도는 인도人道의 대단大端으로서 모든 사람의 마음에 공통적으로 주어져 있기 때문에 제가·치국·평천하함에 있어 근본적인 도는 이러한 대단에서 벗어나지 않으며, 사람 마음의 근본 또한 서로 다를 것이 없다는 데 근거하여 '혈구지도'를 제시했다. 치국평천하 19장은 '혈구지도'를 설명한 것이다. 윗사람이 내게 무례하게 대하는 것을 원치 않는다면 나의 이런 마음으로 아랫사람의 마음을 헤아려 역시 무례하게 그들을 부리지

말 것이며, 아랫사람이 내게 불충不忠하게 대하는 것을 원치 않는다면
나의 이런 마음으로 윗사람의 마음을 헤아려 역시 불충하게 섬기지
말 것이다. 마찬가지로 자기를 중심으로 한 인간관계의 전 · 후 · 좌 ·
우에 이르기까지 모두 이와 같이 해 나간다면 천하는 균형과 조화가
이루어져 태평하게 될 것이라는 뜻이다.[327] 이러한 '혈구지도'는『참
전계경參佺戒經』제345사, 단군팔조교檀君八條教 제2조[328], 부여의 구서
九誓 제2서[329] 등 여러 경전에서 이미 제시된 것으로 남을 나와 같이

---

[327] 『大學』「傳文」治國平天下 18章: "所謂平天下 在治其國者 上 老老而民 興
孝 上 長長而民 興弟 上 恤孤而民 不倍 是以 君子 有絜矩之道也";『大學』
「傳文」治國平天下 19章: "所惡於上 母以使下 所惡於下 母以事上 所惡於
前 母以先後 所惡於後 母以從前 所惡於右 母以交於左 所惡於左 母以交於
右 此之謂絜矩之道也."

[328] 즉 "하늘의 홍범은 언제나 하나이고 사람의 마음 또한 다 같게 마련이니
내 마음으로 미루어 남의 마음을 헤아리도록 하라. 사람의 마음은 오직
교화를 통해서만 하늘의 홍범과 합치되는 것이니 그리 해야 만방에 베풀
어질 수 있는 것이다."『桓檀古記』「檀君世紀」: "天範恒一 人心惟同 推己
秉心 以及人心 人心惟化 亦合天範 乃用御于萬邦."

[329] 九誓 第2誓의 내용은 다음과 같다. "힘써라 너희는 형제에게 우애 있게
하여라. 형제란 같은 부모에게서 나뉘어 태어났으니 형이 좋아하는 것은
아우가 좋아하게 마련이고, 아우가 좋아하지 않는 것은 형도 좋아하지 않
는 법이다. 세상 만물을 좋아하고 싫어함은 남과 내가 마찬가지이니 내
자신으로 미루어 세상 만물을 헤아리며, 친한 사람으로 미루어 소원한 이
에게까지 생각이 미쳐야 한다. 이러한 도가 나라 전체에 미치면 나라가
크게 일어날 것이요, 천하에까지 미치면 천하가 크게 변화될 것이다. 이
것이 우애와 화목과 어짊과 용서함(友睦仁恕)이다. 감히 수행하지 않겠
는가?"(『桓檀古記』「太白逸史」蘇塗經典本訓: "曰勉爾友于兄弟 兄弟者
父母之所分也 兄之所好則弟之所好也 弟之所不好則兄之所不好也 物來之

헤아리는 추기도인推己度人의 도를 지켜나간다면 편안한 생활을 할 수
있다는 뜻이다. 이는 곧 주관과 객관의 조화를 함축한 것으로 생태정
치학적 사유와 그 맥이 통해 있다.

『중용中庸』[330]은 사서의 하나로 일컬어지는 유교 경전이다. 구성은
전체 33장이며 1장은 전편全篇의 요체로 천명天命·성성性·도道·교教
로써 중용의 철학적 근거를 밝힌 뒤 "치중화 천지위언 만물육언(致中
和 天地位焉 萬物育焉: 중화를 이루면 하늘과 땅이 제자리에 있게 되고 만물이 자라게
된다)"이라는 중용 최고의 경지를 밝혔다. 2~11장은 공자의 말을 인
용하여 중용의 도를 이루는, 다시 말해서 치중화致中和하는 방법을 논
함으로써 1장의 뜻을 완결시켰고, 12~20장은 공자의 말과 시경詩經
을 인용하여 중용지도中庸之道의 원리와 작용을 밝히고, 중용과 중화
의 관계를 체體와 용用으로 설명하였다. 21~26장은 중용에서 가장

好不好人我相同也 自身而及物 自親而及疎 以如是之道 推之鄕國則鄕國可
興也 推之天下則天下可化也 是友睦仁恕之敢不修行乎…").
[330] 『中庸』은 南宋의 성리학자 朱子가 『禮記』 총 49편 가운데 31편 「중용」과
42편 「대학」을 따로 떼어 『논어』, 『맹자』와 함께 사서로서 表章하고 여기
에 주석을 가하여 『四書集注』를 저술함으로써 독립된 경전으로 널리 읽
혀지게 되었다. 『중용』은 일찍이 학자들의 주목을 받아 北宋의 程顥·程
형제가 33장이던 것을 37장으로 나누어 주석을 붙이기도 하였으며, 이것
을 다시 33장으로 朱子가 총정리한 것이 『中庸章句』이다. 서문에서 주자
는 『예기』 가운데 한 편이었던 이 글을 공자의 손자이며 曾子의 제자인
子思(이름은 孔伋)가 지었다고 했다. 자사는 중용을 유가사상의 핵심 주
제로 보았으며, 사람들이 모든 행동에서 본받아야 할 원칙이자 나라를 다
스리는 근본이라고 했다. 한국에서도 고려 말 程朱學을 수용하여 조선의
國是가 된 이래 『중용』은 사서의 하나로 존중되었으며 성리학자들의 연
구에 힘입어 정신문화 형성에 큰 영향을 주었다.

중요하게 다루어지는 성誠을 설명하여, '성은 하늘의 도이고 성을 이루는 것은 사람의 도'라고 하여 수양을 통해 성을 이루면 천성天性을 터득하여 행할 수 있다고 하였으며, 27~33장은 지성至誠을 체득한 성인의 도·덕德·교화敎化에 대하여 설명하였다. 중용의 중은 치우치지도 기울지도 않음(不偏不倚), 지나치지도 모자라지도 않음(無過不及), 희로애락이 일어나지 않음(喜怒哀樂之未發)을 뜻하고, 용은 변함없음(平常, 不易)을 뜻함으로써 인간 성품의 이치를 담고 있다. 따라서 중용이란 말뜻 자체가 인간 본성에 대한 학문인 성리학의 핵심을 함축하고 있다. 또한 1장 처음의 "천명지위성 솔성지위도 수도지위교(天命之謂性 率性之謂道 修道之謂敎: 하늘이 명한 것을 성이라 하고, 성을 따르는 것을 도라 하며, 도를 닦는 것을 교라 한다)"라는 구절에서 유교 철학의 출발점·지향점을 제시함으로써 『중용』은 흔히 유교의 철학 개론서라 불린다. 중용을 실천하는 것은 평범한 사람도 할 수 있을 만큼 쉽지만, 철저히 지키는 것은 성인도 하기 어렵다고 한다. 지극한 정성至誠이 곧 지선至善으로 중용에 가깝다고 할 수 있다. 자사는 공자의 '중中'에 관한 해석을 지어지선止於至善의 중용적인 상태로 재확인하고 있다. 공자의 도를 시중時中의 도라고 부르는 것은 어떤 상황에서도 그가 지선至善을 지향하는 경지에 이른 사람이라는 뜻으로 '시중'의 논의를 통해 '중'의 개념을 확장시키고 있다. 중용을 지켜 이것에서 벗어나지 않는 것이 군자의 도이며 세상의 정해진 이치(定理)라고 한다. 이렇듯 중용의 도는 천·지·인 삼재의 조화를 함축한 것으로 생태정치학적 사유와 본질적으로 상통하는 것이다.

　이상에서 볼 때 유교적 사유의 본질은 생태정치학적 사유의 본질에 그 맥이 닿아있음을 알 수 있다. 다만 유교의 도는 '인위(人爲, 有

爲)'의 도라는 태생적 한계로 인해 '무위자연無爲自然'의 도와는 달리 생태적 통찰이 철저하지 못하다는 비판을 받기도 한다.

제2절 불교 사상

불교의 자비慈悲, 즉 사랑하고 가엾게 여김은 유교의 인仁과 다르지 않다. 자비심의 결여란 우주 '한생명'의 나툼으로서의 영적 일체성 (spiritual identity)이 결여된 것이다. 영적 일체성이 결여되면, 다시 말해서 생태적 통찰이 결여되면 생명의 순환 고리를 인식하지 못하고 '나'와 '너', '이것'과 '저것'을 구분하게 됨으로써 카르마(karma 業)가 생기게 되는 것이다. 사람의 마음이 자비심으로 충만하게 되면 분별심이 사라지고 근본지根本智로 되돌아가게 되므로 더 이상은 카르마가 생기지 않게 되어 윤회輪廻는 종식된다. 그것의 비밀은 일심一心에 있다. 모든 것을 낳는 근원이 바로 우리 각자의 마음이기 때문이다. 하나인 마음 이외에 다른 실재가 있는 것이 아니다.[331] 온전히 하나가 된 진여眞如한 마음은 원융회통圓融會通의 주체요 화쟁和諍의 주체인 까닭에 일체의 공덕의 근원이 되며 평화와 행복의 원천이 된다. 원효元曉가 귀일심원歸一心源, 즉 하나의 마음 뿌리로 돌아갈 것을 설파한 이유도 바로 여기에 있다.

'천상천하유아독존天上天下唯我獨尊'이란 말은 생태적 사유의 정수精

---

331 元曉, 「大乘起信論疏」, 趙明基 編, 『元曉大師全集』(서울: 寶蓮閣, 1978), 397쪽(이하『大乘起信論疏』라 略함).

髓를 명징하게 보여준다. 여기서 '아我'란 태어나지도 죽지도 않으며 세상사에 물들지도 않는, 생명의 본체인 참나를 가리키는 것이다. 참나는 이 세상 그 무엇에도 비길 데 없이 존귀한 까닭에 이 세상에 오직 참나만이 홀로 높다고 한 것이다. 이 참나가 바로 만유의 중심에 내려와 있는 신성인 동시에 다함이 없는 기화氣化의 작용으로 만유를 생멸시키는 불생불멸의 유일자(唯我), 즉 유일신(唯一神, 混元一氣)이다. 우주의 실체는 의식이므로, 참나는 곧 우주만물에 편재해 있는 참본성(순수의식, 우주의식, 근원의식, 보편의식, 전체의식)을 일컫는 것이다. 생명의 본체인 참본성은 불가분의 하나인 까닭에 '유아唯我'라고 한 것이요, 사람과 하늘이 둘이 아니니 때론 유일신이라 이름하기도 하는 것이다. 무어라 명명하든, 하나인 생명의 본체에 대한 인식이야말로 생태적 사유의 단초가 되는 것이다. 참본성, 즉 유일신을 떠나서는 인간의 자기 실현은 불가능한 까닭에 모든 종교에서는 그토록 우상숭배를 경계했던 것이다. 하지만 유일신 논쟁이 오늘날에도 여전히 지구촌의 핫이슈가 되고 있다는 사실은 인류의 의식이 참본성을 자각할 수 있는 수준에 이르지 못했음을 반증하는 것이다.

참본성에 대한 자각을 통한 불국정토佛國淨土의 구현은 불교의 생태정치학적 사유의 단초가 되는 것으로, 그것은 불교의 이상인 동시에 인류의 이상이기도 하다. '불佛'이란 물질과 정신이 하나가 된 마음(一心)을 일컫는 것으로 보편성을 함유하고 있으니 인류의 이상이라고 한 것이다. 이름이라고 붙여진 이름은 단지 진리를 드러내기 위한 방편에 불과한 것이다. 인류의 의식이 이름과 문자를 넘어서는 수준으로 확장될 수 있을 때 문명의 대전환이 이루어지게 될 것이다. 그러면 불교에 나타난 생태정치학적 사유의 요체를 세존(釋迦世尊)의 깨달음

의 내용을 직설한『화엄경華嚴經』과 대표적인 대승불교 경전인『금강
경金剛經』, 그리고 마명(馬鳴 Ashvaghosha, 80?~150?)의『대승기신론大乘
起信論』과 원효(元曉, 617~686)의『금강삼매경론金剛三昧經論』을 통하여
살펴보기로 한다.

『화엄경』[332]은 세존께서 성도成道하신 후 3·7일간 대승불교의 근

---

332 『華嚴經』은 세존〔釋迦世尊〕의 깨달음의 내용을 직설한 경전이며, 원명은
산스크리트로《붓다 아바탐사카 마하바이플랴 수트라(Buddha-
avatamsaka-mahāvaipulya-sūtra)》, 한역명은《대방광불화엄경(大方
廣佛華經, 일명 華嚴經)》으로 대승불교의 최고 경전으로 일컬어진다. 한
역본은 불타발타라(佛陀跋陀羅 Buddhabhadra) 번역의 60권본(418
~420), 실차난타(實叉難陀 Śikṣānanda) 번역의 80권본(695~699),
반야(般若) 번역의 40권본(795~798)이 있는데, 40권본은 60권본·80
권본의 마지막 장인 입법계품(入法界品)에 해당하므로 완역본은 아니다.
전체의 산스크리트본은 전하지 않고 十地品과 入法界品만 원전으로 전하
며, 티베트어 번역본이 완역본으로 전해진다. 이 경전은 처음부터 현재의
형태로 성립된 것은 아니며 여러 경들이 별도로 전해지다가 4세기경 중
앙아시아에서 집대성된 것으로 추정된다.『화엄경』 가운데 가장 먼저 성
립된 十地品(1~2세기경)은 성인의 果德을 나타내는 매우 수준 높은 품
으로 경의 가장 중요한 부분으로서 화엄경이 결집되기 이전에는『十地
經』이라고 불리는 독립된 경전이었다. 구성은 60권본이 34품, 80권본이
39품, 티베트본이 45품으로 되어 있다. 60권본을 舊譯이라고 하고 80권
본을 新譯이라고 하는데, 동아시아에서 가장 널리 유포되어 온 60권본은
7처(處: 설법 장소)·8회(會: 설법 모임 수)·34품(品: 장)으로 구성되
어 있다. 제1적멸도량회(寂滅道場會: 제1·2품)·제2보광법당회(普光法
堂會: 제3~8품)는 지상에서, 제3도리천회(忉利天會: 제9~14품)·제4
야마천궁회(夜摩天宮會: 제15~18품)·제5도솔천궁회(兜率天宮會: 제
19~21품)·제6타화자재천궁회(他化自在天宮會: 제22~32품)는 천상
에서, 제7보광법당회(제33품)·제8서다림회(逝多林會, 즉 祇園精舍: 제

본인 보살행과 그로부터 화엄華嚴처럼 피어나는 과보에 대해 극히 조직적이고 체계적으로 설한 경전이며, 비로자나불(毘盧遮那佛 Vairocana)을 교주로 한다. 지상과 천상을 오가는 설법은 물질계와 의식계, 현상계와 본체계의 자유로운 내왕을 통해 양 세계의 통합성을 보여 준다. 『화엄경』에서는 완전한 깨달음에 이르는 과정을 10신信 · 10주住 · 10행行 · 10회향廻向 · 10지地 · 등각等覺 · 묘각妙覺의 52계위로 설명하고 있다. 이처럼 보살행을 10의 수로 조직하여 설하는 것은 10이 완전성을 상징하기 때문일 것이다. 총 8회의 법문 중 제1회는 석존의 성도成道 장면에서 시작된다. 세존께서 마가다국의 보리수 아래에서 얻은 깨달음의 요체는 "이것이 있으므로 저것이 있고, 저것이 있으므로 이것이 있다."고 하는 연기緣起의 진리이다. 이러한 상호 연관과 상호 의존의 세계 구조를 『화엄경』에서는 인드라망(Indra網: 제석천왕의 보배 그물)으로 비유하는데, 이는 불교적 세계관의 본질이 생태적 사유에 기초하고 있음을 보여주는 대표적인 것이다. 즉 제석천궁帝釋天宮에는 그물코마다 보석이 달려있는 무한히 큰 그물이 있는데, 서로의 빛을 받아 서로 비추는 관계로 하나만 봐도 나머지 전체 보석의 영상이 보이게 된다는 것이다. 이 세상의 그 어떤 것도 전체와 분리되어

34품)는 다시 지상에서 설법이 행해진다. 『화엄경』은 한역된 이래 동아시아 사상사에 심대한 공헌을 해왔으며, 중국에서는 6세기에 화엄종이 성립되었고 제3조 賢首大師 法藏(643~712)에 이르러서는 이 경을 바탕으로 賢首宗이라고 불리는 화엄종을 대성시켰다. 한국에서도 元曉 · 義湘의 『화엄경』 연구에 힘입어 화엄종이 창종됨으로써 『화엄경』은 한국 화엄종의 근본경전이 되었으며, 또 한국불교 所衣經典 가운데 최고의 경전으로서 『法華經』과 함께 불교 경전의 양대 산맥을 이루고 있다.

그 자체만으로 존재할 수는 없으며, '이것'이 곧 다른 '모든 것'임을 뜻한다는 것이다. 말하자면 일즉다一即多요 다즉일多即一이다. 만물만상은 끝없이 상호 연결되어 있으며 서로가 서로를 비추는 상즉상입相即相入의 구조로 연기緣起하고 있음을 보여 주는 것이다. 그런 까닭에 "연기를 보는 자는 나를 보고, 나를 보는 자는 진리를 본다."고 한 것이다. 제2회에서는 보살행의 근원이 서원誓願을 세우는 마음에 있음을 강조한 것으로 10신十信에 해당되는 법문이다. 제3회는 보살이 지녀야 할 열가지 마음가짐에 대해 설한 것으로 10주十住에 해당하는 법문이다. 제4회는 보살이 행해야 할 열가지 행위에 대해 설한 것으로 10행十行에 해당하는 법문이다. 제5회는 수행의 공덕을 중생에게 돌리는 보살의 열가지 행위에 대해 설한 것으로 10회향十廻向에 해당하는 법문이다. 제6회는 보살의 열가지 수행단계를 설한 것으로 10지十地에 해당하는 법문이다. 제7회는 성불에 거의 다 이르러 간 등각等覺에 해당하는 법문이다. 제8회는 화엄경의 마지막 부분인 입법계품入法界品으로 선재동자善財童子가 53명의 선지식善知識을 찾아다니는 구법행각을 그린 것으로서 보살의 수행 계위 중 마지막 단계인 묘각妙覺에 해당하는 법문이다. 이상에서 상호 의존과 상호 연관의 생태적 사유에 기초한 화엄적 세계관은 개인적 수행과 보살행을 연결시킴으로써 수행 공덕의 사회정치적 효과를 함축하고 있다는 점에서 생태정치학적 사유의 단면을 보여준다.

『금강경』333은 금강석처럼 단단하고 예리하고 반짝이는 완전한 반

---

333 『金剛經』은 600권의 《대반야경(大般若經)》 중 권577에 들어있는 〈능단금강분〉을 말하며, 원명은 산스크리트로 《바즈라체디카 프라즈냐파라미

야의 공지空智로 보살행을 수행하면 모든 집착과 분별에서 벗어나 바라밀다波羅蜜多, 즉 피안의 언덕에 이를 수 있다는 가르침을 설한 경전이란 뜻이다. 세계적으로 널리 읽혀지고 있는 이 경은 비구와 보살들

타 수트라(Vajracchedika Prajñāpāramitñā-sūtra)》이고 한역명은《능단금강반야바라밀다경(能斷金剛般若波羅蜜多經, 일명 金剛經)》이다. 600권이나 되는 반야경 가운데에서도 경의 중심이 되는 사상인 반야사상, 공(空)사상에 대한 핵심적 가르침을 간명하게 담고 있기 때문에 방대한 분량의 반야경을 공부하기 어려운 사람들에게 두루 읽혀지는 대승불교 경전이다. 대개 150~200년 경 대승불교 초기에 성립되었으리라 추정되며, 정신적으로 禪에 가장 가깝게 접근할 수 있는 산스크리트 경전이다. 예로부터 금강경을 강의하는 사람이 많았으나, 특히 禪宗에서 六祖慧能 이후 所依經典으로 중시하고 있다. 六祖는 금강경 독송을 듣고 五祖弘忍의 문하에 들어가 그의 법통을 잇게 된 개인적인 인연도 있다. 역대 금강경 주석자들의 연구에 의하면, 전반부 경문과 후반부 경문의 어구와 내용이 현저하게 다르다고 한다. 僧肇는 경의 전반부에서는 衆生空이 설해졌고, 후반부에서 說法空이 설해졌다고 했다. 전반부는 붓다가 근기가 예리한 사람들을 위하여 설한 것이고, 후반부는 나중에 모인 근기가 둔한 사람들을 위하여 설한 것이다. 금강경의 한역본은 요진(姚秦: 姚萇이 세운 後秦(384~417)의 三藏法師 구마라집(鳩摩羅什 Kumarajiva, 343~413)이 번역한『금강반야바라밀경』, 北魏時代에 보리류지(菩提流支)가 번역한『금강반야바라밀경』, 陳나라 때 眞諦가 번역한『금강반야바라밀경』, 隋나라 때 達磨及多가 번역한『金剛能斷般若波羅密經』, 唐나라 때 玄奘이 번역한『능단금강반야바라밀다경』(大般若波羅密多經의 권577 능단금강분을 번역한 것), 당 議淨이 번역한『능단금강반야바라밀경』(능단금강경이라고도 함) 등 6종이 있는데, 그 중 구마라집 번역본이 가장 널리 읽힌다. 대승경전 초기에 성립된 가장 참신한 경전으로 손꼽히는 이 경전은 삼론, 법상, 화엄, 천태 등 여러 종파와 禪宗의 근본경전으로 널리 독송되고 있다. 특히 禪佛敎의 전통이 강한 우리나라에서는 더욱 귀하고 소중하게 인정받고 있는 경전이다.

의 모임에서 설법주說法主인 붓다와 제자 가운데 공의 이치를 가장 잘 터득하고 있었다는 수보리 사이의 대화 형식으로 되어 있다. 모두 32장으로 이루어진 금강경은 「법회인유분法會因由分」제1에서 시작하여 「응화비진분應化非眞分」제32로 끝나고 있다. 금강경의 경문은 처음 '여시아문(如是我聞: 이와 같이 나는 들었다)'부터 '과보역불가사의(果報亦不可思議: 과보도 또한 불가사의하다)'까지가 전반부에 해당하고, 그 뒤인 '이시수보리백불언(爾時須菩提白佛言: 그때에 수보리가 붓다에게 말하기를)'부터 경의 끝에 이르기까지가 후반부에 해당한다. 금강경에서 강조하는 것은 공空사상으로, 현상계의 무상함에 대해 붓다는 다음과 같이 말한다. "생의 모든 현상은 꿈 같고, 환상 같고, 물거품 같고, 그림자 같고, 이슬 같고, 번갯불 같으니, 그대는 마땅히 그와 같이 관觀하여야 하리라."[334] 생하는 모습(生相)은 꿈과 같이 자체의 성품이 없어 공空하다. 생상生相이 꿈이므로 주住·이異·멸滅이 꿈인 것은 당연하다. 일체의 존재를 다 부정하는 공空의 철학이 붓다와 수보리와의 대화를 통해 나타난다. 아상我相도 없고 인상人相도 없으며, 중생상衆生相도 없고 수자상壽者相도 없다는 붓다의 말씀은, 나아가 법상法相도 없고 법상 아닌 것도 없다는 부정의 부정(negation of negation)으로까지 이어진다. 철저한 자기부정의 과정을 통해서만 상대적인 분별지分別智를 뛰어넘어 절대적인 근본지根本智에 이를 수 있으며 참다운 불성佛性과 있는 그대로의 존재를 볼 수 있다는 것이 이 경전의 요지이다. 실로 불가분의 참본성과 존재계의 실상을 직시할 수 있는 눈을 갖게 되면 이 세상은 뒤집어진다. 여기서 뒤집어진다고 한 것은 세상이 제자리를

---

334 『金剛經』: "一切有爲法 如夢幻泡影 如露亦如電 應作如是觀."

찾는다는 말이다. 이렇듯 『금강경』은 존재혁명, 진정한 의미의 생태
혁명을 통한 불국정토를 상정하고 있는 것이다.

『대승기신론』[335]의 주된 내용은 일부터 육까지로 요약된다. 즉 일심
一心, 이문二門, 삼대三大, 사신四信, 오행五行, 육자염불六字念佛이 그것이
다. 대승大乘은 곧 일심이며, 이 일심은 일체의 세간법世間法과 출세간
법出世間法을 다 포괄한다. 『대승기신론』의 논지는 주로 일심에 대한
해명을 목적으로 진여문眞如門과 생멸문生滅門의 이문二門을 설정하고

---

335 『大乘起信論 Mahāyānasraddhotpāda-sastra』은 1~2세기경 인도의 초
기 대승불교 학자이자 불교 시인이며 대논사인 馬鳴 (Ashvaghosha
80?~150?)의 저작으로 『금강경』, 『원각경』, 『능엄경』과 함께 우리나라
불교의 근본경전인 四敎科에 속하는 논서이다. '대승[一心]에 대한 믿음
을 일으키는 논서'를 뜻하는 대승기신론은 모든 經과 論을 회통시킨 불교
논서의 白眉이자 불교문학사상 최대 걸작의 하나로 꼽히고 있다. 梁나라
眞諦三藏(Paramartha 499-569)의 한역본(舊譯)과 唐나라 실차난타(實
叉難陀 Siksānanda, 652-710)의 한역본(新譯)이 전해지고 있으며, 산
스크리트 원전은 전해지지 않는다. 현재 널리 이용되고 있는 것은 진제의
舊譯本이다. 구성은 〈序分〉, 〈正宗分〉, 〈流通分〉으로 되어 있다. 〈정종분〉
은 다시 인연분 · 立義分 · 해석분 · 修行信心分 · 勸修利益分으로 나누어
져 있다. 대승기신론 전반이 주로 一心에 대한 이론적 논의에 치중하고
있는 것과는 달리, 수행신심분과 권수이익분에서는 믿음을 일으켜 수행
하는 것과 善根이 박약한 사람을 위하여 수행의 이익을 들어 그것을 권장
하는 실천적 수행의 필요성을 들고 있다. 대승기신론은 특히 북방 불교,
즉 동양 3국의 불교발전에 큰 영향을 끼쳤으며 수많은 주석서가 씌어졌
다. 예로부터 중국의 淨影寺沙門 慧遠(523-592)이 저술한 『大乘起信論
義疏』 2권과 新羅海東沙門 元曉가 저술한 『大乘起信論疏』 2권 및 唐의
法藏(643-712)이 저술한 『大乘起信論義記』 3권은 '기신론三疏'라 불리
는데 그 중에서도 원효대사가 주석한 『大乘起信論疏』가 가장 뛰어난 저
술로 꼽힌다.

이 일심의 세 측면을 체體·상相·용用 삼대로 나타내고 있다. 체·
상·용은 일심, 즉 자성自性의 세 측면을 나타낸 것336으로 '체'는 우
주만물의 근원인 진여 그 자체, '상'은 형태 및 속성, '용'은 작용 또
는 기능을 일컫는 것이다. 여기서 '체'는 법신(法身, dharmakya), 법신
의 상相은 보신(報身, sambhogakya), 법신의 용用은 화신(化身, nirmakya)
[應身]으로 일컬어지는 바, 법신인 '체'를 초논리·초이성·직관의 영
역인 진제眞諦라고 한다면, 법신의 '용'인 '화신'은 감각적·지각적·
경험적 영역인 속제俗諦이다. 진제와 속제의 관계는 곧 본체와 작용의
관계이며, 이 양 세계를 관통하는 원리가 내재된 것이 '보신'이다. 하
나인 마음뿌리로 돌아가기 위해서는 네 가지 기본적인 믿음이 필요하
다. 즉 진여와 불佛·법法·승僧 삼보에 대한 믿음이다. 그러나 믿음
이 있다고 해도 수행이 없다면 깨달음에 이르지 못할 것이다. 바로 여
기에 보시布施·지계持戒·인욕忍辱·정진精進·지관止觀의 오행五行 수
행이 필요하게 되는 것이다. 오행은 보시·지계·인욕·정진·선
정·지혜의 육바라밀 중에서 선정과 지혜를 지관으로 묶어 다섯 가지
로 줄인 것이다. 마지막으로 육자염불은 나무아미타불을 외우는 염불
이다. 이것은 일상생활 속에서 수행할 수 있는 가장 흔한 염불의 예를
든 것이고 참선이나 기도 또는 다른 수행으로 대체될 수도 있을 것이
다. 일심의 뿌리로 돌아가는 것은 대립자의 양 극이 지니는 편견을 지
양시켜 '나'와 '너', '이것'과 '저것'이 대립자임을 그만두는 것이
다.337 한마디로 일체의 이분법이 완전히 폐기된 경지이다. 원효는 당

336 cf. 『六祖壇經』卷上, VI 說一體三身佛相門, 24 : "三身佛在自性中."
337 cf. Ashvaghosha, *The Awakening of Faith*, p.59 : "Suchness is

시 불교의 최대 논쟁이었던 중관사상中觀思想과 유식사상唯識思想이
『대승기신론』에서 종합되고 있는 점을 간파하고 '개開하면 무량무변
無量無邊한 의미를 종宗으로 삼고 합슴하면 이문일심二門一心의 법을 요
要로 삼는' [338] 이 논이야말로 모든 불교 사상의 논쟁을 지양시킬 수 있
는 근거를 명백히 제시하는 것으로 보았다. 『대승기신론』은 개체성[특
수성]과 전체성[보편성], 즉 생멸하는 우주만물[多]과 불생불멸인 궁극
적 실재[一]가 불가분의 하나임을 명징하게 보여준다. [339] 이러한 현상
계와 본체계의 통합성에 대한 자각은 곧 생명의 전일성과 자기근원성
에 대한 자각이며, 전체 생물권 내지 우주권으로의 의식 확장과 관계
된다는 점에서 고도의 생태적 통찰을 내포한 것이다. 의식과 존재의
합일에 기초한 불교 사상 일반이 그러하듯, 이러한 생태적 통찰은 불
국정토 구현을 위해 필연적으로 사회정치적 요소를 함유하게 된다.

『금강삼매경론』[340]의 대의는 원효가 논 서두에서 "합하여 말을 하

---

neither that which is existence, nor that which is non-existence,
nor that which is at once existence and non-existence, nor that
which is not at once existence and non-existence." 즉 "존재하는 것
도 아니며 존재하지 않는 것도 아니요, 존재와 비존재가 동시에 존재하는
것도 아니며 존재와 비존재가 동시에 존재하지 않는 것도 아니다."
338 『大乘起信論疏』, 391쪽 : "開則無量無邊之義爲宗 合則二門一心之法爲
要."
339 Ashvaghosha, op.cit., p.55: "In the one soul we may distinguish
two aspects. The one is the Soul as suchness(眞如), the other is the
soul as birth-and-death(生滅)…both are so closely interrelated that
one cannot be separated from the other."
340 『金剛三昧經論』은 신라시대의 고승 和靜國師 元曉(617-686)가 불교경전
『金剛三昧經』을 주해한 주석서이다. 당시 국왕이 금강삼매경에 대한 설

면 일미관행一味觀行이 그 요要이고, 개開하여 말하면 십중법문十重法門이 그 종宗이다"341라고 한 데서 분명히 드러난다. 이는 곧 다즉일多卽

법을 듣고자 마련한 대법회에서 강론을 하기 위해 집필한 것으로, 宋나라 『高僧傳』권4의 「新羅國沙門元曉傳」에 이 논을 저술한 緣起가 비교적 상세하게 소개되어 있다. 금강삼매경은 8품으로 되어 있는 것으로 기록되어 있으나 현존본은 7품뿐이다. 금강삼매경은 중국 남북조시대에서 唐나라 초기까지 중국 불교에서 제기된 空사상, 華嚴, 在家佛教 등의 모든 교리가 압축되었으며 원효의 論釋에 의해 비로소 그 심오한 뜻이 발현된 경전으로 『大乘起信論』과 불가분의 관계를 맺고 있다. 특히 이 경전은 이 경에 대한 최초의 주석가인 원효 사상의 원숙한 경지를 논에서 보여주고 있을 뿐만 아니라, 달마의 二入四行說과 금강삼매경의 二入說의 상관관계에 착안하여 중국 초기선종과 이 경의 일정한 관계를 밝히려는 연구자들의 시도에 의해 학계의 주목을 받아왔다. 원래 원효는 『금강삼매경소』라고 하여 『삼국유사』에도 그렇게 되어 있으나, 당나라의 翻經三藏들이 疏를 論이라고 불렀다. 한국·중국·일본인들이 찬술한 불교서적 중에서 논으로 명명된 유일한 책이다. 원효는 이 논에서 일체 教說을 원활하게 회통시키기 위해 『華嚴經』, 『楞伽經』, 『法華經』, 『大乘起信論』 등 많은 大小乘經論을 두루 인용하였으며, 중국 불교에서 제기되었던 교리를 고루 포함하여 교설의 통섭은 물론 불교학의 체계를 집대성하였다. 금강삼매경론의 내용은 序分·正宗分·流通分의 3부분으로 되어 있는데 이 중에서 원효의 독창적인 사상이 집약된 부분은 서분이다. 이 경에 대한 원효의 논석은 대의를 서술하고, 경의 宗旨를 밝히고, 題名을 해석하고, 經文을 주역하는 순서로 되어 있다. 그는 '금강삼매경'이라는 표제에 대한 설명에서 "깨뜨리지 않는 것이 없기 때문에 금강삼매라 이름하고, 세우지 않는 것이 없기 때문에 攝大乘經이라 이름하며, 모든 뜻의 종지가 이 둘을 벗어나지 않기 때문에 또한 無量義宗이라 하는데, 그 하나를 들어 머리 제목으로 삼았기에 금강삼매경이라 하였다."라고 하고 있다. 『大乘起信論疏』와 더불어 대승불교철학의 대표적인 저작이자 한국불교의 고전적인 지침서로 꼽힌다.

一 · 일즉다一卽多임을 나타낸 것으로 일체의 생명이 하나인 혼원일기 混元一氣에서 나와 다시 그 하나인 혼원일기로 돌아감을 보여 주는 것이다. 말하자면 생명의 전일성과 자기근원성을 드러낸 것이다. 『대승기신론소 · 별기』에서 중관中觀 · 유식唯識의 공空 · 유有 대립을 화쟁회통시키고자 한 원효의 의지는 『금강삼매경론』에서 각〔本覺 · 始覺〕사상을 토대로 '일미一味'라는 말로 총결되고 있다. 여래장如來藏이라고도 불리는 일심의 본체는 본각(本覺, 究竟覺)인데 『금강삼매경론』에서는 「본각이품本覺利品」이라는 독립된 장을 설치하고 이 본각의 이利로써 중생에게 이익을 주는 도리를 나타내고 있다. 본각은 시각始覺과 별개의 것은 아니며 같은 각인데, 본각은 본래 근본으로 있는 상태를 말한 것이고 시각은 그 본각이 어떤 좋은 인연을 만나 발현되기 시작한 것을 포착하여 말한 것일 뿐이다. 진제眞諦 · 속제俗諦 이제二諦를 녹여 일법계一法界를 드러낸 것이 이른바 일심이니, 진속일여眞俗一如요 염정불이染淨不二이다. 일체의 염정제법染淨諸法이 일심에 의거해 있는 까닭에 일심은 모든 법의 근본342이라고 본 것이다. 원효에 의한 중관 ·

---

341 元曉, 「金剛三昧經論」, 『元曉大師全集』, 130쪽 : "合而言之 一味觀行爲要 開而說之 十重法門爲宗" (이하 『金剛三昧經論』이라 略함).

342 『金剛三昧經論』에서는 일심의 본체가 본래 적정하기 때문에 決定性地라 하고, 또한 일심이 나타날 때에 八識이 모두 轉轉하므로 이때 네 가지 지혜 – 大圓鏡智, 平等性智, 觀察智), 成所作智 – 가 원만해진다고 한다. 이 네 가지 지혜를 얻으면 바로 妙覺의 지위에 있게 되므로 이는 佛智의 경지에 들어가는 것이라고 하고 있다(『金剛三昧經論』, 187쪽 : "… 言其地 淸淨 如淨琉璃 是顯大圓鏡智之義 … 言性常平等 如彼大地是顯平等性智 之義 … 故言覺妙觀察 如慧日光 是明妙觀察智義 … 故言利成得本如大法 雨 … 是明成所作智之義 … 四智旣圓 是始覺滿也." "… 그 땅은 淸淨하

유식의 화쟁회통은 이른바 '무리지지리 불연지대연(無理之至理 不然之大然)'[343], 즉 상대적 차별성을 떠난 여실한 대긍정의 경계를 나타내 보인 데서 명징하게 드러난다. 말하자면 '무소불파無所不破·무소불립無所不立'의 논리로 중관·유식을 화쟁회통시켜 일심의 근원에 이르는 길을 제시하는 것이 『금강삼매경』의 대의요 종지宗旨라고 보는 것이다. 이러한 화쟁의 논리에는 유有나 무無도 극단이지만 중간도 또 하나의 극단이라는 '이변비중(離邊非中: 非有非無 遠離二邊 不着中道)'의 논리도 함축되어 있다. 또한 그의 '금강삼매경'이라는 표제에 대한 설명은 "금강이 단단함을 체성體性으로 삼고 깨뜨리고 뚫는 것을 공능으로 삼듯, 금강삼매도 또한 실제實際를 체성으로 삼고 일체 의혹을 깨뜨리고 선정을 뚫는 것을 공능으로 삼는다."는 뜻으로 그 이면에는 일심의 근원으로 되돌아가 요익중생饒益衆生하는 원효사상의 실천 원리가 담겨져 있다. 그리하여 그는 중생심이 본래 공적지심空寂之心이나 망념이 동하여 무시無始 이래로 유전流轉하는 바 수습하여 본래의 공심을 얻기 위하여서는 "진여문眞如門에 의하여 지행止行을 닦고 생멸문生滅門에 의하여 관행觀行을 일으키어 지止와 관觀을 동시에 닦아 나가야

기가 깨끗한 유리와 같다'고 한 것은 大圓鏡智의 뜻을 나타낸 것이다 … '그 性이 항상 平等하기가 저 大地와 같다'고 한 것은 平等性智의 뜻을 나타낸 것이다 … '깨닫고 묘하게 관찰함이 智慧의 햇빛과 같다'고 한 것은 妙觀察智의 뜻을 밝힌 것이다 … '利益을 이루어 根本을 얻음이 大法雨와 같다'고 한 것은 成所作智의 뜻을 밝힌 것이다. 네 가지 智慧가 이미 圓滿하니, 이는 始覺이 만족된 것이다').

343 『金剛三昧經論』, 130쪽; 元曉, 「大乘起信論別記」, 『元曉大師全集』, 464쪽(이하『大乘起信論別記』라 略함).

한다."[344]고 주장한다. 이는 생멸문과 진여문의 이문을 통해 일심에 대한 이론적 논의를 전개하고 궁극에는 믿음을 일으키어 실천적인 행위에로 나아가게 하는 『대승기신론』 사상의 진수가 그대로 드러난 것이다.

이렇듯 『금강삼매경론』은 다른 불교 경전들과 마찬가지로 그 핵심적 논의는 생명의 전일성과 자기근원성에 대한 자각에 기초해 있다는 점에서 주체-객체 이분법이 폐기된 현대 물리학의 전일적 실재관과 일치한다. 불교적 사유의 특성이 의식과 존재, 본체계와 현상계의 합일을 바탕으로 불국정토의 구현을 목표로 하고 있음은 존재혁명 내지는 생태혁명을 통한 에코 폴리틱스[디비너틱스]의 구현과 맥을 같이 하는 것으로 그 본질에 있어 고도의 생태정치학적 통찰을 내포하고 있는 것으로 볼 수 있다.

제3절 도가 사상

본 절에서는 도가道家 사상에 나타난 생태정치학적 사유의 특성을 도가 사상을 실질적으로 대표하는 노장老莊 사상을 통하여 살펴보기로 한다. 여기서 도가(道家 philosophical Taoism)는 도교(道教 religious Taoism)와는 구별된다. 전자가 노장 사상을 중심으로 한 철학 사상이라면, 후자는 노장 사상은 물론 음양오행, 역易, 참위讖緯, 점성, 의술 등 고대의 민간 신앙 체계 전반을 망라하는, 심지어는 유불儒佛적 요

---

344 『金剛三昧經論』, 145쪽.

소까지도 함유하고 있는 매우 포괄적인 종교 사상이다.[345] 여기서는 도가 철학의 시조인 노자(老子, 이름은 耳, 字는 聃, ?~?)의 『도덕경道德經』과 그의 철학을 계승·발전시킨 장주(莊子, 이름은 周, BC 369?~BC 289?)의 『장자莊子』를 통하여 도가 사상에 나타난 생태정치학적 사유를 살펴보고자 하는 것이다. 노장의 반反문명적·자연주의적 사상 체계는 형식적이고 인위적인 공맹孔孟의 유교 체계를 비판하여 나타난 것으로, 부정과 역설의 논리에 입각하여 전체 생물권 내지 우주권으로의 의식 확장을 통해 존재론적 대통합을 지향하는 생태적 사유의 절정을 보여 준다.

『도덕경道德經』[346]은 당시 지배층의 이데올로기로서 형식화하고 외

---

345 이처럼 도교사상 체계가 포괄적인 것은 우리 상고의 신선도문화〔仙敎문화〕가 도교사상 형성에 크게 영향을 미쳤고 또 그 발전 과정에서 유교, 불교 등 다양한 요소들의 영향을 받았기 때문인 것으로 보인다. 우리 고유의 신선도문화가 중국의 도교사상 형성에 크게 영향을 미쳤다는 것은, 예로부터 조선이 신선의 나라로 알려져 있고 桓國으로부터 易사상의 뿌리가 되는 『天符經』이 전수되어 왔으며, 배달국 제5대 태우의(太虞儀) 桓雄 때 신선도문화가 체계화되었고, 또한 중국의 시조로 여겨지는 太皞伏羲氏가 太虞儀 桓雄의 막내아들로서 『易經』을 처음 만들었다는 사실로 미루어 알 수 있다. 말하자면 한국의 선교문화는 중국의 도교보다 수천 년 앞선 것으로 중국의 도교를 열게 하였으며 후에 그것이 다시 유입되어 토착적인 선교와 융합하여 한국의 도교로 발전하게 된 것이다.

346 『道德經』은 중국 春秋時代인 BC 6세기의 사상가이며 道家철학의 시조인 老子(이름은 耳, 字는 聃, ?~?)가 지었다고 전해지는 중국의 고대 철학서이다. 『도덕경』이라는 이름은 한대(漢代 : BC 206~AD 220)에 처음 사용되었으며, 그 이전까지는 저자의 이름을 따서 『노자』라고 했다. 현행본의 성립은 한초로 보는 것이 통설이다. 전체 81장으로 되어 있으며, 상편 37장을 「道經」, 하편 44장을 「德經」이라고 한다. 중국의 역사가 史馬遷은 노자

면화한 유교의 인위적인 윤리 체계에 대한 비판인 동시에 무위자연無
爲自然의 도에 대한 가르침이다. 이 경은 진지眞知를 애구愛求하는 지식
인들의 지적 탐구의 대상이 되기도 하였지만, 위·진·남북조 시대와
같은 혼란기에 사람들에게 처세의 지혜를 일깨워 주는 수양서로서도
널리 읽혔으며, 또한 민간 신앙과 융합되면서 기층민들의 의식 속에
파고 들어 이들의 세계관으로서의 기능을 수행하기도 하였다. 본체계
와 현상계를 회통會通하는 가장 근원적인 존재〔궁극적 실재〕인 도의 실
상을 관조함으로써 생명의 자기근원성과 전일성을 직시하고 자연의
무위無爲와 일체가 되는 삶을 사는 것—그것은 도가적 삶의 이상향이
자 노자 철학이 지향하는 궁극적 목표이기도 하다. 노자는 무위의 체
득자가 홀로 초연하게 현실 세계를 떠나 버리는 것이 아니라 그 지혜
의 빛을 세상에 비춤으로써 오히려 현실 세계를 지배하게 된다고 보
아 현상계〔물질계〕의 존재 이유를 분명히 보여 줌과 동시에 그의 학설
에 내재된 생태정치학적 통찰을 엿볼 수 있게 한다. 오늘날 반反생명
정치, 반생태정치가 만연하게 된 것은 생명의 본체인 도〔唯一者, 唯一神〕
의 실상을 관조하지 못함으로 해서 생명의 자기근원성과 전일성을 직
시하지 못한 데 있다고 보아야 할 것이다.

우주만물은 도에서 나와 다시 도로 복귀하므로〔反者道之動〕[347] 자본
자근自本自根·자생자화自生自化하는 것이니 창조하는 주체도 없고 창
조되는 객체도 없다. 『도덕경』 42장은 만유의 본원으로서의 도가 천

가 BC 6세기에 周나라 조정에서 장서를 관리하는 柱下史라는 벼슬을 지낸
적이 있다는 사실을 확인함으로써 그가 실존인물이었음을 밝히고 있다.
[347] 『道德經』 40章.

지만물을 생성하는 과정을 음양의 원리가 변증법적인 커뮤니케이션을 통하여 발전하는 과정으로 나타내고 있다. 즉 도(道, Tao), 일一, 이二, 삼三의 네 단계를 거치며 "만물은 음陰을 업고 양陽을 안으며 충기沖氣라는 화합력에 의하여 생성된다."[348]고 한 것이 그것이다. 도道가만물을 생육하는 것이 어떤 인위적인 노력을 들여서 그렇게 하는 것이 아니라 무위자연으로 하는 까닭에 천지만물이 작용하는 주체가 없는 작용, 즉 무위의 작용에 의해 생겨났다고 하고 이를『도덕경』40장에서는 '약자도지용弱者道之用', 즉 '약한 것이 도의 작용'이라고 한것이다. 그러나 도는 천지인天地人의 모든 활동을 포괄하는 자기 스스로의 순수 활동인 까닭에『도덕경』43장의 '천하지지유天下之至柔 치빙천하지지견馳騁天下之至堅'[349]이라는 말이 말하여 주듯 이 유약한 힘은 그 어떤 강자의 힘보다도 더 강한 힘인 것으로 나타난다. 이러한 무위의 공능功能은『도덕경』3장에서 "무위의 정치를 하면 다스려지지 않는 것이 없다."[350]고 한 데서 잘 드러나 있고,『도덕경』48장에서 함이 없으면서도 하지 않음이 없게 되는, 말하자면 만물이 저절로 순화純化되는 '무위이무불위無爲而無不爲'의 경지에서 절정에 이른다.

따라서 노자에게 있어 최상의 정치 형태가 '무위자화無爲自化'인 것은 당연한 논리적 귀결이라 할 것이다. 이상적 위정자가 될 수 있기 위해서는 무위이화의 덕을 지녀야 하는 것이다.[351] 그 마음이 순수하

---

348 『道德經』42章: "道生一 一生二 二生三 三生萬物 萬物負陰而抱陽 沖氣而爲和." 여기서 '一'은 道의 본체, '二'는 道의 작용[陰陽二氣], '三'은 우주만물을 나타낸다.

349 cf.『道德經』52章 : "守柔曰强."

350 『道德經』3章 : "爲無爲 則無不治."

게 도道에 계합되어 무위이화의 덕을 지니게 되면 인위적인 조작이나 통제를 통하지 않고도 무불위無不爲의 통치가 이루어지게 함으로써 권력 행사의 효율성을 극대화시킴은 물론 지속 가능한 통치가 이루어질 수 있다는 것이다. 노자는 자연의 대도大道에 순응하는 삶을 가장 이상적인 것으로 보고 우주자연과 인간, 인간과 인간의 자연스런 연대의식이 피어날 수 있는 소국과민小國寡民의 촌락 공동체를 이상 사회의 원형으로 보았다. 이러한 그의 자연주의적 사회관은 점차 국민국가의 패러다임이 깨어지면서 '제2의 근대'의 도전에 직면하게 된 오늘날에 재음미될 수 있는 것이다. 또한 생태 패러다임에 기초하여 대안적인 체제로 제시되고 있는 오늘날의 자립적이고 상부상조적이며 생태적으로 조화를 이루는 소규모의 분권화된 공동체와도 일맥상통하는 것이다. 이는 곧 노자의 정치관이 그 본질에 있어 에코 폴리틱스와 맥을 같이 하고 있음을 말하여 준다.

이렇게 볼 때 노자의 무위의 논리는 단순히 개인 철학이기 이전에 국가의 통치 철학이며, 수유부쟁守柔不爭을 통해 그 실천적 전개가 이루어진다. 자연 상태는 무위부쟁無爲不爭의 상태이므로 자연의 대도大道에 순응하는 삶, 다시 말해서 도의 내재적 작용을 본받아 유약의 덕을 지켜나가는 것이 곧 '수유守柔', 즉 유柔를 지키는 것이다. 이를 일러 노자는 '부쟁不爭의 덕'이라 하였다.[352] 여기서 유柔는 단순히 적극성이 결여된 소극적인 덕목이 아니라 강剛을 알고 난 다음의 유柔, 말

---

351 『道德經』17章.

352 『道德經』68章 : "善爲士者不武 善戰者不怒 善勝敵者不爭 善用人者爲之
下 是謂不爭之德."

하자면 강함조차도 넘어선 약함에 대한 요구라는 점에서 상대적 차별성을 넘어선 것으로 이해해야 할 것이다. 마찬가지로 지知를 넘어선 우愚이고, 영榮을 알고 난 다음의 욕辱이며, 동動을 넘어선 정靜이고, 명明을 알고 난 다음의 암暗이다. 이처럼 유교의 인위적 도덕관의 내재적 한계를 극복하기 위한 시도로서의 노자의 자연적 도덕관은 이분법적 사유 체계를 초극할 때 비로소 무위자연과 일체가 될 수 있음을 보여 준다. 도의 되돌아가는 움직임은 존재의 자기근원성을 드러내는 작용으로 우주만물의 근원이 모두 하나로 연결되어 있음을 말하여 준다. 자연과 일체가 되는 무위의 경계에서 도는 인간 존재 속에 구현되는 것이다.

이상에서 볼 때 노자의 정치관은 에코 폴리틱스의 본질을 잘 드러내고 있다. 이상적인 정치란 백성들로부터 칭송을 받는 것만으로는 부족하며, 비록 그 공덕이 천하를 뒤덮고 교화가 만물에 미쳐 있을지라도 백성들은 위정자의 존재 자체를 전혀 의식하지 못하는 정치라고 했다. 말하자면 '무불위'의 통치로 최고도로 유능한 정부가 되지만 치자와 피치자 간에 고도의 일체감 형성으로 주관과 객관이 하나로 통합되므로 그러한 유능성은 의식되지 않고 저절로 그렇게 된 것인 양 생각하게 된다는 것이다. 이렇게 되면 피치자가 치자의 존재를 의식하지 않은 채 저절로 순화되기 때문에 지배와 복종의 관계도 사실상 종적縱的인 관계라 할 수 없으며, 결과적으로 치자와 피치자의 구분 자체도 의미를 상실하게 되어 이른바 이심전심의 정치가 이루어지게 되는 것이다. 이러한 고도의 유기성은 권력과 자유, 자유와 평등이 완전한 조화를 이룰 때 드러날 수 있는 것이다.

『장자莊子』353 사상의 요체는 내편內篇에 나오는 「제물론齊物論」의 만물제동설萬物齊同說에서 명징하게 드러난다. 일체의 대립상과 상대적 차별상을 떠나 만물이 평등하다고 보는 것이다. 이는 곧 평등성지平等性智의 나타남으로 생명의 전일성에 대한 자각이다. 거기에 이르는 방법으로 장자는 심재(心齋: 마음을 비워 깨끗이 함)와 좌망坐忘을 들고 있다. 장자는 말한다. "물질적 형체를 떠나고 지식에 작별을 고하면서, 나는 대통大通과 하나가 된다. 이를 일러 앉아서 고스란히 잊는 것(坐忘)이라고 한다."354 말하자면 '대통大通'과 하나가 된 '좌망坐忘'의 경지이며, '나'를 잊고 '나'를 잃지 않는 경지이다. 장자는 노자와 마찬가

---

353 『莊子』는 중국 戰國時代인 BC 4세기의 대표적인 도가 사상가 莊子(이름은 周, BC 369?~BC 289?)가 저술한 것으로 그의 이름을 딴 중국 고전이다. 唐 玄宗이 그에게 南華眞人이라는 호를 추증하여, 『莊子』는 『南華眞經』이라는 이름으로 널리 읽혔다. 장자의 정확한 생몰연대는 미상이나 전국시대 宋나라의 몽(蒙, 지금의 河南省 商邱縣) 출신으로 유교 사상가인 孟子(B.C. 372?-BC 289?)와 동시대에 활약한 것으로 전하며, 官營인 칠원(漆園)의 말단관리가 된 적이 있을 뿐 그 이후는 평생 벼슬길에 들지 않았다. 楚나라의 威王이 그를 재상으로 맞아들이려 했으나 고사했다. 『莊子』는 대략 전국시대 말기(B.C. 3세기 말)에 완성한 것으로 추정되며 원래 52편이었다고 하는데, 현존하는 것은 晉代의 郭象이 산수(刪修)한 33편으로 내편內編 7, 外編 15, 雜編 11로 나뉜다. 그 중에서 장자의 근본사상을 기술한 내편이 원형에 가장 가깝다고 하며, 외편과 잡편은 내편의 뜻을 부연한 것으로서 그의 후학들이 연구 발전시킨 것이라고 한다. 곽상의 주석본은 현존하는 가장 오래된 完本의 기본 자료이며, 그 뒤에도 唐나라 成玄英의 『註疏』와 송나라 林希逸의 『구의(口義)』 등 많은 주석본이 나왔다. 『莊子』는 魏晉 때부터 六朝時代에 이르기까지 당시 현학玄學의 사상적 기반이 되었으며, 특히 불교 禪宗의 발전에 지대한 영향을 미쳤다.

354 『莊子』「大宗師」: "墮枝體 黜聰明 離形去知 同於大通此謂坐忘."

지로 도道를 자본자근自本自根·자생자화自生自化하는 우주만물의 근본
원리라고 본다. 도는 명名과 무명(無)의 피안에서 일一과 다多, 무無와
유有, 본체와 현상을 모두 포괄하는 동시에 초월하는 근원적 일자를
지칭한 것이다. 사람이 도를 닦아 덕을 몸에 지니게 되면 도의 관점에
서 사물을 직시하게 되어 종국에는 생生과 사死가 동반자이며 하나의
기운(混元一氣)[355]이 천하를 관통하고 있음을 알게 되므로 만물을 하나
로 평등하게 보는 '도추道樞' 또는 '천균天鈞'의 경지에 이르게 되는 것
이다. 이는 곧 무궁無窮의 품속에서 노니는 절대적 자유의 경지이다.
절대적 자유는 삶과 죽음을 관통한다. 절대적 자유의 품속에서는 '나'
를 잊고, '나'를 잃지 않으므로 온전한 삶을 누릴 수가 있는 것이다.

이렇듯 「제물론」의 제동사상齊同思想은 「소요유逍遙遊」에 나오는 자
유론 및 전생설全生說과 불가분의 관계를 이루면서 그의 사상의 핵심
을 형성하고 있다. 그의 사상 체계의 중핵을 이루는 평등과 자유의 변
증법적 통합은 본체계와 현상계의 통합성에 대한 자각에 기초하여 전
생설全生說과 연결되어 있는 것이다. 20세기에 들어 자유와 평등을 각
기 기치로 내걸며 지구촌을 누볐던 자유 민주주의와 공산주의의 이데
올로기적 실험이 냉전 종식과 더불어 사실상 끝났음에도 불구하고 자
유민주주의의 실질적인 승리로 이어지지 못하고 있는 것은 본체계와
현상계의 통합성에 대한 자각이 이루어지지 못함으로 해서 인류의 사

---

355 cf.『莊子』「知北游」: "生也死之徒 死也生之始 孰知其紀 人之生 氣之聚也
聚則爲死 若死生爲徒 吾又何患 故萬物一也…故曰通天下一氣耳 聖人故貴
一." 生과 死가 동반자이며 만물이 하나이고, 하나의 기운(一氣)이 천하
를 관통하고 있기에 성인은 그 하나를 귀하게 여긴다는 것이다. 그 하나
가 곧 일기(一氣, 混元一氣)이다.

유 체계가 이분법적인 상태에 머물고 있기 때문이다. 다시 말해서 오늘의 정치 세계가 물질 차원의 에고에 머무르며 미망 속을 헤매는 것은 우주만물을 관통하고 있는 일기(一氣, 道)를 깨닫지 못함으로 해서 본체를 버리고 그림자를 구하게 된 데 있다고 보아야 할 것이다. 그리하여 '나'와 '너', '이것'과 '저것'을 분리시키는 분별지分別智가 작용하면서 근본지根本智에서 멀어지게 되고 드디어는 혼돈의 대해大海에 들게 된 것이다. 장자의 사상 체계에 나타난 평등과 자유의 변증법적 통합356은—장자의 의도와는 무관하게—고도의 생태정치학적 사유를 내포한 것으로 오늘의 인류에게 그 시사하는 바가 크다. 실로 평등과 자유는 사회적이요 역사적이며 공동체적인 본질을 함유하고 있는 까닭에 이들에 대한 통찰은 생태정치학적 사유를 내포할 수밖에 없는 것이다.

장자는 노자의 무위자연無爲自然 사상을 보다 철저하게 전개하여 무궁의 품속에서 노니는 유희삼매遊戲三昧의 경지에 이르고 있으며, 그의 사상은 대부분 우화寓話의 형태로 나타나고 있다. 장자가 나비가 되어 날아다니는 꿈을 꾸다가 깨어나서 '장자가 꿈속에 나비가 된 것인지, 나비가 꿈속에 장자가 된 것인지 알 수 없다'고 한, 이른바 '나비의 꿈(胡蝶之夢)' 이야기는 그 대표적인 것이다. 또한 장자가 임종에

---

356 cf. Leslie Lipson, "The Philosophy of Democracy - Can Its Contradictions Be Reconciled?" *Journal of International Affairs*, vol.38, no.2 (winter 1985). 립슨(Lipson)은 개인적 자유(individual freedom)와 사회적 평등(social equality)을 불가분의 상보적인 관계로 인식한다.

즈음하여 그의 장례식을 성대히 치르려고 제자들이 의논하는 것을 듣고서, "나는 천지天地로 관곽을 삼고, 일월日月로 연벽連璧을 삼으며, 성신星辰으로 구슬을 삼고, 만물이 조상객弔喪客이니 모든 것이 다 구비되었다. 무엇이 더 필요한가?"라고 하며 그 의논을 즉시 중단하게 했다는 일화는 실로 장자다운 면모를 보여 주는 것이다. 이러한 장자의 초탈 사상은 그의 후학에 이르러서는『장자』의 외편外篇과 잡편雜篇에서 드러나듯 세속적 관심과 절충되는 형태로 나타난다.

이상에서 우리는 노장 사상에 나타난 생태정치학적 사유에 대해 살펴보았다. 이들 사유는 그 본질에 있어 대립자들의 역동적 통일성에 기초해 있음을 알 수 있었다. 주관과 객관, 자유의지와 필연, 개체성과 전체성, 작용과 본체의 상호 의존성 및 합일성에 대한 인식은 곧 생명의 자기근원성과 전일성에 대한 인식이다. 이러한 인식에 이르지 않고서는 결코 물질계에서 구현되고 있는 정신의 참모습을 볼 수가 없다. 노장 사상은 우리에게 근본지根本智로의 회귀를 통해 분별지分別智에 기초한 근대 서구의 반생명적 문명을 극복할 수 있게 한다. 그리하여 우주의 본질인 생명에 뿌리를 내린 진정한 문명, 순수의식을 지향하는 문명으로 안내한다.

제4절 동학 사상

본 절에서는 동학에 나타난 생태정치학적 사유의 특성을 동학 사상의 중핵을 이루는 수운의 불연기연不然其然적 세계관과「시천주侍天主」도덕을 중심으로 살펴보기로 한다. 우선 동학은 수운의 정신 세계와 역사 세계의 만남의 산물이다. 「포덕문布德文」에는 당시 유교의 규범적 기능의 상실에 따른 사상 공황을 극복할 수 있는 방법을 찾지 못해 답답해하는 심정이 그대로 드러나고 있다.[357] 또한 「몽중노소문답가夢中老少問答歌」에서 "임금이 임금답지 못하고, 신하가 신하답지 못하고, 아비가 아비답지 못하고, 자식이 자식답지 못하다."[358]고 하여 당시 국가 기강의 문란과 도덕적 해이(moral hazard)의 심각성[359]을 탄식한 이면에는 실천과 유리된 기존 윤리 체계의 한계와 그 극복으로서의 새로운 도덕에의 요청을 읽을 수 있다. 수운은 대내적으로는 사회적 불안·부패·부조리와 같은 사회 병리 현상을, 대외적으로는 서세동점西勢東漸의 징후를 몸소 체험하고서 역학적 순환사관에 입각한 시운관時運觀을 바탕으로 후천 5만 년을 펼칠 새로운 활로로서의 대도大道 동학을 창도[360]하게 되었던 것이다. 동학은 「시천주」의 주체로서

357 『東經大全』「布德文」: "又此挽近以來 一世之人 各自爲心 不順天理 不顧天命 心常悚然 莫知所向矣."
358 『龍潭遺詞』「夢中老少問答歌」: "君不君 臣不臣 父不父 子不子."
359 1860년 庚申 4월 5일 水雲 崔濟愚가 마침내 天道를 大覺한 그 해는 庚戌國恥 50년 전으로 형식상 국권은 건재한 듯 하였으나 실상은 왕조정치가 안으로 붕괴직전이었고 지방 탐관오리의 가렴주구가 극에 달하여 도탄에 빠진 백성들이 곳곳에서 반란의 기치를 들던 때였다. 1811년 洪景來亂 이래 민란은 계속되어 동학혁명 이전 최대 규모의 민란인 晋州民亂(1862)을 2년 앞둔 시점이었으니 얼마나 암담한 시절이었는가를 짐작하고도 남음이 있다.
360 『東經大全』「論學文」에서 水雲은 그가 大覺한 '만고 없는 無極大道' 즉 東學이 '今不聞古不聞之事 今不比古不比之法'이라 하여 예전에도 지금에도 듣지도 못했고 비할 바도 없는 새로운 道라고 하고 있다. 따라서 水雲이 東學을 大覺한 庚申 4월 5일은 後天開闢의 새 세상이 열린 제1일로서

의 자각을 통해 봉건적 신분 차별을 철폐하고 만인이 다 같은 군자로
서 평등하다는 인식과 더불어 천하를 양반 지배층의 전유물이 아닌
만인의 공유물로 생각하게 하는 계기를 마련했다는 점에서 그 사상적
근대성을 엿볼 수 있다. 다시 말해서 「시천주」의 주체로서의 자각은
보국輔國의 주체로서의 근대적 민중의 대두를 의미하는 것으로, 서세
동점의 시기에 보국안민의 계책을 강조하여 근대적 민족 국가 형성의
사상적 토대를 마련한 것이다. 동학은 근대성의 발현인 동시에 근대
성을 넘어서 있다. 인간 평등과 민중 정치 참여의 전기를 마련한 것은
근대성의 발현이요, 「시천주」 사상이 근대의 이분법적 사유 체계를
초월한 것은 근대성을 넘어선 것이다.

동학의 교리는 주로 한문 경전 『동경대전東經大全』[361]과 한글 가사체

先天과 後天을 나누는 분기점이 되고 있다.

[361] 『東經大全』은 동학의 창시자 水雲 崔濟愚(1824~1864))가 지은 순한문
체로 된 동학의 경전이다. 『동경대전』은 『龍潭遺詞』와 함께 동학교도들에
게는 2대 경전이 되고 있으며, 한국사상에서 높은 비중을 차지하는 책이
다. 한국 근대 신종교의 최초 경전으로 유·불·선과 민간신앙의 요소가
통일적으로 결합되었고, 그후 여러 신종교 사상의 효시가 되었다. 제2대
교주인 崔時亨이 1880년(고종 17) 5월 9일 강원도 인제군 남면 갑둔리
에 경전간행소를 설치하여 그해 6월 14일에 완간했다. 체제는 각 판본마
다 약간의 차이가 있으나 〈布德文〉·〈論學文〉·〈修德文〉·〈不然基然〉의
4편이 중심을 이루고 있다. 그 외 祝文·立春詩·降詩·座箴·和訣詩·
歎道儒心急·訣·偶吟·八節·題書·詠宵·筆法·通文 등으로 구성되
어 있다. 〈포덕문〉은 1861년 최제우가 전라북도 남원에 있는 善國寺(또
는 용천사)에 들어가 한 암자를 隱寂庵이라 이름 짓고 그곳에서 수도하면
서 지은 것으로 525자의 한문으로 되어 있다. 서학에 맞서 동학을 선포하
는 輔國安民·廣濟蒼生의 정신과 이 도를 천하에 널리 전파해야만 하는

로 된 『용담유사龍潭遺詞』[362]에 나타나 있다. 여기에 나타난 수운의 불

역사적 필연으로서의 당위성이 잘 나타나 있다. 〈논학문〉은 동학의 교리가 체계적으로 서술되어 있는 것으로 총 1,338자로 되어 있다. 〈수덕문〉은 1862년 각지의 교도들에게 수덕에 힘쓸 것을 당부한 글로 1,060자로 되어 있다. 〈불연기연〉은 최제우가 邪道亂正의 죄목으로 대구 將臺에서 참형되기 바로 이전 해인 1863년에 지은 총 524자로 된 글로 사상적으로 가장 완숙하고 심오한 인식론적 근거를 펼친 글이다. 수운은 초명은 복술(福述)·제선(濟宣)이었으나 35세 때 어리석은 세상 사람을 구제하겠다는 결심으로 스스로 濟愚로 고쳤다. 1855년 「乙卯天書」를 받는 異蹟을 체험하고 1860년 경신 4월 5일 후천 오만년을 펼칠 '今不聞古不聞 今不比古不比'의 만고 없는 無極大道를 覺得한 동학의 창시자요 혁명적 사상가이며 또한 大神師로서, 다른 한편으론 「시천주」를 몸소 체득하여 「보국안민·포덕천하·광제창생」의 기치를 내걸고 양반지배층을 대체할 보국의 주체로서의 근대적 민중의 대두를 촉발시키고 근대적 민족국가 형성의 사상적 토대를 마련한 시대적 선각자요 위대한 민족지도자로서, 그는 만인이 「시천주」의 주체로서의 자각을 통해 다 같은 군자로서 거듭날 수 있게 하고 또한 천하를 만인의 공유물로 생각하게 함으로써 민중정치 참여의 전기를 마련하고자 했다. 귀천·빈부·班常·嫡庶 등 일체의 봉건적 신분차별이 철폐된 무극대도의 세계, 그것은 바로 그의 「시천주」도덕의 실천이었던 것이다.

362 『龍覃遺詞』는 동학의 창시자 水雲 崔濟愚가 1860년(철종 11)부터 4년에 걸쳐 포교를 목적으로 지은 9편의 한글 가사체로 된 가사집이다. 후천개벽사상을 일반 민중이나 부녀자들이 쉽게 이해할 수 있도록 한글 가사체의 형식을 빌려 썼다. 『東經大全』과 함께 동학의 2대 경전으로 꼽힌다. 1860년의 〈龍潭歌〉〈安心歌〉〈教訓歌〉, 1861년의 〈道修詞〉〈劍訣〉〈夢中老少問答歌〉, 1862년의 〈勸學歌〉, 1863년의 〈道德歌〉〈興比歌〉 등이 1881년 6월 충청북도 단양 呂圭德의 집에서 崔時亨에 의해 처음 간행되었고, 1893년과 1922년 각각 목판본으로 재간행되었는데 이때 〈검결〉은 정치적 이유로 간행되지 못했으며 지금도 전해지지 않는다. 대내적으로는 사회적 불안·부패·부조리와 같은 사회병리현상을, 대외적으로는 서

연기연적 세계관부터 살펴보기로 하자. '그렇지 아니함과 그러함', 즉 불연기연은 본체계와 현상계를 회통시키는 수운의 독특한 논리이다. 수운은 인간의 지식과 경험으로는 분명하게 인지할 수 없는 세상일에 대하여서는 '불연'이라고 말하고, 상식적인 추론 범위 내의 사

세동점의 징후를 수운이 몸소 체험하고서 時運觀을 바탕으로 후천 오만 년을 펼칠 새로운 활로로서의 大道 동학을 내세운다는 것이 『용담유사』의 주된 내용이다. 〈용담가〉는 1860년(철종 11) 수운이 득도하고 지은 가사이다. 자신이 태어나고 자라 득도한 곳인 경주 구미산 용담의 경치와 득도의 기쁨을 노래한 가사로 풍수지리사상과 충효사상이 강조되어 있다. 〈안심가〉는 1860년에 지은 가사이다. 당시 사회에서 불안해하던 부녀자들을 안심시키려는 목적으로 지은 것으로 천대받던 부녀자들의 덕을 칭송하고 좋은 시절이 오면 여성이 주체가 될 것이라고 했다. 〈교훈가〉는 1860년에 지은 가사이다. 고향의 교도들에게 수도에 힘쓰라고 교훈을 내리는 내용이다. 〈몽중노소문답가〉는 1861~62년에 지은 가사이다. 자식이 없던 노인이 금강산에 들어가 빌어 옥동자를 얻었는데 이 아이는 난세를 한탄하며 천하를 돌아다니다가 금강산에서 꿈속의 도사를 만나 득도했다는 내용으로, 수운의 삶과 득도과정을 나타낸 가사이다. 〈도수사〉는 1861년에 지은 가사이다. 고향에서 제자들을 가르치다가 떠나게 되면서 제자들에게 도 닦기를 간절히 당부하는 내용이다. 〈권학가〉는 1862년에 지은 가사이다. 동학을 믿음으로써 다함께 同歸一體할 것을 권유하는 내용이다. 〈도덕가〉는 1863년에 지은 가사이다. 地閥과 문필보다는 도덕이 중요함을 강조했으며, 내 몸에 이미 모시고 있는 '하늘'님에 대한 경외의 마음이 무엇보다도 소중하다고 했다. 〈흥비가〉는 1863년에 지은 가사이다. 『詩經』의 노래체인 흥과 비를 이용하여 도를 닦는 법을 가르치는 내용으로, 도는 멀고 어려운 것이 아니라 가까운 데에서 찾을 수 있다고 했다. 〈검결〉은 1861년에 지은 가사이다. 이 노래가 문제가 되어 1864년 3월 최제우는 邪道亂正의 죄목으로 대구 將臺에서 처형당하게 되었다. 갑오농민전쟁 때는 군가로 불리기도 한 것으로 수운의 변혁의지가 잘 나타난 작품이다.

실에 대하여서는 '기연'이라고 말하고 있다. 불연이 사물의 근본 이치와 관련된 초超논리 · 초이성 · 직관의 영역이라면, 기연은 사물의 현상적 측면과 관련된 감각적 · 지각적 · 경험적 판단의 영역이다. "무궁한 그 이치를 불연기연 살펴내어 … 무궁히 알았으면 무궁한 이울 속에 무궁한 내 아닌가"[363]라고 한 것은, 무궁한 하늘의 조화를 깨닫게 되면 조물자[364]인 하늘과 그 그림자인 인간이 분리될 수 없는 하나라는 사실을 알게 된다는 것이다. 해월海月은 "사람이 음수陰水 속에서 살면서 음수를 보지 못하는 것은 마치 고기가 양수陽水 속에 살면서 양수를 보지 못하는 것과 같다."[365]는 비유로 불연不然을 설명한다. 불연기연不然其然은 체體로서의 불연과 용用으로서의 기연의 상호 관통에 대한 논리이다. 기연은 불연으로 인하여 존재하는 것으로 모두 불연의 투영에 지나지 않으며, 불연 역시 기연으로 인하여 존재하므로 기연과 둘이 아니다. 본체계와 현상계는 본래 하나다. 텅 빈 것은 묘하게 있는 것이다(眞空妙有). 본체계와 현상계가 본래 둘이 아니니, 공空과 유有는 한 맛이다. 비어 있음과 있음이 한 맛임을 알게 되면, 생生 · 주住 · 이異 · 멸滅의 사상四相의 변화가 그대로 공상空相임을 깨달아 생사를 여의게 되어 걸림이 없는 의식에 이르게 된다. 그러나 매순간 깨어 있는 의식이 아니고서는 결코 이를 수 없는 묘각의 경지다.

---

363 『龍潭遺詞』「興比歌」.
364 『東經大全』「不然其然」의 마지막 부분에서 水雲은 한울(天)을 造物者라고 하고 있다. 한울은 自本自根 · 自生自化하는 根源的인 一者로, 우주만물이 다 거기로부터 나오니 그 창조성을 일컬어 造物者라고 한 것이다.
365 『海月神師法說』「天地理氣」: "人之在於陰水中 如於之在魚陽水中也 人不見陰水 魚不見陽水也." 海月 崔時亨은 東學의 2대 교주이다.

과거나 미래의 속박에서 벗어나 현재 여기 이 순간에 전적으로 집중執中할 수 있을 때, 그리하여 행위자는 사라지고 정제된 행위만이 남는 지선至善의 경지에 이를 때 그러한 깨달음은 저절로 일어나게 된다.

수운의 불연기연은 이분법적 사유 체계를 초월하여 여실한 대긍정大肯定의 세계를 지향한다. 수운이 「불연기연」의 말미에서 "하늘의 섭리에 부쳐 살펴보면 불연은 또한 기연이라."[366]고 한 것은 그의 즉자대자적卽自對自的 사유 체계의 단면을 드러낸 것이다. 이러한 그의 생태적 통찰은 생명의 전일성과 자기근원성을 명징하게 보여준다. 수운의 평등무이平等無二의 세계관은 그의 심법의 키워드라 할 수 있는 '오심즉여심(吾心卽汝心 내 마음이 곧 네 마음)'[367]에서 분명하게 드러난다. 경신년 4월 5일 수운은 '오심즉여심'의 심법과 함께 무극대도를 하늘로부터 받는 신비 체험을 하게 된다. 밖으로는 접령接靈의 기운이 있고 안으로는 강화降話의 가르침이 있으되 보아도 보이지 아니하고 들어도 들리지 아니하는 내면으로부터의 가르침의 말씀은 '내 마음이 네 마음'이라고 하는 것으로 시작된다. 이는 하늘마음이 바로 수운의 마음과 같다는 뜻이다. 이어 세상 사람들은 천지의 형체만을 알 뿐 그 천지의 주재자인 하늘은 알지 못한다[368]고 하고, 이에 수운에게 무궁한 도를 줄 것이니 무궁한 덕을 펼치라고 강화지문降話之文에는 나와 있다. 하늘(天, 神, 性, 混元一氣, 唯一神)은 우주만물에 편재해 있는 보편자

---

366 『東經大全』「不然其然」.
367 『東經大全』「論學文」.
368 『東經大全』「論學文」: "曰吾心卽汝心也 人何知之 知天地而無知鬼神 鬼神者吾也." 여기서 鬼神은 造化의 자취, 즉 한울의 작용을 말하는 것으로 우주만물의 생성·변화·소멸은 모두 한울의 造化의 자취이다.

이다. 하늘은 우주 의식이요 근원 의식이며 우주의 창조성 그 자체다. 하늘, 즉 '하나'님〔'하늘'님〕을 특정 종교의 '하나'님이라고 하는 것은 만유의 근원인 '하나'님을 개체화시키는 것이다. 수운의 불연기연의 논리는 내재와 초월, 본체와 작용의 합일에 대한 인식을 바탕으로 '사람이 곧 하늘(人乃天)'임을 선언한 데서 절정에 이른다. 개체라는 완고한 테두리가 녹아 없어지면서 상호 관통의 법칙을 깨닫게 되면 평등성지平等性智가 그 모습을 드러내게 되는 것이다.

다음으로 수운의 「시천주」도덕의 요체는 마음의 본체를 밝혀서 세상 사람들이 본래의 천심〔참본성, 우주적 본성〕을 회복하여 동귀일체同歸一體하게 하려는 지행합일의 '심법心法'[369]이다. 말하자면 이분법적인 사유체계를 초월하여 하나의 마음뿌리로 돌아가는 것이다. "나는 도시 믿지 말고 한울님만 믿었어라. 네 몸에 모셨으니 사근취원捨近取遠 하단말가"[370]라고 한 데서 하늘과 인간의 일원성은 명징하게 드러난다. "경천敬天은 결단코 허공을 향하여 상제를 공경한다는 것이 아니요, 내 마음을 공경함이 곧 경천의 도를 바르게 아는 길이니, 「오심불경 즉천지불경(吾心不敬 卽天地不敬)이라.」"[371]고 한 것도 같은 맥락에서 이해될 수 있다. 우주만물에 대한 차별 없는 사랑과 공경의 원천인 바로 그 하나인 마음(一心)을 공경함이 곧 하늘을 공경함이다. 그런 까닭에 "내 마음을 공경치 않는 것이 곧 천지를 공경치 않는 것"이라고 한 것이다. 경천의 도를 바르게 실천함으로써 불생불멸의 참자아, 즉 자

---

369 『龍潭遺詞』「敎訓歌」.
370 『龍潭遺詞』「敎訓歌」.
371 『海月神師法說』「三敬」.

신의 내재적 본성인 신성을 깨닫게 될 것이요, 일체의 우주만물이 다 내 동포라는 전체의식〔우주의식, 근원의식〕에 이를 수 있을 것이며, 기꺼이 헌신하고자 하는 마음, 책임과 의무를 다하고자 하는 마음이 우러나올 수 있나니, 실로 경천이야말로 모든 진리의 중추를 틀어쥐는 것이라 하겠다. 경천은 곧 진리인 실체에 대한 인식이며 동시에 그것의 실천이다.

수운은 그가 하늘로부터 받은 도를 '무왕불복지리無往不復之理', 즉 '가고 돌아오지 않음이 없는 이법'이라고 하고 이를 천도天道라고 명명하였다.[372] 우주만물은 모두 간 것은 다시 돌아오고 돌아온 것은 다시 돌아간다는 자연의 이법理法을 말하는 것이다. 수운의 천도는 그가 서학과의 동이同異를 설명하는 데서 분명하게 드러난다. 그는 서학을 "운運인즉 하나요 도道인즉 같으나 이치理致인즉 아니니라."[373]고 하고 있다. 말하자면 수운의 천도가 후천의 운運을 받아 일어났듯이 서학역시 선천의 운을 받아 일어난 것이므로 선천과 후천의 다름은 있으나 그 운수에 있어서는 하나라고 말할 수 있다는 것이다. 또한 서학의 도道 역시 우주만물의 근원인 '하나'님의 존재를 천명한 것이니 결국 같다는 것이다. 그러나 그 이치를 밝혀 냄에 있어서는 다르다는 것이다. 말하자면 서학은 내재와 초월의 합일에 대한 인식이 없이 하늘과 인간을 이원화시키고 하늘을 위하는 공심은 없이 다만 제 몸만을 위하여 사심으로 비니, 몸에는 하늘의 감응이 없고 학學에는 하늘의 가르침이 없다는 것이다. 그래서 서학의 도는 허무에 가깝고 학學은 하

---

372 『東經大全』「論學文」.
373 『東經大全』「論學文」: "運則一 道則同 理則非."

늘의 학이 아니라는 것이다.[374] 하늘과 인간의 이원화는 본체계와 현
상계의 통합성을 자각하지 못하고 생명의 본체인 하늘('하늘'님, '하나
님, 唯一神)로부터 인간을 분리시킨 데서 비롯된 것으로 반생태적·반
생명적 사유의 전형이다. 수운은 그의 천도가 서학과는 달리 아무런
작위함이 없는 천지 운행의 이치를 그 도법으로 삼은 것이라 하여
'무위이화無爲而化'라고 하고, 이는 "마음을 지키고 기운을 바르게 하
여 하늘의 본성을 거느리고 그 가르침을 받게 되면 자연한 가운데에
화해 나오는 것"[375]이라고 하고 있다.

　수운의 천도와 천덕天德의 진수眞髓는 '시천주 조화정 영세불망 만
사지(侍天主造化定永世不忘萬事知)'라고 하는 주문 열세 자에 함축되어 있
는 것으로 나타난다. "열세 자 지극하면 만권시서萬卷詩書 무엇하며"
[376]라고 한 데서도 알 수 있듯이, 열세 자의 주문에만 집중하면 수많
은 서책을 섭렵할 필요 없이 천도와 천덕에 이를 수 있다는 것이다.
우선 수운은 '시侍'를 세 가지 뜻으로 풀이하고 있다. '내유신령內有神
靈·외유기화外有氣化·각지불이各知不移'[377]가 그것이다. 안으로 신령
이 있고 밖으로 기화氣化가 있어 (온 세상 사람이) 각기 알아서 옮기지 아
니한다는 뜻은 인간의 내재적 본성인 신성[靈性]과 혼원일기로 이루어
진 생명의 유기성과 상호 관통을 깨달아 순천의 삶을 지향하는 것을

---

374 『東經大全』「論學文」: "曰洋學…頓無爲天主之端 只祝自爲身之謀 身無氣
　　化之神 學無天主之敎…道近虛無 學非天主."
375 『東經大全』「論學文」: "守其心正其氣 率其性受其敎 化出於自然之中也."
376 『龍潭遺詞』「敎訓歌」.
377 『東經大全』「論學文」.

말한다. 여기서 '신령'과 '기화'는 애초에 둘로 된 이치가 아니라 하나의 이치를 양 방향에서 관찰한 것이다. 이는 "영과 기운이 본래 둘이 아니요 도시 한 기운이니라."[378]라고 한 데서도 분명히 드러난다. 우주만물은 혼원일기混元一氣의 역동적인 나타남이다. 무수한 것 같지만 기실은 하나의 기氣밖에 없는 것이다. 말하자면 우주만물의 개체성은 우주의 본체인 하늘이 다양한 모습으로 현현한 것이다.[379] "저 새 소리도 또한 시천주의 소리니라."[380]라고 한 것은 사람만이 홀로 하늘[神靈]을 모신 것이 아니라 우주만물이 다 하늘을 모시고 있다는 뜻이다. 말하자면 하늘은 생명의 본체로서 우주만물에 편재해 있다는 뜻이다. '이천식천以天食天─이천화천以天化天', 즉 하늘로써 하늘을 먹고 하늘로써 하늘을 화할 뿐이라고 한 것은 우주만물이 모두 한 기운과 한 마음으로 꿰뚫어졌기 때문으로,[381] 생명의 유기성과 상호 관통을 엿볼 수 있게 하는 대목이다. 따라서 우주만물이 하늘을 모시지 않음이 없으니 사람을 대하고 물건을 접함에 있어 하늘 대하듯 하라[382]고 한 것이다. 이어 '주主'라는 것은 '존칭하여 부모와 더불어 같이 섬기는 것'[383]이라고 수운은 풀이하고 있다. 여기서 수운이 '천天'에 대한 풀이를 제외시킨 것은 '진리 불립문자不立文字'이기 때문인 것으

378 『義菴聖師法說』「講論經義」: "… 靈與氣 本非兩端 都是一氣也."
379 cf. 『義菴聖師法說』「無體法經」: "性 闔則 爲萬理萬事之原素 性 開則 爲萬理萬事之良鏡."
380 『海月神師法說』「靈符呪文」: "彼鳥聲 亦是 侍天主之聲也."
381 『海月神師法說』「靈符呪文」: "宇宙萬物 總貫一氣一心也."
382 『海月神師法說』「待人接物」.
383 『東經大全』「論學文」: "主者 稱其尊而與父母同事者也."

로 보인다. 이렇게 볼 때 「시천주」, 즉 "'하나' 님을 모심"은 인간의
신성과 생명의 유기성 및 상호 관통을 깨달아 순천의 삶을 지향하는
천인합일의 대공大公한 경계를 말하는 것이라 하겠다. 그것은 곧 우주
적 본성과의 합일이요 생명의 본체에 대한 자각이며 우주 '한생명' 의
실천이다.

　다음으로 수운은 '조화造化'를 '무위이화' 라고 하고, '정定' 을 '합
기덕 정기심(合其德 定其心)' 이라 하고 있다. 즉 '무위이화' 의 덕과 그
기운과 하나가 되는 것이 '조화정' 이다. 다시 말해서 우주만물의 생
성 · 변화 · 소멸이 모두 하늘의 조화의 작용—음양오행의 우주적 기
운의 응결에 의해 만물이 화생하나 궁극에는 그 근원으로 되돌아가
는—으로 이러한 우주의 조화 기운과 하나가 되는 것을 말한다. 우주
의 조화 기운과 하나가 되면 주관과 객관의 구분이 사라지고 천지 운
행을 관조할 수 있게 되므로 천덕을 몸에 지니게 된다. 이렇듯 우주의
이치와 기운의 조화 작용으로 만물이 생겨난 까닭에 본래의 진여한
마음을 회복하여 우주의 조화 기운과 하나가 되면 지기(至氣, 混元一氣)
와 합일하고 무왕불복의 이치, 즉 천도를 깨닫게 되는 것이다. 이는
곧 수운의 도덕관이 천 · 지 · 인 삼재에 기초하여 하늘(天)과 사람(人)
과 만물(物)을 하나로 관통한 우리 전통 사상의 맥[384]을 잇고 있음을
보여 준다. 이렇게 볼 때 '시천주 조화정'은 만물 화생의 근본이라 하

---

[384] 우리의 전통사상이 天 · 地 · 人 三才의 융화에 기초하여 하늘을 숭경하고
　　조상을 숭배하는 敬天崇祖의 사상을 그 골간으로 해 온 것은 사람이 곧
　　하늘이기 때문이다. 따라서 사람을 섬기지 않는 것은 곧 하늘을 섬기지
　　않는 것이다. 그런 까닭에 水雲은 西學이 조상 숭배를 부정하고 제사조차
　　지내지 않는 것에 대해 크게 비판하고 있다.

겠다. 다음으로 '영세불망 만사지'란 앞서 말한 천도와 천덕을 평생 잊지 아니하면 일체를 관통하게 된다는 뜻이다. 말하자면 '지화지기 지어지성至化至氣 至於至聖',[385] 즉 지극한 기운으로 지극히 화하여 지극한 성인에 이르게 된다는 뜻이다. 그리하여 지상천국을 이룰 수 있다는 것이다.

위에서 살펴 본 '시侍'의 세 가지 뜻 중에서 '각지불이'는 「시천주」 도덕의 실천적 측면과 연결된다. 여기서 '옮기지 않음'은 천심天心에서 벗어나지 않는 것, 말하자면 우주적 본성에 부합되는 순천의 삶을 지향하는 것을 말한다. 『참전계경』에도 하늘의 이치를 따름에 어긋남이 없게 되면 그 정성어린 뜻이 하늘에 통한다며 마음속 깊이 하늘을 믿고 의지해야 한다고 나와 있다.[386] 우리는 물질이 아니라 본래 순수 의식〔우주의식, 근원의식, 전체의식〕이다. 의식은 확장될수록 걸림이 없어져 자유롭게 되나, 물질은 확장될수록 걸림이 커져 구속되게 된다. 해월이 "오직 한울〔하늘〕을 양養한 사람에게 한울이 있고, 양치 않는 사람에게는 한울이 없나니…"[387]라고 한 것은 '하늘을 모심(侍天)'이 곧 '하늘을 키움(養天)'이라는 뜻이다. '양천養天'은 의식의 확장을 말함이며, 영적 진화와 관계된다. 이렇듯 「시천주」 도덕은 자각적 실천이 수반될 때 그 진면목이 드러나는 것이라 하겠다.

「시천주」 도덕의 요체는 수심정기守心正氣에 있는 것으로 나타난다.

---

385 『東經大全』 「論學文」.
386 『參佺戒經』 「侍天」: "下誠 疑天 中誠 信天 大誠 侍天." 작은 정성은 하늘을 의심하고 보통 정성은 하늘을 믿으며 지극한 정성은 하늘을 믿고 의지한다는 뜻임.
387 『海月神師法說』 「養天主」.

즉 본래의 진여眞如한 마음을 지키고 기운을 바르게 하는 것이 '옳기지 않음'의 요체다. 진여한 마음이란 분별지分別智가 나타나기 전의 근본지根本智를 이름이다. 일一과 다多, 이理와 사事를 회통시키는 우주적 본성을 이름이다. 기운을 바르게 하는 것이란 혼원일기로 이루어진 생명의 유기성과 상호 관통을 깨달아 더불어 사는 삶을 실천하는 공심公心의 발현을 이름이다. 따라서 수심정기란 우주적 본성의 자리를 지키는 것인 동시에 우주 '한생명'에 대한 자각적 실천의 나타남이다. 수운이 "인의예지仁義禮智는 옛 성인의 가르친 바요, 수심정기는 오직 내가 다시 정한 것이라."[388]고 한 것이나, 해월이 "수심정기가 아니면 인의예지의 도를 실천하기 어렵다."[389]고 한 것은 수심정기가 각 개인의 자각적 실천을 중시한 점에서 실천과 유리된 당시의 형식적·외면적 윤리 체계와는 다른 것임을 분명히 보여 준다. 해월은 수심정기 하는 법으로 효孝·제悌·온溫·공恭을 들고 "이 마음 보호하기를 갓난아이 보호하는 것같이 하며, 늘 조용하여 성내는 마음이 일어나지 않게 하고 늘 깨어 혼미한 마음이 없게 함이 옳으니라."[390]라고 하고 있다.

수운은 수심정기를 성경誠敬 두 자로 설명하고 있다. 「도수사道修詞」에서는 "성경이자誠敬二字 지켜내어 차차차차 닦아내면 무극대도 아닐런가 시호시호 그때 오면 도성입덕道成立德 아닐런가."[391]라고 하여 성

---

388 『東經大全』「修德文」: "仁義禮智 先聖之所教 修心正氣 惟我之更定."
389 『海月神師法說』「守心正氣」: "若非守心正氣則 仁義禮智之道 難以實踐也."
390 『海月神師法說』「守心正氣」: "守心正氣之法 孝悌溫恭 保護此心 如保赤子 寂寂無忿起之心 惺惺無昏昧之心 加也."
391 『龍潭遺詞』「道修詞」.

경 두 자만 지켜내면 하늘의 무극대도에 이르고 도성입덕이 되는 것으로 보았다. 실로 성誠은 "도를 이루는 전부이고 일을 성사시키는 가장 큰 근원"392이다. '순일하고 쉬지 않는 정성'393을 다할 때 자신의 성문誠門이 열리면서 스스로의 신성과 마주치게 되는 것이다.394 사람이 성誠하면 각覺, 즉 깨달음을 얻게 된다. 사람은 성誠으로 깨달음을 얻으며 성은 신神에서 완성된다. 다음으로 경敬은 우주만물을 대할 때 하늘 대하듯 공경을 다한다는 뜻이다. 경敬은 덕德을 세우는 전부이고 조화적 질서를 이루는 원천이다. 이는 곧 우주만물에 대한 차별 없는 사랑을 통하여 이루어진다. 그 비밀은 일심에 있다. 이렇듯 성경이자 誠敬二字로 이루어진 수심정기는 당시 양반 지배층의 이데올로기로서 형식화하고 외면화한 주자학과는 달리, 각 개인의 내면적 수양에 기초한 자각적 실천 수행으로서 만인이 동귀일체하여 지상천국을 건설하는 요체가 되고 있다. 이는 해월의 경천·경인·경물의 '삼경三敬' 사상에서 보다 명징하게 드러난다.

　이상에서 보듯 동학의 사상 체계는 생명의 자기근원성과 전일성을 바탕으로 한 생태학적 사유에 기초해 있다. 우주만물의 생성·변화·소멸 자체가 하늘의 조화 작용이니 하늘은 우주만물의 근원으로서 본

---

392 『參佺戒經』「不忘」: "誠者 成道之全體 作事之大源也."
393 『海月神師法說』「守心正氣」.
394 cf. 『參佺戒經』「塵山」: "塵埃隨風 積于山陽 年久 乃成一山 以至微之土 成至大之丘者 是風之驅埃不息也 誠亦如是 至不息則誠山 可成乎." 정성이 지극하여 깊은 경지에 들어가면 행위자는 사라지고 행위만 남게 된다. 이 경지에 이르게 되면, 마치 티끌이 모여 산을 이루는 것과도 같이 정성으로 된 산(誠山)을 이룰 수 있는 것이다.

체계와 현상계를 관통하는 가장 근원적이고도 포괄적이며 보편적인 존재(混元一氣, 唯一神, '하나'님)를 지칭한 것이다. 우주만물의 개체성은 누가 누구를 창조한 것이 아니라 우주의 본체인 하늘, 즉 혼원일기混元一氣가 스스로 다양한 모습으로 현현한 것이니 일체 생명은 자기근원성을 갖는 것이요, 일체 생명의 근원은 하나인 혼원일기로 연결되어 있으니 생명은 불가분의 하나인 것이다. 따라서 혼원일기는 생태학적 사유의 바탕을 이루는 생명의 전일성과 자기근원성을 인식하는 키워드이다. 「시천주」, 즉 '하늘을 모심'은 내재와 초월, 본체와 작용, 필연과 자유의지가 묘합을 이루어 천리에 순응하는 삶, 다시 말해서 생명의 전일성과 자기근원성을 인식하는 삶을 사는 것이다. 이는 곧 「시천주」의 자각적 주체가 되는 것으로 이러한 생태학적 사유는 당시의 정치 현실에서 필연적으로 정치적 요소와 결합하면서 생태정치학적 사유의 전형을 보이게 된다. 신성과 이성, 도덕과 정치의 묘합妙合에 기초한 에코 폴리틱스는 무극대도에 이르는 직접적인 통로로서 동학에서는 '접포接包'의 형태로 나타난다. 접포제는 '접'이라는 인맥 단위의 영성靈性 공동체로서의 성격과 '포'라는 지역 단위의 정치적·사회적 운동체로서의 성격이 복합된 것으로 '접포'라고 하는 유기적 네트워크 체제로 이루어져 있다.

「시천주」의 원리는 귀천·빈부·반상班常·적서嫡庶 등의 경계는 말할 것도 없고 생물과 무생물의 경계마저도 폐기시킨다. 동학의 혁명성이 바로 여기에 있다. 동학에 내재되어 있는 후천개벽의 혁명 원리는 「시천주」이다. 다시 말해서 「시천주」의 자각적 주체가 되는 것 자체가 혁명의 시작이다. 수운의 후천개벽은 유위有爲와 무위無爲가, 사람과 하늘이 변증법적 통합을 이루어 새 하늘과 새 땅을 창조하는

'다시개벽'[395]이다. 서양적 유有와 동양적 무無의 상즉상입相卽相入이요 과학[이성]과 신[신성]의 운명적인 만남이다. 정신개벽을 통하여 불연不然의 본체계와 기연其然의 현상계를 상호 관통하게 되면 불연과 기연이 본래 하나임을 알게 되고 따라서 무위자연의 천지 개벽이 인위의 사회개벽과 둘이 아님을 알게 되는 것이다. 왜냐하면 정신개벽을 통하여 신인합일神人合一의 이치가 드러나고 인간이 소우주임이 밝혀지기 때문이다. 해월이 향아설위向我設位라고 하는 우주적 본성으로의 회귀를 강조한 것도 이 때문이다. 여기서 정신개벽과 사회개벽, 그리고 무위자연의 천지 개벽이 분리될 수 없는 하나라고 한 것은 천시天時와 지리地理, 그리고 인사人事가 조응 관계에 있기 때문이다. 우주 섭리의 작용과 인류 역사의 전개 과정이 긴밀히 연계되어 있다는 것은 우주만물의 생성·변화·소멸 자체가 모두 하늘의 조화의 자취이며, 우주만물이 다 지기至氣인 하늘의 화현이라는 점에서 분명히 드러난다.[396] 사람이 본래의 천심을 회복하면 천시와 지리, 그리고 인사가 조응 관계에 있음을 알게 되고 후천개벽 또한 천지 개벽의 도수度數에 따른 것임을 알아 사람이 할 바를 다하게 되는 것이다. 동학적 이상향

---

395 『龍潭遺詞』「安心歌」: "십이제국 괴질운수 다시 개벽 아닐런가 요순성세 다시 와서 국태민안 되지마는 기험하다 기험하다 아국운수 기험하다."; 『龍潭遺詞』「夢中老少問答歌」: "천운이 둘렀으니 근심 말고 돌아가서 윤회시운 구경하소 십이제국 괴질운수 다시 개벽 아닐런가."

396 『東經大全』「論學文」: "曰吾心卽汝心也 人何知之 知天地而無知鬼神 鬼神者吾也." 水雲은 세상 사람들이 우주섭리와 人事의 연계성을 인식하지 못하는 것은 천지의 형체만을 알 뿐 그 천지의 주재자인 하늘은 알지 못하는 데서 오는 것이라고 한다.

은 후천개벽에 의한 무극대도의 세계, 즉 우주자연과 인간, 인간과 인간의 연대성에 기초한 성속일여聖俗一如의 군자 공동체[397]이다. 후천개벽은 '힘의 지배 시대'의 종언인 동시에 「시천주」로서의 자각적 주체에 의한 생명시대의 개창이다. 「몽중노소문답가」에 나오는 태평곡 '격양가擊壤歌'가 의미하는 무위자연의 이상향은 소국과민小國寡民의 촌락 공동체를 이상 사회의 원형으로 보는 노자老子의 관점과 일맥상통하는 점이 있다.

---

397 申一澈, 「동학과 전통사상(하)」, 『新人間』 636호(2003. 8), 114-116쪽에서는 東學의 유토피아를 無爲의 自由民權社會라고 보고 있다.

제6장 탈근대 논의에 나타난
생태정치학적 사유

생태 문제에 대한 기존 제도권의 논의가 주로 '환경적으로 건전하고 지속 가능한 발전(environmentally sound and sustainable development)'의 개념에 입각하여 점진적인 환경 개선이나 환경 보존을 위한 기구의 창설 등과 같은 온건한 형태로 나타난 반면,[398] 급진적 생태운동에

---

[398] 1992년 6월 3일부터 14일까지 브라질의 수도 리우데자네이로에서 개최된 유엔 리우(Rio) 지구정상회의(Global Summit)에서는 인류 차원의 새로운 성장 패러다임으로 '환경적으로 건전하고 지속 가능한 발전(environmentally sound and sustainable development, ESSD)'을 채택했다. 「의제21(Agenda21)」은 당시 각국 정부대표단의 리우회의(유엔환경개발회의 UNCED)를 통해 채택된 '리우선언'의 실천 계획으로, 각국 정부의 행동강령을 구체화한 지구환경 보전 종합계획이다. 또한『생물 다양성 협약』(Convention on Biological Diversity)은 유엔환경개발회의에서 156개국에게 서명할 수 있도록 개방되었고, 1993년 12월 29일 발효되었다. 리우회의 이후 10년만인 2002년 8월 26일부터 9월 4일까지(정상회의는 9월 2일부터 4일까지) 남아공 요하네스버그에서는 유엔 주최로 세계환경정상회의가 개최되었다. 환경회의 공식명칭은 '지속 가능한 발전을 위한 세계정상회의(World Summit on Sustainable Develo-pment, WSSD)'로 1992년 리우회의에서 채택된 「의제(Agenda) 21」의 이행 사항을 점검하고 향후 실천 방향 및 방안을 마련하

가담하는 생태론자들은 기존의 지배적 패러다임의 변화를 요구하는 훨씬 심층적이고 포괄적인 형태로 나타나고 있다. 오늘의 인류가 처한 생태 위기에 환경 개량주의를 넘어 한층 심층적으로 대처하지 않을 수 없게 된 것은 위기의 깊이와 폭이 너무 깊고 광범하다는 데 있다. 이들 급진적 생태 담론은 1970년대에 등장하여 1970년대 말과 1980년대 초에 들어 비평 담론으로서 확고한 위치를 굳히게 된다. 급진적 생태론자들은 각 정부가 추구하는 현실의 환경 정책이 환경을 지배에서 관리 대상으로 바꾼 '환경관리주의'에 지나지 않으며 여전히 자연의 권리를 무시하고 있다고 본다. 이들의 논의를 보면, 기존의 지배적 패러다임에 내재한 인간 중심의 속성을 비판하고 인간 사회와 자연 생태계를 하나로 통합함으로써 생태적 불균형을 해소하려는 아른 네스(Arne Naess)와 빌 드볼(Bill Devall) 및 조지 세션(George Sessions)의 심층생태론(deep ecology), 생태 문제가 곧 사회 문제라는 인식에 기초하여 생태 위기의 근본 원인을 사회 구조의 위계질서(hierarchy)에서 찾는 머레이 북친(Murray Bookchin)의 사회생태론(social ecology), 생태학과 사회주의의 접합에 기초한 생태사회주의(eco-socialism), 여성 억압과 자연 억압을 밀접하게 연관된 문제라고 주장하는 에코페미니즘(ecofeminism)[399] 등이 있는데, 이러한 녹색적 사유를 구성하는 유파들의 생태 문제에 대한 정치적 논의는 그 분파적 다양성에도 불구하고

기 위한 것이었다.

[399] 심층생태론과 사회생태론, 그리고 에코페미니즘은 급진적 생태주의의 트로이카(troika)로 불린다. 이들에 대한 비교분석으로는 Michael E. Zimmerman, *Contesting Earth's Future: Radical Ecology and Postmodernity*(Berkeley: University of California Press, 1994) 참조.

생태 원칙에 의거한 새로운 패러다임이 기존의 지배적 패러다임을 대체하여 사회의 새로운 구성 원리를 제공하는 것으로 귀결된다. 이러한 생태 문제에 대한 논의는 생태정치학적 접근을 통해 정치 실천적 차원과 연결된다.

제1절 심층생태론(deep ecology)

심층생태론[근본생태론]이 하나의 철학적 유파로서 성립된 것은 1970년대 초 노르웨이 철학자 네스(Arne Naess)가 '표피(shallow)' 생태론과 '심층(deep)' 생태론을 구분하면서부터이다. 이러한 구분은 오늘날 생태적 사유 내의 주요한 분화를 설명하는 매우 유용한 기준이 되고 있으며 최근 심층생태론은 주로 네스와 드볼(Bill Devall) 및 세션(George Sessions)의 생태학적 접근을 가리키는 것으로 이해된다. 표피생태론은 인간이 모든 가치의 근원이며 자연은 단지 도구적 가치를 지닐 뿐이라는 인간 중심의(anthropocentric 또는 human-centered) 가치에 기초해 있다. 반면 심층생태론은 인간과 비인간 모두 자연환경으로부터 분리되지 않으며 이 세계를 단순히 고립된 개체의 집합이 아닌 근본적으로 상호 연결·상호 의존해 있는 현상의 네트워크라고 보는 생태 중심의(ecocentric 또는 earth-centered) 가치에 입각해 있다.[400] 다시 말

---

[400] 심층생태론은 생태 중심의 가치에 입각해 있는 까닭에 '생태중심주의(ecocentrism)'로 불리기도 한다(Robyn Eckersley, "The Ecocentric Perspective," in C. Prybus and R. Flanagan(eds.), *The Rest of the*

해서 일체 생명은 상호 의존적 협력 체계에 기초한 생태공동체 구성
원으로서의 동일한 내재적 가치(intrinsic value)를 지니며 인간은 단지
생명의 그물(web of life)의 한 가닥이라고 보는 것이다. 그런 점에서 건
강과 풍요로움을 지키기 위한 서구의 환경 보호 운동은 생물학적 이
용 가능성 내지는 유용성이라는 인간 중심의 시각에 기초한 표피 생
태 운동에 불과하며, 상호의존성 · 통합성의 원리에 의거하여 생태적
평등을 지향하는 심층생태 운동과는 질적으로 다르다는 것이다.[401]

심층생태론이 지향하는 생태적 평등은 인간 중심의 평등과는 질적
으로 다른 것이다. 그것은 자연의 내재적 가치에 대한 인식을 바탕으
로 한 '생물 중심의(biocentric) 평등'으로 인간과 비인간을 포함한 일
체 생명이 모두 평등하다는 것이다. 말하자면 생명에는 '고등한
(higher)' 것과 '하등한(lower)' 것의 위계가 있을 수 없다는 일종의 존
재론적 평등과도 같은 것으로 상호성(reciprocity)의 원리에 입각하여
생명의 전일성을 강조한다. 이러한 인식은 자연의 도구적 존재성에
기초한 인간 중심의 시각에서 벗어나 전체 생물권 내지 생명권 또는
우주권으로의 의식 확장을 통해 영적 일체성(spiritual identity)이 이루
어질 때 가능한 것이다. 이렇게 되면 생명을 지배하거나 통제하는 것

World is Watching(Sydney: Pan Macmillian, 1990)).
[401] Arne Naess, "The Shallow and the Deep, Long-Range Ecology
Movement: A Summary," *Inquiry* 16, 1973, pp.95-96. 미개지에 대
한 '자원보존'의 시각은 미개지의 본질적 가치보다는 인간 중심의 도구
적 가치를 강조하는 경향이 있다(Warrick Fox, *Toward a
Transpersonal Ecology: Developing New Foundations for
Environmentalism*(Boston: Shambala, 1990), p.154).

자체가 근원적으로 불가능한 것임을 알게 된다. 바로 이러한 관점에서 '생태학적 양심(ecological conscience)' 선언을 통해 진정한 생명공동체의 구현을 위해 '대지의 윤리(land ethic)'를 정식화한 사람이 알도 레오폴드(Aldo Leopold)이다.[402] 이러한 그의 관점은 비록 1930, 40년대에는 받아들여지기 어려웠지만 오늘날에는 그를 심층생태론의 선구자로 평가받게 하고 있다.

심층생태론에 나타난 생태적 평등은 문화역사학자 린 화이트(Lynn White, Jr.)가 『사이언스 Science』에 발표한 "생태 위기의 역사적 뿌리 (The Historical Roots of Our Ecological Crisis)"에서 대안으로 제시한 아씨시의 성 프랜시스(St. Francis of Assisi)의 생태적 자연관과 맥을 같이 한다. 화이트는 서구 역사상 가장 위대했던 영적 혁명가로 프랜시스를 들면서 그의 겸손의 미덕이 한 개인으로서가 아닌 한 종種으로서의 미덕이었다고 하며 인간을 창조물 위에 군림하는 군주적 지위에서 끌어내려 모든 피조물이 공통적으로 지니는 평등성을 부여했다고 본다. 말하자면 인간 또한 다른 피조물과 마찬가지로 유한한 생물리적 환경 속에서 상호의존하며 살아가는 자연의 일부일 뿐이라는 것이다. 프랜시스에게 개미는 더 이상 게으름뱅이를 향한 견책이 아니며, 타오르는 불꽃은 더 이상 신과 합일하기 위한 영적 열망이 아니라는 것이다. 인간이 그러듯이 그들도 자신만의 방법으로 창조주를 찬미하는 개미요 불꽃이라는 것이다. 다시 말해서 생명계는—인간이든 비인간이든—모두가 동등한 내재적 가치를 지니는 까닭에 그 어떤 것도 도구

---

402 Aldo Leopold, *A Sand County Almanac: With Essays on Conservation*(Oxford: Oxford University Press, 2001) 참조.

적 위치에 있지 않다는 것이다. 화이트는 역사적으로 과학기술의 발전이 자연의 도구적 존재성을 바탕으로 한 그리스도교적 자연관과 밀착되어 있다고 보고 그러한 인간중심적인 철학과 종교의 근본적인 재정립이 없이는 그 어떤 과학기술로도 생태 위기는 극복될 수 없다고 본다. 말하자면 문제의 뿌리가 광범위하게 종교적인 것이니 그 해결도 본질적으로 종교적이어야 한다는 것이다. 그리하여 화이트는 일체 생명의 영적 자율성과 평등성에 기초한 프랜시스의 생태적 자연관을 그 대안으로 제시한다.[403]

심층생태론은 근대적, 과학적, 산업적, 성장중심적인 유물론적 세계관과 삶의 방식의 기초에 대해 생태적 관점에서 근원적인 의문을 제기하고 새로운 윤리 체계—즉 심층생태윤리(deep ecological ethics)—의 수립 필요성을 역설한다. 이는 오늘날의 생태 위기가 오염과 자원 고갈에 대한 법적 · 제도적 조처만으로 해결하기에는 그 깊이와 폭이 너무 깊고 광범하다는 데 있다. 특히 현대 과학에 생태윤리적인 (ecoethical) 표준을 도입하는 것이 가장 긴요한 것으로 나타난다. 이를테면 핵무기 체제를 설계하는 물리학자들이나 지구 환경을 오염시키는 화학자들과 미지의 형태의 미생물을 풀어 놓는 생물학자들, 그리고 과학적 진보라는 이름으로 동물들을 고문하는 심리학자와 다른 과학자들에게 생태윤리적인 표준의 설정은 시급한 것이다. 17세기 과학혁명 시기에 가치가 사실로부터 분리된 이후 과학적 사실은 몰가치적(value free) 정향을 띠는 것으로 인식되어 왔다. 그러나 실제에 있어

---

403 Lynn White, Jr., "The Historical Roots of Our Ecological Crisis," *Science* 155, 1967, pp.1203-1207.

과학적 사실은 분리될 수 없는 인간의 인지認知와 가치, 행동의 총체
즉 패러다임에서 나오는 까닭에 적어도 연구가 수행되는 큰 패러다임
은 결코 몰가치적이 될 수 없으며, 그런 점에서 과학자는 지적으로 뿐
만 아니라 도덕적으로도 자신의 연구에 책임이 있는 것이다.[404]

생명의 내재적 가치에 대한 인식은 심층생태론을 이해하는 필수요
건이다. 심층생태론은 생태 중심의 가치를 강조하는 생태철학적
(ecophilosophical) 접근의 대표적인 것이다. 심층생태론에서 일체 생명
이 내재적 가치를 지닌다는 관점은 생태적 내지는 영적 체험에 입각
하여 자연과 자아(the self)가 하나라고 보는 데서 비롯된 것이다. 이러
한 자아 개념의 확장을 통한 자연과의 동일시는 심층생태론의 바탕을
이루는 것이다. 네스가 인식하고 있는 것처럼 자아 개념이 확장되고
심화되면 대상으로서의 자연은 더 이상 존재하지 않기 때문에 자연보
호는 곧 우리 자신의 보호로 인식되게 되는 것이다. 여기서 자아는 곧
'생태적 자아(ecological self)'로서 심층생태론적 실재관의 핵심적 기초
가 되는 것이다. '생태적 자아'란 우주를 전체로서 인식하는 우주적
자아와도 같은 것으로 스피노자(B. Spinoza)의 형이상학적 유산을 이
어받은 것이다. 생태적 자아가 발현되면 도덕적 압박감 없이도 환경
윤리는 자연적으로 아름답게 준수될 수 있다는 점에서 생태적 인식과
그에 부응하는 행동은 논리적이 아닌 심리적 연결성을 갖는 것으로
보아야 할 것이다.[405] 사실과 당위의 연결은 논리 영역이 아닌 심리
영역과 관련되는 것이기 때문이다. 말하자면 우리가 생명 그물의 한

---

404 Capra, *The Web of Life*, p.11.
405 *Ibid.*, p.12.

부분이라는 생태적 자각이 이루어지게 되면 도덕적 의무감 없이도 일체 생명을 돌보려는 마음이 자연히 일어나게 될 것이기 때문이다. 이러한 생태학과 심리학의 결합은 문화역사학자 시어도어 로작(Theodore Roszak)이 쓴 '생태심리학(eco-psychology)'[406]이란 용어에서 잘 나타나고 있고, 심층생태론자 조애너 메이시(Joanna Macy)가 "자아의 녹색화(greening of the self)"에 관해 쓴 『연인으로서의 세계, 자아로서의 세계 World as Lover, World as Self』[407]라는 저서에서 명징하게 드러난다.

생태적 인식은 본질적으로 영적이다. 인간 정신(영혼)의 개념이 개인이 전체로서의 우주에 연결되어 있다고 느끼는 의식의 형태로 이해될 때 가장 깊은 수준에서 이루어지는 생태적 자각은 혼원일기(混元一氣)로 이루어진 생명의 유기성과 상호 관통을 직관적으로 깨닫는 것이라는 점에서 본질적으로 영적일 수밖에 없다. 따라서 심층생태적 자각에 기초한 새로운 실재관의 출현이 존재와 비존재, 주체와 객체의 이원성 폐기라는 측면에서 도교(Taoism)나 선불교(Zen Buddhism), 또는 힌두교(Hinduism)나 토착인디언의 전통에 깔려 있는 철학 및 우주론에서와 같은 영적인 전통과 일치하는 것은 당연하다 할 것이다. 또한 '생명은 비생명에 뿌리를 두고 있다'는 주장으로 생명의 기원에 관해 새로운 장을 연 벨기에의 화학자 일리야 프리고진(Ilya Prigogine)의 산일구조이론(散逸構造理論 dissipative structure theory)이나 카오스 이론

---

406 Theodore Roszak, *The Cult of Information: A Neo-Luddite Treatise on High Tech, Artificial Intelligence, and the True Art of Thinking*(Berkeley, CA: University of California Press, 1994).

407 Joanna Macy, *World as Lover, World as Self*(Berkeley, CA: Parallax Press, 1991).

(chaos theory)과 같은 복잡계(complex system) 과학 이론들과도 맞닿아 있다. 이들 이론에 대해서는 제7장 "생태합리주의와 현대 물리학의 실재관"에서 자세히 다루게 될 것이다.

심층생태론이 인간 중심의 기계론적 세계관을 근본적으로 거부하는 것은 근대 이성 및 문명에 대한 심대한 불신에서 비롯된 것이라는 점에서 독일의 실존철학자 마르틴 하이데거(Martin Heidegger)의 존재론적 관점과 그 맥을 같이 한다. 근대문명은 과학과 기술의 사용 주체라고 자부하는 인간이 그 부품으로 전락하면서 진정한 주체는 결국 맹목적인 '지배에의 의지'이며 존재계는 그러한 의지에 의해 사용되는 객체 즉 도구에 지나지 않음을 실증적으로 보여주었다는 것이다. 따라서 '도구적 이성'에 기초한 근대의 지배적 세계관은 '생태적 자아(ecological self)'에 기초한 새로운 세계관으로 대체되어야 한다는 것이다. 중요한 것은 높은 생활수준이 아니라 삶의 질의 고양이며 이는 큰(big) 것과 위대한(great) 것의 차이에 대한 심대한 자각에 기초한다. 네스와 세션이 제시한 8개의 원리로 구성된 심층생태론 강령(deep ecology platform)에는 이러한 내용이 잘 나타나 있다. 그 요지는 다음과 같다. 첫째, 인간을 포함한 모든 생명체의 행복과 번성은 인간의 목적과 관련되는 유용성과는 무관하게 각기 고유한 내재적 가치를 지닌다. 둘째, 생명체의 풍요로움과 다양성은 이러한 내재적 가치를 인지할 수 있게 해주며 그 자체로서 가치를 지닌다. 셋째, 생존에 필요한 범위를 넘어 생명의 풍요로움과 다양성을 축소시킬 권리가 인간에게는 없다. 넷째, 인간의 삶과 문화의 번성은 인구의 실질적인 감소에 달려있으며 비인간계의 번성 또한 이러한 감소를 필요로 한다. 다섯째, 현재 비인간계에 대한 인간의 간섭은 지나치며 상황은 급속도로

악화되고 있다. 여섯째, 경제적, 기술적, 이데올로기적 구조에 영향을
미치는 법과 정책 변화가 수반되어야 한다. 일곱째, 이상적인 변화는
높은 생활수준에 착안하기보다는 삶의 질을 인식하는 데 있다. 여덟
째, 상기 강령에 동조하는 사람들은 직접적이든 간접적이든 필요한
변화를 위해 노력할 의무가 있다.[408]

　심층생태론에 내재된 정치 실천적 함의는 계층 구조에서 네트워크

---

[408] Bill Devall & George Sessions, *Deep Ecology*(Salt Lake City, Utah:
Peregrine Smith Books, 1985), p.70; http://www.deep-
ecology.org/drengson.html(2006. 8. 28) 8개 강령의 원문은 다음과 같
다. 1) There are values in both well-being and flourish of human
and non-human life on earth. It is these independent values of
usefulness of the non-human world for individual purposes. 2) It is
the fortune and variety of life forms that contribute to the
understanding of each of these values and are also values within
themselves. 3) Individuals do not have any rights to lessen this
fortune and variety except to fulfill the necessity of human needs.
4) The significant decline of the human population is well-matched
with the growing of human life and their cultures. It is the growing
of non-human life which requires such decline. 5) Intrusion at
present by human with the non-human world is unnecessary, and
this situation is deteriorating quickly. 6) It is therefore important
for laws and government policies such as basic economic,
technological, and ideological structures to change. As a result, the
state of dealings will be different from the present. 7) The ideal
change is to appreciate the quality of life that we currently have
rather than holding on to an increasingly higher standard of living.
8) For those human who pledge to proceed have an obligation
directly or indirectly to try to apply the necessary changes

구조로의 사회구조적 변화와 더불어 현대 산업기술사회의 거대 공동체가 소규모의 분권화된 체제로 대체되어야 한다는 것이다. 심층생태론자들은 생태 문제의 주된 원인이 자연과 인간을 분리시키는 근대 서구의 기계론적 세계관에 있다고 보고 그 해결책으로 인간의 의식개조에 의해 경제, 과학, 정치, 사회 전반의 패러다임을 생태 패러다임으로 변형시킬 것을 주장한다. 이들의 주된 논의는 기존의 경제체제가 양적 성장에 기초하여 환경을 파괴하므로 우선적으로 인간사회와 생태계의 유기적 관계를 인식하고 이러한 인식이 생태적으로 반영될 수 있는 질적 발전을 추구해야 한다는 것이다. 그리하여 풀뿌리 민주주의, 분권화, 비폭력, 사회적 책임, 영성의 강조 등과 같은 정치적 원칙을 제시한다. 한마디로 심층생태론의 대안적인 체제는 자율적이고 상부상조적이며 생태적으로 조화를 이루는 소규모의 분권화된 공동체이다.[409] 심층생태론의 영성에 대한 강조와 더불어 존재론적 평등 및 공생에 대한 주장은 근년에 들어 주목을 받고 있기는 하지만 내재와 초월, 본체와 작용의 합일에 대한 존재론적, 인식론적 기반의 취약성 및 사회적 통찰력의 결여 등의 이유로 생명의 전일성을 기반으로 한 이론 체계가 '신비적' 내지는 '추상적'이라는 비판을 받기도 한다.

---

[409] cf. J. R. Desjardins, *Environmental Ethics: An Introduction to Environmental Philosophy*(California: Wadsworth Publishing Company, 1997), pp. 214-215.

제2절 사회생태론(social ecology)

생태 위기의 근본 원인을 기존의 지배적 패러다임이 지닌 인간 중
심의 속성에서 찾는 심층생태론의 시도에 대해, 사회생태론자 또는
에코아나키스트로 널리 알려진 머레이 북친(Murray Bookchin)의 사회
생태론은 생태 문제가 곧 사회문제라는 인식에 기초하여 생태 위기의
근본 원인을 사회구조의 위계질서에서 찾고 있다. 말하자면 오늘의
생태 위기를 초래한 사회 조직의 형태 및 문화적 특성에 초점을 두고
있는 것이다. 북친에 의해 주창되고 이론적 체계화가 이루어진 사회
생태론은 자연과 사회적 삶 간의 통합을 추구하여 인간 중심주의
(anthropocentrism)뿐만 아니라 생물 중심주의까지도 거부하고, 생태 위
기에 대한 해결 방안으로 전반적인 생태혁명에 의해 자본주의 위계질
서만이 아니라 인류 역사 속의 모든 사회적 지배관계를 근절시킬 것
을 주장한다. 이러한 그의 관점은 『사회의 재형성 Remaking Society』
(1990)[410], 『자유의 생태학 The Ecology of Freedom』(1991)[411], 『사회생태철
학 The Philosophy of Social Ecology』(1995)[412] 등에 잘 나타나 있다.

---

[410] Murray Bookchin, *Remaking Society: Pathways to a Green Future*(Boston, MA: South End Press, 1990).

[411] Murray Bookchin, *The Ecology of Freedom: The Emergence and Dissolution of Hierarchy, rev. ed.*(Montréal and New York: Black Rose Books, 1991).

[412] Murray Bookchin, *The Philosophy of Social Ecology: Essays on Dialectical Naturalism* (Montréal and New York: Black Rose

사회생태론은 심층생태론이 생태 위기의 심층적 원인을 규명함에 있어 지나치게 추상적으로 접근한다고 비판하고 생태 위기의 근본 원인을 사회적 · 경제적 · 가부장적 사회 구조에서 찾아야 한다고 본다. 심층생태론이 생태 문제의 원인을 인간 중심주의로 보는 것은 생태 문제를 야기한 사회 내부의 지배 구조를 간과한 것으로 소외계층과 지배계층이 갖는 책임의 차이를 도외시한다고 보는 것이다. 다시 말해서 기존의 지배적 패러다임이 지닌 인간 중심의 속성에 대한 심층생태론의 비판이 지나치게 일반화의 오류를 범하고 있다는 것이다. 즉, 모든 사람들이 생태 문제에 동등하게 책임이 있다는 심층생태론의 주장은 후진국 사람들이나 가난하고 억압받는 사람들, 여성들에게는 해당되지 않는다는 것이다. 그런 까닭에 추상적인 지배적 세계관에 대한 규명보다는 인간과 비인간 모두를 지배하는 구체적인 사회문화적 특성과 제도를 규명하고자 하는 것이다. 말하자면 특정한 지배 구조와 소비문화의 형태가 생태 파괴의 주요 원인이라고 보는 것이다.

사회생태론은 사회적, 경제적 구조와 기술의 반생태적 본질이 근본적으로 사회조직의 지배체계에 뿌리를 두고 있다는 인식에 기초해 있다. 가부장제, 제국주의, 자본주의, 그리고 인종차별주의는 착취적이고 반생태적인 사회적 지배의 단적인 예다. 북친에 의하면 오늘의 생태 위기는 인간 중심주의에 의해서가 아니라 사회 깊숙이 뿌리를 내린 지배 구조와 위계질서에 의해 초래된 것으로 인간과 인간, 인간과 자연간의 모든 지배관계는 여기서 비롯된다는 것이다. 말하자면 생태 문제는 사회의 지배 구조와 위계질서가 초래한 사회적 산물로서

Books, 1995).

인간에 의한 자연지배는 인간에 의한 인간 지배에서 비롯되는 까닭에 인간 사회에 존재하는 모든 형태의 지배 관계는 근절되어야 한다는 것이다. '사회적'이란 용어는 '제도적'이란 의미를 함축한 것으로 인간사회의 형성과 더불어 지배 구조나 위계질서도 제도화됨으로써 지배 관계를 유지, 강화시켜 온 것은 사실이다. 최초의 사회적 위계는 부족사회의 장로 지배(gerontocracies)와 가부장제가 제도화되는 과정에서 비롯된 것이긴 하지만, 사회의 지배구조나 위계질서라는 것도 보다 근원적으로는 '아(self)'와 '비아(other)'의 두 대립되는 자의식(self-consciousness)에 뿌리를 둔 것으로 에고$_{ego}$ 내에서와 마찬가지로 에고가 활동하는 인간 사회의 역사 속에서도 면면히 나타나게 된 것이다. 이러한 지배관계는 선善도 악惡도 아니며 단지 거칠고 방종한 자아를 길들이는(taming), 그리하여 의식을 확장시키는 학습기제로서의 의미가 내재되어 있는 것이다. 이와 같은 물질계의 존재이유를 직시하지 못하고서는 지배적 쾌감이 주는 사디즘(sadism)적 유혹에서 벗어날 수가 없고 따라서 모든 사회적 지배 관계를 근절시켜야 한다는 주장은 공허한 광야의 외침에 불과한 것이 된다.

  생태 문제의 뿌리는 단순히 사회적 위계질서에 있는 것이 아니라 그 위계질서가 뿌리내리고 있는 의식 차원과 깊숙이 연결되어 있다. 20세기에 들어서도 자본주의적 지배 구조의 모순을 타파한다는 명분 하에 전 지구적 차원의 사회주의 실험이 행해졌지만 결국 무위로 끝나고 만 것도 문제의 뿌리를 직시하지 못한 데 그 원인이 있다. 오늘의 생태 위기에 대한 사회생태학적 처방이 처한 딜레마는 현대의학이 처한 딜레마와 유사하다. 병든 부위에 대한 면밀한 검사는 치료를 위한 필요조건일 뿐 완전한 치유를 가져오는 충분조건은 되지 못하는 것이다. 생명계는 세포 내의 대사 네트워크에서 생태계의 먹이사슬까지 네트워크로 긴밀하게 연결되어 있어 생명에 대한 시스템적 이해가 없이는 인간사회의 병도 근원적인 치유가 이루어질 수가 없다. 의식 차원과 제도적 차원은 긴밀하게 연결되어 있는 까닭에 의식이냐 제도냐 또는 정신이냐 물질이냐 하는 식의 소모적인 논쟁은 생태학적 접근에 전혀 도움이 되지 않는다. 정확하게 말하자면, '생태적'이란 용어 자체가 '전일적', '시스템적'이란 의미를 함축하고 있으니 그러한 이분법적인 논쟁 자체가 반생태적이라 할 것이다. 북친이 말하는 '자연의 역동적 균형(dynamic balance of nature)'[413]이란 의미를 제대로 이해하기 위해서는—북친 자신의 이해와는 별도로—이 우주가 자기생성적 네트워크 체제로 이루어져 있고 그 근원은 모두 하나로 연결되어 있다는 사실을 직시하지 않으면 안 된다. 본체계와 현상계, 정신계와 물질계는 불가분의 하나로서 본체와 작용의 관계이며 대립자의 역동적 통일성에 기초해 있는 것이다.

사회생태론의 철학적 입장은 북친의 저서 『사회생태론의 철학 The philosophy of social ecology: Essays on Dialectical Naturalism』의 부제가 말하여 주듯 '변증법적 자연주의(dialectical naturalism)'이다. 모든 존재는 자연적 존재로서 불가분의 관계 속에서 끊임없는 변화와 발전의 과정 속에 있다는 것이다. 북친은 원초적 자연을 제1자연이라 하고, 인간화된 또는 사회화된 자연을 제2자연이라고 하였다. 제2자연 또한 광의의 자연의 영역에 속하는 것이긴 하나, 근대 문명이 실증적으로 보

---

413 Murray Bookchin, *The Ecology of Freedom: The Emergence and Dissolution of Hierarchy*, p.22.

여 주듯 이성과 영성, 현상과 실재, 객관과 주관, 기술과 도덕, 보편성
과 독자성간의 심연으로 인해 제1자연과의 조화가 깨어지면서 자연
은 한갓 인간이 이용하는 '자원의 저장고'와 같은 대상으로 전락하게
된 것이다. 오늘날 생태학적 담론이 부상하게 된 것도 이 때문이다.
북친은 이러한 제1자연과 제2자연의 연장선상에서 자연적인 것과 사
회적인 것의 대립적 관계를 변증법적으로 통일하고 자연의 생태질서
와 자각적 조화를 이루는 제3의 자연인 '자유자연(free nature)'의 단계
가 자연스럽게 도래할 것이라고 보았다. 이는 녹색식물과 같은 생산
자와 초식 및 육식 동물과 같은 일차 및 이차 소비자, 그리고 곰팡이
나 박테리아와 같은 분해자로 구성된 지구 유기체의 관리자로서의 인
간이 진화 과정을 통하여 자연과의 연대성을 회복하고 자연의 일원으
로서 생태공동체를 구성하는 단계인 것이다. 다시 말해서 '변증법적
자연주의'에서 도출된 '자유자연'의 단계는 대립을 이루는 특수적 자
의식이 통합을 이루어 보편의식이 되면서 구체적 현실태로서의 자유
를 실감하게 되는 단계로, 주인과 노예의 변증법에서 도출된 헤겔(G.
W. F. Hegel)의 자유 의식에 닿아 있다.

사회생태론은 생태적으로 건전하고 지속 가능한 사회(ecologically
sound and sustainable society)를 건설함에 있어 이성의 능력을 신뢰한다.
말하자면 진화 과정에 있어 생태적 합리성에 기초한 인간의 역할 내
지는 책무를 강조하고 있는 것이다. 이러한 북친의 생태공동체 내에
서의 제2자연인 인간의 역할에 대한 강조는 제1자연에 대한 제2자연
의 우월성을 상정하고 있음으로 해서 녹색으로 위장한 인간중심주의
라는 비판을 받기도 한다.[414] 그렇다고 사회생태론자들이 주장하는
것처럼 인간 중심주의를 비판하는 심층생태론은 반인간적이고 이성

의 능력을 신뢰하는 사회생태론은 인간적 내지는 인본주의적이라고 평가하는 것은 문제의 본질을 벗어나 이원론의 덫에 걸린 것이다. 인간 중심주의에 대한 비판의 요체는 '자연의 역동적 균형'을 깨뜨리는 '도구적 이성'일 뿐 인간 자체에 대한 혐오로까지 확대해석할 필요는 없는 것이다. 마찬가지로 사회생태론이 이성의 능력을 신뢰한다고 해서 근대적 이성의 도구화 현상까지도 용인한다는 것은 결코 아니다. 또한 생태 문제의 뿌리가 단순히 사회적 위계질서에 있는 것이 아니라 그 위계질서가 뿌리내리고 있는 의식 차원과 연결되어 있다는 조망을 한다고 해서 사회적 시각이 결여되어 있다고 하는 것도 마찬가지로 문제의 본질을 벗어난 것이다. 인간사회란 하나의 추상체이며 실체는 사회의 구성체인 인간이기 때문이다. 우리 모두는 생태적으로 건전하고 지속 가능한 사회로 가는 길을 찾고 있다. 생태학이 사방을 가리키는 판독하기 어려운 이정표里程標가 되어서야 되겠는가.

사회생태론에서 모든 형태의 지배를 배격하고 있지만 인간사회의 지배구조는 제도적으로 종식될 수 있는 것이 아니다. 왜냐하면 그 뿌리가 사회적 제도 속에 있는 것이 아니라 그 제도가 뿌리내리고 있는 의식 차원과 깊숙이 연결되어 있기 때문이다. 만약 제도적으로 지배구조를 종식시키고자 한다면, 자본주의를 종식시키기 위해 사회주의가 일어나고 전쟁을 없애기 위해 또 다른 전쟁이 일어나는 식으로 악순환을 되풀이 할 뿐이다. 진화의 진정한 의미는 물질적 진보가 아니라 의식의 진화이며, 의식의 진화 없이 제도적 차원의 처방에만 의존해서는 인간과 인간, 인간과 자연의 근원적인 화해는 사실상 불가능

---

414 cf. 구승회, 『에코필로소피』(서울: 새길 출판사, 1995), 255-281쪽.

하다. 통치가들의 파워게임으로 전락한 정치판에서 '상부상조의 윤리'나 '연대의 윤리'와 같은 생태윤리가 실천성을 발휘할 수 없음은 자명하다. 생태윤리가 실천성을 발휘할 수 있기 위해서는 인류의 의식이 분별지分別智를 버리고 근본지根本智로 되돌아가 평등성지平等性智가 드러날 때 비로소 가능한 것이다. 그리하면 주관과 객관, 자유의지와 필연이 조화를 이루어 개체성과 전체성의 상호의존성 즉 합일성에 대한 인식에 이르게 됨으로써 물질계에서 구현되고 있는 정신의 참모습을 볼 수가 있으니 생태윤리의 실천은 자발적으로 이루어지게 되는 것이다. 따라서 엄밀하게 말하자면, 생태윤리는 외재적인 것이 아니라 내재적인 것이며, 주관과 객관, 자유의지와 필연이 합일하는 자유로운 의식 속에서 구체적 현실태가 될 수 있는 것이다. 현재 인류가 처한 생태 위기는 보다 근원적으로는 사회의 지배구조나 위계질서 때문이라기보다는 영성靈性의 결여로 인해 인류의 의식이 물질 차원의 에고에 머물고 있는 까닭이다. 현상분석과 더불어 현상을 지배하고 있는 이면의 원리를 알아야 효과적 처방이 가능한 것이다.

북친의 사회생태론이 추구하는 에코토피아는 생태학적 원리와 아나키즘(anarchism 무정부주의)이 결합된, 이른바 에코아나키즘적 사회이다. 에코아나키즘의 원리는 특정의 '생물구(生物區 bioregion)'와 밀접하게 연계된 분권화된 지역공동체에 최대한의 정치적 · 경제적 독자성을 부여하고, 모든 형태의 지배를 거부하며, 풀뿌리 운동과 같은 의회 외적인 운동을 지지하되 목표와 수단의 일관성을 강조한다.[415] 크로

---

415 티모시 도일 · 더그 맥케이컨 지음, 이유진 옮김, 『환경정치학』(서울: 한울 아카데미, 2002), 61쪽.

포트킨(Pyotr Alekseevich Kropotkin)의 공동체적 아나키즘을 생태주의에
도입하여 사회의 전반적인 생태혁명을 통해 강압적인 제도적 질서에
서 벗어나 자유로운 개인의 잠재성이 실현되고 인간과 자연의 다양성
이 존중되는 호혜적 네트워크로서의 생태공동체의 실현을 추구하는
것이다. 모든 형태의 지배구조, 특히 중앙집권화에 따른 거대 지배구
조가 생태계의 불균형을 초래했다는 것은 주지의 사실이지만 인간의
의식 차원에 뿌리를 내리고 있는 그와 같은 지배구조는 인위적으로
타파될 수 있는 것이 아니라 의식의 진화과정을 통하여 연성화되고
재정립될 수 있는 것이다. 이렇게 볼 때 생태적 이상향에 이르게 하는
풀뿌리 사회 운동과 같은 생태혁명은 필연적으로 존재혁명 내지는 가
장 깊은 수준의 의식혁명과 연계될 수밖에 없다는 점에서 사회생태론
은 '생태적 자아(ecological self)' 개념에 기초한 심층생태론과 본질적으
로 다른 것은 아니다.[416]

---

416 송명규, 「심층생태학과 사회생태학의 논쟁에 대한 비판적 고찰」, 『도시행
   정학보』제16집 제3호, 한국도시행정학회(2003. 12), 55쪽에서는 심층
   생태학과 사회생태학이 1960년대 후반의 '대안문화운동(counter -
   cultural movement)' 이라는 같은 뿌리에서 나온 까닭에 많은 것을 공유
   하고 있으며 이러한 공유점이 차이점보다 더 크고 중대하다고 본다. 주요
   공유점으로는 심층생태학의 '최대의 대아 실현' 과 사회생태학의 최대의
   다양성과 최대의 자유 실현, 생태문제 해결에 있어 정신혁명과 정치·경
   제체제의 구조적 대전환의 방법론 기용, 분권적·비계층적·다원적이며
   생태적으로 지속 가능하고 '생물구(bioregion)' 와 연계된 생태공동체 사
   회로의 전환에 대한 필요성 인식 등을 들고 있다.

제3절 생태사회주의(eco-socialism)

생태사회주의[417]는 생태학적 원리와 사회주의의 접합에 기초한다. 생태적 관점과 사회주의적 관점의 접합 가능성에 대해서는 견해가 다양하다. 심층생태론자들과 사회생태론자들은 사회주의 노선에 대한 생태주의의 적대적 입장과 생태주의 노선에 대한 사회주의의 이원적 태도를 들어 양 진영의 엄격한 분리를 강조한다.[418] 서독 녹색당의 생

---

417 생태사회주의는 보다 협소한 의미의 생태마르크스주의 논의와는 구별된다. 즉, 벤 아거(Ben Agger), 제임스 오코너(James O′Conner), 엘마 알트파터(Elmar Altvater), 테드 벤튼(Ted Benton) 등에 의해 논의된 생태마르크스주의는 생태 위기와 해방적 가치의 접합을 마르크스주의적 입장에서 견지하는 공통된 기반을 가지고 있는 관계로 마르크스주의적이며 마르크스이론가들에게 호소할 수 있도록 디자인되어 있다는 점에서 생태사회주의와는 구별된다(문순홍, 『생태위기와 녹색의 대안』(서울: 나라사랑, 1992), 107쪽). 오늘날에는 마르크스적 시각보다는 포스트마르크스적 시각이 보다 지배적이므로 본서에서는 생태사회주의만 다루기로 한다.

418 사회주의 노선에 대한 생태주의의 적대적 입장은 마르크스주의적 정치경제학이 생태문제와 관련하여 갖는 세 가지 치명적 약점에 대한 레드클리프(M. Redcliff)의 분석에 잘 나타나 있다. 즉 자본주의적 경제성장이 사회주의적 프로젝트를 수행하도록 되어 있다는 가정, 여성억압의 근원은 가부장제이므로 여성해방이 노동 해방에 달려있다는 마르크스주의적 관점은 설득력이 없으며, 인간과 자연의 관계에 있어 마르크스주의는 자연을 극히 수동적인 상태로 국한시키고 있다는 지적이 그것이다. 생태주의 노선에 대한 사회주의의 이원적 태도는 1974년 엔젠버거(Magnus Enzenberger)의 논문 "생태정치학 비판"에 잘 나타나 있다. 즉 환경의 지속 가능성이라는 미명하에 생태주의자들이 계급과 지역적 불평등에 대

태론자들은 오늘의 생태 위기를 초래한 물질적 가치의 확산과 무제한적인 기술 경쟁 및 대규모 관료적 통제라는 측면에서 자본주의든 사회주의든 모두 비판받아야 한다고 보고, 녹색은 이러한 좌우 대립의 정치를 초월한 생태 정치를 대변한다는 점에서 생태적인 관점과 사회주의적인 관점의 결합에 대해 적대적인 입장을 보이고 있다.[419] 반면 데이비드 페퍼(David Pepper)나 마르틴 라일(Martin Ryle), 앙드레 고르(André Gorz)와 같은 생태사회주의자들은 생태적인 관점을 사회적, 정치적인 이데올로기와 접합시킬 수 있다고 주장하며 생태학과 사회주의 간의 이론적 친화성을 강조한다. 생태사회주의자들은 1970년대 당시 사회적 소외 문제와 생태 문제, 에너지 파동 등에 따른 마르크스주의적 위기상황에서 새로운 사회주의 정치를 모색하고자 포스트마르크스적 시각에서 사회주의와 생태주의의 통합을 시도한 것이다.

생태사회주의자들(적색-녹색주의자 Red-Greens)은 사회생태론자들(녹색-녹색주의자 Green-Greens)과 마찬가지로 인간 중심적인 입장을 가지고 있으며, 사회 정의의 문제로부터 시작해서 생태 문제로 접근해야 한다고 믿는 점에서 근본적으로 심층생태론에 반대한다. 또한 생태사회주의의 반反 맬서스적인 정서는 인구 억제의 필요성을 주장하는 심층생태론에 대한 북친의 비판과도 유사하다. 이러한 공통점과는 달리

한 관심을 근절시켜버렸다는 주장, 계급사회에서의 이데올로기와 마찬가지로 녹색주의도 특수이익을 위장한 허위의식에 지나지 않으므로 비판적 고찰이 이루어져야 한다는 주장, 전통좌파의 환경문제에 대한 반응은 환경적인 선호가 기본적 필요보다 우선순위 면에서 낮다는 주장 등이 그것이다(문순홍, 위의 책, 85-86쪽).

[419] 위의 책, 86-87쪽.

생태사회주의와 사회생태론의 양 진영은 또한 많은 차이를 보이고 있다. 데이비드 페퍼의 분석에 따르면, 전자가 환경 파괴를 계급착취에 기인하는 것으로 본 반면 후자는 위계적인 권력 관계에 기인하는 것으로 보았고, 전자가 계급을 생산 수단의 소유 여부에 의한 경제적인 기준으로 정의한 반면 후자는 인종, 성별 등 경제 이외의 기준으로도 정의하였으며, 전자가 역사적인 설명과 분석에 입각해 있는 반면 후자는 역사 중립적인 설명과 분석에 입각해 있고, 전자가 자본주의를 타파하면 국가는 저절로 사라질 것이라고 본 반면 후자는 우선적으로 국가를 철폐해야 한다고 보았다. 또한 전자가 혁명 달성을 위해 집단적 정치 행동으로 자본주의를 전복해야 한다고 본 반면 후자는 개인의 생활양식 개혁을 통해 대안 공동체나 대안 경제 등 바람직한 사회에 대한 원형을 창출함으로써 달성할 수 있다고 보았고, 전자가 사회 변화의 주된 행위자를 노동계급으로 보고 계획경제의 필요성을 강조한 반면 후자는 신사회운동이나 공동체 집단으로 보고 개인의 자발성 및 자율성을 강조하였으며, 전자가 상호주의에 입각한 국제무역을 국제사회주의의 중요한 측면이라고 본 반면 후자는 지방의 자급자족을 지지하는 입장을 보였고, 끝으로 전자가 자연을 사회적인 구성물로 이해한 반면 후자는 사회가 자연의 법칙에 순응해야 하는 것으로 간주한 것 등이 그것이다.[420]

생태 문제로의 접근 방식이 사회 정의의 문제로부터 시작해야 한

---

420 티모시 도일 · 더그 맥케이컨 지음, 이유진 옮김, 앞의 책, 65-66쪽; David Pepper, *Eco-Socialism: From Deep Ecology to Social Justice*(London and New York: Routledge, 1993).

다는 생태사회주의자들의 입장에 대해, 심층생태론자 조지 세션은 그
러한 입장은 생태운동의 초점을 '환경정의(environmental justice)' —인
간사회의 정의 문제를 우선적인 환경의제로 다루려는—로 몰아가는
것이라고 비판한다. 이러한 그의 입장은 환경 생태 문제에 대한 미국
내의 다양한 정치적, 사회적 입장과 생태 위기의 심각성 및 생태운동
의 미래를 진단한 "정치적 정당성, 생태학적 실제, 그리고 생태운동
의 미래(Political Correctness, Ecological Realities & the Future of the Ecology
Movement)"라는 그의 논문421에서 잘 나타나고 있다. 페퍼가 "사회정
의는 모든 환경문제 가운데 가장 절실한 것"이라고 주장한 것과 관련
하여 그는 문제의 논점이 사회정의가 최우선의 논제가 되어야 하는가
아닌가에 있는 것이 아니라 그것이 환경생태운동에서 최우선의 논제
가 되어야 하는가 아닌가에 있는 것이라고 보았다. 그에 따르면 일부
자유주의자들은 보수주의자들과 마찬가지로 인간의 지구지배를 정당
화하는 모더니스트 패러다임을 무비판적으로 수용하여 생태 위기는
과장되었거나 실재하지 않는 것으로 본다는 것이다. 반면 1960년대
생태혁명의 요체는 인간 중심의 세계관—지구를 인간의 필요에 부응
하는 자연자원으로 간주하는—으로부터 생태 중심의 세계관으로의
급진적인 패러다임 전환을 내포하는 것이라고 보고, 지속 가능한 개
발이라는 인간 중심의 개념이 생태적 지속 가능성이라는 생태 중심의
개념으로 대체되어야 한다는 것이다. 또한 세션은 생태학과 사회 정

---

421 George Sessions, "Political Correctness, Ecological Realities & the
Future of the Ecology Movement," *Wild Duck Review*, 제1권 제6호,
1995, pp.10-13.

의 운동 간의 화해를 위한 생태중심적 접근이 심층생태론자 아른 네스에 의해 제시되어 왔다고 본다. 즉, 네스에 따르면 이러한 화해가 평화, 사회정의, 생태운동이라는 세 가지 주요 민중운동으로 구성된 국제적인 녹색정치운동의 큰 틀 안에서 이루어지고 있으며 생태운동은 녹색운동의 다른 두 가지 구성 요소와 관계된 상황과는 별도로 생태적 지속 가능성을 위한 노력을 경주해야 한다는 것이다. 세션 또한 환경적 사회정의 문제가 지구의 생태학적 완전성에 대한 관심을 대체하게 되는 상황을 우려하고 있다. 이러한 급진적 생태론자들의 진단과 처방에 대해 세계의 과학자들은 현 생태학적 상황의 심각성으로 인해 사실상 동조하는 입장을 보이고 있다.

자본주의 및 자유주의가 생태 문제 해결을 위해 인간의 환경 여건 개선에 목표를 두는 기술 중심의 환경론(technocentric environmentalism)을 선호하는 데 반해, 생태사회주의는 생태 문제의 근본 원인이 자본주의 사회 경제 체계에 있다고 보고 생태적 합리성에 기초한 사회주의 생산 양식에 의해 생태 문제가 해결될 수 있다고 본다. 생태사회주의는 인간 이외의 생명을 포괄하는 생명 윤리를 거부하고 보편적 인간성과 자연 억압과의 관련성을 부정한다는 점에서 자본주의의 기술 중심주의와는 다른 의미에서 인간 중심적인 입장을 취하는 것으로 간주된다.[422] 생태사회주의자 마르틴 라일은 조화로운 공존과 일반이익을 강조하는 녹색적 입장을, 이해관계를 기반으로 한 정치경제학적

---

[422] http://www.co-op.or.kr/bbs/view.php?id=edu_pds&page=2&sn1 =&divpage=1&sn=off&ss=on&sc=on&select_arrange=subject &desc=asc&no=23(2006. 9. 6)

역학관계에 연결시킴으로써 녹색과 적색 간 통합을 통하여 생태사회
주의를 이론화시켰다. 그에 따르면 대안적 생태사회주의에서는 시장
경제가 지구가 수용 불가능할 정도의 '많은' 생산과 '빠른' 경제성장
을 추구하는 경제 운용 방식을 채택함으로써 생태적 관점에서의 근본
오류를 보이고 있긴 하지만, 그렇다고 시장 메커니즘의 전면 거부로
이어지는 것은 아니고 일정 부분의 통제를 전제로 한, 시장과 유사한
메커니즘이 경제의 한 부분을 담당하게 하고 있다. 여기서 생태사회
주의적 시장 통제는 복지국가의 시장 개입과는 달리 국가에 의한 것
이 아니라 소비자에 의한 것으로 나타난다. 라일이 상정한 생태사회
주의에서의 국가의 이미지는 좌파 내에 일반화되어 있는 반국가주의
적 성향을 띠기보다는 오히려 복지국가의 행정부 역할을 일정 부분
받아들여 형성된 것으로 강력하고 책임 있는 다수의 지방 단체들로부
터 견제되고 보완된 것이다. 말하자면 민주주의의 참여 영역을 확장
하고 비시장 부문을 확대함으로써 방대해진 국가의 역할에도 불구하
고 다른 복지국가와는 달리 재정 부담이나 비대한 행정 인원 및 관료
화의 문제로부터 벗어날 수 있게 해 준다는 것이다.[423]

　생태사회주의자 앙드레 고르는 생태 문제를 분석함에 있어 기존
정치경제학의 한계를 생태학으로 대치하려는 노력과 더불어 현 자본
주의 위기를 생태학적인 요인이 과잉축적의 위기를 심화시켜 나타난
재생산의 위기라는 관점을 보이고 있다. 그는 위기의 해결이 더 이상
경제 성장 논리에 의해서가 아니라 자본주의 논리의 전도順倒에 의해
서만 찾아질 수 있다고 본다. 일곱 개의 테제로 요약되는 고르의 생태

---

[423] 문순홍, 앞의 책, 97-101쪽.

사회주의 논의는 생태사회주의의 정수를 함축하고 있다는 점에서 한 번쯤 음미해 볼 만하다. 첫째, 현 자본주의 위기의 원인은 생산 능력의 과잉 발전 및 현대 기술의 파괴성에 있으며, 이 위기는 오직 생태적 합리성에 기초한 새로운 생산양식에 의해서만 지양될 수 있고 이 새로운 생산양식은 재생 가능한 자원의 절약 및 에너지와 원료 소비의 감소에 근거한 것이어야 한다. 둘째, 경제적 합리성의 지양과 물질적 소비의 감소는 기술 파시즘적인 타율적 통제나 공생적인 자주 조정에 의해 실현될 수 있으되, 기술 파시즘은 상호성과 자발성에 의거한 시민사회의 확대로써만 회피될 수 있다. 셋째, '보다 많이, 보다나은' 형태를 띠는 경제적 합리성의 원칙은 '보다 적게, 보다 나은' 형태를 띠는 생태적 합리성의 원칙으로 대체되어야 한다. 이는 곧 근대화 자체를 근대화하는 것이며 합리화 자체를 합리화하는 것으로, 생태적으로 필요한 것이 경제행위의 기준이 되어야 한다는 것을 의미한다. 넷째, 부유국에서의 빈곤의 원인은 생산의 불충분함에 있는 것이 아니라 생산된 재화의 성격과 그것을 생산하고 분배하는 방법에 있으며, 빈곤을 근절시킬 수 있는 방법은 특정인의 요청에 부합되는 배타적인 부를 사회적으로 생산하지 않는 것이다. 다섯째, 사회적으로 필요한 모든 노동에 대한 평등한 사회적 승인과 보수 지급은 빈곤 근절을 위한 조건임과 동시에 노동 배분을 위한 조건이기도 하다. 여섯째, 사회적 노동은 사회적으로 필요한 생산에 한정되므로 노동시간의 감소는 자유로운 활동의 확대로 이어질 것이다. 개인적 혹은 집단적으로 작업장과 협동조합에서 자유 시간에 생산하는 다양한 종류의 재화와 서비스는 자유의 영역을 확대시키고 상품 관계를 소멸시킴으로써 시민사회의 확대와 국가의 소멸을 보증할 것이다. 일곱째, 소비

와 생활양식의 획일성이나 보수와 권력에 따른 사회적 불평등은 소멸
하게 될 것이며, 자유 시간 동안에 자율적 능력을 발휘하는 방식만이
차등과 윤택함의 유일한 원천이 될 것이다.[424] 이렇게 볼 때 고르가
추구하는 에코토피아는 '자유로운 개인의 연합체'이며, 그의 새로운
사회주의는 '자유주의적 사회주의' 내지는 '무정부주의적 생태주의'
의 경향을 보여 준다.[425]

제4절 에코페미니즘ecofeminism

에코페미니즘(ecofeminism 생태여성론)은 생태 담론과 마찬가지로 1970
년대에 등장하여 생태운동과 실천적 여성해방운동이 결합되어 전개
되어 왔다는 점에서 '행동하는 페미니즘'으로 알려져 있다. 1970,
80년대 서구의 반핵 평화운동이 말하여 주듯 에코페미니즘은 여성들
의 평화운동과 생태운동이 결합된 저항운동의 형태를 띠고 나타났으
며 또한 그러한 운동을 통해 성장해가고 있다. 에코페미니즘 운동의
대표적인 사례로는 1973년 인도의 칩코운동(Chipko movement)[426]과

---

424 http://blog.naver.com/knhhy?Redirect=Log&logNo=2002027931
   8(2006. 9. 7)
425 장원석, 「생태정치학의 이념과 새로운 사회주의론: 앙드레 고르(André
   Gorz)의 경우」, 『한국정치학회보』 30집 4호, 한국정치학회, 2004, 79쪽.
426 칩코운동(Chipko movement)의 'Chipko'는 '껴안다'라는 뜻의 인도어
   로 1980년대 인도의 여성들이 대규모 벌목에 저항하여 나무둥치를 껴안
   고 시위를 벌인 데서 유래한 이름이다. 영국이 과학적 임업이라는 미명하

1980년대 중반부터 시작된 나르마다 강元 댐 건설 반대운동, 1973년 프랑스의 라작 군사훈련장 건설 반대운동, 1975년 독일의 빌(Whyl) 핵발전소 건설 반대 운동, 1980년 영국 그린햄 코먼(Greenham Common)의 반핵 저항운동, 1979년 미국 펜실베니아주 쓰리마일 섬 핵발전소 방사능 유출사고 항의운동, 1980~1981년 미국 여성들의 펜타곤 봉쇄운동, 그리고 1980년대 케냐 여성들이 주축이 된 그린벨트 운동 등을 들 수 있다. 이와 같이 에코페미니즘은 학자들의 정교한 이론화 작업을 거쳐서 형성된 것이 아니라 풀뿌리 생태운동의 과정에서 형성되고 발전된 것이다.

에코페미니즘은 남성 주도의 사회, 경제 및 정치 체계에서 파생된 생태오염의 결과—예컨대 영광 원전지역 임산부의 무뇌아無腦兒 출산이나 낙동강 페놀 유출 사고시 임산부의 사산 등—로 인해 여성들이 직접적인 피해를 입으면서 남성에 의한 여성 지배와 인간에 의한 자연 지배가 구조적으로 깊이 연결되어 있음을 인식하고 여성운동과 결합된 풀뿌리 생태운동으로 전개되면서 태동한 것이라는 점에서 강한 실천성을 내포하고 있다. 반핵 평화운동에 참여하는 과정에서 여성들은 문제의 근원이 자연과 인간의 유기적 연관성을 부정하는 산업 문명과, 여성 지배와 자연 지배를 자행해 온 가부장제적 사회 체제에 있음을 알게 되었고, 또한 남성 지배적 문화가 자연 지배와 여성 지배

에 인도의 숲을 도구화, 식민지화하였던 전철을 인도가 독립한 이후에도 답습하여 벌목을 감행하자 이에 저항하여 일어난 것이다. 이 운동에는 지역 남녀 주민이 모두 참여했지만 후에 남성들은 지역개발을 위해 채벌에 찬성하는 쪽으로 기울었으나 여성들은 삼림을 지키기 위해 끝까지 나무를 껴안아 보호했다.

등 모든 지배의 원천이 된다는 사실을 직시함으로써 생태계 복원과
평화실현의 문제가 여성해방의 문제와 깊이 연계되어 있음을 느끼게
된 것이다. 따라서 남성에 의한 여성 억압과 자연 억압이 만연한 가부
장제적 지배구조 속에서 이루어지는 생태운동이나 환경정의 및 비폭
력운동은 공허할 수밖에 없다고 보고 여성해방운동과의 접합을 시도
한 것이다.

  에코페미니즘의 통상적인 의미는 가부장제적, 남성지배적 서구문
화에 대한 비판에서 출발하여 여성 억압과 자연 억압이 구조적으로
깊이 연결되어 있다고 보고 여성해방과 자연해방을 동시에 추구하는
이론적 정향 및 행동을 통칭한다. 에코페미니즘은 환경개량주의를 넘
어 기존의 지배적 패러다임의 변화를 통해 인간과 자연의 관계 재정
립을 시도하는 점에서는 심층생태론이나 사회생태론과 일정한 공유
점을 가지고 있다. 즉 심층생태론의 생물 중심의 평등이나 사회생태
론의 분권화 강조와 사회적·경제적 위계질서 타파라는 측면과 연결
되어 있는 것이다. 그러나 모든 계급체계와 인간 억압의 뿌리가 남성
의 여성 지배에 있고 가부장제에 의해 그것이 유지, 강화되어 왔으며
자연 억압이 여성 억압에서 비롯되는 것으로 보는 점에서는 양자와
논점을 달리 한다. 에코페미니스트들은 정신·물질 이원론에 입각한
근대 서구의 지배적 세계관이 여성과 자연을 동일한 방식으로 지배해
왔다고 보고 이러한 지배 방식이 전 지구적으로 확산됨에 따라 생태
위기와 더불어 총체적인 인간 실존의 위기가 초래되었다는 것이다.
그리하여 에코페미니즘은 냉전 체제 하의 군국주의에 저항하는 운동
으로부터 제3세계 여성들을 착취하는 서구 중심의 폭력적 개발에 항
거하는 운동에 이르기까지 다양한 형태로 나타나게 되는데, 그들에게

있어 생태계 파괴나 계급적 지배, 인종 차별, 군국주의 등은 성차별에
의한 여성 억압의 다른 표현에 지나지 않는다. 따라서 남성 중심의 지
배 구조를 외면한 생태학·생태운동은 실천성을 발휘할 수 없으므로
페미니즘과의 결합은 필수적이라는 것이다.

에코페미니즘이란 용어를 처음 사용한 프랑스의 급진적 페미니스
트 프랑수아즈 도본느(Francoise d' Eaubonne)는 1972년 "새로운 행동
의 시작, 에코페미니즘(Launching a New Action: Ecofeminism)"이란 프로
젝트에서 생태학과 페미니즘의 결합을 시도하였고, 1974년에는 『페
미니즘인가 죽음인가 Le Feminism ou La Mort』[427]라는 저서에서 '에코
페미니즘을 위한 시간' 이란 주제를 심도 있게 다루었다. 도본느에 따
르면 오늘의 생태 위기의 근본적인 원인은 자본주의도 사회주의도 아
니며—비록 도본느 자신이 자본주의를 환경의 적으로 규정하고 있긴
하지만—가부장제적 권력이 여성 착취와 자연 착취를 자행하도록 방
조하는 남성중심의 사회적 지배구조에 있다는 것이다. 그런 까닭에
지구를 구하는 생태혁명은 생태오염과 착취의 결과를 몸으로 체험하
면서 공동체와 자연의 가치를 재발견한 진정한 여성성에 의해서만 수
행될 수 있다는 것이다. 이러한 도본느의 논의는 1970년대 말경부터
마리 델리(Mary Daly)의 『여성과 생태학 Gyn & Ecology』,[428] 수잔 그리
핀(Susan Griffin)의 『여성과 자연 Women and Nature』,[429] 캐롤린 머천트

---

427 Francise d'Eaubonne, *Le Feminism ou La Mort*(Paris: Pierre
Horay, 1984).
428 Mary Daly, *Gyn & Ecology*(Boston: Beacon Press, 1978).
429 Susan Griffin, *Women and Nature: The Roaring Inside Her*(New
York: Harper & Row, 1978).

(Carolyn Merchant)의 『자연의 죽음 *The Death of Nature*』[430] 등의 출판과 더불어 본격화되면서 에코페미니즘의 다양한 이론적 경향을 노정시키게 된다.

캐롤린 머천트는 4개의 주요 페미니즘 사조, 즉 자유주의 페미니즘 (liberal feminism), 문화적 페미니즘(cultural feminism), 사회적 페미니즘 (social feminism), 사회주의 페미니즘(socialist feminism)이 모두 인간과 자연의 관계 개선에 착안해 있으며 에코페미니즘의 사조 형성에 기여 했다고 본다.[431] 에코페미니즘의 형성은 한편으론 앞서 논의된 바와 같이 근대 서구의 과학기술 및 개발이데올로기에 대한 비판이라는 외재적 요인에 의해 촉발되었고, 다른 한편으론 여성의 사회적, 정치적 지위 향상에 대한 기대 좌절에 따른 자유주의 페미니즘에 대한 비판 이라는 내재적 요인에 의해 촉발되었다. 흔히 에코페미니즘으로 알려 진 급진적·문화적 에코페미니즘은 자유주의 페미니즘에 대한 비판 적 맥락에서 생태학과 연결되면서 형성된 것이다. 사회적 에코페미니 즘은 북친의 사회생태론에, 사회주의 에코페미니즘은 생태사회주의 에 근접해 있는 측면이 있지만, 이들 에코페미니즘이 일관되게 남성 중심의 가부장제적인 사회, 경제 및 정치 체계를 비판하고 있다는 점 에서 양자와 차이가 있다. 에코페미니즘은 생태적으로 지속 가능한

[430] Carolyn Merchant, *The Death of Nature: Women, Ecology, and the Scientific Revolution*(San Francisco: Harper & Row, 1980).

[431] Carolyn Merchant, *The Search for a Livable World*(New York and London: Routledge, 1992), p.184. 4개의 에코페미니즘 사조에 대해서 는 한홍식, 「에코페미니즘에 관한 고찰」, 『사대논문집』 제42집, 부산대학 교, 2003, 147-162쪽 참조.

사회의 핵심 개념이 남성의 생산(production)이 아니라 여성의 재생산
[생식 reproduction]이라고 보고 모성에 대한 강조와 더불어 여성과 자
연, 남성과 과학문명을 동일시하는 시도를 하였다.

에코페미니스트 발 플럼우드(Val Plumwood)의 비판적 에코페미니즘
은 문화적 에코페미니즘의 한계를 극복하기 위한 시도이다. 플럼우드
는 네 가지 형태의 억압, 즉 여성, 인종, 계급, 자연에 대한 억압의 공
통된 원인을 이성·자연의 대립성을 기반으로 한 서양의 이성 중심주
의라고 본다. 그녀는 서양 역사를 타자를 식민화하는 단계의 발전으
로 나누어 플라톤의 로고스(logos 이성)·자연의 이분법을 제1단계, 데
카르트의 마음(res cogitans)·물질(res extensa)의 이분법을 제2단계, 인
간의 자아중심주의와 자연을 도구화하는 시각이 나타나는 제3단계,
그리고 세계 경제 영역에서 완전 합병 아니면 제거의 양자택일만 남
는 마지막 단계로 나누었다. 지금의 이 마지막 단계는 생물계(biosphere)
의 자연 억압과 인간계(sociosphere)의 여성·인종·계급 억압이 극도로
심화된 상태라는 것이다. 플럼우드가 제시하는 대안은 의지와 목적
과 자주성을 가질 수 있는 자연의 주체성을 인정하고 존중하는 관점
을 가짐으로써 자연에 속하는 것으로 분류된 여성·제3세계·노동자
등에 대한 관점도 함께 변화될 수 있을 것이라는 전망이다.[432]

그러나 플럼우드는 왜 자연에게도 인간과 마찬가지로 주체성을 인
정해야 하는지에 대한 설명도 없을 뿐더러, 그녀의 이러한 관점이 자

---

432 이귀우, 「생태담론과 에코페미니즘」, 『새한영어영문학』 제43권 1호,
　　 2001, 6-9쪽; Val Plumwood, *Feminism and the Mastery of
　　 Nature*(London and New York: Routledge, 1993).

연에 영성(spirit)을 부여하는 영성주의와는 다르다는 것을 강조함으로써 생명에 관한 진지眞知의 빈곤을 드러내고 있다. 생명은 스스로 생성되고 스스로 변화하여 스스로 돌아가는 '스스로自 그러한然' 자, 즉 자연이다. 생명은 전일적인 속성을 지니는 까닭에 본질적으로 영적이다. 생명[자연] 자체가 영성[神性, 참본성, 우주의식, 근원의식, 전체의식]인데 누가 누구에게 영성을 부여한다는 말인가. 이성과 자연의 조화란 곧 이성과 영성[신성]의 통합을 의미한다. 일체의 생명은 자기생성적 네트워크 체제로서의 우주에 참여하고 있고 그 근원은 모두 하나로 연결되어 있으니 우주만물의 주체성을 인정해야 하는 것이다. 진리는 설說이 될 수 없으며 이데올로기가 될 수도 없다. 진리는 논쟁의 대상이 될 수 없다. 생명은 참본성[자연]으로 돌아감으로써 자연히 알게 되는 무사지(無師智, 根本智)인 까닭에 참본성으로 돌아가지 않고서는 알 길이 없는 것이다. 이를 두고 또 본질론자라고 이름붙일 것인가. 문제는 생명이 무엇인지를 알아야 생태학을 논할 수 있다는 것이다.

급진적 생태론 내의 이론적 분열상과 마찬가지로 에코페미니즘 내에도 그러한 분열상이 나타난다. 주목을 받고 있는 것으로 본질주의(essentialism, 문화적·급진적 에코페미니즘)와 구성주의(constructionism, 사회적·사회주의적 에코페미니즘)의 대립을 들 수 있다. 본질주의가 여성의 생물적 특성에 기인한 내재적 속성이 자연과 친화력을 가지므로 이러한 특성이 사회적으로 인정되어야 한다고 본 반면, 구성주의는 본질적 특성보다는 사회적 요인이 성차별의 주요 원인이라고 본다. 엘리자베스 칼라세르(Elizabeth Carlassare)는 본질주의라는 비판적 개념의 형성에 대한 연구를 통해 에코페미니즘 내에서의 본질주의 논쟁이 본질주의에 의한 사회의 보수화 경향을 비판하기 위해 사회적 에코페미니스트들과 사회주의 에코페미니스트들에 의해 도입된 것이라고 하고, 그러한 비판의 목적은 그들 자신의 유물론적이고 사회 구성주의적인 접근방식이 본질주의의 영적이고 직관적인 사유 방식보다 우위에 있음을 나타내기 위한 것이라고 했다. 그러나 칼라세르는 '사회적 성이 생물학적인 성에 의해 주어진 질료들에 의해 구성'되는 측면을 배제할 수 없는 만큼 이들의 주장에는 한계가 있는 것으로 보았다. 그런 까닭에 칼라세르는 에코페미니즘의 한 유파가 다른 유파를 지배하려 하기보다는 양자간의 논쟁을 이론적인 주장의 차이로 받아들이고, 오히려 이러한 논쟁이 이 이론의 유효성을 입증하는 것으로 파악되어야 한다는 입장이다.[433]

핵물리학자이며 에코페미니스트인 반다나 쉬바(Vandana Shiva)는 오늘의 인류가 생태 위기와 더불어 총체적인 난국에 처하게 된 것은 자연과 여성·제3세계 국민·빈곤층의 생존기반 자체를 파괴한 서구의 식민화에 기인하는 것으로 보고 이러한 토양 위에서 작동해 온 자본주의적 가부장제 문명을 강하게 비판한다. 특히 과학이라는 이름의 미명하에 자연친화적인 여성의 지식을 비전문화하고 파괴하는 지적 재산권의 폭력성에 대한 쉬바의 지적은 주목할 만하다. 쉬바는 마리아 미즈(Maria Mies)와의 공저 『에코페미니즘』에서 페미니즘과 사회생태론 그리고 심층생태론의 논의를 종합적으로 제시하고 있다. 쉬바와

---

[433] 문순홍, 『생태학의 담론』(서울: 아르케, 2006), 388-389쪽; Elizabeth Carlassare, "Essentialism in Ecofeminist Discourse," in Carolyn Merchant(ed.), *Ecology: Key Concepts in Critical Theory*(New Jjersey: Humanities Press, 1994).

미즈는 가부장제적인 자본주의 세계 정치경제 구조가 남성 중심의 개
발 위주 경제 정책에 의해 여성과 자연을 무차별적으로 착취함으로써
생태계 파괴와 여성 억압을 초래했다고 보고 개발 관점 대신에 인간
과 자연의 재생 능력과 다양성 및 생존 기반 보존에 입각한 '생존 관
점(subsistence perspective)'을 그 대안으로 제시한다. 말하자면 서구의
'지속 가능한 발전(sustainable development)' 모델은 '지속 가능한 생존
(sustainable substance)' 모델로 대체되어야 한다는 것이다. 이들은 여
성과 자연이—특히 제3세계의 경우—개발의 희생자가 되었다고 보고
최근의 생명공학이 식물의 종자와 여성의 자궁을 식민지화했다고 지
적한 것은 특기할 만하다. 이들이 제시하는 생존 관점의 특성은 지역
경제 체제, 참여적 풀뿌리 민주주의, 정신·물질, 자연·문명, 생산·
생존 이원론의 극복 등이다.[434] 그러나 면밀한 분석과는 달리—대부분
의 생태 문제에 관한 논의가 그러하듯—그와 같은 이원론이 어떻게
극복될 수 있는지에 대한 제시는 나와 있지 않다. 우주와 생명의 본질
에 대한 깊은 인식이 없이는 실천성을 기대할 수 있는 것이 아니다.
그런 까닭에 필자는 생태학적 논의의 차원 전환을 위하여 역사상 실
재했던 생태정치 이론과 실제를 제4장과 제5장에서 다룬 것이다.

　이상에서 보듯 에코페미니즘에 관한 공통된 논의는 여성과 자연의
이미지를 동일시하여 남성에 의한 여성 지배와 인간에 의한 자연 지

---

[434] Maria Mies & Vandana Shiva, *Ecofeminism*(New Delhi: Zed
　　 Books, 1993); Vandana Shiva, "Development, Ecology and
　　 Women," in Carolyn Merchant(ed.), *Ecology: Key Concepts in
　　 Critical Theory*(New Jjersey: Humanities Press, 1994).

배가 동일한 방식으로 진행되며 그와 같은 지배의 근본원인이 가부장
제적 지배구조 및 문화와 연결되어 있고 지속 가능한 사회의 핵심 개
념이 여성의 재생산에 있다는 것이다. 대안적인 체제와 관련하여 이
들 논의가 제시하는 서구적 이원론 및 도구주의의 극복은 급진적 생
태론에서와 다르지 않다. 그러나 이들 논의는 일관되게 남성적 원리
에 의거한 근대 서구의 발전 모델이 여성 억압과 자연 억압을 초래했
다고 보고 여성성 내지 여성적 원리에 의거한 새로운 모델로 대체되
어야 한다고 주장한다. '여성성' 내지 '여성적 원리'의 본래적 의미는
그리스 신화에 등장하는 대지의 여신 '가이아(Gaia: 지구의 생물들을 어머
니처럼 보살펴준다는 뜻에서 붙여진 지구의 영적인 이름)'가 지닌 특성에서 도출
된 것으로 영성을 뜻한다. 그렇다면 여성성은 남성적 원리와 상치되
는 것이 아니라 포괄하는 동시에 초월하는 것으로서 이해되어야 할
것이다. 그렇지 않고 단순히 남성성을 대체하는 여성성으로 이해된다
면 또 다른 이원론에 빠지게 될 것이기 때문이다. 말하자면 생태오염
및 착취의 결과를 몸으로 직접 체험하면서 공동체와 자연의 가치를
재발견한 새로운 인간성을 의미하는 것으로 보아야 할 것이다. 그럼
에도 나타난 현실적 논의를 보면, 여성 억압과 자연 억압이 모두 남성
중심의 지배구조에서 비롯되었다고 보는 까닭에 단순히 남성성을 대
체하는 여성성으로 비춰지기도 한다. 이는 에코페미니즘의 '환원주
적 전략 때문에 에코페미니즘이 학술적인 이론이라기보다는 사회운
동의 강령으로 인식되고 있다'[435]는 비판적 시각에서도 잘 드러난다.

---

[435] http://blog.naver.com/cadline?Redirect=Log&logNo=8896895(20
06. 9.10)

  이렇게 볼 때 에코페미니즘 논의의 핵심은 대안체제 제시와 관련하여 '여성성' 내지는 '여성적 원리'에 대한 인식이다. 여성과 자연의 이미지의 동일시는 대지의 여신 '가이아'의 영적인 본질에서 도출된 '여성성(영성)'과, 음陰과 양陽의 역동적 통일성을 그 본질로 하는 자연(영성)의 이미지가 동일하다는 것이다. 따라서 에코페미니즘 논의는 필연적으로 영성에 관한 논의가 수반될 수밖에 없다. 영성에 관한 논의가 비학문적이고 신비적이며 종교적인 영역에 속하는 것이라고 보는 것은 정신·물질, 영성·이성, 자연·인간, 의식·제도와 같은 이원론에 빠져있기 때문이다. 생태학 논의가 이원론에 입각한 서구의 과학문명을 비판하면서도 여전히 이원론에 빠져있음은 서구 패러다임의 전 지구적 지배가 너무 깊기 때문인지도 모른다. 이러한 이원론은 의식의 자기분열에서 오는 것으로 여기에서 벗어나지 못하는 한 생태학의 차원 전환은 이루어지기 어렵다. 생명 자체가 영성인데 생명 논의를 제외하고 생태학을 논한다는 것은 속 빈 강정에 불과한 것이기 때문이다. 인간과 자연의 화해가 이루어지지 못하는 것은, 없는 곳이 없이 실재하는 생명 그 자체인 자연의 영성을 인식하지 못하고 외재화, 물화物化시킨 데 있다. 진리를 대면하기를 두려워하지 않을 때 바로 그때 코페르니쿠스적 전환은 일어난다.

제3부 생태정치학과 현대 정치사상

제7장 생태합리주의와
현대 물리학의 실재관

제1절 생태합리주의의 특질과
현대 물리학의 사상

근대합리주의(modern rationalism)에 대한 반反의 개념으로 사용되는 생태합리주의(eco-rationalism)는 생태계를 하나의 '살아 있는 시스템', 즉 네트워크로 인식하는 데서 출발한다. 근대합리주의가 인간 이성을 자각하지 못한 중세적 패러다임을 전근대적이며 비합리적인 것으로 규정하고 합리적 정신과 과학적 방법에 의해 세계를 해석하려고 했던 것과 마찬가지 방식으로, 생태합리주의는 생명 과정의 전일성을 자각하지 못하는 근대합리주의를 기계론적이며 비합리적인 것으로 규정하고 전일적(holistic)인 생태 패러다임에 의해 세계를 재해석하려고 한다. 근대 과학혁명을 통해 새로운 정상과학(正常科學 normal science)이 기계론적 세계관의 새 패러다임에 의해 기존의 정상과학을 대체하였듯이, 이제 현대 과학혁명을 통해 새로운 정상과학—특히 현대 물리학—이 전일적 실재관의 새 패러다임에 의해 기존의 정상과학을 대체하려 하고 있다. 정신과 물질을 두 개의 독립된 영역으로 간주하던 근대 과학이, 20세기에 접어들어 실험물리학의 발달로 물질〔色, 有〕의 궁극적 본질이 비물질(空, 無)과 둘이 아님을 밝혀내면서 '비합리의 합리'라는 역설로 동양의 전일적 실재관에 접근한 것은 분명 결자해지 結者解之의 차원이다. 이렇듯 생태합리주의는 현대 물리학의 발달과 조응하여 근대적 합리성을 대체할 필요성에서 생겨난 것이다.

과학 지상주의와 개발 이데올로기 및 성장 제일주의에 토대를 둔 근대 산업 문명은 내재된 구조적 모순이 발현되기 전까지는 만연한 빈곤과 질병을 몰아내고 행복과 풍요를 보장해 줄 이상적인 메커니즘으로 인식되었다. 1848년 칼 마르크스(Karl Marx)와 프리드리히 엥겔스(Friedrich Engels)의 『공산당 선언 Manifest der Kommunistischen Partei』을 기점으로 자본주의 산업 사회의 구조적 모순을 치유하기 위한 사회주의적 실험이 140여 년에 걸쳐 전 지구적 차원에서 행해지는 과정에서도 산업 문명은 여전히 숭상되고 확장되어 왔다. 산업 문명의 인류 문명사적 위치는 일반적으로 문명사의 3대 전환점을 농업혁명, 산업혁명, 정보화 혁명으로 보는 데서도 잘 드러난다. 그러나 산업 문명은 물질과 정신, 이성과 자연을 이분화하는 기계론적 세계관을 기초로 인간 중심주의와 결합하여 최대 생산, 최대 소비 구조를 낳으면서 20세기 말에 이르러서는 자원 고갈, 생태계 파괴, 지구 온난화, 건강 관리의 위기 등 심각한 생태 위기를 초래하였다. 다시 말해서 일체 현상을 분할 가능한 입자의 기계적 상호 작용으로 파악하는 기계론적 세계관은 천·지·인 삼재의 통합성을 자각하지 못하고 이성과 자연의 심대한 부조화를 초래함으로써 오늘의 생태 위기를 낳는 근원이 되었던 것이다. 오늘의 인류가 겪는 전 지구적 차원의 생태 재앙은 서구 물질문명의 몰가치적(value free) 정향을 대변하는 이른바 '도구적 이성(instrumental reason)'의 발흥에 따른 것으로, 목표 달성의 효과성 · 효율성만을 강조하는 '도구적 합리성(instrumental rationality)'은 근대적 합리성의 허구를 여실히 보여 준다.

근대 산업 문명은 과학 기술의 비약적 발전과 더불어 물질적 풍요의 혜택을 가져오긴 했지만, 다른 한편으론 근대적 정신과 과학적 방법이 정신까지도 물질화하는 결과를 초래함으로써 반생태적 · 반윤리적인 물신 숭배가 만연하게 되었다. 뿐만 아니라 경제적 제국주의와 맞물려 작동하는 '생태제국주의(ecological imperialism)' 구조에 의해 후진국 소외 계층이 환경 비용을 부담하게 됨으로써 구조적 불균형과 더불어 위기의 전 지구화라는 짙은 그림자를 드리우게 되었다. 이러한 산업 문명을 추동시킨 근대적 사유의 특성은 과학혁명(Scientific Revolution)으로 알려진 물리학, 천문학, 수학에 있어서의 새로운 발견 속에 잘 나타나 있다. 즉, 프톨레마이오스(Klaudios Ptolemaeos, 85?~165?)의 우주 체계에 정면으로 도전한 코페르니쿠스(Nicolaus Copernicus, 1473~1543)와 갈릴레이(Galileo Galilei, 1564~1642)의 지동설, "아는 것이 힘이다(scientia est potentia)"라는 명제로 잘 알려진 영국 고전경험론의 창시자 프랜시스 베이컨(Francis Bacon, 1561~1626)의 과학 방법론과 귀납법, 정신 · 물질 이원론을 공식화한 데카르트(René Descartes, 1596~1650)의 합리주의와 뉴턴(Sir Isaac Newton, 1642~1727)의 기계론적 우주 모형, 그리고 뉴턴역학과 요하네스 케플러(Johannes Kepler, 1571~1630)의 행성의 운동에 관한 3개의 법칙 등에 힘입어 『천체역학 celestial mechanics』(5 vols. 1799~1825)을 완성한 프랑스의 천문학자이자 수학자인 라플라스(Pierre Simon de Laplace, 1749~1827)의 결정론적 세계관 속에 잘 함축되어 있다.

라플라스가 제창한 결정론적 세계관은 20세기에 들어와 원자와 아

亞원자 세계에 대한 탐구로 물질, 시간, 공간, 인과율과 같은 고전 물리학의 기본 개념에 대한 근본적인 수정이 불가피해지면서 서서히 빛을 잃게 된다. 아인슈타인의 상대성이론과 양자론에 이르러 뉴턴의 3차원적 절대 시공時空의 개념은 폐기되고 4차원의 '시공' 연속체가 형성되어 우주는 본질적으로 역동적이며 불가분적인 전체로서, 정신적인 동시에 물질적인 하나의 실재로서 인식되게 된 것이다. 20세기에 들어 물리학계에 나타난 가장 커다란 변화 중의 하나가 바로 세계를 바라보는 관점이 비결정론적으로 바뀌었다는 사실이다. 1920년대 초반까지도 물질의 최소 단위를 알면 우주 전체를 이해할 수 있다는 결정론적 세계관이 지배적이었으나, 1920년대 중반에 들어 '부분의 단순한 합으로는 전체를 이해할 수 없다' 는 주장[436]이 나타나게 되면서 결정론적 세계관에 기초한 뉴턴의 고전역학은 양자역학이라는 새로운 패러다임으로 전환되게 된다. 즉, 처음으로 양자 개념을 도입해 양자역학(광의로는 양자론)의 효시로 알려진 독일의 물리학자 플랑크(Max Plank, 1858~1947)의 양자가설(量子假說 quantum hypothesis, 1900)에 이어, 빛의 입자성에 기초한 광양자가설(光量子假說 photon hypothesis)로 설명되는 아인슈타인의 광전효과(光電效果 photoelectric effect, 1905), 그리고 결정적으로는 하이젠베르크(Werner Heisenberg)의 행렬역학(matrix mechanics, 1925)과 슈뢰딩거(Erwin Schrödinger)의 파동역학(wave mechanics, 1926)에 이르러 양자역학이라는 새로운 패러다임으로 전환된 것이다. 1927년 하이젠베르크가 양자역학에 대한 철학적 해석인

---

436 Werner Heisenberg, *Physics and Beyond*(New York: Harper & Row, 1971) 참조.

불확정성 원리(uncertainty principle)를 통해 미시적 양자세계에서의 근원적 비예측성(unpredictability)을 입증하면서 결정론적 세계관은 결정적으로 빛을 잃게 되고 그에 따라 물리 세계는 인식론적 차원에서도 비결정론적이고 통계적인 것으로 변환되게 된다. '우주의 초기 상황을 정확히 알 수 있다면 우주의 미래도 정확히 예측할 수 있다'는 주장은 이제 더 이상은 유효하지 않게 된 것이다. '베이징에 있는 나비의 날갯짓이 다음 달 뉴욕에서 토네이도tornado를 발생시킬 수도 있다'는 이른바 '나비효과(butterfly effect)' [437]를 비롯해 카오스 이론(chaos theory) 등 복잡계(complex system) 과학은 이러한 불확실성에 근거한 것이다.

전자의 속도 및 위치에 관한 하이젠베르크의 불확정성 원리는 곧이어 등장하는 빛〔전자기파〕의 파동-입자의 이중성(wave-particle duality)에 관한 보어의 상보성 원리(complementarity principle)와 결합되어 양자역학에 대한 표준 해석으로 여겨지는 코펜하겐 해석(Copenhagen Interpretation of Quantum Mechanics, CIQM)을 낳게 된다. 1927년에 형성

---

437 Capra, *The Web of Life*, pp.134-135. 미국의 기상학자 에드워드 로렌츠(Edward Lorentz)가 1961년 기상 관측 도중 생각해 낸 이 원리는 훗날 물리학에 나오는 카오스 이론의 기초가 되었다. 원래 기상학에서 나온 이 말은 장기적인 일기예보가 힘든 이유를 대기의 카오스적 성질에서 찾고 있다. 즉, 지구상 어디에선가 일어난 초기치의 작은 움직임이 크게 증폭되어 다른 지역에서는 예측할 수 없는 기상 현상으로 나타나는 경우를 설명하고자 한 것이다. 기존의 물리학으로는 설명할 수 없는 이러한 '나비효과'는 정보화 혁명으로 인해 지구촌 한 구석의 미세한 변화가 순식간에 전 세계로 확산되는 오늘의 세계화 시대에 더욱 강한 힘을 갖는 것으로 평가된다.

된 양자세계에 관한 코펜하겐 해석은 결정론과 인과론의 근본적인 변화를 가져오게 했으며 지금까지도 유력한 위치를 차지하고 있다. 보어, 하이젠베르크, 파울리(Wolfgang Pauli), 보른(Max Born), 디락(Paul Dirac), 폰노이만(John von Neumann) 등으로 대표되는 코펜하겐 해석의 사상적인 주요 내용은, 양자계가 근원적으로 비분리성(non-separability) 또는 비국소성(non-locality)〔초공간성〕을 갖고 파동인 동시에 입자로서의 속성을 상보적으로 지니며 서로 양립하지 않는 물리량들(예컨대 위치와 운동량)은 불확정성 원리에 따른다는 것이다.[438] 보어의 상보성 원리는 원자 현상과 같은 미시적인 세계를 거시적인 생활 세계의 용어로 기술하는 데는 어떤 한계가 주어지기 마련이므로 미시 세계를 기술하는 위치와 운동량, 입자와 파동, 에너지와 시간과 같은 상호 배타적인 개념들은 상보적인 관계에 있게 된다는 것으로 "상호 배타적인 것은 상보적이다."라는 명제로 일반화되었다. 이 해석의 핵심은 인과론에 기

---

[438] http://www.kps.or.kr/%7Epht/10-1_2/010108.htm(2006.9.12)에서는 코펜하겐 해석의 주요 내용을 다음과 같이 요약하고 있다. 즉 "첫째, 양자계의 상태는 파동함수로부터 결정되며, 파동함수의 절대값 제곱은 측정값에 대한 확률밀도함수이다. 둘째, 모든 물리량은 관측 가능량으로서만 의미를 가지며, 서로 양립하지 않는 물리량들(예컨대 위치와 운동량)은 하이젠베르크의 불확정성 원리에 따라 임의의 정확도로 측정값을 정할 수 없다. 셋째, 양자계는 파동으로서의 속성과 입자로서의 속성을 상보적으로 가지며, 이러한 상보성은 모든 물리적 대상에서 발견된다. 넷째, 측정의 순간에 '파동함수의 오그라듦'(collapse of wave function)으로 대표되는 불연속성과 양자 도약이 필연적으로 일어난다. 다섯째, 아인슈타인-포돌스키-로젠의 사고실험과 관련하여 양자계는 근원적으로 비분리성(non-separability) 또는 비국소성(non-locality)을 갖는다."

초한 뉴턴의 고전역학의 틀을 벗어나 관측자와 그 대상이 항상 연결되어 있고 또한 그 경계가 고정된 것이 아니라고 보아 주체와 객체를 대립적인 관계가 아닌 하나의 연속체로 파악한 것이다. 여기서 관측자의 주관적인 측정 행위가 대상에 영향을 미치는 것은 마치 소우주인 인간이 정신적으로 만다라mandala에 들어가서 우주 생성에 개입하는 것과도 같다는 것이다. 그러나 모든 곳에 존재하거나 어느 곳에서도 존재하지 않는다는 미시 세계에서의 역설(paradox)이 의미하는 바가 무엇인지, 또는 왜 미시 세계에서는 입자-파동의 이중성이 존재하는지에 관한 설명은 여전히 현대 물리학의 아킬레스건achilles腱으로 남아 있다. 또한 양자역학이 소립자물리학(素粒子物理學 elementary particle physics)이나 고체물리학에서 거둔 많은 성과와는 달리, 상대성 이론과 접목한 양자장(量子場 quantum field) 이론이나 중력과의 통합을 모색하는 이론 분야는 여전히 많은 과학자들의 현안으로 남아 있다.

코펜하겐 해석은 양자역학의 내용을 해석하는 두 가지 방법—크게 확률론적인 해석과 결정론적인 해석—가운데 현재 물리학계에서 표준 해석으로 인정하는 확률론적인 해석을 일컫는 것이다. 코펜하겐 해석에 반대하는 결정론적인 해석은 흔히 '숨은 변수이론(hidden variable theory)'으로 알려진 것이다. 미국의 물리학자 데이비드 봄(David Bohm)에 따르면 양자역학이 확률론적으로 해석되는 것은 아직 발견되지 않은 숨은 변수 때문이며 숨은 변수가 발견되면 '보이지 않는 우주'와 '보이는 우주'의 상관 관계가 밝혀짐으로써 결정론적인 해석이 가능하다는 것이다. 여기서 미시 세계를 다루는 양자역학적 관점에 대한 이해를 돕기 위하여 유명한 '슈뢰딩거의 고양이' 이야기를 한번 살펴보기로 하자. 밀폐된 상자 안에 고양이 한 마리와 그 고양이를 죽일 수 있는 가스 분출 장치가 있다. 그런데 그 가스 분출 장치는 순전히 우연에 의해 작동되므로 상자 밖에서는 무슨 일이 일어나는지 알 수 없다. 고전물리학의 관점에서 볼 때 그 고양이는 살았거나 죽었거나 둘 중 하나다. 고전 물리학은 눈에 보이는 그대로의 세계가 전부라고 말한다. 그러나 양자역학적 관점에서 볼 때 그 고양이의 운명은 우리가 상자 안을 들여다볼 때까지는 결정되지 않으며 상자 안을 들여다보는 순간 비로소 고양이는 죽어 있거나 살아 있다. 삶과 죽음의 상태는 그 자체로서 결정되는 것이 아니라 관찰자가 측정 행위를 하는 순간에 결정된다는 것이다. 말하자면 관찰하기 이전의 고양이는 '망각지대(limbo)'에 있으며, 상자 안을 들여다보는 순간 살거나 죽거나 두 가능성 중 하나가 실현되고 나머지는 사라진다. 따라서 관찰하기 이전의 고양이는 실재한다고 말할 수도 없다. 보어(Niels Bohr)의 코펜하겐 해석에서는 "실재는 본질적으로 불확정적이며, 통상적인 의미에서의 실재란 아예 존재하지 않는지도 모른다."고 한 반면, 데이비드 봄은 양자역학의 계승자임에도 불구하고 그러한 견해는 수용할 수 없었던 것이다.[439]

양자계가 입자와 파동의 이중성을 띠고 있다는 모형을 만드는 데 조력함으로써 양자역학의 출현에 크게 기여한 아인슈타인 또한 막스 보른(Max Born)에게 보낸 편지(1926)에서 "신은 주사위 놀이를 하지 않는다."는 말로써 불확정성 원리와 같은 양자역학의 결론을 수용할 수 없음을 분명히 하고 있다. 말하자면 물리적 사건에서 본질적인 역

---

439 http://news.naver.com/news/read.php?mode=LSD&office_id=020
    &article_id=0000354810&section_id=103&menu_id=103(2006.9.15)

할을 하는 것은 우연이 아니라 우주에 내재해 있는 절대적인 법칙이라는 것이다. 그렇다면 절대 법칙이 존재한다는 아인슈타인의 존재론적 입장은, 신이 주사위 놀이를 하였는지 하지 않았는지가 문제가 아니라 신이 주사위 놀이를 했거나 하지 않았을 때 그것이 의미하는 바가 무엇인지에 대한 보어의 인식론적 입장과는 근본적인 차이가 있는 것일까?

지속적인 흐름과 변화가 이루어지는 열린 시스템(open system)에서는 마치 자동조절(self-regulation)되는 신진대사과정(process of metabolism)이나 '산일구조(散逸構造 또는 消散構造 dissipative structures)'의 자기조직화(self-organization)에서 보는 것처럼, 완전한 질서를 상정한 결정론[필연]과 혼돈을 상정한 근원적 비예측성[우연]이 상보적이며 역동적 균형(dynamic balance)을 띠게 된다.[440] 비평형의 열린 시스템에서는 비선형 피드백 과정(non-linear feedback process)에 의해 증폭된 미시적 요동(搖動 fluctuation)의 결과로 엔트로피(entropy 또는 disorder)가 감소되어 거시적인 안정적 구조(산일구조)가 나타날 수 있다는 점에서 열역학 제2법칙(the second law of thermodynamics: 모든 물질은 자연의 상태에서 무질서도가 증가하는 방향으로 변화해 감)인 엔트로피 법칙은 성립하지 않을 수도 있는 것이다. 이를 인간의 의식 체계에 적용시켜 보면, 존재와 인식의 변증법은 관측자와 그 대상이 분리되지 않은 열린 의식(전체의식, 우주의식, 보편의식, 순수의식, 근원의식) 속에서 역동적 통일을 이루게 되는 것이다. 일체의 이분법이 완전히 폐기된 열린 의식, 즉 참자아의 경지는 아슈

---

440 cf. Ludwig von Bertalanffy, *General System Theory: Foundations, Development, Applications*(New York: Braziller, 1968), p.37.

바고샤(Ashvaghosha 馬鳴)가 말한 것처럼 "존재하는 것도 아니며 존재하지 않는 것도 아니요, 존재와 비존재가 동시에 존재하는 것도 아니며 존재와 비존재가 동시에 존재하지 않는 것도 아니다."[441] 현대 물리학에서 뉴턴역학의 영예를 누리고 있는 양자역학에 대한 코펜하겐 해석을 넘어서고자 하는 논의들[442]은 여전히 진행 중에 있으며 향후 과학 사상의 발전을 추동하는 기제로서 작용할 수 있을 것이다. 뉴턴 물리학의 관점에서는 시간을 방향이 없는 가역적(可逆的 reversible)[443]인 것으로 보지만 비평형 열역학의 등장으로 시간의 방향성을 내포하는 비가역적(非可逆的 irreversible) 과정이 규명된 것이나, 또는 고전역학이 양자역학적 현상의 특수한 사례인 것으로 디락(Paul Dirac)이 밝히고 있는 것으로 보아 보다 포괄적인 사상 체계로의 통합은 계속해서 이

---

441 Ashvaghosha, *The Awakening of Faith*, p.59 : "Suchness is neither that which is existence, nor that which is non-existence, nor that which is at once existence and non-existence, nor that which is not at once existence and non-existence."

442 양자역학의 해석을 넘어서고자 하는 논의들로는 폰노이만, 윌러 등의 프린스턴 해석(PIQM), 아인슈타인을 필두로 한 앙상블 해석(EIQM), 에버렛(Hugh Everett) 등의 다세계 해석(Many World Interpretation, MWI), 결흩어짐(decoherence)을 중심으로 한 정합적 역사 관점(Consistent History Perspectives, CHP), 머민(N.D. Mermin)의 이타카Ithaca해석(IIQM), 한국 장회익 등의 서울해석(SIQM) 등이 포함된다.(http://www.kps.or.kr/%7Epht/10-1_2/010108.htm(2006.9.20))

443 可逆的 변화는 물이 얼고 얼음이 녹는 것처럼 어느 방향으로나 일어날 수 있는 변화이고, 非可逆的 변화는 물에 잉크를 떨어뜨려 퍼져나가는 것처럼 처음 잉크를 떨어뜨린 지점으로 돌아오지 않고 한쪽으로만 일어나는 변화이다.

어질 전망이다.

필자가 본서의 내용과 관련하여 특히 양자론에 관심을 갖는 것은 그것이 가져온 사상적, 사회적 및 기술적 영향력의 심대함에 비추어 볼 때 이제 양자론이 물리학자들의 전유물이었던 시대는 사실상 끝났기 때문이다. 트랜지스터(transistor), 실리콘 칩, 핵 에너지와 같은 신기술을 비롯해서 화학, 생물학, 생리학, 생명과학, 반도체 등 수많은 분야의 신개발이 양자론에 힘입어 나타났거니와, 최근 양자 컴퓨터나 나노 테크놀로지 등 양자론을 본격적으로 도입한 응용 연구까지 붐을 이루고 있어 바야흐로 21세기는 양자공학의 시대라는 말까지 나오고 있을 정도이다. 뿐만 아니라 상호 배타적인 것이 상보적이라는 양자역학적 세계관은 동양 철학의 세계관과 유사하여 비전문가들에게도 많은 관심을 유발시키고 있다. 필자가 특히 주목하는 것은 우리 인류의 가치 지향성이 현대 물리학의 안내로 대大에서 소小를 거쳐 극미세 極微細에서 공空으로 진입하고 있다는 사실이다. 말하자면 현대 물리학이 패러다임 전환을 주도하고 있는 것이다.

20세기를 거치면서 과학관에 나타난 두드러진 변화 중의 하나는 20세기 전반기를 통해 급속히 성장했던 원자물리학(原子物理學 atomic physics)과 소립자물리학(素粒子物理學 elementary particle physics)이 주도하던 환원주의적(reductionistic) 과학관이 퇴조 현상을 보이는 반면, 20세기 후반에 들어 생명 현상, 응집 현상, 비선형(非線型 non-linear) 패턴, 복잡계 등에 관한 비선형적·유기적 과학관이 부상하기 시작했다는 것이다. 통일 과학 이념을 추구하며 20세기 초반 과학 철학을 대표하던 논리실증주의 사조는 20세기 후반에 들어서는 탈경험주의적인 측면이 나타나다가 마침내 통일 자체를 부정하는 포스트모더니즘적인 과학 풍토도 등장하게 되었다. 미국의 고체 물리학자 필립 앤더슨(Philip W. Anderson)은 1970년대 이후 국소적 자율성(local autonomy)과 반환원주의적 과학관을 선도하고 있는 과학자 가운데 대표적인 인물로서 1972년 『사이언스 *Science*』에 실린 '많은 것은 다르다(More is different)' 라는 글에서 입자물리학의 통일 이론이 완성되면 자연과학의 모든 부분이 통일적으로 이해될 수 있다는 환원주의적 입장을 정면으로 반박했다. 그에 따르면 모든 것을 단순한 근본 법칙으로 환원할 수 있다는 것이 곧 그들 법칙들로부터 우주를 재구성할 수 있다는 것을 의미하지는 않으며, 고체 물리학이 단순히 입자 물리학이 발견한 근본적인 법칙에 의거해서 현상을 설명하는 것이 아니라 그 자체의 근본적인 법칙과 존재론을 지니고 있다는 것이다.[444] 최근 물리학과 화학, 생명과학의 발전 방향이 말하여 주듯 생명 현상을 물리, 화학적으로 다 설명할 수 있다고 보는 환원주의 과학은 점차 복잡계 과학으로 대체되고 있는 실정이다. 생물학의 유전자 지도 연구 또한 앞으로는 개별 유전자의 구조를 규명하기보다는 유전자들의 기능과 그 상호 작용에 초점을 두게 될 것이라는 것이다.

환원주의 과학에서 복잡계 과학으로의 이행 과정은 도구적인 근대적 합리성에서 전일적인 생태적 합리성으로의 이행과 맥을 같이 한다. 생태적 합리성은 생태계를 하나의 '살아 있는 시스템'으로 인식하여 인간을 포함한 우주만물의 존재론적 평등성 및 통합성에 기초해 있다는 점에서 지배와 복종의 이원화된 구조에 입각하여 일체의 대상

---

444 http://blog.naver.com/pilest?Redirect=Log&logNo=110004285974
(2006. 9. 22)

을 도구화 내지는 수단화하는 근대적 합리성과는 대비된다. 지금까지 데카르트식의 환원주의적 접근은 복잡한 현상을 단순한 요소로 분해해서 그 구성 요소들의 개별적인 성질을 규명함으로써 전체를 파악하는 분석적인 사고 방법에 의해 획기적인 과학적 성과를 거두긴 했으나 부분의 모든 것을 알게 되고서도 전체를 파악하지 못하는 딜레마에 처하게 된 것이다. 그리하여 20세기 후반에 이르러서는 환원주의적 사고에 대한 반동으로 이 복잡한 세계를 유기적으로 통찰하는 세계관이자 방법론으로서 네트워크 과학[복잡계 과학]이 나타나게 된 것이다. 네트워크가 상호 작용하며 스스로 만들어 내는 다양한 패턴을 네트워크 과학에서는 '자기조직화(self-organization)'라고 명명하는데, 이는 임마누엘 칸트(Immanuel Kant)가 살아 있는 유기체(living organisms)의 본질을 '조직되고(organized)' 또한 '자기조직화하는(self-organizing)'[445]것으로 본 것과 유사하다.

20세기가 상대성이론과 양자역학으로 대변되는 물리학의 세기였다면, 21세기는 유전자에 의해 대변되는 생명과학(life sciences)의 시대가 될 것이라는 전망이 유력하다.[446] 기계론적·환원론적 세계관은 시스템적·전일적 실재관으로 대체되고 있으며, 이러한 새로운 실재관의 핵심에는 생명이 자리 잡고 있다. 새로운 생태학은 공동체(community)와 네트워크라는 두 개념을 도입함으로써 생명의 전일적 과정을 시스템적으로 접근한다. '생태계(ecosystems)를 이해하는 것은 궁극

---

445 Immanuel Kant, *Critique of Judgment*, trans., Werer S. Pluhar(Indianapolis, Ind.: Hackett, 1987), p.253.
446 Capra, *The Web of Life*, pp.12-13.

적으로 네트워크network를 이해하는 것'이며 그런 점에서 네트워크 개념은 생태계(생명계)뿐만 아니라 생명의 본질 그 자체를 과학적으로 이해하는 열쇠이다.[447] 따라서 세계를 분절적으로 이해하는 낡은 패러다임에 의거한 근대적 합리성은 네트워크로서의 생태계를 이해하는 데는 그 한계를 드러낼 수밖에 없으므로 새로운 생태 패러다임에 의거한 생태적 합리성으로 전환되어야 하는 것이다. 이러한 생태적 합리성이 함축하고 있는 내용은 현대 물리학의 새로운 실재관에 조응해 있다.

제2절 현대 물리학적 실재관의 전일적 특성

1. 시스템적 사고와 '4C' 이론: 사이버네틱스cybernetics, 파국이론(catastrophe theory), 카오스이론(chaos theory), 복잡계 이론(complex systems theory)

20세기 후반에 들어 현대 물리학의 주도로 본격화된 '단순성의 과학(science of simplicity)'에서 '복잡성의 과학(science of complexity)'[448]으로

의 패러다임 전환은 21세기에 들어 가속화되고 있으며 우리의 세계
관에도 심대한 변화를 초래하고 있다. 즉 데카르트-뉴턴의 기계론적,
환원론적인 세계관에서 시스템적, 전일적(holistic)인 세계관으로의 전
환이 그것이다. 부분과 전체의 역동적 통일성에 기초한 시스템적 사
고(systems thinking)는 상호 배타적인 것이 상보적이라는 양자역학적
세계관에 잘 나타나 있거니와, 생태계를 하나의 '살아 있는 시스템',
즉 네트워크로 인식하는 생태학적 관점과 그 맥을 같이 한다. 시스템
적 사고의 주된 특성은 양자물리학(quantum physics), 유기체생물학
(organismic biology), 게슈탈트 심리학(Gestalt psychology),[449] 생태학 등에
서 찾아볼 수 있는데, 그 핵심은 부분들이 상호 작용하는 관계에 있으

---

449 '게슈탈트(Gestalt)'란 원래 형(形) · 형태(形態)를 뜻하는 독일어인데, 오
스트리아의 철학자 에렌펠스(Christian von Ehrenfels)가 約分할 수 없
는 知覺 패턴(irreducible perceptual pattern)의 의미로 사용함으로써 심
리현상에서의 게슈탈트성(性)의 중요성을 처음으로 지적하였다. 에렌펠
스가 제시한 게슈탈트의 주된 특징은 전체가 부분의 총화 이상이라는 것
이며, 이후 시스템적 사고의 주요 공식이 되었다. 베르트하이머 (Max
Werthei-mer)와 쾰러(Wolfgang Köhler)가 주도한 게슈탈트 심리학(형
태심리학)에 따르면, 살아 있는 유기체는 사물을 고립된 요소 (isolated
elements)가 아닌 통합된 지각 패턴, 즉 조직된 전체(organized wholes)
로 인지한다는 것이다. 게슈탈트 심리학은 심리학의 전통에서 주류파였던
聯合主義의 要素觀을 비판하고 심리학의 全體觀 · 形態性을 중시하는 입
장의 심리학설이다. 심리학에 대한 전일적 접근은 1960년대 들어 게슈탈
트요법(Gestalt therapy)으로 알려진 심리요법(psychotherapy)에서 행
해졌다. 1920년대 독일 바이마르 공화국에서는 당시 점증하는 인간 본질
의 분절화 및 소외 현상에 저항하는 知的 경향의 일환으로 反기계론적이
며 전일적인 유기체생물학, 게슈탈트 심리학, 생태학 등이 풍미하게 된 것
이다(Capra, The Web of Life, pp.31-32 참조)

며 전체의 본질은 항상 부분의 단순한 합과는 다르다는 것이다. 근대
과학 사상의 본질적 특성인 부분으로부터 전체를 유추해 내는 분석
적, 환원주의적 접근 방법에 따르면 부분은 더 작은 부분으로 쪼개어
지지 않으면 분석될 수가 없고 서구 과학은 그런 식으로 진보를 해 온
것이다. 그와 같은 서구 과학 사상사에서 전체는 '상호 작용하는 개
체 또는 개체군으로 이루어진 총체인 까닭에 분석적 방법에 의해 파
악될 수 없으며 부분은 단지 전체 조직과의 맥락 속에서만 파악될 수
있다고 하는 시스템적 사고의 출현은 매우 충격적인 것이었다. 특히
오스트리아의 생물학자 베르탈란피(L. V. Bertalanffy)는 생체계를 외부
와의 지속적인 에너지 소통이 이루어지는 '열린 시스템(open system)'
으로 간주함으로써 열역학 제2법칙(엔트로피 법칙: 모든 물질은 자연의 상태
에서 무질서도가 증가하는 방향으로 변화)이 상정한 '닫힌 시스템(closed
system)'으로는 파악할 수 없었던 복잡한 생명 현상을 파악할 수 있게
되고 이러한 인식이 하나의 이론 체계로 발전하면서 시스템 이론
(systems theory)이 형성된 것이다.[450]

　이렇듯 시스템적 사고의 특징은 세계를 부분으로 환원시키지 않고
전체로서 보는 전일적 시각에 기초해 있다는 것이다. 시스템 속에서
각각의 구조들은 제각기 수준에서 작동하는 서로 다른 법칙들에 의거
해 있는 까닭에 상이한 복잡성의 수준이 존재할 수밖에 없으며 이렇

---

[450] 시스템 이론에 관해서는 Ludwig von Bertalanffy, *General System
Theory* 참조. '열린 시스템' 이론에 관해서는 Ludwig von Bertalanffy,
"The Theory of Open Systems in Physics and Biology," *Science*, vol.
111, 1950, pp.23-29.

게 특정한 복잡성의 수준에 이르면 개체적 속성의 합으로는 설명될
수 없는 창발적(創發的 emergent) 특성이 나오게 되는 것이다. 이러한
창발적 특성은 복잡성의 수준의 각 단계를 통과할 때마다 각기 다른
형태로 나타날 수 있다. 따라서 세계를 부분으로 환원시키면 이러한
창발적 특성이 나타나기 전의 조직 수준으로 환원하게 되어 창발적
특성은 사라지게 되므로 상호 작용하는 부분들 간의 연결성은 파기되
게 되는 것이다. 시스템적 관점이 강조되는 이유가 여기에 있다. 시스
템적 관점에서 인간과 사회는 외부와의 끊임없는 물질 및 에너지의
교환이 이루어지는 열린 시스템(개방계)이며, 이러한 동역학적 시스템
은 비선형적, 비평형적 속성을 지닌다. 이와 같은 열린 시스템에서는
미세한 변화가 비선형 피드백 과정(non-linear feedback process)에 의해
예측할 수 없는 복잡하고 다양한 파급효과(나비효과 butterfly effect)를 가
져올 수 있으며, 또한 시스템 자체의 자기조직화(self-organization)의 특
성에 의해 새로운 형태의 질서의 창발이 나타날 수 있는 것이다.

이러한 동역학적動力學的인 시스템 이론에서 이른바 '4C' 이론이
등장하게 되는데 사이버네틱스cybernetics, 파국이론(카타스트로피 이론
catastrophe theory 또는 catastrophism), 카오스이론(chaos theory), 복잡계
이론(complex systems theory)이 그것이다. 이들 '4C' 이론은 모두 시스
템적, 전일적인 생태학적 관점을 견지하고 있다. 사이버네틱스[451]는

---

451 사이버네틱스란 흔히 '인공두뇌학'이라고 불리기도 하는 것으로 그 어원
은 키잡이(舵手)를 뜻하는 그리스어 kybernetes이다. 위너의 정의에 따르
면 사이버네틱스란 "어떤 체계에 포함되는 직접 제어할 수 없는 것과 제어
할 수 있는 두 종류의 변량이 있는데, 제어할 수 없는 변량의 과거로부터
현재에 이르기까지의 값을 바탕으로 하여 제어할 수 있는 변량의 값을 정

1947년 미국의 수학자 노버트 위너(Norbert Wiener) 등이 창시한 것으로 컴퓨터를 비롯한 모든 기계 장치, 나아가 인간 사회를 포함한 모든 유형의 시스템을 연구 대상으로 삼는 것이다. 이를테면 생태계나 집단 내부의 정보 및 의사 소통 시스템, 생산 관리나 품질 관리 같은 산업공학(industrial engineering, IE) 분야 등도 사이버네틱스의 연구 대상이 될 수 있는 것이다. 요컨대 스스로 최적의 상태에 도달할 수 있도록 자동조절(self-regulation)되는 시스템이 사이버네틱스의 지향점인 것이다. 경영의 여러 요소를 시스템적 관점에서 조직적으로 조정하는 관리공학管理工學인 산업공학의 중심 개념은 바로 이 사이버네틱스에서 온 것이며, 복잡계라는 새로운 패러다임의 출현 또한 노버트 위너, 폰노이만(John von Neumann) 등에 의해 이미 예고된 것이다. 그러나 복잡계 연구가 본격화된 것은 과학 기술의 발달과 더불어 컴퓨터 등에 의한 정보 처리 기술이 발달하면서부터이다. 와렌 위버(Warren Weaver)는 과학사에 나타난 패러다임 전환을 세 가지 문제군으로 분류하고 있다. 즉, 고전 물리학의 '단순성(simplicity)의 문제'와 양자역학 등 현대 물리학의 '조직되지 않은 복잡성(disorganized complexity)의 문제', 그리고 복잡계 과학이 풀어나갈 '조직된 복잡성(organized complexity)의 문제'[452]가 그것이다. 조직된 복잡성이라는 개념은 오늘

하여 이 체계를 최적의 상태에 도달할 수 있도록 마법을 부여하는 목적을 달성하기 위한 학문"이라 하였다.
(http://100.naver.com/100.nhn?docid=84111(2006. 9. 25).
452 시오자와 요시노리 지음, 임채성 등 옮김, 『왜 복잡계 경제학인가』(서울: 푸른길, 1999); Ludwig von Bertalanffy, *General System Theory*,

날 시스템적 접근의 핵심적인 주제가 되고 있는 것이다. 사이버네틱스를 신경계 모형에 접목 · 발전시킨 영국의 정신과 의사 로스 애슈비(Ross Ashby)는 베르탈란피의 열린 시스템의 개념을 도입하여 생체계가 에너지 측면에서는 열려 있지만 정보와 제어 측면에서는 닫혀 있는 시스템이라고 인식했다. 1947년 그가 쓴 "자기조직화하는 시스템의 원리(Principles of the Self-Organizing System)"[453]는 복잡계의 키워드인 자기조직화를 다룬 점에서 복잡계 연구의 선구적인 것으로 평가된다.

사이버네틱스가 공학분야에서 제기된 데 비해 파국이론은 추상화된 수학분야에서 제기되었다. 1972년 프랑스의 수학자 르네 톰René Thom이 창시한 파국이론은 그의 저서 『구조적 안정성과 형태 발생 Structural Stability and Morphogenesis』[454]에 잘 나타나 있다. 그의 파국이론은 종래의 수학이나 물리학의 대부분이 연속적 현상을 연구해 온 것과는 달리 수학적인 불연속 현상을 다루었을 뿐만 아니라 여러 분야 특히 생물학에 응용하고 있으며 일정한 철학사적 위치를 지니는 것으로 평가된다. 전통적인 수학이 양과 공식을 다루며 정량분석(定量 分析 quantitative analysis)에 치중한 데 비해, 동역학적 시스템 이론으로 불리는 복잡성의 수학은 질과 패턴을 다루며 정성분석(定性分析 qualitative analysis)을 강조한다. 우리가 사는 세계에서 관찰되는 대규모 자연 재해나 사회정치적 변동과 같은 급격한 변화가 일어날 징후

---

ch. 2 참조.

453 Ross Ashby, "Principles of the Self-Organizing System," *Journal of General Psychology*, vol. 37, 1947, pp.125-128.

454 René Thom, *Structural Stability and Morphogenesis*, trans. C. H. Waddington(Reading, Mass.: W.A. Benjamin, 1972).

나 그 과정을 연구하여 그것에 대처할 수 있게 하는 이론이다. 이 이론은 생물이 하나의 수정란에서 개체로 될 때까지의 과정을 추적하는 '형태 형성' 연구에서 나온 것으로 세포 분열 단계에서 일어나는 불연속적인 변화에 착안한 것이다. 풍선을 계속 불면 어느 시점에는 터지게 되는 것이나, 갑작스런 대규모 자연 재해가 역사의 흐름을 바꾸어 놓는 것,[455] 그리고 급격한 사회정치적 변동과 같은 불연속적인 변화에 대한 연구가 모두 이 이론의 대상이다. 창세기에 나오는 노아의 홍수나 기원전 1만 년경 지진과 홍수로 바다 밑으로 침몰한 아틀란티스 이야기는 갑작스런 대규모 자연 재해가 역사의 흐름을 바꾸어 놓은 대표적인 것이다. 급격한 사회정치적 변동으로는 1989년 동유럽에서 베를린 장벽의 붕괴와 더불어 공산주의 체제가 연쇄적으로 붕괴한 사건을 들 수 있다. 베를린 장벽 붕괴 10년 전인 1979년에 영국의 수학자 크리스토퍼 지만(Christopher Jiman)은 정치 이데올로기의 불연속적인 변이가 실제로 어떻게 일어날 수 있는가를 수학적으로 뒷받침하는 정치 이데올로기의 변화에 대한 파국이론의 모형을 발표했다.

비선형적(非線型的 non-linear)인 복잡계(complex system)를 다루는 카오스이론(chaos theory)[456]은 서구 과학계에서 상대성이론과 양자역학에

---

455 이에 관해서는 브라이언 M. 페이건 지음, 남경태 옮김, 『고대 세계의 70 가지 미스터리』(서울: 오늘의책, 2003); 얀 클라게 지음, 이상기 옮김, 『날씨가 역사를 만든다』(서울: 황소자리, 2004) 참조.

456 線型系(linear system)에서는 단순한 직선적 운동이 이루어지므로 결과가 원인에 비례하여 전체 행동이 예측가능한 데 비해, 非線型系(non-linear system)에서는 변수들이 독립적이지 않고 상호 연관되어 복잡하게 작용하므로 결과가 원인에 비례하지 않아 전체 행동이 예측하기 어렵다. 예컨

이어 물리학에서 제3의 혁명을 가져올 것으로 기대되고 있다. 복잡계 과학의 카오스이론은 1961년 미국의 기상학자 에드워드 로렌츠 (Edward Lorentz)가 기상관측 도중 생각해 낸 나비효과(butterfly effect)를 발표하면서 이론적 토대가 구축된 데 이어, 스메일(Stephen Smale), 만델브로트(Benoit Mandelbrot) 등이 컴퓨터로 대표되는 정보 처리 기술의 발달에 힘입어 카오스이론에 새로운 전기를 마련하였으며, 벨기에의 화학자이자 물리학자이며 사상가인 일리야 프리고진(Ilya Prigogine)은 비평형 상태에서 일어나는 비가역적(非可逆的 irreversible)·비선형적 변화를 수학적으로 설명한 복잡성의 과학을 체계화하고 부분적으로 논의되던 카오스 이론을 통합, 복잡계 이론(complex systems theory)을 창시함으로써 카오스 이론은 1970년대 후반부터 활발하게 논의되기 시작했다. 1977년 프리고진과 니콜리스(G. Nicolis)의 공저 『비평형계에서의 자기조직화 *Self-Organization in Nonequilibrium Systems*』[457]와 1979년 프리고진과 스텐저스(Isabelle Stengers)의 공저 『혼돈으로부터의 질서 *Order out of Chaos(La Nouvelle Alliance)*』[458]는 카오스 이론을 다

대 자동차에 오일이 많이 주입될수록 가능한 주행거리도 늘어나는 것은 선형적이고, 그렇다고 오일량이 주입된 것에 비례해서 속도가 빨라지는 것이 아닌 것은 비선형적이다. 또한 물을 많이 주는 것에 비례해서 나무가 빨리 자라거나, 밥을 많이 먹는 것에 비례해서 키가 빨리 크는 것이 아닌 것은 비선형적이다. 카오스이론에서 비선형성이 나타나는 것은 변수들이 독립적이지 않고 상호 연관되어 작용하기 때문이다.

457 G. Nicolis and Ilya Prigogine, *Self-Organization in Nonequilibrium Systems: From Dissipative Structures to Order through Fluctuations*(New York: Jone Wiley & Sons, 1977).

458 Ilya Prigogine and Isabelle Stengers, *Order out of Chaos: Man's*

룬 대표적인 저서들이다. 그러나 카오스 이론은 아직 초기 상태로 실제적이며 구체적인 응용이 많지는 않다. 이 이론은 역학계力學界 이론이 모든 분야로 침투하는 계기를 마련함으로써 비단 수학이나 물리학에서뿐만 아니라 경제학 · 기상학 · 해양학 · 생물학 · 화학 · 공학 · 지질학 · 생태학 · 사회학 · 과학철학 · 군사학 · 천문학 · 의학 등 다양한 분야에서 사고의 변혁과 학문적 진전을 이루는 계기를 제공하고 있다. 비선형적, 비평형적 성질을 가진 복잡계에 대한 이해와 제어를 위해서는 학제적 접근이 필수적이며, 이런 맥락에서 물리적, 생물학적, 사회적인 동역학의 상호작용과 그 공학적, 산업적 응용에 대한 연구가 가속화되고 있다.

복잡한 비선형적인 관계로 이루어진 자연계는 가장 전형적인 카오스계로서 작은 변화가 예측할 수 없는 엄청난 변화를 일으킬 수 있다는 사실을 보여준다. 카오스이론에 따르면 결정계(結晶系 system of crystallization)라고 해도 모두 예측 가능한 것이 아니라 '초기 조건에의 민감성(sensitivity to the initial condition)' 때문에 예측 불가능할 수 있다는 것이다.[459] 말하자면 복잡성의 원인이 임의성(randomness)이 아닌, 예측 불가능성(unpredictability)에 있다는 것이다. 이는 곧 카오스이론이 인식론적 차원에서는 초기 조건의 변화에 따른 예측 불가능한 측면을 인정하면서도, 존재론적 차원에서는 임의적 요인을 배제하며

New Dialogue with Nature, foreword by Alvin Toffler(Toronto, New York: Bantam Books, 1984).

459 초기 조건에 민감한 비선형계(non-linear system)와는 달리 선형계는 초기 조건과는 무관하게 가능한 한 평형에 가깝게 엔트로피를 최소화하는 방향으로 진행되므로 완전히 예측 가능한 변화이다(*Ibid.*, p.140).

결정론과 인과율을 유지하고 있음을 말하여 준다. 말하자면 겉으로는 무질서하고 불규칙해 보이는 혼돈 현상 속에도 어떤 숨겨진 질서와 규칙이 있을 수 있다는 것을 이 이론은 밝히고 있는 것이다. 기존의 선형적인 접근 방식으로는 알 수 없었던 혼돈 속의 질서, 다시 말해서 혼돈과 질서가 공존하는 세계가 밝혀진 것이다. 모든 생명체는 근본적으로 복잡계이며 이들 생명체가 만드는 사회적 제 현상도 자연 현상과 마찬가지로 복잡한 변수들의 상호 작용으로 일어나는 복잡계의 현상이므로 그러한 시각에서 바라보고 접근해야 한다는 것이다. 일기 예보, 공기나 물의 흐름, 나뭇잎의 낙하 운동, 생물의 발생과 진화, 뇌의 활동, 주식 변동, 경제 및 사회 정치 변동 등과 같이 복잡한 비선형적인 관계로 이루어진 현상들은 기존의 물리학으로는 설명할 수 없었던 것으로 카오스 이론을 보여 주는 전형적인 예이다.

복잡계의 특성은 전체가 부분의 총화 이상이라는 것이다. 이러한 복잡계 과학은 전통 과학에서의 환원론적 분석과는 달리 전일적 접근을 시도하는 핵심 분야로서 세계적인 추세로서 자리 잡고 있으며 포스트 게놈 시대(Post-Genome Era)[460]의 새로운 패러다임 구축을 선도하

---

460 생명체의 DNA 정보를 모두 밝혀낸 후의 시대를 지칭하는 이른바 포스트 게놈 시대에는 게놈 프로젝트를 통해서 얻어지는 방대한 양의 DNA 정보와 생명체의 정보를 이용하는 생물학이 등장하고 DNA가 발현되는 단백질에 대한 연구, 즉 프로테오믹스Proteomics도 본격화될 전망이다. 포스트 게놈 시대에는 게놈 프로젝트에 의해 만들어진 방대한 양의 정보를 분석, 이용하기 위한 DNA 칩이나 생명정보학(바이오인포매틱스)의 비중이 상대적으로 높아질 전망이며, 또한 프로젝트 수행에 있어서도 유전자의 구조보다는 그 기능 및 상호 작용에 초점을 둠으로써 궁극적으로 모든 생

고 있다. 모든 생명체는 근본적으로 복잡계이고 인간 사회의 제 현상
또한 복잡계의 현상이며, 더욱이 21세기는 물리학에서 생명과학으로
의 패러다임 전환이 예상되고 있는 만큼 생명의 복잡성에 대한 연구
는 가속화될 전망이다. 인간의 정신 현상도 복잡계 의학으로 그 실체
가 드러나고 있다. 정신 현상은 '신체의 각 부분과 뇌의 각 부분이 연
결된 극히 복잡한 구조가 만들어내는 복잡계의 위상 전환(phase
transition 창발 현상)의 결과'[461]인 것으로 나타난다. 이러한 위상 전환이
이루어지는 카오스의 가장자리(edge of chaos), 다시 말해서 질서와 혼
돈의 경계는 새로운 창조가 일어나는 임계점(臨界點 critical point)인 것
이다. 생명 또한 카오스의 가장자리에서 생겨난다. 복잡계 생물학의
선구자 카우프만(Stuart Kauffman)이 말한 '카오스의 가장자리에 있는
생명(life at the edge of chaos)'이란 이를 두고 한 말이다. 또한 카우프만
은 생명의 본질적 특성이 자기조직화(self-organization)에 있는 것으로
보았다. 카오스의 가장자리에서 생명의 구성 요소들은 상호 작용에
의해 '기이한 끌개(strange attractor)'로 자기조직화된다는 것이다. 자
기조직화란 불안정한 카오스 상태에서 자발적으로[저절로] 질서의 창
발(創發 emergence)이 일어나는 것을 말한다. 따라서 카오스는 단순한
무질서가 아니라 오히려 진화를 가능하게 하는 조건으로 볼 수 있다.
  자기조직화란 용어는 일찍이 칸트가 살아있는 유기체의 본질을 밝

명체의 설계도를 밝혀 낼 수 있게 되리라는 전망이다.
(http://blog.naver.com/btshin52?Redirect=Log&logNo=12001269
8699(2006. 9. 27))
[461] http://blog.naver.com/nakedmind?Redirect=Log&logNo=80013313
263(2006. 9. 28)

히기 위해 사용한 이래, 1947년 정신과 의사 로스 애슈비(Ross Ashby)
가 신경계(nervous system)를 설명하기 위해 그의 논문에서 사용했
고,[462] 1950년대 후반 물리학자이며 인공두뇌학자인 폰푀르스터
(Heinz von Foerster)가 20년에 걸친 연구와 지원을 통해 자기조직화하
는 시스템의 모형을 계발하는 촉매 역할을 하면서 널리 보급되었다.
1970, 80년대에 이르러 이러한 초기 모형의 핵심 개념들은 많은 상
이한 시스템 속에서의 자기조직화 현상을 탐구한 일단의 연구자들에
의해 더욱 정교하게 다듬어졌으니, 벨기에의 일리야 프리고진(Ilya
Prigogine), 독일의 헤르만 하켄(Hermann Haken)과 만프레드 아이겐
(Manfred Eigen), 영국의 제임스 러브록(James Lovelock), 미국의 린 마굴
리스(Lynn Margulis), 칠레의 움베르토 마투라나(Humberto Maturana)와
프란시스코 바렐라(Francisco Varela)가 그 대표적인 인물이다. 이들이
밝힌 자기조직화하는 시스템이 공유하는 주요 특성은 다음과 같은 점
에서 사이버네틱스에서의 자기조직화의 초기 개념과는 구별되는 것
으로 나타난다. 그 첫째는 자기조직화하는 과정을 진화(evolution)의
과정으로 보아 새로운 구조 및 행동 양식이 창발된다는 것이고, 둘째
는 이러한 창발 현상이 비평형의 열린 시스템에서 일어난다는 것이
며, 셋째는 시스템의 구성 요소들이 비선형적으로 상호 연결되어 있
다는 것이다.[463] 요약하면, 자기조직화란 비평형의 열린 시스템에서
자기 강화적인 비선형 피드백 과정(non-linear feedback process)에 의해

---

462 Ross Ashby, "Principles of the Self-Organizing System," *op.cit.*,
   p.125.
463 Capra, *The Web of Life*, p.85.

일어나는 새로운 구조 및 행동 양식의 자발적인 창발 현상이다. 오늘 날 복잡계 이론을 이해하는 키워드가 되고 있는 자기조직화는 부분과 전체가 함께 진화하는 공진화(共進化 co-evolution) 개념을 이해하는 키워드이기도 하다.

이와 같이 혼돈과 질서의 경계인 카오스의 가장자리는 무질서하고 불규칙한 것처럼 보이지만 자기조직화에 의해 무질서 속의 질서가 창발되는 임계점인 것이다. 1970년대 이후 수학자들이 겉으로는 불규칙하게 보이는 자연 현상에서 새로운 질서를 찾으려는 노력을 경주한 끝에 자연 현상에서도 자기유사성(자기반복성)의 패턴을 발견하게 되었다. 이른바 프랙털(fractal) 구조라는 것이 그것이다. 자기조직화된 임계상태에서 자연의 패턴은 자기 유사성을 나타내는 것이다. 거시 은하계부터 미시 원자 세계에 이르기까지 우주의 모습을 총체적으로 나타낼 수 있는 도구로 여겨지는 프랙털 구조는 카오스의 일종이다. 프랙털이란 부분이 전체와 닮은 구조로 나타나는 자기 유사성을 지닌 기하학 구조를 일컫는 것이다. 예컨대, 눈송이의 육방형 결정 구조와 벌집의 육각형 구조가 반복적인 패턴으로 이루어진 것, 고사리의 작은 줄기와 잎 하나에도 고사리 전체 모양이 담겨진 것, 구름의 한 부분이 구름 전체와 유사한 패턴으로 반복되는 것, 해안선의 불규칙성이 비슷한 유형으로 반복되는 것, 우리 몸의 핏줄 구조가 유사한 패턴으로 갈라지는 것 등은 유클리드 기하학(Euclidean geometry)만으로는 분석할 수 없는 복잡한 구조인 것이다. 이러한 프랙털 구조는 자연이 지니고 있는 기본적인 속성이며, 언젠가는 붕괴되어 상전이(相轉移 변화, 창조)가 일어난다. 얼음이 물이나 수증기로 변하는 것은 상전이의 전형적인 예이며 그 과정에는 분자들이 흔들리는 요동(fluctuation)이 수반된다. 프랙털 구조는 비단 자연 현상에서뿐만 아니라 사회 현상에서도 관찰될 수 있다. 이를테면 정치 구조의 경직성은 바로 사회 구조의 경직성으로 이어져 닮은꼴을 이루게 되는 것이 그것이다. 미국의 수학자 베노이트 만델브로트(Benoit Mandelbrot)가 제시한 프랙털 이론에 따르면 자연 현상의 불규칙성도 잘 정의된 방정식으로 나타낼 수 있고 그 안에서 일정한 패턴을 찾아낼 수 있다는 것이다.

영국의 수학자 이언 스튜어트(Ian Stewart)는 자연의 패턴을 순열과 기하학, 카오스, 프랙털, 복잡계 같은 현대 수학들을 망라한 수학적 언어로 나타내고 있다. 그는 우주만물이 서로 비슷한 구조와 움직임을 반복하는 '자기 반복성'과 '대칭성', 그리고 시간의 흐름에 따라 변화하는 역동성을 띠고 있다고 말한다. 겉으로는 무질서하게 보이지만 부분의 구조가 전체의 구조를 머금고 있으며 무수한 반복적 패턴이 나타나고 있다는 것이다. 즉, 바다의 파도와 사막의 모래가 펼치는 유사한 무늬 패턴, 얼룩말과 물고기에서 발견되는 유사한 줄무늬 패턴, 눈의 결정 구조와 벌 집구조의 닮은꼴, 거의 모든 꽃잎들에서 나타나는 3, 5, 8, 13, 21, 34, 55 식의 오묘한 순열(각 수는 앞선 두 수를 합한 숫자임)을 이루는 수의 패턴, 인간을 포함한 대부분 동물들이 좌우 닮은꼴을 이루는 '거울상의 대칭', 네 잎 꽃잎처럼 90도 회전하면 모양이 반복되는 '회전의 대칭', 타일처럼 일정한 시간·공간마다 반복되는 '평행이동 대칭' 등이 그것이다.[464] 만델브로트와 스튜어트의 연

464 이언 스튜어트 지음, 전대호 옮김, 『눈송이는 어떤 모양일까』(서울: 한승, 2005); 이언 스튜어트 지음, 김동광 옮김, 『자연의 패턴』(서울: 사이언스 북스, 2005) 참조.

구는 자연 현상이 겉으로 보기에는 무질서하고 불규칙해 보이지만 그 복잡성 속에 숨어 있는 질서와 규칙을 찾아내려는 시도라는 점에서 카오스 이론에 닿아 있다. 카오스 이론은 아직 충분히 정교한 체계를 갖추고 있지는 못하지만 과학계 밖에서도 많은 관심을 모으고 있어 그 발전 가능성이 매우 큰 것으로 보인다.

일리야 프리고진은 비평형(nonequilibrium) 상태에서 일어나는 돌이킬 수 없는 변화를 수학적으로 설명한 복잡성의 과학을 체계화하고 부분적으로 논의되던 카오스 이론을 통합하여 복잡계 이론(complex systems theory)을 창시했다. 그에 따르면 자연계에서는 비가역적(非可逆的 irreversible)·비선형적(非線型的 non-linear) 변화가 일어나는 비평형 상태가 오히려 일반적이라는 것이다. 뉴턴역학의 주된 연구 대상이었던 가역적(可逆的 reversible)인 선형계(線型系 linear system)는 주로 정량적(定量的 quantitative)인 방법에 의해 구성 요소들을 분석하여 그 특징을 파악하면 전체 행동을 예측할 수 있었다. 그러나 복잡계에서 일어나는 변화는 분기(bifurcation)와 같은 현상 때문에 비가역적인 것이 특징인데 바로 이 비가역성(irreversibility)이 혼돈으로부터 질서를 가져오는 메커니즘이라는 것이다.[465] 비가역적이란 변화가 어느 순간에 두 가지 이상의 경로를 따라 일어날 수 있고 또한 그런 변화가 거꾸로 진행되더라도 원래 상태로 되돌아갈 수 없는 경우도 생기게 되는 것을 말한다. 비가역적인 비선형계(非線型系 non-linear system)는 몇 개의 간단한 구성 요소로 분석하는 것 자체가 본질적으로 불가능할 뿐더러, 만약 분석을 하게 되더라도 상호 작용하는 부분들 간의 연결성이 파기

465 Prigogine and Stengers, *op.cit.*, p.292.

되어 전체 행동을 예측하기가 매우 어렵게 되므로 정성적(定性的 qualitative)인 방법에 의해 질과 패턴을 중시한다. 그렇다고 프리고진의 주장이 기존의 평형 열역학을 모두 부정하는 것은 아니다. 다만 평형 열역학에서 무시했던 비평형 상태에서 일어나는 현상을 설명한 것이며, 평형에 가까워지면 복잡계의 과학도 평형 열역학과 마찬가지로 안정성과 확실성을 되찾게 된다.

에너지 보존과 엔트로피 증가의 법칙을 바탕으로 한 종래의 평형 열역학에서는 아무런 변화가 없는 '있음(being)'의 상태가 일반적이고 '됨(becoming)'의 과정은 예외적 현상으로 여겨진 데 비해, 프리고진은 비평형 열역학을 통해 '됨'의 과정이 일반적이고 '있음'의 상태는 오히려 예외적 현상인 것으로 인식했다.[466] 그의 복잡계 이론은 이러한 비평형 상태에서 일어나는 비가역적, 비선형적인 복잡한 변화를 설명하기 위한 것이다. '있음'의 불변적 상태보다 '됨'의 가변적 과정을 일반적인 것으로 인식한 그의 과학적 세계관은 실재(reality)를 변화의 과정 그 자체로 본 화이트헤드(Alfred North Whitehead)의 과정 철학(process philosophy 또는 philosophy of organism)과 같은 맥락 속에 있다. 과정철학을 체계화한 그의 저서 『과정과 실재 Process and Reality』[467]에서 기존 철학의 실체 개념을 대치하는 화이트헤드의 '현실적 존재(actual entity)'는 과정인 동시에 유기체인 것으로 나타난다. 그의

---

466 Ilya Prigogine, *From Being to Becoming*(San Francisco: Freeman, 1980).

467 Alfred North Whitehead, *Process and Reality*(New York: Macmillan, 1929).

'현실적 존재'는 과정 속에서의 유기적 관계에 의해 구체화가 가능하
므로 흐름으로 보면 과정이지만, 관계로 보면 유기체라는 것이다.

프리고진에 의하면 에너지와 물질의 지속적인 교류가 이루어지는
열린 시스템이 평형에서 멀리 떨어진(far from equilibrium) 불안정한 비
평형 상태에 있게 되면, 자기 강화적인 비선형 피드백 과정(non-linear
feedback process)에 의해 증폭된 미시적 요동(搖動 fluctuation)의 결과로
엔트로피가 감소하면서 거시적인 안정적 구조가 나타날 수 있다고 한
다.[468] 말하자면 비평형의 열린 시스템에서는 자기가 자기를 만드는
자동촉매작용(autocatalysis)에 따른 비선형의 적극적 피드백 과정
(positive feedback process)에 의해 새로운 구조로의 도약이 가능하다는
것이다. 그렇게 생성된 새로운 구조를 그는 '산일구조(散逸構造
dissipative structure)' 또는 '소산구조消散構造'라고 하고, 그러한 과정을
'자기조직화(self-organization)'라고 했다. '산일구조'와 '자기조직화'
는 그의 비평형 열역학(nonequilibrium thermodynamics)을 이해하는 핵심
개념으로서 평형 열역학으로는 설명할 수 없는 생명의 기원을 알려
주는 단서를 제공한다. 개체의 생명이나 종으로서의 진화는 바로 이
러한 산일구조에서 비롯되는 것이다. 새로운 질서가 출현하는 기초는
비선형성(nonlinearity)에 있으며 질서가 출현하는 카오스의 가장자리
(edge of chaos)인 산일구조는 에너지와 물질의 흐름이 증가하면 새로운
불안정성을 거치면서 복잡성이 증가된 새로운 구조로 변환될 수 있
다. 전체와 부분 간의 상호 피드백에 의한 자기조직화는 전체 속에 포
괄된 부분이 동시에 전체를 품고 있을 때 가능한 것으로 산일구조의

---

[468] Prigogine and Stengers, *op.cit.*, p.142.

유기적, 시스템적 속성을 보여 주는 것이다.[469]

프리고진으로 대표되는 브뤼셀 학파의 자기조직화의 원리는 하켄 (Hermann Haken)의 레이저 이론(Laser Theory)에서의 자기조직화의 원리를 더 넓은 범위에서 정교하게 다듬은 것이다. 실로 하켄의 레이저 이론은 비평형 물리학의 일반 개념을 발견하는 데 중요한 근거를 제공했던 것이다. 프리고진이 말하는 자기조직화란 외부의 강제에 의해서가 아니라 전체와 부분 간의 비선형 피드백 과정에 의한 자발적인 것이라는 점에서, 이 우주를 자기생성적(self-generating) 네트워크 체제로 인식하는 천부사상天符思想과도 상통하는 바가 있다. 필자가 말하는 '자기생성적'이란 창조하는 주체와 피조물이 따로 있는 것이 아니라 생명의 본체인 혼원일기(混元一氣, 우주의 창조적 에너지)가 스스로 화현한 것이 우주만물임을 나타낸 것이다. 따라서 일즉다一卽多요 다즉일多卽一이다. 우주만물의 뿌리는 하나이지만 그 하나에서 우주만물이 나온 것이니 생명의 속성은 전일성인 동시에 다양성인 것이다. 생명의 다양성이 손상된다는 것은 결국 전일성이 손상되는 것이나 다름없다. 오늘날 전일적 패러다임이 통용되지 못하는 것은 생명의 다양성이 손상되었기 때문이다. 전일성이 곧 다양성이며 다양성이 곧 전일성이다. 말하자면 자기복제(self-replication)와도 같은 것이다. 우주만물

---

469 자기조직화의 비밀이 부분과 부분, 부분과 전체 간의 피드백 메커니즘에 있다는 것을 보여주는 한 예로서 무리를 지어 날아다니는 까마귀 떼를 들 수 있다. 까마귀 떼가 분산도 확산도 하지 않으면서 그 형태를 잘 유지하는 것은 부분과 부분 간의 상호 작용(다른 까마귀로부터 분리되지 않으려는 성향)과 전체와 부분 간의 상호 작용(집단적 운동은 개별 까마귀의 무질서한 운동을 방해함)이 반복적으로 피드백되어 나타난 결과이다.

의 개체성은 누가 누구를 창조한 것이 아니라 생명의 본체인 혼원일
기가 스스로 다양한 모습으로 현현한 것이니 자기생성적이라 한 것이
다. 우주만물은 스스로 생성되고 스스로 변화하여 스스로 돌아가는
것이어서 창조하는 주체도 없고 창조되는 객체도 없다. 따라서 일체
생명은 자기근원성을 가지며 그 근원은 모두 하나로 연결되어 있는
것이다. 이렇게 볼 때 자기생성적 네트워크 체제란 생명 현상을 개별
유기체의 속성이 아니라 시스템의 속성으로 파악한 것으로 주체-객
체 이분법은 성립되지 않는다. 프리고진 또한 이러한 유기적인 시스
템의 속성에서 자기조직화가 일어난다고 본 것이다.

　프리고진의 생명의 기원설에 따르면 분자들이 필요에 따라 모여서
큰 분자를 만들고, 큰 분자가 또 필요에 따라 모이는 식으로 해서 드
디어 생명력이 있는 단세포가 만들어졌다는 것이다. 무기물질인 분자
들이 모여서 생명이 있는 유기물질로 변하는 과정을 그는 창발(創發
emergence)이라고 하였으며, 비평형 열역학의 토대가 되는 산일함수를
체계화한 연구 업적으로 그는 1977년 노벨 화학상을 수상했다. 창발
이란 부분에서 없던 성질이 전체가 되면 나타나는 현상을 말하는데,
예컨대 탄소, 수소, 산소 등은 단맛이 없지만 이것이 모여 설탕이 되
면 단맛이 나타나는 것과 같은 이치다. 창발 현상이 가능한 것은 분자
가 갖고 있는 '정보-에너지 장(information-energy field)' 때문이며, 이
정보-에너지 장(場)이 목적과 방향을 알고 있고 필요에 따라 모여서 단
세포 생물이 탄생하게 된다고 한다. 여기서 정보-에저니 장이란 자
기조직화하는 모든 시스템의 조직 원리인 것으로 나타나는 루퍼트 쉘
드레이크(Rupert Sheldrake)의 '형태형성장(形態形成場 morphogenic field)'
과 같은 것이다. 노벨상 수상자이며 독일 막스 플랑크 물리화학 연구

소장인 만프레드 아이겐(Manfred Eigen)은 효소가 모여서 임계치에 도
달하면 효소 집단은 스스로 효소를 합성할 수 있는 창발성이 생긴다
고 하고 이러한 효소의 자기조직화하는 원리를 초사이클(하이퍼사이클
hypercycle)이라고 불렀는데 정보-에너지 의학에서는 이 초사이클을
효소가 갖고 있는 정보-에너지 장으로 간주하고 있다.[470] 필자가 볼
때 정보-에너지 장을 보편의식(universal consciousness)으로 대치시켜 생
각해도 좋을 듯하다. 말하자면 생명의 원리는 자동성(自動性
automatism)이며, 보편의식에 기초한 자발성(自發性 spontaneity)이다. 그
러나 복잡계인 생명체는 전체가 부분의 총화 이상의 것이라는 점에서
프리고진의 물리·화학적인 분석 방법만으로는—그의 탁월한 연구
성과에도 불구하고—생명의 본질을 이해하는 데는 한계가 있는 것으
로 보인다. 실로 인간 존재의 '세 중심축'이랄 수 있는 천·지·인의
통합성에 대한 자각이 없이 생명 현상을 이해하기는 불가능하기 때문
이다. 이에 관해서는 본서 전반부에서도 강조하여 밝힌 바 있거니와,
뒤에서 다시 정리하게 될 것이다.

모든 생명체는 산일구조체로서 지속적인 에너지 유입에 의해서만
생존이 가능한 까닭에 독자적으로는 생존할 수 없다. 물의 흐름이 있
을 때에만 존재하는 소용돌이와도 같이 생명체는 영원히 변화하는 분
자들로 이루어진 구조로서, 그 구조와 형태를 유지하기 위해 에너지
의 항상적 흐름에 의존하는 것이다.[471] 따라서 개체의 존재성은 이러

---

470 http://env.ibz4u.com/upload/마산대심신의학.doc (2006. 10. 2)
471 cf. Harold J. Morowitz, "Biology as a cosmological science," *Main
   Currents in Modern Thought*, vol. 28, 1972, p.156.

한 에너지의 흐름 속에서만 파악될 수 있는 것이다. 일체 생명 현상과 진화 그리고 세계의 변혁이 복잡계의 산일구조에서 발생하는 자기조 직화로 설명된다. 산일구조와 자기조직화에 관한 프리고진의 학설은 1960년대 초 러시아의 화학자 벨루소프(B. P. Belousov)와 자보틴스키 (A. M. Zhabotinsky)가 발견한 화학 반응, 즉 '벨로우소프-자보틴스키 반응(Belousov-Zhabotinskii reaction)'에 의해 그가 예측한 화학 반응이 실험적으로 증명되면서 공인되었다. 또한 그는 베나르 대류(The Bénard Convection)라는 유체역학적 현상을 산일구조의 또 다른 예로 서 제시하기도 했다.[472] 오스트리아의 물리학자 에리히 얀츠(Erich Jantsch)는 『자기조직화하는 우주 The Self-Organizing Universe』[473]라는 저서에서 프리고진의 산일구조 이론을 기초로 공진화(共進化 co-evolution) 개념을 도입하여 자기조직화에 의한 거시 세계의 진화를 설 명했다.

복잡계 과학은 전체를 유기적으로 통찰하려는 세계관이자 방법론 으로서 전체와 분리된 개체성이란 실재하지 않으며, 어떤 것이라도 고립시키면 진화에 역행하게 된다는 사실을 말하여 준다. 도구적 이 성의 발흥으로 기계론적·환원론적 사고가 지배했던 반생태적·반 생명적인 근대 서구 문명이 엔트로피(무질서)가 증가하는 방향으로 진 행되어 왔음은 부인할 수 없는 사실이다. 이제 그 무질서와 불안정성

---

472 '벨로우소프-자보틴스키 반응(Belousov-Zhabotinskii reaction)'과 베나 르 대류(The Bénard Convection)에 관해서는 Capra, *The Web of Life*, pp.86-89.

473 Erich Jantsch, *The Self-Organizing Universe*(New York: Pergamon, 1980).

이 임계점에 이르면 새로운 구조 및 질서의 창발이 일어나게 될 것이다. 생명은 '살아 있는 시스템', 즉 네트워크이며 시스템적·전일적 사고를 통해서만이 접근할 수 있는 영역이다. 21세기 생명과학의 시대를 맞이하여 인류가 온전한 생명을 누릴 수 있기 위해서는 우주의 본질인 생명에 대한 깊은 인식이 선행되어야 한다. 생명의 본질에 대한 깊은 인식이 없이는 생태정치학의 진보도 없다. 우주와 생명의 본질에 대한 규명은 21세기 생명과학의 사활이 걸린 문제다. '열역학의 시인'으로 일컬어지는 프리고진이 복잡계의 과학으로 풀고자 했던 자연과 인간과 시간의 문제는 뒤에 논의될 "현대 물리학과 동양사상"에서 그 단서를 찾을 수 있을지 모른다.

2. 데이비드 봄(David Bohm)의 '숨은 변수이론(hidden variable theory)'

1920년대 중반에 들어 하이젠베르크의 행렬역학(matrix mechanics, 1925)과 슈뢰딩거의 파동역학(wave mechanics, 1926)이 정립됨에 따라 원자 이하의 수준의 소립자들이 개별적 실체성을 갖지 않으며 상호 연관성의 확률의 패턴으로만 이해될 수 있는 것으로 받아들여지게 되면서 결정론적 세계관에 기초한 뉴턴의 고전역학은 양자역학이라는 새로운 패러다임으로 전환되게 되었다. 1927년 하이젠베르크의 불확정성 원리(uncertainty principle)와 보어의 상보성 원리(complementarity principle)가 결합하면서 현재 물리학계에서 양자역학에 대한 표준 해석으로 여겨지는 코펜하겐 해석(Copenhagen Interpretation of Quantum Mechanics, CIQM)이 성립되었다. 이러한 코펜하겐 해석의 확률론적인 해석에 정면으로 반대한 사람이 데이비드 봄(David Bohm)이다. 미국

출신으로 영국 런던 대학의 이론 물리학 교수를 역임했던 그는 양자역학의 계승자이면서도 양자역학에 대한 결정론적인 해석을 내놓음으로써 "신은 주사위 놀이를 하지 않는다."고 한 아인슈타인의 기대를 실현한 인물이기도 하다. 이러한 그의 결정론적인 해석은 흔히 '숨은 변수이론(hidden variable theory)'으로 알려진 것이다.

봄의 이론에 따르면 양자역학이 확률론적으로 해석되는 것은 아직 발견되지 않은 숨은 변수 때문이라는 것이다. 예컨대 양자계에서 전자(electron)의 위치와 운동량과 같이 전자가 어디에 있는지 어떻게 움직이는지 모르기 때문에 불확정성 원리에 따른다고 한 확률론적 해석과는 달리, 스스로의 내재적 법칙성에 따라 운동하는 전자가 반드시 있을 것이라고 보았던 것이다. 그 해법으로서 그는 아인슈타인이 상대성 이론에 의해 질량–에너지 등가 원리($E=mc^2$: 질량 m, 에너지 E, 광속 c)를 밝혀냈듯이, '숨은 변수 이론'에 의해 입자–파동의 이중성을 밝혀내고자 했던 것이다. 숨은 변수가 발견되어 '보이지 않는 우주'〔드러나지 않은 우주〕와 '보이는 우주'〔드러난 우주〕의 상관관계가 밝혀지게 되면 결정론적인 해석이 가능하다는 것이다. 그리되면 '보이는 우주'는 '보이지 않는 우주'가 물리적 세계로 현현한 것임을 알게 된다는 것이다. 첨단 이론물리학 중의 하나인 이러한 상관관계를 규명함으로써 그는 노벨 물리학상을 수상하기도 했다.

여기서 '보이지 않는 우주'가 의식계〔본체계〕라면, '보이는 우주'는 물질계〔현상계〕이다. 양 세계는 내재적 질서에 의해 하나의 고리로 연결되어 있으며 분해되지 않는 전체성을 그 본질로 한다. '보이는 우주'가 다양하게 분리된 것처럼 보이는 물리적 세계라면, '보이지 않는 우주'는 정신과 물질, 선과 악 등의 일체의 이원성을 넘어선 전일성의 세계이다. 다시 말해서 전자가 무수한 사상事象이 펼쳐진 '다多'의 세계라면, 후자는 그 무수한 사상이 하나로 접힌 '일一'의 세계이다. '보이는 우주'와 '보이지 않는 우주'의 관계는 '다多'와 '일一'의 관계와도 같이 상호 조응해 있으며 상호 관통한다. 즉 『화엄경華嚴經』이나 『금강삼매경론金剛三昧經論』에서 말하는 '다즉일多卽一'이요 '일즉다一卽多'이며, 『반야심경般若心經』에서 말하는 '색즉시공色卽是空'이요 '공즉시색空卽是色'이다. 물질[色, 有]의 궁극적 본질이 비물질[空, 無]과 둘이 아님은, 소립자(素粒子 elementary particle)의 수준에서 물질은 어디에도 존재하지 않거나 또는 모든 곳에 존재하는 비국소성(非局所性 non-locality)[초공간성]⁴⁷⁴을 띠는 안개와도 같은 것으로 나타나는 데서 잘 드러난다. 이러한 비국소성은 양자장이 작용하는 차원에서는 분리 자체가 근원적으로 불가능하기 때문에 위치라는 것이 더 이상 존재하지 않음을 시사한다. '보이지 않는 우주'는 시공 개념을 초월해 있으며 일체가 '에너지'로서 접혀 있는, 하여 고도의 유기적 통일성을 띠는 전일성의 차원이라고 봄을 말하고 있다.⁴⁷⁵ 말하자면 '보이지 않는 우주'는 우주의 창조적 에너지 그 자체인 것이다.

아원자 물리학의 양자장(量子場 quantum field) 개념에 따르면 물질은 개별적인 원자들로 구성된 실재가 아니라 장場이 유일한 실재이며 물질은 장이 극도로 강하게 집중된 공간의 영역에 의해 성립되는 것이

---

474 여기서 비국소성 또는 초공간성이란 3차원에서는 따로 떨어져 있는 두 개의 圓이 4차원에서는 서로 연결된 것으로 나타나는 것과 같은 공간을 초월하는 성질을 말한다.

475 David Bohm, *Wholeness and the Implicate Order*(London: Routledge & Kegan Paul, 1980), p.205.

라고 한다. 그것의 입자성은 마치 무한한 창조성을 지닌 공空과도 같이 대립자의 역동적 통일성에 기초하여 '보이는 우주'와 '보이지 않는 우주'를 상호 관통하며 무수하게 펼쳐진 세계와 하나로 접힌 세계를 끝없이 연출한다는 것이다. 우주만물은 근본적인 전일성의 현시인 까닭에 불가분의 전체성이며 동시에 유기적 통일성과 근원적 평등성을 띠게 된다. 이렇듯 봄은 온전한 전일성의 개념에서 출발하여, 밝혀지지 않은 보다 깊은 수준의 우주적 관계망 속에 내재한 '함축된(implicate)' 질서 또는 '접혀진(enfolded)' 질서를 탐구하고자 했다. 이러한 질서를 그는 부분이 전체를 포함하는 홀로그램hologram적 비유로 설명하고, 현실 세계 또한 각 부분 속에 전체가 내포되어 있는 홀로그램과 같은 일반 원리에 따라 구성되어 있는 것으로 보았다. 이를테면 한 순간 속에 영원이 흐르고 티끌 속에 우주 전체가 들어 있는 것과 같은 것이다. 그는 홀로그램이 아원자(亞原子 subatom) 수준의 함축된 질서 모델로 사용하기에는 너무 정태적이라는 것을 알고 아원자의 역동적 본질을 나타내기 위해 '홀로무브먼트holomovement'라는 새로운 용어를 주조했다.[476]

봄Bohm이 우주의 홀로그램적 질서를 이해하는 단초가 된 것은 원통 회전 실린더의 실험이다. 즉, 실린더 위에 달린 핸들을 돌리자 잉크 방울이 글리세린 속에 퍼져서 사라지는 것처럼 보였지만 핸들을 반대 방향으로 돌리자 사라졌던 잉크의 흔적이 서서히 다시 모여서 본래의 잉크 방울로 모습을 드러낸 실험을 보고서 홀로그램에 대한 아이디어를 얻게 되었던 것이다. 그에 의하면 홀로무브먼트의 관점에

476 Capra, *Uncommon Wisdom*, p.64.

서 우주는 그 자체가 거대한 홀로그램적 투영물이라는 것이다. 우주를 부분들의 단순한 조합으로 볼 수 없는 것은 마치 샘에서 솟아나오는 물줄기를 그 샘과 분리시킬 수 없는 것과 같은 이치다. 전자(electron)는 기본 입자가 아니며 단지 홀로무브먼트의 한 측면을 지칭한 것에 지나지 않는다는 것이다. 물질을 잘게 쪼개고 쪼개어 더 이상 물질의 성질을 갖지 않는 경계에 이르면 전자는 입자인 동시에 파동으로 나타나게 되므로 어느 한쪽으로 분류할 수 없는 것이다.

그는 홀로그램 모델을 통해 현재의 이론들이 설명하지 못하는 양자들(quanta) 간의 상호연결성이나 비국소성 같은 현상을 명쾌하게 설명할 수 있었다. 스탠퍼드 대학의 신경생리학자 칼 프리브램(Karl Pribram) 또한 홀로그램 모델을 통해 현재의 이론들이 설명하지 못하는 두뇌의 기억 활동이나 막대한 정보의 저장 능력과 같은 신경생리학상의 다양한 쟁점을 설명할 수 있었다. 홀로그램 가설의 태두로 여겨지는 봄과 프리브램을 중심으로 한 홀로그램 모델은 이후 물리학과 생리학은 물론 심리학, 의학 등 다양한 분야로 도입되게 되는데, 특히 현재의 과학으로는 풀리지 않는 과학계의 쟁점과 유체이탈, 임사체험, 전생체험, 텔레파시, 염력, 예지, 투시현상 등 거의 모든 초자연적인 현상을 푸는 열쇠를 제공해 준다.

이러한 홀로그램 연구를 집대성한 마이클 탤보트(Michael Talbot)의 저서 『홀로그램 우주 The *Holographic Universe*』[477]는 봄의 홀로그램 모델을 이해하는 데 유익한 단서를 제공한다. 그 내용을 필자가 이해한

---

[477] 마이클 탤보트 지음, 이균형 옮김, 『홀로그램 우주』(서울: 정신세계사, 1999).

방식으로 요약하면 다음과 같다. 홀로그램이란 '빛의 파동의 간섭 현상을 이용해 만든 필름에 의해 나타난 3차원 영상'이며, 우주만물은 시공을 초월한 실재의 차원으로부터 투사된 영상, 즉 이미지 구조물에 지나지 않는다. 여기서 실재란 일심[眞如, 보편의식, 우주의식, 전체의식, 근원의식]과 같은 뜻이다. 우주만물이 이미지 구조물에 지나지 않는다고 한 것은, 일체가 오직 마음이 지어낸 것이라는 일체유심조一切唯心造[478]와 같은 의미이다. 봄이 의식을 좀 더 미묘한 형태의 물질로 본 것은 이러한 의식[정신]과 존재[물질]의 연결고리에 대한 인식에 기초한 것이다. 홀로그램 우주론에 따르면 현상계에서 일어난 모든 것은 숨겨진 질서 속으로 접혀져 들어가 있다는 것이다. 봄에 의하면 이 숨겨진 질서는 우주만물의 바탕을 이루는 것으로 거기에는 과거, 현재, 미래의 모든 형태의 물질과 생명 그리고 의식, 에너지, DNA로부터 은하계의 크기와 모양을 결정하는 힘에 이르기까지 우주의 전 역사를 다 담고 있다는 것이다.[479] 따라서 이러한 숨겨진 질서에 접근할 수 있는 방법을 알게 되면 우주의 모든 비밀을 푸는 마스터키를 소지한 셈이 된다. 모든 것이 홀로무브먼트의 다른 측면이듯 우주의 모든 부

---

478 元曉는 "마음이 일어나면 갖가지 法이 일어나고 마음이 사라지면 갖가지 法이 사라지니(心生則種種法生 心滅則種種法滅), 三界는 오직 마음뿐이요(三界唯心) 萬法은 오직 識뿐이라(萬法唯識) 마음 밖에 法이 없거늘(心外無法) 따로 구할 것이 없다"고 하였다. 이것이 곧 一切唯心造라는 것이다(元曉,「大乘起信論疏」, 趙明基 編,『元曉大師全集』(서울: 보련각, 1978), 427쪽).

479 cf. *Mandukya Upanishad* in *The Upanishads*, p.83: "OM. This eternal Word is all : what was, what is and what shall be, and what beyond is in eternity. All is OM."

분 또한 전체의 다른 측면이다. 우리 몸의 세포 하나, 모래 한 알, 물방울 하나에 이르기까지 모두 그 속에 우주를 품고 있는 것이다. 주체-객체 이분법은 성립되지 않으며 그런 점에서 '이것'이 곧 다른 '모든 것'이다. 관찰자가 실험 장치이고 그 결과이며 공기이고 바람이다. 이러한 상호 연관과 상호 의존의 세계 구조를 『화엄경華嚴經』에서는 인드라망(Indra網: 제석천왕의 보배 그물)으로 비유하는데, 이는 만물만상이 끝없이 상호 연결되어 있으며 서로가 서로를 비추는 상즉상입相卽相入의 구조로 연기緣起하고 있음을 보여 주는 것이다. 이렇듯 봄의 홀로그램 우주 모델은 종래의 과학적 접근 방법과는 달리 혁신적이고 심오한 관점을 제공한다.

   프리브램의 관점 또한 그와 본질적으로 다르지 않으며, 특히 그의 뇌에 대한 연구는 봄의 우주 모델을 이해하는 데 시사점을 제공한다. 그에 따르면 인간의 뇌는 시공을 초월한 실재의 차원으로부터 투영된 그림자인 파동의 주파수를 수학적인 방법으로 해석함으로써 객관적 현실을 만들어 낸다는 것이다. 모든 것은 파동 현상이며 그것이 실제처럼 느껴지는 것은 단지 두뇌가 홀로그램 필름과 같은 간섭무늬를 돌이나 흙, 나무와 같은 이 세상의 친숙한 것들로 변환시키는 능력을 갖고 있기 때문이라는 것이다. 어느 쪽이 현실인가에 대해 프리브램의 답은 둘 다 현실이거나 둘 다 현실이 아니라는 것이다. 양 세계를 상호 관통하고 있기 때문에 어느 한쪽에 속할 수만은 없다는 것이다. 이러한 양 세계[본체계와 현상계]의 관계를 인도의 대서사시 『마하바라타 Mahabharata』에 나오는 『바가바드 기타 The Bhagavad Gita』에서는 '브라흐마(Brahma, 梵), 즉 창조신(the god of creation)의 낮과 밤'[480]으로 묘사하고 있다. 말하자면 낮과 밤의 관계처럼 하나의 고리로 연결되어 있는 것이다. 이와 같은 것을 물리학자들은 양자라고 하며 그것이 우주의 근본 질료라고 보는 것이다.[481] 그런데 이 양자들은 관찰되지 않을 때는 파동으로 존재하다가 관찰되게 되면 입자로 바뀐다는 것이다. 결국 이 우주라는 것도 우리의 의식이 지어낸 이미지 구조물에 불과하다는 것이다. 이상에서 봄과 프리브램의 홀로그램 우주론은 우리가 인지하는 물질 세계가 실재하는 것이 아니라 단지 우리 두뇌를 통하여 비쳐지는 홀로그램적 영상에 지나지 않음을 말하여 준다.

봄Bohm의 양자이론을 인체에 적용한 경우가 양자의학(quantum medicine)이다. 양자의학에서는 인간의 의식 활동을 뇌에서 일어나는 양자의 확률로 설명할 수는 없기 때문에 코펜하겐의 표준해석법인 불확정성 원리는 인체에 적용할 수 없다고 본다. 봄은 파동함수를 존재의 확률이 아닌 실제의 장場으로 생각하여 아인슈타인, 플랑크 및 드브로이(Louis Victor de Broglie)가 밝힌 공식들을 종합함으로써 물질은 원자로, 원자는 소립자로, 소립자는 파동으로 환원될 수 있다고 보았다. 또한 그는 파동의 기원을 연구한 결과 제임스 맥스월(James Maxwell)의 전자기장 방정식에서 스칼라 포텐셜(scalar potential)이 있다는 사실을 발견하고 삭제된 포텐셜의 필요성을 인정, 그 이름을 바꾸어 초양자장(superquantum field) 혹은 초양자 파동(superquantum wave)이라고 불렀다. 그리하여 물질은 원자로, 원자는 소립자로, 소립자는

---

480 *The Bhagavad Gita*, 8. 18-19.
481 데이비드 봄(David Bohm)의 양자이론에서는 물질은 원자로, 원자는 소립자로, 소립자는 파동으로, 파동은 다시 초양자장(superquantum field)으로 환원되므로 우주에 존재하는 모든 것은 파동의 기원인 초양자장으로부터 분화된다(http://env.ibz4u.com/upload/마산대심신의학.doc).

파동으로, 파동은 다시 초양자장으로 환원될 수 있다고 본 것이다. 양자는 관측되기 전에는 불확정적이어서 존재인지 비존재인지를 알 수가 없고 관측하는 순간 비로소 파동 혹은 입자로서의 존재성이 드러난다는 코펜하겐 해석에 비해, 봄의 양자이론에서는 파동은 관측되기 전에도 확실히 존재하며 파동이 모여서 다발(packet)을 형성할 때 입자가 되는 것이고 그 파동의 기원은 우주에 미만(彌滿)해 있는 초양자장이라고 본 점에서 코펜하겐 해석과는 상당한 해석상의 차이가 있다. 봄에 따르면 우주에 존재하는 모든 것은 초양자장으로부터 분화되기 때문에 에너지, 마음, 물질 등은 동일한 질료로부터 만들어진다는 것이다.[482]

봄의 양자이론은 블랙홀 이론을 창시한 옥스퍼드 대학의 로저 펜로즈(Roger Penrose), 양자이론의 개념적 토대를 세운 파리 대학의 베르나르 데스파냐(Bernard d' Espagnat) 그리고 1973년 노벨 물리학상을 수상한 켐브리지대학의 브라이언 조지프슨(Brian D. Josephson) 등의 열렬한 지지를 받았을 뿐만 아니라 과학적 쟁점들에 대해서도 해석할 수 있는 가능성을 열어놓고 있다는 점에서 세계적인 주목을 받고 있다. '과학 없는 종교는 절름발이와 같고 종교 없는 과학은 장님과 같다'고 한 아인슈타인의 말의 핵심은 과학과 영성(spirituality)의 불가분성에 있다. 그런 점에서 동양적 지혜의 정수에 닿아있는 봄(Bohm)의 '양자 형이상학(quantum metaphysics)'은 현대 물리학의 미래에 많은 시사점을 제공한다.

---

[482] http://env.ibz4u.com/upload/마산대심신의학.doc(2006. 10. 4)

3. 전일적 실재관과 현대 물리학의 과제

이 우주가 부분들의 단순한 조합이 아니라 유기적 통일체이며 우주만물은 개별적 실체성을 갖지 않고 단일 연속체의 흐름 속에서만 파악될 수 있다고 하는 현대 물리학적 실재관의 전일적 특성에 대해 다시 정리해 보기로 하자. 근대 과학혁명 이후 1920년대 초반까지도 물질의 최소 단위를 알면 우주 전체를 이해할 수 있다는 결정론적 세계관이 지배적이었으나, 원자와 아亞원자 세계에 대한 탐구로 물질, 시간, 공간, 인과율과 같은 고전 물리학의 기본 개념에 대한 근본적인 수정이 불가피해지면서 그와 같은 세계관은 서서히 빛을 잃게 된다. 아인슈타인의 상대성이론과 양자론에 이르러 뉴턴의 3차원적 절대시공時空의 개념이 폐기되고 4차원의 '시공' 연속체가 형성됨으로써 우주는 본질적으로 역동적이며 불가분적인 전체로서, 정신적인 동시에 물질적인 하나의 실재로서 인식되게 된 것이다. 1920년대 중반에 들어 하이젠베르크의 행렬역학과 슈뢰딩거의 파동역학이 정립됨에 따라 원자 이하의 수준의 소립자들이 개별적 실체성을 갖지 않으며 상호연관성의 확률의 패턴으로만 이해될 수 있는 것으로 받아들여지게 되면서 '부분의 단순한 합으로는 전체를 이해할 수 없다'는 비결정론적 관점이 나타나게 된다. 이어 1927년 하이젠베르크의 불확정성 원리에 의해 미시적 양자 세계에서의 근원적 비예측성이 입증되면서 결정론적 세계관은 결정적으로 빛을 잃게 되고 그에 따라 결정론적 세계관에 기초한 뉴턴의 고전역학은 양자역학이라는 새로운 패러다임으로 전환되게 된다. 전자의 속도 및 위치에 관한 하이젠베르크의 불확정성 원리는 빛[전자기파]의 파동-입자의 이중성에 관한 보어의 상보성 원리와 결합하여 양자역학에 대한 코펜하겐 해석을 낳는다. 양자계가 근원적으로 비분리성 또는 비국소성[초공간성]을 갖고 파동인 동시에 입자로서의 속성을 상보적으로 지니며 서로 양립하지 않는 물리량들(예컨대 위치와 운동량)은 불확정성 원리에 따른다는 코펜하겐 해석은 주체와 객체를 대립적인 관계가 아닌 하나의 연속체로 파악함으로서 결정론과 인과론의 근본적인 변화를 가져오게 했으며 지금까지도 유력한 위치를 차지하고 있다.

전일적 실재관에 기초한 양자역학의 내용을 해석하는 방법에는 현재 물리학계에서 표준해석으로 여겨지는 코펜하겐 해석의 확률론적인 해석 외에 결정론적인 해석이 있다. 코펜하겐 해석에 반대하는 결정론적인 해석은 흔히 '숨은 변수이론(hidden variable theory)'으로 알려진 것이다. 데이비드 봄에 따르면 숨은 변수가 발견되면 '보이지 않는 우주'와 '보이는 우주'의 상관관계가 밝혀지게 되어 결정론적인 해석이 가능하다는 것이다. 양자역학의 출현에 크게 기여한 아인슈타인 또한 물리적 사건에서 본질적인 역할을 하는 것은 우연이 아니라 우주에 있는 절대법칙이라며 불확정성 원리와 같은 양자역학적 해석을 수용할 수 없음을 분명히 했다. 봄은 파동함수를 존재의 확률이 아닌 실제의 장場으로 생각하여 물질은 원자로, 원자는 소립자로, 소립자는 파동으로, 파동은 다시 초양자장으로 환원될 수 있다고 보았다. 그의 양자이론에 따르면 파동은 관측되기 전에도 존재하며 파동이 모여서 다발을 형성할 때 입자가 되고 그 파동의 기원은 우주에 충만해 있는 초양자장이라는 것이다. 이는 코펜하겐 해석에서 양자가 관측되기 전에는 불확정적이어서 존재 여부를 알 수가 없고 관측하는 순간 파동 혹은 입자로서의 존재성이 드러난다는 내용과는 상당한 해석상의 차이가 있다. 초양자장 개념에 의해 입자와 파동의 이중성을 변증법적으로 통합한 봄의 결정론적 해석은 과학과 의식의 통합을 추구한 것이라는 점에서 다양한 분야에서 폭넓은 호응을 얻고 있으며 향후 과학사상의 발전을 추동하는 기제로써 작용할 수 있을 것이다.

'보이지 않는 우주'와 '보이는 우주', 다시 말해서 본체계〔의식계, 정신계〕와 현상계〔존재계, 물질계〕의 양 세계는 상호 조응해 있으며 상호 관통한다. 전자가 시공 개념을 초월하여 일체가 '에너지'로서 접혀 있는 고도의 유기적 통일성을 띠는 전일성의 세계라면, 후자는 무수한 사상事象이 펼쳐진 다양성의 세계로서 이 양 세계는 내재적 질서에 의해 하나의 고리로 연결되어 있다. 소립자의 수준에서 물질은 어디에도 존재하지 않거나 또는 모든 곳에 존재하는 비국소성〔초공간성〕을 띠는 안개와도 같은 것으로 이는 물질의 궁극적 본질이 비물질과 다르지 않음을 말하여 준다. 봄과 프리브램의 홀로그램 우주론에 따르면 우리가 인지하는 물질세계는 실재하는 것이 아니라 단지 우리 두뇌를 통하여 비쳐지는 홀로그램적 투영물에 불과하다고 한다. 다시 말해서 우리의 의식이 지어낸 이미지 구조물이라는 것이다. 이는 곧 의식계와 물질계의 유기적 통합성을 보여 주는 것으로 우주의 실체가 의식〔우주의 창조적 에너지〕임을 말하여 준다. 우주만물〔多〕을 전일성〔一〕의 현시로 보는 일즉다一卽多·다즉일多卽一의 원리에 기초한 전일적, 생태학적 시각은 이러한 유기적 통합성을 그 본질로 한다. 여기서 일一과 다多의 관계는 본체와 작용의 관계로서 이는 곧 생명의 본체인 혼원일기(混元一氣: 무어라 형용할 수 없는 태초의 한 기운)와 우주만물의 관계이다. 생명의 본체인 혼원일기〔一〕에서 우주만물〔多〕이 나오고 다시 그 본체인 혼원일기로 돌아가는 것이니 일즉다·다즉일인 것이다. 이러한 원리는 전일적 실재관의 바탕을 이루는 것으로 우주만물의 근원적 평등성과 유기적 통일성은 여기에서 비롯된다.

진정한 생태학〔생명학〕은 우주만물의 근원적 평등성과 유기적 통일성에 대한 인식에서부터 시작되어야 한다. 이러한 인식은 의식계와 물질계의 유기적 통합성에 대한 자각에 기초하며 이러한 자각은 본체인 동시에 작용으로 나타나는 혼원일기에 대한 인식이 없이는 일어날 수가 없다. 생명의 본체인 혼원일기는 우주만물의 중심에 내려와 있는 신성〔一神降衷〕인 동시에 다함이 없는 기화氣化의 작용으로 만유를 화생化生시키는 지기至氣로서 유일신이요 하늘이며 참본성이다.[483] 우주만물의 개체성은 우주의 본원인 혼원일기가 스스로 다양한 모습으로 현현한 것이니 일체 생명은 자기근원성을 갖는 것이요, 일체 생명의 근원은 하나인 혼원일기로 연결되어 있으니 생명계〔생태계〕는 불가분의 전일성, 즉 '살아 있는 시스템'인 것이다. 전일적 실재관의 긴요성은 지속 가능한 사회로의 전환이 단순히 기술적인 문제가 아니라 세계관과 사고방식 및 가치 체계의 문제이며 정치적 의지와 결단의 문제이기 때문이다.

전일적이고 생태적이며 영적인 현대 물리학의 새로운 실재관은 파

483 cf. *The Bhagavad Gita*, 13. 15. : "He is invisible: he cannot be seen. He is far and he is near, he moves and he moves not, he is within all and he is outside all"; "*Mandukya Upanishad*" in *The Upanishads*, 2. 2. p.78: "Know him as all that is, and all that is not, the end of love-longing beyond understanding, the highest in all beings."

동(정신)인 동시에 입자(물질)이며 본체인 동시에 작용으로 나타나는 생명의 전일적 과정과 조응해 있다. 에너지의 흐름 그 자체인 생명은 분리될 수 없는 하나인 까닭에 '하나'님 또는 유일신(유일자)이라고 부르기도 하는 것이다. 생명은 시작도 끝도 없으며 없는 곳이 없이 실재하는 까닭에 대상화될 수 없다. 따라서 유일신은 숭배해야 할 대상이 아니라 우리 자신이며 우주만물 그 자체다. 모든 생명체는 근본적으로 복잡계이고 인간 사회의 제 현상 또한 복잡계의 현상이다. 복잡계의 특성은 전체가 부분의 총화 이상이라는 것이다. 이러한 복잡계 과학은 전통 과학에서의 기계론적, 환원론적 분석과는 달리 시스템적, 전일적 접근을 시도하는 핵심 분야로서 세계적인 추세로서 자리 잡고 있으며 포스트 게놈 시대의 새로운 패러다임 구축을 선도하고 있다. 복잡계 과학이 풀어 나갈 '조직된 복잡성'이라는 개념은 오늘날 시스템적 접근의 핵심적인 주제가 되고 있는 것이다.

시스템적 사고의 특징은 세계를 부분으로 환원시키지 않고 전체로서 보는 전일적 시각에 기초해 있다는 점에서 생태계를 하나의 '살아 있는 시스템', 즉 네트워크로 인식하는 생태학적 관점과 그 맥을 같이 한다. 시스템적 관점에서 인간과 사회는 외부와의 끊임없는 물질 및 에너지의 교환이 이루어지는 열린 시스템(개방계)으로 비선형적, 비평형적 속성을 지닌다. 이러한 열린 시스템에서는 미세한 변화가 반복적인 비선형 피드백 과정에 의해 예측할 수 없는 복잡하고 다양한 파급효과(나비효과)를 가져올 수 있으며, 또한 시스템 자체의 자기 조직화의 특성에 의해 새로운 형태의 질서의 창발이 나타날 수 있는 것이다. 이러한 동역학적인 시스템 이론에서 등장한 '4C' 이론, 즉 사이버네틱스, 파국이론, 카오스 이론, 복잡계 이론은 모두 시스템적,

전일적인 생태학적 관점과 일치해 있다. 복잡계라는 새로운 패러다임의 출현은 사이버네틱스를 창시한 노버트 위너 등에 의해 이미 예고된 것이긴 하지만, 복잡계 연구가 본격화된 것은 과학기술의 발달과 더불어 컴퓨터 등에 의한 정보처리 기술이 발달하면서부터이다.

비선형적, 비평형적인 복잡계를 다루는 카오스 이론은 일리야 프리고진이 복잡성의 과학을 체계화하고 부분적으로 논의되던 카오스 이론을 통합하여 복잡계 이론을 창시함으로써 1970년대 후반부터 활발하게 논의되기 시작했다. 이 이론은 역학계 이론이 모든 분야로 침투하는 계기를 마련함으로써 다양한 분야에서 학제적 접근을 통해 사고의 변혁과 학문적 진전을 이루는 계기를 제공하고 있다. 결정계라고 해도 모두 예측 가능한 것이 아니라 '초기 조건에의 민감성' 때문에 예측 불가능할 수 있다는 카오스 이론에 의해 기존의 선형적인 접근 방식으로는 알 수 없었던 혼돈과 질서가 공존하는 세계가 밝혀진 것이다. 위상 전환이 이루어지는 카오스의 가장자리는 새로운 창조가 일어나는 임계점이며, 생명 또한 질서와 혼돈의 경계인 카오스의 가장자리에서 생겨난다. 즉, 카오스의 가장자리에서 생명의 구성 요소들은 상호 작용에 의해 '기이한 끌개(strange attractor)'로 '자기조직화' 된다는 것이다. 카우프만에 의하면 생명의 본질적 특성은 자발적인 질서의 창발이 일어나는 자기조직화에 있으며 그런 점에서 카오스는 단순한 무질서가 아니라 오히려 진화를 가능하게 하는 조건으로 볼 수 있다. 프리고진, 하켄, 아이겐, 러브록 등 일단의 연구자들에 의해 더욱 정교하게 다듬어진 자기조직화의 핵심 개념은 복잡계 이론을 이해하는 키워드로 자리 잡게 된다. 이들이 밝힌 자기조직화란 비평형의 열린 시스템에서 자기강화적인 비선형 피드백 과정에 의

해 일어나는 새로운 구조 및 행동 양식의 자발적인 창발 현상으로 부
분과 전체가 함께 진화하는 공진화(co-evolution) 개념을 이해하는 키워
드이기도 하다.

프리고진은 복잡계에서 일어나는 변화가 분기(bifurcation)와 같은
현상 때문에 비가역적인 것이 특징이며 이 비가역성이 혼돈으로부터
질서를 가져오는 메커니즘이라고 보았다.[484] 그의 복잡계 이론은 비
평형 상태에서 일어나는 비가역적, 비선형적인 복잡한 변화를 설명하
기 위한 것으로 '있음'의 불변적 상태보다 '됨'의 가변적 과정을 일
반적인 것으로 인식했다. 그에 의하면 비평형의 열린 시스템에서는
자동 촉매 작용에 따른 비선형의 적극적 피드백 과정에 의해 새로운
구조로의 도약이 가능한데, 그렇게 생성된 새로운 구조가 카오스의
가장자리인 '산일구조'이고 그러한 과정이 '자기조직화'라는 것이
다. 일체 생명현상과 진화 그리고 세계의 변혁이 복잡계의 산일구조
에서 발생하는 자기조직화로 설명된다. 전체와 부분 간의 비선형 피
드백 과정에 의한 자기조직화는 산일구조의 유기적, 시스템적 속성을
보여 주는 것이다.

다음으로 현대 물리학이 풀어야 할 과제에 대해 살펴보기로 하자.

첫째, 존재와 인식의 통합의 과제이다. 현재 물리학계에서 양자역
학에 대한 표준해석으로 여겨지는 코펜하겐 해석의 확률론적인 해석
을 둘러싼 닐스 보어와 아인슈타인 그리고 데이비드 봄의 논쟁에 대
해 살펴보자. 아인슈타인은 물리적 사건에서 본질적인 역할을 하는
것은 우연이 아니라 우주에 내재해 있는 절대법칙이라며 "신은 주사

484 Prigogine and Stengers, *op.cit.*, p.292.

위 놀이를 하지 않는다."라는 말로써 불확정성 원리와 같은 해석을 수용할 수 없음을 분명히 했다. 여기서 절대법칙이 존재한다는 아인슈타인의 존재론적 입장은, 신이 주사위 놀이를 했는지 하지 않았는지가 문제가 아니라 신이 주사위 놀이를 했거나 하지 않았을 때 그것이 의미하는 바가 무엇인지에 대한 보어의 인식론적 입장과는 근본적인 차이가 있는가 하는 것이다. 한편 아인슈타인의 양자역학적 관점의 충실한 계승자인 데이비드 봄은 '숨은 변수이론(hidden variable theory)'으로 코펜하겐 해석에 반대하는 결정론적인 해석을 내놓았다. 숨은 변수가 발견되면 숨겨진 질서와 드러난 질서의 상관관계가 밝혀지게 되어 결정론적인 해석이 가능하다는 것이다. 양자계에서 전자의 위치와 운동량과 같이 전자가 어디에 있는지 어떻게 움직이는지 모르기 때문에 불확정성 원리에 따른다고 한 확률론적 해석에 대해 그는 스스로의 내재적 법칙성에 따라 운동하는 전자가 반드시 있다고 보았다. 또한 양자가 관측되기 전에는 불확정적이어서 존재 여부를 알 수가 없고 관측하는 순간 파동 혹은 입자로서의 존재성이 드러난다는 코펜하겐 해석에 대해, 파동은 관측되기 전에도 존재하며 파동이 모여서 다발을 형성할 때 입자가 되고 그 파동의 기원은 우주에 충만해 있는 초양자장이라고 했다. 그리하여 파동함수를 존재의 확률이 아닌 실제의 장場으로 생각하여 물질은 원자로, 원자는 소립자로, 소립자는 파동으로, 파동은 다시 초양자장으로 환원될 수 있다고 보았던 것이다. 하이젠베르크와 함께 코펜하겐 해석을 주도했던 보어는 어떻게 해서 입자와 파동의 이중성이 존재하는지를 규명하지 못했을 뿐더러 그것은 물리학의 과제가 아니라고 한 데 비해, 봄은 초양자장 개념을 통해 입자와 파동의 이중성을 변증법적으로 통합하고자 했다.

이상과 같은 코펜하겐 해석을 둘러싼 20세기 물리학계의 세계적인 권위자들 간의 열띤 논쟁은 필연과 우연의 해묵은 논쟁을 떠올리게 한다. 필연과 우연은 다른 모든 대립자들 간의 관계가 그러하듯 하나의 고리로 연결된 원궤圓軌이다. 스스로의 내재적 법칙성에 따라 천지 운행이 이루어지는 것이니 절대법칙이 존재한다는 아인슈타인의 존재론적 입장은 그럴 만한 근거가 있는 것이다. 그런데 필연이냐 우연이냐가 문제가 아니라 필연 또는 우연이었을 때 그것이 의미하는 바가 무엇인지에 대한 보어의 인식론적 입장은 '슈뢰딩거의 고양이' 이야기에서 잘 드러난다. 즉, 삶과 죽음의 상태는 그 자체로 결정되는 것이 아니어서 관찰되기 전에는 살았는가 죽었는가 하는 것은 문제가 되지 않으며 관찰자가 측정 행위를 하는 순간 살았거나 죽었을 때 그것이 의미하는 바가 무엇인지에 대한 입장이다. 이는 마치 양자가 관측되기 전에는 불확정적이어서 존재 여부를 알 수가 없으므로 파동이냐 입자냐 하는 것은 문제가 되지 않으며 관측되는 순간 파동 혹은 입자이었을 때 그것이 의미하는 바가 무엇인지에 대한 입장과 같은 것이다. 그러나 우리가 인식하지 못한다고 해서 진리가 실재하지 않는 것이 아닌 것처럼, 인지하든 하지 못하든 내재된 절대법칙성에 따라 움직이는 차원이 분명히 실재하며, 그와 같은 내재적 법칙성이 본질적인 역할을 한다고 필자도 생각한다. 다른 한편으론 복잡계이니만큼 무수히 다차원적인 세계가 공존하므로 확률론적 해석 또한 홀로무브먼트holomovement의 한 측면을 나타낸 것이라 볼 수 있다. 말하자면 모든 부분은 전일적인 생명 과정의 한 측면인 것이다. 일리야 프리고진이 카오스 이론에서 밝히고 있듯이 비평형의 열린 시스템에서는 비선형 피드백 과정에 의해 증폭된 미시적 요동의 결과로 엔트로피가 감소되어 완전한 질서를 상정한 결정론[필연]과 혼돈을 상정한 근원적 비예측성[우연]이 상보적이며 역동적 균형을 띠게 되어 거시적인 안정적 구조(산일구조)가 나타나게 되는 것이다. 생명계는 혼돈과 질서가 공존하는 산일구조체이다. 필연과 우연, 결정론과 확률론의 문제는 존재와 인식의 변증법적 통합의 문제이며 그러한 통합은 필연과 우연의 원궤를 돌리는 중심축에서 일어난다. 입자와 파동의 이중성은 자연이 불합리해서가 아니라 대립자의 역동적 통일성에 기초하는 '스스로[自] 그러한[然]' 자의 본질인 까닭이다. 그러한 통일성이 이루어지는 원궤의 중심축이 바로 우주만물의 중심에 내려와 있는 보편의식[전체의식, 우주의식, 근원의식, 참본성, 神性, 混元一氣], 즉 일체의 이분법이 완전히 폐기된 열린 의식이다. 따라서 인간 의식의 확장은 현대 물리학계의 쟁점들을 푸는 열쇠로 작용할 수 있을 것이다.

둘째, 실험물리학과 동양적 지혜의 상호 피드백의 과제이다. 미시 세계를 다루는 실험물리학과 거시 세계를 다루는 동양적 지혜의 상호 피드백 과정이 필요하다는 것이다. 복잡계인 생명체는 전체가 부분의 총화 이상의 것이라는 점에서 물리·화학적인 분석 방법만으로는 우주와 생명의 본질을 이해하는 데는 한계가 있기 때문이다. 실로 인간 존재의 '세 중심축'이랄 수 있는 천·지·인의 통합성에 대한 자각이 없이 생명 현상을 이해하기는 불가능하며, 이에 대해 동양적 지혜는 많은 시사점을 제공해 줄 수 있을 것이다. 이성과 영성, 논리와 직관의 상호 피드백 과정은 인식의 지평을 확장시킴으로써 우주와 생명의 본질에 보다 심층적으로 접근할 수 있는 메커니즘으로 작용하게 될 것이다. 물리학계뿐만 아니라 인문사회과학 분야 전공자들에게도 커다란 영향을 미쳐 온 프리초프 카프라는 동양적 지혜의 정수가 담긴 많은 경전들을 그의 저서에 인용하고 있으며 명상 수련까지도 해온 것으로 알려져 있다. 데이비드 봄의 양자이론 또한 동양적 지혜의 정수에 닿아 있으며, 특히 그의 정신적 스승이었던 인도의 철학자 지두 크리슈나무르티(Jiddu Krishnamurt)의 영향은 지대했다. 마찬가지로 거시 세계를 다루는 연구자들도 미시 세계를 다루는 실험물리학과의 상호 피드백 과정을 통하여 인식 체계를 공고히 하고 이론 체계를 강화하며 정밀화할 수 있을 것이다. 필자의 경우에도 상호 피드백 과정은 이런 측면에서 많은 도움이 되었다. 특히 미시 차원과 거시 차원의 연구 성과의 조응 여부를 검토해 보는 것은 지식 체계의 기반을 공고히 할 것이다.

필자가 이해한 바로는 미시 차원과 거시 차원의 연구 성과가 다음과 같은 핵심 사상에 있어 상호 조응한다. 즉, 1) 미시 세계를 다루는 양자역학적 실험에서 주체와 객체를 대립적인 관계가 아닌 하나의 연속체로 파악한 것이나 프리고진의 산일구조에서 일어나는 자발적인 자기조직화 과정은 천부사상, 힌두사상, 유·불·도, 동학에서 이 우주를 자기생성적 네트워크 체제로 보는 관점과 조응한다. 이 우주가 자기유사성을 지닌 닮은 구조로 이루어져 있다는 프랙털 구조 또한 자기조직화의 원리에 기초해 있다는 점에서 우주만물[多]을 전일성 [一]의 자기복제(self-replication)로 보는 일즉다(一卽多, 一卽三)·다즉일 (多卽一, 三卽一)의 원리와 조응한다. 말하자면 자기조직화의 경계는 주체와 객체의 이분법이 폐기된 이른바 '참여하는 우주(participatory universe)'의 경계인 것이다. 2) 양자역학적 실험에서 나타난 파동과 입자의 이중성은 동양사상 일반에서 '숨겨진 질서'(不然, 眞如)와 '드러난 질서'(其然, 生滅)가 본체와 작용의 상호적인 관계로 나타나는 것과 조응한다. 파동과 입자, 본체와 작용은 하나의 고리로 연결된 원궤로서 그것의 이중성은 양 차원을 관통하며 유기적 통일성을 이루는 '스스로(自) 그러한(然)' 자, 즉 자연의 본질이다. 3) 데이비드 봄의 초양자장(superquantum field)은 파동인 동시에 입자로 나타나며 양 차원을 아우르고 있다는 점에서 동양사상 일반에서 생명의 본체인 동시에 작용으로 나타나며 본체계와 현상계를 관통하는 '하나(一)', 도道, 태극太極, 브라흐마Brahma, 혼원일기〔우주의 창조적 에너지, 一心, 보편의식, 전체의식, 우주의식, 근원의식〕 등과도 조응한다. 4) 자기조직화의 창발(emergence) 현상을 가능하게 하는 '정보-에저니 장(information-energy field)'이나 초사이클(하이퍼 사이클 hypercycle)로 명명되는 효소의 자기조직화하는 원리는 동양사상 일반과 특히 불교에서 일체가 오직 마음이 지어낸 것이라는 일체유심조一體唯心造와 조응한다. 홀로그램 우주론에서 이 우주를 의식이 지어낸 이미지 구조물로 보는 것과도 같은 것이다. 따라서 '정보-에저니 장은 일심一心 또는 보편의식(universal consciousness)의 의미로 볼 수 있다. 말하자면 생명의 원리는 자동성이며, 보편의식에 기초한 자발성인 것이다. 이상과 같은 미시 차원과 거시 차원의 상호 조응 관계가 보다 명료하게 규명되기 위해서는 미시 세계에서 사용되고 있는 핵심 개념들이 동일한 의미가 상이한 용어로 표현된 경우 분류하여 체계적으로 정리할 필요가 있다. 이러한 작업은 전문 연구자는 물론 비전문가에게도 우주의 질서에 보다 다차원적으로 접근할 수 있는 계기를 제공할 것이다. 앞선 논의에서 살펴본 바와 같이, 정보-에너지 의학에서는 만프레드 아이겐이 초사이클로 명명하는 효소의 자기조직화하는 원리를 자기조직화의 창발(emergence) 현상을 가능하게 하는 정보-에너지 장과 같은 것으로 간주하고, 자기조직화하는 모든 시스템의 조직 원리인 것으로 나타나는 루퍼트 쉘드 레이크의 '형태형성장(morphogenic field)' 또한 정보-에너지 장과 같은 것으로 간주한다. 필자가 보기에는 데이비드 봄의 '초양자장' 또한 같은 의미로 사용된 것이다. 이러한 분류 작업의 유용성은 필자가 동양사상에서 생명의 본체를 나타내는 핵심 개념들을 정리하면서 발견한 것이다.

셋째, 이원론의 유산 극복의 과제이다. 복잡계 이론을 창시함으로써 생명의 기원에 관해 새로운 장을 연 프리고진에 의하면 분자들이 필요에 따라 모여서 큰 분자를 만들고 큰 분자가 또 필요에 따라 모이는 식으로 해서 생명력이 있는 단세포가 만들어졌다고 한다. 무기물질인 분자들이 모여서 생명이 있는 유기물질로 변하는 과정을 그는 창발이라고 하였는데, 한마디로 생명은 비생명에 뿌리를 두고 있다는 것이 생명의 기원에 관한 그의 인식이다. 그러나 우주의 본질인 생명은 우주만물의 중심에 내려와 있는 신성인 동시에 만물을 화생시키는 지기至氣로서 없는 곳이 없이〔無所不在〕 실재하는 까닭에 생명과 비생명의 구분 자체가 사실상 불가능하다. 생명은 시작도 끝도 없으며〔無始無終〕 자본자근自本自根·자생자화自生自化하는 불가분의 하나인 까닭에 전일성을 그 본질로 한다. 또한 생명은 이 세상 그 어떤 것도 포괄하지 않음이 없고 또한 포괄되지 않음도 없다. 생명은 우주 그 자체이고 티끌이며 연기이고 바람이며 물이다. 생명은 물거품이고 그림자이며 이슬이고 번갯불이며 천둥소리다. 우주만물의 숨결이며 생장 리듬이다. 생명은 나고 죽음이 없으며 영원한 우주의 창조적 에너지의 흐름이다. 이 우주 자체가 생명의 피륙이다. 따라서 우주만물은 근원성·포괄성·보편성을 띠는 생명의 그물망을 벗어나 존재할 길이 없는 것이다. 그런데 어찌 생명과 비생명의 구분이 가능하단 말인가! 물질과 비물질의 구분이 실재성이 없듯이 생명과 비생명의 구분 또한 실재성이 없으며 이원론의 유산에 편승한 관념상의 구분에 불과한 것이다. 생명은 물질이고 정신이며 입자이고 파동이다. 모든 것은 생명의 전일적 과정의 한 측면이다. 일체의 이원론은 '나'와 '너', '이것'과 '저것'을 분리시키는 의식의 자기분열의 표징이며 분별지分別智의 발흥을 보여 주는 것으로 반생태적이며 반생명적이다. 의식의 자기 분열을 그치고 근본지根本智로 돌아가 참본성〔보편의식, 전체의식, 근원의식, 우주의식〕이 드러나면 물질과 정신, 입자와 파동의 이중 구조 자체가 해체되어 하나의 흐름 속에 있게 되므로 더 이상은 '왜 이중 구조인가'라는 의문은 일어나지 않는다.

생명은 시공時空을 초월한다. 개체화 의식이 일어나면 시공이 일어난다. 순간 순간의 연속을 시간이 흐르는 것으로 착각하고, 햇빛에 의해 그림자가 순간 순간 새로 만들어지는 것을 그림자가 이동하는 것으로 착각하는 것이다. 따라서 개체화 의식 속에서는 시공을 초월한 생명을 알 길이 없는 것이다. 육조 혜능(六祖慧能)은 말한다. "절대적 평정은 바로 현재의 이 순간이다. 무한히 열려 있는 이 순간 속에 영원의 희열이 깃들어 있다." 순간의 인식은 영원의 시작이다. 순간 속에 머물면, 거기엔 사념(생각)이 없다. 사념이 없으면 시간도 없다. 사랑과 명상 속에서는 시간을 느끼지 못한다. 시간이 없다. 반면 지루한 시간 속에서는 사랑도, 명상도, 몰입도 불가능하다. 시공은 현상계에 속한 것일 뿐, 실체계는 시공이 없다. 생각이 끊어져 시간이 사라지면 시작도 끝도 없으므로 그 어떤 후회나 비탄, 갈망도 없으며 분별지에 사로잡히는 일도 없다. 생명은 초시공·초논리·초이성의 영역으로 분별하고 추상하는 이성으로는 닿을 수가 없다. 생명은 '살아 있는 시스템', 즉 네트워크이다. 전체와 분리되지 않은 열린 의식 속에서는 에너지의 흐름이 원활하여 자기조직화가 일어나 보다 고차원적인 존재로 진화할 수 있게 된다. 의식이 확장될수록 시스템적 속성이 드러나게 된다. 마치 무한대 크기의 원〔大我, 보편의식, 전체의식〕 안에 무수히 작은 원〔小我, 특수의식, 부분의식〕이 있고 그 작은 원들이 커져서 보다 큰 원이 되는 식으로 종국에는 모두 무한대 크기의 원과 하나가 되는 것과 같은 것이다. 그리하여 종국에는 개체성과 전체성, 소아小我와 대아大我가 하나가 되어 생명의 전일성을 체득하게 되는 것이다.

이 우주는 자기유사성을 지닌 프랙털 구조로 이루어진 까닭에 소우주인 인간에 대해 알게 되면 우주 전체에 대해서도 알게 된다. 「태백일사」 삼한관경본기 마한세가 상편에서는 하늘의 기틀과 마음의 기틀, 땅의 형상과 몸의 형상, 그리고 사물의 주재함과 기氣의 주재함이 조응하고 있음[485]을 보고 천·지·인 삼신일체의 천도가 인간 존재 속에 구현(人中天地一)되어 있음을 명징하게 나타내 보이고 있다. 모든 답은 우리 내부에 있다. 현대 물리학의 진보로 물질의 궁극적 본질이 비물질과 다르지 않음이 천명된 데 이어, 양자론(quantum theory)의 주선으로 과학과 신〔神性〕의 운명적인 만남이 목하 진행 중이다. 그러나 그것도 차원 전환의 서곡에 불과하다. 진정 우리 자신이 누구인지를 알게 되면 이 세상은 뒤집어진다. 심우도尋牛圖[486]에 나오는 '기우

---

485 『桓檀古記』「太白逸史」三韓管境本紀 馬韓世家 上: "天地有機 見於吾心之機 地之有象 見於吾身之象 物之有宰 見於吾氣之宰也."
486 인간의 본성을 찾아 깨달음의 세계에 이르는 심오한 禪宗의 사상을 담고

귀가騎牛歸家', 즉 동자가 소를 타고 구멍 없는 피리를 불며 본래의 고향으로 돌아오는 단계, 즉 내가 내 마음을 타고 본성의 세계로 되돌아가는 단계가 바로 그 임계점이다. 그 임계점을 향하여 오늘도 우리는 의식의 항해를 계속하고 있다.

제3절 현대 물리학과 동양사상

20세기에 접어들어 실험물리학의 발달과 더불어 원자와 아亞원자

있는 尋牛圖에 보면, 禪의 수행 단계를 소와 동자에 비유하여 10단계로 도해하고 있다. 즉 1) 심우(尋牛: 소를 찾아 나섬), 2) 견적(見跡: 소의 자취를 봄), 3) 견우(見牛: 소를 봄), 4) 득우(得牛: 소를 얻음), 5) 목우(牧牛: 소를 기름), 6) 기우귀가(騎牛歸家: 소를 타고 집으로 돌아감), 7) 망우존인 (忘牛存人: 소는 잊고 사람만 남음), 8) 인우구망 (人牛俱忘: 소와 사람, 둘 다 잊음), 9) 반본환원(返本還源: 근원으로 돌아감), 10) 입전수수(入纏垂手: 저자에 들어가 중생을 도움), 이상의 10단계이다. 네 번째 '得牛'는 見性의 단계를 나타낸 것으로 아직 탐(貪)·진(瞋)·치(癡)의 三毒에 물든 거친 본성을 지니고 있다는 뜻에서 이때의 소의 모습은 검은 색으로 표현된다. 다섯 번째 '牧牛'는 거친 소를 길들이는 단계, 즉 더욱 정진하고 공부에 힘쓰는 단계로서 이때의 소의 모습은 검은 색에서 흰색으로 변해가는 것으로 표현된다. 여섯 번째 '騎牛歸家'는 동자가 소를 타고 구멍 없는 피리를 불며 본래의 고향으로 돌아오는 단계, 즉 내가 내 마음을 타고 본성의 세계로 되돌아가는 단계로서 이때의 소의 모습은 완전히 흰색으로 표현된다. 이 단계에서는 소와 동자가 일체가 되어서 피안의 세계로 나아가게 되는 것이다(『參佺戒經』 第25事 「貼膺」(誠 3體 21用)에서는 타고난 순수한 정성을 빛이 純色인 완전한 소로 상징적으로 나타내고 있다).

세계에 대한 탐구로 고전 물리학의 전통적 실체관이 한계를 드러내면서 물질, 시간, 공간, 인과율과 같은 고전 물리학의 기본 개념에 대한 근본적인 수정이 불가피하게 되었다. 즉, 물질(色·有)의 궁극적 본질이 비물질(空·無)과 다르지 않다는 것과 시간의 비가역성(irresistibility)과 공간의 비국소성(non-locality) 그리고 변화의 비선형성(nonlinearity)이 밝혀진 것이 그것이다. 우선 물질과 정신이 하나임을 과학 스스로 천명한 것은 소위 과학적 합리주의라는 이름으로 물질만능주의를 초래한 근대 서구적 가치관과 세계관에 있어서의 일대 지각 변동이다. 또한 복잡계에서 일어나는 변화는 분기(bifurcation)와 같은 현상 때문에 변화가 두 가지 이상의 경로를 따라 일어날 수 있고 그런 변화가 거꾸로 진행되더라도 원래 상태로 되돌아갈 수 없는 비가역성을 띠게 되는데 바로 이 비가역성이 혼돈으로부터 질서를 가져오는 메커니즘인 것으로 나타난다. 공간의 비국소성은 양자장(quantum field)이 작용하는 차원에서는 분리 자체가 근원적으로 불가능하기 때문에 위치라는 것이 더 이상 존재하지 않으므로 물질은 어디에도 존재하지 않거나 또는 모든 곳에 존재하는 안개와도 같다는 것이다. 시공을 초월해 있는 '보이지 않는 우주'는 일체가 '에너지'로서 접혀 있는 전일성의 차원, 말하자면 우주의 창조적 에너지 그 자체인 것이다. 그리고 변화의 비선형성은 변수들이 독립적이지 않고 상호 연관되어 복잡하게 작용하므로 결과가 원인에 비례하지 않아 전체 행동이 예측하기 어려운 성질을 나타낸 것으로 이는 '초기 조건에의 민감성'에 기인하는 것이다. 프리고진의 복잡계 이론은 이러한 비평형 상태에서 일어나는 비가역적, 비선형적인 복잡한 변화를 설명하기 위한 것이다.

물질과 정신을 뚜렷하게 구분되는 두 개의 독립된 영역으로 간주하던 근대 과학이 아인슈타인의 상대성이론과 양자론에 이르러 물질의 궁극적 본질이 비물질과 둘이 아님을 스스로 천명한 것은 현대 물리학이 동양사상과 조우하는 일대 사건이었다. 이후 오늘의 복잡계 과학에 이르기까지 현대 물리학의 눈부신 진보는 종교의 영역에 갇혀 있던 동양적 지혜를 과학적으로 풀어냄으로써 보편적 지식 체계로 거듭날 수 있는 계기를 제공했다는 점에서 높이 평가할 만하다. 복잡계 과학은 전일적 접근을 시도하는 핵심 분야로서 세계적인 추세로서 자리 잡고 있다. 특히 미국 산타페 연구소(Santa Fe Institute)는 1984년 세계 최초의 복잡계(complex system) 연구 기관으로 설립된 이래 학제적 접근을 통해 괄목할 만한 연구 성과로 복잡계 과학을 주도해 왔다. 생명의 기원을 비롯하여 불가사의한 세상사의 신비를 복잡계 과학의 틀로 풀어내려는 다양한 시도들도 나타나고 있는데, 사실 동양에서는 이미 수천 년 전에 오늘날의 양자역학적 패러다임과 일치하는 전일적인 패러다임이 정치의 근간이자 삶의 근간이 되어 있었으며 또한 복잡계 과학이 정립되어 실생활에서도 활용되었던 것으로 드러난다. 모든 생명체는 근본적으로 복잡계이고 인간 사회의 제 현상 또한 복잡계의 현상이며 생명의 복잡성에 대한 연구는 학제적 접근을 통해 더욱 심화될 것으로 보인다. 따라서 모든 생명체의 설계도를 밝혀낼 수 있을 것으로 기대되는 포스트 게놈 시대의 새로운 패러다임 구축을 선도하고 있는 복잡계 과학은 동양사상과의 진지한 조우를 통하여 코페르니쿠스적 전환이 일어날지도 모른다.

우주만물의 개체성은 누가 누구를 창조한 것이 아니라 자기조직화된 것이라고 보는 현대 물리학의 관점은 천부사상, 힌두사상, 유·불·도, 동학에서 이 우주를 자기생성적 네트워크 체제로 보는 관점과 조응한다. 다시 말해서 우주만물[多]을 전일성[一]의 자기복제(self-replication)로 보는 일즉다(一卽多, 一卽三) · 다즉일(多卽一, 三卽一)의 원리와 조응하는 것이다. 모든 종교 경전들은 전일성을 그 본질로 하는 근원적 일자[궁극적 실재]—하늘(天) · 천주[하느님, 하나님, 창조주, 유일신, ALLAH神] · 도道 · 불佛 · 태극(太極, 無極) · 브라흐마(Brahma) · 일심[우주의식, 전체의식, 보편의식, 참본성, 神性] · 우주의 창조적 에너지[至氣, 混元一氣] · 진리[自然] 등으로 다양하게 명명되고 있는—가 중핵을 이루고 있다. 우주의 창조적 에너지의 흐름 그 자체인 생명은 분리될 수 없는 절대유일의 하나인 까닭에 흔히 '하나'(님) 또는 유일신[유일자]이라고도 하는데, 우주만물은 생명의 본체인 근원적 일자가 스스로 화현한 것이니 주체-객체 이분법은 성립되지 않는다. 따라서 유일신은 숭배해야 할 대상이 아니라 우리 자신이며 우주만물 그 자체다. 우주만물의 중심에 내려와 있는 참본성[神性, 一心, 보편의식]인 것이다. 유사 이래 신을 섬기는 의식이 보편화된 것은 우리의 본신이 곧 신[神性]이기 때문이다. 이기적인 욕구 충족을 위해서가 아니라 영혼의 정화를 위해서, 마치 신에게 바치는 번제의식(燔祭儀式 sacrifice)과도 같이 정성을 다함으로써 신성이 발현될 수 있는 까닭이다. 내재적 본성인 신성이 발현되지 않고서는 인간의 자기 실현은 불가능한 까닭에 모든 종교에서는 그토록 유일자를 숭상하는 것이다.[487] 유일자를 숭상한다는 것은

---

[487] 誠, 즉 정성은 『參佺戒經』의 전체 8강령 중에서 제1강령으로 나와 있다. 정성이란 마음속 깊은 곳에서 우러나오는 것으로 타고난 참본성을 지키는 것이다. 정성은 '하나'님을 공경하는 것(敬神)이고, 마음을 바르게 갖는 것(正心)이며, 잊지 아니하는 것(不忘)이고, 쉬지 않는 것(不息)이며, 지극한 감응에 이르는 것(至感)이고, 지극히 효도하는 것(大孝)이라고 나

곧 타고난 참본성을 지키는 것이다. 오늘날 만연한 인간성 상실은 곧 내재적 본성인 신성 상실에서 비롯되는 것이다. 그런데 전일성을 그 본질로 하는 유일자를 개체화하고 물질화하여 배타적으로 소유하려 고 하는 데서 종교적 분쟁과 갈등이 일어나고 진리가 왜곡되면서 모 든 종교에서 그토록 경계하는 우상숭배에 빠지게 된 것이다. 이는 인 류의 의식이 아직은 진리의 말씀을 인지할 수 있을 정도의 수준에 이 르지 못했음을 반증하는 것이다. 생명의 자기조직화[자기복제]에 대한 현대 물리학의 규명은—아직 갈 길이 멀기는 하지만—생명의 본체에 과학적으로 접근할 수 있는 단초를 마련한 것이다.

『천부경』·『삼일신고』·『참전계경』의 천부사상은 이 우주가 자기 생성적 네트워크 체제로 이루어져 있음을 명징하게 보여준다. 천부경 에서는 유일자인 생명의 본체에 이름을 붙이지 않고 그냥 '하나(一)' 라고 하고 있다. 생명의 본체인 이 '하나(一)'는 어디에도 존재하지 않거나 또는 모든 곳에 존재하는 비국소성(non-locality)[초공간성]을 띠 는 안개와도 같은 것이다. 본서 제4장 1절 천부경에 관한 논의에서 살펴본 바와 같이 '하나(一)'의 이치를 드러낸 상경「천리天理」와 '하 나(一)'의 이치와 기운의 조화造化 작용을 나타낸 중경「지전地轉」은 본 체[본체계]와 작용[현상계]의 관계로서 파동과 입자의 이중성은 이로써 설명이 가능하다. 본체와 작용의 관계는 천·지·인 혼원일기混元一氣 [488]인 '하나(一)'와 그 '하나(一)'의 자기복제인 우주만물의 관계를 말

와 있다. 이렇듯 '敬神'은 『參佺戒經』 제1강령 誠의 6體 가운데 제1體로 나와 있어 그 중요성을 짐작케 한다.
488 cf. 『莊子』「知北游」: "生也死之徒 死也生之始 孰知其紀 人之生 氣之聚也

하는 것으로 이러한 이중성은 본체계[의식계, 정신계]와 현상계[존재계, 물질계]를 관통하며 유기적 통합을 이루는 '스스로(自) 그러한(然)' 자, 즉 자연의 본질이다. 이러한 '하나(一)'의 자기복제를 통한 자발적인 자기조직화 과정은 프리고진이 말하는 산일구조(dissipative structure)의 자기조직화 과정과 유사하다. 즉, 비평형의 열린 시스템에서 자기가 자기를 만드는 자동촉매작용(autocatalysis)에 따른 비선형의 적극적 피드백 과정이 그것이다. 파동과 입자의 이중성 또한 본체와 작용의 관계를 나타낸 것으로 양 차원의 유기적 통일성을 그 본질로 하는 '스스로(自) 그러한(然)'의 본질이다. 생명은 본체인 동시에 작용이며 파동인 동시에 입자로서 하나의 고리로 연결되어 있으며 단지 설명의 편의상 구분한 것일 뿐이다.

데이비드 봄의 양자이론에서 살펴본 바와 같이 파동은 관측되기 전에도 실재하며 파동이 모여서 다발(packet)을 형성한 것이 입자이고 파동의 기원은 우주에 충만해 있는 초양자장(superquantum field)인 것으로 나타난다. 말하자면 초양자장은 우주만물의 근본 질료인 셈이다. 파동인 동시에 입자로서 양 차원을 아우르는 봄의 초양자장은, 본체인 동시에 작용으로서 양 차원을 관통하는 천부경의 '하나(一)'와 조응한다. 또한 초양자장은 정보-에너지 의학에서 동일시하는 세 가지, 즉 자기조직화의 창발(emergence) 현상을 가능하게 하는 '정보-에

聚則爲死 若死生爲徒 吾又何患 故萬物一也…故曰通天下一氣耳 聖人故貴一." 生과 死가 동반자이며 만물이 '하나(一)'이고, '하나(一)'의 기운(一氣)이 천하를 관통하고 있기에 성인은 '하나(一)'를 귀하게 여긴다는 것이다. 이는 곧 '하나(一)'가 一氣임을 의미한다.

너지장(information-energy field)', 만프레드 아이겐이 초사이클 (hypercycle)로 명명하는 효소의 자기조직화하는 원리, 그리고 자기조 직화하는 모든 시스템의 조직 원리인 루퍼트 쉘드레이크의 '형태형 성장(morphogenic field)'과도 조응한다. 이 우주는 의식이 지어낸 이미 지 구조물이라는 홀로그램 우주론이나, 일체가 마음이 지어낸 것이라 는 일체유심조一體唯心造에 따르면 우주의 실체는 의식이므로 '하나 (一)', 초양자장, 정보-에너지 장, 초사이클, 형태형성장은 모두 보편 의식(universal consciousness) 또는 일심一心으로 볼 수 있다. 말하자면 자기조직화의 창발 현상은 근원성·포괄성·보편성을 띠는 보편의식 〔一心〕에 기초한 것이다. 전체와 부분간의 상호 피드백에 의한 자기조 직화는 전체 속에 포괄된 부분이 동시에 전체를 품고 있을 때 가능한 것으로 천부경의 '인중천지일人中天地一'은 사람이 천지를 품어 하나 가 된 것이니 의식의 진화〔영적 진화〕 또한 이로써 설명이 가능하다. '하나(一)'의 이치와 그 조화 기운과 하나가 되는 일심一心의 경계를 나타낸 천부경의 하경「인물」은 본체와 작용이 일심 속에서 하나가 됨을 보여 준다. 본체와 작용이 일심 속에서 하나가 되는 천부경의 3 화음(和音 triad)적 구조를 이해하게 되면 파동과 입자가 초양자장에 의 해 통합되는 구조 또한 이해할 수 있게 된다. 우리의 특수의식〔부분의 식〕이 보편의식〔전체의식〕과 하나가 되면 일체의 이분법에서 벗어나 의 식과 존재가 합일하여 여여如如하게 되는 것이다. 따라서 천부경의 '하나(一)'는 하나인 마음(一心), 즉 보편의식으로 우주의 실체가 의식 임을 분명히 보여 준다.

본체〔본체계〕와 작용〔현상계〕, 파동과 입자의 관계는 삼일신고에서 하 늘(天)과 사람 및 우주만물(人物)의 관계로 구체화된다. 우주만물의 근본 질료인 천부경의 '하나(一)'는 삼일신고에서 하늘(天), 일신一神으로 나타난다. 삼일사상이란 집일함삼執一含三과 회삼귀일會三歸一을 뜻하는데 이는 곧 일즉삼一卽三·삼즉일三卽一을 말하는 것으로 우주만물(三)이 '하나(一)'라는 사상에 기초해 있다. 이러한 삼일사상은 물질은 원자로, 원자는 소립자로, 소립자는 파동으로, 파동은 다시 초양자장으로 환원될 수 있다는 데이비드 봄의 양자이론을 연상케 한다. 생명의 본체인 하늘〔'하나'님〕은 내재적인 동시에 초월적이며, 개체적인 동시에 전체적이며, 우주의 본원인 동시에 현상 그 자체인 까닭에 우리와 무관한 초월적 존재도, 참본성을 떠난 그 어디에 따로이 존재하는 것도 아니다. 그런 까닭에 소리 내어 기운을 다하여 원하고 기도한다고 해서 '하나' 님을 친견할 수 있는 것이 아니며 오직 자성〔自性〕에 대한 직관적 지각을 통해서만이 내재적 본성인 신성이 발현될 수 있는 것이다. 이렇듯 제2장 「일신一神」은 '하나(一)'의 무한한 창조성을 밝히고 그 '하나(一)'에 이르는 길을 제시한 것으로 의식의 진화에 관한 요체를 밝히고 있다. 말하자면 시공을 초월하여 일체가 '에너지'로서 접혀있는 전일성의 세계와 무수한 사상事象이 펼쳐진 다양성의 세계가 본체와 작용의 관계로서 내재적 질서에 의해 하나의 고리로 연결되어 있다는 사실에 대한 인식이 진화의 요체인 것이다. 이는 전체 속에 포괄된 부분이 동시에 전체를 품고 있을 때 상호 피드백에 의한 자기조직화가 가능하다는 현대 물리학의 핵심 원리와 상통하는 것이다. 또한 프리고진의 산일구조이론을 기초로 자기조직화하는 우주의 진화를 설명한 물리학자 에리히 얀츠의 공진화(co-evolution) 개념과도 조응한다. 동양사상에서 본체와 작용의 합일에 대한 인식이 진화의 요체인 것으로 드러나듯 현대 물리학에서도 파동과 입자의 이중성에 대한 규명이 자기조직화의 핵심 과제인 것으로 드러난다.

참전계경은 마음을 밝히고 세상을 밝히는 '인중천지일人中天地一'·'성통공완性通功完'에 이르는 구체적인 길을 366사로써 제시한 것이다. 거기에 이르는 비밀의 열쇠는 천·지·인 혼원일기混元一氣의 조화造化 기운과 하나가 됨으로써 진실로 우주만물의 근본이 하나임을 아는 데 있다. 세 경전을 관통하고 있는 핵심 개념인 천부경의 '하나(一)'는 참전계경에서는 하늘(天)·신神·천신天神·성령聖靈·천령天靈·천심天心·천리天理·천명天命이라는 다양한 이름으로 나타나고 있지만 그 의미는 같은 것이다. 참전계경 또한 천부경이나 삼일신고와 마찬가지로 본체와 작용의 합일을 보여주는 일즉삼[일즉다]·삼즉일[다즉일]의 원리에 기초해 있다. 참전계경의 가르침은 참전계경 제345사에 나오는 '혈구지도絜矩之道'로 압축될 수 있다. 즉, 남을 나와 같이 헤아리는 추기도인推己度人의 도로서 내 마음으로 미루어 남의 마음을 헤아리는 것이다. 이는 단군팔조교檀君八條敎 제2조, 부여의 구서九誓 제2서誓, 『대학大學』「전문傳文」치국평천하治國平天下 18장의 가르침과도 일치하는 것이다. 말하자면 제가齊家·치국治國·평천하平天下 함에 있어 근본적인 도는 이 '혈구지도'에서 벗어나지 않으며, 사람 마음의 근본 또한 서로 다를 것이 없다는 데 근거하여 '혈구지도'를 제시한 것이다. 재세이화·홍익인간을 구현하는 방법을 제시한 이러한 가르침은 전체 속의 부분이 동시에 전체를 품고 있을 때 자기 실현이 가능하며 공(共)진화 또한 가능함을 보여주는 것이다. 이는 현대 물리학에서 자기강화적인 비선형 피드백 과정이 산일구조의 유기적·시스템적 속성과 맞물려 자기조직화의 창발 현상이 일어나는 것과 상통한다.

이상에서 보듯 전일적 패러다임으로 압축되는 현대 물리학의 핵심 원리는 이미 9,000년 전부터 정립되어 약 6,000년 전 환웅천황 때 녹도문자(鹿圖文)로 기록되면서 정치교본이자 삶의 교본으로서 활용되었던 것이다. 전일적 패러다임을 기용하여 혼돈 속의 질서를 찾아내려고 하는 복잡계 과학 또한 그 당시에 정립되어 실생활에서도 활용되었던 것으로 드러난다. 1부터 10까지 숫자로 이루어진 천부경의 3화음(triad)적 구조 자체가 복잡계인 생명체에 대한 이해가 없이는 불가능한 것이려니와, 1부터 10까지 숫자들의 순열 조합으로써 삼라만상의 천변만화에 질서를 부여하고 있는 것이다. 천·지·인 셋(三)이 네(四) 단계를 운행하면서 오五와 칠七의 순환 고리를 이루는 이 숫자들의 묘합妙合에서 하도낙서河圖洛書[489]로 설명되는 음양오행, 팔괘八卦[490]가 나오고 천지 운행의 원리가 나온다. 육六은 대삼大三의 묘합妙合[491]이자 '하나(一)'의 체상體象을 나타낸 것으로 '하나(一)'의 진성眞

---

[489] 河圖는 太皥伏羲氏가 黃河 龍馬의 등에서 얻은 그림인데 이것으로 易의 八卦를 만들었다고 하며, 洛書는 夏禹가 洛水 거북의 등에서 얻은 글인데 이것으로 禹는 천하를 다스리는 大法으로서의 洪範九疇를 만들었다고 한다. 河圖(龍圖)는 열 개의 숫자 1, 2, 3, 4, 5, 6, 7, 8, 9, 10이 일으키는 변화이며 그 합인 55라는 숫자는 相生五行을 나타내고, 洛書(龜書 또는 九書)는 아홉 개의 숫자 1, 2, 3, 4, 5, 6, 7, 8, 9가 일으키는 변화이며 그 합인 45라는 숫자는 相剋五行을 나타내는 것으로, 河圖洛書는 相生相剋하는 천지운행의 玄妙한 이치를 드러낸 것이라 하겠다.

[490] 八卦는 태호 복희씨(太皥伏羲氏)에 의해 창시된 것으로 건(乾 ☰), 곤(坤 ☷), 진(震 ☳), 손(巽 ☴), 감(坎 ☵), 이(離 ☲), 간(艮 ☶), 태(兌 ☱)를 말함인데 우주자연의 오묘한 이치를 부호화하여 나타내고 있다. 『易經 The I Ching』에서는 千態萬象의 우주 조화를 숫자 8의 자승수인 64괘로 설명하고 있다.

性은 이들 음양(二) 속에도 그대로 보존된다. 또한 음양의 이기二氣에 의해 오행(水·火·木·金·土)이 생성되고 음양오행에 의해 만물이 생겨나지만 음양과 오행 및 만물 내에도 '하나(一)'의 진성은 그대로 존재하므로 '하나(一)'와 음양오행과 만물은 분리시켜 생각할 수 없다. '하나(一)'의 진성眞性과 음양오행의 정精과의 묘합으로 우주자연의 사시사철과 24절기의 운행과 더불어 감感·식息·촉觸이 형성되면서 만물이 화생化生하는 과정을 칠, 팔, 구로 나타낸 것이다.[492] 이들 숫자들의 순열 조합은 우주섭리가 써내려가는 생명의 대서사시大敍事詩요, 천·지·인 혼원일기가 연주하는 생명의 교향곡이다. '하나(一)'가 생명의 물레를 돌리는 이 우주의 가없는 파노라마를 천지 포태胞胎의 이치와 기운을 담은 이수理數로 나타낸 것이다. 이렇듯 상생상극相生相剋하는 천지운행의 현묘한 이치는 양자역학의 비국소성(non-locality)의 원리, 복잡계의 특성인 프랙털 구조, 자기조직화, 비평형, 비가역성, 비선형성, 초기조건에의 민감성, 분기(bifurcation), 피드백 과정, 요동(fluctuation) 현상, 창발 현상을 함축하고 있어 생명의 기원과 세상사의 신비를 연구하는 오늘날의 복잡계 과학에 많은 시사점을 제공해 줄 수 있을 것이다.

---

491 대삼(大三), 즉 하늘의 음양(二)과 땅의 음양(二)과 사람의 음양(二)이 합하여 육(六)이 되는 것을 말한다.

492 『三一神誥』「人物」을 보면, 사람과 우주만물이 다 같이 받은 '하나(一)'의 眞性을 셋으로 나누어 性·命·精이라고 하고 이어 心·氣·身과 感·息·觸의 순서로 說하고 있는데, 7, 8, 9는 『三一神誥』의 논리적 구조와 연결시켜 볼 때 感·息·觸에 해당하는 것이다. 24절기의 24라는 숫자는 칠, 팔, 구를 합한 것이다.

삼일신고와 참전계경 또한 천부경과 마찬가지로 생명계를 하나의 네트워크로 인식하고 천·지·인의 조응관계에 기초하여 무질서한 것처럼 보이는 자연계에 질서를 부여하고 있다. 삼일신고 제4장 「세계世界」는 천지창조와 은하계銀河系의 생성 및 별의 진화, 그리고 태양계의 운행과 지구의 형성과정에 대해, 제5장 「인물人物」은 생명의 전일적 과정에 대해 말해 주고 있다. 참전계경은 당시 통용되었던 복잡계 과학의 실상을 보다 구체적으로 보여주고 있는데, 천지운행의 도수度數, 간지干支, 사주팔자四柱八字 등은 복잡계의 전형적인 특성을 잘 함축하고 있다. 몇 가지만 살펴보기로 하자. 제91사 「순循」에는 일월성신日月星辰과 같은 "형상 있는 하늘의 순환은 일정한 도수度數가 있어 어김이 없으므로 사람은 하늘을 우러러보아 천재 이변을 살피고 믿지 않음을 스스로 경계해야 한다"[493]고 나와 있다. 제150사 「열염熱染」에는 "…육정(六丁: 夏至 후 60일간)의 한여름 더위에 하늘이 솥 끓듯 하고, 삼경(三庚: 初伏·中伏·末伏의 三伏)의 더위가 땅 위에 엎드리니, 위로는 더운 기운이 느껴지나 아래로는 찬 기운이 엉기어 그 사이에서 요사한 것이 생겨난다…"[494] 라고 나와 있다. '육정六丁'은 천간天干이 정丁이 되는 여섯 정일(六丁日: 丁丑·丁卯·丁巳·丁未·丁酉·丁亥)로서 하지夏至 후 60일 간의 한여름을 말한다. '삼경三庚'은 천간天干이 경자庚字가 드는 세 번의 경일(三庚日)로서 하지 후 삼복(三伏: 初伏·中伏·末伏)을 말한다. 삼복三庚은 절후상節候上 음기陰氣가 새로 생기기 시작하는 때이므로 손발로는 찬 기운이 엉긴다고 한 것이다. 제181사 「조기造

---

493 『參佺戒經』, 第91事 「循」(信 5團).
494 『參佺戒經』, 第150事 「熱染」(濟 1規 3模).

器」에는 하늘이 모든 사람을 한결같은 형상으로 만들고 한결같은 성품으로 만들지만 사람됨의 그릇을 만듦에 있어 여덟 가지가 서로 다르다(八異)고 나와 있다.[495] 여덟 가지가 서로 다르다는 것은 소위 말하는 팔자(八字: 年干, 月干, 日干, 時干, 年支, 月支, 日支, 時支)가 다른 것이다. 여기에 나오는 간干과 지支 즉 간지干支는 십간(十干: 甲, 乙, 丙, 丁, 戊, 己, 庚, 辛, 壬, 癸)과 십이지(十二支: 子, 丑, 寅, 卯, 辰, 巳, 午, 未, 申, 酉, 戌, 亥)를 말하는 것으로 십간은 하늘의 기운을, 십이지는 땅의 기운을 나타낸다. 사람 팔자가 다른 것은 누구나 천지기운을 받고 태어나지만 간지干支가 서로 다르기 때문이다. 십간과 십이지가 만나 육십갑자六十甲子의 조합을 이루고 이것으로 사주(四柱: 年柱, 月柱, 日柱, 時柱)를 나타내게 되는 것이다. 이러한 간지干支의 사용으로 자연계에 일정한 질서가 부여되면서 24절기라는 역법曆法 체계가 나오게 된 것이다.

힌두사상[496]에서는 유일신〔궁극적 실재〕 브라흐마Brahma가 곧 우주만

---

495 『參佺戒經』, 第151事 「造器」(濟4規31模)

496 힌두사상이란 힌두교 3대 경전인 『베다 Veda』, 『바가바드 기타 The Bhagavad Gita』, 『우파니샤드 The Upanishads』의 사상을 통칭한 것이다. 『베다』는 인도 最古의 聖典으로 고대 인도에서는 물론 현대에 이르기까지 힌두교도들에게는 절대 권위를 가지는 최고 경전으로서 인도 정신의 뿌리를 이룬다. 베다는 '지식'을 뜻하는 말로서 그것이 만들어진 정확한 연대는 알 수 없으나 대부분의 학자들은 BC 1500~1200년경으로 연대를 추정하며 수세기에 걸쳐 스승이 제자에게 구전한 내용이 저술된 것이다. 『베다』의 비밀스런 의식과 철학이 오늘날까지 고스란히 전해 올 수 있었던 것은 '위대한 성인(Maharsi)'이라 불리는 비야사(Vyasa)의 4대 베다 집대성 노력에 따른 것으로 그는 일반인들도 신에게 조금 더 다가갈 수 있도록 『마하바라타(Mahabharata)』를 저술하기도 했다. 베다는 원래 고대 인도인들이 神에 대한 예배와 제사의식을 목적으로 만든 것이나,

물이며 그런 까닭에 우주만물은 브라흐마의 자기복제(self-replication),

그 제식이 점점 복잡해짐에 따라 이를 주관하는 司祭의 직분도 4그룹으
로 나누어지게 되었다. 4개 베다는 전혀 다른 사상을 각각 전달하는 것이
아니라 동일한 사상을 근거로 하여 서로 연관된 역할을 부분적으로 나누
어 저술한 것으로 〈리그 베다(Rig Veda)〉, 〈야주르 베다(Yajur Veda)〉,
〈사마 베다(Sama Veda)〉, 〈아타르바 베다(Atharva Veda)〉가 있다. 베
다 중 가장 오래된 것이 〈리그 베다〉로 힌두교를 연구하는데 있어 가장
중요하고 근간이 되는 경전이다. 산스크리트어로 '거룩한 자의 노래' 란
뜻인 『바가바드 기타』는 4세기 무렵의 인도 대서사시 『마하바라타
(Mahabharata)』 제6권의 일부였으나 그 내용상 하나의 독자적인 문헌
으로 읽혀져 왔으며, 시대와 종파를 초월하여 가장 널리 애송되는 경전으
로서 오히려 『마하바라타』 보다 더 유명한 세계적인 종교 문헌으로 알려
져 있다. 권위로는 『베다』나 『우파니샤드』 같은 계시서가 더 우위에 있다
하겠지만, 인도 대중들에 대한 영향력에 있어서는 오히려 계시서를 능가
하는 경전이 바로 이 『바가바드 기타』이다. 전통적으로 《베다》와 《우파니
샤드》가 일반적으로 접근하기에는 너무 벽이 두텁고 난해하여 대개의 경
우 자신의 삶과 동떨어진 저 편의 세계로 인식된 데 비해, 《바가바드 기
타》는 항상 서민 대중의 삶 속에서 함께 호흡해온 대중의 경전이라는 점
에서 힌두교의 살아있는 '바이블' 로 평가된다. 특히 하층 천민들에 대한
해탈 가능성을 인정하고 있다는 점에서 인도 종교사에 특별한 의미를 부
여한다. 모두 700구절의 아름다운 영적인 시로 이루어진 《바가바드 기
타》의 배경이 되고 있는 것은 인간 내면의 靈的인 전쟁으로, 비슈누
(Visnu) 신의 화신인 크리슈나(Krishna)와 전사인 아르주나(Arjuna)
사이에 주고받는 대화로 이루어져 있다. 아르주나의 전차몰이꾼으로 변
장한 크리슈나는 두 군대 사이로 전차를 몰고 들어가서 전장이라는 극적
인 무대에서 아르주나에게 영적인 세계에 대한 심오한 가르침을 펴 보이
기 시작한다. 순간 아르주나가 싸워야 할 상대는 외부의 육적인 친족과
친구가 아니라 자신의 내부에서 영적 진화를 방해하는 온갖 부정적인 에
너지라는 사실이 밝혀진다. 힌두교의 경전 《베다(Veda)》의 결론부이자
베다적 지식과 지혜의 절정(Vedānta: 베다의 末尾·극치)이랄 수 있는

즉 프랙털 구조인 것으로 나타난다. 이는 비평형의 열린 시스템에서

『우파니샤드』는 인도 사상에서 차지하는 그 자체의 중요성 때문에 보통 독립된 하나의 문헌으로 읽혀지고 있다. 우파니샤드의 원뜻은 사제간에 '가까이 앉음'이라는 뜻에서 그 사이에 전수되는 비밀스런 가르침도 의미하게 되었으며, 옛날부터 천계문학(天啓文學: ruti)으로서 신성시되었다. 개개의 우파니샤드는 통일된 사상을 한 사람의 저자가 일정한 형식으로 서술한 것이 아니라 긴 세월에 걸쳐 여러 사람에 의해 편집·정비된 것으로 인도의 철학·종교 사상의 원천을 이룬다. 초기의 『우파니샤드』는 각 베다서의 브라흐마나(Brāhmana, 梵書)의 일부이었을 가능성도 있으나, 철학적·신비적 문제에 대한 관심이 많아지고 베다의 신들과 제사의례에 관한 관심이 옅어지면서 브라흐마나와 분리되었다. 현재 200여 종이 전해지는데, 그 중 중요한 것 10여 종은 古우파니샤드로 불리며 BC 600 AD 300년경에 성립된 것이고, 그 후 십 수세기에 이르기까지 만들어진 것을 新우파니샤드라고 하는데, 모두 산스크리트(Sanskrit)로 썼다. 古우파니샤드의 사상은 일원론적인 절대자를 설정하고 진리의 인식(brahma-vidyā)에 도달함으로써 그와 일체화하는 歸一思想을 특징으로 하고 있다. 우주 원리를 브라흐마(Brahma 梵)라 하여 개별적 원리인 아트만(Atman 我)과 일체화하는 범아일여(梵我一如)를 궁극적 이상으로 삼고 있는 것이다. 아트만[개체성]이 곧 브라흐마[전체성]라는 진리가 우파니샤드에서 추구하는 최고의 지식이다. 대우주의 본체인 브라흐마와 개인의 본질인 아트만을 일체화한 사상의 형성 배경에는 창조관과 同置(upāsana)의 논리를 들 수 있다. 창조의 의미로 사용되는 스리스티(srsti)는 최고신이 스스로를 이분화하여 자신의 일부를 방출(esrj)하는 自己生殖으로 창조자와 피조물이 동질적이라는 의미를 담고 있으며, 우주적 실재와 개인의 구성 요소를 대응시켜 不死(amrta)를 탐구하였던 동치의 논리는 범아일여사상의 원형을 보여 주는 것이다. 브라흐마가 '참나'임을 깨닫는 사람은 욕망과 두려움에서 해방되고 업에서 자유로워져 환생하지 않는다는 것이다. 苦와 業, 윤회, 해탈 등의 개념이 처음 등장하는 『우파니샤드』는 브라흐마나의 祭儀를 중심으로 한 행위주의적 철학의 극복이라는 점에서 불교 홍기를 촉진한 사상적 계기가 된 것으로 보인다.

상호 피드백 과정에 의해 일어나는 자기조직화의 창발 현상과 조응하는 것으로 이 우주가 자기생성적 네트워크 체제임을 말하여 준다. 「만두꺄 우파니샤드 Mandukya Upanishad」에서 "'옴OM'은 일체 만물이다. '옴'은 과거요 현재요 미래이며 시간을 초월한 존재 브라흐마이다. 일체 만물이 '옴'이다"[497]라고 한 것은 본체와 작용, 파동과 입자, 전체성과 개체성, 보편성과 특수성의 합일을 말하여 주는 것으로, 우주만물과 유일신 브라흐마를 불가분의 하나, 즉 불멸의 음성 '옴 OM'으로 나타내고 있다. 생명의 본체인 브라흐마는 어디에도 존재하지 않거나 또는 모든 곳에 존재하는 비국소성(non-locality)〔초공간성〕을 띠는 안개와도 같은 것이다. 브라흐마는 만유의 본질로서 만유 속에 내재해 있는 동시에 그 자신을 무수한 형태로 변형시킨다.[498] 이러한 본체계〔본체〕와 현상계〔작용〕의 관계를 인도의 대서사시 『마하바라타 Mahabharata』에 나오는 『바가바드 기타 The Bhagavad Gita』에서는 '브

신우파니샤드는 그 내용으로 보아 古우파니샤드의 내용을 그대로 발전시킨 것, 명상법으로 요가적인 것, 遊行者的인 것, 힌두교의 신 시바를 원리로 한 것, 힌두교의 신 비슈누를 원리로 한 것 등 5종으로 분류된다. 『우파니샤드』는 19세기 초 유럽에서 2, 3차 번역본까지 나와 상당수의 사상가들에게 깊은 영향을 미쳤고, 특히 독일에서 그 영향이 두드러졌다. 철학자 쇼펜하우어(Arthur Schopenhauer)는 『우파니샤드』를 그의 '삶의 위안이자 죽음의 위안'이라고 했다.

497 "*Mandukya Upanishad*" in *The Upanishads*, p.83: "OM. This eternal Word is all : what was, what is and what shall be, and what beyond is in eternity. All is OM."

498 *Kata Upanishad* in *The Upanishads*, 5, p.64: "He is Brahman··· There is one Ruler, the Spirit that is in all things, who transforms his own form into many."

라흐마(Brahma, 梵), 즉 창조신(the god of creation)의 낮과 밤'으로 묘사하고 있다. 아름다운 영적인 시로 이루어진 인도인들이 애송하는 이 경전에는 "…브라흐마의 아침이 밝아오면 우주만물이 본체계(the Invisible)에서 나와 활동을 시작하고, 그리고 브라흐마의 밤이 오면 다시 본체계로 되돌아간다. 그렇게 우주만물은 브라흐마의 낮과 밤의 주기에 따라 생성과 소멸을 끝없이 순환 반복하게 되는 것이다."[499]라고 나와 있다. 말하자면 본체계와 현상계는 하나의 고리로 연결되어 있으며 우주만물은 브라흐마에서 나와 다시 브라흐마로 되돌아가는 것이다. 이러한 본체계[의식계, 정신계]와 현상계[존재계, 물질계]의 유기적 통합성은 파동과 입자의 이중성을 명쾌하게 설명해준다. 물질과 비물질이 하나이듯 입자와 파동 또한 하나이다. 데이비드 봄이 초양자장에 의해 파동과 입자의 이중성을 설명했듯이, 브라흐마에 의해 본체계와 현상계의 유기적 통합성을 드러낸 것이다. 참자아[브라흐마] 속에는 그 어떤 차별성도 존재하지 않으며, 오직 전체성만이 물결칠 뿐이다. 모든 존재 속에 내재하는, 동시에 초월하는 이 '하나(一)'인 참자아를 깨닫게 되면 그 어떤 환영(maya)이나 슬픔도 없으며 죽음의 아가리로부터 벗어나 불멸에 이르게 된다.[500] 본체계와 현상계의 상호

---

499 *The Bhagavad Gita*, 8. 18-19. : "…When that day comes, all the visible creation arises from the Invisible; and all creation disappears into the Invisible when the night of darkness comes. Thus the infinity of beings which live again and again all powerlessly disappear when the night of darkness comes; and they all return again at the rising of the day."

500 cf. *"Chandogya Upanishad"* in *The Upanishads*, 8. 7. p.121:

관통을 깨닫지 못하면 죽음에서 죽음으로 떠돌게 된다고 『까타 우파
니샤드 *Kata Upanishad*』[501]에서는 말한다.

유교 삼경三經의 하나로 일컬어지는 『역경(易經 *The I Ching*)』은 본체
계〔본체〕와 현상계〔작용〕의 유기적 통합성을 잘 보여준다. 동양의 모든
학문, 특히 철학의 기초가 되는 『역경』은 우주만물이 끊임없이 변화
하는 원리를 밝히고 있는데 이는 비평형의 열린 시스템에서 자기강화
적인 피드백 과정에 의해 카오스의 가장자리에서 일어나는 자기조직
화의 창발 현상과 조응한다. 『역경』의 원리는 간역簡易 · 변역變易 · 불
역不易의 세 측면이 종합된 것이다. 우주만물이 생장, 변화하여 근본
으로 되돌아가는 과정은 다함이 없이 순환 반복되는 것이니 무위無爲
의 작용으로 이루어지는 단순한 변화라는 의미에서 간역이라 한 것이
고, 음양동정陰陽動靜의 원리에 의해 우주만물이 상호의존 · 상호전
화 · 상호관통하며 끊임없이 변화한다는 의미에서 변역이라 한 것이
며, 삼라만상이 오고 가며 그 쓰임(用)은 무수히 변하지만 근본은 변
함도 다함도 없다는 의미에서 불역이라 한 것이다. 불역은 곧 불변의
우주섭리를 말한다. 『역경』에서는 이를 태극太極이라고 하고 있는데
바로 이 태극이라는 불변의 이치에 대한 자각이 없이는 현상계의 변
화하는 이치 또한 알 수 없다는 것이다. 그것은 우주만물이 태극의 자

"There is a Spirit which is pure and which is beyond old age and
death; and beyond hunger and thirst and sorrow. This is Atman,
the Spirit in man."

501 *Kata Upanishad* in *The Upanishads*, 4, pp.62–63: "What is here is
also there, and what is there is also here. Who sees the many and
not the ONE, wanders on from death to death."

기복제, 즉 프랙털 구조인 까닭이다. 주돈이周敦頤의 『태극도설太極圖說』[502]에 의하면, 우주만물의 생성 과정은 태극-음양-오행-만물로 되

---

502 『太極圖說』은 중국 北宋시대 성리학의 鼻祖 주돈이(周濂溪라고도 함, 1017~1073)가 우주의 생성과 인류의 근원을 〈太極圖〉라는 하나의 그림으로 나타내고 그것을 249글자로 논한 책이다. 『태극도설』은 우주 만물의 생성과정을 설명하면서 인간의 우월성을 강조하고 있다. 인간은 음양오행의 秀를 얻은 만물 중에서 가장 靈妙하고 그 性의 온전함을 지닌 존재로서 인식하는 힘과 도덕성을 갖추고 있다. 그 이성은 태극을, 선한 마음과 악한 마음으로 나뉘는 것은 음양을, 인·의·예·지·신의 五常은 오행을 본뜬다. 그러나 동시에 사람은 정욕을 피하기 어렵기 때문에 성인은 仁義中正을 정하여 靜을 주로 하는 인류의 규범을 세운 것이라고 한다. 『태극도설』은 朱子(이름은 熹)에 의해 理氣哲學의 근본 원리를 밝힌 글로 간주되면서 성리학의 철학사상에 커다란 영향을 미쳤다. 주자는 그의 精緻한 해석을 통하여 자신의 이기철학 이론을 완성시켰으며, 동시에 이 책을 주해한 『太極圖說解』를 만들어 널리 알림으로써 주돈이는 성리학의 開祖로 받들어지게 되었다. 주돈이는 宋代에 이르러 본격화된 유가철학에서의 새로운 경향의 철학운동—유학을 보다 철학적으로 체계화하는 한편, 유가철학 외부의 도가사상과 불교사상을 비판하는 동시에 그 철학적인 요소를 상당부분 흡수하는—의 선두주자로 평가되었으며, 당시 소옹(邵雍), 장재(張載), 정호(程顥) 정이(程頤) 등도 그러한 새로운 경향을 대표하는 이들로서, 이들 5인의 철학사상을 중심으로 당시의 철학이론을 집대성한 이가 바로 남송대의 주자이다. 『태극도설』 서두에 나오는 '無極而太極'에 관하여 道家淵源說을 취하는 학자는 무극에서 태극이 일어난다고 보는 氣一元論을 제창하지만, 주자는 周子自得說을 취하여 무극이면서 태극이라고 하고 우주의 본체를 '無形而有理'라고 해석하여 태극과 음양오행은 각각 이와 기를 가리킨다고 하는 理氣二元論을 제창하여 『태극도설』을 자신의 이기철학의 기본구조로 내세웠다. 주자 이후에도 『태극도설』은 우주만물에 관한 이기론적 해명으로 받아들여졌으며, 그 내용을 어떻게 해석하는가의 문제는 이기철학의 전개에서 중요한 논

어 있다. 태극의 동정動靜에 의해 음양이 생겨나지만 음양 내에도 태극은 존재하고, 음양의 이기二氣에 의해 수화목금토水火木金土의 오행이 생성되며 음양오행에 의해 만물이 생겨나지만 오행 및 만물 내에도 태극은 존재한다. 생명의 본체인 태극은 어디에도 존재하지 않거나 또는 모든 곳에 존재하는 비국소성(non-locality)〔초공간성〕을 띠는 안개와도 같은 것이다. 이는 태극이 우주만물에 편재해 있는 보편자〔universal consciousness, 一心〕인 동시에 가없는 기화氣化의 작용으로 만유를 변질시키는 지기(至氣, 混元一氣)임을 말해 준다. 이는 곧 일심〔보편의식〕속에서 본체와 작용, 의식〔정신〕과 존재〔물질〕, 파동과 입자가 유기적 통합을 이루고 있음을 말해 준다. 태극에 의한 본체와 작용의 유기적 통합성은 초양자장에 의해 파동과 입자의 이중성을 설명하는 데이비드 봄의 양자이론과 조응한다. 태극은 본래 다함이 없는 무극無極이다. 무극의 진眞과 음양오행의 정精과의 묘합으로 하늘의 도道[503]인 건도乾道는 양陽의 남자를 이루고 땅의 도道인 곤도坤道는 음陰의 여자를 이루며 만물이 화생하나, 만물은 결국 하나의 음양으로, 그리고 음양은 하나의 태극으로 돌아간다는 것이다. 태극이 음과 양의 이기二氣

쟁점이 되기도 했다. 주돈이가 孟子 이래의 絶學을 전한 사람이라고 하여 사상계의 주목을 받게 된 것은 주자가 그를 찬양했기 때문이긴 하지만, 거의 천 년 동안 중국의 국가이념으로 자리 잡았던 理學의 토대를 마련했다는 사실은 새삼 그가 사상계의 거봉이었음을 확인시켜 준다. *Kata Upanishad* in *The Upanishads*,, 4, pp.62-63: "What is here is also there, and what is there is also here. Who sees the many and not the ONE, wanders on from death to death."
503 朱子에 이르면 太極은 理라 해석되게 되는데 이 理가 곧 道이다.

로 나뉘고, 음과 양은 다시 각각 음과 양으로 나뉘어 사상(四象: 太陽·小陰·小陽·太陰)을 이루며, 사상은 다시 음과 양으로 나뉘어 8괘〔乾(☰)·坤(☷)·震(☳)·巽(☴)·坎(☵)·離(☲)·艮(☶)·兌(☱)〕를 이루고, 8괘가 서로 겹쳐서 64괘가 이루어지는 과정은 자기유사성을 지닌 프랙털 구조 그 자체이며, 전일적 패러다임에 기초하여 무질서 속의 질서를 찾아내려고 하는 복잡계 과학의 특성을 그대로 함축하고 있다.

불교 사상의 진수는 "이것이 있으므로 저것이 있고, 저것이 있으므로 이것이 있다"고 하는 연기緣起의 진리에서 잘 드러난다. 만물만상은 끝없이 상호 연결되어 있으며 이 세상의 그 어떤 것도 전체와 분리되어 존재할 수는 없는 까닭에 '이것' 이 곧 다른 '모든 것'임을 뜻한다. 이렇듯 본체와 작용의 관계를 불교에서는 연기적 세계관[504]으로 풀이한다. 이러한 연기적 세계관은 제프리 츄(Geoffrey Chew)의 구두끈 가설(bootstrap hypothesis)을 연상케 한다. 마치 구두의 모든 구멍이 구두끈으로 연결되듯 자연 또한 어떤 근본적인 특성을 지닌 실체들의 집합이 아니라 상호 연관된 사건들의 '역동적인 그물망(a dynamic web)'[505]에 지나지 않는다고 보는 것이다. 흔히 인드라망Indra網에 비유되기도 하는 이러한 상호 연관과 상호 의존의 세계 구조는 불교적 세계관의 본질이 전일적 패러다임에 기초하여 수많은 구성 요소들이 유기적으로 링크link되어 있는 복잡계의 특성을 여실히 함축하고 있

---

504 『大乘起信論別記』, 468쪽 : "生滅門者 卽此眞如 是善不善因與緣和合 反作諸法." 즉 "眞如가 善과 不善의 원인이 되고 또 緣과 결합하여 모든 법을 변질시킨다."고 한 것이 그것이다.

505 Capra, *Uncommon Wisdom*, p. 52.

음을 보여 주는 것이다. 인간이 완성을 향해 진화하는 과정에서 작용
하는 삶의 법칙인 카르마(karma, 業)의 법칙[輪廻의 법칙 또는 작용 · 반작용
의 법칙]⁵⁰⁶은 바로 이러한 연기緣起의 나타남이며, 비평형의 열린 시스
템에서 상호 피드백의 과정에 의해 일어나는 자기조직화의 창발 현상
과 조응한다. 또한 자기조직화하는 우주의 진화를 설명한 물리학자
에리히 얀츠의 공진화(co-evolution) 개념과도 조응한다. 일체가 오직
마음이 지어낸 것이라는 일체유심조—體唯心造는 일즉다—卽多 · 다즉일
多卽—의 원리를 함축한 것으로 우주만물이 자기유사성을 지닌 프랙털
구조와도 같은 것임을 말하여 준다. 또한 자기조직화의 창발 현상을
가능하게 하는 '정보-에저니 장'이나 초사이클(hypercycle)로 명명되는
효소의 자기조직화하는 원리와도 조응하며, 이 우주를 의식이 지어낸

---

506 카르마의 법칙이란 카르마의 작용이 불러일으키는 의식계의 순환을 지칭
한 것이다. 이러한 순환은 生 · 住 · 異 · 滅의 四相의 변화가 그대로 空相
임을 깨닫지 못하고 탐욕(greedy desire)과 분노(wrath)의 에너지에 이
끌려 집착하는 데 있다. '카르마'는 산스크리트어로 원래 '행위'를 뜻하
지만, 죄와 괴로움의 인과관계를 나타내는 '業'이라는 의미로 흔히 사용
된다. 지금 겪는 괴로움은 과거의 어떤 행위가 원인이 되어 나타나는 결
과라는 것이다. 카르마는 근본적으로 靈性이 결여된 데서 생기는 것이다.
즉 우주 '한생명'의 나툼으로서의 영적 일체성(spiritual identity)이 결
여되어 '나'와 '너', '이것'과 '저것'을 구분하는 데서 카르마가 생기는
것이다. 행위 그 자체보다는 동기와 목적이 카르마의 작용을 불러일으키
는 원인이 된다. 카르마의 목적은 단순한 징벌에 있는 것이 아니라, 영적
교정의 의미와 함께 영적 진화를 위한 靈性 계발에 있으며 인간의 영혼이
완성에 이르기 위한 조건에 관계한다. 내적 자아의 각성과 영적인 힘의
계발을 위해 있는 것이다. 인내하고 용서하고 사랑하는 마음이야말로 이
러한 법칙에 대한 유일한 溶劑이다.

이미지 구조물, 즉 마음의 모형으로 보는 홀로그램 우주론과도 조응한다. 일체가 하나인 마음(一心, 混元一氣, 보편의식, 전체의식)에서 나와 다시 그 하나인 마음으로 돌아가는 불교의 일심사상은, 일체가 초양자장에서 나와 다시 그 초양자장으로 환원하는 데이비드 봄의 양자이론과 조응한다. 따라서 '정보-에너지 장'이나 초양자장은 일심 또는 보편의식으로 볼 수 있다. 생명의 본체인 일심 또는 보편의식은 어디에도 존재하지 않거나 또는 모든 곳에 존재하는 비국소성(non-locality)〔초공간성〕을 띠는 안개와도 같은 것이다. 일심, 즉 자성自性의 세 측면을 나타낸 법신法身 · 화신化身 · 보신報身의 3화음(和音 triad)적 구조는 본체〔본체계〕와 작용〔현상계〕, 진여眞如와 생멸, 정신과 물질, 의식과 존재, 파동과 입자가 일심 속에서 유기적으로 통합됨을 보여준다. 『반야심경般若心經』의 '색즉시공 공즉시색(色卽是空 空卽是色)'또한 이러한 유기적 통합성을 보여주는 대표적인 것이다. 일심은 '공'〔無, 의식〕인 동시에 '색'〔有, 물질〕이고, 본체인 동시에 작용이며, 파동인 동시에 입자로서 양 차원을 유기적으로 통합하는 것이다.

도가 사상은 미시 세계를 다루는 양자역학의 패러다임이나 복잡계 과학의 핵심 원리와 상통한다. 즉, 천지만물이 작용하는 주체가 없는 작용, 즉 무위의 작용에 의해 생겨났다고 보는 것은 주체와 객체의 이분법이 성립되지 않는 것으로 보는 양자역학적 패러다임과 조응하며, 도道가 천지만물을 생성하는 과정을 음양의 원리가 변증법적인 커뮤니케이션을 통하여 발전하는 과정으로 본 것은 비평형의 열린 시스템에서 상호 피드백 과정에 의해 일어나는 자발적인 자기조직화의 창발현상과 조응한다. 음양의 이기二氣에 의해 오행이 생성되고 음양오행에 의해 만물이 화생하는 과정은 도의 자기복제 과정이며, 전일적 패러다임에 기초하여 무질서 속의 질서를 찾아내려 하는 복잡계 과학의 특성을 잘 함축하고 있다. 우주만물은 도에서 나와 다시 도로 복귀하므로[反者道之動]507 창조하는 주체도 없고 창조되는 객체도 없으며 자동촉매작용(autocatalysis)에 따른 자기강화적인 피드백 과정에 의해 자기조직화가 일어나게 되는 것이다. 도의 되돌아가는 움직임은 존재의 자기근원성을 드러내는 작용으로 우주만물의 근원이 제프리츄의 구두끈 가설과도 같이 모두 하나로 연결되어 있음을 말하여 준다. 주체와 객체의 이분법이 폐기됨으로써 전 우주가 참여자의 위치에 있게 되는, 이른바 '참여하는 우주'의 경계인 것이다. 도는 천지인天地人의 모든 활동을 포괄하는 자기 스스로의 순수 활동인 동시에 그러한 활동을 초월해 있는 보편자[보편의식, 一心]이다. 다시 말해서 도는 명名과 무명無名의 피안에서 일一과 다多, 무無와 유有, 본체와 현상을 모두 포괄하는 동시에 초월하는 우주만물의 근본원리이다. 생명의 본체인 도는 어디에도 존재하지 않거나 또는 모든 곳에 존재하는 비국소성(non-locality)[초공간성]을 띠는 안개와도 같은 것이다. 여기서 도는 데이비드 봄의 초양자장이나 자기조직화의 창발 현상을 가능하게 하는 '정보-에저니 장' 또는 초사이클로 명명되는 효소의 자기조직화하는 원리와도 조응한다. 생명의 자기조직화 과정은 어떤 인위적인 조작이나 통제를 통하여 그렇게 하는 것이 아니라 무위자연으로 그렇게 하는 것인 까닭에 함이 없으면서도 하지 않음이 없게 되는 이른바 '무위이무불위無爲而無不爲'의 과정인 것이다. 이러한 자기조직화의 자동성(automatism) 내지 자발성(spontaneity)은 본체와 작용, 파동과 입자의

---

507 『道德經』40章

유기적 통합성에 기초한 도〔보편의식〕의 내재적 본질이다.『도덕경道德
經』에서 소국과민小國寡民의 촌락공동체를 이상사회의 원형으로 제시
한 것은 이러한 도의 내재적 본질과 순응하는 것이라는 점에서 당연
한 귀결이라 할 것이다.『장자莊子』「제물론齊物論」의 만물제동설萬物齊
同說 또한 생명의 전일성에 대한 자각에 기초해 있으며 거기에 이르는
방법으로 제시한 심재(心齋: 마음을 비워 깨끗이 함)와 좌망坐忘은 일심〔보편
의식〕의 경계와 다르지 않다. 말하자면 일심 속에서 만물은 일체의 대
립상과 상대적 차별상을 떠나 유기적 통합을 이루게 되는 것이다. 일
체가 마음의 모형인 것이다. 파동과 입자의 이중성은 이로써 설명이
가능하다.

　동학 사상의 정수는 수운의 불연기연不然其然적 세계관과 「시천주」
도덕에 잘 나타나 있다. 체體로서의 불연과 용(用)으로서의 기연의 상
호 관통에 대한 논리인 불연기연은 본체계와 현상계가 본래 하나임을
말하여 주는 것으로 '사람이 곧 하늘(人乃天)'임을 선언한 데서 절정에
이른다. 조물자인 하늘과 그 그림자인 인간이 분리될 수 없는 하나라
는 사실은 수운 심법의 키워드인 '오심즉여심(吾心卽汝心: 내 마음이 곧 네
마음)' 508에서도 분명하게 드러난다. 하늘마음과 사람마음이 둘이 아
닌 것은 창조하는 주체와 피조물이 따로 있는 것이 아니므로 주체와
객체의 이분법은 성립되지 않는다는 점에서 전일적인 양자역학적 패
러다임과 일치해 있다. 기연은 불연으로 인하여 존재하는 것으로 모
두 불연의 투영에 지나지 않으며, 불연 역시 기연으로 인하여 존재하
므로 기연과 둘이 아니다. 이러한 상호 연관과 상호 의존의 세계구조

508『東經大全』「論學文」.

는 우주만물이 끝없이 상호 연결되어 서로가 서로를 비추는 상즉상입相卽相入의 구조로 연기緣起하고 있음을 드러낸 것으로 파동과 입자의 이중성에 대한 통찰을 제공해 준다. 이는 불연기연적 세계관의 본질이 전일적 패러다임에 기초하여 상호 피드백의 과정에 의해 자발적인 자기조직화의 창발 현상이 일어나는 복잡계의 특성을 함축하고 있음을 보여 주는 것이다. 하늘[본체]과 인간[작용]의 일원성은 수운의 「시천주侍天主」도덕에서도 명징하게 드러난다. '시천', 즉 '하늘을 모심'이란 우주만물에 대한 차별 없는 사랑과 공경의 원천인 바로 그 하나인 마음(一心, 보편의식)을 공경함이다. 이렇듯 이분법적 사유체계를 초월하여 하나의 마음뿌리로 돌아가는 것은, 데이비드 봄의 양자이론에서 입자는 파동으로, 파동은 다시 초양자장으로 환원하는 것과 같은 것이다. 즉, 우주만물은 모두 간 것은 다시 돌아오고 돌아온 것은 다시 돌아간다는 자연의 이법(無往不復之理)은 일체가 초양자장에서 나와 다시 초양자장으로 환원한다는 양자이론과 조응한다. 또한 끊임없는 변화의 흐름 속에서 질서를 찾아내려고 하는 복잡계 이론과도 상통한다. 서학西學에 있어 하늘과 인간의 이원화는 본체계[본체]와 현상계[작용]의 통합성을 자각하지 못한 데서 비롯된 것이며, 파동과 입자의 이중성 또한 이러한 통합성에 대한 자각이 없이는 그 본질을 파악할 수 없다. '시侍'의 세 가지 뜻풀이인 '내유신령內有神靈·외유기화外有氣化·각지불이各知不移'[509]는 일심의 3화음(和音 triad)적 구조를 나타낸 것으로 '신령'과 '기화'가 본체와 작용의 관계로서 일심[各知不移] 속에서 하나가 됨을 말하여 준다. 이는 파동과 입자가 초양자장 속에서

---

[509] 『東經大全』「論學文」.

하나가 되는 것과 같은 이치다. 우주만물은 우주의 본체인 하늘의 자기복제, 즉 프랙털 구조이다. '이천식천以天食天—이천화천以天化天', 즉 하늘로써 하늘을 먹고 하늘로써 하늘로 화할 뿐이라고 한 것은 하늘이 생명의 본체로서 우주만물에 편재해 있다는 뜻이다. 하늘〔一心, 보편의식, 混元一氣〕은 어디에도 존재하지 않거나 또는 모든 곳에 존재하는 비국소성(non-locality)〔초공간성〕을 띠는 안개와도 같은 것이다. 소립자(elementary particle)의 수준에서는 물질 또한 이러한 초공간성을 띠는 안개와도 같은 것으로 나타나는데 이는 물질의 궁극적 본질이 비물질과 다르지 않기 때문이다.

이상에서 자연계를 비선형 피드백 과정(non-linear feedback process)에 의한 자기조직화의 창발 현상으로 보는 현대 물리학의 전일적 실재관은 이 우주를 자기생성적(self-generating) 네트워크 체제로 보는 동양의 천부사상, 힌두사상, 유·불·선, 동학 속에 이미 구현되어 있음을 알 수 있었다. 양자역학적 실험에서 나타난 파동과 입자의 이중성은 동양사상에서는 본체와 작용의 관계로서 '스스로(自) 그러한(然)'자, 즉 자연의 본질인 것으로 나타난다. 『천부경』의 '하나(一)', 『삼일신고』의 하늘(天)·일신, 『참전계경』의 하늘·신神·천신·성령·천령天靈·천심·천리·천명, 힌두사상의 브라흐마(Brahma), 『역경』의 태극, 불교의 일심〔보편의식〕, 도가사상의 도, 동학의 천주·일심·혼원일기는—비록 달리 명명되고 있긴 하지만—모두 우주만물의 근본 질료〔근원적 一者, 궁극적 실재, 우주의 창조적 에너지, 混元一氣〕를 일컫는 것으로 본체〔본체계, 의식계〕와 작용〔현상계, 물질계〕, 파동의 입자의 유기적 통합이 이루어지게 하는 메커니즘이다. 우주만물은 그 근본 질료인 혼원일기의 자기복제(self-replication), 즉 프랙털(fractal) 구조 그 자체인 까닭에

전일적 속성을 지니는 것이다. 이러한 혼원일기는 데이비드 봄의 초
양자장(superquantum field)이나 자기조직화의 창발 현상을 가능하게
하는 '정보-에저니 장(information-energy field)' 또는 효소의 자기조직
화하는 원리(hypercycle), 루퍼트 쉘드레이크의 '형태형성장
(morphogenic field)'과도 조응하는 것으로 비국소성(non-locality)을 띤다.
이 우주를 의식이 지어낸 이미지 구조물, 즉 마음의 모형으로 보는 홀
로그램 우주론은 우주의 실체가 의식임을 밝히고 있다는 점에서 동양
의 전일적 실재관과 조응한다. 따라서 생명의 자발적인 자기조직화
과정의 비밀은 보편의식(一心)에 있으며, 이는 자기조직화에 의한 거
시 세계의 진화를 설명한 에리히 얀츠의 공진화(co-evolution) 개념에
대해서도 통찰할 수 있게 해 준다. 닐스 보어가 말한 것처럼, 이제 우
리는 이 우주의 장대한 드라마에서 관객인 동시에 연기자로서의 입장
을 조화시킬 수 있기 위해 동양사상의 정수 속에 담겨진 인식론적 문
제로 회귀하지 않으면 안 된다. 본체와 작용, 파동과 입자의 유기적
통합성을 인식하는 것, 바로 거기에 생명의 비밀을 푸는 열쇠가 있다.

제8장 생태 패러다임의
정치사상적 수용

제1절 존재론과 인식론의 재정립

1. 존재와 인식의 변증법적 통일

우리의 인식이 사실 그대로의 존재태存在態를 반영하고 있지 못하다면, 그러한 인식이 일어나게 하는 의식은 '허위의식(虛僞意識 false consciousness)'이라고 할 수밖에 없다. 이를테면 유기적 통일체인 자연을 어떤 부분들의 단순한 집합(assemblage)으로 인식한다면, 그러한 인식은 허위의식의 발로라는 의미이다. 존재와 인식의 문제는 고대 철학에서부터 현대 물리학에 이르기까지 학문적 영역은 물론 실천적 삶의 영역에서도 핵심 주제가 되어온 것이다. 이 세상의 모든 문제는 존재와 인식의 문제로 귀결된다고 해도 과언이 아니다. 사실 그대로의 존재태와는 별도로, 모든 것이 어떻게 인식하느냐에 따라 향방이 달라지기 때문이다. 매사를 긍정적으로 인식하게 되면 긍정적인 기운을 끌어들여 삶이 밝아지게 되지만, 부정적으로 인식하게 되면 부정적인 기운을 끌어들여 삶이 어두워지게 되는 것이다. 매순간의 연속을 시간이 흐르는 것으로 착각하고, 햇빛에 의해 그림자가 매순간 새로 만들어지는 것을 그림자가 이동하는 것으로 착각하는 것은 존재와 인식의 괴리(乖離 estrangement)이다. 그러나 천동설로 인식한다고 해서 지동설이 무효화되는 것이 아니며, 우주 원리를 인식하지 못한다고 해서 우주 원리가 작용하지 않는 것도 아니다. 그림자를 실물로 여긴다고 해서 그 본체인 실물이 존재하지 않는 것이 아니듯, 물질계[현상계]를 현실 세계로 여긴다고 해서 그 본체인 의식계[본체계]가 존재하지 않는 것이 아니다. 존재와 인식의 괴리는 보다 근원적으로는 우주의 본질인 생명에 관한 진지眞知의 빈곤에서 비롯된 것이다. 이러한 진지의 빈곤으로 생명의 전일적 과정을 직시하지 못함은 물론, 이로 인한 존재와 인식의 괴리는 우주적 질서에 순응하는 삶을 살 수 없게 하고 있다. 인식의 문제는 곧 존재의 문제이며 존재의 문제는 곧 인식의 문제로 이러한 관계성 속에서 생겨나는 문제인 까닭에 존재론과 인식론의 재정립이 필요한 것이다.

오늘의 인류가 겪고 있는 반생태적, 반생명적 삶은 허위의식에서 비롯된 존재와 인식의 괴리에 기인한다. 시력이 낮아 보이지 않는 물체가 없는 것으로 간주되듯, 의식의 진동수가 낮아 보이지 않는 본체계[의식계]가 실재하지 않는 것으로 간주되면서 허위의식이 둥지를 틀게 된 것이다. 허위의식은 자신이 그려낸 온갖 부정不正한 심상을 진상眞相으로 인식하여 존재와 인식의 괴리를 야기하고 나아가 헛된 신념을 추동推動하는 메커니즘으로 작용하면서 마침내 그 괴리는 건너기 어려운 존재론적 강물이 되어 버렸다. 우리가 감지하는 일체의 현상은 오직 마음으로부터 일어나는 것으로, 마음의 투사(projections) 혹은 그림자(shadows)에 불과한 것이다. 이 세상은 허위의식[부분의식]이 그려놓은 온갖 부정한 심상들로 꽉 차 있는 화선지이다. 아침의 밝음이 오면 어두움이 저절로 자취를 감추듯, 보편의식(전체의식)이 드러나면 부정한 심상들은 저절로 사라지게 된다. 보편의식 속에서는 평등성지平等性智가 스스로 그 모습을 드러내어 우주만물의 근원이 모두 하나로 연결되어 유기적 통일을 이루고 있음을 인식하게 된다. 보편의식은 만유 속에 내재해 있는 신성(참본성, 一心)인 동시에 다함이 없는 기화氣化의 작용으로 만유를 화생시키는 지기(至氣, 混元一氣)이며, 우주만물은 보편의식이 다양한 모습으로 현현한 것이다. 그 보편의식이 바로 참자아(참본성)이다. 하나인 참자아를 깨닫게 되면 죽음의 아가리로부터 벗어나 불멸에 이르게 된다. 그러한 보편의식에 이르기 위하여 인류는 생멸을 거듭하며 오늘도 이 지구라는 학습 현장을 누비고 있는 것이다.

영원한 평화에 이르는 유일하고도 완전한 길은 인류가 자기 자신을 참자아로 인식하는 것이다. 참자아 속에는 그 어떤 차별성도 존재하지 않으며, 오직 전체성만이 물결칠 뿐이다. 모든 존재 속에 내재하는 참자아의 동질성을 깨달은 사람은 그 어떤 환영(maya)이나 비탄, 갈망도 없으며 참자아와 한 호흡 속에 있게 된다. 그러나 물질 차원의 에고(個我 ego)에 갇혀서는 참자아와 만나지 못한다. 내재적 본성인 신성을 깨달을 때 비로소 참자아는 그 모습을 드러낸다. 불멸의 참자아가 곧 하늘(天)이다. 죽음조차도 삼켜 버리는 참자아를 깨달음으로써 우리는 하늘(님)과 하나가 되고 삶과 죽음의 저 너머에 이르게 된다. 우리들 각자의 깊은 의식이 하늘로 통하는 문이다. 의식의 근원에 이르게 되면 하나인 진리가 그 모습을 드러내게 되는데 그것이 바로 일심(참본성, 보편의식, 전체의식, 근원의식)이다. 모든 것을 낳는 근원이 각자의 마음이며, 하나인 마음 이외에 다른 실재가 있는 것이 아니다. 존재와 인식의 변증법적 통일은 참자아, 즉 일심 속에서 이루어진다. 참자아가 곧 일심인 것은 우주의 실체가 의식인 까닭이다. 일심의 원천으로 돌아가야 하는 것은 이 때문이다. 일심의 3화음(和音 triad)적 구조는 일심 속에서 본체〔본체계〕와 작용〔현상계〕이 유기적 통일을 이루고 있음을 명징하게 보여준다. 이러한 유기적 통일성은 존재로서의 세계와 인식으로서의 세계가 더 이상은 분리되어 있지 않음을 말하여 주는 것이다. 본체와 작용의 유기적 통일성을 인식하는 바로 거기에 생명의 비밀을 푸는 열쇠가 있다.

본체와 작용의 상호적인 관계는 아슈바고샤(Ashvaghosha, 馬鳴)가 그의 『대승기신론(大乘起信論 The Awakening of Faith)』에서 일심이문一心二門의 법으로 확연히 나타내 보이고 있는 바, 그 대의는 원효의 『대승기신론소大乘起信論疏』와 『대승기신론별기大乘起信論別記』[510] 양자의 것을 종합할 때 분명히 드러난다. 『대승기신론소』에서는 "진여문眞如門은 염染과 정淨이 서로 통하는 것을 밝힌 것이니 서로 통하는 것 외에 별도의 염·정이 있는 것이 아니므로 염·정 제법諸法을 포괄한다"[511]고

---

510 『大乘起信論疏』는 『大乘起信論』 본문을 해석한 것이고, 『대승기신론별기(大乘起信論別記)』는 『大乘起信論疏』의 草稿와 같은 것으로 『大乘起信論』을 간략하게 주석한 것이다. 元曉는 불교사상사의 양대 조류인 般若思想과 唯識思想이 『大乘起信論』에서 종합되고 있는 점을 간파하고 '開하면 無量無邊한 의미를 宗으로 삼고 合하면 二門一心의 법을 要로 삼는' 이 論이야말로 모든 불교사상의 논쟁을 지양시킬 수 있는 근거를 명백히 제시하는 것으로 보고 있다. 『大乘起信論』이 一心二門으로 如來의 근본 뜻을 해석하고 信心을 일으켜 수행하게 하는 것은 一心法에 의거하는 이 二門 — 眞如門과 生滅門 — 이 모든 법을 총괄하는 까닭이다.

하고 있고, 『대승기신론별기』에서는 "생멸문生滅門은 진여眞如가 선善
과 불선不善의 원인이 되고 또 연緣과 결합하여 모든 법을 변질시키는
것"512에 대해 설명하고 있다. 여기서 원효는 "비록 실제로는 모든 법
을 변질시켰지만 항상 그 진성眞性은 파괴되지 않는 까닭에 이 생멸문
가운데에도 역시 진여眞如가 포괄된다."513고 본다. 그리하여 원효는
"진여문 가운데 대승[大乘, '하나(一)']의 본체가 있고, 생멸문 가운데 체
體와 상相과 용用이 있다."514고 하여 이문일심二門一心에 의거하여 대승
의 뜻이 나타난다고 하고 있다. 그런데 여기서 원효는 마음의 생멸이
무명無明에 의해 이루어지고 또한 생멸하는 마음은 본각本覺515을 따라
이루어지므로 '심체무이心體無二'라고 하고 있다. 또한 『금강삼매경론
金剛三昧經論』에서도 이 이문二門은 그 체體가 둘이 아니므로 모두 '일심
법一心法'516이라고 하여 지행止行[修身]과 관행觀行[헌신적 참여]을 동시에

---

511 元曉, 「大乘起信論疏」, 404쪽: "欲明眞如門者染淨通相 通相之外無別染淨
　　故得總攝染淨諸法."
512 『大乘起信論別記』, 468쪽: "生滅門者 卽此眞如 是善不善因與緣和合 反作
　　諸法."
513 大乘起信論別記』, 468쪽: "雖實反作諸法 而恒不壞眞性 故於此門亦攝眞
　　如." 여기서 元曉는 '瓦器皆爲微塵所攝'이라 하여 眞如門을 질그릇이 모
　　두 微塵에 포함되는 것에 비유하고, 또한 '故瓦器門卽攝微塵'이라 하여
　　生滅門을 질그릇이란 門속에 微塵이 포괄되는 것에 비유하고 있다.
514 『大乘起信論疏』, 402쪽: "眞如門中有大乘體 生滅門中有體相用."
515 如來藏이라고도 불리는 一心의 본체는 바로 이 本覺[究竟覺]인데(『大乘
　　起信論別記』, 467쪽) 『金剛三昧經論』에서는 '本覺利品'이라는 독립된 장
　　을 설치하고 이 本覺의 利로써 중생에게 이익을 주는 도리를 나타내고 있
　　다(元曉, 「金剛三昧經論」, 『元曉大師全集』, 181-197쪽).
516 『金剛三昧經論』, 146쪽: "然此二門 其體無二 所以皆是一心法."

닦아 나가야한다"[517]고 주장한다. 이는 생멸문과 진여문의 이문二門을 통해 일심에 대한 이론적 논의를 전개하고 궁극에는 믿음을 일으키어 실천적인 행위에로 나아가게 하는 『대승기신론』 사상의 진수가 그대로 드러난 것이다.

　진여와 생멸은 본체[본체계]와 작용[현상계]의 관계를 나타낸 것으로 그 체가 둘이 아니므로 작용은 본체로서의 작용인 것이다. 『천부경』의 '천일 지일 인일(天一地一人一)'이 '하나(一)'의 본체, 즉 하늘의 본체(天一)와 땅의 본체(地一)와 사람의 본체(人一)[518]를 나타낸 것이라면, '천이삼 지이삼 인이삼(天二三地二三人二三)'[519]은 '하나(一)'의 작용을 나타낸 것으로 작용 속에도 '하나(一)'의 진성眞性은 그대로 존재하므로 그 체가 둘이 아니다. 정확하게 말하자면, 자생자화自生自化하는 본체로서의 작용으로 생명의 전일성과 자기근원성을 보여주는 것이다. 『천부경』에서 '하나(一)'의 세 측면을 '천일 지일 인일 · 천이삼 지이

517　『金剛三昧經論』, 145쪽; 『大乘起信論疏』, 397쪽. cf. The Bhagavad Gita, 5. 5. : "Because the victory won by the man of wisdom is also won by the man of good work. That man sees indeed the truth who sees that vision and creation are one."

518　『天符經』에서 '析三極 無盡本'이라고 하여 '하나(一)'에서 천 · 지 · 인 삼 극이 갈라져 나오지만 그 근본은 다함이 없다고 나와 있다. 따라서 '天一 地一人一'은 '하나(一)'의 본체를 세 측면으로 나타낸 것이다. '人一'은 사람과 우주만물의 본체인 '人物一'과 같은 의미이다. 사람이 만물의 영장이니 人은 人物의 대명사로 사용된 것이다.

519　하늘에도 음양[天二, 日月]이 있고, 땅에도 음양[地二, 水陸]이 있으며, 사람에게도 음양[人二, 男女]이 있어 음양 양극간의 역동적인 상호작용으로 천지 운행이 이루어지고 우주만물(三)이 생장 · 변화하게 되는 것이라 하여 '천이삼 지이삼 인이삼(天二三地二三人二三)'이라고 한 것이다.

삼 인이삼·인중천지일'人中天地一이라고 하듯, 『대승기신론』에서는 일심〔自性〕의 세 측면을 '체體·용用·상相'이라고 하고 있다. 천부경의 '인중천지일'은 사람이 천지를 품어 하나가 된 것이니 본체와 작용의 합일을 의미하며 의식의 진화〔영적 진화〕 또한 이로써 설명이 가능하다. '천일 지일 인일·천이삼 지이삼 인이삼·인중천지일'이 '하나(一)'와 둘이 아니듯, '체·용·상' 또한 일심과 둘이 아니다. 체·용·상은 일심 즉 자성의 세 측면을 나타낸 것으로 '체'는 우주만물의 근원인 진여 그 자체〔본체〕, '용'은 작용 또는 기능, '상'은 형태 및 속성을 일컫는 것이다. 여기서 '체'는 법신(法身 dharmakya), 법신의 '용'은 화신(化身 nirmakya〔應身〕, 법신의 '상'은 보신(報身 sambhogakya)으로 일컬어진다. 법신인 '체'가 초논리·초이성·직관의 영역인 진제(眞諦, 본체계)라면, 법신의 '용'인 '화신'은 감각적·지각적·경험적 영역인 속제(俗諦, 현상계)이다. 진제와 속제의 관계는 곧 본체와 작용의 관계이며, 이 양 세계를 통합하는 원리가 내재된 것이 '보신'이다. 육조 혜능(六祖慧能)은 평등무이平等無二한 본성을 일컬어 실성實性이라 하고 이 실성 가운데 있으면서 선악에 물들지 않는 것을 일컬어 만덕원만萬德圓滿한 보신불이라고 하고 있다.[520] 다시 말해서 일념 일념으로 자기 본성의 자각적 주체가 되어 본래의 마음을 잃지 않는 것을 보신이라 일컫는 것이다.[521] 혜능의 설법 내용을 기록한 『육조단경六祖壇

---

520 『六祖壇經』卷上, Ⅵ 說一體三身佛相門, 24 : "無二之性 名爲實性 於實性 中 不染善惡 此名圓滿報身佛."

521 『六祖壇經』卷上, Ⅵ 說一體三身佛相門, 24 : "念念自見 不失本念 名爲報 身…念念自性自見 卽是報身佛."

經』에는 법신불 · 화신불 · 보신불의 삼신불이 자기 본성(自性) 속에 있음을 분명히 밝히고 있다.[522] 여기서 '불佛'은 물질과 정신이 하나가 된 마음(一心)을 일컫는 것으로 삼신불은 일심의 세 측면을 그렇게 명명한 것이다. 말하자면 일심의 세 측면인 법신, 화신, 보신은 본체, 작용, 본체와 작용의 합일을 나타낸 것으로, 일심은 본체인 동시에 작용이며 이 양 세계를 유기적으로 통합하는 원리 또한 일심에 내재해 있는 것이다. 따라서 일심의 원천으로 돌아가면 본체계[의식계]와 현상계[물질계]의 유기적 통일성을 인식하게 됨으로써 우주만물은 일심이 다양한 모습으로 현현한 것이라는 사실을 깨닫게 되어 존재와 인식은 분열을 그치고 변증법적으로 통합을 이루게 되는 것이다.

본체와 작용의 상호적인 관계는 동학의 불연기연不然其然적 세계관과 「시천주侍天主」 도덕에서 보다 명료하게 드러난다. 불연기연의 논리는 진眞과 속俗, 이理와 사事, 염染과 정淨, 공空과 색色, 일一과 다多[523] 등의 상호 대립하는 범주들을 각각 체體와 용用이라는 불가분의 관계로 화쟁회통和諍會通시키고 있다. 생명의 본체인 '하나(一)'와 그 화현인 우주만물은 그 체가 둘이 아니므로 모두 일심법이다. '사람이 곧 하늘(人乃天)'인 것은 사람을 포함한 우주만물이 모두 하늘[混元一氣, 우주의 창조적 에너지]의 자기복제(self-replication)인 까닭이며, 본체와 작용

---

522 『六祖壇經』卷上, VI 說一體三身佛相門, 24 : "三身佛在自性中."}}
523 『頓悟無生般若頌』에서는 一과 多가 같음을 理와 事의 관계를 통하여 나타내고 있다. "움직임과 고요함이 함께 妙하니, 理와 事는 모두 같은 것이다. 理는 그 淨한 곳을 통하여 事의 다양성 속에 도달하고, 事는 이렇게 해서 理와 상통하여 無礙의 妙를 나타낸다"(荷澤神會, 『頓悟無生般若頌』 : "動寂俱妙 理事皆如 理淨處 事能通達 事理通無礙").

의 유기적 통일성은 이로써 설명이 가능하다. 이는 인내천의 요체라할 수 있는 「시侍」가 함축하고 있는 세 가지 의미, 즉 내유신령內有神靈·외유기화外有氣化·각지불이各知不移[524] 속에서 분명하게 드러난다. 이 세 가지 의미는 곧 법신·화신·보신을 일컫는 것이다. 안으로 신령〔본체, 一〕이 있고 밖으로 기화〔작용, 多〕가 있어 온 세상 사람이 각기 알아서 옮기지 아니한다〔一心〕는 뜻은 인간의 신성〔靈性〕과 생명의 유기성 및 상호관통을 깨달아 순천順天의 삶을 지향하는 것을 말한다. 본체계와 현상계를 회통하는 이 '하나(一)'의 원리는 「무체법경無體法經」에서 보여주는 개합開闔의 논리에서도 분명하게 드러난다. 즉 "성(性)이 닫히면 만리만사萬理萬事의 원소原素가 되고 성이 열리면 만리만사의 거울이 되나니…"[525]라고 한 것이 그것이다.

이렇게 볼 때 『천부경』 상경 「천리」의 '천일 지일 인일(天一地一人一)'이 '하나(一)'의 본체인 '법신', 즉 '내유신령'과 조응하는 것이라면, 중경 「지전」의 '천이삼 지이삼 인이삼(天二三地二三人二三)'은 하나(一)'의 이치와 기운의 조화 작용인 '화신', 즉 '외유기화'와 조응하는 것이고, 하경 「인물」의 '인중천지일人中天地一'은 '하나(一)'의 이치와 그 조화 기운과 하나가 되는 '보신', 즉 '각지불이'와 조응하는 것이라 하겠다. 내유신령과 외유기화는 법신과 화신의 관계와 마찬가지로 본체와 작용의 관계로서 하나의 이치를 양 방향에서 관찰한 것으로 그 체가 둘이 아니므로 모두 일심법이다. 법신〔內有神靈〕이 염染·정

---

[524] 『東經大全』 「論學文」: "侍者 內有神靈 外有氣化 一世之人 各知不移者也."
[525] 『義菴聖師法說』 「無體法經」: "性 闔則 爲萬理萬事之原素 性 開則 爲萬理萬事之良鏡."

淨 제법諸法을 포괄한 가능태라면, 보신(各知不移)은 자성自性의 자각적 주체가 되는 구체적 현실태이다. 법신과 화신을 관통하는 원리가 내재된 것이 보신이다. 『천부경』의 '천일 지일 인일'·'천이삼 지이삼 인이삼'·'인중천지일'은 천·지·인 삼신일체三神一體[526]를 의미한다. 천부경의 천·지·인 삼신은 불교의 법신·화신·보신, 동학의 내유신령·외유기화·각지불이와 마찬가지로 자성의 세 측면을 나타낸 것이다. 이러한 자성의 세 측면은 기독교의 성부·성자·성신의 관계와 마찬가지로 삼위일체로서 회삼귀일會三歸一의 이치에 입각해 있다. 이렇듯 일심의 3화음(triad)적 구조는 참자아인 일심(보편의식, 전체의식, 混元一氣, '하나'님, '하늘'님)이 본체인 동시에 작용이며 또한 양 차원을 유기적으로 통합하는 원리를 내포하고 있음을 말하여 준다. 따라서 우주만물(多)은 일심(一)의 자기복제이며, 일심 속에 일즉다·다즉일의 원리가 내재되어 있는 것이다. 원효가 귀일심원歸一心源을 강조한 것도 이 때문이다. 일심의 원천으로 돌아가면 음양 양극 간의 역동적인 상호 작용으로 천지운행이 이루어지고 만물이 화생하는 과정이 결국은 그 근원으로 되돌아가는 작용임을 알게 됨으로써 우주만물의 근원적 평등성과 유기적 통일성을 인식하게 되는 것이다. 따라서

---

526 『桓檀古記』 「太白逸史」 三神五帝本紀,: "自上界 却有三神 卽一上帝 主體 則爲一神 非各有神也 作用則 三神也." 이는 三神이 한 분 上帝이며 주체는 곧 一神이니 각각 신이 있는 것이 아니고 작용으로만 三神이라는 뜻으로 三神一體를 의미한다. 또한 『桓檀古記』 「太白逸史」 蘇塗經典本訓에서는 "혼돈과 현묘함이 하나의 고리를 이루어 본체와 작용이 갈림이 없는 大虛의 빛남이 곧 三神의 모습"(混妙一環 體用無歧 大虛有光 是神之像)이라고 하고 있다.

본체와 작용의 유기적 통일성이나 자기생성적 네트워크 체제로서의 '참여하는 우주'의 존재, 그리고 존재와 인식의 변증법적 통합은 모두 일심으로써 설명될 수 있는 것이다.

2. 전일적 패러다임의 수용

하나의 뿌리에서 우주만물이 나와 다시 그 하나로 돌아가는 것이니 생명은 전일성과 다양성의 속성을 동시에 지닌다. 따라서 생명의 다양성이 손상된다는 것은 곧 전일성이 손상되는 것이나 다름없다. 오늘날 전일적 패러다임이 통용되지 못하고 있는 것은 생명의 다양성이 손상되었기 때문이다. 일체의 이분법은 본체와 작용, 즉 하늘인 본체와 그 작용인 우주만물이 하나임을 알지 못하는 데서 오는 것이다. 본체와 작용의 유기적 통일성은 참본성, 즉 일심의 원천으로 돌아감으로써 발현될 수 있다. 전일적 패러다임의 수용은 자신을 참본성〔참자아, 보편의식, 전체의식〕으로 인식함으로써 가능한 것이다. 이는 곧 우주의 실체가 의식임을 인식함으로써 생명의 전일성과 자기근원성을 깨닫는 것이다. 그렇게 되면 존재로서의 세계와 인식으로서의 세계는 더 이상은 분리되지 않는다. 일심은 만물에 대한 차별 없는 사랑과 공경의 원천이며 이 일심을 공경함이 곧 경천敬天이다. 그런 까닭에 "내 마음을 공경하지 않는 것이 곧 천지를 공경하지 않는 것이라."[527]고 한

---

527 『海月神師法說』「三敬」: "敬天은 결단코 허공을 향하여 上帝를 공경한다는 것이 아니요, 내 마음을 공경함이 곧 敬天의 道를 바르게 아는 길이니, 「吾心不敬이 卽天地不敬이라」…."

것이다. 이렇게 볼 때 일심에 대한 공경이야말로 진리의 중추를 틀어
쥐는 것이라 하겠다. 우상숭배란 바로 이 경천의 도道를 바르게 알지
못하는 데서 오는 것으로 존재와 인식의 괴리를 조장하는 근본적인
원인이 되고 있다. 모든 종교에서 우상숭배를 그토록 경계하는 것은,
경천의 도를 바르게 알지 못하고서는 인간의 자기 실현은 불가능하기
때문이다.

　참본성(一心)은 분리될 수 없는 절대유일의 하나이므로 '하나' 님(하
늘) 또는 유일신(混元一氣, 우주의 창조적 에너지)이라 한 것이요, 또한 분리
될 수 없는 하나이니 사람만이 아니라 우주만물이 다 하늘이다.『삼
일신고』의 '성기원도 절친견 자성구자 강재이뇌(聲氣願禱 絶親見 自性求
子 降在爾腦)' [528]라는 구절은 유일신의 실체가 참본성임을 명징하게 보
여준다. 천 · 지 · 인 혼원일기는 작용으로는 셋이지만 그 체는 하나인
까닭에 이름하여 유일신이라 한 것이다. 오늘날 기독교 문명과 이슬
람 문명 간의 문명 충돌의 본질은 종교 충돌이며 그 핵심에는 유일신
에 대한 인식론적 문제가 자리 잡고 있다. 그러한 인식론적 문제가 존
재론적 갈등으로 표출된 것이다. 유일신은 본래 무명無名이다. 그럴진
대 그 이름으로 실상을 구분함은 유일신을 죽이는 일이요, 모든 종교
가 그토록 경계하는 우상숭배에 빠지는 일이다. 특정 종교의 '하나'

---

528 『三一神誥』「一神」: "聲氣願禱 絶親見 自性求子 降在爾腦." 즉, "소리내어
　　기운을 다하여 원하고 기도한다고 해서 ('하나' 님을) 친견할 수 있는 것이
　　아니다. 自性에서 씨('하나' 님의 씨앗(子))를 구하라. 너희 머릿골에 내려
　　와 계시니라"라는 뜻이다. 말하자면 '하나' 님은 머릿골에 이미 내려와 계
　　시므로 참본성에 대한 자각이 없는 기도행위는 아무리 소리 내어 기운을
　　다하여 한다고 해도 공허한 광야의 외침과도 같이 헛되다는 의미이다.

님으로 묶어두게 되면 '하나'님은 보편성을 상실하고 개체화·물질화되어 무소부재無所不在일 수도 없고 절대·영원일 수도 없으니 유일신을 죽이는 일이 되는 것이요, 만유에 편재해 있는 '하나'님의 실체를 외면한 채 자신의 부정한 의식이 만들어낸 개체화된 '하나'님을 경배하는 것은 짚신이나 나막신 수준의 물신物神을 경배하는 것에 지나지 않으니 우상숭배에 빠지는 일이 되는 것이다. 유일신은 우주만물에 편재해 있는 보편자인 까닭에 특정 종교의 유일신이 아니라 만유의 유일신이다. 이 세상의 모든 반목과 갈등은 우주만물에 내재하는 절대유일의 '참나〔참본성〕'를 깨닫지 못하고 서로 다른 것으로 분리시킨 데서 오는 것이다. 절대유일의 '참나'가 곧 유일신이다.

삶과 종교, 종교와 종교, 종교와 학문 간 불화의 단초가 되고 있는 '유일신' 논쟁은 단순한 종교 논쟁이 아니라 우리 삶 속에 뿌리박은 심대한 문제이며 전일적 패러다임을 수용할 수 없게 하는 근본적인 원인이 되고 있다. 유일신은 진리 그 자체인 까닭에 특정 종교의 신도 아니며 섬겨야 할 대상도 아니다. 바로 우리 자신이며 우주만물 그 자체다. 창조론과 진화론, 유심론과 유물론, 신과 인간의 이원론은 유일신에 대한 인식론적 문제의 전형이다. 이러한 문제는 본체인 동시에 작용이며 파동인 동시에 입자로 나타나는 우리의 참본성인 유일신의 실체를 인식하게 되면 저절로 사라지게 된다. 우주만물이 혼원일기(混元一氣: 무어라 형용할 수 없는 태초의 한 기운)인 유일신의 화현〔자기복제〕임을 직시한다면, 생명과정의 전일성을 인식하게 됨으로써 우주만물의 근원적 평등성과 유기적 통일성을 깨닫게 되어 본체계〔의식계〕와 현상계〔물질계〕가 분리될 수 없는 하나임을 알게 되는 것이다.

『천부경』의 천·지·인의 3화음(triad)적 구조는 근원성·포괄성·

보편성을 띠는 '하나(一)〔유일신〕의 본질과 무한한 창조성을 보여주는 것이다. 이는 곧 그 자체는 생멸하지 아니하면서 만유를 생멸케 하고, 또한 그 자체는 무규정자이면서 만유를 규정하며, 만유에 편재해 있는 무시무종의 유일자〔道, 太極〕를 말함이다. 변화하는 우주만물은 불변의 우주섭리를 그 체로 하고 있는 까닭에 불변의 이치를 알지 못하고서는 현상계의 변화하는 이치 또한 알 수 없으며 따라서 본체계와 현상계의 상호 관통의 원리 또한 알 수 없는 것이다. 이 불변의 이치는 우주만물의 중심에 내려와 있는 신성〔一神降衷〕인 동시에 다함이 없는 기화氣化의 작용으로 만유를 화생化生시키는 하나인 혼원일기〔유일신〕를 일컫는 것이다. 본체계〔본체, 의식계〕와 현상계〔작용, 물질계〕의 관계는 물체와 그림자의 관계와도 같아서, 물체와 그림자가 하나라는 인식이 없이는 그림자가 어떻게 해서 존재하게 되는지 그 이치를 알 수가 없으므로 그림자 세계에 대한 본질적인 접근이 사실상 불가능하듯이, 본체계와 현상계가 하나라는 인식이 없이는 현상계가 어떻게 해서 존재하게 되는지 그 이치를 알 수가 없으므로 현상계에 대한 본질적인 접근 또한 사실상 불가능한 것이다. 이러한 본체와 작용의 상호 관통은 일一과 다多, 이理와 사事, 정靜과 동動, 공空과 색色이라는 불가분의 관계로 분석될 수 있다. 본체인 동시에 작용으로 나타나는 혼원일기는 궁극적 실재로서의 우주의 본원을 일컫는 것으로 이는 곧 참본성을 말함이다. 절대유일의 하나인 참본성에 대한 인식이야말로 전일적 패러다임의 수용을 위한 전제조건이다.

하나인 참본성〔混元一氣, 一心, 보편의식, 하늘(님)〕은 천·지·인을 관통해 있는 까닭에 우주의 조화造化 작용과 인간의 정신 작용은 긴밀한 조응관계에 있게 된다. 우주섭리의 작용과 인류 역사의 전개 과정이

긴밀히 연계되어 있다는 것은 우주만물의 생성·변화·소멸 자체가
모두 하늘의 조화의 자취이며, 우주만물이 다 지기至氣인 하늘의 화현
이라는 점에서 분명히 드러난다. 세상 사람들이 우주섭리와 인사(人
事)의 연계성을 인식하지 못하는 것은 천지의 형체만을 알 뿐 그 천지
의 주재자인 하늘은 알지 못하는 데서 오는 것이다.[529] 앞서 살펴본
바와 같이 소강절(邵康節, 이름은 雍)의 『황극경세서黃極經世書』는 천지만
물뿐 아니라 인사가 생장·분열과 수렴·통일을 순환 반복하는 원회
운세元會運世라는 천지운행의 원리와 조응하고 있음을 보여준다. 인사
가 천시天時에 머물러 같이 가며 하늘을 거스르지 않는 것이 바로 순
천順天의 삶이다. 순천의 삶을 살게 되면 하늘이 도와 길吉함이 있으
며 이롭지 않음이 없게 되는 것이다.[530] 그러나 본체인 동시에 작용으
로서 천·지·인을 관통하고 있는 하나인 참본성을 알지 못하고서는
순천의 삶을 살 수가 없는 것이다. 하나인 참본성에 대한 인식에 기초
한 전일적 패러다임의 긴요성이 여기에 있다.

따라서 존재태와 부합하는 올바른 인식이란 본체인 하늘과 그 작
용인 우주만물의 유기적 통일성에 대한 인식에서 출발한다. 우주만물
은 하나의 뿌리로 돌아가고 또한 하나의 뿌리에서 우주만물이 나오는
것이니 생명은 전일성과 다양성의 속성을 동시에 지니는 것이다. 우
리의 삶은 존재론적 학습의 장이다. 세계사의 무대에서 펼쳐지는 무

---

[529] 『東經大全』「論學文」: "日吾心卽汝心也 人何知之 知天地而無知鬼神 鬼神
者吾也."

[530] 『黃極經世書』「纂圖指要·下」: "故聖人與天 行而不逆與時俱遊而不違是以
自天祐之吉無不利…."

수한 국가의 명멸도 개인적 존재의 경우와 마찬가지로 도도한 역사의
물결을 타고 흐르는 한갓 물방울에 불과하다. 물방울과 물결, 개체성
[多, 작용]과 전체성[一, 본체]의 상호의존성, 즉 합일성에 대한 인식에
이르지 않고서는 결코 역사 속에 구현되고 있는 정신의 참모습을 볼
수가 없으며, 의식의 진화[영적 진화] 또한 이루어질 수가 없다. 하나인
참본성을 『천부경』에서는 '하나(一)'라고 하고 있는데 바로 이 '하나
(一)'의 묘한 이치의 작용으로 삼라만상이 오고 가며 그 쓰임은 무수
히 변하지만 근본은 변함도 다함도 없는 것이라 하여 '일묘연만왕만
래 용변부동본(一妙衍萬往萬來 用變不動本)'이라고 한 것이다. 우주만물이
다 지기至氣인 '하나(一)'의 화현이고 우주만물의 생성·변화·소멸
자체가 모두 '하나(一)'의 조화의 자취이니, '하나(一)'의 묘리妙理의
작용으로 삼라만상이 오고 간다고 한 것이다. '하나(一)'에서 우주만
물이 형성되고 궁극에는 그 근원으로 되돌아가는 작용이 다함이 없이
순환 반복되는 까닭에 '만왕만래'라고 한 것이고, 그 쓰임은 무수히
변하지만 근본은 변함도 다함도 없는 까닭에 '용변부동본'이라고 한
것이다.

그러나 "이미 건너가야 할 저쪽 언덕이 없는데, 어찌 떠나가야 할
이쪽 언덕이 있으리"[531]라고 한 『열반종요涅槃宗要』의 구절이 말하여
주듯, 기실은 가는 것도 없고 오는 것도 없는 것이다. 오욕칠정五慾七
情[532]에 얽매인 그 마음이, '나'와 '너', '이것'과 '저것'을 이원화二元

---

531 『涅槃宗要』: "旣無彼岸可到 何有此岸可離."
532 五慾은 食慾·物慾·睡眠慾·名譽慾·色慾을 말한다. 七情은 일반적으로
  喜·怒·哀·樂·愛·惡·慾을 말하는데, 한의학에서는 喜·怒·憂·思·

化하고 편착하는 그 마음이 윤회의 수레바퀴를 돌리는 것이다. 인간 세계의 윤회란 오욕칠정이 낳은 우리 내부의 부정적인 에너지가 다함이 없이 카르마(karma, 業)의 작용을 불러일으키는 것을 말한다. 이러한 카르마의 법칙은 인간의 영혼이 완성에 이르기 위한 조건에 관계한다. 내적 자아의 각성과 영적인 힘의 계발을 위해 있는 것이다. 인내하고 용서하고 사랑하는 마음이야말로 이러한 법칙에 대한 유일한 용제溶劑이다. 우주만물은 '하나(一)'에서 나와 다시 '하나(一)'로 복귀하므로533 '하나(一)'의 견지에서 보면 늘어난 것도 줄어든 것도 없다.534 만물만상은 무상한지라 한결같을 수 없고 오직 '하나(一)'만이 한결같아서 이러한 대립과 운동을 통일시킨다. 전일적 패러다임은 본체인 동시에 작용으로 나타나는, 다시 말해서 천·지·인을 관통하는 생명의 본체인 '하나(一)'에 대한 인식에 기초한 것이다. 따라서 이 하나인 참본성에 대한 인식이 없이는 전일적 패러다임의 수용은 불가능한 것이다. 본서에서 이 '하나(一)'—참본성, 참자아, 일심, 보편의식, 전체의식, 혼원일기混元—氣, 도道, 태극, '하나'님, 하늘(님), 유일

悲·驚·恐을 七情이라고 하고, 불교에서는 喜·怒·憂·懼·愛·憎·欲을 七情이라고 한다.

533 cf. 『道德經』 40장: "反者道之動." 되돌아가는 것이 道의 움직임이다. 근본으로 돌아감은 순환하여 서로 바뀐다는 뜻으로 이러한 운동과 변화는 일체의 事象이 대립·의존 관계에 있기 때문이며, 또한 대립물의 상호의존성은 調和의 美를 발현시키게 된다.

534 cf. 열역학 제1법칙(the first law of thermodynamics): 에너지는 한 형태에서 다른 형태로 변화할 수는 있지만 어떠한 물리적 변화에서도 모든 물체가 지닌 에너지의 합은 불변이라는 에너지보존의 법칙.

신 등으로 다양하게 명명되고 있는—의 중요성을 강조하는 것은 이 때문이다. 한마디로 이 '하나(一)'는 전일적 패러다임을 인식하는 키워드이다.

'하나(一)'는 천지만물의 근원으로서 무한한 생명력을 지닌 생명의 본체다. 하나의 달(月)이 수천 갈래 시냇물에 비치지만, 허공에 떠 있는 달은 변함도 다함도 없는 것과 같은 이치다. 밤이 다하면 물속에 있는 수천 개 '달'은 그 근원인 하나의 '달'에 의해 거두어진다. 무지無知의 바람이 고요해지면 일체의 현상은 '하나(一)'의 본질 속으로 흡수되기 마련인 것이다. 본체계와 현상계, '하나(一)'와 우주만물의 관계는 보이지 않는 실체와 보이는 그림자의 관계와 같은 것이다. 이처럼 자본자근自本自根 · 자생자화自生自化하는 '하나(一)'의 조화, 즉 생명의 파동적波動的 성격을 깨닫게 되면 본체계와 현상계를 활연관통豁然貫通하게 됨으로써 내재와 초월, 본체와 작용이 결국 하나임을 알게 된다. 창조주와 피조물, 신과 인간의 이분법적 도식화는 본체계와 현상계를 상호 관통하는 '하나(一)'의 조화 작용을 깨닫지 못한 데 기인한다. 무궁한 하늘의 조화를 깨닫게 되면 조물자인 하늘과 그 그림자인 우주만물이 분리될 수 없는 하나라는 사실을 알게 되면서 자기생성적 네트워크 체제로서의 '참여하는 우주(participatory universe)' 535 경

---

535 여기서 '참여하는 우주'란 주체와 객체의 이분법이 폐기됨으로써 전 우주가 참여자의 위치에 있게 되는 경계를 말한 것이다. 이러한 경계는 주체와 객체를 대립적인 관계가 아닌 하나의 연속체로 파악한 현대 물리학의 양자역학적 실험에서 확인이 되고 있다. '하나(一)'가 우주만물이요 우주만물이 '하나(一)'라고 하는 『천부경』의 一卽三 · 三卽一의 이치는 주체와 객체의 이분법이 더 이상은 유효하지 않은 것으로 드러난 양자역학적

계가 드러나게 되는 것이다.

창조론과 진화론의 논쟁은 일체의 생명 현상이 자발적인 자기조직화의 창발(emergence) 현상임을 인식하지 못하고 주체와 객체의 이분법으로 무리하게 설명하려는 데서 오는 것이다. 일체의 생명은 그 본체인 '하나(一)'의 조화 작용에 의해 스스로 생성되고 스스로 변화하여 스스로 돌아가는 것이어서, 우주만물과 혼원일기인 '하나(一)'는 분리될 수 있는 것이 아니다. 따라서 주체와 객체의 이분법에 근거한 창조론은 양자역학적 관점에서 볼 때 비과학적이다. 진화론은 '이것'이 곧 다른 '모든 것'이며 모든 것이 홀로무브먼트holomovement의 한 측면이라고 보는 상호 연관과 상호 의존의 세계 구조를 적절하게 설명하지 못하고 있다. 창조론과 진화론의 논쟁은 생명의 본체인 유일신 '하나(一)'에 대한 인식을 통해 주체와 객체, 본체와 작용의 이분법이 폐기됨으로써 종식될 수 있다.'

'하나(一)'와 우주만물(多)은 상호 연관되어 있으며 상호 관통한다. 『장자莊子』「제물론齊物論」에서는 천지만물이 다 '하나(一)'일 따름이므로 '만물여아위일萬物與我爲一'이라고 하였다. 『금강삼매경론』과 『대승기신론소』에서는 개합開合의 논리를 이용하여 이를 명쾌하게 보여준다. "개開하여도 하나가 늘어나지 않고 합合하여도 열이 줄어들지 않는다"[536]고 한 것, "합合하여 말을 하면 일관一觀이요, 개開하여 말을 하면 십문十門이다."[537]라고 한 것, 그리고 "개開하면 무량무변한 의미

실험 결과와 맥을 같이 하는 것이다.

536 『金剛三昧經論』, 131-132쪽.
537 『金剛三昧經論』, 130쪽.

를 종宗으로 삼고 합合하면 이문일심二門一心의 법을 요要로 삼는다"[538] 고 한 것이 그것이다. 즉 열면 열이고 닫으면 하나이나, 연다고 해서 그 하나가 늘어나는 것이 아니고 닫는다고 해서 그 열이 줄어드는 것 이 아니다. 마찬가지로 대자연의 문을 열면 무수한 사상事象이 있으나 닫으면 하나이다. 연다고 해서 그 하나가 늘어나는 것이 아니고, 닫는 다고 해서 그 무수한 사상이 줄어드는 것이 아니다. 우리의 마음이 일 심의 원천으로 돌아가 진속眞俗 평등의 본체를 체득하지 않고서는 그 의미를 정확하게 파악했다고 할 수 없을 것이다.

그러나 진리는 논리의 영역이 아니라 직관의 영역이며, 초超지식·초두뇌의 영역인 까닭에 이 광대무변한 참자아는 단순히 경전 공부나 학문, 지식에 의해 깨달을 수 있는 것이 아니다. 진리는 두뇌로 인식할 수 있는 것이 아니며 있는 그대로 느끼고 수용해야 한다. 모든 것을 낳는 근원이 각자의 마음이며, 하나인 마음 이외에 다른 실재가 있는 것이 아니다. 생명의 본체를 체득하는 묘각妙覺의 경지는 매순간 깨어있는 의식이 아니고서는 결코 이를 수 없는 까닭에 「양천주養天主」에서는 "오직 하늘을 양養한 사람에게 하늘이 있고, 양養치 않는 사람에게는 하늘이 없나니…"[539]라고 한 것이다. '하늘을 모심(侍天)'은 곧 '하늘을 기름(養天)'이다. '양천養天'은 의식意識의 확장을 말함이며, 영적 진화와 관계되는 것으로 자각적 실천이 수반될 때 그 진면목이 드러난다. 내재적 본성인 신성과 생명의 유기성 및 상호관통을 깨달아 순천順天의 삶을 지향하는 것, 바로 여기에 '시천侍天'과 '양천養

---

538 『大乘起信論疏』, 391쪽.
539 『海月神師法說』「養天主」.

天'의 비밀을 푸는 열쇠가 있다.

마음의 근본은 우주의 근본과 하나로 통하는 것이어서 인간의 참본성이 회복되면 천·지·인 삼재의 융화가 이루어져 인간의 완전한 자기 실현이 이루어지게 된다. 『천부경』의 '인중천지일人中天地─'은 사람이 천지를 품어 하나가 된 것이니 이는 곧 천·지·인 삼재의 융화가 인간 존재 속에 구현된 의미를 지닌다. "사람이 바로 하늘이요 하늘이 바로 사람이니 사람 밖에 하늘 없고 하늘 밖에 사람 없다"[540]라고 한 것도 '인중천지일'과 같은 의미이다. 인간의 자기 실현이란 "내가 나 된 것일 뿐 다른 것이 아니다."[541] 따라서 이 세상에서 새로이 이룰 것은 아무것도 없다. 단지 인간 본래의 참본성을 회복하는 일만이 있을 뿐이다. 그런 까닭에 「영부주문靈符呪文」에서는 "마음이란 것은 내게 있는 본연의 하늘이니 천지만물이 본래 한 마음이라"[542]고 한 것이다. 『삼일신고』에서 성통공완性通功完을 강조하는 것도 참본성을 통하지 않고서는 인간의 자기 실현은 불가능하기 때문이다. 본래의 참본성을 회복하기 위해서는 진여眞如한 마음을 지키고 기운을 바르게 하는 것, 즉 수심정기守心正氣가 그 요체다. 본래의 진여한 마음이란 분별지分別智가 나타나기 전의 근본지根本智를 이름이다. 기운을 바르게 하는 것이란 혼원일기로 이루어진 생명의 유기성과 상호관통

---

540 『海月神師法說』「天地人·鬼神·陰陽」: "人是天 天是人 人外無天 天外無人."

541 『東經大全』「後八節」: "我爲我而非他." 水雲은 내재적 본성인 神性의 자각적 주체가 되는 것이 "내가 나 된 것일 뿐 다른 것이 아니다."라고 하며 존재의 자기근원성을 명징하게 보여 준다.

542 『海月神師法說』「靈符呪文」: "心者 在我之本然天也 天地萬物 本來一心."

을 깨달아 더불어 사는 삶을 실천하는 공심公心의 발현을 이름이다. 마음을 지키고 기운을 바르게 함으로써 우리의 마음이 태양과도 같이 광명하게 되면 '사람이 곧 하늘'임을 알게 되고 생명의 전일성과 자기근원성을 깨닫게 되는 것이다.

인간이 본래의 공적空寂한 마음을 얻기 위하여서는 행위를 멈추고 내면을 들여다봄과 동시에 사심 없는 행위를 해야 하는 것이다.[543] 수신과 헌신적 참여를 통해서 우리의 영혼은 더 맑고 밝고 확대되고 강화되게 된다. 경천敬天 · 경인敬人 · 경물敬物의 '삼경三敬' 사상은 우주만물의 조화적 질서를 이루는 바탕이 되는 것으로 마음을 밝히는 길을 제시하고 있다. 마음을 밝힌다는 것은 일즉삼(一卽三, 一卽多) · 삼즉일(三卽一, 多卽一)의 이치를 깨닫게 된다는 것으로 우주만물이 곧 '나' 자신임을 알게 됨으로써 영적 일체성(spiritual identity)이 확립된다는 것이다. 경천敬天은 허공을 향하여 상제上帝를 공경하는 것이 아니라 하나인 마음[一心]을 공경하는 것이다. 하나인 마음을 공경함으로써 내재적 본성인 신성을 깨달을 수 있고, 우주만물이 다 내 동포라는 전체의식에 이를 수 있으며, 기꺼이 헌신하고자 하는 마음, 책임과 의무를 다하고자 하는 마음이 우러나올 수 있는 것이다. 이러한 '경천'의 원리는 경인敬人의 행위가 수반되지 않으면 발현될 수 없다. 그런 까닭에 하늘을 공경하되 사람을 공경함이 없으면 행위의 실효를 거둘 수 없으므로 "사람을 버리고 하늘을 공경한다는 것은 물을 버리고 해갈解渴을 구하는 자와 같다"[544]고 한 것이다. 그러나 경인은 경물

---

543 『金剛三昧經論』, 145쪽.
544 『海月神師法說』「三敬」.

敬物이 없이는 도덕의 극치에 이르지 못하고, 物物을 공경함에까지 이르러야 비로소 천지기화天地氣化의 덕德에 합일될 수 있다는 것이다.

인간이 영적靈的으로 확장될수록 사랑은 그만큼 전체적이 된다. 우주만물에 대한 차별 없는 공경과 사랑이 일어날 수 있게 되는 것은 바로 이 '삼경三敬'의 실천을 통하여 참본성을 회복함으로써이다. 비우고 또 비우는 연단鍊鍛의 과정을 통하여 무위이화無爲而化의 덕과 그 기운과 하나가 되면, 생명의 유기성과 상호관통을 깨달아 지기至氣의 화현化現인 만유의 생명을 존중하고 사랑을 실천하는 순천의 삶을 지향할 수 있게 되는 것이다. 이는 곧 우주만물이 하나라는 삼즉일(三卽一, 多卽一)의 전일적 패러다임이 인간 존재 속에 구현되는 것이다. 오늘날 전일적 패러다임의 긴요성은 지속 가능한 사회로의 전환이 단순히 기술적인 문제가 아니라 세계관과 사고방식 및 가치 체계의 문제이며 정치적 의지와 결단의 문제라는 데 있다. 물질문명의 상흔傷痕을 치유해 줄 진정한 문명의 개창은 전일적 패러다임의 수용으로부터 시작될 것이다.

제2절 생태정치학과 포스트모더니즘

1. 근대성의 역설과 근대합리주의의 해체

르네상스와 종교개혁을 기점으로 발하기 시작한 이성의 빛은 중세적 신 중심의 세계관에서 근대적 인간 중심의 세계관으로의 혁명적인 전환을 이룩했다. 근대적 사유의 특성은 정신·물질 이원론에 입각한 데카르트-뉴턴의 기계론적 세계관에 잘 함축되어 있다. 대개 16세기에 시작하여 17세기에 그 정점에 이른 근대 과학혁명(Scientific Revolution)은 이러한 기계론적 세계관에 힘입어 과학기술의 비약적 발전과 더불어 물질적 풍요의 혜택을 가져옴으로써 인류의 문명사에 획기적인 전기를 마련하였다. 데카르트 이후 과학혁명을 거치면서 자리 잡기 시작한 근대합리주의는 이성에 대한 믿음과 합리적 사고를 중시하는 18세기 계몽주의와 산업혁명 등 일련의 서구 문명의 흐름과 연결되면서 지난 수백 년 간 서구 문화와 여타 세계를 지배한 기초적 패러다임이 되었다. 이성적인 것이 곧 근대적인 것이고 과학적인 것이며 합리적인 것이라는 등식화가 성립된 것이다. 과학기술의 발전이 경제적 측면에 응용되면서 자본주의의 발달을 가져오고 또한 이를 운용하기 위한 제도로서의 민주주의가 나타나게 되면서 바야흐로 근대 민족국가, 나아가 근대 국민국가로 일컬어지는 근대 세계가 열리게 된 것이다. 이렇게 볼 때 자본주의와 민주주의와 근대 국민국가의 형성 과정은 그 맥이 같은 것이다. 이성적이고 과학적이며 합리적인 근대 세계의 특성은 흔히 근대성으로 통칭되어 근대 세계를 규정짓는 근본 원리가 되었을 뿐 아니라 인류의 보편적인 세계관과 가치 체계를 추동해 내는 원리로 작용하였으며, 오늘에 이르기까지도 과학적 방법론과 합리주의는 연구 영역은 물론 자본주의적 원리를 따르는 경제 활동과 사회정치적인 실천 영역에서도 충실하게 이행되고 있다. 말하자면 오늘의 세계는 근대성에서 비롯되어 근대성에 의해 지배되어 온 것이다.

근대라는 시기 구분은 광의로는 중세 이후 오늘의 세계까지도 포괄하는 것으로 사용이 되지만, 협의로는 근대세계가 본격적으로 열리기 시작한 18세기 계몽주의 시대부터 계몽주의가 도전받기 시작한 20세기 이전까지의 시대를 지칭하는 것으로 사용된다. 문화예술의 경우는 시기구분이 좀 더 세분화되기도 하며, 생활용어로 사용되는 경우 '모던modern'은 흔히 현대의 의미를 함축한 것으로 간주된다. 인문사회과학의 경우 20세기 이후는 '모던'이란 용어보다는 '컨템퍼러리contemporary'란 용어가 일반적으로 사용되고 있다. 여기서는 통상적인 역사적 시기구분에 따라 근대를 르네상스와 종교개혁 이후 20세기 이전까지의 시대를 지칭하는 것으로 사용하기로 한다. 그러나 과학적 합리주의를 근간으로 한 근대세계의 특성을 표징하는 '모더니티modernity'란 용어가 20세기 후반의 후기 산업사회까지도 포괄하는 의미로 흔히 사용되고 있는 것은 우리가 처한 시대가 아직은 근대성의 패러다임이 유효하게 작동하고 있고 모더니즘과 포스트모더니즘이 중층화重層化된 구조를 이루는 과도기이기 때문일 것이다. 말하자면 인간의 이성과 과학적 합리주의를 중심으로 한 근대세계에 대한 비판적 담론이 일어나고 있긴 하지만 현대세계에서 통용되고 있는 패러다임이나 과학적 방법론은 여전히 근대세계의 연장선상에 있는 것이다. 따라서 '모더니티'를 번역함에 있어 근대성 또는 현대성으로 기계적으로 구분하는 것은 실제성이 없으며 맥락 속에서 이해하는 것이 바람직하다.

전 근대와 근대의 철학적 사유의 바탕을 이루는 현격한 차이는 중세의 그리스도교적 보편사회가 신의 존재를 설명하기 위해 존재론에 치중했다면, 근대 데카르트 이후 철학은 존재론보다는 인간 이성이 중심이 된 인식론에 치중하는 경향을 보였다는 것이다. 그러나 앞서

살펴본 바와 같이 존재와 인식은 동전의 양면과도 같이 분리될 수 없
는 상호 의존·상호 관통의 관계이며, 양 차원의 괴리는 심대한 존재
론적 분열과 갈등을 야기할 수밖에 없는 것이다. 중세에는 궁극적 실
재인 신[神性, 참본성, 一心, 보편의식, 전체의식, 하늘(님)]의 존재에 대한 강조
및 왜곡된 인식이 교회의 권력 남용을 가져오게 하고 급기야는 면죄
부 판매로까지 이어져 종교개혁을 추동시키고 결과적으로 중세적 질
서를 붕괴시키는 원인을 제공했던 것이다. 근대에 들어 인간 이성이
중심이 되었다고는 하지만 '도구적 이성(instrumental reason)'의 횡행
으로 생명의 본체인 신의 존재에 대한 왜곡된 인식은 여전히 심대한
채로 남아 있으며, 이로 인한 존재와 인식의 괴리는 심각한 존재론적
갈등과 대립을 양산하고 있다. 그 대표적인 예가 유일신의 존재를 둘
러싼 기독교와 이슬람교 간의 종교 충돌이다. 이러한 종교 충돌은 문
명 충돌의 중핵을 이루고 있으며 정치적 대립을 야기하는 단초를 제공
하고 있다. 중세에는 신으로 위장한 물신物神이 인간 이성을 억압하고
학대했다면, 근대 이후에는 과학적 합리주의에 편승하여 이성으로 위
장한 물신이 신성을 학대하고 마침내 참본성인 신성을 부인하기에 이
르렀으니, 결국 인간은 물신의 교묘한 장난에 놀아나고 있는 셈이다.

중세적 인간이 신을 맹신했던 것과 마찬가지 방식으로 근대적 인
간은 이성을 맹신하고 있다. 그러나 한 가지 분명한 사실은 중세적 인
간이나 근대적 인간 그 어느 쪽도 신과 이성의 불가분성을 인식하지
못했다는 것이다. 우주의 실체는 의식이므로 신은 곧 신성[참본성, 一
心, 보편의식, 전체의식, 하늘(님)]이다. 생명의 본체인 신성과 인간 이성의
관계는 우뇌와 좌뇌의 관계와도 같이 분리 자체가 불가능한 것이다.
그럼에도 분리시켜 인식하고 있으니 그것은 신성도 이성도 아닌 개체

화·물질화된 물신의 잔영일 뿐이다. 생명의 본체인 신의 본신이 곧 우리의 참본성이라는 사실을 알아차리지 못하면 물신의 굿판은 계속될 수밖에 없다. 우주만물이 신의 자발적인 자기조직화의 창발(emergence)현상임을, 다시 말해서 참본성의 자기복제(self-replication)임을 알지 못하고서는 천인합일天人合一의 이치를 알 수가 없는 것이다. 중세에는 왜곡된 신성이 이성을 학대하고 근대 이후에는 왜곡된 이성이 신성을 학대하며 생겨난 신성과 이성간의 심연(深淵 abyss)은 존재와 인식의 괴리를 야기하고 마침내 모든 분열과 갈등의 단초를 제공하는 원천이 되었다. 스스로를 생명의 본체인 신성으로부터 분리시킨 '도구적 이성'과 '도구적 합리성(instrumental rationality)' 및 과학적 방법에 대한 과도한 신뢰는 정신까지도 물질화하는 결과를 초래함으로써 반생태적〔반생명적〕·반윤리적인 물신 숭배가 만연하게 되었다. 말하자면 근대세계는 인간의 이성을 무한한 진보를 가능하게 하는 메커니즘으로 간주하여 오로지 합리적 정신과 과학적 방법에 의해 일체 현상을 분할 가능한 입자의 기계적 상호작용으로 파악한 까닭에 신성은 자연히 부정될 수밖에 없었다.

신에 맞서는 인간 이성의 위대한 발견이 이루어졌음에도 근대는 진정한 인간학을 수립하지 못했다. 그것은 내재적 본성인 신성으로부터 자신을 분리시켰기 때문이다. 그런 점에서 루소가 『인간불평등기원론 Discours sur l'origine de l'inegalite parmi les hommes』 서문에서 "인간의 모든 지식 중에서 가장 유용하고도 진보되지 않은 것은 인간에 관한 지식"545이라고 한 말은 지금도 여전히 유효하다. 그러나 루소의 이상국가론의 딜레마는 그러한 이상국가의 유기적 성격을 낳는 중핵을 이루는 개념인 일반의사(volonté générale)가 어떻게 해서 성립될

수 있는지에 대한 설명이 없이 단지 각 개인의 자유의사의 상호계약
에 의거하여 성립된 일반적(公的)인 인격의 의사를 그렇게 지칭하고 있
다는 것이다. 그러한 일반의사 속에서 주관과 객관, 개인과 국가, 권
력과 자유가 완전히 조화를 이루게 된다는 루소의 이론은 본질적이지
못하다. 그러한 완전한 조화는 신성(神)과 이성(인간), 다시 말해서 생
명의 본체(본체계, 의식계)와 그 작용(현상계, 물질계)간의 이원성을 극복하
지 않고서는 이루어질 수가 없는 것이다. 이원성을 극복하는 열쇠는
바로 '귀일심원歸一心源', 즉 일심의 원천으로 돌아가는 데 있다. 일심
의 원천으로 돌아가지 않고서는 영적 일체성(spiritual identity)이 확립될
수가 없는 것이다. 이에 관해서는 제8장 1절 "존재론과 인식론의 재
정립"에서 살펴본 바이다.

우리는 인간이면서도 인간에 대해 너무 모르고 있거나, 너무 잘못
알고 있거나, 상당히 알고 있다고 착각하고 있으니, 만고에 다시없는
역설 속에 살고 있는 셈이다. 참본성인 신성으로부터 분리된 인간은
영적 일체성이 결여되어 진정한 자기 실현을 할 수가 없다. 역사상 유
례 없는 풍요를 이룩한 근대 산업사회의 원리와 구조 자체가 파멸적
인 재앙의 근원으로 변모하는 근대성의 역설(paradox)을 직시하게 된
것도 20세기 후반에 들어서이다. 이러한 근대성의 역설은 보다 본질
적으로는 이성(인간)이 스스로를 내재적 본성인 신성(神)으로부터 분
리시킨 데 기인한다. 이성이 자기 실현을 할 수 있기 위해서는 끊임없
이 참본성인 신성으로부터 생명력을 공급받아야 하는데 스스로 그 연

---

545 J. J. Rousseau, *A Discourse on Inequality*, trans. *Maurice Cranston*(Loncon : Penguin Books Ltd., 1984), p.67.

결고리를 끊어버렸으니 우주의 본질에 역행하는 삶을 살게 된 것이고 결과적으로 근대성의 역설에 직면하게 된 것이다. 그리하여 '도구적 이성'과 '도구적 합리성'의 발흥에 따른 인간성 상실과 인간소외현상, 전 지구적 차원의 환경 문제와 생태 위기가 총체적인 인간 실존의 위기로 이어지면서 근대합리주의의 비합리성이 비판받기에 이른 것이다. 서구의 심층생태론, 사회생태론, 생태사회주의, 에코페미니즘 등의 급진적 생태 담론과 생태운동은 인류가 처한 위기의 깊이와 폭이 너무 깊고 광범하다는 인식하에 환경개량주의를 넘어 한층 심층적으로 대처해야 할 필요성을 역설한다. 말하자면 기존의 지배적 패러다임의 변화를 요구하는 훨씬 심층적이고 포괄적인 형태로 나타나고 있는 것이다.

이러한 근대합리주의에 대한 비판에 기용되고 있는 과학적 방법론은 주로 현대 물리학이 제공한 것이다. 근대의 과학적 합리주의가 함축하고 있는 과도한 인간 중심주의와 이원론적 사고 및 과학적 방법론은 20세기에 들어 실험물리학의 발달로 그 한계성이 지적되고 전일적(holistic) 패러다임으로의 대체 필요성이 역설되면서 서구 문명의 지양을 위한 새로운 패러다임, 즉 새로운 실재관의 정립에 관한 논의가 확산되게 된 것이다. 주체와 객체의 이분법이 성립하지 않는 것으로 드러난 양자역학적 실험결과나 일리야 프리고진의 산일구조(dissipative structure)의 자기조직화(self-organization) 원리는 전일적 패러다임을 기용하는 논의들에 있어 가장 빈번하게 인용되는 예들 중의 하나이다. 과학관에 있어 두드러진 변화는 '부분을 이해하면 전체를 이해할 수가 있다'라는 가정에서 출발한 환원주의적(reductionistic) 관점이 20세기를 거치면서 '부분의 단순한 합으로는 전체를 이해할 수 없다'고 보고 부분과 전체의 상호작용 분석에 초점을 두는 전일적 관점으로 바뀌게 된 것이다. 20세기 초반 과학철학을 대표하던 논리실증주의 사조는 20세기 후반에 들어 비선형적·유기적 과학관이 부상하면서 탈경험주의적인 측면이 나타나다가 마침내 통일 자체를 부정하는 포스트모더니즘적인 과학 풍토도 등장하게 되었다. 21세기의 주류학문인 생명공학, 나노과학 등의 이론적 토대가 되고 있는 복잡계 과학은 생명계뿐만 아니라 생명의 본질 그 자체를 네트워크로 인식한다.

현재 인류가 직면하고 있는 지구환경의 급격한 변화와 더불어 복합적이며 다차원적인 세계적 변화는 우리의 세계관과 사고방식 및 가치 체계의 근본적인 변화의 필요성을 제기하며 인류 문명의 대전환을 예고하고 있다. 우리가 살고 있는 세계는 한편으론 근대화 담론에 기초하여 서구적 보편주의의 망령이 여전히 횡행하고 있고, 다른 한편으론 서구적 근대의 초극을 위한 대안 모색이 활발하게 이루어지고 있다. 울리히 베크의 '성찰적 근대화(reflexive modernization)' 명제는 근대성의 역설을 직시하고 과학기술의 가능성과 그 한계를 동시에 인식함으로써 인류의 문명을 보다 지속 가능한 기반 위에 세울 수 있게 하는 지침을 제공한다. 베크가 제시하는 이른바 '제2의 근대화' 개념은 NGO와 다국적 기업의 활동 증대 및 초국가적 실체의 등장, 그리고 WTO 체제의 출범과 FTA 체결의 확산에 따라 서구적 근대화의 추동체인 국민국가의 패러다임이 중대한 도전에 직면하고 있음을 보여주는 것이라는 점에서 근대합리주의의 해체와 그 맥을 같이하는 것으로 볼 수 있다. 근대합리주의의 해체(deconstruction)의 핵심은 그 근간을 이루는 이분법의 해체이며, 이러한 획일화된 근대성의 틀과 형식이 해체되면서 탈근대적이고 탈이념적인 포스트모더니즘 사조가 등장하게 되는 것이다.

2. 포스트모더니즘의 사조와 생태정치학적 담론

1960년대 후반에 등장한 포스트모더니즘postmodernism은 이성중심적인 근대의 도그마에 대한 반기로서 미국과 프랑스를 중심으로 한 사회운동과 전위예술 및 문화운동으로 시작되어 1980년대에 들어 문예비평, 철학, 신학, 생태학, 인문사회과학, 정신분석학 등 학술 분야는 물론 대중문화에까지 널리 확산되었으며 지금은 거의 모든 분야에서 세계적인 추세가 되고 있다. 근대의 도그마 속에 깃들어 있는 절대성과 중심성의 허구를 드러내는 해체(deconstruction) 현상을 통하여 의식의 전환을 가져오는 기본 패러다임으로 작용하고 있으며, 모더니즘 이후의 탈근대적인 시대정신 내지는 철학 사조를 지칭하는 대명사가 되었다. 이성 중심주의와 과학적 합리주의를 근간으로 한 모더니즘은 혁신적이긴 하였으나 획일화된 틀과 형식의 강조로 인해 이질적인 문화 영역간의 소통 단절, 다양성과 개성의 약화, 인간소외, 환경 파괴와 생태 위기를 초래했다. 이성적인 것과 합리적인 것, 과학적인 것이 등식화되어 있는 근대세계에서 인간의 이성은 최적의 삶의 조건을 창출해낼 수 있을 것이라는 믿음이 확산되어 있었으나 이러한 믿음은 산업혁명 이후 점차 심화된 자본주의의 구조적 모순으로 흔들리기 시작하여 역사상 유례 없는 양차 세계대전의 참극—특히 600만의 유태인을 학살한 나치의 만행—을 목격하면서 치명적인 손상을 입게 되었다. 그리하여 인간 이성의 산물인 사회 구조와 틀 자체를 부정하게 되고 나아가 인종적, 문화적 편견과 그에 따른 폭력 행사를 비판하는 등 근대세계의 산물 전반에 대해 회의적인 태도를 갖게 된 것이다. 포스트모더니즘은 이러한 모더니즘이 처한 존재론적 딜레마를 해결하고자 나타난 시대 사조로서 기존의 구조와 틀 및 형식을 타파하고 이분법을 해체하며, 개성과 자율성, 다양성과 대중성을 중시하고 절대이념을 거부하는 탈이념적인 색채를 띠게 된다. 이러한 포스트모더니즘의 사조는 냉전 종식 이후 이데올로기의 허구성이 입증되면서 더욱 가속화되어 오늘의 세계는 모더니즘과 포스트모더니즘이 중층화된 구조를 이루는 형태를 띠게 된 것이다.

포스트모더니즘의 사상적 배경은 1960년대 말엽부터 대두되기 시작한 포스트구조주의(post-structuralism, 후기구조주의, 탈구조주의)이다. 포스트구조주의의 탈중심이론과 포스트모더니즘의 깊은 연계성은 마단 사럽(Madan Sarup)의 『포스트구조주의와 포스트모더니즘 *An Introductory Guide to Post-Structuralism and Postmodernism*』[546]에 잘 나타나 있다. 자크 데리다(Jacques Derrida), 미셸 푸꼬(Michel Paul Foucault), 장 프랑수아 리오타르(J. F. Ryotard), 질 들뢰즈(Gilles Deleuze), 자크 라캉(Jacques Lacan), 롤랑 바르트(Roland Barthes) 등의 포스트구조주의자들은 근대 자유주의의 사상적 토대를 형성한 인식의 주체, 사유의 주체로서의 이성적이고 합리적인 자아의 진리관을 거부하고 주체를 해체시킴으로써 이성과 비이성, 주체와 객체의 명확한 구분이 사라지게 함으로써 포스트모던 시대를 열었다. 이러한 이분법의 해체는 현대 물리학

---

546 마단 사럽 지음, 전영백 옮김, 『후기구조주의와 포스트모더니즘』(서울: 조형교육, 2005).

의 전일적 패러다임과 그 맥을 같이 한다. 이른바 '주체의 죽음'으로
나타나는 주체의 해체에 대한 시도는 서구의 전통적인 형이상학의 진
리관을 해체시키려는 것이라는 점에서 실존철학의 선구자인 니체
(Friedrich Wilhelm Nietzsche)의 영향을 읽을 수 있다.[547] 니체의 『인간적
인, 너무나 인간적인 Menschliches, Allzumenschliches』(1878~ 1880), 『차
라투스트라는 이렇게 말하였다 Also sprach Zarathustra』(1883~1885)는
과거의 이상을 모두 우상偶像으로 간주하여 '신은 죽었다'라는 말로
지상에서의 삶의 의의를 초인超人의 입을 빌려 설파하며 새로운 이상
으로의 가치전환을 시도한 '생의 철학'의 기수로서의 그의 면모를 잘
드러내고 있다. 니체의 반형이상학적인 실존철학은 하이데거(Martin
Heidegger)에 이어 포스트구조주의자들에게 계승되어 포스트모던 시
대가 열리게 된 것이니, '해체주의'의 연원은 바로 니체의 실존철학
속에 내재된 해체주의적 요소에 있다고 보아야 할 것이다. 실증주의
와 실존철학이 주로 자연학과 인간학에 몰두하며 신(神性)의 절대성을
기반으로 한 종래의 형이상학적 진리관을 해체시키려했다면, 해체주
의는 거의 모든 분야에서 이성의 절대성을 기반으로 한 종래의 형이
상학적 진리관을 해체시키려하고 있는 것이다. 말하자면 신의 절대
성·중심성이 허구인 것처럼 이성의 절대성·중심성 또한 허구인 까
닭에 '존재의 형이상학'은 해체되어야 한다는 것이다.

---

547 마단 사럽 지음, 임헌규 옮김, 『데리다와 푸꼬 그리고 포스트모더니즘』(서
    울: 인간사랑, 1999) 참조. 한국칸트학회, 『포스트모던 칸트』(서울: 문학
    과지성사, 2006)에서는 흔히 니체의 적자로만 알려진 데리다, 푸코, 리오
    타르, 들뢰즈 등 포스트모던 철학자들이 실상은 칸트 철학의 磁場안에 있
    는 것으로 본다.

그렇다면 신의 절대성·중심성을 해체하고, 또한 이성의 절대성·중심성을 해체하고 나면 남는 것은 무엇인가. 절대성과 중심성이 허구인 것은 그 자체 속에 분리성이 내재되어 진리와 멀어졌기 때문이다. 이 우주는 생명의 본체인 신〔하늘(님), 混元一氣, 우주의 창조적 에너지〕의 자발적인 자기조직화의 창발 현상, 즉 자기복제(self-replication)인 까닭에 그 어떤 것도 분리되어 존재할 수 있는 것이 아니다. 신과 인간, 즉 신성과 이성은 물체와 그림자의 관계와도 같이 본체와 작용의 관계로서 본래가 하나이다. 우주의 실체가 의식이니 신은 곧 신성〔참본성, 一心, 보편의식, 전체의식〕이며 이는 인간의 내재적 본성인 까닭에 이성과 분리되어서는 실재성이 없는 것이다. 말하자면 생명의 본체인 참본성을 일컬어 신성이라 한 것이니 신성과 이성의 전일적, 유기적 연결성을 인식하지 못하면 양쪽 다 관념체에 머무르게 되어 그 어느 쪽도 실재성을 띨 수가 없는 것이다. 전일적 패러다임의 긴요성이 여기에 있다. 중세 신의 도그마에 대한 반기로 실증주의와 실존철학이 나타나 관념체인 신성을 해체시키려했다면, 근대 이성의 도그마에 대한 반기로 해체주의가 나타나 관념체인 이성을 해체시키려 한 것이다. 정확하게 말하면 해체주의는 데카르트의 합리적 절대자아로부터 실증주의와 실존철학에 이르기까지 서구의 근대세계 전반에 대한 근본적이고도 종합적인 성찰적 의미를 지닌 것이라 할 수 있다. 절대자로 군림한 왜곡된〔분리된〕 신성의 추방인 동시에 절대자로 군림한 왜곡된 이성의 추방인 것이다. 분리된 관념체가 모두 사라지고 나면 유기적 통합체로서의 실재세계가 그 모습을 드러낼 것이다. 이제 우리는 신성과 이성의 변증법적 통합을 통하여 진정한 인간학〔생명학〕을 수립해야 할 시대적 과제에 직면하게 된다.

객관적인 것이 곧 합리적인 것이고 과학적인 것이라는 과학지상주의가 20세기에 들어 실험물리학의 발달로 주체와 객체의 이분법의 허구가 드러나면서 현대 물리학의 도전을 받게된 것은 과학의 아이러니이다. 물질[色, 有]과 비물질[空, 無]의 궁극적 본질이 하나라고 보는 동양의 전일적 실재관이 불합리하다고 비판하며 정신·물질 이원론에 입각한 데카르트-뉴턴의 기계론적 세계관의 합리성을 옹호해온 과학이, 이제 '불합리의 합리' 내지는 '합리의 불합리'라는 역설로 동양적 실재관에 접근을 시도하고 있으니 분명 과학의 아이러니라 하지 않을 수 없다. 해체주의의 등장으로 이성적 주체의 해체와 더불어 과학적 합리주의의 준거가 해체되고 이성중심의 철학이 비판되면서 소외된 감성에 대한 재인식이 이루어지게 되는데, 특히 객관적 인식을 저해하는 것으로 여겨져 비합리적이고 비과학적인 것으로 치부되었던 영성[신성]에 대한 새로운 인식이 이루어지게 된 것은 주목할 만하다. 이러한 영성의 영역의 재인식은 이성이라는 장치에 의해 거부된 전근대적 영성의 단순한 부활이 아니라 이성의 성찰적 자기부정 (reflexive self-negation),[548] 즉 부정의 부정(negationof negation)을 통한 이성과 영성의 변증법적 통합의 과정을 보여주는 것이다. 인간의 삶이란 것이 모두 객관적으로 이해될 수 있는 것은 아니며 오히려 주관적 요소가 더 크게 작용하는 경우가 많다는 것은 주지의 사실이다. 프랑

---

[548] 여기서 필자가 '성찰적 자기부정'이라고 한 것은 靈性[神性]의 절대성·중심성을 부정하고 그 자리를 대체한 이성이 근대성의 逆說(paradox)을 낳으면서 '생각하는 이성(thinking reason)'이 되어 스스로의 중심부를 해체하는 자기반성적인 부정의 의미로 사용한 것이다.

스의 과학철학자이며 구조주의(構造主義 structuralism)의 선구자인 바슐라르(Gaston Bachelard)는 이성을 바탕으로 한 객관적이고 합리적인 과학의 세계에서 이미지와 상상력을 바탕으로 한 주관적 상상력의 세계가 우위에 있다고 천명함으로써 서구문명을 정면으로 부인했는데 이러한 그의 사상은 조르주 캉길렘(Georges Canguilhem), 루이 알튀세르(Louis Althusser)를 통하여 푸코에게도 영향을 미쳤다. 절대 권위나 가치에 대한 급진적인 비판을 의미하는 포스트구조주의자들의 주체의 해체는 탈중심적이고 탈이념적인 정치이론을 낳으며 인문사회과학 전반에 커다란 영향을 미치고 있다.

구조주의와 모더니즘이 상호 조응하듯, 포스트구조주의와 포스트모더니즘은 상호 조응한다. 구조주의와 포스트구조주의는 시기적으로 겹쳐있기 때문에 명확하게 구분하기란 쉽지 않다. 구조주의는 20세기 초 페르디낭 드 소쉬르(Ferdinand de Saussure)의 언어학 강의에서 시작되어 프랑스의 인류학자 클로드 레비스트로스(Claude Lévi-Strauss)로 계승되고 1960년대에 들어 캉길렘, 알튀세르, 데리다, 푸코, 리오타르, 들뢰즈, 라캉, 바르트 등의 참여로 활기를 띠게 되면서 프랑스 사상계를 지배하게 된다. 데리다, 푸코, 리오타르, 들뢰즈, 라캉, 바르트는 흔히 포스트구조주의자로 일컬어진다. 레비스트로스가 문화체계를 이루는 요소들의 구조적 관계라는 관점에서 문화체계를 분석한 데서도 알 수 있듯이, 구조주의는 어떠한 요소도 고립되어 있지 않으며 구조적 관계에서 차지하는 위치에 따라 그 의미가 결정된다고 보고 체계 전체를 연구대상으로 하여 구조적 관계에 초점을 맞추어 상호 기능 작용을 설명하고자 하는 방법이다. 구조주의가 구조를 선험적 · 보편적인 것으로 생각하며 필연을 사유하고 결정론과 합리주의에 닿아 있다면, 포스트구조주의는 구조의 역사성과 상대성에 착안하여 다원화되고 탈중심화된 역동적인 형태를 띠는 것으로 나타난다. 그러나 구조주의나 포스트구조주의는 자본주의나 사회주의와 같이 명확한 형태를 갖춘 사상적 조류라고 보기는 어려우며 포스트구조주의자들 사이에서도 통일된 견해를 수립하기란 쉽지 않다. 그럼에도 포스트구조주의는 포스트모더니즘과 맞물려 서구적 근대의 도그마에 대한 근본적이고도 종합적인 비판과 이성의 자기성찰을 담고 있으며 생태정치학적 담론과도 동일한 맥락으로 연계되어 있어 그 시사하는 바가 크다.

프랑스의 해체주의 철학자 데리다는 자신의 이론을 '문자학 (grammatology)'이라고 칭하며 다원적이고 탈중심적인 해체이론을 내놓았다. 그는 서구의 형이상학이 글보다 말이 더 본원적 의미에 가까운 것으로 여기는 서구의 전통에 입각해 있음을 비판하면서 말 또한 글과 마찬가지로 불완전한 이차 언어에 불과하다고 보고 이에 대항하는 자신의 이론을 '문자학'이라고 명명하며 해체이론을 주장하기 시작한 것이다. 말하기가 글쓰기를 억압한 것과 마찬가지 방식으로 이성이 감성을, 남성이 여성을, 백인이 흑인을 억압하였음을 이분법의 해체를 통하여 드러냄으로써 개성과 다양성이 배제된 서구적 합리주의의 비합리성을 보여주었다. 그의 해체이론은 서구의 사고 및 가치 체계의 중심성과 절대성을 해체함으로써 이분법을 기반으로 한 서구 문화와 사상의 토대를 뒤흔드는 강력한 도전이 되고 있다. 서구의 형이상학의 토대가 되고 있는 이분법은 사회정치 구조 속에 나타나는 지배 문화와 지배 이데올로기의 부당한 억압 구조와 그에 따른 소외 현상을 합리화하고 합법화하는 메커니즘으로 작용해온 까닭에 그러한 이분법의 경계를 해체해야 한다고 주장하는 것이다. 그의 해체이론에 따르면 지배 체제가 의거해 있는 진리란 단지 당대의 지식과 권력이 담합하여 반대 논리를 억압해서 만들어 놓은 것에 불과하므로 허구에 지나지 않으며 그런 관계로 절대성과 중심성을 가질 수 없다는 것이다. 그의 해체이론이 의미하는 해체란 외부의 강압에 의해서가 아닌, 내부의 인식의 전환을 통한 해체로서 복합적이며 다차원적인 역동적 변화가 일어나고 있는 시대적 전환기에 자기성찰을 통한 혁신의 한 방법일 수 있다.[549]

프랑스의 철학자이며 포스트구조주의의 대표자로 일컬어지는 푸코의 사회비평에 있어서도 다원화, 탈중심화 경향은 뚜렷하게 드러난다. 그는 『감시와 처벌 Surveiller et Punir』[550]에서 근대사회 자체를 하나의 거대한 감옥이라고 본다. 권력과 지식의 담합에 의해 운용되는 것으로 간주되는 이 거대한 감시와 처벌의 체계에서 '근대화' 된 '이성적' 인 권력들이 은밀하게 펼치는 교묘한 지배 방식이 그의 관심의 초점이다. 그는 감옥이라는 제도가 교정과 교화를 표방하며 출현했지만, 실상은 권력의 사회적 통제를 위한 전략적 산물로서 불법 행위에

자크 데리다(Jacques Derrida)의 해체이론에 관해서는 Michael Naas, *Taking on the Tradition: Jacques Derrida and the Legacies of Deconstruction*(Stanford, CA: Stanford University Press, 2003); 김영한, 「푸코, 데리다, 료타르의 해체사상」, 『해석학연구』제4집, 한국해석학회, 1997, 259-278쪽 참조.

550 Michel Foucault, *Discipline and Punish: the Birth of the Prison*, translated from the French by Alan Sheridan(New York: Vintage Books, 1979), 미셸 푸코 지음, 오생근 옮김, 『감시와 처벌: 감옥의 역사』(서울: 나남, 2003).

대한 권력의 응징이라는 정치적 기능과 더불어 권력의 지배를 강화하기 위한 억압적 수단으로 전락했기 때문에 현대의 감옥제도는 실패했다고 본다. 이는 마치 정신병원이 환자를 치료하기 위한 곳이라기보다는 이성과 합리성을 중시하는 사회가 배타적이고 독선적인 가치 기준에 의해 광인을 추방하고 감금하는 곳이 되어 버린 것과 같다는 것이다. 그는 지식과 권력이 결탁하여 편의적으로 설정해 놓은 기준에 의해 정상과 비정상이 자의적으로 구분되고 이러한 구분에 따라 정상에서 벗어난 사상이나 행동은—성관념 또한 예외가 아니다—비정상으로 매도되어 정신병자로 취급될 위험에 처하게 된다는 것이다. 말하자면 근대 사회는 개성과 다양성이 배제되어 있다는 것이다. 신체에 대한 권력의 작용은 작업장, 군대, 학교 등 사회의 다양한 영역들에서도 일어나는데, 정상적인 질서에서 벗어나는 자들은 규율의 감시, 처벌, 교정의 대상이 되며 이 과정에서 과학은 권력이 최소 비용으로 최대 효과를 거둘 수 있도록 기여하게 된다는 것이다. 이렇듯 푸코에게 있어 권력, 광기, 성은 상호 복합적인 관계망을 형성하고 있다. 또한 그는 자의적으로 설정해 놓은 기준에서 벗어난 사상이나 행동을 억압하는 사회의 억압구조가 진리라는 이름으로 정당화되고 있다고 비판하면서 객관적이고 보편적인 진리로 여겨졌던 기존의 모든 지식 체계를 회의했다. 사회적 합의란 상황적 힘의 균형에 불과하며, 진실과 허위, 선과 악의 구분이란 것도 자의적인 것에 지나지 않는다고 보았다. 그는 권력과 지식이 결탁한 감시와 처벌의 사회가 지배 체제의 강화를 위해 동원하는 방법에 대한 세밀한 분석을 통해 권력의 복합성에 대한 심층적인 이해와 더불어 근대 세계에 대한 비판적 통찰을 제공한다. 그의 사회비평은 「비평이란 무엇인가 What is Critique?」[551]라는 논문에서 드러나듯 근대의 방식 그 자체에 대한 비평이며 대안적 세계에 대한 비전과는 분리된 것이라는 입장을 보이고 있다.

데리다, 푸코와 같은 포스트구조주의자들의 다원적이고 탈중심적인 경향은 포스트모더니즘의 사상적 배경을 이루며 포스트모더니즘의 해체 현상을 이론적으로 조명해 준다. 근대합리주의의 비합리성을 비판하고 이분법의 해체를 강조하고 있다는 점에서 포스트모더니즘과 생태정치학적 담론의 입장은 다르지 않다. 정치학자 존 드라이제크(John S. Dryzek)는 『지구환경정치학 담론 *The Politics of the Earth: Environmental Discourses*』에서 모든 생태 담론이 산업주의를 극복하려는 시도로 나타난 것이라고 말하면서 그러한 산업주의에서 벗어나려는 시도가 어떻게(답습적? 창조적?), 어느 정도로(개혁적? 근본적?) 이루어지느냐에 따라 주요 생태 담론을 네 가지로 분류하고 있다. 즉, 정치경제적 현상을 받아들이되 환경문제에 대처하는 공공정책의 조정이 필요하다고 보는 '환경 문제 해결' 담론, 경제성장과 인구증가로 지구가 한계상황에 직면할 것이므로 전면적인 방향의 재설정이 필요하다고 보는 것으로 1970년대 초 로마 클럽 등에 의해 대중화한 '생존주의' 담론, 환경적 가치와 경제적 가치의 갈등을 해결하려는 시도로 1987년 세계환경발전위원회(WCED)의 브룬트란트 보고서 발표 이후 널리 확산된 '지속 가능한 발전' 담론, 그리고 대안적 사회를 지향하

---

551 Michel Foucault, "What is Critique?", in James Schmidt(ed.), *What is Enlightenment? Eighteenth-Century Answers and Twentieth-Century Question*(Berkely: Univ. of California Press, 1996).

며 산업사회의 기본 구조를 거부하는 '녹색 근본주의' 담론이 그것이
다.[552]

생태정치학적 담론과 포스트모더니즘은 인간 이성과 과학기술 문
명에 대한 과도한 신뢰가 결과적으로 인간성 상실과 인간 소외, 환경
파괴와 생태 위기를 초래했으며 그 근저에는 정신 · 물질 이원론에 입
각한 근대 서구의 기계론적 세계관이 작용하고 있다는 점에 대해 공
통된 견해를 갖는다. 근대 산업 문명의 폐해로 여겨지는 국가 · 지
역 · 계층간 빈부 격차, 지배와 복종, 억압과 차별, 환경 파괴 등의 문
제는 기존의 낡은 패러다임으로서는 해결이 불가능하므로 완전히 새
로운 삶의 패러다임을 채택해야 한다는 것이다. 그것은 정신 · 물질,
자연 · 문명, 생산 · 생존 이원론의 극복을 통하여 성장 제일주의적 산
업 문명을 넘어서는 것이다. 여성운동, 흑인 민권운동, 제3세계 운동,
생태운동 등의 사회 운동은 모더니즘 이후의 탈근대적인 시대정신과
조응한다. 이러한 탈근대적인 조류가 나타나게 된 배경에는 이성과
영성, 현상과 실재, 객관과 주관, 기술과 도덕, 보편성과 특수성간의
심연이 자리 잡고 있다. 이러한 심연을 메우기 위한 시도로서의 포스
트모더니즘이나 생태정치학적 담론은 단순한 시대사조라기보다는 근
대 서구의 세계관과 가치 체계의 근본적인 변화, 다시 말해서 데카르
트-뉴턴의 기계론적 세계관으로부터 전일적인 새로운 실재관으로의

---

552 John S. Dryzek, *The Politics of the Earth: Environmental
Discourses*(Oxford; New York: Oxford University Press, 1997), 존
S. 드라이제크 지음, 정승진 옮김, 『지구환경정치학 담론』(서울: 에코리
브르, 2005), 33-35쪽.

패러다임 전환과 그 맥을 같이 하는 것이다.

사회운동과 예술 문화 운동으로 시작되어 거의 모든 분야에서 세계적인 추세가 되고 있는 포스트모더니즘의 사조는 탈중심적이고 탈이념적인 정치이론에 닿아 있으며, 1970년대 초에 등장하여 1970년대 말과 1980년대 초에 들어 비평 담론으로서 확고한 위치를 굳힌 생태정치학적 담론과 긴밀한 연계성을 갖는다. 생태적 사회관에 기초한 소규모 공동체의 연대 강화와 역할 증대는 이러한 추세를 보여 주는 것이다. 포스트모더니즘이나 생태 담론에서 보듯 오늘날 사회 이론과 정치 이론의 경계가 느슨해지고 있는 것은 정치가 더 이상은 국가의 배타적 영역이 될 수 없다는 데 있다. 시민사회의 활성화로 정치 영역이 대폭적으로 확장되어 정치와 비정치의 구분이 점차 사라지면서 정치의 탈정치화 현상이 나타나고 있는 것과 일정한 관계가 있다고 보아야 할 것이다. 탈근대 논의에서 인간 이성의 절대성과 중심성이 거부되는 것은 이성이 참본성[신성, 영성]으로부터 멀어져 '도구적 이성'으로 전락했기 때문이다. 그것은 영성이 배제된 객관적 이성 중심주의이며 개성과 다양성이 배려되지 않은 전체성의 관점을 띠는 것이다. 제국주의적이며 서구 중심의 기획이라는 것이다. 이분법에 기초한 근대합리주의와는 달리, 생태적 포스트모더니즘이나 생태정치학적 담론에 나타나는 생태합리주의는 분권화와 다양성을 강조하며 이분법이 해체된 전일성을 기반으로 한다. 이분법의 해체란 인식의 전환을 통해서만이 가능하며 양 극단을 아우를 수 있는 의식의 확장이 전제되어야 한다. 해체주의의 핵심이 바로 여기에 있다.

포스트모더니즘과 생태정치학적 담론이 근대적 이성주의와 과학적 합리주의에 대한 경멸감을 공유하며 이분법의 해체를 주장하고 있긴 하지만, 보다 명료한 이해를 위해서는 해체의 본질에 대한 심층적인 접근이 요망된다. 근대의 도그마에 반기를 들고 객관적 이성과 과학적 합리주의의 절대성과 중심성을 해체해야 한다고 하지만, 이분법을 기반으로 한 이성적 주체를 해체하려고 하는 주체가 누구인지 규명하지 못하면 해체이론은 결국 현란한 말잔치에 불과한 것이 된다. 그것을 알기 위해서는 마음의 구조를 이해할 필요가 있으며, 마명馬鳴의 『대승기신론』을 주석한 원효의 『대승기신론소·별기』는 이에 관한 명료한 통찰을 보여 준다.

『대승기신론』은 일심을 이문二門의 구조로 설정하고 있는데 진여문眞如門과 생멸문生滅門이 그것이다. 우선 진여문에서는 우리의 진여한 마음에 관하여 설명하고 있다. 진여란 맑고 깨끗하며 고요한 마음의 본바탕을 말하는 것으로 그것은 각覺이라고도 불린다. 본래 근본으로 있는 것이라는 관점에서 그 각은 본각本覺이라고 불리기도 하고, 무명無明의 습기習氣 때문에 가려져 드러나지 않을 때에는 불각不覺이라고 불리기도 하지만, 일단 어느 계기에 그 본바탕이 드러나기 시작할 경우에는 시각始覺이라고 불린다. 따라서 이 시각은 본각과 같은 것이다.[553] 시각의 뜻은 본각에 의거하므로 불각이 있게 되고, 불각에 의거하기 때문에 시각이 있게 된다고 설명할 수 있다. 말하자면 시각은 불각과 상관관계에 있고, 불각은 본각과 상관관계에 있으며, 본각은 시각과 상관관계에 있는 것이다.[554] 여래장如來藏이라고도 불리는 일심의 본체는 바로 이 본각(究竟覺)인데[555] 『금강삼매경론』에서는 '본각

[553] 『大乘起信論疏』, 415쪽.
[554] 『大乘起信論疏』, 415-419쪽.

이품本覺利品'이라는 독립된 장을 설치하고 이 본각의 이利로써 중생에게 이익을 주는 도리를 나타내고 있다.[556] 다음으로 생멸문에서는 진여가 선善과 불선不善의 원인이 되고 또 연緣과 결합하여 모든 법을 변질시키는 것에 대해 설명하고 있다.[557] 비록 실제로는 모든 법을 변질시켰지만 항상 그 진성眞性은 파괴되지 않는 까닭에 이 생멸문 가운데에도 역시 진여가 포괄된다고 본다.[558] 말하자면 진여, 즉 참본성은 생멸하는 우주만물 속에 없는 곳이 없이 내재해 있는 것이다. 생멸문에서는 우리의 마음이 각覺이 되는 경우와 불각不覺이 되는 경우 두 가지가 있음을 밝히고 있다. 그런데 마음의 생멸에는 반드시 좋지 않은 생멸만이 있는 것이 아니라, 무명에 물들지 않은 맑고 밝은 생멸도 있다. 즉, 진여한 마음 그 자체의 불가사의한 힘에 의해 본각의 마음이 어떤 계기에 빛을 발할 수가 있다. 그때 그 각을 시각이라고 하는데 이미 언급된 바와 같이 시각과 본각이 별개의 것은 아니다.[559] 그리하여 『대승기신론별기』에서는 "불각이 본각에 영향을 미쳐 모든 염법染法을 낳게 하고, 본각이 불각에 영향을 미쳐 모든 정법淨法을 낳게 한다."[560]고 하고, 이와 같이 전개되어 가는 과정은 상호적인 관계에

---

555 『大乘起信論別記』, 467쪽
556 『金剛三昧經論』, 181-197쪽.
557 『大乘起信論別記』, 468쪽 : "生滅門者 卽此眞如 是善不善因與緣和合 反作諸法."
558 『大乘起信論別記』, 468쪽.
559 cf.『金剛三昧經論』, 160쪽.
560 『大乘起信論別記』, 474쪽 : "由不覺熏本覺故 生諸染法 有本覺熏不覺故 生諸淨法." cf.『大乘起信論疏』, 403쪽.

있으므로 '무가 아니면 유도 아니고 유가 아니면 무도 아니다(非無而非有 非有而非無也)'[561]라고 하였다. 따라서 염染과 정淨의 성품에 집착함은 모두 망상이며, 그것을 떠나게 될 때 후에 모든 공덕을 이룩하게 된다. 말하자면 대승大乘 윤리가 발휘되게 되는 것이다.

이상에서 보듯 일심을 편의상 이문二門으로 설정하고 있지만 진여와 생멸은 본체[본체계, 의식계]와 작용[현상계, 물질계]의 관계로서 본래 하나, 즉 일심이다. 말하자면 일심은 본체인 동시에 작용이며 또한 본체와 작용이 변증법적 통합을 이루는 메커니즘이기도 하다. 이러한 본체·작용·본체와 작용의 합일이라는 변증법적 구조는 천부경의 천·지·인, 불교의 법신·화신·보신, 기독교의 성부·성자·성신, 동학의 내유신령·외유기화·각지불이의 3화음(和音 triad)적 구조와 일치하는 것이다. 삼신일체三神一體 또는 삼위일체三位一體는 생명의 본체인 일심[참본성, 보편의식, 전체의식, 근원의식, 우주의식, 우주의 창조적 에너지, 混元一氣, 하늘(님), 유일신]의 3화음적 구조를 나타낸 것으로 우주만물의 본질은 이로써 설명이 가능하다. 그렇다면 이분법을 기반으로 한 이성적 주체를 해체하려고 하는 주체가 누구인지는 분명해졌다. 그것은 바로 일심의 본체인 본각이다. 진여한 마음 그 자체의 불가사의한 힘에 의해 본각이 어떤 계기에 빛을 발함으로써 불각에 영향을 미쳐 바른 법을 낳게 되는 것이다. 따라서 해체의 비밀은 바로 이 일심에 있다. 일심의 원천으로 돌아가기 위해서는, 다시 말해서 본래의 공적空寂한 마음을 얻기 위하여서는 지행止行[修身]과 관행觀行[헌신적 참여]을 동시에 닦아 나가야 한다.[562]

---

561 『大乘起信論別記』, 477쪽.

이러한 본체와 작용의 관계는 곧 일(一)과 다多의 관계이다. 천부경에서는 우주만물을 기본수 삼三으로 나타내고 있으므로 일과 다의 관계는 곧 일과 삼의 관계이다. 본체가 곧 작용이니, 일즉다一卽多 · 다즉일多卽一이요 일즉삼一卽三 · 삼즉일三卽一이다. 우주만물은 생명의 본체인 '하나(一)' 563의 자기복제(self-replication)인 까닭에 무수한 것 같지만 기실은 하나의 기(氣, 混元一氣)밖에 없는 것이다. 그렇다고 기계적 평등을 주장하는 것은 결코 아니다. '하나(一)'의 본질이 곧 다(多, 우주만물)이고 '다'의 본질이 곧 '하나(一)'이니, 본체와 작용의 관계에 있는 '하나(一)'와 우주만물의 상호 관통을 알지 못하고서는 이분법은 해체될 수가 없다. '하나(一)'의 진실은 우주만물의 다양성 속에 있고, 우주만물의 진실은 '하나(一)'의 전일성 속에 있다. 무수한 나뭇가지가 하나의 뿌리에서 나와 다시 그 뿌리로 돌아가듯, 다양성은 전일성에서 나와 다시 그 전일성으로 돌아가는 것이니 다양성과 전일성은 본래 하나이다. 다양성 그 자체가 전일성이니 다양성은 그 어떤 의미에서도 손상되지 않는다. '하나(一)'가 종자라면, 우주만물(三)은 그 나무이고, 열(十)은 그 열매다. 종자인 '하나(一)'와 그 나무인 우주만물(三)은 둘이 아니며, 종자인 '하나(一)'와 그 열매인 열(十) 또한 둘이 아니다. 따라서 '하나(一)'와 셋(三)과 열(十)은 종자와 나무와 열매

---

562 『金剛三昧經論』, 145쪽 : 『大乘起信論疏』, 397쪽.
563 생명의 본체는 감각이나 지각을 초월해 있으며 因果法則에서 벗어나 自本 自根 · 自生自化하는 절대유일의 '하나(一)'인 까닭에 그 무어라 이름붙일 수 있는 것은 아니지만, 실제로 다양하게 명명되고 있으니 여기서는 천부경에서처럼 그냥 '하나(一)'라고 한 것이다. 여기에 '님' 자를 붙이면 '하나' 님〔'하늘' 님〕이 된다.

의 관계로 모두 하나이다. 이는 마치 움직임이 극極에 달하면 고요해
지고 고요함이 극에 달하면 다시 움직이는 태극太極과도 같이, '하나
(一)'가 묘하게 피어나 생장·분열하여 열매(十)를 맺게 되지만 그로
써 끝나는 것이 아니라 그 열매(十)는 다시 종자인 '하나(一)'가 되고
그 '하나(一)'에서 천·지·인 삼극이 갈라져 나오는 과정이 다함이
없이 순환 반복되는 것이다. 이러한 생명의 전일적 과정을 인식하게
되면 사람과 하늘이, 우주만물과 하늘이 둘이 아님을 알게 되어 천·
지·인 삼재의 조화를 체득하게 되는 것이다. 이러한 조화를 체득하
게 될 때 비로소 진정한 의미의 생태적 마인드를 갖게 되는 것이다.
모든 이분법은 본체와 작용의 합일, 즉 천·지·인 삼재의 조화를 체
득하지 못한 데서 오는 것이다. 천·지·인 삼재의 조화에 관해서는
제4장 1절 "생태정치학적 사유의 사상사적 연원"에서 충분히 설명된
바이다.

　인간 존재의 세 중심축인 천·지·인 삼재의 조화를 체득하지 않
고서는 근대적 사유 체계가 기반으로 하고 있는 이분법을 해체할 길
이 없는 것이다. 우주만물은 혼원일기(混元一氣, 至氣)인 '하나(一)', 즉
하늘(天)의 화현化現인 까닭에, 다시 말해서 우주만물이 모두 한 기운
한 마음으로 꿰뚫어진 까닭에 우주만물의 생성·변화·소멸 자체가
모두 하늘의 조화造化 작용[564]인 것으로 나타나는 것이다. 본체와 작용

---

564 『海月神師法說』「靈符呪文」: "吾道 義 以天食天-以天化天…宇宙萬物 總
　　貫一氣一心也." cf. The Bhagavad Gita, 4. 24. : "Who in all his work
　　sees God, he in truth goes unto God: God is his worship, God is his
　　offering, offered by God in the fire of God."

의 합일에 대한 인식을 통해 천 · 지 · 인 삼재의 조화를 체득하게 되면 이분법의 해체는 저절로 일어나게 되는 것이니, 데리다의 해체이론이 말하는 내부의 인식의 전환에 의한 해체라는 것도 바로 이것이다. 푸코의 비판적 사고가 근대의 방식—본질적으로는 이분법—그 자체에 대한 비판이며 대안적 세계에 대한 비전과는 분리된 것이라고 하는 것도 이러한 의식의 본질을 들여다보지 않고서는 언어의 유희에 불과한 것이 된다. 생태정치학적 담론에서 이루어지고 있는 서구적 근대의 초극 논의 또한 이분법의 해체를 통한 패러다임 전환과 관련되는 것이다. 무수한 나뭇가지와 잎들의 진실은 그 뿌리와의 연결성 속에서만이 드러날 수가 있듯이, 무수한 것처럼 보이는 우주만물의 진실 또한 '하나(一)'인 혼원일기와의 연결성 속에서만이 드러날 수가 있는 것이다.

앞서 논의된 바와 같이 인류는 지금 문명사적 대전환기에 처해 있다. 포스트모더니즘 사조의 등장이나 생태정치학적 담론의 부상은 역사의 큰 흐름 속에서 읽혀져야 한다. 하늘(天)과 성(性)과 신(神)이 하나로 용해된 천부사상에서 전 세계 종교와 사상 및 문화가 수많은 갈래로 나누어져 제각기 발전하여 꽃피우고 열매를 맺었다가 이제는 다시 하나의 뿌리로 돌아가 통합되어야 할 시점에 이른 것이다. 동양의 전일적 실재관이 생명의 본체, 작용, 본체와 작용의 합일에 대해 보여주고 있긴 하지만, 서양의 기계론적 세계관이 등장하여 무수한 사상事象을 만들어 내기 전까지는 전일성의 본질로서 내재해 있는 다양성은 구체적 현실태로 드러나지 않았다. 기계론적 세계관의 등장은 전일성에 내재한 다양성을 드러냄으로써 그 다양성이 다시 전일성으로 돌아가는 계기를 제공했다는 점에서 그 의의를 찾을 수 있다. 그리고 보면 동·서양의 문명사는 전일성과 다양성, 즉 '접혀진(enfolded)' 질서와 드러난 질서 간의 상호 관통을 보여 주는 하나의 흐름인 것이다. 이러한 상호관통을 직시하게 될 때 이분법의 해체는 저절로 일어나게 되고 패러다임 전환과 더불어 대통합의 새로운 문명이 그 모습을 드러낼 것이다.

제3절 생태적 근대화와 생태민주주의

생태적 근대화(ecological modernization)는 1980년대 초반 독일의 사회학자 요제프 후버(Joseph Huber)와 마르틴 재니케(Martin Jänicke)에 의해 처음 제기된 이후 1984년 OECD(경제협력개발기구 Organization for Economic Cooperation and Development)의 환경경제회의(Conference on Environment and Economics)에서 국제적 지지를 얻었으며, 1990년대에 들어 '지속 가능한 사회(sustainable society)' 개념과 연결되면서 특히 환경사회학과 정치학 분야에서 세계적으로 주목을 받기 시작하였다. 생태적 근대화란 경제와 자연의 관계에만 초점을 둔 기존의 단선적인 생태 문제 대응 방식에서 벗어나 정치, 경제, 사회, 문화 각 부문의 생태화(ecologization)를 통해 시스템적으로 추진되는 새로운 차원의 근대화를 말한다. 90년대 이후 두드러진 사회 각 분야의 환경 개혁을 함축하고 있는 생태적 근대화는 자본주의 정치경제 및 사회 문화 체제를 생태적으로 건전하고 지속 가능한(ecologically sound and sustainable)[565]

---

[565] '환경적으로 건전하고 지속 가능한 발전(environmentally sound and

수준으로 재구성하는 것이다. 이는 곧 경제 성장과 생태 보존이 상보
적이라는 인식을 기반으로 산업 사회에서 생태 사회로의 전환과 그
맥을 같이 하는 것이다.

모든 생태 담론이 산업주의의 극복이라는 공통된 지향점을 갖고
있는 것은 생태 문제가 직접적으로는 산업화 과정의 부산물인 데서
오는 당연한 귀결일 것이다. 그런 까닭에 기존의 생태 문제 대응 방식
은 지속 가능한 발전의 이념이나 정부의 환경 정책, 기업의 녹색 경영
이나 시민단체들의 생태운동에서 드러나듯 주로 근대화의 경제적 요
소와 자연의 관계에 초점이 맞추어져 있었다. 그러나 생태적 근대화
는 경제적 요소뿐만 아니라 정치 · 사회 · 문화적 요소들까지도 모두
생태화할 수 있는 시스템적 접근을 기반으로 하고 있으며, 자본주의
정치경제를 생태적으로 재구성함에 있어 정책 결정 과정의 개방성과
투명성을 높이고, 정부 · 기업 · 생태론자 등이 상호 협력하는 파트너
십을 중요시한다.[566] 환경 친화적인 기술 개발과 더불어 생산양식의
전환을 통해 생태 위기에 대처하는 방식을 요제프 후버는 '초산업화
(super-industrialization)'[567]라고 부르는데 이는 곧 환경에 대한 과부하過

---

sustainable development, ESSD)'의 개념은 1987년 세계환경발전위
원회(WCED)가 「우리 공동의 미래(Our Common Future)」라는 브룬
트란트 보고서를 통해 제기한 것이다. 마르턴 하여르(Maarten Hajer)는
이 보고서를 생태적 근대화의 핵심 문건으로 분류했다(Maarten Hajer,
*The Politics of Environmental Discourse: Ecological Modernization
and the Policy Process*(Oxford: Oxford University Press, 1995),
p.26).

566 cf. Peter Christoff, "Ecological Modernisation, Ecological
Modernities," *Environmental Politics*, 5, 1996; Maarten Hajer, op.cit..

負荷를 최소화함으로써 생태적 근대화를 달성하려는 것이다.

생태적 근대화론의 기초적 틀을 제공한 아서 몰(Arthur P. J. Mol)은 생태적 근대화가 단지 '녹색 치장' 수준이 아니라 실질적으로 진행될 수 있기 위해서는 무엇보다도 참여민주주의와 정부의 탈중심화가 중요하다고 보고 풀뿌리 조직의 적극적인 정책 참여의 필요성을 역설한다.[568] 그에 의하면 이러한 생태적 근대화는 네덜란드와 스웨덴, 노르웨이, 독일 등 서유럽의 일부 국가에서 전형적으로 나타나고 있으며 이들 나라에서 과학기술은 더 이상 환경 문제를 야기하는 주범이 아니라 오히려 친환경적인 설계를 주도하는 역할을 하게 됐다는 것이다. 이들 나라에서는 시장이든 경제 주체든 기업이든, 환경의 경제적 효과에 대한 인식이 일반화되고 그에 관한 규범이 통용되고 있어 환경을 우선적으로 고려하는 분위기가 지배적이라는 것이다. 예컨대 기업이 은행으로부터 융자를 받으려면 경영 실적뿐만 아니라 환경 실적이 좋아야 한다는 것이다. 국가의 정책 결정 방식은 중앙 집중화된 폐쇄적인 써클에서 벗어나 분권화된 참여민주주의적인 방식을 채택하고 있으며, 풀뿌리 생태운동 또한 소극적인 저항적 자세에서 벗어나 전문가 조직으로서 정책 결정 과정에 적극적으로 참여하는 새로운 역할을 형성하고 있다는 것이다.

'근대화'라는 용어가 진보(progress)의 의미를 함축하고 있듯이 생

---

567 허상수, 『기술발달과 생태적 패러다임 전환』, 정책자료 2005-05, 과학기술정책연구원, 2005, 23쪽에서 재인용.

568 Arthur P. J. Mol, "Ecological Modernisation and Institutional Reflexivity: Environmental Reform in the Late Modern Age," *Environmental Politics*, 5, 1996, pp.314-315 참조.

태적 근대화 또한 사회 진보와 연결되어 있다. 정치학자 존 드라이제크(John S. Dryzek)에 따르면 생태적 근대화는 지속 가능한 발전과 마찬가지로 적어도 선진국 국민들에게는 확신의 담론이며 그런 점에서 경제성장과 환경 보존 사이에서 곤란한 선택을 해야 할 필요가 없게 된다는 것이다. 그러나 그는 생태적 근대화 논의가 국가 · 지역 · 계층 간 사회 정의 문제로 확장되고 있지 못하다고 지적한다. 부유국과 빈곤국간의 사회 정의는 물론이고 제3세계의 발전방향과 전 지구적 차원의 대처 방안에 대해서는 완전히 침묵하고 있다는 것이다. 개발도상국이 반생태적인 근대화 방식을 거치지 않고도 '깨끗한 성장'을 할 수 있을 것인지에 대해 학계의 관심이 집중되고 있지만, 네덜란드, 노르웨이, 독일, 스웨덴, 일본의 경우에서 보듯 생태적 근대화를 선택할 수 있는 단계에 이르기 위해 반생태적인 근대화 방식에 많은 시간을 소모했듯이 개발도상국도 선진국의 그러한 발전 방향을 답습하고 있는 실정이다. 현재로서는 생태적 근대화보다는 지속 가능한 발전이 개발도상국의 발전 가능성에 더 분명한 답으로 여겨지는 것이다.[569]

피터 크리스토퍼(Peter Christoff)는 생태적 근대화의 스펙트럼을 크게 약한 생태적 근대화와 강한 생태적 근대화로 나누고 있다. 전자가 환경 문제의 기술적 해결에 초점을 두는 '기술조합주의적(techno-corporatist)' 성격을 갖는 것으로 빈곤국의 경제적 · 환경적 상황을 배려하지 않은 선진국의 분석에 한정된 것이라면, 후자는 정치경제 체제의 광범위한 변화를 상정하며 참여와 소통을 극대화할 수 있는 개방적이고 투명한 정책 결정 과정과 생태적 근대화의 다양한 가능성을

---

569 존 S. 드라이제크 지음, 정승진 옮김, 앞의 책, 257-258쪽.

함축한 것으로 환경과 개발의 전 지구적 차원에 관심을 갖는다.[570]

크리스토퍼의 강한 생태적 근대화 관점은 마르턴 하여르(Maarten Hajer)의 '성찰적인' 생태적 근대화나 울리히 베크의 '성찰적 근대화'와 상통하는 것으로 생태적 지속성(ecological sustainability)을 띤 정치경제 체제로의 현실적인 변화가 없이는 생태적 근대화라는 것이 수사적인 것에 그치고 만다는 것이다. 그의 약한 생태적 근대화 관점은 부유국이 빈곤국에 폐기물을 수출하거나 오염을 유발하는 산업 시설을 설치하거나 빈곤국의 자원을 지속 가능하지 않은 방식으로 개발하고 착취하는 데서 잘 드러난다. 강한 생태적 근대화 관점은 생태적으로 건전하고 지속 가능한 대안 사회를 도출함에 있어 근본적인 전략적 통찰을 제공할 수는 있으나 아직은 담론의 단계에 불과하다. 세계화와 지역화, 보편성과 특수성을 조화시킬 수 있는 의식의 질적 변화가 수반될 때 활성화될 수 있을 것이다. 1992년 리우Rio 유엔환경개발회의(UNCED)에서 채택된 기후변화협약(UNFCCC)을 이행하고자 이산화탄소 등 온실가스 배출 동결에 합의한 1997년의 '교토의정서(Kyoto Protocol 또는 교토기후협약)'가 세계 온실가스 배출량의 25%와 선진국 배출량의 36.1%를 차지하는 미국의 불참으로 발효가 늦어지고 있는 것을 보더라도 환경제국주의적 구조가 사라지지 않고서는 국제적 차원에서의 환경과 개발의 조화는 이루어지기 어렵다. 이러한 환경제국주의적 구조는 '성찰적인' 생태적 근대화가 풀어야 할 시대적 과제다.

1980년대 이후 생태적 근대화에 대한 연구의 관점을 보면 환경 개선을 위해 기술 개혁의 중요성을 강조하는 관점에서 점차 제도적 및

---

570 Peter Christoff, *op.cit.*.

문화적 차원에 대한 강조와 더불어 국가와 시장 역할의 균형을 강조
하는 관점으로 바뀌다가 1990년대 중반 이후에는 생태적 재구조화
와 개혁을 위한 주축으로서의 시장과 경제 주체들의 중요성이 증대되
고 국가의 역할은 비규제적이고 합의적인 역할로 전환되어야 한다는
관점이 나타난다. '생태의 경제화(economizing the ecology)' 또는
'경제의 생태화(ecologizing the economy)'라고 일컬어지는 1990년
대 중반 이후의 생태적 근대화의 관점은 생산과정뿐만 아니라 소비과
정까지도 포함시키고 있다는 점에서 생산 과정의 통제를 통해 환경
문제를 개선 및 예방해야 한다는 지속 가능한 발전의 관점과는 차이
가 있다. 생태적 근대화의 관점은 최근 국가의 조직 문제로까지 확대
되어 정부의 모든 업무가 환경 관리 체제를 제도화시킬 필요가 있다
고 보고 '정부 구조와 과정의 생태화'를 역설한다. 생태적 근대화는
근대화의 네 요소, 즉 정치적 측면의 민주화, 경제적 측면의 산업화,
사회적 측면의 도시화, 문화적 측면의 개인주의화를 환경이라는 명제
하에 통합시켜 상호작용하는 유기적 관계의 틀 속에서 통합적으로 진
행되어야 한다고 보는 관점이다. 한마디로 생태적 근대화는 과학기술
의 역할 변화, 시장과 경제 주체들의 중요성 증대, 국가 역할의 전환,
생태운동의 위상과 역할 변화 등에 따라 새로운 지속 가능한 발전의
개념으로 재평가를 받게 된 것이다.[571]

생태적 근대화의 달성은 '주거지, 집'을 뜻하는 그리스어 'oikos'
에서 각각 파생된 생태학(ecology)과 경제학(economics)이 본래의 뿌리
로 돌아가 하나가 될 때 가능해진다. 이는 곧 '경제의 생태화' 또는

___

571 허상수, 앞의 책, 24-26쪽.

'생태의 경제화'를 통해 산업 사회에서 생태 사회로 전환하는 것을 의미한다. '성찰적인' 생태적 근대화는 과학기술의 발전과 더불어 이 분법이 해체된 생태적 마인드를 갖는 것이 무엇보다도 중요하다. 생태적으로 건전하고 지속 가능한 사회로의 전환은 단순히 기술적인 문제가 아니라 세계관과 사고방식 및 가치 체계의 문제이며 정치적 의지와 결단의 문제이기 때문이다. 드라이제크는 산업 사회에서 생태 사회로의 전환이 진정한 민주주의를 위한 것이라고 말한다. 근대화와 민주주의의 긴밀한 함수관계는 정치의 민주화가 경제의 자율성을 보장함으로써 산업화가 촉진되었다는 사실에서 잘 드러난다. 생태적 근대화와 생태민주주의의 관계도 이와 유사하다. 생태민주주의가 사회전 분야의 생태적 가치를 활성화시키게 되면 산업 사회에서 생태 사회로의 전환이 촉진될 것이기 때문이다. 생태민주주의가 생태적 가치를 활성화시킬 수 있는 것은 탈중심성과 소통성을 지향하는 원리가 내재되어 있는 까닭이다. 여기서 소통성이란 인간 내적 세계의 소통뿐만 아니라 인간 외적 세계와의 소통까지도 포괄하는 것이다. 말하자면 인간과 인간, 인간과 자연 간 소통 체계의 전면적 회복을 지향하는 원리가 생태민주주의에 내재해 있는 것이다. 이러한 소통성은 이분법을 기반으로 한 근대 민주주의 틀 속에서는 작동할 수 없는 까닭에 탈근대성을 내포하는 생태민주주의 논의가 나타나게 된 것이다. 이는 마치 근대화 논의의 한계를 극복하기 위해 생태적 근대화 논의가 나타나게 된 것과 같은 이치다.

생태적 근대화와 생태민주주의의 긴밀한 연계성은 생태적으로 건전하고 지속 가능한 사회로의 전환이 세계관과 사고방식 및 가치 체계의 문제인 동시에 정치적 의지와 결단의 문제로서 의식의 변화와 더불어 제도적 변화를 전제로 한다는 데 있다. 여기서 생태적 근대화가 근대화의 내부적 지양을 통해서 달성될 수 있는 것인지, 아니면 근대화와의 완전한 단절을 통해서 달성될 수 있는 것인지, 또는 생태민주주의가 자유민주주의의 내부적 지양을 통해서 달성될 수 있는 것인지, 아니면 자유민주주의와의 완전한 단절을 통해서 달성될 수 있는 것인지에 대한 논쟁이 일어날 수 있다. 이는 자본주의에서 사회주의가 등장한 이치에서 유추해 생각해 볼 수 있다. 사회주의는 자본주의의 내재적 모순을 극복하고자 자본주의에 대한 반反의 개념으로 나타난 것이다. 말하자면 자본주의의 구조적 모순이 가져온 자기분열로 인해 나타난 '성찰적' 자본주의가 곧 사회주의이다. 자본주의가 드러낸 개체성의 분열과 자유의 불평등을 목격하고서 개체성 속에 내재된 전체성을, 자유 속에 내재된 평등성을 보여주기 위해 '성찰적' 자본주의가 등장한 것이다. 그러나 '성찰적' 자본주의는 근대 자본주의가 개체성 속에 내재된 전체성을, 자유 속에 내재된 평등성을 간과한 것과 마찬가지로 전체성 속에 내재된 개체성을, 평등 속에 내재된 자유를 간과함으로써 마침내 베를린 장벽의 붕괴로 이어져 '성찰적' 자본주의가 결국 진짜가 아닌 '유사 성찰적(quasi-reflective)' 자본주의였음이 판명되었다. 그럼에도 사회주의의 등장은 전체성과 평등성을 일깨움으로써 자본주의의 체질을 강화시키고, 자본주의의 자기수정을 촉구하였으며, 개체성과 전체성, 자유와 평등이 유기적으로 통합해야 할 필요성을 각인시켰다는 점에서 그 의의를 찾을 수 있다.

이렇게 볼 때 전근대와 근대, 근대와 탈근대, 근대화와 생태적 근대화, 민주주의와 생태민주주의의 관계도 겉으로는 완전한 단절처럼 보이지만 실제로는 내부적 지양을 통해 나타난 다른 모습인 것이다.

따라서 완전한 단절이냐 내부적 지양이냐 식의 소모적인 논쟁은 본질
을 직시하지 못한 데서 오는 것으로 완전한 단절은 실재하는 것이 아
니다. 이 우주는 미시적인 차원에서 거시적인 차원에 이르기까지 본
체[본체계, 의식계]와 작용[현상계, 물질계]의 합일이라는 대명제를 입증하
기 위해 벌어지는 파노라마 그 이상도 이하도 아니다. 인간 역시 이러
한 파노라마에 논객으로 뛰어들어 생사를 거듭하며 온몸으로 대명제
를 입증하고 있는 것이다. 만물만상은 진리의 다양한 몸짓의 나타남
이다. 자연의 문을 열면 무수한 사상事象이 있지만 닫으면 하나이다.
우주만물이 무수한 것 같지만 기실은 생명의 본체인 하나(님), 즉 혼
원일기(混元一氣, 一心, 참본성, 보편의식, 전체의식)밖에 없는 것이다. 역사의
무대는 전일성과 다양성의 상호 관통을 보여 주는 거대한 학습의 장
이다. 동양 문명은 생명의 전일성을, 서양 문명은 생명의 다양성을 드
러내보였다. 그러나 전일성의 진실은 다양성 속에 있고 다양성의 진
실은 전일성 속에 있는 까닭에 양자의 상호 관통을 직시하지 않고서
는 역사의 의미를 정확하게 알 수가 없는 것이다. 오늘날 전일적 패러
다임이 통용되지 못하는 것은 생명의 다양성이 손상되었음을 반증하
는 것이다. 인간 이성과 과학적 합리성에 대한 굳건한 믿음은 무한한
진보와 합리적인 사회 발전에 대한 약속을 제대로 지켜 내지 못한
'절반의 근대(semi-modern)'에 회의로 돌아서게 되고 내부적 지양을
통해 '성찰적' 근대화로 그 모습을 드러낸 것이다. 그러나 '성찰적'
근대화가 단순한 언어적 수사가 아닌 진짜가 되려면 '절반의 근대'가
기반으로 했던 이분법이 해체되지 않으면 안 된다. 이원론적 세계관
을 기반으로 한 자유민주주의 틀 속에서 소통 체계의 작동은 한계가
있을 수밖에 없기에 1980년대 중반 이후 대안 민주주의 논의가 활발

히 전개되면서 생태민주주의 논의가 활성화되게 된 것이다. 따라서 생태민주주의가 실질적으로 기능할 수 있기 위해서는 이원론적 세계관의 해체와 더불어 제도적 수정이 이루어져야 한다. 사람은 그대로인데 제도만 바꾸는 식이 되어서는 생태적 가치가 활성화될 수 없다.

생태 문제가 인간과 인간, 인간과 자연의 유기적 통합성에 금이 갈 때 생겨나게 된다는 것은 주지의 사실이다. 자유민주주의체제가 생태 문제를 해결함에 있어 한계를 드러내는 것도 정치적으로 대변할 수 있는 구성원의 범주가 자국민으로 한정되어 있어 자연은 제외된 데다가 전 지구적 차원의 생태 문제에 효율적인 공조 체제를 형성하지 못하고 있고 또한 개인주의를 기반으로 한 체제의 속성상 주로 현 지배 계층의 이익을 대변하는 반생태적, 반생명적 정치가 이루어지고 있기 때문이다. 말하자면 자유민주주의체제의 작동 방식이 기본적으로 인간이 모든 가치의 근원이며 자연은 단지 도구적인 가치를 지닐 뿐이라는 인간 중심의 가치에 기초해 있는데다가, 자연 이용 과정에서 혜택은 선진국 지배 계층이 누리고 환경 비용은 후진국 일반 민중이 부담하는 식의 환경제국주의적 구조를 조장하고 있고, 또한 전체 구성원의 이익보다는 현 지배 계층의 이익을 대변하고 있는 까닭에 생태 문제에 한계적으로 대처할 수밖에 없다는 것이다. 따라서 생태 문제에 효율적으로 대처할 수 있기 위해서는 기존의 구조적 결함이 지양된 새로운 틀이 필요하게 되는데 생태적 근대화와 생태민주주의라는 틀이 바로 그것이다.

앤드류 돕슨(Andrew Dobson)은 대의민주주의가 정치적으로 대변할 수 있는 범위가 현 세대의 자국민으로 국한되어 있어 생태 문제에 대처하기에는 한계가 있으므로 외국민이나 미래세대, 자연을 새로운 유

권층으로 편입시킬 필요가 있다는 입법 차원에서의 방안을 제시한
다.[572] 이러한 방안은 마르턴 하여르(Maarten Hajer)가 제시하는 환경
관련 정책 결정 과정의 개방성과 투명성을 높이는 행정 차원의 개혁
[573]과 맞물려 상승 효과를 일으킬 수 있다는 점에서 생태적 가치를 활
성화시킬 수 있는 제도적 방안의 하나로 볼 수 있다. 돕슨의 방안은
세계화가 급속도로 진행되고 있는 오늘날 시의적절한 것으로 볼 수는
있으나 정치실천적 차원에서 녹색 공영역(public realm 또는 public
sphere)[574]이 활성화되어 있지 않으면 실효성을 기대하기 어렵다는 난
점이 있다. 녹색의 공영역화 내지는 공영역의 녹색화를 통한 녹색 공
영역의 제도화는 생태민주주의의 바로미터와도 같은 것이다. 제도적
차원의 변화와 더불어 세계관과 사고방식 및 가치 체계의 변화가 수
반되어야 하는 것은 이 때문이다. 사회생태학 · 정신생태학 · 환경생
태학이라는 세 가지 생태학을 제시한 펠릭스 가타리(Felix Guattari)
는 새로운 생태민주주의를 지성 · 연대 · 협의 · 책임 윤리의 동의어로
보고 있다.[575] 사실 기존의 낡은 제도를 대체할 새로운 제도들이 끊임

---

572 Andrew Dobson, "Representative Democracy and the Environment,"
     in William M. Lafferty and James Meadowcroft(eds.), *Democracy
     and the Environment: Problems and Prospects*(Cheltenham, UK:
     Edward Elgar, 1996).

573 Maarten Hajer, *op.cit.*.

574 공영역에 관해서는 Jürgen Habermas, "Further Reflections on the
     Public Sphere," in Craig Calhoun(ed.), *Habermas and the Public
     Sphere*(Cambridge, Mass.: MIT Press, 1992) 참조.

575 펠릭스 가타리 지음, 윤수종 옮김, 『세 가지 생태학』(서울:동문선,
     2003), 23, 61쪽.

없이 나타나고는 있지만 정작 그러한 제도들이 효율적으로 작동되지 못하는 것은 여전히 낡은 세계관과 사고방식 및 가치 체계로 그들 제도를 운용하려 하고 있기 때문이다. 생태 문제와 관련하여 자유민주주의체제가 처한 딜레마가 다양한 것 같지만 본질적으로는 하나의 문제가 형태를 달리하여 나타난 것에 불과하다. 행정 정치제도의 비효율성과 정책 결정 과정의 비합리성, 사회 경제적 불평등과 분배정의 문제, 장기적인 환경계획에 따른 책임소재 문제, 생태적 가치의 인식 및 활성화 문제 등은 모두 세계관과 사고방식 및 가치 체계의 문제와 관련되어 있으며 또한 거기에서 파생된 것이다. 따라서 패러다임 전환과 더불어 제도적 차원의 조정이 이루어질 때 생태적 가치는 활성화될 수 있을 것이다.

생태민주주의는 사회체계와 자연체계 사이의 경계선을 지워버리는 '경계선 없는 민주주의' 라고 드라이제크는 말한다. 그가 분류하는 생태 담론이 벌이는 논쟁으로는 지구의 한계 상황을 둘러싼 '생존주의' 한계 담론과 영원한 성장을 확신하는 '프로메테우스' 적 담론, 환경 문제 해결을 둘러싼 행정적 합리주의, 민주적 실용주의, 경제적 합리주의 담론, 지속 가능성을 둘러싼 '지속 가능한 발전' 담론과 '생태적 근대화' 담론, 세계를 구할 대안을 둘러싼 '새로운 의식' 을 주창하는 녹색 낭만주의와 '새로운 정치' 를 주창하는 녹색합리주의 담론들이 있는데 그의 지향점은 생태 민주주의에 닿아있다. 생태민주주의는 인간과 인간의 소통을 넘어 '인간 외 세계' 와의 소통까지도 가능하게 하는 진정한 소통의 원리가 내재되어 있다. 이러한 소통의 원리는 탈중심성과 조응해 있으며 거대한 관료주의는 배격한다.[576]

'생물학적 다양성' 과 '지구 환경' 이 존중되는 세계를 이념적 지향점으로 삼는 비정부 기구의 전 지구적 연대 강화와 역할 증대는 이제 생태 문제와 이슈들이 사실상 정부 사법권을 넘어서고 있음을 말하여 준다. 2001년 G8 정상회담이 열린 이탈리아 제노바에서 15만여 명이 참여, 전 세계에 충격을 준 사상 최대의 반세계화 시위는 제노바 사회포럼(GSF)이라는 단체가 주도한 것으로 이 단체는 전 세계 반세계화 관련 단체 800여 개를 포괄하고 있다고 한다. 이들은 신자유주의와 세계화를 '진정한 참여민주주의의 최대의 적'으로 간주하였다. 환경 · 인권 · 빈곤 · 아동 학대 · 성차별 · 마약 · 에이즈 문제 등 이들 비정부기구의 개입은 실로 광범위하고 다채롭다. 이와 같이 비정부기구는 기성정치가 제대로 다루지 않고 있는 중요한 문제들을 자율적인 직접 참여를 통하여 집단적인 '자기효능감(self-efficacy)'을 확산시킴으로써 괄목할 만한 변화를 유도해 내고 있다. 다국적 기업과 함께 국민국가의 패러다임을 깨뜨리는 선도적 역할을 담당하고 있는 이들 비정부기구는 녹색 공영역의 활성화에도 크게 기여할 것으로 기대된다.

---

576 존 S. 드라이제크 지음, 정승진 옮김, 앞의 책, 339-346쪽. 생태민주화 전략에 관해서는 John S. Dryzek, "Strategies of Ecological Democratization," in William M. Lafferty and James Meadowcroft(eds.), *Democracy and the Environment: Problems and Prospects*(Cheltenham, UK: Edward Elgar, 1996), pp.108-123.

제9장 생태정치학과 현대 한국의 정치사상

제1절 한국 생태정치학의 현주소와 과제

서구의 생태정치학적 담론은 1970년대 초에 등장하여 1970년대 말과 1980년대 초에 들어 비평 담론으로서 확고한 위치를 굳히게 된다. 주로 탈근대 논의 속에 등장하여 포스트모더니즘이나 포스트구조주의 사조와도 관련이 깊은 것으로 나타난다. 논의의 범주 또한 국가의 경계를 넘어 세계 시민사회로까지 확장되고 있는 추세이다. 근대 인간 중심의 세계에서는 정치 영역이 인간의 복지 구현을 주요 기능으로 담당한 국가의 고유 영역이었지만, 오늘의 세계는 초국가적 경제 실체의 등장과 다국적 기업의 확대에 따른 세계 경제의 출현으로 경제의 세계화와 더불어 정치의 세계화 · 문화의 세계화가 가속화되면서 비정부기구의 다원화된 활동 증대에 따른 시민사회의 정치화로 정치가 더 이상은 국가의 배타적 영역이 될 수 없게 된 것이다. 말하자면 생태정치학적 담론과 여타 비평 담론 간의 경계가 점차 느슨해지고 있는 것은 정치 영역의 확장으로 고전적 의미에서 정치의 탈정치화 현상이 나타나게 된 것과 맥을 같이 한다. 이러한 현상은 학문의 영역에서도 마찬가지로 나타나고 있다. 생태정치학은 정치학자들만

의 고유 영역이 아니라 대안 사회를 희구하는 다양한 분야의 연구자
들에 의해 연구되고 있는 것이다. 오늘날 세계화가 급속도로 진행됨
에 따라 한국의 경우도 예외가 아니어서 생태정치학적 담론과 여타
비평담론의 경계를 기계적으로 설정하는 것은 오히려 시대의 흐름에
역류하는 것일 수 있다. 앞서 필자는 제2장 2절 "생태정치학의 개념"
에서 생태정치학을 '생태 패러다임에 입각하여 학제적 접근을 통해
생명계[생태계]의 본질과 구조 및 기능을 밝히고 생태적 합리성에 기
초한 분권화를 상정함으로써 생태적 지속성(ecological sustainability)을
띤 지구공동체의 구현을 목표로 하는 학문'이라고 정의한 바 있다.
따라서 본 절에서는 이러한 정의와 직간접으로 관련되는 요소를 함유
하고 있는 문헌들을 대상으로 한국 생태정치학의 현주소와 과제를 조
망해 보고자 한다.

환경 생태 문제에 대한 한국 정부 차원의 인식은 1979년 환경보전
법 제정에 이어 1980년 1월 15일 환경 행정을 전담할 중앙 행정 부
서인 환경청의 발족,[577] 1981년 3월 환경 영향 평가 제도의 도입으로
법제화되었다. 1990년 초 환경청을 환경처로 승격시켜 각 부처에 분
산된 환경 행정 업무를 조정할 수 있는 기능을 강화하였으며 환경정
책기본법을 1990년 8월 1일자로 제정하였다. 현재는 환경정책기본

---

[577] 제5공화국 헌법 제33조에서는 환경권을 국민의 기본적 권리로 천명하였
으며, 제6공화국 헌법 제35조 1항에서는 "모든 국민은 건강하고 쾌적한
환경에서 생활할 권리를 가지며, 국가와 국민은 환경보전을 위하여 노력
하여야 한다"라고 규정하고, 동조 제2항에서는"환경권의 내용과 행사는
법률로 정한다"라고 규정함으로써 환경권을 구체적인 법적 권리로 천명
하였다.

법을 비롯하여 대기환경보전법, 수질환경보전법, 폐기물관리법, 자연
환경보전법, 환경영향평가법 등 환경에 관한 20여 개의 단행법이 제
정되었다. 1994년 12월 23일 정부 조직 개편에 따라 환경처를 환경
부로 승격시켜 환경 오염 문제의 중요성을 재천명하였다. 그리하여
환경보호와 경제성장, 사회통합을 동시에 추구하는 '지속 가능한 발
전' 또는 이에 대한 비판적 대안으로 등장한 '지속 가능한 사회'를 달
성하기 위해 환경 정책과 경제 사회 정책의 유기적 통합을 도모하게
된 것이다. 이러한 일련의 법제화 과정은 생태 위기에 대처하려는 전
지구적 차원의 발빠른 움직임과 행보를 같이하는 것이다.

한국에서의 생태정치학적 담론은 서구 사조의 영향에 따른 서구
이론의 도입과 더불어 나타나게 되는데, 우리 정부 차원의 법제화나
세계적인 추세에 상응하는 한국 환경 생태운동의 제도화 및 담론화과
정과도 동일한 맥락으로 연계되어 있다. 환경 생태 문제에 대한 담론
적 인식과 더불어 담론의 장이 형성되는 시기는 대개 환경 생태운동
이 제도화와 담론화의 단계에 접어드는 시기와 일치하는데, 1990년
대 중반이 그 기점인 것으로 나타난다. 1980년대 이전 환경운동의
발아기나 1980년대 중반 이후 1990년대 중반 이전 환경운동의 조직
화와 세력화의 시기[578]에는 드러난 연구 성과도 미미하여 하나의 담
론의 장이 형성되었다고는 보기 어렵다. 생태정치학 관련 연구 성과
는 1990년대 중반 이후로 나온 것이 대부분인데 이는 사회정치적 담
론 형성과 연계된 것이라는 점에서 자연 생태계에 대한 연구와는 차

---

578 환경운동의 시기 구분에 대해서는 조명래, 『녹색사회의 탐색』(서울: 한
울, 2001), 362쪽 참조.

이가 있다. 1903년 콜리어(C.T. Collyer)가 한국 인삼과 관련된 생태학 논문을 한국에서 발표한 이후 2002년까지 100년 간 한국 자연생태학의 역사를 담은 김준호의 『한국 생태학 100년』[579]은 서구의 근대 생물학이 국내에 도입된 이후 생태학의 발전사를 일목요연하게 보여준다. 서구 이론의 도입으로 추동된 한국의 생태정치학적 담론은 자연과 인간, 인간과 인간의 연대성을 강조하고 있다는 점에서, 특히 국가·지역·계층 간 빈부 격차, 지배와 복종, 억압과 차별, 환경 생태계 파괴 등의 문제를 둘러싼 비판적 담론의 형성이라는 점에서 이원론적 세계관에 기초한 기존의 정치학과는 질적인 차이가 있다.

그럼에도 지금까지 세계적인 연구 동향을 보면 정치학 전공자들에 의한 연구보다는 비전공자들에 의한 연구가 더 활발하게 이루어지고 있다. 이러한 양상은 21세기에 진입한 지금에도 20세기 파워 폴리틱스의 유산이 여전히 정치학적 논의의 기본틀이 되고 있고 국제 정치 무대에서도 정치 행위자들의 행위 준거가 국제 정의가 아닌 국익에 초점이 맞춰져 있다는 사실에서 드러나듯, 낡은 정치 패러다임이 여전히 지구촌을 횡행하고 있기 때문일 것이다. 이러한 상황에서 전일적 패러다임의 도입은 다소 비현실적으로 비춰질 수도 있겠으나 정치학의 영역 밖—특히 양자역학과 복잡계 과학—에서는 전일적 실재관이 이미 정립되고 있으며 상당히 호응을 얻고 있다. 서구적 근대의 태생적 한계를 극복하고 공존의 대안적 사회를 구현하기 위해서는 정치 패러다임의 전환과 더불어 시민사회와 국가의 관계 재정립이 요망된다. 역사상의 모든 변화가 그러하듯 임계점에 달하면 변화는 일어나

---

579 김준호, 『한국 생태학 100년』(서울: 서울대학교출판부, 2004).

기 마련이다. 이제 그 지점에 거의 이르고 있다.

한국 생태정치학 관련 연구 동향을 주제별로 분류하는 것은 아직은 정치학 전공자들에 의한 연구가 많지 않은데다가 생태정치학 연구의 포괄적 속성상 상당한 무리가 따를 수 있으므로 시기별로 개관하기로 한다. 우선 1995년 이전에 발표된 논문 중 전문학술지 또는 환경전문지나 이에 준하는 학술지에 게재된 논문을 중심으로 살펴보기로 하자. 우선 『한국정치학회보』14집(1980. 1)에 게재된 김번웅의 "생태학적 정치이론과 공공정책"[580]은 종래의 전통적인 정치철학 · 이론 및 공공정책이 현대의 생태학적 위기를 효율적으로 관리하기에는 한계가 있으므로 개방사회나 성장사회를 전제로 한 정치학의 이론과 실제는 생태학적 차원에서 재검토되어야 하며 새로운 패러다임이 형성되어야 한다는 생태정치학적 관점을 기반으로 생태적인 정치이론의 전제 및 논리를 전개하고 이와 관련된 공공정책의 주요 이슈를 고찰함으로써 환경정치학의 기본틀을 형성하는 데 기여하고자 한 것이다. 『한국정치학회보』15집(1981. 12)에 게재된 안청시의 "한국 도시화의 정치경제적 특징과 생활환경의 길"[581]은 도시문제, 도시화, 생활환경, 도시정책, 도시체계를 키워드로 다루고 있다. 『정세논총』1집 1호(1990. 12)에 게재된 김장권의 "지구환경문제의 국제정치적 고찰"[582]은

---

580 김번웅, 「생태학적 정치이론과 공공정책」, 『한국정치학회보』, 14집(1980. 1), 한국정치학회, 1980, 335-355쪽.

581 안청시, 「한국 도시화의 정치경제적 특징과 생활환경의 길」, 『한국정치학회보』, 15집(1981. 12), 한국정치학회, 1981, 97-119쪽.

582 김장권, 「지구환경문제의 국제정치적 고찰」, 『정세논총』, 1집 1호(1990. 12), 세종연구소, 1990, 347-375쪽.

지구 환경 문제를 국제 정치적 측면에서 고찰한 것으로 환경론, 지구
환경, 국제 정치 등을 키워드로 다루고 있다. 『국제정치논총』33권 1
호(1993. 10)에 게재된 손기웅의 "갈등과 분쟁의 원인에 관한 연구-환
경자원을 중심으로"[583]는 환경 자원을 둘러싼 갈등과 분쟁을 역사적
실증 사례를 통하여 국제 정치적 측면에서 분석한 것이다. 『국제정치
논총』33권 2호(1993. 12)에 게재된 조경근의 "국제환경정치의 소망과
현실: 국제환경협력의 가능성"[584]은 국제 환경 정치와 협력, 환경 쟁
점의 속성과 협력, 지식과 학습의 인지적 요인과 협력, 국제 환경 레
짐과 협력에 대해 논구한 것이다. 『한국정치학회보』28집 2호(1994.
12)에 게재된 김동수의 "기후변화협약의 국제정치: 우리나라에 대한
영향과 대응방안"[585]은 기후변화협약의 국제 정치가 한국에 미치는
영향과 그 대응 방안에 대해 논구한 것이다. 『한국정치학회보』28집
2호(1994. 12)에 게재된 김재영의 "우리나라 지방자치에 있어서 환경
문제에 관한 사례연구: 전라북도의 경우를 중심中心으로"[586]는 지방자
치에 있어 특히 전라북도의 환경문제에 초점을 두어 지방자치와 환경
문제를 키워드로 다루고 있다.

---

583 손기웅, 「갈등과 분쟁의 원인에 관한 연구 – 환경자원을 중심으로」, 『국제
정치논총』, 33권 1호(1993. 10), 한국국제정치학회, 1993, 219-234쪽.
584 조경근, 「국제환경정치의 소망과 현실: 국제환경협력의 가능성」, 『국제정
치논총』, 33권 2호(1993. 12), 한국국제정치학회, 1993, 81-103쪽.
585 김동수, 「기후변화협약의 국제정치: 우리나라에 대한 영향과 대응방안」,
『한국정치학회보』, 28집 2호(1994. 12), 한국정치학회, 1994, 771-789쪽.
586 김재영, 「우리나라 지방자치에 있어서 환경문제에 관한 사례연구: 전라
북도의 경우를 中心으로」, 『한국정치학회보』, 28집 2호(1994. 12), 한국
정치학회, 1994, 259-282쪽.

1995년부터 2000년까지의 논문을 살펴보기로 하자. 『경제와 사회』 제25권(1995. 3)에 게재된 구도완의 "환경운동과 녹색정치"[587]는 전문 환경운동에 대한 평가와 녹색정치에 대한 전망을 다룬 것이다. 『한국정치학회보』 30집 4호(1996. 12)에 게재된 임효선의 "전일적 정치시각의 의의"[588]는 뉴턴의 실재 인식이 양자론의 대두로 근본적 한계에 봉착하면서 전일적 실재 인식으로 대체해야 한다는 주장이 특히 현대 물리학 이론, 생태이론, 동양사상을 중심으로 전개되고 있다고 보고, 이러한 포스트모던 시대의 지적 상황이 해체의 움직임과 통합의 움직임의 공존 상태임을 적시하며, 보편적 삶의 원리 창출에 실패한 합리주의와 근대적 이성의 비관계적 시각에서 벗어나 전일적 패러다임에 입각한 정치 이론의 정립 필요성을 역설한다. 『한국정치학회보』 30집 4호(1996.12)에 게재된 장원석의 "생태정치학의 이념과 새로운 사회주의론: 앙드레 고르(Andr Gorz)의 경우"[589]는 녹색사회주의의 모색과 관련하여 앙드레 고르의 철학을 검토함으로써 고르가 추구하는 최종적인 사회가 자유로운 개인의 연합체이며 그의 새로운 사회주의는 자유주의적 사회주의이자 무정부주의적 생태주의의 경향을 보여주고 있음을 밝히고 있다. 『사회비평』 제15호(1996. 5)에 게재된

---

587 구도완, 「환경운동과 녹색정치」, 『경제와 사회』, 제25권(1995. 3), 한국산업사회학회, 1995, 80–103쪽.

588 임효선, 「전일적 정치시각의 의의」, 『한국정치학회보』, 30집 4호(1996. 12), 한국정치학회, 1996, 7–20쪽.

589 장원석, 「생태정치학의 이념과 새로운 사회주의론: 앙드레 고르(Andre Gorz)의 경우」, 『한국정치학회보』, 30집 4호(1996.12), 한국정치학회, 1996, 79–98쪽.

이진우의 "말없는 자연은 윤리적 책임의 대상이 될 수 없는가"[590]는 하버마스의 담론 이론과 환경 위기에 대한 분석을 통하여 신사회 운동의 지평을 열고자 한 것이다. 『한국정치학회보』 31집 4호(1997. 12)에 게재된 노진철의 "환경문제에 대한 정치의 적응능력과 한계"[591]는 자연 파괴와 환경 오염이라는 사회의 실제적 문제에 대해 정치 체계가 어떻게 적응하는지, 그리고 그 한계가 무엇인지를 구명하고자 한 것이다. 『사회과학연구』 제11권(1998. 2)에 게재된 서규선의 "환경정치사상연구"[592]는 환경 개념 정의상의 문제점, 환경 정치 사상의 등장 배경, 환경주의와 생태주의 간의 관계, 생태주의의 본질적 요소들을 다룬 것이다. 『한국정치학회보』 32집 4호(1998. 12)에 게재된 조경근의 "일본환경정책의 현상現狀과 정치적 특성"[593]은 일본 환경 정책의 발전, 현상, 정치적 특성을 다룬 것이다. 『성평등연구』 제3권(1999. 2)에 게재된 문순홍의 "생태민주주의 담론 내 생태여성적 정치논의의 지형 그리기"[594]는 정치화를 향한 생태여성론의 전개 과정, 생태민주

---

590 이진우, 「말없는 자연은 윤리적 책임의 대상이 될 수 없는가」, 『사회비평』, 제15호(1996. 5) (서울: 나남출판, 1996), 164-184쪽.

591 노진철, 「환경문제에 대한 정치의 적응능력과 한계」, 『한국정치학회보』, 31집 4호(1997. 12), 한국정치학회, 1997, 87-205쪽.

592 서규선, 「환경정치사상연구」, 『사회과학연구』, 제11권(1998. 2), 서원대학교 사회과학연구소, 1998, 71-87쪽.

593 조경근, 「일본환경정책의 현상(現狀)과 정치적 특성」, 『한국정치학회보』, 32집 4호(1998. 12), 한국정치학회, 1998, 263-281쪽.

594 문순홍, 「생태민주주의 담론 내 생태여성적 정치논의의 지형 그리기」, 『성평등연구』 제3권(1999. 2), 카톨릭대학교 성평등연구소, 1999, 113-132쪽.

주의 담론의 영역들, 생태여성적 정치논의의 영역들을 다룬 것이다. 『환경과 생명』 통권 19호(1999. 3)에 게재된 이상헌의 "지구화 시대의 지속 가능한 규범, 정치생태학"[595]은 지구화, 정치생태학, 녹색정치, 지속 가능성을 키워드로 다루고 있다. 『환경과 생명』 통권 19호(1999. 3)에 게재된 나정원의 "환경위기시대의 정치논리"[596]는 환경 위기 시대를 극복할 새로운 정치 논리를 모색하고자 한 것이다. 『환경과 생명』 통권 22호(1999. 12)에 게재된 권혁범의 "한국에서 녹색정치는 가능한가?: 한국정치의 반성과 과제"[597]는 지구화 시대의 새로운 요구와 녹색정치, 녹색의 관점에서 본 한국정치, 현 단계 한국 녹색정치의 한계와 진로, 녹색정치를 위한 몇 가지 과제를 다룬 것이다. 『환경과 생명』 통권 22호(1999. 12)에 게재된 오경택의 "지구 환경정치와 세계 시민사회 형성의 과제"[598]는 사회운동, 지구환경정치, 세계 시민사회, 환경운동단체, 시민운동을 키워드로 다루고 있다. 『한국정치학회보』 34집 2호(2000. 8)에 게재된 문순홍의 "민주주의와 환경 결합 논의들의 재구성-생태민주화의 설계도 그리기"[599]는 생태정치론 내 민주주

595 이상헌, 「지구화 시대의 지속가능한 규범, 정치생태학」, 『환경과 생명』, 통권 19호(1999. 3), 환경과 생명사, 1999, 38-51쪽.

596 나정원, 「환경위기시대의 정치논리」, 『환경과 생명』, 통권 19호(1999. 3), 환경과 생명사, 1999, 26-37쪽.

597 권혁범, 「한국에서 녹색정치는 가능한가?: 한국정치의 반성과 과제」, 『환경과 생명』, 통권 22호(1999. 12), 환경과 생명사, 1999, 24-35쪽.

598 오경택, 「지구 환경정치와 세계시민사회 형성의 과제」, 『환경과 생명』, 통권 22호(1999. 12), 환경과 생명사, 1999, 90-103쪽.

599 문순홍, 「민주주의와 환경 결합 논의들의 재구성 – 생태민주화의 설계도 그리기」, 『한국정치학회보』, 34집 2호(2000. 8), 한국정치학회, 2000,

의 논의의 단계들, 민주주의와 환경 결합의 유형들, 생태민주주의를 향한 단계를 분석 고찰한 것이다.

2001년부터 2006년 현재까지의 논문을 살펴보기로 하자.『공간과 사회』통권 제16호(2001. 12)에 게재된 권혁범의 "민족주의의 정치생 태학"[600]은 현대의 환경 문제를 인식하고 효과적으로 대처함에 있어 민족주의적 인식 체계가 방법론으로서 적합한지 여부와 이데올로기 로서의 민족주의가 어떠한 생태적·반생태적 경향을 갖는지를 검토 한 것이다.『환경과 생명』통권 31호(2002 봄)에 게재된 정규호의 "녹 색 거버넌스란 무엇인가"[601]는 녹색 거버넌스의 특성과 활성화 과제 를 중심으로 다룬 것이다.『현상과 인식』제26권 제1·2호, 통권 86 호(2002 봄·여름)에 게재된 문순홍의 "녹색국가 논의의 구조와 과정: 녹색국가의 유형 및 단계를 결정하는 변수들"[602]은 녹색국가, 녹색정 치, 지탱 가능성, 녹색 사유, 녹색화를 키워드로 다루고 있다.『한국 정치학회보』36집 2호(2002 여름)에 게재된 조명래의 "국가론의 녹색 화를 위한 시론"[603]은 국가론의 반녹색성을 비판하면서 대안적 국가

29-49쪽.

600 권혁범,「민족주의의 정치생태학」,『공간과 사회』, 통권 제16호(2001. 12), 한울, 2001, 93-108쪽.

601 정규호,「녹색 거버넌스란 무엇인가」,『환경과 생명』, 통권 31호(2002 봄), 환경과 생명사, 2002, 23-37쪽.

602 문순홍,「녹색국가 논의의 구조와 과정: 녹색국가의 유형 및 단계를 결정 하는 변수들」,『현상과 인식』, 제26권 제1·2호, 통권 86호(2002 봄·여 름), 한국인문사회과학원, 2002, 94-123쪽.

603 조명래,「국가론의 녹색화를 위한 시론」,『한국정치학회보』, 36집 2호 (2002 여름), 한국정치학회, 2002, 47-69쪽.

론으로서의 녹색 국가론의 가능성을 시론적으로 탐색한 것이다. 『환경과 생명』통권 31호(2002 봄)에 게재된 문태훈의 "한국에서 녹색 정부의 가능성과 조건"[604]은 녹색 정부가 한국에서 실현될 가능성과 그 제약요인에 대해 분석 고찰한 것이다. 『환경과 생명』통권 32호(2002 겨울)에 게재된 문태훈의 "외국의 녹색 정부 사례와 시사점"[605]은 영국, 미국, 독일을 중심으로 한 녹색 정부의 사례와 그 시사점에 대해 분석 고찰한 것이다. 『환경과 생명』통권 32호(2002 겨울)에 게재된 정규호의 "녹색정부와 지역자치"[606]는 녹색 정부, 지역 자치, 녹색화, 환경론을 키워드로 다루고 있다. 『환경과 생명』통권 32호(2002 겨울)에 게재된 조명래의 "녹색정부의 개념, 유형, 차원"[607]은 녹색정부, 녹색정부론, 생태중심주의, 환경론을 키워드로 다루고 있다. 『시민과 세계』제3호(2003 상반기)에 게재된 구도완의 "발전국가에서 녹색국가로"[608]는 발전 국가, 녹색 국가, 녹색 정치, 환경 정책, 환경론, 동강댐, 새만금 등을 키워드로 다루고 있다. 『지역사회개발연구』제28집 1호(2003. 6)에 게재된 조명래의 "한국에서 녹색정부의 필요성과 실현

---

604 문태훈, 「한국에서 녹색 정부의 가능성과 조건」, 『환경과 생명』, 통권 31호(2002 봄), 환경과 생명사, 2002, 74-87쪽.

605 문태훈, 「외국의 녹색정부 사례와 시사점」, 『환경과 생명』, 통권 32호(2002 겨울), 환경과 생명사, 2002, 91-106쪽.

606 정규호, 「녹색정부와 지역자치」, 『환경과 생명』, 통권 32호(2002 겨울), 환경과 생명사, 2002, 76-90쪽.

607 조명래, 「녹색정부의 개념, 유형, 차원」, 『환경과 생명』, 통권 32호(2002 겨울), 환경과 생명사, 2002, 28-51쪽.

608 구도완, 「발전국가에서 녹색국가로」, 『시민과 세계』, 제3호(2003 상반기), 당대, 274-293쪽.

방안"[609]은 한국 사회의 지속 가능성과 개발주의 정부, 한국에서 녹색
정부의 필요성, 한국 정부의 녹색화를 위한 방향과 조건, 녹색정부를
지향하는 환경 행정 기능의 재편 방안에 대해 분석·고찰한 것이다.
『대한정치학회보』 13집 1호(2005. 6)에 게재된 강용진의 "생태정치학
과 국제정치"[610]는 생태정치학이 국제 정치의 연구에 어떻게 활용되어
왔는지를 분석하고, 향후 어떻게 기여할 수 있을지를 전망하고 있다.
『한국정치학회보』 39집 4호(2005. 1)에 게재된 정형욱의 "녹색민주주
의이론에 관한 담론들: 그 담론들에 대한 재구성과 비평"[611]은 녹색정
의론의 대두, 시민사회와 녹색정치의 연관성, 녹색정치의 효율성을
둘러싼 집중주의와 분산주의 논쟁, 전통적 자유민주주의를 넘어선 녹
색민주주의에 대한 새로운 이론적 모색이라는 주제를 다루고 있다.
『문화과학』 통권 제44호(2005. 12)에 게재된 고길섶의 "정치, 새로운
민주주의로: 생태정치와 자치민주주의"[612]는 민주화 이후의 민주주의
(혹은 심의민주주의), 생태적 민주화(혹은 민주적이며 지속 가능한 사회), 지역이
곧 세계(혹은 자치민주주의를 위해)라는 주제를 다루고 있다. 『동양철학연
구』 제44집(2005. 11)에 게재된 장승희의 "'인仁' 개념에 나타난 유학

---

609 조명래, 「한국에서 녹색정부의 필요성과 실현방안」, 『지역사회개발연구』,
　　제28집 1호(2003. 6), 한국지역사회발전학회, 2003, 207-220쪽.
610 강용진, 「생태정치학과 국제정치」, 『대한정치학회보』, 13집 1호(2005.
　　6), 대한정치학회, 2005, 55-73쪽.
611 정형욱, 「녹색민주주의이론에 관한 담론들: 그 담론들에 대한 재구성과
　　비평」, 『한국정치학회보』, 39집 4호(2005. 1), 한국정치학회, 2005, 27-
　　52쪽.
612 고길섶, 「정치, 새로운 민주주의로: 생태정치와 자치민주주의」, 『문화과
　　학』, 통권 제44호(2005. 12), 문화과학사, 2005, 105-123쪽.

의 생태철학-명도 정호의 '인仁'을 중심으로"[613]는 공자, 맹자, 인, 정 명도, 식인편識仁篇, 생태철학, 환경윤리학, 동양사상을 키워드로 다루 고 있다. 『환경과 생명』 통권 47호(2006 봄)에 게재된 조명래의 "양극 화를 넘어 '생태적 탈근대화'로"[614]는 산업화와 인간중심적 발전의 틀 에서 벗어나 생태적 탈근대화로의 지향성을 추구한다. 위 논문 외에 도 필자가 미처 검색하지 못한 논문들이 있을 수 있음을 밝혀 둔다.

다음으로 한국 생태정치학 관련 연구 동향을 저서를 통해 개관해 보기로 하자. 우선 문순홍의 『생태위기와 녹색의 대안』(나라사랑, 1992) 은 한국에서의 녹색적 논의의 지평을 확장시키고자 '녹색'을 구성하 는 다양한 유파들을 분석적으로 검토하고 소개한 것으로 생태 위기의 시대, 녹색적 사유를 구성하는 유파들, 녹색적 자연관, 생태 위기의 정치화, 서구 녹색운동의 이해와 관련된 내용을 다루고 있다. 하영선 이 편찬한 『탈근대 지구정치학』(나남, 1993)은 21세기를 앞둔 세계의 정치, 경제, 과학기술을 면밀히 구명한 연구논문 10편을 수록한 것으 로 신세계질서와 동북아 평화체제, 신세계 군사질서, 탈근대 지구민 주주의, 신 세계 질서의 국제 정치 경제학, 과학기술과 세계 질서의 변화, 탈근대 지구 문화, 지구화 시대의 민족주의, 탈근대의 지구 환 경 문제, 탈근대 지구화와 페미니즘, 탈근대 국제 정치 이론이라는 주제를 다루고 있다. 황태연의 『환경정치학과 현대정치사상』(나남,

---

613 장승희, 「'仁' 개념에 나타난 유학의 생태철학 – 명도 정호의 '仁'을 중심 으로」, 『동양철학연구』, 제44집(2005. 11), 동양철학연구회, 2005, 319-355쪽.

614 조명래, 「양극화를 넘어 '생태적 탈근대화'로」, 『환경과 생명』, 통권 47호 (2006 봄), 환경과 생명사, 2006, 72-96쪽.

1994)은 현대 정치 이론의 혼돈상을 극복하기 위해 시민사회론에 환경 개념을 접목해 심층 논의한 것으로 전 지구적 환경 위기와 환경정치적 국제관계, 환경 위기의 정치 이론과 위기 해결의 모색, 자본주의와 소유권 문제, 권력과 정치 등과 관련된 내용을 다루고 있다. 김병완의『한국의 환경정책과 녹색운동』(나남, 1994)은 환경 문제의 본질을 규명하고 환경 문제 해결을 위한 정부 차원의 행정과 민간 차원의 시민 환경운동의 다각적 대응법을 제시한 것으로 시장 실패에 대한 정부차원의 대응, 정부 실패에 대한 민간 차원의 대응, 환경 정책과 관료 정치 등과 관련된 내용을 다루고 있다. 천정웅의『지구환경레짐의 정치경제학: 환경 정치의 쟁점과 환경레짐의 발전』(한울, 1995)은 지구 환경 문제와 환경 레짐의 대두 및 지구 환경 관리의 대안적 방향을 논구한 것으로 지구 환경의 국제 정치 문제화, 환경 악화의 실상과 국제적 대응 노력, 환경 문제의 국제 정치경제적 쟁점, 레짐 이론과 환경 레짐의 창출과 관련된 내용을 다루고 있다. 권혁범의『민족주의와 발전의 환상: 개인지향 에콜로지 정치의 모색』(솔, 2000)은 '민족주의'와 '통일지상주의', 그리고 '발전주의'에 대해 거는 문제제기로서, 민족을 포함한 그 어떠한 추상적 공동체도 개인의 생명과 존엄성만큼 중요하지 않으며 그 어떠한 물질적 혜택도 자연과 인간의 생태적 균형이 깨어지는 데서 오는 치명적 훼손을 보상할 수 없다고 보고 구체적 개인의 행복과 지구 생태계의 지속성을 지향하는 에콜로지 정치를 모색한다. 조명래의『녹색사회의 탐색』(한울, 2001)은 오늘날 환경 문제의 발원지이며 주 무대인 도시 환경의 실체를 새로운 각도에서 조명하고 신자유주의로 채색된 환경 정책을 비판하고 그 대안을 모색하며, 녹색 사회를 위한 몇 가지 구체적인 실천 모델을 제안하고 녹색

사회를 위한 대안운동을 탐색한다. 김석준 등의 『거버넌스의 정치학』
(법문사, 2002)은 기존의 위계적 통치 방식이 아닌 수평적 상호 조정 체
계로서의 거버넌스 인식 틀을 종합적으로 다루고 있으며, 거버넌스의
개념 및 분석틀과 정치 과정의 거버넌스, 글로벌 거버넌스, 정보화와
거버넌스 등의 주제별로 관련된 이론과 사례를 접목시켜 설명한다.
바람과 물 연구소가 편찬한 『한국에서의 녹색정치, 녹색국가』(당대,
2002)는 국가라는 틀 속에서 이루어지고 있는 일련의 현실 정치 과정
과 국가론 그 자체를 어떻게 녹색화할 것인지를 면밀히 논구한 연구
논문 8편을 수록한 것으로 국가론의 녹색화를 위한 시론, 한국에서
녹색정부의 제약 요인과 가능성, 녹색국가의 전망, 사회운동에서 정
당으로, 지방의제21을 통한 거버넌스 실험과 녹색가치의 제도화 방
안, 위천국가산업단지 조성을 둘러싼 담론 갈등 분석, 한반도 '녹색'
통일경제체제의 모색, 녹색국가 논의의 구조와 과정이라는 주제를 다
루고 있다. 김지하의 『생명학』(화남, 2003) 2권은 생태정치학의 중핵을
이루는 생명 · 평화 · 상생의 가치를 생명학의 수립과 생명 문화의 창
출을 통하여 보여주고자 한 것으로 생명 가치가 새 시대의 근본적인
중심 가치관이 되어야 한다고 역설하면서 보다 심층적인 생명운동과
생명사회론을 제창하며 동북아생명공동체와 통일의 사상적 지평을
열고자 한 것이다. 강정인의 『서구중심주의를 넘어서』(아카넷, 2004)는
서구의 문화적 지배에 정당성을 부여하는 기능을 수행해온 서구 중심
주의에 대한 분석적 고찰을 중심으로 그것을 극복하기 위한 담론 전
략들을 담고 있으며, 서구 중심주의란 무엇인가, 서구 중심주의의 사
상사적 전개, 서구 중심주의와 현대 한국의 정치사상, 서구 중심주의
를 넘어서라는 주제를 다루고 있다. 문순홍 유고선집 제1권 『생태학

의 담론』(아르케, 2006)은 생태 패러다임과 생태 사상의 스펙트럼, 생태 운동가 안 네스와 슈마허, 사회생태학, 김지하와 생명, 생태 발전론, 생물 지역론, 생태 여성론 등을 생태 담론 차원의 논의를 통해 풀어내고 있으며, 제2권『정치생태학과 녹색국가』(아르케, 2006)는 녹색국가와 민주주의의 상관성을 규명하고 생태정치의 실제를 분석적으로 평가함으로써 새로운 정치생태학을 수립하고자 한 것이다.

상기 저서 외에도 생태정치학 관련 국내서적들로는 구승회의『에코필로소피』(샛길, 1995), 김재영 등의『환경정치와 환경정책』(삼우사, 1996), 구도완의『한국 환경운동의 사회학: 정의롭고 지속 가능한 사회를 위하여』(문학과지성사, 1996), 정수복의『녹색대안을 찾는 생태학적 상상력』(문학과지성사, 1996), 한국불교환경교육원이 편찬한『동양사상과 환경문제』(모색, 1996), 문태훈의『환경정책론』(형설출판사, 1997), 이진우의『녹색 사유와 에코토피아』(문예출판사, 1998), 정문길 등의『삶의 정치: 통치에서 자치로』(대화출판사, 1998), 정선양의『환경정책론』(박영사, 1999), 박희병의『한국의 생태사상』(돌베개, 1999), 한면희의『환경윤리』(철학과 현실사, 2000), 주성수의『글로벌 거버넌스와 NGO』(서울: 아르케, 2000), 김명식의『환경, 생명, 심의민주주의』(범양사, 2002), 정대연의『환경사회학』(아카넷, 2002), 최병두 등의『녹색전망: 21세기 환경사상과 생태정치』(도요새, 2002), 이상헌의『세상을 움직이는 물: 물의 정치와 정치생태학』(이매진, 2003), 조길영의『녹색국가의 구상』(환경과 생명사, 2003), 김번웅의『환경행정학』(대영문화사, 2004), 송명규의『현대 생태사상의 이해』(서울: 따님, 2004), 한면희의『초록문명론』(동녘, 2004), 이도원이 엮은『한국의 전통생태학』(사이언스북스, 2004), 허상수의『기술발달과 생태적 패러다임 전환』(과학기술정책연구원, 2005)

등이 있으나 지면 관계상 약하기로 한다. 이 외에 생태정치학 관련 번역서[615]들도 1990년대 이후 꾸준히 나오고 있다.

이상에서 간략하게나마 한국 생태정치학의 현주소를 살펴보았다. 요약하면, 성장사회를 전제로 한 정치학의 이론과 실제는 생태학적 차원에서 재검토되어야 하며 패러다임 전환이 이루어져야 한다는 점에서는 대체로 인식을 같이하는 것으로 나타난다. 그러나 오늘날 학문의 영역에서는 물론 우리 사회의 변화를 설명하는 키워드가 되고

---

615 앤드루 돕슨, 정용화 옮김, 『녹색정치사상』(서울: 민음사, 1990); 마이클 레드클리프트, 강현수 외 옮김, 『발전과 환경위기: 새로운 환경이념의 모색』(서울: 한울, 1993); 도널드 워스터 지음, 문순홍 옮김, 『지속가능한 사회를 향한 생태전략』(서울: 나라사랑, 1995); M. 호르크하이머 · Th. W. 아도르노 지음, 김유동 · 주경식 · 이상훈 옮김, 『계몽의 변증법』(서울: 문예출판사, 1996); 머레이 북친 지음, 문순홍 옮김, 『사회생태론의 철학』(서울: 솔, 1997); 프리초프 카프라 지음, 김용정 · 김동광 옮김, 『생명의 그물』(서울: 범양사, 1999); 마단 사럽 지음, 임헌규 옮김, 『데리다와 푸꼬 그리고 포스트모더니즘』(서울: 인간사랑, 1999); 레스터 W. 밀브래스 지음, 이태건 · 노병철 · 박지운 공역, 『지속가능한 사회: 새로운 환경 패러다임의 이해』(고양: 인간사랑, 2001); 도널드 워스터 지음, 강헌 · 문순홍 옮김, 『생태학, 그 열림과 닫힘의 역사』(서울: 아카넷, 2002); 티모시 도일 · 더그 맥케이컨 지음, 이유진 옮김, 『환경정치학』(서울: 한울아카데미, 2002); 미셸 푸코 지음, 오생근 옮김, 『감시와 처벌: 감옥의 역사』(서울: 나남, 2003); 존 배리 지음, 추선영 · 허남혁 옮김, 『녹색사상사: 루소에서 기든스까지』(서울: 이매진, 2004); 데이비드 V. J. 벨 외 편, 정규호 · 오수길 · 이윤숙 옮김, 『정치생태학』(서울: 당대, 2005); 마단 사럽 지음, 전영백 옮김, 『후기구조주의와 포스트모더니즘』(서울: 조형교육, 2005); 로이 모리슨 지음, 노상우 역, 『생태민주주의』(서울: 교육과학사, 2005); 존 S. 드라이제크 지음, 정승진 옮김, 『지구환경정치학 담론』(서울: 에코리브르, 2005) 등이 있다.

있는 패러다임 전환이라는 용어가 단순히 논리적 전제로서만 사용되고 있을 뿐 구체적인 논의에 있어서는 여전히 이분법적인 낡은 패러다임이 기용되고 있는 실정이다. 근대화와 생태적 근대화, 민주주의와 생태민주주의, 민족주의와 탈민족주의 등의 관계가 완전한 단절인지, 아니면 내부적 지양을 통해서 발전할 수 있는 것인지의 논쟁은 그 대표적인 것이다. 존재성은 곧 관계성이다. '이것'이 있으므로 '저것'이 있는 관계로 완전한 단절이란 실재하는 것이 아니다. 혁명조차도 완전한 단절일 수 없는 것은 혁명으로 제도가 바뀐다고 해서 제도의 운용 주체인 인간의 의식이 하루아침에 바뀔 수는 없기 때문이다. 개체화되고 분절화된 이 세상의 모습은 전일성 속에 내재한 다양성의 본질이 구체적 현실태로 드러난 것에 불과하다. 그 다양성의 본질을 드러내는 메커니즘 역할을 한 것이 바로 이분법이다. 전일성의 진실은 다양성 속에 있는 까닭에 이분법의 등장은 이러한 다양성을 드러내는 촉매 역할을 한 셈이다. 문제는 부분의 다양한 측면을 모두 알고서도 전체를 파악하지 못한다는 데 있다. 말하자면 다양성의 진실이 전일성 속에 있다는 사실을, 다시 말해서 다양성이 곧 전일성임을 알지 못하는 데 있다. 자기 자신을 진실로 사랑하지 못하는 사람은 인류를 사랑할 수가 없고, 민족적 자기정체성이 확립되지 못한 민족은 지구공동체 건설에 합류할 수가 없다. 이는 부분과 전체의 이치가 결국 하나인 까닭이다. 가장 한국적인 것이 가장 세계적이라는 말이 왜 나왔겠는가. 배타적인 민족주의가 문제가 될 뿐이지, 홍익인간을 기반으로 한 우리 상고 시대의 민족주의는 사해동포주의와 통하는 것이었다. 이러한 사실을 직시하지 못하면 소모적인 논쟁에 휩싸이게 되어 이념 공해만 가중시킬 뿐이다.

그러면 한국 생태정치학의 과제를 세 가지 정도로 요약해 보기로 하자. 그 첫째는 패러다임 전환과 관련된 이원론의 유산 극복의 과제이다. 우선 패러다임이란 세계관과 사고방식 및 가치 체계의 총화를 일컫는 것이다. 관계적 · 역동적 개념으로서의 담론의 유효성을 강조하는 입장[616]은 패러다임의 전환이 거시적이고 느린 변화인 반면에 생태 담론 분석은 빠르게 움직이는 생활 세계의 변화에 초점을 맞추는 관계로 패러다임이란 개념보다 생태적으로 더 적합하다는 분석을 하고 있다. 그러나 이러한 분석은 두 가지 점에서 오류를 범한 것이다. 그 하나는 생태 담론 분석 자체가 패러다임 전환을 그 요체로 하고 있는 까닭에 패러다임이 운위되지 않는 생태 담론 분석은 공허할 수밖에 없다는 점이다. 다른 하나는 특정 상황을 전제로 빠르게 움직이는 변화에 초점을 두는 담론이란 개념이 거시적이고 느린 변화를 설명하는 패러다임이란 개념보다 생태적으로 더 적합하다는 주장은 사실상으로나 논리상으로 성립되지 않는다는 점이다. 느리고 빠르다는 기준 자체도 자의적일 뿐더러 담론과 패러다임을 자의적으로 이분화하고 '생태적'이란 용어의 의미를 '느린' 것과 '빠른' 것이라는 이분법에 연결시킴으로써 반反생태적 · 반생명적 사유의 전형을 보여주고 있다는 점이다. 이러한 사유는 나아가 의식의 변화는 느리고 추상적인 것이고 제도의 변화는 빠르고 구체적인 것이라는 의식과 제도의 이분법을 낳게 된다. 오늘날 끊임없는 제도적 변화에도 불구하고 현실의 상황이 별반 달라지지 않는 것은 제도의 운용 주체인 인간의 의식이 배제됨으로써 결국 겉포장만 바꾼 변화라는 데 그 원인이 있

---

616 문순홍, 『생태학의 담론』(서울: 아르케, 2006), 34-35쪽.

다. 우리의 인식 체계 및 행동 체계 전반에 영향을 미치는 패러다임 전환이 없이는 제도적 변화의 효율성은 기대하기 어렵다. 모든 사람이 일시에 완전히 변화하기를 기대할 수는 없겠지만 의식의 변화가 임계점에 달하면 세상은 바뀌기 마련이다.

생태적 사유는 인간 존재의 세 중심축인 천 · 지 · 인 삼재의 조화를 바탕으로 하는 까닭에 느리고 빠른 문제와는 상관이 없다. 그것은 나무는 보되 숲은 보지 못하는 인간의 자의적인 분석일 뿐이다. 사실 생명은 시작도 끝도 없는 영원한 것이니 속도와는 상관이 없는 것이지만 생명의 본질 자체에 대한 인식이 없으니 가시적이고 즉각적인 것에 우선 반응을 보이게 되는 것이다. 결과적으로는 그것이 결코 확실하거나 빠른 것이 아님에도 말이다. 이러한 문제는 서구 생태 이론의 분석에서 흔히 만나게 되는 복병으로 이분법의 뿌리가 얼마나 깊은지를 반증하는 것이다. 또한 이분법의 뿌리는—앞서 거듭 강조한 바와 같이—본체[본체계, 의식계]와 작용[현상계, 물질계]의 이분화에 있으며, 일체 문제는 여기서 파생된 것이다. 중세 신 중심의 세계관에서 근대 인간 중심의 세계관으로의 패러다임 전환이 얼마나 인류의 삶전체에 심대한 영향을 미쳤는지는 서구 보편주의가 지구촌을 휩쓸고 있는 데서 잘 드러난다. '제1물결'인 농업혁명이 완결되기까지는 수천 년이 걸렸지만, '제2물결'인 산업 문명이 대두하는 데는 단지 300년이 걸렸고, 오늘날에는 변화 속도가 더욱 가속화되어 '제3물결'은 수십 년 내에 역사를 휩쓸어 스스로를 완성시킬 가능성이 있다[617]고 본 토플러의 예단은 결코 무위로 끝나지는 않을 것이다. 제8장 2절에 나

---

617 Alvin and Heidi Toffler, *op.cit.*, p.19.

오는 '포스트모더니즘의 사조와 생태정치학적 담론'에서 밝힌 바와 같이 이분법을 기반으로 한 이성적 주체를 해체하려고 하는 주체가 누구인지를 규명하게 되면, 다시 말해서 불각不覺과 시각始覺과 본각本覺이 상관관계에 있는 마음의 구조를 이해하게 되면 이분법은 저절로 해체됨으로써 다양성이 곧 전일성임을 깨닫게 된다. 그러나 이러한 깨달음은 단순히 이론적인 학습을 통해서 올 수 있는 것은 아니며, 수신과 헌신적 참여를 통해 의식의 확장이 이루어짐으로써 일어나게 된다. 학문을 하는 것도 수신을 위한 한 방편이다.

둘째는 존재론과 인식론의 재정립의 과제이다. 오늘날 인류가 겪고 있는 반생태적, 반생명적 삶은 허위의식(false consciousness)에서 비롯된 존재와 인식의 괴리에 기인한다. 허위의식이란 의식의 자기분열로 인해 사실 그대로의 존재태를 반영하지 못하는 왜곡된 인식이 일어나게 하는 의식을 말한다. 예컨대 유기적 통일체인 자연을 제각기 분리된 부분들의 단순한 집합으로 인식하는 것은 다름 아닌 허위의식에서 비롯된 것이다. 이렇듯 허위의식이 왜곡된 인식을 낳고 왜곡된 인식은 왜곡된 행태로 이어져 인간성 상실과 인간 소외, 환경 파괴와 생태 위기, 나아가 공동체 해체 현상까지 초래하게 된 것이다. 동서고금을 통하여 학문적 영역은 물론 사회적 삶의 영역에서도 핵심 주제가 되어온 존재와 인식의 문제는 우주만물의 조화성과 유기적 통합성을 자각하지 못하는 데서 오는 것이다. 합리적 이성과 과학적 객관주의를 기반으로 한 근대 세계는 인간의 영성이나 의식 세계를 비합리적이고 비과학적인 것으로 간주하여 학문적 논의의 영역에서 제외시킨 채 제도적 차원의 변화에 치중해 왔으며, 오늘의 생태정치학 또한 일정 부분 이를 답습하여 '느리고 추상적인' 패러다임 전환보다는

'빠르고 구체적인' 생태 담론이 더 유효하다는 입장을 보이기도 한다. 정녕 무엇이 더 빠르고 더 구체적인지를 알지 못하면서 말이다. 의식 차원과 제도 차원은 하나의 고리로 연결되어 상호적인 관계에 있으며 분리시켜 생각할 수 없다. 중세의 부정한 의식이 낳은 폐해가 근대 세계로 하여금 인간의 영성이나 의식 세계로부터 등을 돌리게 하는 근본 원인이 되었겠지만, 문제는 지금에 이르러서도 영성이나 의식 세계를 운위하는 사람들 중 다수가 이러한 세계를 부정하는 사람들과 마찬가지로 허위의식에 사로잡혀 있다는 데 있다. 자율성과 평등성에 기초한 세계 시민사회 영역을 대상으로 하는 생태정치학이 서구적 근대의 태생적 한계를 극복하고 생태적 지속성을 띤 지구공동체의 구현이라는 본래 기능을 수행할 수 있기 위해서는 무엇보다도 패러다임 전환과 더불어 존재론과 인식론을 재정립해야 한다. "존재론과 인식론의 재정립"에 대해서는 제8장 1절에서 살펴본 바이다.

존재론과 인식론의 재정립을 위해서는 우주와 생명의 본질에 대해 알지 않으면 안 된다. 오늘날 정치가 생명을 살리는 '생명정치'가 되지 못하고 정치학이 생명을 살리는 '생명학'이 되지 못하고 있는 것은 우주와 생명의 본질을 반영하지 못하고 있기 때문이다. 특정 지배 구조와 소비 문화의 형태가 바뀌려면 세계관과 사고방식 및 가치 체계의 변화가 선행되어야 하는 것이다. 우주의 본질은 생명이다. 생명은 없는 곳이 없이 실재하는 까닭에 생명과 비생명의 구분은 성립하지 않는다. 생명의 본질은 초월성인 동시에 내재성이며, 전체성(一)인 동시에 개체성(多)이며, 우주의 본원인 동시에 현상 그 자체다. 이러한 생명의 이중성은 생명이 불합리해서가 아니라 대립자의 역동적 통일성에 기초하는 '스스로(自) 그러한(然)' 자의 본질인 까닭이다. 일체의 생명은 자기생성적 네트워크 체제로서의 우주에 참여하고 있으며 그 근원은 모두 하나로 연결되어 있다. 그런 까닭에 생명의 원리는 자동성이며, 보편의식에 기초한 자발성이다. 생명은 '스스로(自) 그러한(然) 자, 즉 자연의 숨결이다. 자연은 외재적인 동시에 내재적이다. 인간과 자연의 연대성이 인식되지 않는 것은 이러한 사실을 간과했기 때문이다. 내재해 있는 자연을 흔히 신성 또는 영성이라고 한다. 영성을 부인하는 것은 곧 자연을 부인하는 것이니, 영성을 배제한 이성과 자연의 화해란 현란한 말잔치에 지나지 않는다. 영성을 배제한 이성이라면 비판의 대상이 되고 있는 근대의 합리적 이성과 무엇이 다르단 말인가! 공허한 설說이 난무하면서 세상은 더 어지럽게 되었다. 영성과 자연을 동일시하지 못하는 것은 자연을 단지 외재적인 것으로 분리시키는 허위의식이 자리 잡고 있기 때문이다. 사실 그대로의 세계를 직시하지 못하게 하는 허위의식은 건강하지 못한 의식이다. 육체의 병이든 정신의 병이든 병의 원인을 알아야 치유가 일어나는 법. 이에 대해 현대 물리학과 동양의 전일적 실재관은 많은 시사점을 제공한다. 본서에서 현대 물리학과 동양사상을 비중 있게 다룬 것은 이때문이다. 생태학적 접근은 자연이 외재적인 동시에 내재적이라는 사실을 인식하는 데서부터 시작해야 한다. 생명은 자연이며 곧 영성이다. 생명은 설說이 아니라 진리이며 이데올로기화할 수도 없다. 따라서 보편성을 상실한 '영성주의' 내지는 '영성주의자' 란 표현은 '도구적 이성'의 발흥을 보여 주는 것일 뿐이다. 생태학을 논하는 사람들조차도—모두는 아니라 할지라도—생명인 영성을 이데올로기로 취급하고 있으니 이는 서구의 이원론의 덫에 걸린 것이다. 「시천주侍天主」의 자각적 주체가 되면, 다시 말해서 하늘[天主, 신성, 영성, 자연]을 내가 모시고 있음을 알게 되면 내재성과 외재성이 하나가 되어 생태 문제는 저절로 해결되게 된다. 그러나 허위의식이 둥지를 틀고 있으면 파장 동조가 일어나지 않으므로 인식 자체가 근원적으로 불가능하다. 수신과 헌신적 참여를 통해 의식을 확장해야 하는 이유가 여기에 있다.

셋째는 생태정치학과 현대 물리학, 동양사상과의 학제적 접근의 과제이다. 이러한 학제적 접근의 필요성은 현대 물리학과 동양사상이 생태정치학적 논의의 기본 틀을 형성하고 서구 생태론의 태생적 한계를 극복하는 데 많은 시사점을 제공해 줄 수 있다는 데 있다. 20세기 후반에 들어 현대 물리학의 주도로 본격화된 '단순성의 과학'에서 '복잡성의 과학'으로의 패러다임 전환은 21세기에 들어 가속화되고 있으며 우리의 세계관에도 심대한 변화를 초래하고 있다. 즉, 데카르트-뉴턴의 기계론적 · 환원론적인 세계관에서 시스템적 · 전일적(holistic)인 세계관으로의 전환이 그것이다. 부분과 전체의 유기적 통합성에 기초한 시스템적 사고는 상호 배타적인 것이 상보적이라는 양자역학적 세계관에 잘 나타나 있거니와, 근대 과학 사상의 본질적 특성인 부분으로부터 전체를 유추해내는 분석적 · 환원주의적 접근 방법과는 달리, 상호작용하는 부분들은 전체 조직과의 맥락 속에서만 파악될 수 있다고 보는 점에서 생태계를 하나의 네트워크로 인식하는 생태학적 관점과 그 맥을 같이 한다. 앞서 논의된 바와 같이 필자가 이해한 바로는 현대 물리학의 미시 차원의 연구 성과와 동양의 거시 차원의 연구 성과가 다음과 같은 핵심 사상에 있어 상호 조응하는 바, 방법론상으로나 내용상으로 양 분야의 연구 성과를 생태정치학에 도입할 필요가 있다고 본다.

이를 세 가지 정도로 요약해 보기로 하자. 1) 미시 세계를 다루는 양자역학적 실험에서 주체와 객체를 하나의 연속체로 파악한 것이나 프리고진의 산일구조(dissipative structure)에서 일어나는 자발적인 자기조직화 과정은 천부사상, 힌두사상, 유·불·도, 동학에서 이 우주를 자기생성적 네트워크 체제로 보는 관점과 조응한다. 특히『천부경』의 상생상극相生相剋하는 천지 운행의 현묘한 이치는 양자역학의 비국소성(non-locality)의 원리, 복잡계의 특성인 프랙털 구조, 자기조직화, 비평형, 비가역성, 비선형성, 초기조건에의 민감성, 분기(bifurcation), 피드백 과정, 요동(fluctuation) 현상, 창발 현상을 함축하고 있다. 또한『참전계경』에 나오는 천지 운행의 도수度數, 간지干支, 사주팔자 등은 복잡계의 전형적인 특성을 함축하고 있는 것으로, 당시 통용되었던 복잡계 과학의 실상을 보다 구체적으로 보여 준다. 프랙털 구조 또한 자기조직화의 원리에 기초해 있다는 점에서 우주만물[多]을 전일성[一]의 자기복제로 보는 일즉다一卽多·다즉일多卽一의 원리와 조응한다. 불교의 연기적緣起的 세계관은 제프리 츄(Geoffrey Chew)의 구두끈 가설(bootstrap hypothesis)과도 상통한다. 마치 구두의 모든 구멍이 구두끈으로 연결되듯 자연 또한 어떤 근본적인 특성을 지닌 실체들의 단순한 집합이 아니라 상호 연관된 사건들의 '역동적인 그물망'이라고 보는 것이다. 이러한 상호 연관과 상호 의존의 세계 구조는 수많은 구성 요소들이 유기적으로 링크되어 있는 복잡계의 특성을 여실히 보여 준다. 도가사상은 미시 세계를 다루는 양자역학의 패러다임이나 복잡계 과학의 핵심 원리와 상통한다. 즉, 천지만물이 작용하는 주체가 없는 작용, 즉 무위의 작용에 의해 생겨났다고 보는 것은 주체와 객체의 이분법이 폐기된 양자역학적 패러다임과 조응하며, 음양의 원리에 의해 도道가 천지만물을 생성하는 과정은 비평형의 열린 시스템에서 상호 피드백 과정에 의해 일어나는 자발적인 자기조직화의 창발 현상과 조응한다. 음양의 이기二氣에 의해 오행이 생성되고 음양오행에 의해 만물이 화생하는 과정은 도의 자기복제(self-replication) 과정이며, 전일적 패러다임에 기초하여 무질서 속의 질서를 찾아내고자 하는 복잡계 과학의 특성을 잘 함축하고 있다. 2) 양자역학적 실험에서 나타난 파동과 입자의 이중성은 동양사상에서 '숨겨진 질서'와 '드러난 질서'가 본체〔본체계, 의식계〕와 작용〔현상계, 물질계〕의 상호적인 관계로 나타나는 것과 조응한다. 파동과 입자, 본체와 작용은 하나의 고리로 연결된 원궤로서 양 차원을 관통하며 유기적 통합을 이루는 '스스로(自) 그러한(然)' 자, 즉 자연의 본질이다. 데이비드 봄의 초양자장(superquantum field)은 파동인 동시에 입자로서 양 차원을 관통하고 있다는 점에서 동양사상에서 생명의 본체인 동시에 작용으로서 본체계와 현상계를 관통하는 '하나(一)', 도道, 태극, 브라흐마(Brahma), 혼원일기〔우주의 창조적 에너지, 一心, 보편의식, 전체의식, 우주의식, 근원의식〕 등과도 조응한다. 다양하게 명명되고 있는 이들 생명의 본체는 어디에도 존재하지 않거나 또는 모든 곳에 존재하는 비국소성〔초공간성〕을 띠는 안개와도 같은 것이다. 동학의 '내유신령內有神靈·외유기화外有氣化·각지불이各知不移'는 일심의 3화음(triad)적 구조를 나타낸 것으로 '신령'과 '기화'가 본체와 작용의 관계로서 일심〔各知不移〕 속에서 하나가 됨을 보여 주는데 이는 파동과 입자가 초양자장 속에서 하나가 되는 것과 같은 이치다. 3) 정보-에너지 의학에서 동일한 것으로 간주하는 자기조직화의 창발 현상을 가능하게 하는 '정보-에저니 장'이나 초사이클(hypercycle)로 명명되는 효소의 자기조직화하는 원리 및 자기조직화하는 모든 시스템의 조직 원리인 '형태형성장(morphogenic field)'은 동양사상, 특히 불교의 일체유심조(一體唯心造 일체가 오직 마음이 지어낸 것)와 조응하며, 이는 홀로그램 우주론에서 이 우주를 의식이 지어낸 이미지 구조물로 보는 것과도 조응한다. 따라서 '정보-에저니 장', '초사이클', '형태형성장'은 일심 또는 보편의식[混元一氣, 우주의 창조적 에너지]의 의미로 볼 수 있다.

이상에서 상호 조응하는 현대 물리학과 동양사상의 연구 성과는—비록 현대 물리학의 갈 길이 여전히 멀다고는 해도—우주와 생명의 본질을 통찰할 수 있게 함으로써 생태정치학적 논의의 기본 틀을 형성하는 데 필요한 생태학적 원리를 도출해 낼 수 있게 한다. 근대합리주의를 기반으로 한 전통적인 사회과학적 방법론을 근대 과학이 제공했듯이, 오늘날 근대합리주의에 대한 비판에 기용되고 있는 과학적 방법론은 주로 현대 물리학이 제공한 것이다. 주체와 객체의 이분법이 폐기된 양자역학적 실험 결과나 산일구조의 자기조직화 원리는 전일적 패러다임을 기용하는 논의들에 있어 자주 인용되는 대표적인 것이다. 근대합리주의와 과학적 객관주의가 함축하고 있는 과도한 인간중심주의와 이원론적 사고 및 방법론은 실험물리학의 발달로 그 한계성이 지적되고 전일적 패러다임으로의 대체 필요성이 역설되면서 근대의 초극을 위한 새로운 패러다임에 관한 논의가 확산되게 된 것이다. 따라서 생태정치학적 담론의 장에 이러한 새로운 방법론을 도입하는 것에 주목할 필요가 있다. 또한 현대 물리학에서도 원용援用하고 있는 동양적 지혜의 정수에 주목한다면 생태정치학의 이론과 실제가 차원 전환을 이룩할 수 있을 것이다.

제2절 전일적 패러다임의 정치사상적 수용 실태

전일적(holistic) 패러다임이란 용어를 사용함에 있어 '진리불립문자 眞理不立文字'란 말이 새삼 떠오른다. 시공을 초월해 있는 진리를 3차 원의 언어로 나타낼 수는 없는 것이지만, 그럼에도 진리의 달[月]을 보기 위해선 그 달을 가리키는 손가락이 필요한 법이다. 그래서 역사 상 각종 경전들을 비롯한 무수한 책들이 나오게 된 것인데, 문제는 하 나인 진리의 달을 두고 제각기 다른 이름을 붙여 부르다 보니 대체 그 진리의 달이 어디에 있는지 알 수 없게 되었다는 데 있다. 더 심각한 문제는 하나인 진리의 달에 다양한 이름이 붙기 시작하면서 그 이름 을 부르는 개인 혹은 집단의 다양한 수준의 의식이 투영되어 진리의 달은 개체화·물질화된 다양한 형태로 의식 속에 자리 잡게 되었다는 데 있다. 그리하여 각자의 의식이 그려 놓은 달이 유일한 진리의 달 [유일자, 유일신]임을 강변하기에 이른 것이다. 이로 인해 부질없는 공론 空論이 일게 되고 마침내 종교 충돌, 문명 충돌, 나아가 정치 충돌로까 지 확산되게 되었으니, 진지眞知의 빈곤의 죄과罪科가 이다지도 가혹 할 줄은 그 누구도 짐작하지 못했을 것이다. 가장 심각한 문제는 오늘 의 이 참담한 현실에 이르게 된 근본 원인이 무엇인지 알지도 못할 뿐 더러 알려고조차 하지 않는다는 데 있다. 진지의 빈곤이 가져온 엄청 난 파괴력을 목격하면서도 의식의 진동수가 낮아 파장 동조가 일어나 지 않으니 진리의 달은 한가한 산방山房의 화두로만 여겨지는 것이다. 그런데 그 진리의 달이 바로 우리 자신의 참본성[一心]이라면? 문제는 바로 거기에 있다. 참본성을 잃어버렸다는 사실조차 까맣게 잊어 버리고 사는 사람들로 꽉 찬 곳이 오늘의 지구촌이다.

참본성은 그 본체는 하나이나 작용은 무수해서 우주만물이 다 그로부터 나오니 그 이름을 알지 못하여 그냥 도道라고 부르기도 하고, 우주만물이 나오는 그 '하나' 가 하도 신령스러워 때론 '님' 자를 붙여 '하나' 님이라고 부르기도 한다. 흔히 '나' 라고 부르는 육체적 자아를 작은 원〔小我, 부분의식, 특수의식〕이라고 한다면, 참본성은 무수하게 다양한 크기의 작은 원들을 포괄하는 무한대의 큰 원〔大我, 전체의식, 보편의식〕이다. 무한대의 큰 원은 이 세상 그 어떤 것도 포괄하지 않음이 없고, 또한 우주만물에 편재해 있는 까닭에 그 어떤 것에 포괄되지 않음도 없다. 주체와 객체의 이분법은 성립되지 않으며, 우주만물은 하나인 참본성의 자기복제이다. 따라서 참본성의 본질적 속성은 전일성인 동시에 다양성이다. 참본성은 곧 천·지·인 혼원일기(混元一氣, 一氣, 至氣)이다. 일체의 생명은 하나인 혼원일기에서 나와 다시 그 하나인 혼원일기로 돌아가는 것이니, 전일성〔一〕이 곧 다양성〔多〕이고 다양성이 곧 전일성이다. 참본성, 즉 천·지·인 혼원일기는 우주만물의 질료인 셈이다. 우주만물의 근원이 하나인 혼원일기로 연결되어 있다는 사실을 자각하지 못하는 데서 '나' 와 '너', '이것' 과 '저것' 의 구분이 생기고 이 세상의 온갖 쟁론이 일어나게 되는 것이다.

근대 기계론적 세계관의 문제는 다양성의 본질이 곧 전일성임을 깨닫지 못하는 데 있다. 이러한 근대 과학의 패러다임을 대체하는 개념으로 전일적 패러다임이 나타나게 된 것이다. 전일적 패러다임의 '전일적' 이란 전일성〔본체계, 의식계〕과 다양성〔현상계, 물질계〕 그 어느 쪽에도 고착되지 않고 양 차원을 상호 관통하는 의미를 함축한 것이니, 엄밀하게 말하자면 '전일적' 이란 표현은 적절치가 않다. '전일적' 이란 용어는 전체주의 이데올로기를 연상시켜 다양성을 배제하는 듯한 어감을 풍기기 때문이다. 그러나 달리 표현할 방법이 없어 그냥 그렇게 통용되게 된 것이다. '전일적'이란 생명의 본체인 하나인 혼원일기가 다양한 모습으로 현현한 것이 우주만물이니, 다시 말해서 하나인 혼원일기의 자기복제가 우주만물이니 전일성과 다양성은 결국 하나라는 의미이다. 이 하나인 혼원일기를 일컬어 흔히 하늘('하늘'님, '하나'님, 유일신, 우주의 창조적 에너지)이라고 부른다. 말하자면 생명의 본체인 하늘의 자기복제가 우주만물이니 하늘과 우주만물은 하나인 것이다. 따라서 전일적 패러다임이란 우주만물의 근원적 평등성과 유기적 통합성에 기초한 세계관과 가치 체계를 총칭한 것이다. 다만 한 가지 유의할 점은 근원적 평등성과 유기적 통합성 속에는 다양성이 그 본질로서 내재해 있다는 것이다. 이는 "상호배타적인 것은 상보적이다."라는 명제로 일반화된 보어의 상보성 원리로써 설명할 수 있다. 필자가 전일적 패러다임과 관련하여 이렇게 장황하게 설명하는 것은, 생태정치학적 담론의 근간을 이루는 전일적 패러다임을 정확하게 알지 못하고서는 모두 공허한 말잔치에 지나지 않을 것이기 때문이다.

1927년 양자역학에 대한 표준 해석으로 여겨지는 코펜하겐 해석(CIQM)의 성립으로 주체-객체 이분법의 폐기와 더불어 전일적 패러다임이 과학적으로 수용된 지도 거의 80년이 되었지만, 아직도 전일적 패러다임이 통용되지 못하고 있는 것은 생명의 다양성이 손상되었음을 반증하는 것이다. 생명의 다양성이 회복된다는 것은 곧 다양성의 본질로서 내재해 있는 전일성이 회복되는 것이다. 본체와 작용의 관계로서의 전일성과 다양성의 유기적 통일성은 참본성을 회복함으로써 발현될 수 있다. 다시 말해서 일심의 원천으로 돌아가면 우주만물이 하나인 혼원일기의 자기복제임을 저절로 알게 되어 전일성과 다양성의 소통이 자연히 이루어지게 되므로 다양성이 존중되면서도 일체감이 형성된 사회를 이룩할 수 있는 것이다. 오늘날 자유민주주의의 문제는 전일성과 다양성의 소통이 원활하게 이루어지지 못하는 데 있다. 전체주의가 전일성을 강조함으로써 전일성 속에 내재한 다양성의 본질을 놓쳤다면, 자유민주주의는 다양성을 강조함으로써 다양성 속에 내재한 전일성의 본질을 놓친 것이다. 그러나 전체주의든 자유민주주의든 그 어느 쪽도 본래의 목적을 달성하지는 못했다. 전일성과 다양성이 하나의 고리로 연결되어 있다는 사실을 놓쳤기 때문이다. 결과적으로 이러한 이데올로기들의 실험은 우리에게 소통의 중요성을 일깨워 주는 학습 기제가 된 셈이다.

오늘의 자유민주주의 정치사상은 힘의 논리에 입각한 파워 폴리틱스에 편승하여 단순히 지배-복종의 단선적 구조를 강화시키는 전략이나 기술과 친화력을 갖는 것으로 나타난다. 심지어는 권력 · 부富 · 명예로 통하는 통로와 연결되기도 한다. 또한 생산성 제일주의 내지 성장 제일주의를 기반으로 병리적 소비 행태와 공급 과잉이 구조적으로 맞물려 있는 오늘의 자본주의 세계—재財가 한도를 넘어 재災가 되고, 과잉과 궁핍은 넘쳐나지만 충만은 희박하고, 무한대의 욕구 충족을 위해 황금의 감옥에 스스로를 유폐시킨 채 '무한경쟁'이라는 물신숭배자들의 미신과 착각에 빠져 인생을 소진하고 있다는 사실을 깨달을 시간조차 없는 사람들, 스스로를 전체로부터 분리시켜 고립감과 공허감의 포로가 된 사람들로 꽉 차 있는 곳—를 추동하는 이데올로기로서 작용하기도 한다. 자유민주주의 정치사상의 치명적인 결함은 개인적 가치를 공동체적 가치와 결합시키지 못하는 데 있다. 행정자치부의 '상위 100인 주택 소유 현황(2005년 8월 기준)'에 따르면 우리나라 100대 집부자들이 소유한 주택이 총 1만 5,464채이고, 또 집 2채 이상을 가진 다주택 가구도 88만 7,180가구에 달하는 반면, 2005년 현재 주택보급률이 105.9%임에도 여전히 국민의 41%인 1,700만 명이 집이 없는 현실은 자유민주주의가 표방하는 분배 정의가 한갓 허울에 불과한 것임을 단적으로 보여 주는 것이다. 이러한 현실은 개인주의에 기초하여 물질적 성장 제일주의를 목표로 제도적 처방에만 의존해 온 자유민주주의의 태생적 한계라고 보아야 할 것이다.

개인적 가치와 공동체적 가치를 연결시키지 못하는 자유민주주의의 결함을 극복하고자 나타난 것이 생태민주주의이다. 생태민주주의는 지구촌의 새로운 구성 원리로서의 생태 패러다임에 입각한 에코폴리틱스를 지향하는 관계로 만물의 조화성과 유기적 통합성을 그 본질로 한다. 개인적 가치와 공동체적 가치의 단절은 부분과 전체, 다양성과 전일성의 소통이 이루어지지 못하는 데 있다. 따라서 생태민주주의가 진정한 의미에서 생태적 근대화를 추동하는 원리로서 작용할 수 있기 위해서는 양 차원의 원활한 소통이 이루어질 수 있는 의식의 확장이 전제되어야 한다. 그렇지 않고서는 겉포장만 바꾼 속임수에 불과할 것이기 때문이다. 그런 점에서 그것은 물질적 성장 제일주의가 아닌 인간의 의식 성장을 전제로 하는 것이어야 한다. 이는 곧 근대 서구의 세계관과 가치 체계의 근본적인 변화를 의미하는 것으로 패러다임 전환과 맥을 같이 하는 것이다. 생태민주주의 담론의 논리적 전제가 이원론적 세계관의 극복에 있는 만큼, 오늘날 급속도로 확산되고 있는 탈근대 논의와도 그 맥을 같이 하며, 근대합리주의의 비합리성을 비판하고 이분법의 해체를 강조하는 포스트모더니즘이나 포스트구조주의의 해체이론과도 동일한 맥락으로 연계되어 있다. 그러나 생태 담론의 근대합리주의에 대한 비판이나 포스트모더니즘, 포스트구조주의의 다원적이고 탈중심적인 경향이 자유민주주의의 전철을 밟지 않기 위해서는 무엇보다도 다원성과 전일성의 소통 체계를 확립하는 것이 급선무일 것이다.

전일적 패러다임의 정치사상적 수용은 의식〔본체계, 정신계〕과 제도〔현상계, 물질계〕가 하나의 고리로 연결되어 있다는 사실을 인식하는 것에서부터 시작된다. 국가를 포함한 모든 제도는 그 필요가 다하면 사라지기 마련이며, 그것의 존재성은 궁극적으로는 인간의 의식 확장〔의식의 진화〕에 필요한 조건의 창출에 관계한다. 학문을 하는 것도 수신의 한 방편이며 의식 확장을 위한 것이다. 물질계는 의식의 진화를 위한 학습의 장으로서의 의미를 지니며, 권력·부·명예 등 모든 것은 그러한 학습을 위한 교육 기자재로서의 의미를 지닌다. 따라서 권력·부·명예 등에 집착하는 것은 공부는 하지 않고 교육 기자재에 탐심을 일으키는 것이나 다름없다. 의식의 확장은 곧 참본성의 회복으로의 길이며 성통공완性通功完을 이룩하는 길이다. 인간의 자기 실현은 참본성을 통하지 않고서는 이루어질 수가 없다. 자유민주주의의 자기 기만은 과학기술 만능주의가 초래한 의식과 제도의 단절에서 비롯된 것이다. 전통적인 서구의 정치사상에서는 흔히 의식 개혁이 제도 개혁에 비해 추상적이고 속도도 느려서 비효율적이라는 인식이 팽배해 있다. 그러다 보니 동양의 정치사상과는 달리 의식 차원에 대한 심층적인 접근은 유보되어 있다. 그러나 구체적이고 속도도 빠르다는 제도 개혁이 얼마나 효율적인가 하는 것은, 제도적 차원의 처방에 초점을 두고 분배 정의를 실현하기 위해 2003년 5.23 대책을 시작으로 여덟 차례나 발표했지만 실효를 거두지 못하고 있는 정부 부동산 종합대책에서 잘 드러나고 있다. 제도 개혁이 구체적이고 빠르다는 생각은 물질계에 파장 동조가 더 잘 일어난 데 따른 자의적인 판단일 뿐이다. 전일적 패러다임이 정치사상적으로 수용될 수 있기 위해서는 의식계와 물질계의 관계에 대한 보다 심층적인 접근이 요망된다.

현대 한국의 정치사상은 대개 근대 서구 정치사상의 도입으로 시작되었다. 그런 까닭에 이원론적 세계관을 기반으로 한 근대 과학의 방법론을 기용하며 주로 제도적 측면에 초점을 맞추고 있다. 이러한 서구 중심주의적인 경향으로 인해 전일적 패러다임의 정치사상적 수용은 유보되었을 뿐만 아니라 서구적 보편주의가 만연하면서 학문의 다양성과 독창성이 크게 위축되었다. 서구 중심주의가 초래한 학문적 폐해로는 '학문적 문제의식의 서구화, 서구이론에 따른 한국 현실의 동화주의적 해석, 서구 중심주의에 의한 한국(비서구) 현실의 주변화, 학문의 서구 종속성' [618] 등이 지적되기도 한다. 특히 근대 합리주의와 과학적 객관주의를 근간으로 하는 서구적 표준의 학문적 틀에서 벗어난 의식 차원의 논의는 비이성적이고 비합리적이며 비과학적인 것으로 치부되는가 하면, 심지어는 비학문적이거나 비정치학적인 것으로 규정되기도 한다. 그러나 우리 상고 시대 수천 년 동안 국가 통치 엘리트 집단의 정치대전政治大全이자 만백성의 삶의 교본이었던 『천부경』의 관점에서 볼 때 오늘의 서구 정치학은 사실 그대로의 존재태를 반영하지 못하는 왜곡된 인식에 기초한 학문적 불구不具라고밖에 할 수 없다. 왜곡된 신성이 인간 이성을 학대하며 신학이 무소불위의 권

---

[618] 강정인, 『서구중심주의를 넘어서』(서울: 아카넷, 2004), 395-417쪽.

력을 휘두르던 중세의 불합리했던 상황과, 오늘날 왜곡된 이성이 내
재적 본성인 신성[참본성, 영성]을 학대하며 근대 과학이 무소불위의 권
력을 휘두르는 서구적 근대의 불합리한 상황이 무엇이 다르단 말인
가! 중세의 부정한 의식의 폐해에 대한 반작용일 수도 있겠으나 근대
과학의 종교에 대한 알레르기 반응은 도를 넘어 의식 차원의 모든 것
을 부정하고 드디어는 생명의 본체까지도 부정하기에 이르렀으니, 이
것이야말로 존재론적 자살(ontological suicide)이 아니고 무엇이랴!

그러나 20세기에 들어와 원자와 아亞원자 세계에 대한 탐구로 고
전 물리학의 전통적 실체관이 한계를 드러내면서 고전 물리학의 기본
개념에 대한 근본적인 수정이 불가피하게 되었다. 아인슈타인의 상대
성이론과 양자론에 이르러 뉴턴의 3차원적 절대 시공의 개념은 폐기
되고 4차원의 '시공' 연속체가 형성되어 우주는 본질적으로 역동적
이며 불가분적인 전체로서, 정신적인 동시에 물질적인 하나의 실재로
서 인식되게 된 것이다. 말하자면 물질과 정신이 하나임을 과학 스스
로 천명한 것이다. 이후 하이젠베르크, 슈뢰딩거, 보어, 봄(David
Bohm), 카프라 등으로 이어지는 현대 물리학의 전일적 실재관과 생태
담론이 서구로부터 도입되면서 이원론적 세계관의 해체에 따른 전일
적 패러다임의 정치사상적 수용 가능성이 열리게 되었다. 그러나 사
실을 말하자면, 서구의 현대 물리학이나 생태 담론이 도입되기 전에
도 동양은 이미 수천 년 전에 이 세계를 복합적인 관계망으로 보는 오
늘날의 생태학과 양자역학의 관점을 반영한 전일적 실재관이 그 당시
의 기초적 패러다임이 되어 있었다. 이러한 전일적 실재관은 9,000
여 년 전부터 천·지·인 삼재의 조화에 기초한 우리 상고 시대의 생
태정치와 생태적 삶의 기초적 패러다임이 되었던 것이다. 동양의 천

인합일 사상은 전일적 패러다임의 전형을 보여 주는 것이다. 다만 서구적 보편주의가 만연하면서 서양은 중심화된 반면 동양은 주변화되면서 학문적으로도 서구에 종속되는 현상이 나타나게 된 것이다.

　제도를 의식으로부터 분리하는 서구 과학기술 만능주의의 영향으로 비과학적이며 비학문적인 종교 사상으로 주로 다루어졌던 천부사상이나 힌두사상, 그리고 유 · 불 · 도와 같은 동양사상이 오늘날 생태 담론의 장에서 다시 주목받게 된 것은 서구의 생태 담론과 현대 물리학적 실재관의 한계를 극복할 수 있는 누적된 지혜가 동양사상에 내재해 있기 때문일 것이다. 이들 동양사상에 나타난 생태정치학적 사유와 그 바탕을 이루는 전일적 실재관에 대해서는 제4장과 제5장에서, 그리고 현대 물리학과 동양사상의 비교에 대해서는 제7장 3절에서 이미 살펴본 바이다. 학계에서 다양한 분야의 연구자들에 의해 연구되고 있는 동학 사상의 경우, 인내천人乃天으로 대표되는 불연기연不然其然적 세계관과 「시천주侍天主」 도덕은 다양성이 살아 숨쉬는 우주만물의 근원적 평등성과 유기적 통합성을 명징하게 드러내 보인 것이다. '시侍'의 세 가지 뜻풀이인 '내유신령內有神靈 · 외유기화外有氣化 · 각지불이各知不移'의 '신령'과 '기화'는 불연과 기연의 관계와 마찬가지로 생명의 본체[본체계, 의식계]와 그 작용[현상계, 물질계]인 우주만물이 하나임을 말하여 주는 것으로, 마음을 지키고 기운을 바르게 함으로써[守心正氣, 各知不移] 그러한 전일성을 깨달을 수 있다. 동학의 생태정치학적 사유와 전일적 실재관에 대해서는 제5장에서 살펴본 바이다. 이렇듯 동양사상에 나타나는 전일적 패러다임의 핵심은 의식 차원과 깊이 연결되어 있다. 이는 현대 물리학의 홀로그램 우주론에서 이 우주를 의식이 지어낸 이미지 구조물로 보는 것과 일치한다. 이

제 생태정치학의 근간을 이루는 전일적 패러다임의 정치사상적 수용
과 관련하여 더 이상은 의식 차원의 논의를 유보할 수 없게 되었다.

그럼에도 여전히 의식 차원의 논의가 비효율적이고 낯설게 여겨지
는 사람이 있다면, 역사상 알려진 혹은 알려지지 않은 많은 성자들이
왜 그토록 마음을 밝히는 일에 평생을 바쳤겠는지를 한 번쯤은 생각
해 볼 필요가 있다. 물질세계에 무관심해서도 아니고 한가해서도 아
니다. 과학적으로 설명하자면, 의식의 진동수가 높으니 전체의식〔보편
의식〕과 파장 동조가 일어나는 것이다. 그들은 24시간 깨어 있는 의식
으로 살다간 사람들이다. 깨어 있는 의식이란 과거나 미래를 기웃거
리지 않고 지금 여기 이 순간에 집중해 있는 의식이다. 보통 사람들은
매순간 바쁘게 움직이지만 대개는 잠들어 있다. 낮에는 눈을 뜨고 잠
들어 있고 밤에는 눈을 감고 잠들어 있으니 24시간 잠들어 있는 의식
으로 살다 가는 경우가 많다. 24시간 깨어 있는 의식에서 나오는 판
단과 꿈속에서 혼자 바쁘게 돌아다니는 몽유병 환자의 판단 중 어느
것이 더 믿을 만한 것인지는 자명하지 않은가. 그러면 혹자는 이렇게
말할지 모른다. 그건 성자들의 삶이지 학자들의 삶은 아니지 않는가
라고. 그렇게 말하는 순간, 성聖과 속俗, 의식과 물질이라는 이원론의
덫에 걸린 것이다. 성속일여聖俗一如이며, 색즉시공色卽是空이요 공즉시
색空卽是色이다. 물질의 궁극적 본질이 비물질〔의식, 정신〕과 하나라는
사실이 과학적으로 입증된 지 80년이 넘었는데도 여전히 이분법의
포로가 되어 있는 것이다. 스스로 기뻐하며 포로가 되기를 자청한 것
이니 해방될 수 있는 길도 자기 자신에게 있다. '도구적 이성'의 발흥
이 사그라지고 의식이 깨어나면 자연히 해방되는 것이다.

서구의 경우 전일적인 생태학적 관점의 특성은 양자물리학, 양자

의학, 유기체생물학, 게슈탈트 심리학, 신경생리학, 홀로그램 모델, 복잡계 이론, 생태이론 등에서 광범하게 나타나고 있으며, 그 핵심은 우주를 부분들만의 단순한 조합으로 볼 수 없다는 것으로 이는 마치 샘에서 솟아나오는 물줄기를 샘과 분리시킬 수 없는 것과 같은 이치다. 한마디로 본체[의식계]와 작용[물질계]의 합일을 말한 것이다. 그러나 이러한 광범한 연구에도 불구하고 우주와 생명의 본질에 관해 명징한 구조와 체계를 제시하지는 못하고 있다. 현대 물리학의 전일적 실재관과 서구 생태 담론의 도입으로 우리 학계에도 전일적 패러다임의 정치사상적 수용 가능성이 열리게 된 것은 사실이지만, 서구 생태이론에 기초한 연구가 대개 제도적 측면에 치중해 있는 관계로 전일적 패러다임을 구체적이고도 체계적으로 적용한 경우는 드물다. 이는 전일적 패러다임에 입각한 생태정치학이 아직까지 정교한 이론적 틀을 갖추고 있는 것은 아니며 생성, 발전 중에 있는 담론임을 말하여 준다. 임효선의 「전일적 정치시각의 의의」에서는 오늘의 지적 상황을 "마치 우주의 대폭발(Big Bang)이 일어나기 직전의 불안한 정적 · 혼돈의 순간과 비유할 수 있다."[619]고 하면서 전일적 시각의 논리를 현대 물리학, 생태이론, 동양사상 등을 통해 전개하며 그것의 정치적 함의를 밝히고 전일적 패러다임에 입각한 정치이론의 정립이 시급함을 역설한다. 김번웅의 「생태학적 정치이론과 공공정책」[620]에서는 "성장사회를 전제로 한 로크(John Locke)와 스미스(Adam Smith)류의 정치적 패러다임은 균형사회를 가정한 하딘(Hardin)류의 생태학적 패러다임으

---

619 임효선, 앞의 논문, 8쪽.
620 김번웅, 앞의 논문.

로 코페르니쿠스적 전환이 되어야 한다."고 하면서 "생태학적 차원에서 적절한 정치철학의 형성, 정치이념의 모색, 새로운 가치 및 윤리의 창조, 사회 체제의 변화 및 생존 전략 등을 필요로 하고 있다."고 말한다. 회슬레와 김용정이 대담한 「전일적 세계관을 향해서」[621]에서도 전일적 패러다임의 긴요성이 역설되고 있다.

길희성 등이 편찬한 『환경과 종교』(민음사, 1997)는 자연에 대한 인간의 폭력을 정당화했던 사상의 뿌리와 환경문제 극복을 위한 대안적 사상을 연구한 것으로 여기에는 길희성의 「자연, 인간, 종교」, 이정배의 「기독교의 자연관」, 곽신환의 「유교의 만물관-그 법칙과 생명」, 김용정의 「생태학과 불교의 공생 윤리」, 송항룡의 「노·장의 자연관」, 최준식의 「한국 민족종교의 관점에서 본 생명과 환경」, 김지하의 「개벽과 생명운동」이 수록되어 있는데, 자연 파괴의 원인을 인간 중심주의적인 가치관, 정신과 자연의 근본적인 차이를 정당화하는 이분법적 사고, 물질적 풍요를 숭배하는 소비자본주의로 지적하고, 자연에 대한 새로운 인식을 종교적 전통에서 찾아낼 것을 요구한다. 한국불교환경교육원이 엮은 『동양사상과 환경문제』(모색, 1996)에 수록된 류승국의 「동양사상에서의 환경의식」, 송항룡의 「노장철학의 세계」, 이강수의 「노장철학의 자연관」, 전재성의 「불교사상과 환경문제」, 법륜의 「불교사상에서의 생명문제와 세계관」, 김용정의 「힌두이즘의 우주관과 자연관」, 임운길의 「동학에 나타난 자연관과 세계관」, 최영진의 「유학에서의 정치와 자연관」, 곽신환의 「주역에서의 자연관」, 최근덕

---

621 회슬레, 김용정(대담), 「전일적 세계관을 향해서」, 『과학사상 제13호』(서울: 범양사, 1995).

의「한국의 전통 속에 나타난 환경윤리」는 동양사상이 기초해 있는 전일적 실재관을 유·불·도, 힌두교, 동학 등을 통해 보여 주고 있다. 이 외에도 동양사상에 관한 연구는 대개 전일적 실재관이 그 기초가 되고 있긴 하나 이를 환경 생태 문제와 직접적으로 연관시켜 다룬 경우는 많지 않다. 거시 세계를 다루는 동양사상이 환경 생태 문제를 다룸에 있어 미시 세계를 다루는 실험물리학과의 상호 피드백 과정을 거친다면 인식 체계를 보다 공고히 하고 이론 체계를 강화하며 정밀화하는 데 도움이 될 수 있을 것이다.

생태 문제의 핵심은 생명에 관한 정확한 인식에 있다. 우주의 본질 자체가 생명이니 생명은 불가분적인 전체로서 스스로 생성되고 스스로 변화하여 스스로 돌아가는 '스스로(自) 그러한(然) 자'여서 전일성과 자기근원성의 속성을 지닌다.[622] 따라서 기계론적인 세계관으로는 인식이 불가능한 것이다. 전일적 패러다임의 긴요성이 여기에 있다. 생태 문제를 정치학적 차원에서 조명하는 생태정치학이 자연과 분리되지 않은 풍요로운 사회의 구현에 기여할 수 있기 위해서는 생명에 관한 재인식에 기초한 전일적 패러다임의 수용이 시급하다. 아울러

---

622 cf. 김지하, 『생명학』, vol. 1, 67쪽: "…진동, 순환, 팽창, 생성하는 모든 것은 영성적 생명…생명은 눈에 보이는 것이면서 동시에 눈에 보이지 않는 '숨겨진 질서'로서의 전체적 생성·유출·변화 과정…"; 김지하, 『동학이야기』(서울: 솔, 1994), pp.22, 30: "생명의 본성은 神氣, 즉 神靈氣化에 놓여 있다. 생명은 신령한 기운에 의해 생성하고 창조적으로 운동하며 공동체적으로 공생하고 상생하는 본래적 특성이 있다…생명은 본디 통일적이고 일원적이고 유기적이고 연대적이고 공동체적이고, 자유롭고 해방적이고 창조적이고 영성적인 것이다."

정치와 종교의 이원화로 인한 진지眞知의 빈곤을 종교와의 접합을 통하여 보완하기를 두려워해서는 안 된다. 모든 해답은 이미 경전 속에 나와 있다. 다만 파장 동조가 일어나지 않아 제대로 해석하지 못하고 있을 뿐이다. 앞서 설명하였듯이 필자가 인식한 바로는, 천부경의 천·지·인, 불교의 법신·화신·보신, 기독교의 성부·성자·성신, 동학의 내유신령·외유기화·각지불이의 3화음(triad)적 구조, 즉 본체–작용–본체와 작용의 합일이라는 구조 속에 생명의 정수가 다 들어 있다. 하늘이 본체라면 우주만물은 그 작용이며, 일심[참본성, 전체의식, 보편의식] 속에서 모두 하나가 된다. 일심의 원천으로 돌아가면 우주만물이 하늘기운[混元─氣]의 자기복제임을, 본체와 작용이 하나임을 자연히 알게 되어 우주만물의 근원적 평등성과 유기적 통합성을 깨닫게 되는 것이다. 따라서 이들 경전의 중핵을 이루는 3화음적 구조의 비밀은 바로 일심에 있다. 우리의 마음이 태양과도 같이 광명하게 되면 사람과 우주만물의 근원이 모두 하나인 하늘기운으로 연결되어 있음을 알게 되는 것이다.

생태정치학을 논함에 있어 종교와의 접합을 시도하는 것은 비과학적이고 비학문적이라고 반론을 제기하는 사람이 있을지 모른다. 이러한 반론 역시 서구적 표준의 잣대에 편승한 것이니 이원론의 덫에 걸린 것이다. 진리는 경계선이 없다. 경계선이 없는 진리에 인위적으로 경계선을 긋는 것 자체가 비과학적이고 비학문적인 것이다. 정확하게 말하자면 위에 언급한 3화음적 구조는 특정 종교의 진리가 아니라 이 우주의 보편적 진리이며, 다양한 언어로 각기 다르게 표현했을 뿐이다. 말하자면 다양한 종교는 하나인 진리의 달(月)을 가리키고 있는 여러 손가락과 같은 것이다. 문제는 진리의 달을 보는 것이니 종교라는 포장에 신경 쓸 것은 없다는 것이다. 중세에는 모든 학문이 신학의 시녀였던 관계로 종교와 학문 간에 경계선이 없었다. 종교개혁기에 마르틴 루터가 교회의 권력 남용을 막고자 양검론에 의거하여 신국과 지상국가, 정신적 권위와 세속적 권위를 구분하고 양 권위의 영역의 한계를 설정하여 교회에는 정신적 권위를, 군주에게는 독립된 정치적 권위를 인정한 데서 정신적인 영역과 세속적인 영역이 분화되게 된 것이다. 근대 과학의 발달로 과학적 방법론이 모든 학문을 지배하면서 학문과 종교의 영역이 더욱 뚜렷이 분화되게 되었다. 그리하여 종교에 대한 과도한 알레르기 반응은 진지眞知의 빈곤에도 불구하고 종교와의 접합을 시도하는 것을 비과학적이고 비학문적이라고 매도하기에 이른 것이다. 그러나 현대 물리학의 발달로 과학과 종교 간의 접합이 이루어지고 있고, 새로운 패러다임을 주도하고 있는 현대 물리학의 방법론을 학문의 영역에서도 수용하지 않을 수 없게 될 것이므로 머지않아 상황의 변화가 초래될 것이다.

제3절 지속 가능성 담론의 함의와 한국적 수용

오늘날 지속 가능성 담론이 초국가적 담론으로 세계 시민사회에 등장하게 된 것은 1972년 스웨덴의 스톡홀름에서 개최된 유엔인간환경회의(United Nations Conference on the Human Environment, UNCHE)에서이다. 이 회의에서 '하나뿐인 지구(Only One Earth)'를 제창하며 인간 환경 선언과 행동 계획을 채택하고 발전과 환경의 조화를 추구한 데서 비롯된 것이다. 이 회의의 결의에 따라 제27차 유엔총회에서 환경 문제에 대한 국제협력 추진 기구로서 유엔환경계획(United Nations Environment Program, UNEP)이 창설되어 오늘에 이르기까지 전 지구적 차원의 환경 문제 해결을 위한 가장 중심적인 국제 기구로 활동해 오고 있다. 세계적인 미래 연구 기관인 로마 클럽의『성장의 한계(The Limits to Growth)』라는 보고서가 나온 것도 1972년의 일이다. 이 보고서에 담긴 주요 메시지는 종래의 성장 논리에 입각한 경제 발전이 이런 추세로 지속된다면 1972년을 기점으로 100년 내에 인류 문명은 한계에 이르게 되고 문명 사회는 필연적으로 붕괴할 수밖에 없다는 것이다. 유엔인간환경회의와 로마 클럽 보고서는 인류가 처해 있는 환경 문제의 심각성을 새롭게 인식시키는 중요한 계기가 되었다. 1973년 유엔인간환경회의 의장인 모리스 스트롱(Morris Strong)에 의해 발전을 생태적 가치와 결합한 '생태발전(eco-development)'이란 이념이 제창되었고, 이후 이 이념은 유엔환경계획에 의해 추진 · 발전되었다. 1983년 세계환경발전위원회(World Commission on Environment and Development, WCED)가 유엔총회의 결의에 의해 설립되었고, 1987년에는 세계환경발전위원회(위원장: 브룬트란트)가『우리 공동의 미래(Our Common Future)』라는 브룬트란트Bruntland 보고서를 통해 '환경적으로 건전하고 지속 가능한 발전(environmentally sound and sustainable development, ESSD or SD)'의 개념을 처음으로 사용하였다.

1992년 브라질의 수도 리우데자네이로에서 개최된 유엔 리우Rio 지구정상회의(Global Summit)에서는 인류 차원의 새로운 성장 패러다임으로 '환경적으로 건전하고 지속 가능한 발전' (이하 ESSD로 약칭)을 채택함으로써 이를 축약한 '지속 가능한 발전'이란 개념이 전 지구적으로 확산되게 되었다. 또한 지구 온난화 방지를 위한 기후변화협약과 생물종의 다양성 감소를 막기 위한 생물 다양성 협약 등의 국제 협약이 체결되기도 하였다. 「의제(Agenda)21」은 당시 각국 정부 대표단의 리우회의(유엔환경개발회의 United Nations Conference on Environment and Development, UNCED)를 통해 채택된 '리우선언'의 실천 계획으로, 각국 정부의 행동 강령을 구체화한 지구 환경 보전 종합계획이다. 2002년 남아연방 요하네스버그에서 리우환경회의 10주년을 맞아 개최된 세계지속가능발전정상회의(World Summit on Sustainable Development, WSSD)[623]에서는 '국가 지속 가능 발전 전략'을 채택, 이행할 것을 권고함에 따라 많은 나라들이 전략 수립과 이행에 박차를 가하게 되었으며, 각국 정부는 지속 가능한 발전을 실현하기 위해 환경 정책을 경제 및 사회 정책과 더불어 최상위의 정책으로 삼게 되었다. 우리나라에서도 유엔이 정한 지침에 따라 1993년 이후 유엔지속가능발전위원회(United Nations Commission on sustainable Development, UNCSD)에 매년 국가 보고서를 작성하여 제출하고 있다.

---

[623] 세계지속가능발전정상회의(WSSD)에는 174개 국에서 100여 명의 국가 수반과 대표단 및 각급 비정부기구 회원들이 참석했으며, 폐막과 함께 세계 각국 정상들은 환경, 빈곤문제 등 6대 의제별 이행 계획을 발표하였는데 그 내용은 다음과 같다. 즉, 세계 빈민인구를 줄이기 위한 세계연대기금(WSF) 설립(2015년까지), 깨끗한 식수를 공급받지 못하는 20억 인구 절반으로 감축(2015년까지), 어족 자원 및 해양 생태계 보호(2015년까지), 생물다양성 보존(2010년까지), 화학물질의 생산과 소비 제한(2020년까지), 교토의정서 비준 촉구, 대체에너지 사용 확대 촉구 등이 그것이다. 그러나 에너지 분야의 최대 현안이었던 대체 에너지의 사용 비율 및 시한 등 구체적 내용에 대해서는 합의를 도출해 내지 못했다 (http://terms.naver.com/item.php?d1id=7&docid=6897).

리우회의를 계기로 환경과 발전의 조화를 추구하는 유엔 차원의
노력이 가속화하는 가운데 지속 가능한 발전을 체계적이고 실질적으
로 추진하기 위한 국내의 적극적인 정책 대응도 강화되기 시작했는데
그 내용은 대개 다음과 같다. 1) 1994년부터 10년 단위의 '자연환경
보전기본계획'을 확정·추진하고 있으며, 1997년에는 '제2차 자연
환경전국기초조사'를 5년 계획으로 시작하였고, 또한 '멸종 위기에
처한 야생 동·식물종 국제거래에 관한 협약'(93년), '생물다양성협
약'(95년), 람사 협약이라 불리는 '물새 서식지로서 국제적으로 중요
한 습지에 관한 협약'(97년) 등 다수의 국제 환경 협약에 가입하였다.
2) 리우「의제21」제28장이 민·관·기업 간의 파트너십과 비정부기
구 활동의 중요성을 강조하고 있는 것과 맥을 같이하여 1995년 9월
부산광역시에서 '지방의제21'이 수립되었으며, 2005년 5월 31일 현
재, 250개 지방자치단체(이하 지자체) 중 약 85%인 213개 지자체가
'지방의제21' 수립을 완료하였고 6.4%인 16개 지자체가 이를 수립
중에 있어 약 92%인 229개 지자체가 이 사업에 참여하고 있는 것으
로 조사되었다. 3) 1994년에 개최된 지구 환경 관계 장관 대책회의
의 결정에 따라 우리나라는 1996년 3월 '의제21 국가 실천 계획'을
작성하여 10월 유엔에 제출하였으며, 또한 세계 환경의 날을 기념하
여 지속 가능한 발전을 위한 '새천년 국가 환경 비전'을 선포함으로
써 지속 가능한 발전에 대한 국가적 의지를 대외적으로 천명하였다.
이러한 노력은 환경과 발전의 조화를 도모하기 위해 2000년 9월 대통
령 자문기구로 설립된「지속가능발전위원회」(Presidential Commission on
Sustainable Development, PCSD)를 통해 결집되고 있다. 4) 유엔 권고에
따라 2001년 3월부터 PCSD를 WSSD 국가준비위원회로 지정하고

산하에 실무준비위원회와 3개 대책반(총괄대책반: PCSD, 전략대책반: 환경부, 협상대책반: 외교통상부)을 구성하고 유엔 권고사항 이행, 기본 방향 설정, 협상 전략 마련 등의 역할 분담을 통해 WSSD를 준비하고 있다. 2001년 9월에는 「WSSD를 위한 한국여성위원회」가 설립되고 10월에는 산업계 참여의 활성화를 위하여 「지속가능발전기업협의회」(KBCSD) 구성을 위한 준비위원회가 출범되었다.[624] 5) 2005년 국무회의에서 통과되어 국가 법정 계획으로 추진하게 된 '국가환경종합계획(안)'의 '환경을 지키면서 경제도 살리는 환경 정책의 기본 방향'이라는 부문에서 제시하는 주요 내용을 보면, 환경을 고려하는 경제 정책 추진, 지속 가능한 소비 및 생산 체계 구축, 환경 정책의 경제적 효율성 제고를 들 수 있는데, 그 주요 과제와 추진 방안은 환경 친화적 소비 체계 구축, 청정 생산 및 환경 경영 시스템 구축, 환경 정책과 고용 정책의 연계, 생태 경제 원리를 존중하는 환경 규제 체계의 확립, 지속 가능한 농업·수산·산림 자원 관리에 주안점을 두고 있다.[625]

오늘날 국제 사회에서 환경 문제에 대처하기 위한 주도적인 담론으로 자리 잡고 있는 ESSD에 대한 가장 널리 인용되는 정의는 브룬트란트의 정의이다. 즉, "미래 세대의 욕구를 충족시킬 수 있는 능력을 저해하지 않으면서 현 세대의 욕구를 충족시키는 발전"[626]이다. 인간의 욕구 충족을 위한 경제 발전은 자연자원의 이용을 통해 가능한

624 1, 3, 4항은 http://wssd.kei.re.kr/sdkorea/sdkorea.asp(2006. 11. 20), 2항은 http://www.la21.or.kr(2006. 11. 20) 참조.
625 허상수, 앞의 책, 51-61쪽.
626 WCED, *Our Common Future*(Oxford: Oxford University Press, 1987), p.43.

데 현 세대가 자연 자원을 과도하게 사용하면 미래 세대는 자연 자원이 고갈되어 욕구 충족을 위한 경제 발전을 도모할 수 없게 되므로 지속 가능하지 않게 되는 것이다. 따라서 욕구 충족을 위한 경제 발전이 지속 가능할 수 있기 위해서는 환경과 발전의 조화를 추구하지 않으면 안 된다. 세계환경발전위원회가 환경과 발전을 통합된 것으로 보고 양가치를 결합하려 한 것은 이 때문이다. 그러나 이러한 브룬트란트의 정의는 자연의 내재적 가치를 강조하는 환경론자들의 관점이나 전 지구적 차원의 부의 재분배의 필요성을 강조하는 개도국의 관점을 모두 만족시킬 수는 없었기 때문에 지속 가능한 발전이라는 개념을 둘러싼 논란은 지금도 계속되고 있다. 경제 발전과 환경 보전이라는 지속 가능한 발전의 개념적 모순성을 지적[627]하는 것에서부터 그 개념의 유용성을 둘러싼 논란[628]에 이르기까지 다양하다. 드라이제크는 지속 가능한 발전이 "민주주의와 마찬가지로 정밀하게 정의를 내릴 수 있거나 내려야 할 어떤 개념이라기보다는 하나의 담론"[629]인 것으로 규정한다.

세계환경발전위원회에 따르면 지속 가능한 발전을 제약하는 한계는 자연적 한계라기보다는 현 세대와 미래 세대의 욕구를 충족시킬

---

[627] S. M. Lele, "Sustainable Development: A Critical Review," *World Development*, 19(6), 1991, pp.607-621.

[628] W. Beckerman, "Sustainable Development: Is it a Useful Concept?," *Environmental Values*, 3, 1994, pp.191-209; M. Jacobs, "Sustainable Development, Capital Substitution and Economic Humility: A Response to Beckerman," *Environmental Values*, 4, 1995, pp.57-68.

[629] 존 S. 드라이제크 지음, 정승진 옮김, 앞의 책, 225쪽.

수 있는 환경 용량에 대해 기술 발달과 사회 조직의 조건이 부과하는 한계인 것으로 나타난다.[630] 지식 축적과 기술 발전, 사회 조직 및 제도의 변화가 자원의 수용 능력을 높일 수 있기 때문에 어떤 한도를 넘어서면 생태적 재앙으로 연결되는 것과 같은 성장의 절대적 한계란 사실상 없다는 것이다. 생태적 시각을 가미한 일종의 기술 혁신 전략의 모색[631]과도 같은 것이다. 지속 가능한 발전 모델은 자유 무역을 통한 세계 자본주의 경제 체제의 활성화를 당연한 전제로 받아들이고 있으며, 경제 발전과 환경 보전, 분배 정의를 포지티브섬(positive-sum)의 상호 보완적 관계로 본다. 이러한 인간 중심적이고 기술 중심적인 브룬트란트 보고서의 내용은 기본적으로는 선진국의 발전 모델을 해결 방안으로 상정하며 선진국의 논리를 대변하고 있다는 점에서 신기술을 독점하고 있는 선진국의 자비를 기대하지 않는 한 실효성을 거두기는 어렵다. 지구 온난화 방지를 위한 기후변화협약을 이행하기 위해 1997년에 만들어진 '교토의정서'에 미국이 불참 원칙을 고수하고 있어 발효가 늦어지고 있는 것만 보더라도 선진국의 실천적 노력이 수반되지 않는 한 선언적 의미를 벗어나기는 어려운 것이다. 뿐만 아니라 보고서에 나타난 지속 가능성은 자연과 인간의 근원적인 연대성 회복이라는 측면보다는 경제 발전을 통한 인간의 생존과 지속 가능성에 초점을 두고 있다는 점에서 ESSD가 함축하고 있는 환경과 발전의 통합성은 생태적 및 사회적 지속 가능성에 대한 배려가 없으므로 해서 그 가치가 희석될 수 있는 소지가 다분히 있다.[632] 또한 기

---

630 WCED, *op.cit.*, p.8.
631 이에 관해서는 허상수, 앞의 책 참조.

술에 의한 자연의 변형이 어느 정도로 가능한 것인지에 대해, 생태적 수용 능력이나 경제 발전으로 측정되는 지속 가능성 또는 인간의 생존에 지장을 주지 않는 기준이라는 것은 언어적인 수사에 불과하며 명확한 기준이 될 수 없으므로 현 세계 자본주의 체제에서 나타나고 있는 기술 중심주의의 발흥이 재현될 수도 있는 것이다.

지속 가능한 발전의 개념이 포괄하는 영역은 전 지구적인 동시에 지역적이며, 사회적인 동시에 생태적이다. 이는 "지구적으로 생각하고 지역적으로 행동하라(think globally, act locally)."는 녹색론자들의 슬로건에서, 그리고 자연 자원의 보전과 사회 발전 및 경제 발전의 함수 관계를 보여 주는 1992년 '리우선언'의 실천 계획인 「의제21」에서 잘 나타난다. 「의제21」은 지속 가능한 발전이 세계 시민사회의 담론이어야 함을 역설하며 시민들의 적극적인 동참을 요구한다. 지속 가능한 발전은 자원 추출, 폐기물 배출 규제 등 생산 과정에 대한 정부차원의 통제뿐만 아니라 생활 양식과 소비 행태의 변화와 같은 시민차원의 참여가 없이는 달성될 수 없기 때문이다. 그러나 지금까지 발전의 개념은 자연 이용 과정에서 혜택은 선진국 지배 계층이 누리고 환경 비용은 후진국 일반 민중이 부담하는 식의 환경제국주의와 맞물려 작동하는 경제적 제국주의 구조에 의해 지배되는 불균형한 것이었다. 유럽과 신대륙 간에 이루어진 수 세기에 걸친 생태학적 불평등 교환이나 선진 산업 국가에 의한 공해 산업의 해외 수출 및 '자연 대 채무 교환정책(debt-for-nature-swaps)'에서 드러난 후진국 국제 채

---

632 이와 유사한 시각으로는 Michael Redclifft, *Sustainable Development* (London: Methuen, 1987).

무의 환경 파괴적 메커니즘이 이를 잘 말하여 준다. 이러한 불균형한 발전은 환경 파괴와 더불어 부의 편중화를 낳고 극심한 빈곤 문제를 야기시키기에 이르렀다. 따라서 환경문제는 경제적 제국주의와 맞물려 작동하는 환경제국주의의 구조적 산물이라는 점에서 환경과 발전의 조화적 추구는 현 세대와 미래 세대 모두의 지속 가능성을 위한 것으로 전 지구적 차원에서의 빈곤 퇴치 및 국가간 불평등의 근본 원인에 대한 포괄적인 차원에서 접근해야 할 필요가 있는 것이다.

ESSD의 이념은 브룬트란트 보고서에서 제시된 후 「의제21」을 통하여 구체화된 행동 강령으로 나타나긴 했지만, 그 개념과 함의에 대한 논쟁은 다양하게 전개되었다. 경제 발전과 자연 보전을 조화시키는 관점에 따라 인간 중심적인 약한 지속 가능성(weak sustainability)과 생태 중심적인 강한 지속 가능성(strong sustainability)[633]이라는 개념이 제시되기도 했는데, 자연을 지속적인 경제 발전을 위한 조건으로 간주함으로써 경제적 지속 가능성(economic sustainability)에 초점을 두고 있다는 점에서는 양자가 일치한다. 그러나 환경과 발전, 생태적 지속

---

633 Simon Bell and Stephen Morse, *Sustainability Indicators: Measuring the Immeasurable?*(London: Earthscan Publications Ltd., 1999), p.13. 여기서 약한 지속 가능성과 강한 지속 가능성의 관점은 네 가지 자원, 즉 자연자원(natural resource), 공장·도로 등 경제활동과 관계된 인공자본(person-made capital), 지식·기술과 같은 인적 자본(human capital), 문화·제도와 같은 사회적 자본(social capital)의 구분에 기초한 것이다. 전자는 자원을 대체관계로 보아 인간이 만든 자본, 인적 자본, 사회적 자본이 증가하면 자연자원도 그만큼 많이 이용할 수 있다는 입장인 데 비해, 후자는 자원을 대체관계가 아닌 보완관계로 보아 자연자원은 적극적으로 보전되어야 한다는 입장이다.

가능성(ecological sustainability)과 경제적 지속 가능성은 근원적으로 분리 자체가 불가능하다. 생태적 지속 가능성에 초점을 두고서 자연 생태계가 파괴되지 않는 범위 내에서 경제 발전을 지속하는 것과, 경제적 지속 가능성에 초점을 두고서 환경 파괴를 방지하는 제도적ㆍ기술적 장치 내에서 경제 발전을 지속하는 것의 구분이라는 것은 언어적인 수사에 지나지 않으며 실제성이 없다. 생태계가 파괴되지 않는 적정선에 대한 기준이나 환경 파괴를 방지하는 제도적ㆍ기술적 장치의 표준에 대한 이론적 명료화가 사실상 불가능할 뿐더러 실천적 차원에서는 인간의 의식 차원과 모두 하나로 연결되기 때문이다. 브룬트란트 보고서에 대해 가장 일반적으로 제기되고 있는 문제는 환경과 발전을 하나의 통합된 가치로 설정하면서도 자연 자원을 지속적인 경제 발전을 위한 조건으로 간주하는 인간 중심적, 기술 중심적 정향으로 인해 사실상 자연과 경제를 이분법적인 틀로 다루고 있다는 것이다. 인간의 욕구 충족을 위한 지속 가능한 경제와 지속 가능한 자연은 상호 피드백의 관계에 있으므로 하나의 통합된 틀로 다루어야 하며, 그런 점에서 자연을 경제 발전을 위한 조건으로 보는 이원화된 관점은 지속 가능성 담론과는 거리가 있다.

지속 가능한 발전은 자연과 경제 두 요소만으로 달성될 수 있는 것이 아니다. 자연과 경제는 사회의 다양한 요소들과 상호 피드백의 관계에 있으므로 사회가 지속 가능하지 않으면 자연과 경제 또한 지속 가능할 수 없는 것이다. 여기에 지속 가능한 발전론에 대한 비판적 대안으로서 자연과 경제 그리고 사회적 제요소를 포괄하는 다차원적인 개념으로서의 지속 가능한 사회(sustainable society)론이 등장하게 된다. 지속 가능한 사회란 단순히 경제 발전만이 아닌 총체적인 사회 발

전에 의거하는 개념이다. 원래 '지속 가능한 사회' 란 용어는 1977년
데니스 피레이지(Dennis C. Pirages)가 기술 발전을 통해 자원의 재활용을
높일 수 있는 사회[634]를 지칭하던 것이, 1981년 레스터 브라운(Lester. R.
Brown)의 『지속 가능한 사회의 건설 Building a Sustainable Society』[635]에
서 생태적 지속성을 띤 사회 조직을 갖춘 사회로 정의되었으며,
1990년대 들어 도넬라 메도우즈(Donella H. Meadows), 폴 에킨스(Paul
Ekins)[636] 등에 의해 지속 가능한 발전이 전체 사회 체계와의 관계 속
에서 다루는 개념으로 정교화되었다. 그리하여 지속 가능한 발전은
자연과 경제 외에 자연과 경제의 지속 가능성에 영향을 주는 인구, 정
치, 문화, 기술, 제도, 사회 구조와 같은 사회적 제요소를 포괄하는 다
차원적인 접근이 이루어지게 된 것이다.

생태계의 수용 능력을 넘어서는 과잉생산·과잉소비 문화는 자연
과 경제의 지속 가능성에 부정적인 영향을 미치게 되겠지만, 생태 사

---

634 Dennis C. Pirages, "Introduction: A Social Design for Sustainable
Growth," in Dennis C. Pirages(ed.), *The Sustainable Society:
Implications for Limited Growth*(London: Praeger Publishers,
1977), pp.1-20.

635 Lester R. Brown, *Building a Sustainable Society*(New York: W. W.
Norton, 1981).

636 Donella H. Meadows, *Beyond the Limits: Global Collapse or a
Sustainable Future*(London: Earthscan Publications Ltd., 1992);
Paul Ekins, "The Environmental Sustainability of Economic
Processes: A Framework for Analysis," in Jervan C.J.M. van den
Bergh and Jan van der Straaten(eds.), *Toward Sustainable
Development: Concepts, Methods, and Policy*(Washington, D. C.:
Island Press, 1994).

상의 보급 및 환경 생태운동의 확산이나 환경 협약을 통한 국제 협력과 환경 레짐(environmental regime)[637]의 창출에 따른 공존의 가치 체계 형성은 긍정적인 영향을 미치게 될 것이다. 불평등한 사회 구조를 개선하고자 나타난 민주화 운동, 여성운동, 환경생태운동 등 각종 사회운동은 궁극적으로는 지속 가능한 사회의 실현과 관련되는 것이다. 기술과 지속 가능성의 관계는 기술에 내재한 목적이 생태적 및 사회적 지속 가능성에 미치는 영향과 관계된다. 긍정적인 영향을 미친다면 그 기술은 지속 가능한 사회의 실현에 순기능적인 것이고, 부정적인 영향을 미친다면 역기능적인 것이 될 것이다. 그러나 근대 서구문명이 말하여 주듯 기술 발전이 인간의 이기적인 목적과 결합하면서 자원 고갈, 환경 파괴와 생태 위기, 정신 공황과 공동체 해체 현상까지 나타나게 되었으니, 편리함을 향유한 대가가 너무도 큰 셈이다. 오늘날 청정기술(clean technology) 개발이 주목을 받고 있기는 하지만, 기술 발전에 상응하는 의식 성장이 병행되지 않고서는, 다시 말해서 기술과 공동체 정신이 결합되지 않고서는 긍정적인 영향을 기대하기 어렵다. 오늘날 국제 정치경제의 현안이 되고 있는 지구 온난화, 오존층 파괴, 생물종 다양성 감소, 대기 · 해양 · 토지 등의 오염, 유해 폐기물 교역과 환경 오염원의 해외 이전, 열대림 파괴, 토질의 척박화와 사막

---

637 천정웅, 『지구환경레짐의 정치경제학: 환경정치의 쟁점과 환경레짐의 발전』(서울: 한울, 1995)의 서문에서는 환경레짐을 국제환경협력과정에서 주요 의사결정과 관련된 "환경기준의 설정과 그 실행을 위한 메커니즘이며 지구적 쟁점에 대한 이해관계가 있는 참여자간 상호연계망"의 의미라고 하고, 이에 관한 논의는 환경문제의 해결을 "국제제도 및 국제기구적 차원에서 국제레짐을 만드는 것으로 접근하는 것"이라고 하고 있다.

화, 자원 고갈, 식량 문제 등은 무엇보다도 전 지구적 파트너십이 절실하게 요구되는 것들이다.

지속 가능한 지구공동체는 자연과 인간의 이원성 극복과 더불어 국가·지역·계층간 빈부 격차 및 사회 구조적 불평등 해소에 기초한다. 인간의 욕구 충족을 위한 경제 발전은 자연 자원의 이용을 통해 가능한데, 현 세대뿐만 아니라 미래 세대의 욕구까지도 충족시킬 수 있기 위해서는 인간의 욕구 체계를 전면 재조정하지 않으면 안 된다. 지속 가능한 사회를 위해서는 무엇보다도 선진 산업국가에서 물질적 재화의 소비가 줄어들어야 한다. 지속적인 경제 성장으로는 인간의 욕구 만족이 극대화될 수 없으므로 현재 소비 중심의 사회를 대체할 수 있는 새로운 패러다임이 필요하다. 지구와 인간, 인간과 인간의 연계성에 대한 재발견이 요망되는 것이다.[638] 이는 곧 세계관과 사고방식 및 가치 체계의 전환, 즉 생태 패러다임으로의 전환을 의미하는 것이다. 로마 클럽 보고서나 브룬트란트 보고서에서 드러나듯 환경 문제를 극복하기 위한 선진국의 실천적 노력은 간과한 채 선진국의 논리를 대변하며 선진국의 입장에서 문제를 제기하고 해결하고자 하는 것은 문제의 본질에서 벗어난 것이다. 이는 마치 오늘의 인류가 처한 위기를 선진국의 위기로 환원시키는 것이나 다름없는 오류를 범하는 것이다. 로마 클럽의 보고서가 위기의 근본 원인을 폭발적으로 증가하는 제3세계의 인구 증가와 경제 성장에서 찾는 것이나, 브룬트란트 보고서가 자연과 인간, 인간과 인간의 근원적인 화해보다는 기술 중

---

638 cf. 앤드루 돕슨 지음, 정용화 옮김, 『녹색정치사상』(서울: 민음사, 1993), 29-32쪽.

심주의적 정향을 띠며 선진국의 자본주의적 발전 모델을 해결 방안으로 상정한 것은 문제 해결을 위한 미래 지향적 자세가 아니다. 기술 발전이 근본적인 해결책이 될 수 없는 것은 현 세계 자본주의 체제 속에서 기술이란 것은 선진국의 논리와 입장을 과학적으로 대변하는 도구에 지나지 않기 때문이다. 인류 사회가 처해 있는 문제의 본질은 자연과 인간, 인간과 인간의 연대성 회복이 없이는, 생태 패러다임으로의 대전환이 없이는 해결될 수가 없다는 데 있다.

그렇다고 지금까지 전개되어 온 환경 문제에 대한 국제 정치적 협력과 성과에 대해 몰평가하는 것은 아니다. 브룬트란트 보고서를 통해 ESSD의 개념이 처음 제시된 후 유엔 리우 지구 정상회의에서 인류 차원의 새로운 성장 패러다임으로 이를 채택함으로써 '지속 가능한 발전'이란 개념이 전 지구적으로 확산되게 된 것은 지구 문명의 지속 가능성에 대해 새로운 환기를 촉구하게 되었다는 점에서 환경 의식의 고양을 가져오는 중요한 계기가 되었다. 또한 환경과 발전의 조화를 추구하는 유엔 차원의 노력이 가속화되는 한편, 세계 시민사회의 발 빠른 움직임에 맞추어 국내 환경운동의 조직화와 세력화도 활성화되면서 1990년대 중반 이후로는 제도화, 담론화의 단계에 접어들어 지속 가능한 발전의 이념은 생태 담론의 핵심 과제가 되고 있다. 자유무역을 통한 세계자본주의 경제 체제의 활성화가 분배 정의를 수반하지 못하고 세계 시민사회의 성장이 공동체 정신을 배양하지 못한다면 지속 가능한 발전이란 언어적 수사에 불과하게 될 것이다. 지구공동체의 지속 가능성은 환경 정의(environmental justice)와 사회 정의(social justice), 생물종 다양성과 문화적 다양성이 조화를 이루고 분배 정의와 공동체 정신이 살아 숨쉴 때 실현될 수 있는 것이다.

제4부 에코토피아 ecotopia를 향하여

제10장 생태적 리더십의 본질과 통치의 정당성

제1절 생태적 리더십과 생태효율성

생태적 리더십이란 생태적 합리성 및 효율성을 기초로 생태 친화적인 삶의 창출에 순기능적으로 작용하는 리더십을 말한다. 이는 독일의 사회학자 막스 베버(Max Weber)의 세 가지 지배 유형—전근대적 봉건사회에서의 사회적 관습이나 전통에 의한 전통적 지배, 리더 자신의 개인적 힘과 권위에 의한 카리스마적 지배, 법에 의한 합법적 지배—과 조응하는 전통적·신분적 리더십이나 카리스마적 리더십 또는 근대적 리더십과는 구별되는 것이다. 근대적 리더십이 지배와 복종의 이원론에 기초하여 복종을 담보하는 기술에 주안점을 두었다면, 생태적 리더십은 자율성과 평등성에 기초하여 '경제의 생태화' 내지 '생태의 경제화'를 통해 산업사회에서 생태사회로의 전환에 주안점을 둔다. 이는 곧 자연과 인간, 인간과 인간의 연대성 상실을 초래한 근대적 합리성과 효율성의 개념이 영적 일체성(spiritual identity)을 바탕으로 한 생태적 합리성과 효율성의 개념으로 대체되는 것을 뜻한다. 생태적 지속성을 띤 사회로의 전환은 단순히 기술적인 문제가 아니라 세계관과 사고방식 및 가치 체계의 문제이며 정치적 의지와 결

단의 문제인 까닭에 천·지·인 삼재의 조화에 기초한 생태적 마인드
를 갖는 것이 무엇보다도 중요하다. 근대 서구의 정치적 자유주의가
생태적 홀로코스트holocaust를 초래하게 된 것도 인간 존재의 '세 중심
축(天地人 三才)'의 연관성 상실로 인해 생태적 마인드를 갖지 못한 데
기인한다.

생태적 마인드를 근간으로 하는 생태적 리더십은 생태효율성(eco-
efficiency)을 실현하기 위한 가장 중요한 요소이다. 생태효율성이란
"인간의 욕구를 만족시키고 삶의 질을 높여 줄 수 있는 재화와 서비
스가 전 과정을 통해 환경적 영향과 자원 소비를 줄이는 방향으로 생
산되어 지구의 수용 능력을 벗어나지 않도록 효율성을 높이는 것"[639]
으로 정의된다. 이를 위한 5대 핵심 과제는 소비자들의 요구 파악과
삶의 질의 고양[needs and quality of life], 서비스 개선을 통한 환경 친화
적 기회 포착[service], 생산부터 폐기에 이르는 전 과정의 환경적 영향
고려[product life cycle], 과정적 관점에서 변화에의 적응[process view], 지
구의 생태 수용력의 한계 인식[limits of eco-capacity]인 것으로 나타난
다.[640] 사실 최고 경영자의 지원이 없으면 모든 실천과 변화는 이루어
질 수 없다는 점에서 기업 경영 차원이든 국가 경영 차원이든 리더십
의 중요성은 아무리 강조해도 지나치지 않을 것이다. 지속 가능한 사
회의 구현은 생태효율성의 가이드라인에 따른 새로운 방식으로 이루
어져야 한다. 그 7가지 가이드라인이란 물질 감소, 에너지 감소, 유독

639 Livio D. DeSimone & Frank Popoff, *Eco-Efficiency*(서울: The MIT
Press, 1997), 45쪽.
640 위의 책.

물질 감소, 재활용 증가, 재생 가능 자원 사용 증가, 제품 내구성 증가, 서비스 개선이다.[641]

경제효율성뿐만 아니라 생태효율성도 함께 고려할 때 삶의 질이나 행복지수를 높일 수 있는 진정한 발전이 이루어질 수 있는 것이다. 이는 환경 관리 방식이 1990년대 이후 사후처리(end-of-pipe)에서 오염 예방(pollution prevention)으로 인식의 전환이 이루어진 것과 맥을 같이 하는 것으로 '미래 세대를 위협하지 않는 현 세대의 발전'이란 이를 두고 하는 말이다. 생태효율성을 달성할 수 있기 위해서는 리더십이 가장 중요한 요소이긴 하지만, 미래에 대한 통찰력이나 생태친화적인 문화의 형성, 환경경영 시스템 · 환경성과 측정 · 환경회계 등과 같은 환경 도구의 존재는 생태적 리더십의 실천적 전개를 위한 중요한 요소이다. 또한 폐기물 감소 및 환경 친화적인 소비 제품 개발과 더불어 제품의 폐기까지도 책임지는 기업 풍토 조성은 생태적으로 지속 가능한 사회를 구현하기 위한 필수 요건이다. 환경 오염 관리에 대한 기존의 인식은 정부의 규제를 피하기 위한 최소한의 조치로 나타나는 것이 일반적이었다. 그러나 실제에 있어 오염 예방은 환경 오염으로 인한 환경 비용을 감안한다면 생태효율성뿐만 아니라 경제효율성을 가져다 준다는 사실이 지적되고 있다. 생태적 리더십을 효과적으로 구사할 수 있기 위해서는 무엇보다도 기존의 경영 철학이 생태 효율적으로 바뀌어야 한다.[642]

생태적 리더십은 대등한 상호의존적 협력 체계를 바탕으로 생태합

---

641 위의 책, 47-53쪽.
642 위의 책, 54, 57쪽.

리주의에 기초한 분권화와 풀뿌리 민주주의를 지향함으로써 조직의 유기성 및 효율성이 최고도로 발휘될 수 있게 한다. 힘(power)의 논리에 기초하여 정치 체계가 하향식 구조를 이루는 근대 산업사회의 이원화된 구조에서 벗어나 영성(divinity)의 논리에 기초하여 정치 체계가 상향식 구조를 이루는 생태사회로의 전환을 촉구함으로써 생태적 지속성을 띤 지구공동체의 실현을 그 목표로 하는 것이다. 생태적 리더십은 사회 전 분야의 생태적 가치를 활성화시킬 수 있는 탈중심성과 소통성을 지향하는 원리가 내재되어 있는 까닭에 인간 존재의 '세 중심축(天地人 三才)'의 분절성을 극복하고 생명의 유기적 통일성을 깨닫게 함으로써 근대 서구의 정치적 자유주의의 한계를 극복할 수 있게 할 것이다. 인간과 인간, 인간과 자연 간 소통 체계의 전면적 회복은 이분법을 기반으로 한 근대적 리더십의 틀 속에서는 이루어질 수 없는 까닭에 탈근대성을 내포하는 생태적 리더십 논의가 나타나게 된 것이다. 이러한 생태적 리더십은 시민사회의 활성화에 따른 정치 영역의 확장과 더불어 전 지구적 차원의 생태 위기에 효율적으로 대처할 필요성에서 생겨난 것이다. 그 요체는 이분법적 사유 체계에 입각해 있는 서구적 근대의 초극이다.

생태적 리더십이 실질적으로 기능하기 위해서는 이원론적 세계관의 해체와 더불어 녹색 공영역의 제도화 및 활성화가 이루어져야 한다. 생태적으로 건전하고 지속 가능한 사회로의 전환은 의식의 변화와 더불어 제도적 차원의 조정을 통하여 생태적 가치가 활성화될 수 있을 때 가능한 것이다. 생태적 리더십이 탈중심성과 조응하여 거대 관료주의를 배격하는 것은 생태효율성과 긴밀한 연계성을 갖고 있기 때문이다. 독일의 환경운동가인 에른스트 울리히 폰 바이츠제커

(Ernst Ulrich von Weizsacker)의 『환경의 세기 *Das Jahrhundert der Umwelt*』[643] 책머리에서는 생태효율성을 제고하는 '12개의 테제'를 제시하고 있다. 그 주요 내용은 자연 자원의 희소성에 대한 인식, 경제성장보다는 환경과 생태계 보전이 최우선 과제라는 인식, 반환원적 생산에서 순환경제로의 전환, 에너지 및 자연자원의 사용량은 2분의 1로, 복지는 2배로 하는 이른바 '인수 4(Faktor Vier)'의 경제, 생산에 소요된 재료에 따라 상품의 효율성 측정, 생태적 조세개혁 단행, 환경보호를 위해 인간의 노동을 사용함으로써 일자리 창출 등이다. 특히 바이츠제커는 생태적 조세개혁이 생태효율성의 제고를 위한 가장 광범하고도 효과적인 방안이라고 보고 국가 차원에서뿐만 아니라 전 지구적 차원에서 시행돼야 함을 강조한다. 자연 환경을 이용하는 산업에 대해서는 중과세하고 인간의 노동력이 투입되는 산업에 대해서는 세금 부담을 덜어주어야 한다는 것이다.

바이츠제커는 생태효율성에 인류의 미래가 달렸다고 보고 '자연자원은 최소한으로, 또한 반복적으로 사용할 수 있어야 한다'고 역설한다. 그에 의하면 지구 환경을 고려하지 않은 경제효율성은 더 이상 미래의 비전을 제시할 수 없으며 그런 까닭에 생태효율성으로 대체되어야 한다는 것이다. 말하자면 '인간다운 삶과 노동을 위한 생태 효율적 비전'을 제시한 것이다. 20세기가 경제적 가치와 문화가 지구촌을 지배한 경제의 세기였다면, 21세기는 생태적 가치와 문화가 지구촌을 휩쓰는 환경의 세기가 되리라는 전망이다. 환경의 세기로 이행하

---

643 에른스트 울리히 폰 바이츠제커 지음, 권정임 옮김, 『환경의 세기』(서울: 생각의 나무, 1999).

기 위해서는 생태적 가치에 대한 사회적 합의가 선행되어야 하며, 자원 약탈을 정당화하는 20세기식 남벌 경제와 작별을 고하는 대신 경제와 환경이 공존할 수 있도록 동일한 양의 재화와 서비스를 창출하는 데 보다 적은 원료와 에너지를 사용하는 생태효율성이 추구되어야한다는 것이다. 예컨대 미생물을 이용해 폐수를 자연 정화하는 '하수 없는 집', 태양열을 이용한 잉여 에너지 주택, 적은 휘발유로 달리는 하이퍼 자동차 개발, 유기쓰레기를 재활용해 전기에너지를 이끌어내는 사례 등 독일 각 주에서 실험되는 구체적인 대안이 제시된다. 한마디로 경제 및 정치 논리가 주도하는 신자유주의적 세계 질서를 극복하고 자연-인간-문명이 조화를 이루는 21세기의 새로운 비전을 제시한 것이다. 생태효율성의 제고는 곧 생태적 리더십과 생태정치의 문제로 귀결된다.

환경 생태 문제는 전 지구적인 공조 속에서만 해결될 수 있다. 세계경제포럼(World Economic Forum, Davos Forum)에서 발표하는 환경지수는 환경 용량에 초점을 둔 환경지속성지수(Environmental Sustainability Index, ESI)와 환경 개선 성과에 초점을 둔 환경성과지수(Environmental Performance Index, EPI) 두 가지가 있는데, 우리나라는 2005년 ESI 평가에서 146개국 중 122위, 2006년 EPI 평가에서는 133개국 중 42위를 기록했다.[644] 한국의 ESI는 OECD(경제협력개발기구 Organization for

---

[644] 세계경제포럼(WEF, 다보스 포럼) 산하 차세대 지도자 포럼의 환경대책반이 미국 예일대학 및 콜럼비아대학과 2년 간에 걸친 공동 작업 끝에 작성한 ESI는 환경상태, 환경부하, 환경위해성, 사회 · 제도역량, 지구환경기여 등 5개 구성요소별로 21개 평가 항목을 총 76개의 변수를 적용하여 각 국가의 환경 · 사회 · 경제 조건을 바탕으로 지속 가능한 성장을 할 수

Economic Cooperation and Development) 국가 중에서도 최하위를 기록해 대책 마련이 시급한 것으로 드러났다. 2002년(136위)에 비하면 몇 단계 올라섰지만 핵심 분야에서는 오히려 순위가 떨어진 것이다. GDP 대비 에너지 소비량과 재생에너지 비율로 구성되는 '생태효율성'은 109위에서 119위로, 지구환경 보전을 위한 '재정적 공여' 분야는 36위에서 70위로, '환경위해취약성' 분야는 21위에서 67위로, '환경오염부하량' 분야는 138위에서 146위로 떨어졌다.[645] ESI는 환경 보존 상태만이 아니라 삶의 질을 종합적으로 평가하는 지표가 되고 있다. 한국은 세계 10위의 에너지 소비 대국으로 GDP 대비 에너지 사용량으로 보면 OECD 국가 중 한국이 1위를 기록해 생태효율성의 제고가 시급한 것으로 드러났다. 환경 보존 상태가 가장 좋은 나라는 핀란드, 노르웨이, 우루과이, 스웨덴, 아이슬란드, 캐나다 등으로 나타났다. 한국의 EPI는 환경보건 분야에선 33위로 비교적 높은 점수를 얻은 반면, 대기질(93위), 수자원(70위), 자연자원(123위), 생물다양성(96위), 지속 가능 에너지(88위) 등 분야에서 하위권에 머물러 개선책이 시급한 것으로 지적됐다.[646] 현재 한국에서 진행되고 있는 갯벌을 논

있는 역량을 계량화한 지수이다. EPI는 환경보건, 대기질, 수자원, 자연자원, 생물다양성, 에너지 등 6개 분야 16개 변수를 적용하여 각국의 환경개선 정도를 계량화한 지수이다. 분야별 점수 비중은 환경보건 50%, 나머지 분야 각 10%이다.

645 http://news.naver.com/news/read.php?mode=LSD&office_id&arti
　　c=086le_id=0000038693&section_id=102&menu_id=102 (2006.
　　12. 15)

646 http://news.naver.com/news/read.php?mode=LSD&office_id=098

으로 만드는 간척사업은 자연의 생태효율성을 무시하는 비경제적 행
위의 대표적인 것이다.

생태학과 경제학의 대화를 통해 지속 가능한 경제를 추구한 프란
츠 알트(Franz Alt)의 『생태적 경제기적』[647]은 생태적 마인드, 좋은 기
술, 양심적 인간의 지혜 등을 통해 경제의 생태화, 나아가 인간 사회
전체의 생태화를 이룩할 수 있다고 주장한다. 『생태주의자 예수』[648]의
저자로도 알려진 알트의 '섬기는 리더십'은 그 본질에 있어 생태적
리더십과 다르지 않다. 하늘(天)과 사람(人)과 만물(物)을 하나로 섬기
는 경천敬天 · 경인敬人 · 경물敬物의 '삼경三敬' 사상과 일치해 있으며,
천 · 지 · 인 삼재의 조화를 바탕으로 한 천부사상과도 상통한다. 자연
과 인간, 인간과 인간의 연대성에 기초하여 정치적 자율성과 경제적
자기 충족성 및 존재론적 평등성을 그 본질로 삼는 까닭에 제로섬 게
임이 아닌 윈-윈 게임의 발전론과 조응해 있다. 거의 50억 년의 역사
를 관통해 온 생태계의 원칙을 불과 200년 역사의 경제학이 무시하
는 것과 같은 경제 활동 방식으로는 인류의 생존을 담보할 수 없다는
것이 알트의 문제의식이다. 생태계는 인간의 경제 활동이 필요로 하
는 에너지와 물질을 제공해주는 모태일 뿐만 아니라 경제 활동에서
발생한 에너지와 물질 폐기물을 처리해 주는 장으로서 지구상의 모든
생명체들의 활동에 피드백 작용을 하는 까닭에 생태학의 대상인 '자

&article_id=0000106259&section_id=117&menu_id=117 (2006.
12. 15)

647 프란츠 알트 지음, 박진희 옮김, 『생태적 경제기적』(서울: 양문, 2004).

648 프란츠 알트 지음, 손성현 옮김, 『생태주의자 예수』(서울: 나무심는사람,
2003).

연의 경제'와 경제학의 대상인 '인간의 경제'는 분리될 수 없다는 것이다. 생태계와 생태학적 원리를 고려하지 않은 인간의 경제 활동이 지구 온난화, 오존층 파괴, 생물종 다양성 감소 등 전 지구적 차원의 생태 위기를 초래했다고 보고 생태학과 경제학의 결합을 통해 환경문제, 경제 정책, 교통·에너지 정책 등 모든 문제에 대해 생태학적 해결책을 제시한 것이다. 알트는 미래 세대가 쓸 공기·물·땅을 현 세대가 강탈하고 있다고 보고 특히 화석 에너지에서 생태 에너지로의 전환을 강력하게 주장한다. 석탄, 석유 같은 화석연료는 머지않아 바닥을 드러낼 것이므로 바람, 물, 태양, 바이오매스(biomass)의 4가지 태양 에너지원과 같은 환경 친화적이고 생태효율적이며 재생 가능한 방식으로 에너지를 얻어야 한다는 것이다. 이러한 생태학적 해결책이 실효를 거둘 수 있기 위해서는 세계관의 변화와 더불어 사회 정치적 의지와 결단, 희망과 용기를 갖는 것이 무엇보다도 중요하다고 말한다.

생태적 경제 기적을 통해 완전고용을 이룰 수 있는 방법을 알트는 크게 네 가지로 제안하고 있는데, 노동의 생태화, 생태적인 세제개혁, 고용 형태의 여성화, 노동 세계의 영성화 작업이 그것이다. 노동의 생태화란 노동의 내용이 생태학적 원리에 부합되어야 한다는 것이다. 생태적인 세제 개혁이란 고갈될 위험에 처한 에너지 가격을 점차 높이는 세제 개혁과 같은 법적 강제의 방식으로 문제시되는 행동 방식이 저절로 억제되게 하는 것이다. 고용 형태의 여성화란 고용의 유연성을 말하는 것으로 남성의 가사노동이나 가족 상호간의 관계를 깊게 하는 노동을 통해 미래의 노동 시간을 줄이고 노동 형태를 여성화하자는 것이다. 노동세계의 영성화 작업은 이를 통해 직원들을 단순히 노동의 요소로 보는 것이 아니라 인간으로 보게 된다는 것이다. 노동을 단순히 물질을 얻기 위한 경제 행위로만 보는 것과 인간의 자기실현을 위한 교육 과정으로 보는 것에는 커다란 차이가 있을 수밖에 없는 것이다. 노동에는 인간 해방의 계기가 내포되어 있음을 제4장 2절에서 헤겔의 '주인과 노예의 변증법'을 통해 살펴보았거니와, 일과 노동은 인간의 존재 이유와 긴밀히 연결된 까닭에 그 어떤 의미에서도 단순한 수단으로 환원될 수 없으며 그 자체가 신성한 목적이 되어야 하는 것이다. 알트의 4가지 제안은 독일의 정치적 상황이 다분히 반영된 것이라는 점에서 보편적으로 적용되기에는 문화적 · 지역적 차이가 실재함을 부인할 수는 없지만 생태적 리더십을 구사함에 있어 일정 부분 가이드라인 역할을 할 수는 있을 것이다.

생태적 리더십은 천 · 지 · 인 삼재의 융화에 기초하고 있다는 점에서 본질적으로 전일적(holistic)인 동시에 영적(spiritual)이다. 생명의 전일성과 자기근원성(에 대한 자각에 기초해 있는 까닭에 상생과 평화의 원리와 조응해 있으며 자율성과 평등성을 그 본질로 한다. 오늘날 생태적 리더십이 절실하게 요구되는 것은 생태효율성을 무시한 인간의 경제 활동으로 지구 환경이 더 이상 방치할 수 없는 위기 상태에 이르렀다는 데 있다. 생태적 리더십은 단순히 지배와 복종의 이원화된 구조를 강화시키는 전략이나 기술이 아니며, 생태 친화적인 문화가 형성되어야 실효를 거둘 수 있다. 독일의 환경 친화적인 생활 방식과 생태효율성을 추구하는 노력들은 오늘의 우리에게 그 시사하는 바가 크다. 또한 우리 조상들의 환경 친화적이며 생태효율적인 사고와 생활 방식에 대해서도 연구해 볼 필요가 있다.

제2절 리더십과 통치의 정당성

리더십 문제가 필연적으로 정당성 문제와 결부될 수밖에 없는 것은 정당성이 결여된 리더십은 효율적이고도 지속 가능한 통치를 할 수 없다는 데 있다. 어떻게 하면 나라를 바로잡을 수 있는지에 대한 제경공齊景公의 물음에 공자孔子는 "군군 신신 부부 자자君君臣臣父父子子"라고 대답했다. 즉 임금은 임금답고, 신하는 신하다우며, 어버이는 어버이답고, 자식은 자식다워야 정치 질서가 확립될 수 있다는 것이다. 정치는 '정명正名' 즉 이름을 바로잡는 것을 근본으로 삼는다는 것이 공자의 '정명' 사상이다. 공자는 당시의 혼란을 '정명'의 혼란으로 규정하고, 침권侵權을 정치 질서 붕괴의 주요 원인으로 보았다. 공자의 호학적好學的 정신이 수신修身에 그 토대를 둠으로써 강한 실천성을 내포하고 있는 것은 그가 정치의 교육적 기능을 중시한 것과 맥을 같이하는 것이다. 맹자孟子는 천하의 득실이 민심民心의 향배에 달려 있다고 보고 인의仁義에 의한 왕도정치王道政治를 부르짖었다. 민심이 곧 천심天心이며 정치의 근본이 백성에 있다고 하는 것이 맹자의 민본주의民本主義이다. 그는 민심으로 천명天命을 해석함으로써 실민심失民心이 곧 실천하失天下라고 하여 역성혁명易姓革命을 시인하는 데까지 이르고 있다. 내성內聖을 근본으로 삼아 인정仁政을 베푸는 것이 왕도王道라는 맹자의 이러한 관점은 송·명대의 이학파理學派에게로 계승되고 다시 조선의 조광조趙光祖·이율곡李栗谷 등의 성리학자들에 의해 도학의 맥이 이어졌다.

'정명'의 혼란은 어디에서 오는가? 그것은 바로 자기 자신이 누구인지를 알지 못하는 데서 오는 것이다. 인간 존재를 전체적인 유기체로서 인식하지 못하는 데서 오는 것이다. 우리의 마음과 행위가 모두세상 전체와 연결되어 있으며 우리의 꿈과 삶이 전체의 질서와 어우러질 때 풍요롭게 된다는 사실을 알지 못하는 데서 오는 것이다. 하夏·은殷·주周가 득천하得天下한 것은 인정仁政을 행함으로써 득민심得民心했기 때문이며, 또한 실천하失天下한 것은 '인정'을 행하지 못함으로써 실민심失民心했기 때문이다. 우주만물의 본원에 대한 깊은 자각이 없이는, 자기를 닦고 백성을 다스리는 이른바 수기치인修己治人의 도를 체득하지 않고서는 인仁의 덕성적德性的 및 효용적 의미가 제대로 발현되기 어려우며 따라서 덕치德治가 구현될 수도 없다. '이불인인지심以 不忍人之心 행위불인인지정行爲不忍人之政', 즉 참지 못하는사람의 동정심으로써 동정하는 정치를 행하게 되는 것은 모든 존재속에 내재하는 동시에 초월하는 하나인 '참자아'를 깨달음으로써이다. 우주와 인간의 본질에 대한 깊은 자각에 이르게 되면 우주만물의 근원이 하나인 혼원일기(混元一氣, 참자아)로 연결되어 있음을 알게 되고생명의 유기적 통일성을 깨닫게 되어 우주자연과 인간, 인간과 인간의 연대성은 저절로 회복되게 된다.

동서고금을 통하여 리더십과 정당성의 문제는 정치철학의 근본적이고도 지속적인 현안이 되어온 것이다. 치자의 정치 권력 행사가 정치 공동체 구성원들에 의해 정당한 것으로 받아들여질 수 있기 위해서는, 다시 말해서 자발적 복종에 의해 효율적이고도 지속 가능한 통치가 이루어질 수 있기 위해서는 치자의 리더십이 시대적 및 사회적요구 체계에 부응하지 않으면 안 된다. 그렇지 못할 경우 정통성의 위기(legitimacy crisis)가 초래될 수 있다. 천·지·인 삼재의 조화에 기초한 상고 제정일치시대의 정당성의 기준과 신학이 지배하는 중세 그리스도교적 보편사회에서의 정당성의 기준, 과학적 합리주의가 지배하는 근대 국민국가에서의 정당성의 기준이 다를 수밖에 없고, 경제 논리가 지배하는 근대 산업사회에서의 정당성의 기준과 생태 논리가 지배하는 21세기 생태사회에서의 정당성의 기준은 다를 수밖에 없다. 마찬가지로 왕권신수설王權神授說에 의거한 정당성의 기준과 주권재민론主權在民論에 의거한 정당성의 기준 또한 다를 수밖에 없는 것이다. 이는 시대적 및 사회적 변화에 따라 리더십의 기능 또한 변화할 수밖에 없으며 그러한 변화에 리더십이 순기능적으로 작용할 수 있을 때 정당성이 인정될 수 있는 것이다. 이렇게 볼 때 정치권력 행사의 정당성을 의미하는 정치적 정당성의 개념은 정형화定型化된 개념이 아니라 시대적 및 사회적 변화에 따라 부단히 조정되고 재형성되는 상황적 개념인 것이다.

그렇다고 정당성의 개념이 전적으로 변화에 노출되어 그 어떠한 준거도 설정할 수 없다는 말은 아니다. 오히려 역사적으로 볼 때 일정한 준거는 항상 설정되어 있었다. 우리 상고 시대에는 정치의 교육적 기능에 초점이 맞추어져 있었던 관계로 통치의 근간이 되었던 『천부경』은 통치 엘리트 집단의 핵심 정치대전이자 만백성의 삶의 교본이었다. 환단桓檀 시대로부터 전래되어 온 영원성·무오류성을 지닌 우주만물의 척도로서의 금척金尺은 천부경의 원리를 본떠 만들었고 거기에 천부경을 새겨서 천권天權을 나타낸 것이었음을 김시습金時習의 『징심록추기澄心錄追記』 제8장에서도 밝히고 있거니와, 왕의 권위의 정당성을 표징하는 천부인天符印의 일종이랄 수 있는 금척의 존재는 당시 정치적 정당성의 준거가 홍익인간·광명이세光明理世의 구현에 있었음을 쉽사리 짐작케 한다. 이는 곧 개개인의 도덕적 인격의 완성을 통해 마음을 밝히고 세상을 밝혀서 재세이화在世理化의 이념을 구현하려는 것이다. 성통공완性通功完이란 이를 두고 하는 말이다. 이렇게 볼 때 리더는 참본성을 자각한 내성외왕內聖外王적 존재가 되어야 하는 것이다. 하늘의 뜻이 땅에서도 이루어질 수 있기 위해서는 천인합일의 이치를 체득해야 한다. 하늘은 곧 우리의 참본성을 말하는 것이니 하늘의 뜻이 땅에서도 이루어진다는 것은 참본성에 대한 자각을 통해 진정한 자기실현을 이룩하는 것을 뜻한다. 진정한 자기실현이란 소아(小我, 특수의식, 부분의식)와 대아(大我, 보편의식, 전체의식)의 합일이며, 주관과 객관의 합일이다. 사익과 공익의 조화를 함축한 오늘날의 공공선(公共善 common good)의 개념과도 같은 것이다.

주관과 객관의 합일은 공자 사상의 요체인 인仁에서도 드러난다. 인은 주체와 객체가 일체가 되는 대공大公한 경계이며 인정(仁政, 德治)은 정치적 정당성의 준거가 되는 것으로 나타난다. 『대학大學』의 3강령(三綱領: 明明德 · 親民 · 止於至善) 8조목(八條目: 格物 · 致知 · 誠意 · 正心 · 修身 · 齊家 · 治國 · 平天下)을 순서대로 실행하면 개인과 가족, 나라 전체가 화평하게 된다는 유교의 근본 사상은 우주만물의 본원에 대한 깊은 자각을 통해야만이 인仁의 덕성적 및 효용적 의미가 발현될 수 있음을 말하여 준다. 또한 공자는 사회 질서 유지를 위해 예禮를 강조하여 인仁과 예가 결국 하나임을 극기복례克己復禮라는 말로 설명하고 있다. 『대학』 「전문傳文」 치국평천하 18장에서 제시하고 있는 군자가 지녀야 할 '혈구지도絜矩之道'란 노인을 노인으로 섬기고 어른을 어른으로 받들며 외로운 이들을 긍휼이 여기는 효孝 · 제悌 · 자慈의 도를 실천하면, 다시 말해서 남을 나와 같이 헤아리는 추기도인推己度人의 도를 지켜나간다면 백성들도 이에 분발심을 일으키게 된다는 뜻이다. 이는 곧 주관과 객관의 조화를 함축한 것으로 대동사회大同社會의 바탕을 이루는 것이다. 『중용中庸』에서는 '성誠은 하늘의 도이고 성을 이루는 것은 사람의 도'라고 하여 수양을 통해 성을 이루면 천성(天性, 참본성)을 터득하여 행할 수 있다고 하였다. 참본성이 열리지 않고서는 덕치德治가 행하여지기 어렵다. 중용이란 말뜻 자체가 인간 본성에 대한 학문인 성리학의 핵심을 함축한 것으로 주관과 객관의 조화성은 이로써 설명이 가능하다.

정치적 정당성을 담보하는 자발적 복종은 치자와 피치자 간에 일체감이 형성되어 주관과 객관이 조화를 이룰 때 일어날 수 있다. 노장老莊의 정치관에서도 드러나듯 이상적인 정치란 비록 그 공덕이 천하를 뒤덮고 교화가 만물에 미쳐 있을지라도 백성들에게는 의식되지 않는 까닭에 저절로 그렇게 된 것인 양 생각하게 되는 이심전심以心傳心의 정치이다. 이는 치자와 피치자 간에 완전한 일체감이 형성되어 주관과 객관이 하나의 보편의식 속에 통합될 때 가능한 것이다. 이렇게 되면 백성들은 치자의 존재를 의식하지 않은 채 저절로 순화되므로 지배와 복종의 관계도 사실상 종적인 관계라 할 수 없으며, 결과적으로 치자와 피치자의 구분 또한 의미를 상실하게 된다. 루소의 이상국가 개념도 이와 유사하다. 그의 이상국가가 지닌 현저한 특징은 유기적 성격으로 그 속에는 개인과 국가, 권력과 자유가 완전히 조화를 이루어 개인은 자신을 전체와 결합하면서도 여전히 자기 자신에게만 복종하고 이전과 마찬가지로 자유로운 것이다. 이러한 유기적 성격을 낳는 개념이 바로 일반의지(volonté générale)인데 그 속에는 주관과 객관이 하나로 융합되어 있다. 이러한 융합은 주관과 객관의 경계가 사

라진 평등무이平等無二의 세계관을 낳는다. 주관와 객관의 완전한 조
화, 그것은 제4장 2절 '동·서양의 변증법적 특질 비교'에서 살펴보
았듯이 동·서양 변증법의 궁극적 지향점이기도 하다.

동학의 최상의 정치 형태 또한 '무위자화無爲自化'의 그것인 것으로
나타난다. 이상적인 위정자가 될 수 있기 위하여서는 무위이화無爲而
化의 덕을 지녀야 하는 것이다. 무위이화의 덕이란 함이 없으면서도
하지 않음이 없는 이른바 '무위이무불위無爲而無不爲'의 경지를 가리키
는 것으로, 이러한 경지에 이르게 되면 무위無爲이나 실제로는 무불위
無不爲의 통치를 하게 되어 최고도로 유능하고 효율적인 정부가 되는
것이다. 지배와 복종의 이원화된 구조를 극복할 수 있는 평등무이의
세계관은 동학 심법의 키워드라 할 수 있는 '내 마음이 곧 네 마음(吾
心卽汝心)'[649]에서 분명히 드러난다. 하늘마음이 곧 사람의 마음과 같다
는 뜻이니 천인합일天人合一의 이치를 나타낸 것이다. 주관과 객관의
완전한 조화는 천인합일의 이치를 알지 못하고서는 이루어질 수가 없
다. 하늘은 우주만물에 편재해 있는 하나인 참본성〔전체의식, 보편의식,
우주의식, 근원의식, 순수의식〕이며 우주의 창조적 에너지 그 자체다. 동학
에서 「시侍」의 뜻풀이 가운데 '안으로 신령이 있고(內有神靈) 밖으로 기
화가 있다(外有氣化)'고 한 것은 없는 곳이 없이 실재하는 하늘을 그렇
게 양 방향으로 나타낸 것이다. 하늘은 우주만물의 중심에 내려와 있
는 참본성〔神性〕이니 「시천주侍天主」, 즉 '하늘을 모심'이라고 한 것이
다. 하늘은 우주만물의 내재적 본성인 신성〔참본성〕으로 자리 잡고 있
으니 우주만물이 하늘을 모시고 있다고 한 것이다. 동학의 통치의 정

---

649 『東經大全』「論學文」.

당성은「시천주」도덕의 자각적 실천에 있다. 우주만물이 하늘을 모시고 있음을 자각하게 되면 경천敬天·경인敬人·경물敬物의 '삼경三敬' 사상은 현실 속에 구현될 수 있게 된다. 그리하여 만인이「시천주」의 자각적 주체로서 도성입덕道成立德이 되면 효율적이고도 지속 가능한 통치가 이루어질 수 있게 되는 것이다.

하늘(天)과 성性과 신神은 본래 하나이다. 우주의 실체는 의식이니 신神은 곧 신성神性을 뜻한다.『중용』에서는 이르기를, "하늘이 명한 것을 성性이라 하고, 성을 따르는 것을 도道라 하며, 도를 닦는 것을 교敎라 한다(天命之謂性 率性之謂道 修道之謂敎)."고 하여 하늘과 참본성이 하나임을 분명히 보여 준다. 하늘은 우주만물과 분리된 존재가 아니라 우주만물의 중심에 자리 잡고 있는 참본성이며 이러한 내재적 본성은 신성이라 일컬어지기도 한다. 우주만물이 하나인 혼원일기(混元一氣, 至氣, 참본성, '하늘'님)에서 비롯된 것이니 사람만이 아니라 우주만물이 다 하늘이다. 다만 사람이 만물의 영장이니 사람과 우주만물(人物)을 대명사 '인人'으로 나타냈을 뿐이다. 삼라만상이 모두 혼원일기의 역동적인 나타남으로서 무수한 것 같지만 기실은 하나의 기氣밖에 없는 것이다. 하늘이 본체라면, 우주만물은 그 작용이다. 본체계와 현상계, 의식계와 물질계는 물체와 그림자의 관계와도 같이 본래 하나인 것이다. 불교의 연기적緣起的 세계관이 말하여 주듯 이 세상에 분리되어 존재하는 것은 아무 것도 없다. 거대한 전체성만이 물결칠 뿐이다. 동학의 불연기연不然其然적 세계관은 데이비드 봄(David Bohm)의 '보이지 않는 우주'와 '보이는 우주', 다시 말해서 '접혀진' 질서[본체계, 의식계]와 드러난 질서[현상계, 물질계]의 관계와도 같이 전일성을 그 본질로 한다.

역사상 많은 철학자들이 몰입했던 이상국가론이 현실화되지 못한 것은 정치 공동체의 구성원들이 사실 그대로의 세계를 직시할 수 있는 눈[참본성]이 열리지 못함으로 해서 생명의 전일성과 자기근원성을 자각하지 못하고 서로 다른 것으로 분리시킨 데 있다. 생태적 가치가 활성화될 수 있는 문화가 형성되지 않고서는 생태적 리더십이 실효를 거두기 어려운 것이다. 하늘과 사람과 우주만물이 하나인 실재 세계를 인식하기만 하면 대전환이 일어나게 되는 것이니 정치사회화 (political socialization) 과정의 중요성이 여기에 있다. 상고 시대로부터 정치의 교육적 기능의 중요성이 강조되어 온 것도 이 때문이다. 정치권력 행사의 정당성을 담보할 수 있는 새로운 생태적 리더십은 물리적 강제력이나 신적 권위 또는 리더의 카리스마에 의존하는 것이 아니라 생명의 전일성과 자기근원성에 대한 자각에 기초하여 자율성과 평등성을 그 본질로 하는 것이어야 한다. 천·지·인 삼재의 조화, 즉 천시天時와 지리地理 그리고 인사人事가 조응관계에 있음을 깨닫게 되면 우주 섭리의 작용과 인류 역사의 전개 과정 또한 긴밀히 연계되어 있음을 자연히 알게 되는 것이다. 우리가 살고 있는 오늘의 시대를 문명의 대전환기로 간주하는 것도 일원(一元, 宇宙曆 1년)인 12만 9천 6백 년이라는 시간대를 통해 우주가 춘하추동의 '개벽'으로 이어지는, 이른바 천지개벽의 도수度數[650]에 따른 것이다. 오늘의 우리가 처해 있는 문명의 시간대를 알지 못하고서는 통치의 정당성을 담보할 수 있는 리더십을 구사하기 어려운 것이다.

---

650 天地開闢의 度數에 대해서는 최민자, 「수운의 후천개벽과 에코토피아 (Ecotopia)」, 『동학학보』 제7호, 동학학회, 2004 참조.

'최소의 정부가 최선의 정부(the least government is the best government)'
임을 역설한 존 로크(John Locke)의 자유방임적 자유주의(laissez-faire
liberalism), '최대 다수의 최대 행복(the greatest happiness of the greatest
number)'을 주창한 제레미 벤담(Jeremy Bentham)의 공리주의(utilitarian-
ism), 현대 복지국가의 정치철학적 기초를 제공한 토머스 힐 그린
(Thomas Hill Green)의 적극 국가론,[651] 자유와 평등을 각기 기치로 내건
자본주의와 사회주의…. 이들 이데올로기는 대통합에 이르기 위한 과
정의 실험적 산물이다. 우리 인류가 지난 2천여 년 동안 합리적 지식
이 엄청나게 늘어났음에도 불구하고 별로 더 현명해지지 못했다는 사
실은 진리가 언어로 전달될 수 없음을 반증하는 것이다. 언설로써 언
어가 끊어진 실재 세계를 보여 주고자 하는데 실재 세계는 보지 않고
언어에만 집착하는 것은 마치 달을 가리키는데 달은 보지 않고 손가
락에만 집착하는 것과 같은 이치다. 하늘(天)과 성性과 신神이 본래 하
나임을 알지 못하니 무수한 손가락 너머에 있는 하나인 진리의 달을
놓치게 되는 것이다. 그 하나인 진리의 이름을 알지 못하여 그냥 '하
나'님〔'하늘'님〕또는 유일신이라고 부르기도 하고, 도道라고 부르기도
하는 것이다. 하늘과 '하늘'님, 하나와 '하나'님〔混元一氣, 至氣〕, 하늘
과 참본성〔一心, 神性〕, 참본성과 유일신, 일심과 유일신, 신(神, 天)과 인
간, 하늘과 인간, 하늘과 신성〔神〕, 천심과 민심, 천명天命과 민심은 모

---

651 이에 관해서는 최민자, 「복지국가의 정치철학적 기초와 제문제」, 『사회과
학논총』 창간호, 성신여자대학교 사회과학연구소, 1989; 최민자, 「T. H.
Green의 도덕철학과 실천의 형이상학」, 『성신연구논문집』 제27집, 성신
여자대학교, 1988 참조.

두 하나인 것이다. 이러한 사실을 간파하지 못한 사상적 논의는 현란한 말잔치에 불과한 것이 된다. 일체의 미망은 모두 여기에서 비롯되며 그로 인해 상호 각쟁을 일삼게 되는 것이다.

본 절의 주제인 '리더십과 통치의 정당성'과 관련하여, 토머스 힐 그린의 『정치적 의무의 제원리에 관한 강의 Lectures on the Principles of Political Obligation』[652]는 많은 시사점을 제공한다. 그린은 19세기 후반 영국 옥스포드 이상주의 학파의 대표적 인물로서 그가 45세에 요절하기까지 마지막 4년간 강의한 도덕철학은 그의 사후에 버나드 보상케(Bernard Bosanquet)가 강의 초고를 토대로 편집, 출판하게 된다. 이 책은 프란시스 베이컨(Francis Bacon)에서 시작하여 존 로크를 거쳐 데이비드 흄(David Hume)에 이르러 완성된 영국의 전통적 이론인 경험론을 이상주의적 견지에서 비판한 것이다. 당시는 전통적 자유주의에 대한 수정의 필요성이 절감되고 있던 터인지라 학계에서는 물론 일반 국민들 사이에서도 널리 읽혀지게 되었고 그의 이상주의 정치철학은 이른바 신자유주의로 일컬어지게 되었다. 근대 자본주의 및 자유주의의 발달 과정은 중세 장원경제의 해체와 더불어 근대 민족국가가 형성되는 과정에서 중상주의 정책으로 인한 제3신분의 부상이 경제 구조 및 정치 권력 구조의 변동을 초래한 것과 맥을 같이한다. 18세기 말 산업혁명을 기점으로 자본주의의 내재적 모순이 드러나기 시작하면서 19세기 중엽에 이르러서는 마르크스와 엥겔스의 『공산당선언

---

652 Thomas Hill Green, *Lectures on the Principles of Political Obligation*, with preface by Bernard Bosanquet(London: Longmans, Green, 1941).

Manifest der Kommunistischen Partei』으로 표출된다. 19세기 후반에 들어 사회구조적 모순이 극심해지면서 그린은 공리주의 철학을 비판하게 되고 계약의 자유와 자유방임주의의 효용성을 부정하게 된다. 그에게 있어 공리주의자들의 자유는 단순히 법적 제약의 결여를 의미하는 소극적 자유(negative freedom)인 까닭에 사실상의 자유 침해가 될 수도 있는 것이었다. 계약의 자유가 자유라는 이름하에 노동자의 예속을 공식화함으로써 오히려 노동자의 기아를 의미할 수도 있는 것처럼.

그린에 이르러 소극적 자유의 개념은 적극적 자유(positive freedom)의 개념으로 대체된다. 그것은 단순히 자유방임을 통해서가 아니라 개인적 권리를 바탕으로 사회 및 정치 영역에 전적으로 참여함으로써 얻어질 수 있는 것이었다. 따라서 경제적 자유주의는 포기되는 반면 국가는 개인의 적극적 자유의 실현을 위해 광범하게 그 활동의 한계를 확대시키고 필요하다면 적극적 관여까지도 할 수 있는 것이었다. 이러한 적극 국가론의 개념이 바로 현대 복지국가의 정치철학적 기초를 제공한 것이다. 그린에게 있어 사회적 및 정치적 제諸제도의 의미와 가치는 이들 제제도가 어느 정도로, 그리고 어떠한 방식으로 도덕적 삶의 가능성에 기여하느냐에 있다. 그에 의하면 정치적 의무의 근거는 인간의 사회적 본질에 있으며, 공공선이 그 구성원들 자신의 이상적인 선으로 인식되는 사회에서가 아니면 그 누구도 진정한 의미에서 권리를 향유할 수 없다는 것이다. 그는 국가를 도덕적 자아(the moral self)의 투사영으로 간주하고 공동체와 그 구성원들의 도덕적 목적은 공공선에 대한 명백한 인식이 이루어질 때 달성될 수 있는 것으로 보았다. 강한 실천성을 내포하고 있는 그의 도덕철학은 교육의 중요성을 강조한다. 실로 공공선에 대한 확고한 인식이 선행되지 않고서는 진정한 복지국가의 실현은 불가능하다. 복지국가는 정신과 물질, 부분과 전체, 주관과 객관이 통일체를 이룬 국가이다.

부분과 전체의 관계는 플라톤의 국가 유기체설에서도 나타난다. 그의 국가 유기체설에 의하면 부분(개인)의 의미와 가치는 전체(공동체)의 복지를 유지하기 위해서 수행하는 기능에서 비롯된다. 플라톤의 『국가론 Politeia』에 보면, 국가 내에는 세 기본 계급이 있는데 그 첫째는 국가의 물질적 수요에 응하는 생산자 계급, 즉 피지배 계급이고, 둘째는 국가의 방위를 담당하는 보조자 계급, 즉 방위 계급이며, 셋째는 정치적 지배를 담당하는 수호자 계급, 즉 통치 계급이다. 또한 이들 세 기본 계급은 절제, 용기, 지혜라는 각기 고유한 덕성을 지닌다. 마지막으로 이상국가에는 이들 세 기본 계급을 전체적으로 지배하고 세 개의 덕성을 상호 조절함으로써 자연적 조화를 유지하는 제4의 요소가 있으니 그것이 바로 국가의 기본적 덕성이랄 수 있는 정의이다. 플라톤이 이른바 철인왕(philosopher-king)에 의한 정치를 옹호한 것도 바로 국가의 이념인 선의 실현과 관련된 것이다. 허나 노예제가 공인되고 있었던 당시 사회구조 하에서 그의 관념적 정의는 노예에게까지 자유를 허용하지는 못했다. 진정한 복지의 개념은 노예제적 기반 위에서는 성립될 수 없는 것이었다.

아리스토텔레스는 그의 『니코마코스 윤리학Ethika Nikomacheia』에서 참주와 군주를 구별하여 전자는 자신의 이익을 위해 통치하는 자, 후자는 신민의 이익을 위해서만 통치하는 자로 정의를 내리고 있다. 이러한 구별에 따르면 유사 이래 아직 한 사람의 군주도 없었다는 것이 루소의 생각이다. 그것의 진위眞僞와는 별도로, 치자의 권력과 피치자의 자유가 그만큼 조화하기 어려움을 나타낸 말이라 하겠다. 아리스토텔레스의 이상국가는 정치 형태가 군주정이든, 귀족정이든, 민주정이든, 참주적 지배와는 구별되는 입헌적 지배, 즉 공공 복지를 위한 지배에 기초한 것이었다. 그러나 역사를 통해 볼 수 있듯이, 통치자가 주권을 탈취함으로써 국민은 복종을 강요당하기는 해도 의무감을 느끼지는 않게 되어 사실상 국가의 해체에 이른 경우가 많다. 세계관과 사고방식 및 가치 체계의 변화 없이 단순히 어떤 제도적 장치에 의해 복지사회가 구현되기를 기대하기는 어렵다. 제도란 운용 주체에 따라 천태만상을 보이기 마련이다. 근원적인 치유책은 외면한 채 임시방편의 제도적 땜질에만 몰두해서는 복지사회의 구현은 한갓 슬로건에 불과할 뿐이다.

이상에서 볼 때 통치의 정당성의 일반적인 준거는 주관과 객관의 조화를 함축한 공공선의 추구이다. 공공선의 실현에 어느 정도로 기여했느냐에 따라 정치 권력 행사의 정당성 여부가 결정된다는 말이다. 루소는 국가의 본질이 자유와 권력의 조화에 있는 것으로 보았다. 과연 오늘의 대의 정치가 지역·계급·신분·집단 등의 특수 이익을 대표하는 것이 아니라 전 국민의 일반 이익을 대표하는 것이라고 말할 수 있을 것인가. "인간은 자유롭게 태어났음에도 도처에서 사슬에 얽매어 있다."고 한 루소의 말처럼, 오늘날 대의정치는 권력과 자유의 부조화라는 어두운 그림자를 지구촌에 길게 드리우고 있다. "인간의 모든 지식 중에서 가장 유용하고도 진보되지 않은 것은 인간에 관한 지식"[653]이라고 한 루소의 말처럼, 인간이면서도 인간에 대해 너무

---

653 J. J. Rousseau, *A Discourse on Inequality*, trans. Maurice Cranston(Loncon : Penguin Books Ltd., 1984), p.67.

모르고 있거나, 너무 잘못 알고 있거나, 상당히 알고 있다고 착각하고 있으니, 만고에 다시없는 역설 속에 살고 있는 셈이다. 우주자연을 알지 못하고서는 인간을 논할 수 없고 인간을 알지 못하고서는 시대를 논할 수 없다고 하는 것은 자명한 이치다. 결국 한 시대의 개막은 인간의 존재론적 반경 속에서 이루어지기 때문이다.

우주의 본질은 생명이다. 생명의 본질을 알지 못하고서는 우주자연과 인간을 논할 수가 없다. 20세기에 들어 실험물리학의 발달로 생명의 비밀이 벗겨지기 시작하면서 정신·물질 이원론에 입각한 데카르트-뉴턴의 기계론적 세계관은 전일적 실재관으로 패러다임 전환이 이루어지고 있다. 소립자(素粒子 elementary particle)의 수준에서 물질은 어디에도 존재하지 않거나 또는 모든 곳에 존재하는 비국소성(非局所性 non-locality)[초공간성]을 띠는 안개와도 같은 것으로 나타나는데 이는 물질의 궁극적 본질이 비물질과 하나임을 말하여 주는 것이다. 미시 세계에 대한 현대 물리학의 양자역학적 실험에서도 밝혀진 바 있거니와, 주체와 객체, 파동과 입자의 이분법은 실재하는 것이 아니다. 낮과 밤의 관계처럼 하나의 고리로 연결되어 있다. 이와 같은 것을 물리학자들은 양자라고 하며 그것이 우주의 근본 질료라고 본다. 데이비드 봄의 양자이론에서는 물질은 원자로, 원자는 소립자로, 소립자는 파동으로, 파동은 다시 초양자장(superquantum field)으로 환원되므로 우주에 존재하는 모든 것—가시권에서 비가시권에 이르기까지—은 파동의 기원인 초양자장으로부터 분화되는 것이라고 본다.[654] 말하자면 우주만물은 초양자장[우주의 창조적 에너지]의 자기복제(self-replication)

---

[654] http://env.ibz4u.com/upload/마산대심신의학.doc (2006. 12. 17)

인 셈이다. 그런데 이 양자들은 관찰되지 않을 때는 파동으로 존재하다가 관찰되면 입자로 바뀐다는 것이다. 결국 이 우주는 우리의 의식이 지어낸 이미지 구조물에 불과하다는 것이다. 다시 말해서 우리가 인지하는 물질 세계는 실재하는 것이 아니라 단지 우리 두뇌를 통하여 비쳐지는 홀로그램적 영상에 지나지 않는다는 것이다.

이렇듯 본체〔본체계, 의식계〕와 작용〔현상계, 물질계〕의 합일에 기초한 전일적 실재관으로의 패러다임 전환이 이루어지고 있음에도 불구하고 오늘의 사회과학이 여전히 근대 과학의 이분법적인 낡은 패러다임을 답습한다면 근대 산업사회에서 21세기 생태사회로의 전환을 주도할 수 있는 리더십의 창출에 기여할 수 없을 것이다. 생명의 전일성과 자기근원성에 대한 자각이 없이는 널리 인간을 이롭게 한다는 홍익인간의 이념은 구현될 수가 없다. 우리 시대가 필요로 하는 정치학은 힘의 논리에 입각한 단순한 해석의 정치학이 아니라 지구공동체의 새로운 구성 원리로서의 생태 패러다임에 입각한 변혁의 정치학이다. 서구적 근대의 초극을 위한 생태정치학적 대응의 필요성이 여기에 있다.

제3절 21세기 리더십의 정치 실천적 과제

생태효율성을 무시한 인간의 경제 활동이 이대로 계속된다면 지구의 지속 가능한 능력이 한계에 이르러 지구 문명은 머지않아 붕괴될 위험에 처하게 될 것이라는 전망이 무성하게 나오고 있다. 선진국을 중심으로 한 자원과 에너지의 과잉 소비는 환경 오염의 규모와 유독성을 증대시켰을 뿐만 아니라 환경 오염이 제1세계에서 제3세계로,

지역적 차원에서 지구적 규모로 확대되는 결과를 초래하였으며, 지구
경제의 남북간 분배 불균형 또한 더욱 심화되는 것으로 나타나고 있
다. 더욱이 환경 오염과 자원 고갈의 근원이 되고 있는 인구 증가와
환경 악화 및 자연 재해에 따른 빈곤의 악순환, 민족간·종교간·지
역간·국가간 대립과 분쟁의 격화, 군사비 지출 증대와 같은 현상은
환경 문제가 발생하는 배경과 긴밀이 연계되는 것으로 나타난다. 또
한 빈곤과 환경 파괴의 악순환에 따른 수많은 '환경난민(environmental
refugees)'의 발생은 국제적 차원의 해결책을 요구하고 있는 실정이다.
'사막화(desertification)'가 진행되고 있는 아프리카 대륙의 사헬 지역
을 비롯하여 라틴 아메리카 대륙의 서부부대, 인도 대륙의 내륙지대,
동남아시아의 연안지대 등이 이에 해당된다.[655] 이 외에도 지구온난
화와 오존층 파괴, 생물종 다양성의 감소와 대기·해양의 오염, 유해
폐기물 교역과 공해산업의 해외 수출 등 환경 문제는 이제 국제정치
경제의 새로운 쟁점이 되고 있으며 21세기 에코 폴리틱스의 핵심 과
제로 떠오르고 있다.

　과연 지구는 후손들이 누려야 할 미래의 축복을 강탈하지 않고 문
화와 환경의 공진화를 통해 지속 가능한 문명을 만들 수 있을 것인가.
제레드 다이아몬드(Jared Diamond)는 『문명의 붕괴 Collapse』[656]에서 인
류가 정치적 결단을 내려야 할 임계점에 이르렀음을 환기시키면서

---

655 천정웅, 『지구환경레짐의 정치경제학: 환경정치의 쟁점과 환경레짐의 발
　　전』(서울: 한울, 1995), 49-61쪽.
656 제레드 다이아몬드 지음, 강주헌 옮김, 『문명의 붕괴』(서울: 김영사,
　　2005).

시급히 해결해야 할 12가지 과제를 다음과 같이 제시하고 있다. 즉 1) 숲·습지·산호초·해저 등 자연의 서식지 파괴 방지, 2) 어장의 지속 가능성을 위해 어류와 갑각류 남획 금지 및 보호, 3) 생물종 다양성 보존, 4) 토양 침식 방지, 5) 새로운 에너지원 모색, 6) 식수 고갈문제, 7) 태양 에너지 이용의 한계 인식, 8) 유해 화학 물질의 대규모 배출로 인한 건강 관리의 위기, 9) 외래종에 의한 토종의 멸종 문제, 10) 온실 가스 배출에 따른 지구 온난화를 비롯한 기후 변화 문제, 11) 인구 증가 문제 12) 인구 증가가 환경에 미치는 영향 문제가 그것이다. 이러한 인류가 당면한 과제는 실로 복합적이며 다차원적인 세계적 변화의 역동성과 맞물려 있다. 환경 문제에 효과적으로 대처할 수 있기 위해서는 전 지구적인 공조 체제의 형성이 시급하다. 1인당 자원 소비량과 쓰레기 배출량을 보더라도 선진국의 경우가 개발도상국의 경우보다 평균 수십 배 많은 것으로 나타난다. 뿐만 아니라 개도국이 선진국의 생활 방식을 받아들이면서 환경에 가하는 충격이 더 커졌다는 사실은 심대한 고민이 아닐 수 없다. 쾌적한 삶을 추구할 개도국의 권리를 인정하면서도 지구 자원과 환경을 과도하게 압박하지 않는 방안을 모색해야 하기 때문이다.

21세기 새로운 리더십(일명 생태적 리더십)의 정치 실천적 과제는 대개 5가지 정도로 요약해 볼 수 있다. 첫째, 21세기 새로운 리더십은 생명의 전일성과 자기근원성(자기조직화)에 대한 자각에 기초하여 자율성과 평등성을 본질로 하는 것이어야 한다. 지배와 복종의 이원화된 구조에 입각함으로써 리더십의 태생적 한계를 드러내는 서구 민주주의와는 달리, 새로운 생태적 리더십은 자율성과 평등성에 기초하여 풀뿌리 민주주의를 지향함으로써 조직의 유기성 및 효율성이 최고도로 발휘될 수

있게 할 것이다. 데이비드 봄의 양자이론에 따르면 우주에 존재하는
모든 것은 우주에 미만彌滿해 있는 초양자장(superquantum field, 우주의 창
조적 에너지, 혼원일기, 보편의식, 전체의식, 근원의식, 일심)으로부터 분화되기
때문에 에너지, 마음, 물질 등은 모두 동일한 질료로 만들어진다고 한
다. 우리가 인지하는 물질로서의 입자는 실재하는 것이 아니며, 단지
입자처럼 보이는 파동일 뿐이다. 관찰되지 않을 때는 파동으로 존재
하다가 관찰되게 되면 입자로 바뀌는 것이다. 파동이 모여서 다발
(packet)을 형성할 때 입자처럼 보이는 것이고 그 파동의 기원은 초양
자장이다. 홀로그램 우주론이 말하여 주듯 이 우주는 의식이 지어낸
이미지 구조물에 불과하며, 물질 세계는 우리가 느끼는 것처럼 그렇
게 확실하지도 견고하지도 않다. 어디에도 존재하지 않거나 또는 모
든 곳에 존재하는 안개와도 같아서 붙잡을 수 있는 것이 아니다. 바라
볼 수는 있어도 소유할 수는 없는 눈꽃과도 같은 것이다. 이 우주는
분리 자체가 근원적으로 불가능한 거대한 파동의 대양이며, 우주만물
은 그 파동의 세계가 벌이는 우주적 무도舞蹈에 동등한 참여자로서 참
여하고 있는 것이다. 말하자면 이 우주는 '참여하는 우주(participatory
universe)'인 것이다. 이러한 사실을 직시할 수 있을 때 천 · 지 · 인 삼
재의 조화의 의미를 알게 되고 생명의 전일성과 자기근원성을 자각할
수 있게 되어 진정한 자율성과 평등성이 발휘될 수 있는 것이다. 우주
의 본질은 생명이고 그 근원은 모두 하나인 혼원일기混元一氣로 연결
되어 있는 까닭에 전일성의 속성을 지닌다. 일체 생명은 누가 누구를
창조한 것이 아니라 하나인 혼원일기의 자기복제인 까닭에 자기근원
성을 지닌다. 우주의 실체는 의식(전체의식, 보편의식, 근원의식, 一心, 天心,
참본성)이며 혼원일기라고도 부르는 것으로 분리 자체가 불가능한 까

닭에 그냥 '하나' (님)라고 부르기도 한다. 이 세상의 모든 문제는 생명에 관한 진지眞知의 빈곤으로 인해 사실 그대로의 세계를 직시하지 못하는 데서 생겨나는 것이다. 리더의 경우 이 문제는 더 심각해진다. 유유상종類類相從이란 말이 있듯이 각각의 인격은 같은 진동수의 의식을 끌어당기므로 밝은 기운은 밝은 기운과 어울리고 어두운 기운은 어두운 기운과 어울린다. 이는 국가 차원에도 그대로 적용된다. 명군明君은 밝은 기운을 끌어들여 나라를 밝게 하지만 암군暗君은 어두운 기운만 주위에 끌어 모아 나라를 암울하게 한다. 우리가 우주적 본성과의 고리를 되찾기 위해서는, 그리하여 새로운 연대로 거듭나기 위해서는 생존의 영적 차원의 중요성을 인식해야 한다. 이는 곧 우주만물의 전일성을 깨달음으로써 개체화(particularization)와 무지無知에서 벗어나는 것을 말한다. 이것이 지배와 복종의 이원화된 구조에 입각한 근대 서구적 리더십의 태생적 한계를 극복하는 길이 되는 것이다.

둘째, 21세기 새로운 리더십은 생태 패러다임에 기초하여 생태친화적인 문화가 정착될 수 있도록 정치사회화(political socialization) 과정을 재정향화할 필요가 있다. 환경 문제와 생태위기는 생태효율성을 높인 과학 기술이나 정책적 처방만으로는 그 해결에 한계가 있을 수밖에 없으므로 정치사회화 과정, 즉 정치 문화(political culture)의 학습 과정을 재정향화할 필요가 있다는 것이다. 생태적 리더십은 의식의 변화와 더불어 제도적 차원의 조정을 통하여 생태적 가치가 활성화될 수 있을 때 실효를 거둘 수 있는 것이다. 정치문화론의 지평을 연 미국의 정치학자 가브리엘 알몬드(Gabriel A. Almond)는 시드니 버바(Sidney Verba)와의 공저 『시민문화 The Civic Culture: Political Attitudes and Democracy in Five Nations』(1963)[657]에서 정치 문화의 개념을 세 가지

정치적 정향(political orientation)의 총화라고 정의하고 있다. 즉 정치 체
계 구성원의 정치 의식 및 정치 성향을 나타내는 인지적 정향(cognitive
orientation), 그 구성원이 정치에 대해 갖는 애착심, 혐오감, 충성 등의
태도를 나타내는 정서적 정향(affective orientation), 그 구성원의 가치
체계의 총화를 나타내는 평가적 정향(evaluative orientation)이 그것이
다. 말하자면 정치문화란 '정치 체계의 구성원이 정치 대상에 대해
갖는 태도와 정향의 양태'이다. 그리하여 네 가지 정치 대상, 즉 징지
체계(political system) 일반과 투입(input) 및 배출(output) 과정, 그리고
정치 행위자로서의 시민들 각자에 대한 인지적·정서적·평가적 정
향의 분포에 따라 정치 문화의 유형을 분류하여 이념형으로 제출한
것이 지방형(향리형 parochial) 정치 문화, 신민형(subjective) 정치 문화,
참여형(participant) 정치 문화이다. 지방형 정치 문화는 정치적 역할이
미분화된 전근대적인 전통 사회에서 나타나는 정치 문화로, 전체로서
의 정치적 권위체에 대한 명확한 인식이 없으므로 정치 참여에 대한
반응은 소극적이다. 신민형 정치 문화는 중앙 집권적 권위주의 사회
에서 나타나는 정치 문화로, 상위의 정치적 권위체에 대해서는 민감

---

657 Gabriel A. Almond and Sidney Verba, *The Civic Culture: Political
Attitudes and Democracy in Five Nations*(Princeton, New Jersey:
Princeton University Press, 1963). 여기서 알몬드와 버바는 정치 문화
의 개념의 기원을 세 가지 지적 전통에서 찾고 있다. 즉, 시그문드 프로이
드(Sigmund Freud)의 사회심리학과 말리노프스키(B. K. Malinowski)·
베네딕트(R. F. Benedict)의 인류학적 전통, 마르크스의 경제결정론에
대해 문화의 중요성을 강조한 막스 베버(Max Weber)·빌프레도 파레토
(Vilfredo Pareto)의 사회학적 전통, 정치에 대한 심리문화적 정향을 측
정할 수 있는 여론 조사 기술의 발전이 그것이다.

한 반응을 보이지만 하위의 정책 형성 과정에 대해서는 소극적이어서 능동적인 참여 문화가 결여되어 있다. 참여형 정치 문화는 전체로서의 정치적 권위체와 정치 과정에 대한 명확한 인식과 정향을 갖는 사회에서 나타나는 정치 문화로, 정치 과정에 능동적으로 참여하는 참여 문화가 형성되어 있다. 이들 세 가지 이념형은 실제에 있어서는 대개 혼합된 형태로 나타난다. 참여형 정치 문화가 정착되면 21세기 새로운 리더십에 순기능적으로 작용하게 되어 리더십의 효율적인 구사가 가능해질 수 있다는 점에서 정치의 교육적 기능의 중요성을 간과해서는 안 될 것이다. 교육의 핵심 내용은 생태적 가치와 관련된 것으로 본서 전반을 통해 강조되어 온 것이다. 리더 자신이 우주자연과 인간에 대한 깊은 성찰을 통하여 생명의 유기성과 상호 관통을 깨달아 공심公心의 발현이 이루어지게 되면 인위적인 조작에 의하지 않고도 자연스럽게 구성원들에게 공명 현상을 불러일으켜 자발적으로 따르게 함으로써 효율적이고도 지속 가능한 통치가 가능하게 될 것이다. 리더십은 권력·부·명예로 통하는 통로는 더더구나 아니다. 일체 생명이 자기실현을 할 수 있도록 안내하는 가이드로서의 역할, 그 이상도 이하도 아니다.

셋째, 21세기 새로운 리더십은 경제와 환경이 공존할 수 있도록 순환경제(circulatory economy) 사회의 구축을 핵심 과제로 삼아야 한다. 순환경제 사회의 요체는 생태효율성이다. 경제와 환경이 공존할 수 있도록 자연 자원과 에너지의 사용을 줄이고 생태효율성이 제고된 생산품을 만들어 폐기물 처리를 위한 대책까지 마련함으로써 사후 처리에서 순환경제로의 변환을 통해 생태효율성을 높인 사회 체제를 구축하자는 것이다. 구체적인 방안으로는 에너지 절약 및 소비 저감, 청정

생산, 자원 재활용 촉진, 환경 보호 산업 발전, 순환경제 정책 및 법규
마련, 순환경제 기술 개발 및 발전 기반 조성 등을 들 수 있다. 이러한
순환경제 사회 체제 구축의 필요성은 더 많은 경제적 부와 생활상의
편의를 얻기 위해 온 지구가 몰두해 온 결과가 오존층 파괴, 지구 온
난화, 자연 자원의 고갈, 물·대기·토양 오염, 생태계 파괴 등 심각
한 환경 파괴와 생태 재앙으로 나타나고 있어 이제 더 이상 방치할 수
없는 임계점에 이르렀다는 데 있다. 앞서 살펴보았듯이 바이츠제커
(Ernst Ulrich von Weizsacker)는 생태효율성을 현실화하는 방안으로 자
연 요소에는 중과세하여 환경 부담을 줄이고, 노동 요소에는 세금을
줄여 더 많은 고용을 창출함으로써 삶의 질을 높인다는 생태적 조세
개혁을 내놓고 있다. 그러나 이러한 사회 체제의 구축은 생태효율성
을 높인 과학기술이나 정책적 처방만으로는 실효를 거두기 어려우며
그 해결에 한계가 있을 수밖에 없다. 무엇보다도 근대적 성장 신화에
서 벗어나 생태적 가치를 활성화시킬 수 있는 문화의 형성 및 사회적
합의가 선행되어야 한다. 정치사회화 과정의 재정향화를 강조한 것도
이 때문이다. 바이츠제커가 민주주의의 잠식을 방어할 수 있는 시민
네트워크의 활성화와 '시장 논리에 대항하는 민주적·도덕적인 균형
추의 강화' 등을 강조한 것도 같은 맥락이다. 순환경제 사회의 구축
과 관련하여, 개발과 성장 위주의 경제 성장에 따른 부작용을 극복하
기 위해 중국 정부가 2005~2050년간 총 3개 발전 단계를 통해 자
원 절약형과 환경 보호형 경제 성장을 추진하고 있는데, 특히 자원 생
산율과 순환 이용율, 폐기물 최종 처리량 등 순환경제 주요 지표와 생
태 환경 및 경제 지속 발전 능력이 세계 선진 수준에 달하는 것을 순
환경제 발전의 목표로 설정[658]한 것은 주목할 만하다.

넷째, 21세기 새로운 리더십은 지역화와 세계화, 특수성과 보편성, 국민국가와 세계 시민사회의 통합성을 바탕으로 창의적인 비전을 제시할 수 있어야 한다. 이러한 통합 문제는 세계화의 시대를 살고 있는 오늘의 우리에게 심대한 과제이다. 세계화의 도덕적 기반 상실에 따른 지구공동체의 구심력 약화로 세계의 안전과 평화를 담보할 수 없게 된 것이다. 세계화는 그 어떤 의미에서도 획일성을 추구하거나 유도하는 것이 되어서는 안 되며, 다양성 존중을 바탕으로 다차원적 세계화가 되어야 한다. 지구 문명을 파국으로 몰아가고 있는 환경 문제와 생태 위기는 단순히 유해 폐기물 교역이나 공해 산업의 해외 수출과 같은 국가 이기주의적 방식으로 해결될 수 있는 것이 아니다. 국가 간·지역간·계층간 분배 불균형의 심화와 억압과 차별 및 빈곤의 악순환, 대립 및 분쟁의 격화와 군사비 지출 증대와 같은 현상 또한 '국익의 극대화'를 지향하는 국가 이기주의적 방식이나 집단 이기주의적 방식으로 해결될 수 있는 것이 아니다. 따라서 전 지구적인 공조체제의 형성을 위해 냉전시대의 국가 중심적 발전 전략에서 벗어나 윈-윈(win-win) 구조의 협력 체계를 기반으로 한 초국가적 발전 패러다임을 모색하는 접근이 필요하다. 리더십이 실효를 거둘 수 있기 위해서는 우리가 처한 시대적 딜레마를 정확하게 간파하여 효율적으로 대처할 수 있어야 한다. 오늘날 환경에 대한 선진국과 후진국의 입장 차이나 환경과 발전의 두 마리 토끼를 쫓고 있는 개발도상국의 입장은 지역성과 세계성, 특수성과 보편성을 조화시킬 수 있는 세계시민주의 정신과 '열린사회'를 지향하는 평등주의적 세계관 및 정의관의 확립

---

658 http://kref.naver.com/doc.naver?docid=4906316

이 시급함을 말하여 준다. 진정한 세계화는 인간과 인간, 인간과 우주 자연의 연대에 기초한다. 국제 규범화와 더불어 의식의 세계화가 선행되어야 한다. 지금 우리에게 필요한 것은 인류와 우주자연에 대한 새로운 자각과 함께 인간과 지구에 대한 새로운 관계 정립이다. 공진화(co-evolution)가 삶의 목표인 수평사회는 '섬김'과 '나눔'을 실천하는 사랑의 장場이다. 사람은 의식이 확장될수록 두뇌에 있는 뉴런(neuron 신경세포)과 뉴런을 연결하는 시냅스(synapse 신경세포 連接)가 확장되어 사고 능력이 증폭되고 지성이 높아진다. 인간 사회는 바로 이 시냅스의 집합체라고 할 수 있다. 한 사회가 어느 정도로 계몽된 사회, 즉 양질良質의 사회인가 하는 것은 어느 정도로 확장된 시냅스를 보유하고 있느냐에 달려 있다. 환언하면, 공동체 구성원 각자가 어느 정도로 스스로의 개체성을 공동체의 전체성과 연결시키고 있느냐에 달린 것이다. 뉴런에 시냅스가 연결되면 파동이 발생하는데, 각성이 될수록 시냅스가 확장되므로 그 파동의 위력은 대단하다. 성인이 출현하여 한 시대를 변화시키고 새로운 역사의 장을 여는 것은 바로 이 시냅스의 작용에 기인하는 것으로, 거기에서 나오는 파동의 영향이다. 고도로 각성된 의식은 우주와의 공명 속에 있게 되므로 그 파동은 그만큼 전체적이 되는 것이다.

다섯째, 21세기 새로운 리더십은 지속 가능한 사회(sustainable society)의 구현을 위하여 오늘의 인류가 처해 있는 문명의 시간대를 정확히 알고 대처할 필요가 있다. 우리가 살고 있는 이 시대는 흔히 문명의 대전환기인 것으로 간주된다. 우주과학적 측면에서 보면, 우주 질서 속에서 지구 문명은 물고기 별자리인 쌍어궁雙魚宮 시대에서 물병 별자리인 보병궁寶甁宮 시대를 맞이하고 있으며, 많은 사람들은 새 시대가 근본적인 패러다임 전환을 가져올 것이라고 예측한다. 물병 별자리가 바로 공空을 상징하는 것과 우리 인류의 가치 지향성이 현대 물리학의 안내로 대大에서 소小를 거쳐 극미세極微細에서 공空으로 진입하는 것이 일치함은 우연이 아닐 것이다. 대소大小는 물질 차원의 개념이지만 '공'은 의식 차원의 개념이다. 물질 시대에서 의식 시대로의 패러다임 전환의 단초가 여기에 있다. 현재 인류가 처해 있는 문명의 대전환은 일원(一元. 宇宙曆 1년)인 12만 9천 6백 년이라는 시간대를 통해 우주가 춘하추동의 '개벽'으로 이어지는, 이른바 천지개벽의 도수度數에 따라 생장·분열〔宇宙曆 전반 6개월(春夏)〕의 선천 시대를 마감하고 수렴·통일〔宇宙曆 후반 6개월(秋冬)〕의 후천 시대로 넘어가는 과정에서 나타나게 되는 시대적 필연이다. 우주의 시간대가 새로운 질서로 접어들면서 이제 우리 인류는 건운乾運의 선천 5만 년이 다하고 곤운坤運의 후천 5만 년이 열리는 후천개벽기 즉 미회未會에 들어서 있다. 후천개벽은 단순히 정신개벽과 사회개벽을 통한 지구적 질서의 재편성이 아니라 천지 운행의 원리에 따른 우주적 차원의 질서 재편으로 이를 통해 곤운의 후천 5만 년이 열리게 되는 것이다. 서구의 르네상스와 종교개혁이 신 중심의 세계관에서 인간 중심의 세계관으로의 이행을 촉발함으로써 유럽 근대사의 기점을 이루었다면, 제2의 르네상스, 제2의 종교개혁은 물질에서 의식으로의 방향 전환을 통해 전 지구적 차원의 새로운 정신 문명 시대를 여는 계기가 될 것이다. 따라서 유럽적이고 기독교적인 서구의 르네상스나 종교개혁과는 그 깊이와 폭이 다를 수밖에 없다. 그것은 전 인류적이고 전 지구적이며 전 우주적인 존재 혁명이 될 것이다. 인간은 단순한 지구적 존재가 아니라 우주의 본질과 천지운행의 원리에 조응하는 우주적 존재인 것이다. 천시天時와 지리地理 그리고 인사人事가 조응관계에 있음을 깨닫게 되면 우주 섭리의 작용과 인류 역사의 전개 과정이 긴밀히 연계되어 있음을 알게 되는 것이다. 하여 인人이 시時에 머물러 같이 가며, 생명의 유기적 통합성을 깨달아 경천敬天 · 경인敬人 · 경물敬物의 삶을 실천함으로써 효율적이고도 지속 가능한 리더십의 구사가 가능해지는 것이다.

이상에서 살펴본 21세기 리더십의 5가지 정치 실천적 과제는 상호 연결되어 있으며 상호 관통한다. 진정한 리더는 스스로가 무위이화無爲而化의 덕을 지님으로써 무위자화無爲自化가 이루어지게 하는 자이다. 다시 말해서 인위적인 조작이나 통제를 통하지 않고도 '무위이무불위無爲而無不爲'의 통치가 이루어지게 함으로써 권력 행사의 효율성을 극대화시킴은 물론 지속 가능한 통치가 이루어지게 하는 자이다. 이러한 실천은 생명에 대한 궁극적 성찰이 없이는 이루어질 수 있는 것이 아니다. 생명의 유기성과 상호 관통 및 영원성에 대한 깊은 인식이 있은 연후에야 무위이화의 덕과 그 기운과 하나가 되어 공심公心의 발현이 극대화될 수 있으며, 그러한 덕의 발현으로 무위자화가 이루어지게 되는 것이다. 근대 서구의 자유민주주의가 지속 가능한 발전의 사회적 토대를 구축하지 못한 것은, 정신 · 물질 이원론에 입각하여 통치의 정당성을 조직의 합리성 · 효율성과 같은 제도적 기반에 집중한 나머지 사회적 통합의 단초가 되는 정신적 · 도덕적 기반이 약화된 데 있다. 21세기 새로운 리더십은 이러한 근대 자유민주주의의 한계를 극복할 수 있는 새로운 세계관과 가치 체계를 제시함으로써 대등한 상호의존적 협력 체계를 바탕으로 생태합리주의에 기초한 분권화와 풀뿌리 민주주의를 지향하여 조직의 유기성 및 효율성이 최고도로 발휘될 수 있게 할 것이다. 국민국가 패러다임에 기초하여 헤게모니 장악을 목표로 한 20세기 파워 폴리틱스의 폐해를 치유하고 윈-윈 게임의 발전론에 입각하여 특수성과 보편성을 통합시키는 에코 폴리틱스의 새로운 지평을 여는 것, 그것이 21세기 새로운 리더십의 정치 실천적 과제이다. 이는 곧 생태적 도덕관과 초국가적 발전 패러다임의 연계를 통해 유기적 생명체 본연의 통합적 기능을 회복하게 함으로써 생태적 지속성을 띤 지구공동체를 건설하는 것이다.

제11장 녹색 거버넌스와 녹색국가

제1절 녹색 거버넌스의 특성과 과제

기존의 국가 중심의 통치 체제에 대한 비판적 대안으로 등장한 거버넌스(governance)[659]는 정부와 기업, 시민사회의 다양한 주체들이 참여와 연대, 소통 과정을 통하여 경험과 지식을 공유하고 공동의 문제에 전향적으로 대처해 나가는 협력적 관리 체제를 지칭한 것이다.

---

[659] 거버넌스(governance)에 대한 우리 학계에서의 논의는 1992년 리우회의를 기점으로 특히 정치학, 행정학, 사회학 분야에서 활발하게 논의되기 시작하여 근년에 들어서는 더욱 폭넓은 전개를 보이고 있다. 흔히 '정부(government)'에 대한 비판적 대안의 의미로 사용되고 있는 거버넌스는 국정관리, 협치(協治), 공치(共治) 등으로 다양하게 해석, 소개되고 있으며, 근년에 들어서는 대안적인 관리체제를 의미하는 것으로 '거버넌스'라고 원어 그대로 쓰는 것이 일반적이다. '정부 없는 거버넌스(governance without government)'라는 논의(James Rosenau & Ernst-Otto Czempiel(ed.), *Governance without Government: Order and Change in World Politics*(Cambridge: Cambridge University Press. 1992); B. G. Peters & J. Pierre. "Governance without Government?: Rethinking Public Administration," *Journal of Public Administration Research and Theory*, 8(2), 1998)가 말하여 주듯 거버넌스는 정부(government)를 대체하는 의미로 사용되기도 한다.

1992년 리우회의에서 환경 문제 해결의 주체로 정부와 기업, 시민사회가 주목을 받은 이후 이 세 주체의 협력 관계에 기초한 거버넌스에 대한 국제 사회의 관심이 증대되었다. 새로운 통치 유형으로서의 거버넌스에 대한 관심의 고조는 복합적이며 다차원적인 세계적 변화에 따른 '관리 요구(governing needs)'의 증대에 비해 위계적인 국가 중심 체제의 '관리 능력(governing capacity)'은 약화되어 이를 극복할 수 있는 새로운 제도와 가치 체계의 창출이 시급하다는 인식이 확산된 데 따른 것이다. 말하자면 사회의 복잡성(complexity)과 역동성(dynamics) 및 다양성(diversity) 증대에 부응할 수 있는 새로운 통치 체제를 모색하는 과정에서 다양한 주체들의 참여와 협력을 바탕으로 제도적 역량(institutional capacity)을 강화시킨 거버넌스에 주목하게 된 것이다.[660]

새로운 유형의 통치 체제로서의 거버넌스의 등장은 시민사회의 활성화에 따른 정치 영역의 확장으로 정치 행위자들의 참여 및 태도의 변화와 더불어 국가 중심의 하향식 통치 체제의 위상 및 역할의 한계에 따른 전략적 요청의 산물이다. 다양한 이해 당사자들의 참여와 연대를 기반으로 하는 거버넌스는 위계적인 국가 중심의 통치 체제와는 달리 환경 문제와 생태 위기에 보다 탄력적이고도 효과적으로 대처할 수 있다는 이점이 있다. 이러한 거버넌스의 녹색화를 통해 녹색적 가치를 실질적으로 실현하고자 나타난 것이 녹색 거버넌스(green governance)이다. 마치 시민운동의 녹색화를 통해 녹색적 가치를 실질

---

660 Jan Kooiman, "Governance and Governability: Using Complexity, Dynamics and Diversity," *Modern Governance: New Government-Society Interactions*(London: Sage Publications, 1993).

적으로 실현하고자 녹색운동이 나타난 것과도 같은 것이다. 다만 녹색 거버넌스는 녹색운동보다는 녹색적 가치의 실현에 있어 사회제도적 역량이 강화된 것이다. 이러한 사회제도적 역량의 강화의 필요성은 환경 문제가 비록 물리적인 환경 영역에서 발생한 것이긴 하지만 위계적인 통치 체제와 물질적인 성장 위주의 개발 정책, 그리고 사후 처방의 환경 관리 방식과 긴밀하게 연계된 것이라는 데 있다.

따라서 대안적 관리 체제로서의 녹색 거버넌스는 자연 생태계의 수용력의 한계에 따른 사회 체제의 지속 가능성 토대의 취약성을 극복하기 위한 사회제도적 방안으로 나타나게 된 것이다. 녹색 거버넌스의 특성은 환경 생태 문제에서 평화 · 인권 · 여성 문제와 대안적인 사회 체제의 구성 원리에 이르기까지 녹색적 가치가 함유하고 있는 포괄적 속성과 연결되어 있다. 녹색 거버넌스의 유형은 그 적용 규모에 따라 세계화와 지역화 그리고 지방화의 추세와 각각 조응하는 형태로 구분할 수 있다. 즉, 전 지구적 협력 체계에 기초한 '세계적(global) 거버넌스', 지역적 협력 체계에 기초한 '지역적(regional) 거버넌스', 지방과 도시 단위의 협력 체계에 기초한 '지방적(local) 거버넌스'가 그것이다. 녹색 거버넌스의 풀뿌리 민주주의적 실험은 지역 사회의 녹색화를 추구하는 '지방의제21(Local Agenda 21)'에서 잘 나타나고 있다. 지방의제21은 지방적 거버넌스의 전형이다. 여기서는 지방의제21을 중심으로 한 지방적 거버넌스에 대해 살펴보기로 한다.

리우회의를 계기로 환경과 발전의 조화를 추구하는 유엔 차원의 노력이 가속화되는 가운데 리우 '의제21' 제28장이 민 · 관 · 기업 간의 파트너십partnership과 비정부기구 활동의 중요성을 강조하고 있는 것과 맥을 같이하여 '환경적으로 건전하고 지속 가능한 발전(ESSD)'을

체계적이고 실질적으로 추진하기 위한 국내의 적극적인 정책 대응도
강화되기 시작했다. 1995년 9월 부산광역시에서 지방의제21이 수립
되었으며, 2005년 5월 31일 현재, 250개 지방자치단체(이하 지자체)
중 약 85%인 213개 지자체가 지방의제21 수립을 완료하였고 6.4%
인 16개 지자체가 이를 수립하는 중이어서 약 92%인 229개 지자체
가 이 사업에 참여하고 있는 것으로 조사되었다.[661] 또한 지방의제21
관련 협의체—녹색서울시민위원회, 푸른경기21실천협의회, 녹색도
시부산21추진협의회, 푸른광주21협의회, 대전의제21추진협의회
등—가 설립되고 2000년 9월에는 「지속가능발전위원회」(PCSD)가 대
통령 자문기구로 발족되어 지속 가능한 발전을 위한 노력들을 결집해
오고 있다.

　거버넌스 실험의 대표적 사례가 되고 있는 지방의제21의 수립이
단시일에 적어도 외형적으로는 큰 성과를 거둘 수 있었던 것은 1995
년부터 실시된 지방자치제와 1980년대 중반 이후 1990년대 중반에
이르기까지 환경운동의 조직화 및 세력화 과정을 통하여 축적된 경험
과 역량이 그 바탕이 되었던 것으로 보인다. 지방의제21은 지자체뿐
아니라 지역 사회 구성원 모두의 자발적 참여에 기초한 대안적 실천
운동으로 다양한 환경공동체적 프로그램이 전개되고 있는데 그것의
성공여부는 민·관·기업 간의 파트너십에 달려 있다. 지방 정부를
중심으로 한 공공부문(public sector)과 민간 기업을 중심으로 한 민간
부문(private sector) 그리고 시민사회를 중심으로 한 자발적 부문
(voluntary sector)의 파트너십 체제인 거버넌스가 활성화 될 수 있기 위

---

661 http://www.la21.or.kr(2006.12.24)

해서는 지역적 특성을 고려한 관리 목표 및 우선순위 설정과 더불어 자율적이고 협력적인 노력이 집중되어야 하며 또한 효율적인 문제해결을 위한 제도적 역량이 강화되어야 한다. 나아가 이러한 파트너십을 통한 녹색 거버넌스가 우리 사회에 정착되려면 무엇보다도 녹색적 가치에 대한 확고한 인식과 사회적 합의가 선행되어야 하며, 생태적 합리성에 기초한 분권화와 성숙된 시민의식이 전제되어야 한다.

거버넌스가 지방의제21의 중요한 대안적 실천 양식으로 주목받고 있는 것은 민·관·기업 3자간 협력 관계를 통해 지방을 거점으로 공동관리(co-management) 방식을 도입하고 있다는 데 있다. 민(民)과 관(官)이 공동의 문제를 전향적으로 해결하기 위해 협력하는 민관 협력 체제는 국가 중심의 획일적이고 규제적인 관리 방식의 비효율성에 대한 비판적 대안으로 등장한 것이다. 서구 사회의 경우 이미 1970년대에 복지국가 정책이 초래한 공공 부문의 비대화에 따른 경제적 비효율성으로 인해 민관 협력 체제가 주목을 받게 되었고, 우리나라의 경우에도 1990년대 들어 사회 민주화의 저변이 확대되고 지방자치제의 실시로 지방화 시대가 열리면서 민관 협력 체제가 주목을 받게 된 것이다. 특히 공공 부문이 민간 부문과 상호 협력하는 민관 협력 방식은 지역 경제의 활성화를 통해 지방 재정 확충 및 수익 증대에 기여할 수 있다는 점에서 지방자치제 실시 이후 주목을 받아 왔다.

지방의제21의 새로운 협력 유형으로서의 거버넌스 체제의 특성은 중앙 집권적 권위주의 체제의 관리 유형이나 민관 협력 체제 일반 유형과의 비교에서 분명히 드러난다. 우선 중앙집권적 권위주의 체제는 중앙 정부 관료 및 소수 전문가가 핵심 참여 주체로서 위계적 통치(hierarchical control) 방식에 의해 경제 개발을 주요 목표 가치로 설정한다. 민관 협력 체제 일반유형은 '제3섹터(the third sector)'와 '공동생산(co-production)' 유형으로 구분할 수 있는데, 전자는 지방 정부 관료와 민간기업이 핵심 참여 주체로서 협력적 개발(cooperative development) 방식에 의해 경제 개발을 주요 목표 가치로 설정한 반면, 후자는 지방 정부 관료와 지역 사회 단체가 핵심 참여 주체로서 공동 생산 및 분배(distribution) 방식에 의해 사회 개발을 주요 목표 가치로 설정한다. 이에 비해 거버넌스 체제는 지방정부 관료와 민간기업 및 시민사회가 핵심 참여 주체로서 공동 관리 방식에 의해 환경과 발전이 결합된 포괄적 의미의 지속 가능한 발전을 목표 가치로 설정한다.[662]

이렇듯 거버넌스 체제의 특성은 민·관·기업 3자간의 관계적 특성에 따른 것으로 4가지 대안 모형—자유방임형, 시장형, 참여형, 녹색형[663]—으로 단순 유형화할 수 있다. 첫째, 자유방임형 거버넌스(laissez-faire governance)는 약한 정부와 약한 시민사회를 전제로 한 것으로 최소정부론에 입각하여 관료주의적 거대정부의 비효율성을 비판하고 탄력적인 조직구조와 유연한 관리를 강조한다. 정부의 소극적 기능에 따른 기업의 자유의 상대적 확대는 시민사회의 비활성화로 인해 시민사회의 자유로 연결되지는 못한다. 따라서 3자간의 책임성에 기초한 협력관계를 기대하기는 어려우며 정부와 시민사회의 약화로 지속 가능한 공익을 추구하는 데는 한계가 있다.[664]

---

662 정규호, 「지방의제21을 통한 거버넌스 실험과 녹색가치의 제도화 방안」, 바람과 물 연구소 편, 『한국에서의 녹색정치, 녹색국가』(서울: 당대, 2002), 154쪽.

663 위의 논문 166쪽에서는 시장주도형 거버넌스, 정부주도형 거버넌스, 시민사회 주도형 거버넌스, 민주주의적 거버넌스로 유형화하고 있다.

둘째, 시장형 거버넌스(market governance)는 강한 정부와 약한 시민
사회를 전제로 한 것으로 신공공관리(New Public Management, NPM)라
불린다. 신공공 관리는 20세기 지배적 행정 관리 형태인 경직된 위계
적인 관료제적 관리 형태를 신축성 있는 시장 지향적인 형태로 바꾸
려는 현대 행정의 주류 패러다임이다.[665] 이 모형은 기존의 권위적인
관료제적 통치 방식의 비효율성을 탈피하여 시장주의적 원리를 도입
함으로써 전문가적 관리 체제를 구성하려는 것이다. 그러나 정책 결
정 과정을 시장 논리가 지배하게 되면 제로섬(zero-sum) 게임의 경쟁
적 틀 속에 갇혀 지속 가능한 발전이라는 보편적 가치를 추구하는 데
는 한계가 있다.[666]

셋째, 참여형 거버넌스(participatory governance)는 약한 정부와 강한
시민사회를 전제로 한 것으로 시민 참여와 분권화에 기초한 참여형은
조직화된 이익 집단 및 다양한 NGO 등의 정책 과정 참여와 상호작
용을 중시하는 정책 네트워크[667]이다. 포괄적 참여를 통한 정당성의
기반 확대는 정책 실시의 효과성을 높여줄 수 있다. 그러나 사회의 다
양한 행위자들 간의 자율성과 독립성을 바탕으로 참여와 협력을 통한
재통합이 지속 가능성을 담보할 수 있기 위해서는 조정자(coordinator)
로서의 정부의 역할과 기능이 필수적이다. 수평적 조정 체계로서의
거버넌스가 대안 체제로 자리 잡을 수 있기 위해서는 시민사회와 정

---

664 cf. 위의 논문, 165-166쪽.
665 이영조 · 김석태 · 문인수 · 김대원, 『행정학원론』(서울: 학우, 2004).
666 cf. 정규호, 앞의 논문, 166-167쪽.
667 정정길 · 최종원 · 이시원 · 정준금, 『정책학원론』(서울: 대명출판사, 2003).

부의 조화로운 결합이 전제되어야 한다.

넷째, 녹색형 거버넌스(green governance)는 강한 정부와 강한 시민사회를 전제로 한 것으로 자본주의 정치경제를 녹색적으로 재구성함에 있어 정책 결정 과정의 개방성과 투명성을 높이고, 정부 · 기업 · 생태론자 등이 상호 협력하는 파트너십을 중요시한다. 환경에 대한 과부하를 최소화할 수 있는 환경 친화적인 기술 개발과 더불어 생산양식의 전환을 통해 경제적 요소뿐만 아니라 정치, 사회, 문화적 요소들까지도 모두 녹색화할 수 있는 시스템적 접근을 강조한다. 녹색적 가치의 제도화와 지속 가능한 발전을 위해서는 정부는 단순한 규제자의 역할에서 벗어나 녹색적 가치의 실현을 위해 민관 협력의 촉진자로서의 역할을 수행할 수 있어야 하며, 시민사회 또한 녹색적 가치에 대한 확고한 인식과 합의를 바탕으로 적극적인 참여가 이루어져야 한다.

〈표 1〉 정부와 시민사회의 결합 방식에 따른 거버넌스 유형

구분		정 부	
		약	강
시민사회	약	자유방임형 거버넌스 (laissez-faire governance)	시장형 거버넌스 (market governance)
	강	참여형 거버넌스 (participatory governance)	녹색형 거버넌스 (green governance)

이상의 4가지 대안 모형에서 자유방임형과 시장형은 모두 약한 시민사회를 전제로 한 것이고, 참여형과 녹색형은 모두 강한 시민사회를 전제로 한 것이다. 또한 자유방임형과 참여형은 모두 약한 (지방)정부를 전제로 한 것이고, 시장형과 녹색형은 모두 강한 정부를 전제로

한 것이다. 정부와 시민사회의 4가지 결합 방식—약한 정부와 약한 시민사회, 강한 정부와 약한 시민사회, 약한 정부와 강한 시민사회, 강한 정부와 강한 시민사회—에 따라 상기 도표에서와 같이 4가지 대안 모형이 도출될 수 있다.

미국의 정치학자 루시안 파이(Lucian W. Pye)의 『정치발전의 제 국면 Aspects of Political Development』[668]에서는 정치 발전을 평등(equality), 능력(capacity), 분화(differentiation)라는 이른바 발전징후군(development syndrome)에 의해 정의하고 있다. 즉, 보통선거제 및 보편법(universal law)의 시행에 따른 평등성의 증대와 효율적 반응 체계로서의 정치 체계의 능력 증대, 그리고 구조적 분화 및 전문화에 따른 통합성의 증대가 민주적 정치발전을 평가하는 지표인 것으로 나타난다. 이러한 정치 발전의 개념을 4가지 거버넌스 유형에 단순 적용시켜 보면 다음과 같다. 1) 약한 정부와 약한 시민사회가 결합한 자유방임형 거버넌스는 평등, 능력, 분화에 대해 모두 마이너스 반응을 보이므로 지속 가능성과는 거리가 멀다. 2) 강한 정부와 약한 시민사회가 결합한 시장형 거버넌스는 평등과 분화에 대해선 마이너스 반응을 보이고 능력에 대해선 상대적으로 플러스 반응을 보이긴 하지만 정부와 시민사회의 결합성이 낮아 지속 가능성을 담보하기는 어렵다. 3) 약한 정부와 강한 시민사회가 결합한 참여형 거버넌스는 능력에 대해선 마이너스 반응을 보이고 평등과 분화에 대해선 상대적으로 플러스 반응을 보이긴 하지만 정부와 시민사회의 결합성이 낮아 지속 가능성을 담보하기는

668 Lucian W. Pye, *Aspects of Political Development*(Boston and Toronto: Little, Brown & Co., 1966).

어렵다. 4) 강한 정부와 강한 시민사회가 결합한 녹색형 거버넌스는 평등, 능력, 분화에 대해 모두 플러스 반응을 보이며 정부와 시민사회가 조화적 파트너십을 이루므로 지속 가능하다.

이러한 구분은 하나의 이념형에 불과한 것으로 실제에 있어서는 250개의 지자체를 이분법적인 도식으로 단순 유형화하기는 어려울 것이다. 다만 민주화, 지방화의 추세 속에서 녹색 거버넌스의 운영과정을 모니터링하고 거버넌스 체제의 능력을 평가하는 하나의 지표로서는 여전히 유용하다는 것이다. 그런 점에서 미국의 공동체주의 운동(communitarian movement)의 창시자 아미타이 에치오니(Amitai W. Etzioni)의『적극적 사회론 *The Active Society*』[669]을 원용하여, 정치 과정에의 '참여'(민주성)와 체계의 총체적 '능력'(효율성)을 4가지 거버넌스 유형에 평가지표로 단순 적용시켜 볼 수 있다. 즉, 1) 자유방임형 거버넌스는 정부와 시민사회가 다 약하여 민주성과 효율성에 대해 모두 마이너스 반응을 보이므로 지속 가능성과는 거리가 멀다. 2) 시장형 거버넌스는 시민사회가 약하여 민주성은 떨어지는 반면 정부는 강하여 효율성이 상대적으로 높긴 하지만 민주성과 효율성의 부조화로 지속 가능성을 담보하기는 어렵다. 3) 참여형 거버넌스는 정부가 약하여 효율성은 떨어지는 반면 시민사회는 강하여 민주성이 상대적으로 높긴 하지만 민주성과 효율성의 부조화로 지속 가능성을 담보하기는 어렵다. 4) 녹색형 거버넌스는 정부와 시민사회가 다 강하여 민주성과 효율성에 대해 모두 플러스 반응을 보이며 민주성과 효율성이 조

---

[669] Amitai W. Etzioni, *The Active Society*(New York: The Free Press, 1968).

화를 이루므로 지속 가능하다.

지방의제21을 통한 다양한 거버넌스 체제의 학습과 실험은 민주화 및 지방 분권화와 더불어 특히 녹색적 가치를 추구하는 비정부 기구의 양적 확대와 정치적 역량의 증대에 따른 시민사회의 정치화와 그 맥을 같이 한다. 단순한 임기응변적 조정이 아닌 지속 가능한 녹색 거버넌스의 실현을 위해서는 다음의 몇 가지 과제가 선결되지 않으면 안 된다. 첫째, 민·관·기업 3자간 및 시민사회 내부의 원활한 소통을 통해 녹색적 가치에 대한 공통의 이해와 합의가 선행되어야 하며 아울러 3자간 파트너십에 기초한 공동 관리 체제의 효율적 운영을 위한 제도적 장치가 마련되어야 한다. 그러기 위해서는 공익관의 정립과 더불어 공익 실현에 대한 확고한 의지가 발휘되어야 하며 다양한 주체들이 보유하고 있는 자원을 효율적으로 결합할 수 있어야 한다. 오늘날 민주화의 제도적 장치가 실제 운용 과정에선 오용되거나 남용되는 경우가 적지 않으며, 무엇보다도 성장 제일주의가 초래한 사회적 소외 계층의 양산과 더불어 날이 갈수록 심화되는 빈부 구조의 양극화 현상은 대의 체제의 대표성에 의문을 제기하게 한다. 시민사회와 관료, 시민운동 세력 상호간의 이해 불일치로 인한 연대성의 약화, 과점 언론의 과도한 정치적 기능에 따른 정치사회화의 역기능 현상, 제도권과 비제도권의 사회 정치적 균열로 인한 사회적 응집력의 약화, 지역 이기주의의 만연 등은 녹색 거버넌스 체제의 효율적 작동에 저해가 되는 요소들로서 지속 가능성을 위해 극복해야 할 문제들이다.

둘째, 지방분권의 제도적 기반 조성에 역행하는 우리 사회의 과도한 중앙 집중 현상은 지속 가능성이라는 측면에서 재조정될 필요가 있다. 건설교통부가 내놓은 '2006년도 국토의 계획 및 이용에 관한

연차보고서'에 따르면 우리나라 인구는 2006년 7월 1일 현재 4,850
만 명, 도시화율은 1970년 50.1%에서 계속 증가하여 1990년
81.9%, 2000년 88.3%, 2005년 90.2%로 나타나고 있어 인구의 도
시 집중이 더욱 가속화하고 있는 것을 알 수 있다.[670] 정치 · 경제 · 사
회 · 문화 · 교육 등 거의 모든 영역이 서울 수도권에 집중되어 있어
국토 균형 발전이나 국토 이용의 공간적 효율성 및 생태계 보존이라
는 측면에서 성공하지 못한 대표적 사례이다. 현재 추진 중인 행정중
심복합도시 건설이나 공공 기관의 지방 이전은 경제효율성뿐만 아니
라 생태효율성도 고려되어야 한다. 최근 세계화와 지식 기반 시대로
의 전환에 따라 지역 단위의 경쟁력이 크게 강조되면서 기업, 대학,
연구기관, 지자체 등 지역 내 혁신 주체들 간의 네트워킹을 통한 지역
혁신 체계(Regional Innovation System: RIS) 모델이 개발되고 있으며, 이
러한 다양한 지역 혁신 체계를 망라하는 지역전체 수준의 지역 혁신
협의회가 국가균형발전특별법을 근거로 구성되어 있어 지역 균형 발
전을 위한 지역 혁신 계획의 제안 및 심사 등 주요 의사 결정에 핵심
적으로 관여하고 있다. 이러한 지역 혁신 협의회를 통한 거버넌스 실
험이 성공하려면 여기에 참여하는 지방 정부와 기업, 시민 등 다양한
주체들이 대등한 권력 관계를 바탕으로 명실상부한 자치 행정, 지방
정치가 이루어질 수 있도록 조화로운 파트너십을 발휘해야 한다.

셋째, 지방의제21을 통한 녹색 거버넌스 실험이 지속 가능성을 담
보하기 위해서는 민주적 지방 분권이 제도화되어야 한다. 1990년대

---

670 http://epic.kdi.re.kr/epic/epic_view.jsp?menu=1&num=82815
    (2006. 12. 26)

들어 사회 민주화의 저변이 확대되면서 1991년 지방의회 의원 선거, 1995년 지방자치단체장 선거, 2004년 주민투표법의 시행 등으로 지방자치제의 실시를 위한 제도적 요건은 최소한 구비되었다고 볼 수 있다. 그러나 지역 내 실질적인 의사 결정 및 집행 과정이 풀뿌리 민주주의에 지배되기보다는 일부 지방 정부 관료나 압력 집단, 의회의 소수 집단 등에 의해 지배되는 경향이 있어 거버넌스 체제의 기능과 역할에 대한 정당성이 약화될 소지가 없지 않다. 지방의제21이나 지역 혁신 협의회에서 보듯 중앙 정부로부터의 전격 지원과 더불어 지방 정부와의 협력 관계가 상당히 제도화되어 있는 경우 거버넌스 체제에 참여하는 지방 정부와 기업, 시민 단체 등 다양한 주체들이 의사 결정 및 집행 과정에 있어 형평한 권한을 공유하기를 기대하기는 어렵다. 특히 우리나라와 같이 지방 정치가 중앙 정치의 영향을 크게 받고 있는 경우 관치 행정을 완전히 혁파하기는 어렵다는 점에서 지방자치, 지방 분권이 오용될 소지가 없지 않다. 따라서 중앙과 지방 간 분권과 지역 내 분권이라는 두 가지 과제를 안게 된다. 이러한 과제의 해결을 위해서는 지자체의 권한과 자원이 지역 경쟁력을 높이고 지역 주민을 위해 쓰일 수 있도록 지자체의 혁신이 선행되어야 한다. 지역 지배 구조가 보다 투명하고 공정하게 주민을 위해 봉사할 수 있도록 자리 잡을 수 있을 때 지속 가능한 발전으로 이어질 수 있을 것이다.

넷째, 녹색적 가치의 제도화를 위해서는 국가적 공공성과 지방적 자치권의 조화가 필수적이다. 지방자치제가 실시된 이후 가장 큰 사회적 문제가 되어 온 것이 이른바 님비 현상(NIMBYs: Not In My Back Yard syndrome)이란 것이다. 시설의 필요성은 인정하지만 그 시설이 자기 지역에 입지하는 것은 반대하는 이른바 지역 이기주의로 통용되는 혐오 시설 기피 현상을 말한다. 환경 오염 문제가 심화됨에 따라 쓰레기 소각장, 하수 종말 처리장, 분뇨 처리장 등 환경 기초 시설의 설치에 대한 수요가 급증하는 한편, 쾌적한 환경에 대한 요구도 증대하여 환경 기초 시설의 설치에 대한 입지 예정 지역 주민의 저항이 점차 거세어지고 있는 것이다. 김포 쓰레기 매립장 사례나 서울의 화장장 입지 갈등, 부안 핵 폐기장 설치를 둘러싼 갈등에서도 명백히 드러나고 있듯이 국가적 공공성과 지방적 자치권이 충돌하는 경우이다. 이 외에도 장애인 교육 기관, 고아원, 양로원, 재활원 등의 사회 복지 시설 입지를 둘러싼 갈등[671]도 야기되고 있다. 이처럼 자기 지역에 혐오시설 또는 공익 시설의 입지를 반대하는 님비 현상에 대응하는 개념으로 핌피 현상(PIMFYs: Please In My Front Yard syndrome)이란 것이 있는데 이는 편리한 생활 기반 시설을 자기 지역에 경쟁적으로 유치하고자 하는 현상을 말한다. 님비든 핌피든 이러한 현상의 심리적 근

---

[671] 사회복지시설 입지 갈등 사례로는 1) 사회복지법인 '열린가람'이 추진하고 있는 무료 양로원 '정애원'(포항시의 허가로 공사 진행 중 혐오시설로 규정한 주민들이 트럭 진입 등 방해), 2) 한국불교사회연구원의 복지시설 '불광원'(노인, 아동의 복지시설과 출소자 생활관을 겸한 불교 종합 사회 복지관 건립을 위한 경주 기공식에서 지역민들의 반대로 전면 재검토), 3) 조계종 사회복지재단의 '보현의 집'(노숙자들의 일시보호소시설을 지역민들의 반대로 다른 장소로 옮겨 개원), 4) 대구시 동구 소제동 고아원 '자혜원'(고아원을 이전하려 했으나 지역민들의 반발로 이전하지 못함), 5) 서울 강남구 일원동의 '밀알학교'(장애인 시설인 밀알학교 건립에 대해 지역민들의 강한 집단 반발이 있었으나 공익을 앞세운 법원 판결로 현재는 자원봉사 현장으로 변신한 성공사례) 등이 있다. (http://blog.naver.com/visionkim07?Redirect=Log&logNo=50012272190 (2006. 12. 26))

원에는 모두 지역 이기주의가 자리 잡고 있다. 국가적 공공성과 해당 지역의 자치권의 충돌은 부분 이익과 전체 이익의 부조화에서 오는 것이다. 해당 지역의 이미지 훼손 및 재산적 가치 하락에 대한 우려 등이 님비 현상의 원인으로 작용하고 있는 만큼, 이를 상쇄시킬 수 있는 충분한 심리적 홍보와 더불어 혐오 시설과 선호 시설을 연계시키는 등의 구체적인 정책적 대응이 이루어져야 할 것이다. 국가적 공공성과 지방적 자치권의 조화는 녹색적 가치의 제도화와 더불어 지속 가능한 녹색 거버넌스의 실현을 위한 선결 과제이다.

제2절 녹색적 사유와 녹색국가론

근대 국민국가의 생태적 지속성이 중대한 도전에 직면하게 됨에 따라 소통성과 탈중심성을 본질로 하는 녹색적 가치가 주목을 받고 있다. 지배와 복종의 이원화된 구조에 입각하여 물질적 가치의 극대화를 최우선 과제로 설정한 근대 국민국가는 인간에 의한 인간의 지배와 그 연장선상에서 인간에 의한 자연의 지배를 정당화함으로써 인간 중심적이고 반생명적이며 반녹색적인 가치를 양산해 내었다. 이러한 근대 국민국가의 반생명성·반녹색성을 극복하고 지속 가능한 대안적 사회를 마련하려는 모색의 중심에 녹색적 사유가 자리 잡고 있는 것이다. 여기서 '녹색적'은 '생태적'이란 용어와 마찬가지로 '전일적(holistic)', '시스템적'이란 의미를 함축한 것이니 녹색적 사유는 전일적 실재관을 그 바탕으로 한다. 그리하여 자연을 단지 생물학적 이용가능성(bioavailability) 내지 유용성(utility)의 관점에서 조명하는 인간 중심성이나 억압과 차별의 상징이 되고 있는 남성 중심성과 서구 중심성의 인식의 뿌리가 모두 같은 것이라고 보고 이분법적 사유체계를 초월하여 생명의 전일성과 자기근원성을 강조한다.

　이러한 녹색적 사유에 대해서는 제6장 "탈근대 논의에 나타난 생태정치학적 사유"에서 살펴본 관계로 여기서 구체적인 논급은 하지 않기로 한다. 다만 녹색적 사유의 바탕을 이루는 생명의 전일성에 대해서는 재차 언급할 필요가 있다. 이러한 녹색적 사유의 핵심을 간과한 녹색국가 논의는 공허한 말잔치에 불과한 것이 될 것이기 때문이다. 녹색적 사유가 사회과학의 새로운 패러다임으로 정착될 수 있기 위해서는 정신 · 물질 이원론에 입각한 근대 과학의 낡은 기계론적 세계관에서 벗어나 현대 물리학의 전일적 실재관을 원용할 필요가 있다. 현대 물리학의 미시 차원의 연구 성과는 동양의 거시 차원의 연구 성과와 그 핵심 사상에서 일치하고 있으며, 이러한 핵심 사상을 생태정치학에 도입할 경우 새로운 사회과학적 패러다임의 수립에 효과적 기제로 작용할 수 있다. 하여 본서에서는 생태정치학적 사유의 사상적 연원에 대한 규명과 더불어 유 · 불 · 도와 동학에 나타난 생태정치학적 사유를 살펴보고 이를 현대 물리학의 연구 성과와 비교 고찰한 후 존재론과 인식론의 재정립을 바탕으로 전일적 패러다임에 기초한 생태정치학의 기본 틀을 구축하고자 했다. 오늘날 복잡계 과학은 전체를 유기적으로 통찰하려는 세계관이자 방법론으로서 개체와 전체의 유기적 통합성에 기초해 있으며 어떤 것이라도 고립시키면 진화에 역행하게 된다는 사실을 말하여 준다.

　녹색적 사유의 핵심은 생명의 전일성이다. 가시권에서 비가시권에 이르기까지 이 우주에는 생명의 본체인 '하나(一)'의 원리가 작용하고 있을 뿐이다. 뉴턴역학이나 상대성이론, 양자론, 카오스이론, 산일구조와 자기조직화, 복잡계 이론 등의 과학적 발견은 모두 이 '하나(一)'의 작용의 비밀을 밝힌 것이다. 양자역학적 실험에서 양자계가 근원적으로 비분리성(non-separability) 또는 비국소성(non-locality)〔초공간성〕을 갖는다고 한 것은 바로 생명의 전일성을 말하여 주는 것이다. 이 하나인 생명의 본체의 이름을 알지 못하여『천부경』에서는 그냥 '하나(一)'라고 부르는 것이다. 이 '하나(一)'인 혼원일기(混元一氣, 하늘기운)를 도道 또는 태극이라고 부르기도 하고 하늘〔하늘(님), 하나(님), 유일신〕이라고 부르기도 한다. 그러고 보면 과학과 철학, 종교는 모두 생명의 본체인 이 '하나(一)'의 원리에 의해 추동된 것이라 할 수 있다. 다만 종교는 '아프리오리(a priori)'한 세계관에 입각하여 절대적 권위와 신앙에 의거해 있다는 점에서, '아포스테리오리(a posteriori)'한 세계관에 입각하여 이성적 인식을 통해 진리에 도달하려는 과학이나 철학과는 근본적인 차이가 있다. 과학적 방법론을 기용하고 있는 현대 학문의 특성상 현대 물리학의 전일적 실재관의 사회과학적 수용은 시간 문제라는 점에서 이 '하나(一)'의 원리가 더 이상은 종교의 전유물이 될 수 없다는 것은 분명하다.

  없는 곳이 없이 실재하는 이 '하나(一)'의 원리의 작용으로 삼라만상이 생성, 변화, 소멸하는 과정을 끝없이 순환 반복하게 되는 것이니, 다시 말해서 '하나(一)'인 혼원일기에서 삼라만상〔多〕이 나와 다시 그 '하나(一)'로 돌아가는 것이니, 본체계〔의식계, 본체〕와 현상계〔물질계, 작용〕를 관통하는 이 '하나(一)'의 원리를 알지 못하고서는 본체인 '하나(一)'와 그 작용인 우주만물이 하나임을 알 수 없게 되고 이러한 생명의 전일성을 파악하지 못하면 녹색적 사유의 논의는 속빈 강정에 불과한 것이 된다. 그럼에도 이 '하나(一)', 즉 하늘에 관한 논의가 학문의 영역에서 벗어나 있다고 생각하는 것은 이분법적인 근대적 사유의 유산이며 진지眞知의 빈곤에서 오는 것이다. 하늘은 곧 참본성〔전체의식, 보편의식, 근원의식, 일심〕이며 참본성은 내재적 본성인 신성을 일컬음이니, 하늘(天)과 성性과 신神은 별개가 아니라 하나인 참본성을 달리 명명한 것으로 천인합일의 이치를 보여 준다. 하늘과 우주만물의 관계는 의식과 물질, 본체와 작용, 파동과 입자의 관계와도 같이 전일성을 그 본질로 한다. 박제상朴堤上의 『부도지符都誌』제2장에서 태초에 소리(音)가 있었다고 한 것이나 『요한복음』(1:1)에서 "태초에 말씀〔하늘소리, 보편의식, 전체의식, 근원의식, 일심〕이 계시니라…"고 한 것은 우주 삼라만상의 기원을 소리〔파동, 의식〕의 경계로써 나타낸 것이라는 점에서 이 우주를 파동의 대양 내지는 의식이 지어낸 이미지 구조물로 보는 현대 물리학의 실재관과 일치하는 것이다. 데이비드 봄이 밝힌 것처럼 우주만물은 파동의 기원인 초양자장에서 나와 다시 초양자장으로 돌아가므로 전일성과 자기근원성의 속성을 지닌다. 스스로 생성되고 스스로 변화하여 스스로 돌아가는 것이니 삼라만상(多)은 '하나(一)'의 자기복제(self-replication, 자기조직화)인 셈이다.

따라서 일즉다一卽多요 다즉일多卽一이다. 전일성은 곧 다양성이다. 생물종 다양성의 감소나 사회적 다원성의 손상은 곧 전일성의 훼손이다. 우주의 본질은 생명이며 일체 생명은 전일성과 다양성의 속성을 동시에 지닌다. 그런 까닭에 생명의 본질은 초월성인 동시에 내재성이며, 전체성〔一〕인 동시에 개체성〔多〕이며, 우주의 본원인 동시에 현상 그 자체다. 이러한 상호 연관과 상호 의존의 세계 구조는 수많은 구성 요소들이 유기적으로 링크되어 있는 복잡계의 특성을 여실히 보여 주는 것으로 주체와 객체의 이분법은 성립되지 않는다. 녹색적 사유는 미시 세계를 다루는 양자역학의 패러다임이나 복잡계 과학의 핵심 원리와 상통한다. 본체〔의식〕인 '하나(一)'와 그 작용〔물질〕인 우주만물은 파동과 입자의 관계와도 같이 하나의 고리로 연결된 원궤이다. 본체〔의식〕인 '하나(一)'는 작용 속에도 실재하므로 작용이란 것도 기실은 본체로서의 작용이니 본체와 작용은 둘이 아니다. 여기서 본체로서의 작용이란 '하나(一)'의 자기조직화(self-organization. 자기복제)를 의미한다. 따라서 '하나(一)'가 곧 우주만물〔천·지·인〕이며 우주만물〔多〕이 곧 '하나(一)'이다. 생명의 본체인 이 '하나(一)'를 깨닫지 못하고서는 생명의 전일성과 우주만물의 근원적 평등성을 인식할 수가 없으므로 녹색적 가치의 구현은 사실상 어렵게 된다. 녹색적 가치는 생명의 전일성과 다양성, 근원적 평등성과 유기적 통합성을 그 본질로 한다. 이러한 근원적 평등성과 유기적 통합성 속에는 다양성이 그 본질로서 내재해 있다. 녹색적 사유는 우주만물의 근원적 평등성과 유기적 통합성에 기초한 세계관과 가치 체계를 총칭하는 것으로 '자아의 녹색화(greening of the self)'[672]를 통하여 발현된다.

녹색적 가치의 구현이란 국가의 녹색화 또는 녹색의 국가화를 통해 GDP의 성장률을 강조하는 발전 국가에서 녹색 GDP[673]·지속 가

672 Joanna Macy, *World as Lover, World as Self*(Berkeley, CA: Parallax Press, 1991).

673 녹색GDP란 환경요인을 반영하여 산출한 GDP(국내총생산: 재화와 용역의 총합계액)를 말한다. 1993년 유엔에서는 환경비용을 감안하지 않은 기존 GDP의 한계점을 보완하기 위해 GDP계정의 보조 형태로 자원 고갈과 환경 훼손을 감안한 녹색GDP의 가이드라인을 제시한 바 있다. 유

능성 지표를 강조하는 녹색국가로 전환하는 것을 의미한다. 이러한 전환의 필요성은 근대 합리주의와 과학적 객관주의에 내재해 있는 과도한 인간 중심주의와 이원론적 사고 및 방법론이 초래한 국가 · 지역 · 계층 간 빈부 격차, 억압과 차별, 환경 파괴와 생태 위기 등의 문제에 경제 성장을 최우선 과제로 설정하고 있는 발전 국가가 대처하기에는 태생적 한계가 있다는 데 있다. 다시 말해서 오늘날 국가가 처해 있는 복합적이고도 다차원적인 세계적 변화와 다양한 국민적 요구에 발전 국가가 대응하기에는 본질적으로 한계가 있다는 것이다. 이러한 한계성에 대한 인식과 더불어 전일적 패러다임으로의 대체 필요성이 역설되면서 근대의 초극을 위한 녹색국가에 관한 논의가 시민사회를 중심으로 확산되게 된 것이다. 따라서 녹색국가 논의는 정치 영역의 확대에 따른 시민사회의 활성화 과정과 그 맥을 같이 하는 것이라 할 수 있다. '발전 국가'를 표방하는 근대 국민국가의 위계적인 관료주의적 통치가 경제적으로나 생태적으로 비효율적이어서 지속 가능한 발전을 도모할 수 없다는 생태 중심의 인식이 시민사회의 정치화를 가속화시킨 것이다. 녹색국가라는 용어보다 녹색 사회라는 용어가 더 친숙하게 느껴지는 것은 이 때문이다.

시민사회의 정치화에 따른 국가(론)의 상대적 약화에도 불구하고 '그러면 왜 녹색적 가치를 인간 중심적이고 반생명적이며 반녹색적

럽 일부 국가와 미국, 일본 등에서 이 개념을 도입하였다. 한국은 2001년 환경부에서 추진하는 환경과 경제를 함께 살리기 위한 '에코-2 프로젝트'의 일환으로 단계적으로 도입하기로 하였다.http://100.naver.com/100.nhn?docid=753406 (2006. 12. 31))

인 국가와 결합시키는가'라고 물을지 모른다. 이러한 물음은 근대 국민국가를 국가(론)의 모델로 상정하는 데서 오는 것이다. 근대 서구의 정치적 자유주의와 자본주의의 발달 과정이 말하여 주듯 근대 국민국가는 자유방임형에서 복지국가형에 이르기까지 다양한 스펙트럼이 존재하며, 자본주의에서 파생한 사회주의, 자유주의의 변종인 전체주의까지도 사실상 망라하고 있다. 이러한 다양성에도 불구하고 근대 국민국가의 한 가지 공통점은 시민사회와 국가의 결합성이 낮다는 것이다. 자유방임형과 같이 약한 시민사회와 약한 국가의 결합이나 복지국가형과 같이 약한 시민사회와 강한 국가의 결합, 그리고 사회적 다양성이 훼손된 사회주의와 개체성이 말살된 전체주의는 모두 소통 체계가 원활하지 못하여 결합성이 낮은 관계로 정치 체계가 효율적으로 작동하기 어렵다. 오늘날 일반적인 모델로 설정하는 국민국가는 중앙 집권화된 복지국가형이지만, 시민사회와 국가의 관계가 크게 변화하고 있는 지금 이러한 이념형은 사실과 부합되지 않는다. 따라서 국가(론)를 논함에 있어 우리가 근대 국민국가에 집착할 필요는 없다고 본다. 국가도 필요에 의해 생겨난 하나의 제도이니 그 필요가 다하면 사라지게 마련이다. 오늘날 공동체 개념이 부상하면서 국가는 사실상 공동체 개념 속으로 포괄되고 있다. 세계화 추세와 더불어 지구 공동체인 세계 시민사회와 유기적 통합을 이루지 않고서는 국가는 정당성의 기반을 확보하기 어렵게 되었다.

지구공동체로서의 세계 시민사회가 부상하게 된 것은 '정보화 혁명'에 의해서이다. 역사상 농업혁명, 산업 혁명에 비견되는 충격을 주고 있는 것으로 평가되는 이 정보화 혁명은 전 지구적 삶의 조건을 근본적으로 변화시키고 있다. 특히 인터넷으로 대표되는 정보 기술의

혁명적 효과는 산업혁명기의 전기의 역할에 비견되는 것으로 나타난
다. 최근 들어 UCC(User Created Contents, 사용자 제작 컨텐츠)[674]로 대표
되는 대중의 참여 트렌드는 지구 '한마당' 을 형성함으로써 세계 시민
사회의 다양성과 자율성을 증대시키고 있다. 바야흐로 네티즌들의 인
터넷 세계가 열리고 있는 것이다. 또한 세계적인 환경 문제와 생태 위
기는 총체적이고 체계적인 전 지구적 연대의 대응 전략을 필요로 하
고 있으며 환경 문제는 이제 각국의 중요한 정치적 의제가 되고 있다.
세계 정보통신계 선구자 니콜라스 네그로폰테(Nicholas Negrofonte)가

---

674 UCC란 사용자가 직접 만든 컨텐츠를 뜻한다. 네티즌들이 직접 만든 다
양한 소재의 컨텐츠를, 때론 동영상까지 직접 제작하여 자신들의 미니홈
피나 블로그 등 인터넷상에 올리는 것을 말한다. 이렇게 올린 네티즌의
컨텐츠가 다른 네티즌에게 폭발적인 인기를 얻거나 여론을 형성하는 사
례가 점차 늘어나고 있으며 또한 세계적인 파급효과를 낳고 있다. 다양한
UCC 사이트들의 등장과 더불어 그 추세도 기존의 단순한 재미 위주에서
자기표현과 참여의 통로로 이용되고 있어 네티즌들에 의한 인터넷 세계
의 '한마당' 을 실감케 한다. 미국의 유명 시사주간지 타임이 발표한
'2006 올해의 인물' 표지 모델은 사람이 아닌 'You' 라고 적힌 컴퓨터 화
면이었다. 이는 블로그나 미디어 영역에서 폭발적으로 성장하며 영향력
을 키워가는 평범한 당신이 바로 올해의 주인공이라는 것이다. 이처럼
2006년 세상의 화두는 UCC였고, 새해 역시 이 명제는 더욱 확산될 전망
이다. 이러한 UCC의 위력은 2006년 미국 중간선거에서도 나타났다. 당
시 몬태나 주 상원의원이었던 공화당 소속 콘래드 번스는 같은 해 8월 농
장법안(Farm Bill) 공청회에서 깜빡 졸다가 경쟁자인 존 테스터 민주당
후보가 고용한 한 파파라치에게 포착되면서 UCC 동영상 공유사이트인
유튜브에 올려져 여론을 들끓게 함으로써 결국 낙선하고 말았다. 전문가
들은 대선이 치러지는 2007년 한국 정가에도 'UCC 쓰나미' 가 밀려올
것이라고 예측하고 있다.

2020년 내 큰 나라들이 핵분열하여 수천 개 국國이 생긴다고 예단한 바 있듯이, 지금의 국민국가 형태는 자율성과 평등성이 지배하는 다수의 공동체 형태로 변모하게 될 것이다. 거기에 이르는 조화로운 촉매자로서의 역할을 녹색국가가 하게 될 것이다. 그 단계에 이르면 (세계)시민사회와 국가는 고도의 유기적인 관계 속에 있게 되므로 사실상 그 경계가 사라지게 될 것이다. 세계는 지금 국민국가의 경계를 넘어 '제2의 근대'에 돌입하고 있으며, 녹색적 가치는 가족과 시민사회, 시민사회와 국가, 국가와 국가 간에 유기적 통합이 이루어지지 않으면 그 구현이 사실상 어려운 것이다. 더욱이 (세계)시민사회와 국가의 경계가 허물어지고 있는 지금 녹색적 가치를 시민사회와 결합하느냐 또는 국가와 결합하느냐 하는 구분은 별 의미가 없다.

녹색국가는 물질적 성장을 최우선 과제로 설정한 근대 발전 국가와는 달리 녹색적 가치의 구현을 목표로 하는 국가이다. 다시 말해서 녹색적 가치를 단순히 도구적 의미가 아닌 통치의 내재적 본질로 인식하는 국가이다. 지속 가능성 담론에 기초한 녹색국가는 생태 중심성과 인간 중심성, 보편성과 특수성의 조화로운 결합을 추구하는 국가이다. 인간 중심성이 높아질수록 생태 중심성이 낮아질 수밖에 없으며 그 결과로 오늘의 전 지구적 환경 재앙과 생태 위기가 초래되게 된 것이다. 특수적 가치인 인간 중심성이 보편적 가치인 생태 중심성과 유기적 통합을 이루지 못하면 결국 인류의 존립 그 자체가 위협을 받게 된다는 사실을 오늘의 지구촌은 말하여 주고 있는 것이다. 그럼에도 인간 복지 운운하며 인간에 의한 자연의 지배를 정당화하는 것은, 지속 가능한 인간 복지의 실현이 인간 중심성과 생태 중심성의 조화로운 결합에 있다는 사실을 간과한 것이다. 말하자면 전체와 분리된 개체성은 실재성이 없으므로 부분과 전체, 특수성과 보편성의 유기적 통합이 전제되지 않은 녹색국가 논의는 한갓 관념에 불과한 것이 된다. 따라서 녹색적 가치를 통치의 내재적 가치가 아닌 단순한 도구적 가치로 인식하는 국가는 녹색국가라 할 수 없다. 인간 중심성과 생태 중심성의 관계에서 인간 중심성이 높아질수록 생태 중심성이 낮아지는 반면 생태 중심성이 높아질수록 인간 중심성도 높아진다는 사실은, 인간 중심적인 특수적 가치가 생태 중심적인 보편적 가치 체계와 유기적 통합을 이루는 데서 오는 당연한 귀결이라 할 것이다.

지속 가능한 사회의 구현을 목표로 하는 녹색국가는 녹색의 정치 세력화 및 제도화의 수준에 따라 다양한 이념적 유형화[675]가 가능하다. 인간 중심의(anthropocentric) 가치에 기초한 표피 생태론과 생태 중심의(ecocentric) 가치에 기초한 심층생태론의 분류를 원용하여, 녹색적 가치를 단순한 도구적 가치로 인식하는 표피 녹색국가론에서 통치의

---

675 조명래, 「국가론의 녹색화를 위한 시론」, 바람과 물 연구소 편, 『한국에서의 녹색정치, 녹색국가』(서울: 당대, 2002), 39-40쪽에서는 국가의 이데올로기적 기구나 법제도가 녹색의 가치를 보편이익으로 수용하는 녹색국가 유형을 3가지로 구분하고 있다. 즉, 1) 시민사회 구성원들이 자발적인 협약을 맺어 녹색적 가치를 실현하고자 하는 '녹색시민국가(녹색거버넌스 국가)', 2) 국가권력이 생태적 원리에 따라 분권화된 '녹색자치국가', 3) 지구적 생태공간에서부터 지방적 생태공간에 이르기까지의 통합적 관리를 위한 녹색자치국가들의 연합인 녹색연방국가이다. 한편 문순홍, 「녹색국가 논의의 구조와 과정」, 바람과 물 연구소 편, 『한국에서의 녹색정치, 녹색국가』(서울: 당대, 2002), 287-290쪽에서는 국가의 녹색화를 3단계로 나누고 있다. 즉, 1) 국가의 녹색화 1단계: 생태관리주의 국가, 정당형 녹색국가, 거버넌스형 녹색국가, 2) 국가의 녹색화 2단계: 녹색사회국가, 3) 국가의 녹색화 3단계: 생태자치연방이다.

내재적 본질로 인식하는 심층 녹색국가론에 이르기까지 그 스펙트럼
은 다양하게 나타날 수 있다. 그러나 전통적인 근대국가에서도 환경
문제는 다양한 문제 중의 하나로 인식되고 있었다는 점에서 표피 녹
색국가론은 엄밀하게 말하면 녹색국가 논의로 보기 어려우며 그 전
단계로 보아야 할 것이다. 녹색국가의 스펙트럼은 인간 중심성과 생
태 중심성, 이성理性과 자연의 구분에 따른 인간 복지와 생태 복지의
통합성의 수준에서 오는 것이다. 양 차원의 조화가 깨어져 임계점
(critical point)에 달한 모습이 현 지구촌의 자화상이다. 인간에 의한 인
간의 억압과 차별이 자연 생태계에도 그대로 연장되어 인간에 의한
자연의 지배와 착취가 만연하게 되어 생태계의 심대한 불균형과 파열
을 초래하게 된 것이다.

국가의 녹색화는 경제적 요소는 물론 정치, 사회, 문화적 요소들까
지도 모두 녹색화할 수 있는 시스템적 접근에 기초한다. 그것은 녹색
적 가치를 활성화시킬 수 있는 탈중심성과 소통성의 원리가 내재된
녹색민주주의(또는 생태민주주의)와 이념적 친화성을 갖는 관계로 녹색
민주주의 국가로의 이행 과정이라 할 수 있다. 말하자면 국가의 녹색
화 또는 녹색의 국가화는 자본주의 경제 및 정치사회 구조를 녹색적
으로 재구성함에 있어 정책 결정 과정의 개방성과 투명성을 높이고,
정부 · 기업 · 생태론자 등이 상호 협력하는 파트너십을 중요시하
며,[676] 환경 친화적인 기술 개발과 더불어 생산양식의 전환을 통해 환

---

676 cf. Maarten Hajer, *The Politics of Environmental Discourse:
  Ecological Modernization and the Policy Process*(Oxford: Oxford
  University Press, 1995).

경에 대한 과부하를 최소화함으로써 생태적 근대화를 달성하려는 것이다. 이러한 국가의 녹색화는 생태계의 특성상 국민국가의 경계를 넘어선 '제2의 근대화'와 맥을 같이 하는 것으로 국가 안보 개념의 확대를 가져오고 있다. 1987년 세계환경발전위원회(브룬트란트위원회)가 발표한 「우리 공동의 미래」라는 브룬트란트 보고서에서는 평화와 안전보장 문제를 지속 가능한 발전의 개념과 직접적 관계가 있는 것으로 간주하며 국가 주권에 대한 정치군사적 도전 또한 환경적 위협까지 포괄하는 것으로 안전 보장의 개념을 확대 적용하고 있다. 말하자면 '환경 안보(environmental security)'[677]라는 새로운 포괄적인 안보 개념이 등장하고 있는 것이다.

녹색민주주의 국가가 녹색적 가치의 제도화와 더불어 지속 가능한 사회를 구현하고 나아가 생태적 지속성(ecological sustainability)을 띤 지구공동체의 실현에 기여할 수 있기 위해서는 무엇보다도 생태 친화적인 세계관과 가치 체계에 기초한 생태 문화가 생활 세계에 뿌리를 내릴 수 있어야 한다. 그러기 위해서는 국가는 단순 규제자의 역할에서 벗어나 녹색적 가치의 구현을 위해 민관 협력의 촉진자로서의 역할을 수행할 수 있어야 하고, 시민사회 또한 녹색적 가치에 대한 확고한 인식과 합의를 바탕으로 적극적인 참여가 이루어져야 하며, 나아가 단

---

677 환경안보에 관해서는 천정웅, 앞의 책, 99-110쪽 참조. 이 책에서는 전통적 안보 개념의 변화를 추동한 세 가지 요인으로 1) 인권 침해나 인종 차별, 반민주화 등에 대한 국제적 · 세계적 제재가 정당화되고 있는 정치적 요인, 2) 초국적 자본들 간의 경쟁과 대립에 따른 안보 문제 유발이라는 경제적 요인, 3) 세계적 규모로 발생하는 빈곤과 기아 및 자원 고갈이라는 자원 · 환경적 요인을 들고 있다(100-101쪽).

기적인 국가의 경제 이익과 장기적인 세계 시민사회의 환경 레짐이 조화를 이루는 정책을 펼쳐나가야 할 것이다. 그리하여 국가 · 시민사회 · 시장의 다양한 주체들이 녹색 연대의 형성을 통해 시민사회의 녹색화, 경제의 녹색화를 이룩해야 할 것이다. 보다 구체적으로는 환경친화적 산업 · 에너지 정책과 국토 보전 · 자연 보전 정책 수립 및 집행, 녹색 생산 · 녹색 소비 정책 등 정부의 정책 · 계획 · 개발 사업 등에 대한 환경 평가제도 도입, 자원 순환형 경제사회 체계로의 이행 등이 필수적이다.[678]

국가의 녹색화는 세계화와 지역화 및 지방화의 추세에 부응하는 국가의 생태적 지배 영역의 재설정과 생태적 합리성에 기초한 분권화를 통하여 생태적 효율성과 경제적 효율성을 높인 녹색민주주의 체제로 재형성하기 위한 것이다. 국가 기구나 법제도는 녹색민주주의의 원리를 근간으로 운영되어야 하며, 특히 헌법 체계 속에 이러한 원리가 구현되어야 한다. 국가는 지구 환경의 담지자로서의 역할과 동시에 특정의 '생물구(生物區 bioregion)'와 연계된 분권화된 지역 공동체의 관리자로서의 역할을 맡게 된다. 북친의 사회 생태론이 추구하는 이른바 에코아나키즘적 사회는 이러한 지역 공동체에 최대한의 정치적 · 경제적 독자성을 부여한다. 자율성과 평등성이 지배하는 고도의 효율적인 체제는 '다스림이 없어도 다스리지 않음이 없는', 이른바 '무위이무불위無爲而無不爲'의 체제이므로 국가성(statehood)은 약화되는 것이 아니라 기실은 가장 유능한 국가가 되는 것이다. 녹색국가의

---

678 구도완, 「녹색국가의 전망」, 바람과 물 연구소 편, 『한국에서의 녹색정치, 녹색국가』(서울: 당대, 2002), 107-112쪽.

역할과 정당성은 인간과 자연의 다양성이 존중되는 호혜적 네트워크로서의 지속 가능한 녹색 사회의 구현에 있다.

제3절 한국에서의 녹색정치의 가능성

오늘날 환경 문제의 정치화로 녹색정치(green politics) 또는 환경정치(environmental politics)에 대한 논의가 확산되고 있다. 환경 문제는 각국의 중요한 정치적 의제(agenda)가 되고 있으며 서구에서는 환경 문제의 정치화가 이미 보편적 현상이 되고 있다. 유럽 정치의 녹색화(greening)는 녹색당(Green Party)의 활발한 활동에 의해 추동된 기존 정당 정치의 녹색화와 시민들의 환경·인권·평등 의식의 제고에 힘입은 것이다. 1970년대에 유럽 녹색론자들은 환경운동과 병행하여 녹색 정당을 결성한 데 이어 1980년대에는 몇몇 국가에서 의회 진입에 성공함으로써 새로운 정치 세력으로 등장하였고, 1990년대 들어 독일,[679] 프랑스, 핀란드, 스웨덴에서는 녹색당이 적-녹 연립정부 형태로 정부 구성에까지 참여하는 괄목할 만한 성과를 거두었다. 서구의 생태 사상 및 환경 생태운동의 세계적 확산과 더불어 환경 협약을 통

---

[679] 독일 녹색당은 세계 많은 녹색당 중 가장 오래되고 가장 성공한 녹색당으로 평가된다. 2004년 유럽의회 선거에서 녹색당은 3,079,728표, 11.94% 득표로 사상 최대의 성공을 거두었다. 베를린에서 2당의 위치를 차지했고, 베를린-크로이츠베르크(Berlin-Kreuzberg) 선거구에서는 절대 다수의 지지를 획득했다(http://blog.naver.com/tillwinwin?Redirect=Log&logNo=140015353737(2007. 1. 3)).

한 국제 협력과 환경 레짐(environmental regime)의 창출에 따른 공존의 가치 체계 형성은 환경 문제의 정치화를 가속화시키고 있다.

이제 환경 문제는 군사 안보 문제와 더불어 국제 정치경제의 주요 쟁점으로 부각되고 있다. 이러한 현상은 지역적 내지 전 지구적 차원의 공동 대처를 필요로 하는 환경 문제의 특성과 관련된 것이기도 하려니와, 생명계의 시스템적 성격이 강조되는 오늘의 세계에서 정치 영역이 국가의 경계를 넘어 세계 시민사회로까지 확장되고 있는 추세와 무관하지 않다. 말하자면 세계화의 추세와 더불어 NGO의 활동 증대에 따른 시민사회의 활성화로 정치가 더 이상은 국가의 배타적 영역이 될 수 없게 되면서 정치와 비정치, 국제 정치와 국내 정치의 구분이 점차 사라지게 된 것이다. 바야흐로 정치의 탈정치화 현상에 따른 소통의 정치 시대가 열리면서 정치 영역은 단순히 인간 복지 구현의 장이라기보다는 생태 복지 구현의 장으로 거듭나고 있는 것이다. 생태 복지를 구현하는 직접적인 통로가 바로 녹색정치이다.

녹색정치〔생태정치〕란 정치의 녹색화 또는 녹색의 정치화를 통해 녹색적 가치의 구현을 목표로 하는 정치이다. 녹색적 가치는 생명의 전일성과 다양성, 근원적 평등성과 유기적 통합성을 그 본질로 하는 까닭에 인간 중심성이나 남성 중심성, 서구 중심성과 같은 이분법적 사유 체계를 배격한다. 이 우주는 생명의 그물(web of life)이며 개체는 그 그물의 한 가닥이니 그물에 대해 한 행위는 모두 그 자신에게 한 행위나 다름없으므로 주체와 객체의 이분법은 성립되지 않는다. 녹색적 가치가 포괄하는 영역은 환경 생태 문제에서 평화 · 인권 · 여성 문제와 대안적인 사회 체제의 구성 원리에 이르기까지 실로 광범하다. 불평등한 사회 구조를 개선하고자 나타난 민주화 운동이나 탈근대성

(postmodernity)을 지향하는 환경운동 · 평화운동 · 여성운동과 같은 신 사회 운동(new social movement)은 궁극적으로는 녹색적 가치의 실현과 관련되는 것으로 특히 산업화 과정에서 야기된 제반 문제와 주변화된 집단(marginalized group)에 주목한다.

녹색정치는 인간과 자연의 유기적 통합성을 회복함으로써 생태 과정 파괴를 최소화하고 자원과 에너지 보전을 최대화하여 일체 생명이 동등하게 자기 실현을 할 수 있도록 지속 가능한 사회를 구현하는 것을 목표로 한다. 빈부의 양극화 구조를 심화시키는 단기적인 성장 논리를 배격하고 제도나 기구 및 조직의 운영은 생태민주주의(녹색민주주의) 원리를 근간으로 생태적 합리성과 사회적 책임성에 기초한 분권화를 지향한다. 또한 녹색정치는 개방적이고 투명한 정책 결정 과정을 토대로 민 · 관 · 기업 3자간 및 시민사회 내부의 원활한 소통과 기능적 상호 의존성을 중요시한다. 나아가 시민사회의 녹색화, 경제의 녹색화를 통한 자원 순환형 경제 사회 체계의 구축과 환경 친화적인 기술 개발 및 생산 양식의 전환을 통한 생태적 근대화를 지향한다.

한국에서 녹색정치 논의가 점차 확산되게 된 것은 1980년대 중반 이후 1990년대 중반에 이르기까지 환경운동의 조직화 및 세력화 과정에서 축적된 경험과 민주화 역량을 바탕으로 1995년부터 지방자치제가 실시되면서 각 지역의 환경 문제가 지방 정치의 현안으로 떠오르게 되면서부터이다. 지방자치제 실시 직후인 1996년 6.27 지방자치 선거에서 환경운동 단체들이 보여준 다양한 형태의 정치 참여는 녹색운동과 녹색정치의 연계성을 인식하게 하는 중요한 계기가 되었다. 정치의 녹색화 또는 녹색의 정치화의 필요성이 점차 호응을 얻기 시작한 것이다. 유럽 녹색당들의 경험—대부분 전국 수준의 선거에서

보다는 지방선거에서 높은 득표율을 나타낸—에 비추어 볼 때 한국에
서의 녹색정치는 지방자치가 활성화되면서 중앙 수준보다는 지방 수
준에서 풀뿌리운동 방식에 의해 생활 정치의 형태로 뿌리내릴 가능성
이 더 큰 것으로 보인다. 2007년 정해년丁亥年 새해에 중점적으로 추
진해야 할 국정 과제로 우리 국민들의 74.1%가 경제 문제(경제 성장과
집값 안정)를 꼽고 있다는 미디어 리서치의 여론 조사[680]가 말하여 주
듯, 경제 문제는 절실한 것으로 시급한 해결을 요한다고 보는 반면 환
경 생태 문제는 절실한 것도 시급한 해결을 요하는 것도 아니라고 보
는 것이 우리 사회의 환경 의식의 현주소다. 우리 사회가 아직은 생태
친화적인 정치 문화가 형성되어 있지 못함으로 해서 녹색정치의 저변
이 확대되지 못하고 있는 실정이다. 다시 말해서 기존 정당 정치를 녹
색화할 잠재력이 아직은 미비한 상태이다.

    환경운동의 정치적 제도화는 독일 녹색당의 경험에서 드러나듯 정
치제도권으로의 진입을 통해 운동의 지향 목표를 보다 효과적으로 달

---

680 KBS가 미디어 리서치에 의뢰한 여론조사에 따르면, 2007년 새해 국민들
의 최대 관심은 경제문제인 것으로 나타난다. 2007년 대선에서 어떤 사
람을 지지하겠느냐는 질문에 65.9%가 경제를 살릴 수 있는 인물을 꼽았
고 이어 도덕적 인물 12.2%, 계층간 갈등을 조절할 수 있는 인물 7.5%
등의 순으로 나타났다. 새해에 중점적으로 추진해야 할 국정과제로도 과
반인 52.4%가 경제성장을 꼽았고 이어 집값 안정 21.7%, 정치개혁
5.7%, 부패척결 4.9% 등의 순으로 나타났다. 시급한 경제현안으론 부동
산 안정 26%, 실업 해결 23.6%, 빈부격차해소 15.8%, 물가안정
15.5& 등으로 나타나고 있어 경제문제가 새해 국민들의 최대 관심사임
을 보여준다. (http://news.kbs.co.kr/article/politics/200701/2007010
1/1276823.html (2007. 1. 2))

성하려는 현실주의적 입장과 정치제도권 밖에서 계속적인 사회적 비판세력으로 남아 근본적인 사회 변화를 도모하려는 근본주의적 입장으로 대별될 수 있다. 국내에서도 1980년대 중반부터 녹색당을 추진하려는 움직임이 싹트기 시작하여 가칭 '환경보호당'과 가칭 '대한녹색당'의 창당이 1980년대 말에 추진되었으나 실질적인 정당 창당으로 이어지지는 못했으며 환경운동 진영과의 일정한 공감대에 기초해 추진된 것이 아니었다는 점에서 환경운동의 본격적인 정치제도화의 시도로 보기는 어렵다.[681] 1990년대 이후 국회의원 선거나 대통령 선거에서 후보자나 정당들이 단편적으로 환경 정책을 발표해오고 있긴 하지만 가까운 장래에 기존의 정당들이 녹색 이념을 정강 정책에 적극적으로 반영하기를 기대하기는 어려울 것이다. 녹색정치의 저변이 확대되지 못한 상태에서 녹색당의 무리한 추진은 기존의 제도적 틀과 제약에 얽매여 실질적인 운동성을 발휘하기 어려울 수도 있다는 점에서 풀뿌리 운동의 활성화를 통해 생활 정치 영역에서 녹색적 가치를 뿌리내리는 작업이 보다 현실적인 방안인 것으로 보인다. 그렇다고 녹색당의 재도전의 가능성이 전혀 없는 것은 아니다.

우리 사회의 산업화·민주화가 어느 정도 달성된 이후 지속 가능성이라는 측면에서 한국 정치가 직면하고 있는 최대의 난제는 사회정치적 통합성(socio-political integration)의 약화이다. 사회정치적 통합성이 약화되면 정치 체계가 효율적으로 작동하기 어렵다는 것은 자명하다. 그 주요 원인으로는 지역주의 정치, 보수와 진보의 극단적 대립, 빈부 구조의 양극화, 파벌성·편협성·배타성의 정치 문화, 집단 이

681 김재영 외, 『환경정치와 환경정책』(서울: 삼우사, 1996), 177-178쪽.

기주의와 지역 이기주의의 만연, 정치 지도력 및 도덕성의 약화 등을 들 수 있다. 이러한 사회정치적 분열을 야기하는 낡은 패러다임과 구조로는 북핵 문제 등 한반도를 둘러싼 급변하는 동북아 정세와 FTA 체결의 확산 등 세계화의 급속한 진행에 따른 제반 문제에 탄력적으로 대처하기도 어렵거니와, 국내의 다양한 요구의 분출에 효과적으로 반응하기도 어렵다. 절차적 민주주의의 완성이 곧바로 사회적 민주화의 확대로 이어지는 것이 아님을 실감케 하고 있는 것이다. 다양한 사회적 요구의 분출에 따른 사회 갈등의 구조화는 정치 체계의 능력을 저하시키고 효율적 통치를 어렵게 함으로써 대의 체제의 민주적 대표성에 의문을 제기하게 한다. 세계화의 추진 방향과 속도 및 정책 결정이나 국내의 주요 정책 결정과 관련하여 민주적 정책 공론장을 확대 개방함으로써 정책 결정 과정의 투명성을 높이고 사회적 이해와 합의가 도출될 수 있게 해야 할 것이다. 한마디로 대타협과 관용의 정치, 생명의 근원적 평등성과 유기적 통합성에 대한 자각에 기초한 녹색정치[생태 정치]의 새로운 틀이 필요한 시기이다. 개인과 공동체의 관계가 재설정되어야 하며, 생명의 전일성[다양성]에 기초한 생태 패러다임으로의 전환과 더불어 정치적 의지와 결단이 절실하게 요청되는 시기이다. 대안 없는 비판은 무용지물이다. 시민사회 운동 또한 이데올로기적 편향성에서 벗어나 지속 가능한 녹색 사회의 구현에 기여할 수 있는 대안 운동으로 일신해야 할 것이다.

　20세기가 제로섬 게임의 발전론에 입각한 성장 위주의 경제의 세기였다면, 21세기는 윈-윈 게임의 발전론에 입각한 공생공영의 환경·문화의 세기가 될 것으로 전망되고 있다. 경제적 요소보다는 정보와 지식, 문화의 요소가 세계를 이끌어가는 핵심 요소가 되고 있는 것이다. 경제효율성을 강조한 나머지 생태효율성을 도외시하는 것은 그로 인해 지불하게 될 환경 비용을 감안하지 않은 것으로 그러한 경제체제는 지속 가능할 수 없다. 사회 구성원의 일부에게만 혜택이 주어지는 단기적인 성장 일변도의 사고가 녹색적 가치보다 우선순위를 갖는 지금의 사회 관계를 극복하지 않고서는 우리의 사회정치적 분열상은 근원적으로 치유되기 어렵다. 단기적인 성장 일변도의 사고가 수많은 소외 계층을 양산해 냄으로써 극심한 사회구조적 이분화 현상을 초래하였음은 익히 알고 있는 바이다. 인간에 의한 자연의 지배, 인간에 의한 인간의 지배, 남성에 의한 여성의 지배와 억압의 근원이 다른 것이 아니다. 모두 반녹색적 · 반생명적 사유 체계에서 오는 것이다. 녹색이란 단순히 대상으로서의 자연을 지칭한 것이 아니라 전일적인 생명 그 자체를 지칭한 것이다. 지배와 복종의 이원화된 구조에 입각한 서구의 자유민주주의가 태생적 한계를 가질 수밖에 없는 것은 생명의 전일성에 기초한 생태적〔녹색적〕관점을 내포하고 있지 않기 때문이다. 녹색적 가치에 대한 명료한 인식이 이루어지지 않고서는 녹색정치든 녹색운동이든 실질적인 성과를 기대하기 어렵다. 국가통치 차원이든 시민사회운동 차원이든, 지적 · 도덕적 지도력을 겸비한 지도자가 요망되는 것은 이 때문이다.

　한국에서의 녹색정치의 가능성은 다음의 4가지로 나누어 살펴 볼 수 있다. 그 첫째는 녹색운동이 정치제도권 밖에서 풀뿌리운동을 활성화시키는 경우이다. 환경운동 진영이 녹색적 가치에 대한 명료한 인식과 이념적 체계화를 바탕으로 한편으로는 실천적 계몽 운동과 교육을 통해 정치사회화(political socialization)의 한 축을 담당하고, 다른 한편으로는 제도권 밖에서 제도권의 정책 결정에 지속적인 영향력 행사를 통해 압력 집단(pressure group)으로서의 역할을 수행해 나가는 경우이다. 현재 우리 사회에서 볼 수 있는 전국 수준의 녹색시민운동[682]이 여기에 해당된다. 녹색운동이 정치제도권 밖에서 계속적인 사회적 비판 세력으로 남아 풀뿌리 운동의 활성화를 통해 생활 정치 영역에서 녹색적 가치를 뿌리내림으로써 근본적인 사회 변화를 도모할 수 있다면, 그리하여 기존 정당 정치의 역할을 실질적으로 보완함으로써 정당 정치의 녹색화에 기여할 수 있다면, 이 또한 녹색정치의 가능성을 바라볼 수 있게 하는 한 방법이다. 압력 집단으로서 정책 결정에 강력한 영향력을 행사하고 있는 유럽의 환경운동 세력들과는 달리 한국의 경우 녹색의 정치 세력화 수준은 그리 높은 편이 아니다. 환경 문제를 그다지 절실한 것으로 받아들이지 못하는 한국 사회의 환경의식의 수준 문제도 있겠고, 또 많은 시민들이 친화력을 가질 수 있는 획기적인 시민 운동으로 발전시키지 못하는 환경운동 진영 자체의 내재적 한계도 있을 것이다. 한국적 현실에서 녹색운동 실험이 건전하고 지속 가능한 신사회 운동으로 자리매김할 수 있기 위해서는 환경

---

682 전국 수준 또는 그 이상의 녹색 시민운동 단체들로는 환경운동연합, 녹색연합, 환경정의시민연대, 녹색소비자연대, 여성환경연대, 그린훼밀리운동연합, 녹색타임즈, 생명의 숲, 평화의 숲, 동북아 산림포럼, 세계생명문화포럼 등이 있다. 새로운 시민환경운동으로 '내셔널트러스트(National Trust, NT)' 운동과 '서울그린트러스트(Seoul Green Trust)' 운동이 있는데, 전자는 1895년 영국에서 처음 시작된 것으로 시민들의 자발적인 모금 운동을 통해 보존가치가 있는 자연 자원과 문화 자산을 사들여 시민 주도로 영구히 보전하는 시민 환경운동이고, 후자는 서울을 생태 환경 도시로 만들기 위해 시민과 서울시의 파트너십을 통하여 지속적인 녹지 확대 사업을 펼쳐 가는 도시 녹화 운동이다.

운동 진영 자체의 자기 정체성 확립과 더불어 사회적 요구에 부응하는 다양한 정책 개발 및 생활 정치와의 연계를 통해 녹색적 가치에 대한 사회적 관심과 합의를 이끌어내고 지지 기반을 확대해나가야 할 것이다. 그렇지 않고 자칫 매너리즘에 빠지게 되면 녹색운동 자체가 정체 상태에 놓일 수 있고 그 타개책으로 본래의 취지에서 벗어나 권력 지향적이 될 수도 있다. 녹색의 정치 세력화가 필요한 것은 사실이지만 그 초점을 녹색적 가치의 실현이 아닌 권력의 장악에 둔다면 기존 정치 세력과 다를 바가 없게 되는 것이다.

둘째는 녹색 지향적인 정당의 창당을 통하여 제도권 정당으로 진입하는 경우이다. 여기서 녹색당이라고 하지 않고 녹색 지향적인 정당이라고 한 것은 보다 포괄적인 새로운 가치 체계를 지닌 정당을 상정한 것으로 정당의 구체적인 명칭은 합의에 의해 붙여질 수 있을 것이다. 한국의 경우 현재로서는 녹색적 가치보다 성장 가치가 우선순위에 있으므로 단순히 환경운동 진영만을 규합해서는 영향력을 발휘하기 어렵다는 점에서 다양한 시민 운동 세력 내지는 제도권의 개혁 세력과 정책적 연대를 형성할 수도 있는 것이다. 이러한 녹색 지향적인 정당의 제도권 진출이 이루어지려면 강한 조직과 막대한 자금이 필요하다. 미국의 경우를 보더라도 녹색당의 제도권 진출이 저조한 이유는 선거제도 자체가 군소 정당이 존립할 수 있는 여지가 없다는 점과 더불어 이 두 가지 조건이 구비되지 않았기 때문이다. 더욱이 우리의 경우에는 녹색적 가치에 대한 의식이 미국처럼 높지도 못하다는 난점이 추가된다. 제도권 정당으로의 성공적인 진입을 위해서는 새로운 정당의 필요성에 대한 폭넓은 사회적 공감대의 형성과 잠재적 지지층의 확보가 선결 과제이다. 조직과 자금, 지지층이 모두 확보될 수 있다면 새로운 정당을 창당하는 것이 녹색정치를 구현하는 합리적 방안일 수 있다. 특히 국민적 지지를 얻고 있는 녹색 지향적 인물을 대통령 후보로 추대하여 대선 승리를 가져올 수 있다면 가장 확실한 방안일 수 있다. 그렇지 못한 조건에서 선거에서 패배하여 제도권 진출이 막히게 되면 소수의 들러리 정당으로 전락하게 되어 오히려 시민 운동에 대한 회의와 불신만 조장하는 결과를 가져올 수 있다. 영국의 경우[683]를 보더라도 녹색 지향적인 정당이 경쟁력 있는 정당이 되려면 내실 있는 정강 정책의 개발이 필수적이다. 복합적이고 다차원적인 요구에 부응할 수 있는 환경 이외 다양한 정책 제시가 구체적으로 이루어져야 하며 또한 그러한 정책은 실효성이 있는 것이어야 한다. 새로운 정당이 시민 운동 세력의 이념과 조직, 지도력과 이미지 수준에서 크게 벗어나지 못하거나, 환경 정책을 포용한 기존 정당들의 정강 정책과 차별화되지 못한다면 새로운 정당의 창당 필요성에 대한 폭넓은 공감대를 형성하기는 어려울 것이다.

셋째는 절충적인 방안으로 새로운 정당을 창당하지 않고 환경 운동 진영의 지원 하에 환경 운동 세력들이 개별적으로 제도권에 진출하거나 또는 기존 정당에 편입되어 생태 친화적 그룹과 연합을 모색하는 경우이다. 이 경우는 한편으로는 제도권 밖에서 정책 결정에 영향력을 행사하는 데 한계를 느끼고 다른 한편으로는 새로운 녹색당을 창당하기에는 여건이 아직 성숙되지 않았다고 보고 제도권에 단계적으로 진입하려는 전략적 시도이다. 개별적으로 제도권에 진출하는 경

---

683 M. Robinson, *The Greening of British Party Politics*(Manchester: Manchester University Press, 1992), p.210.

우 기존 정치 세력들에 비해 조직과 자금에 있어 열세인 데다가 녹색
적 가치에 대한 사회적 이해와 합의, 잠재적 지지층의 확보마저 이루
어져 있지 않으면 성공하기 어렵다. 실패할 경우 풀뿌리 운동의 기반
이 부실함을 스스로 노정시킨 결과가 되고 그에 따라 녹색 운동의 권
력 지향성이 운위되면서 그 순수성이 의심받을 수도 있다는 점에서
시민 운동 자체에 심대한 타격을 줄 수 있다. 만약 성공한다 하더라도
홀로 황무지를 일구어 녹색적 토양을 만들고 녹색 꽃을 피워 내기에
는 현실의 장벽이 너무 두터울 것이다. 기존 정당에 편입되는 경우 조
직과 자금 면에서는 좀 나을 수도 있겠으나 녹색정치 문화가 뿌리내
리지 않은 토양에서 성장 가치보다 녹색적 가치를 우선순위에 둘 경
우 어느 정도 득표율로 이어질 수 있을지는 미지수다. 이 경우에는 편
입된 정당의 이미지도 영향을 미칠 수 있다. 결국 표심票心을 잡기 위
해 녹색적 가치를 방기할 수도 있는 것이다. 개별적으로 진출하든 기
존 정당에 편입되든, 관건은 풀뿌리 운동을 통한 녹색 토양의 조성과
개인적 역량 및 지도력이다. 녹색적 가치를 시민들의 절실한 현안과
연계시켜 다양하게 풀어낼 수 있는 전문성과 유능한 지도력, 다함이
없는 열정과 도덕성을 갖추고 있다면 성공하지 못하라는 법도 없을
것이다.

넷째는 녹색적 가치와 기존 정당 정치의 연계 방안으로 기존의 유
력한 정당에서 전문성과 유능한 지도력, 사회적 신망과 존경을 받는
녹색 지향적 인물을 대통령 후보자로 영입하는 경우이다. 이 경우 녹
색 지향적 인물이 반드시 환경 운동 진영의 인물일 필요는 없다. 환경
운동을 하지 않고도 녹색 지향적인 인물은 얼마든 있을 수 있기 때문
이다. 또한 정당이란 통로를 상정한 것도 현재 정당 정치가 이루어지

고 있기 때문에 그렇게 한 것일 뿐 제도적 변화에 따라 다른 통로를 상정할 수도 있다. 녹색적 가치란 단순히 외재적인 환경 문제와 관련된 단일한 특수적 가치가 아니라 생명의 다양성과 유기성을 함축한 고도의 복합적인 보편적 가치이다. 눈에 보이는 환경 문제만이 아니라 보이지 않는 사회적 관계, 의식 차원까지도 포괄하는 다차원적인 개념이다. 일반적으로 환경 운동에서 말하는 환경 문제는 주로 눈에 보이는 대상으로서의 물질적 환경을 다루는 것으로 전체의 극히 한 부분에 지나지 않는다. 환경 문제는 외재적인 동시에 내재적이며 물질적인 동시에 정신적이다. 이러한 연결성을 인식하지 못하고서는 녹색적 가치를 다양한 사회적 요구와 연계시켜 풀어낼 수 있는 전문성이 발휘될 수 없다. 영입 대상으로서의 인물의 전문성이란 협소한 한 분야의 전문성을 말하는 것이 아니라 마치 비행기를 타고 내려다보듯 전체를 연결할 수 있는 안목과 통찰력, 녹색적 가치를 다양한 사회적 요구에 맞게 풀어낼 수 있는 전문성을 지녀야 한다는 것이다. 한마디로 공동체 관리자로서의 전문성을 말하는 것이다. 이는 의식이 확장됨으로써 두뇌에 있는 뉴런neuron과 뉴런을 연결하는 시냅스synapse가 확장되어 사고 능력이 증폭되고 지성이 높아질 때만이 가능한 것이다. 고도로 각성된 의식은 우주와의 공명 속에 있게 되므로 그 파동은 그만큼 전체적이 되는 것이다. 단순한 칸막이 지식을 전문성으로 간주하는 것은 사회 구조적 분화에 기초한 이 시대의 분류법일 뿐이다. 유능한 지도력이란 권력 지향성이 아닌 녹색 지향성을 내재적 본질로 삼는 리더십이다. 이러한 리더십은 공진화(co-evolution)를 정치의 목표로 설정하여 공동체 구성원 각자가 스스로의 개체성을 공동체의 전체성과 연결시킬 수 있도록 정치사회화 과정을 재정향화한다. 그런 까닭에 리더십은 '섬김'과 '나눔'을 실천하는 사랑의 공동체와 조응한다. 생명의 근원적 평등성과 유기적 통합성을 자각하지 않고서는 이러한 생태적[녹색적] 리더십이 발휘될 수 없다. 다시 말해서 '자아의 녹색화(greening of the self)'가 선행되지 않고서는 정치의 녹색화는 이루어질 수 없다. 신망과 존경을 받는 인물이란 기득권의 안일함에 물들어 변화와 혁신을 거부하는, 좋은 것이 좋다는 식의 인물이 아니라 그 시대가 처한 딜레마를 정확하게 간파하여 나아갈 때는 나아가고 물러날 때는 물러날 줄 아는 결연한 의지와 과감한 결단력을 갖춘 내성외왕內聖外王적 존재를 일컫는 것이다. 국정 최고 지도자의 존재의 중요성은 공자가 그의 뜻을 펴기 위해 현군을 찾아 천하를 주유한 데서도 잘 드러난다. 결국 그의 뜻을 펼 수 있는 현군을 찾지는 못했지만 말이다. 천시天時와 인사人事가 상합하는 것이니 때가 되면 나타나리라고 본다.

이상의 4가지 경우에서 볼 때 한국에서의 녹색정치의 실현과 관련하여 공통적으로 강조되는 것은 '자아의 녹색화'를 통한 녹색정치의 저변 확대와, 이를 이끌어낼 수 있는 생태적 리더십이다. 녹색적 가치의 실현은 어떤 특정 집단의 가치 실현이 아니라 공동체 전체의 보편적 가치의 실현이며 그것의 실현은 '자아의 녹색화' 수준에 달려 있다. 녹색적 가치는 다양한 사회적 제 가치와 유기적으로 연결되어 있으며 다양한 시민 운동을 포괄할 수 있을 때 녹색정치의 저변은 그만큼 확대될 수 있다. 아무리 세계 평화, 최대 복지, 환경 정의, 녹색정치 등을 부르짖어도 그것을 다루는 인간의 마음 자체가 녹색화 되어 있지 않다면, 다시 말해서 시민 각자가 스스로의 개체성을 사회의 전체성과 연결시킬 수 있는 의식의 녹색화(greening of consciousness)가 이루어져 있지 않다면 실천은 벽에 부딪칠 수밖에 없다. 이들 제 가치는 내면적인 각성이 없이는, 자발적인 참여가 없이는 현실화될 수 없는 한갓 구호에 불과한 것이다. 풀뿌리 운동의 활성화를 통해 생활 정치 영역에서 녹색적 가치를 뿌리내려야 하는 것은 이 때문이다.

지속 가능한 녹색정치의 구현은 녹색적 가치와 이를 반영한 정책과 통합된 제도적 장치가 전제되어야 한다. 녹색정치는 단순히 환경 관련 부서와 환경 정책만으로 달성될 수 있는 것이 아니다. 환경 문제와 경제 문제에 대한 의사 결정이 통합되지 못한 채 경제 정책과 개발 정책이 환경 정책과는 별도의 논리와 틀 속에서 형성되고 집행되어서는 녹색정치의 실현은 요원할 수밖에 없다.[684] 녹색정치는 정치 · 경제적 요소는 물론 사회 · 문화적 요소들까지도 모두 녹색화할 수 있는 시스템적 접근을 전제로 하며 소통성과 탈중심성의 원리가 내재된 녹색민주주의와 이념적 친화성[685]을 갖는다. 녹색정치를 담보할 녹색정치 문화가 우리 사회에 정착될 수 있기 위해서는 실천적 계몽 운동과 교육의 측면에서 시민사회의 역할이 보다 강화되어야 하며 또한 시민 단체들이 압력 집단으로서 정책 결정 과정에 강력한 영향력을 행사할 수 있어야 한다. 이를 위하여 민주적 정책 공론장을 확대 개방함으로써 정책 결정 과정의 개방성과 투명성을 높이고 사회적 이해와 합의를 바탕으로 녹색 공영역을 넓혀 나가야 할 것이다.

---

684 문태훈, 「한국에서 녹색정부의 제약요인과 가능성」, 바람과 물 연구소 편, 『한국에서의 녹색정치, 녹색국가』(서울: 당대, 2002), 46쪽.

685 cf. D. Torgerson, *The Promise of Green Politics*(Durham: Duke University Press, 1999), p.xi.

제12장 지구 생태공동체의 구현

제1절 동북아시대의 개창과
동북아 연대를 위한 담론

1. '위계적 균형 체계' 에서 역동적 균형 체계로

탈냉전(post-Cold War) 이후 동북아 권역이 역동적으로 변화하고 있
다. 동유럽 공산권의 몰락(1989)과 소연방의 해체(1991)에 따른 냉전
체제의 종식으로 동북아의 구도 변화와 더불어 새로운 동북아시대를
개창하려는 움직임이 일고 있다. 즉, 한·몽 수교(1990)와 한·소 수
교(1990), 남북한 유엔동시가입(1991), 한·중 수교(1992), 중소 화해
촉진, WTO 체제의 등장(1995)에 따른 FTA 체결의 확산, NGO와 다
국적기업의 활동 증대 및 초국가적 실체의 등장, 속초(한국)-자루비노
(러시아)-훈춘(중국)을 통해 백두산으로 가는 새로운 해륙로 개통(2000),
TSR 전철화 작업의 완공(2002)에 따른 대륙간 물류망 확보 및 송유
관·가스관 건설을 위한 극동 시베리아 개발 계획의 가시화, 러시아
의 '에너지 전략 2020'[686](2002)과 TSR-TKR 연결 논의(2004)), 중국
의 '동북공정'(2002)을 둘러싼 한중 역사전쟁의 표면화(2004)에 이어

중일 댜오위다오(釣魚島) 분쟁[687](2004)과 해묵은 한일 역사 전쟁, 그리고 북한의 핵 보유 선언 및 6자회담 무기한 불참 선언(2005)과 북한의 핵실험(2006) 등이 그것이다.

이러한 동북아시아의 역동적 변화상은 냉전 구조의 와해에 따른 세계 체제의 역동성과 맥을 같이 하는 것이다. 냉전 구조 하에서 동북아 지역의 문제는 아시아적 시각에서 다루어지기보다는 동서 양 진영의 이데올로기적 군사적 대결이라는 구조적 제약 속에서 다루어졌다. 말하자면 동서 대결이라는 양극 구조가 이 지역의 정치 논리를 지배하게 된 것이다. 따라서 이데올로기적·군사적 경계를 넘어 존재하는 동북아 지역의 이익이라는 것은 허용될 수 없는 것이었다. 1947년 미국의 트루만(Harry Truman) 대통령에 의한 트루만 독트린 선언을 계기로 공산권에 대한 전면적인 봉쇄 정책(containment policy)이 실시되면서 국제 정치 질서는 미소를 주축으로 한 동서 냉전 체제에 의해서

---

686 '강력한 러시아 재건'을 꿈꾸는 러시아의 "에너지 전략 2020"은 러시아 에너지부의 이고르 유수포브 장관이 오는 2020년까지의 장기 에너지 전략을 검토하기 위한 특별 정부회의를 2002년 5월 28일에 주재한 데서 비롯되었다. 주요 내용으로는 러시아가 동시베리아 에너지 생산량을 기존보다 3배 가량 늘려 한국, 중국, 일본 등 아태지역 석유와 천연가스 시장을 확대하며, 또한 중앙정부의 역할을 강화해 에너지 수출을 직접 관리 통제한다는 것 등이 담겨 있다.
(http://bbs1.kbs.co.kr/ezboard.cgi?db=1Tsunspe_notice&dbf=34&action=read&scenario=1 (2007. 1. 5))

687 2004년 1월 15일 중국과 일본이 영유권 마찰을 빚고 있는 댜오위다오(일본명 센카쿠 열도)에 상륙하려던 중국 어선을 일본 순시선이 물대포로 공격, 물리적 충돌이 일어남으로써 분쟁이 재연됨.

주도되었다. 제2차 세계대전 이후 동서 진영의 대립 구조는 미국의
유럽부흥계획(Marshall Plan, 1947) 추진 및 북대서양조약기구(NATO, 19
49) 결성에 맞서 소련의 동유럽 경제상호원조회의(COMECON,1949) 추
진 및 바르샤바 조약기구(Warsaw Pact, 1955) 결성으로 점점 고착화되
어 갔다. 특히 1949년 중국에서의 공산 정권의 수립에 이어 1950년
한국전쟁, 그리고 1954년 베트남 분단 후부터 1973년 1월까지 진행
된 월남전을 계기로 냉전은 동아시아 지역에까지 급속도로 확산되는
데, 이러한 양 진영의 대립구조는 긴장과 완화, 군비 경쟁과 군비 감
축이라는 역동적인 형태를 보이면서 1989년 12월 말타Malta 선언에
이르기까지 지속되었다.

미국과 소련은 각 진영 내에서 경제 원조와 군사 개입을 통해 정치
적 지배력을 강화시켜 나갔으며, 이로 인해 소모적인 군비 경쟁을 촉
발시키게 되었다. 경제 관계 또한 미국과 소련의 패권적 지위 하에서
정치·군사적 경계를 넘지 못하고 각 진영 내부에 국한되었다. 말하
자면 냉전 체계는 미국을 정점으로 한 서구 진영과 소련을 중심으로
한 동구 진영이 균형 관계를 형성하는 가운데 각 진영 내부 또한 미국
과 소련의 패권적 지위 하에서 위계적 질서를 유지하는—미드라르스
키(Midlarsky)의 용어를 빌면—일종의 '위계적 균형 체계(hierarchical
equilibrium)'[688]였던 것이다. 이러한 동서 대결의 구조 위에 수립된 동
아시아의 냉전 질서는 미국 또는 소련과의 쌍무적 연계—쌍무적 안보

---

[688] Manus I. Midlarsky, "Hierarchical Equilibria and the Long-Run
Instability of Multipolar Systems," in Midlarsky(ed.), *Handbook of
War Studies*(Boston : Unwin Hyman, 1989).

조약을 통해 한국 · 필리핀 · 일본 등은 미국과 군사적으로 연결되었고, 북한 · 베트남 · 중국은 소련과 연결되었다—에 기반하고 있었다는 점에서 NATO나 바르샤바 조약기구를 중심으로 형성된 유럽의 집단 안보 체제와는 지역 질서의 틀 자체가 상이한 것이었다. 특히 1950년대 후반부터 중소 분쟁이 격화되고 그로 인해 미 · 소 · 중 3국 간의 '전략적 삼각관계(strategic triangle)'가 형성되는가 하면, 남북한의 대결, 중국과 대만 간의 갈등과 대립, 그리고 북방 4개 도서島嶼 영유권 문제를 둘러싼 소련과 일본 간의 갈등과 불화 등으로 동아시아의 지역 질서는 동서 대결이라는 전 세계적 갈등 구조 외에 지역 대결이라는 요소도 내포함으로써 이 지역—특히 동북아 지역—의 군사력 증강의 원인이 되었다.

이러한 미소를 정점으로 한 동서 냉전 체제는 막대한 냉전 비용 지출로 미국의 달러 패권주의가 붕괴되고 1989년 이후 동유럽 사회주의권이 대변혁을 맞게 되면서 사실상 종식되고 그로 인해 국제 질서의 구조에도 커다란 변화가 발생했다. 우선, 냉전의 종식은 양극 구조였던 국제 관계를 전 지구적으로 확장시킴으로써 이데올로기적 구분에 의한 국제 관계의 영역화가 축소되고 시장경제 논리가 전 세계로 확산되게 되었다. 말하자면 세계화(globalization)가 가속화되게 된 것이다. 대부분의 국가들은 군사 안보 논리가 지배하는 양극 구조의 틀에서 벗어나 적극적 행위자로서 국제 관계에 참여하고 있고 국제 기구들의 위상과 역할 또한 새롭게 변화하고 있으며 NGO와 다국적 기업의 활동 증대 및 초국가적 실체의 등장으로 시민사회의 정치화가 가속화되고 있다. 그에 따라 탈냉전 체계는 탈패권(post-hegemony)의 조류 속에서 다양한 행위자들의 참여를 통해 균형적 질서를 유지하는 일종의 역동적 균형 체계(dynamic equilibrium)로 변모하게 되었다. 말하자면 미소를 정점으로 한 '위계적 균형 체계'는 다양한 행위자들 간의 관계에 기초한 역동적 균형 체계로 대체되게 된 것이다. 따라서 미국의 패권 약화와 소연방의 해체라는 국제 질서의 구조적 변화로 인해 역내 분쟁이 미소(러) 간의 분쟁으로 비화될 가능성이 사라지고 정책적인 차원에서도 독자성을 발휘할 수 있는 여지가 커지게 되었다. 이렇듯 냉전 구조의 와해에 따른 세계 체제의 역동성은 동아시아 정치 질서에도 근본적인 변화를 가져오게 했다.

1989년 이후의 세계적 변화는 복합적이며 다차원적인 것으로 국제정치의 영역과 세계 자본주의의 영역은 물론 이데올로기와 환경·문화·예술의 영역, 나아가 과학과 사유의 영역에까지 미치고 있다. 국제정치경제질서의 측면에서 이러한 역동적 변화는 탈패권·탈냉전의 조류 속에서 한편으론 7년간에 걸친 관세 및 무역에 관한 일반 협정(GATT)의 우루과이라운드(UR) 타결로 1995년 1월 세계무역기구(World Trade Organization, WTO)[689]가 출범함으로써 미국 헤게모니 하에 형성된 GATT 체제를 대신한 WTO 체제의 등장, 다른 한편으론 유럽 연합(EU)의 발전 및 북미자유무역지대(NAFTA)의 출범, 아시아-태평양경제협력체(APEC) 설립 그리고 ASEAN(동남아국가연합)의 아세안 자유무역지대(AFTA) 설치 등으로 인하여 세계화와 지역화가 교차하는 특징적 형태를 보이고 있다. WTO 체제의 등장은 보다 근본적으로는 미국의 패권 약화로 인한 GATT 체제의 구속력 약화와 그에 따

---

[689] 2007년 1월 현재 WTO 회원국 수는 150개 국에 이르고 있다. 150번째 WTO 회원국은 베트남이다.

른 대체 체제의 필요성 증대, 소연방의 와해로 인한 냉전의 종식, EU
의 강화 및 일본을 정점으로 한 동아시아 경제권의 부상이라는 국제
체계의 구조 변화의 결과라 할 수 있다. WTO 체제의 등장으로 자본
주의 경제의 세계화가 가속화되고 국제 경제 관계에서 자유주의 경제
원칙이 확대 · 강화되고 있으며, 이러한 경제적 자유주의를 구현할 수
있는 다자주의(multilateralism) 원칙이 세계 경제의 운용 원칙으로 제
도화되게 되었다. WTO 체제는 서비스, 지적 재산권, 무역 관련 투지
등 새로운 분야를 포괄하고 있음은 물론 GATT 체제 하에서 등한시
되었던 농산물 문제 등에 대한 규정도 도입함으로써 사실상 모든 국
제 교역을 관할하고 있다. 이러한 세계적 경제 통합의 추세와 더불어
특기할 만한 것은 지역주의(regionalism),[690] 쌍무주의(bilateralism) 혹은
일방주의(unilateralism)와 같은 상반된 추세가 공존하고 있다는 점이
다. 이러한 상반된 추세의 공존은 역시 국제 정치경제 질서가 국익의
극대화를 지향하는 국가 이기주의에 의해 지배되고 있음을 극명하게
보여주는 것이다.

이렇듯 냉전의 종식은 세계화를 촉진시켰지만 다른 한편으로는 인
종적, 민족적, 종교적 갈등과 분쟁을 증대시키고 경쟁적 지역주의를

---

690 세계주의(globalism)와 국민국가주의(nationalism)의 절충적 산물로서
     의 현재의 지역주의라는 정치경제적 실험은, 초국적 생산자본과 금융자
     본의 연결망인 '세계경제(global economy)'의 하위형태라는 점에서 '국
     민경제(national economy)'를 국민국가의 군사력을 기반으로 확장한 결
     과로서의 1930년대 지역주의와는 구별되는 것으로 파악된다(구갑우,
     「지역통합의 원인과 결과 : 유럽의 사례」, 경남대학교 극동문제연구소
     편, 『동아시아 신질서의 모색』(서울: 서울프레스, 1996), 277-278쪽).

촉발시키는 계기가 되었다. 체코슬로바키아의 분리와 체첸의 저항, 유고슬라비아 연방의 붕괴와 인종 및 종교 집단 간에 이루어진 내전은 바로 냉전 구조의 해체가 초래한 결과이다. 또한 탈냉전은 선별적 자유무역주의, 경제적 지역주의 등 경제 경쟁적 양태가 세계 경제의 중심 구조로 자리 잡게 했다. WTO 체제의 자유무역주의가 '무차별적'으로 적용되지 않고 사안 및 대상에 따라 그 원칙이 차등을 두고 있는 것은 미국 클린턴 행정부가 군사 안보가 아닌 통상 안보通商安保를 최우선으로 내세우고 달러 패권의 탈환을 시도한 것과 같은 맥락에서 설명될 수 있다. 또한 EU의 발전 및 NAFTA와 AFTA의 설치 등으로 인해 경제적 지역주의가 강화됨으로써 경제 경쟁이 가속화되고 있다. 경제적 지역주의와 세계화, 특수성과 보편성의 통합 문제는 세계화의 시대를 살고 있는 오늘의 우리가 해결해야 할 심대한 과제이다. 우루과이라운드 '최종 협정'[691]에서 규정하고 있는 것처럼 과연 지역적 경제통합이—역외국가들에 대해 이전보다 불리한 교역 조건을 부과함이 없이—역내국가들 간의 교역 증대 및 자유화를 통해 궁극적으로 세계 교역의 증대와 자유무역의 확산에 기여할 수 있을 것인지에 대해서는, 정치 행위자들의 행위 준거가 국제 정의(international justice)가 아닌 국익(national interests)에 초점이 맞춰져 있는 한 회의적일 수밖에 없다는 것이 필자의 관점이다. 미국 부시 행정부 주도로

---

691 The Final Act Embodying the Results of the Multilateral Trade Negotiations, GATT, 1994;The Final Act of the Uruguay Round : Press Summary, GATT, 1994;Guide to the Uruguay Round Agreements, WTO, 1998.

2003년 3월 20일 새벽에 발발한 이라크 전을 둘러싼 각국의 입장은 정치 행위자들의 행위 준거가 어디에 있는지를 극명하게 보여 준다. 2006년 12월 30일 이라크 전前 대통령 사담 후세인의 처형 직후 이라크 내 종파간 분쟁이 더 격화되고 있음은 무력으로 평화를 정착시킬 수 있는 것이 아님을 보여주는 대표적 사례이다.

　동북아에 있어 냉전의 종식은 한·몽 수교(1990)와 한·소 수교(1990)에 이어 북방 외교의 마지막 주요 과제였던 한·중 수교(1992)를 가저오게 함으로써 동북아 지역의 새로운 평화 질서 형성에 한국이 보다 적극적인 외교를 전개할 수 있는 기반을 확보하게 했다. 또한 소연방의 해체는 무엇보다도 소련의 군사 위협에 대한 중국의 우려를 불식시킴으로써 양국 관계를 진일보시키는 계기가 되었다. 동북아시대의 개창은 '위계적 균형 체계'에서 역동적 균형 체계로의 세계 체제의 변화에 힘입어 동북아 역내 교류 및 협력이 촉진됨에 따라 동북아 권역의 외연적 확대와 더불어 지정학적으로나 경제 지리학적으로 또는 물류유통상으로 이 지역의 통합적 가치가 증대된 데 따른 것이다. 지난 16년간 특히 동북아를 중심으로 한 역동적 변화상은 우리에게 국민국가의 패러다임을 넘어선 초국가적 발전패러다임의 긴요성을 명징하게 보여준다. 바야흐로 상생과 협력의 동북아시대가 열리고 있는 것이다.

　그렇다고 냉전의 종식이 곧 동북아 지역에서의 평화 정착을 의미하는 것은 아니다. 우선 쌍무적 방위 조약에 따라 이 지역에 일정 수준의 미군 주둔이 불가피하다는 점이 이 지역에서 군축의 실현을 어렵게 한다. 즉 미군 주둔이 러시아에 위협이 되어 그에 대응하는 해군력을 유지케 할 것이고, 이는 다시 일본에 위협이 되고 일본은 다시 한반도와 중국 등 동아시아 전체에 위협이 되는 일종의 위협 사슬이 존재하기 때문이다. 이 외에도 이 지역은 여전히 냉전 시대의 대립 관계가 지속되고 있다. 독도, 일본 북방 4개 도서島嶼, 조어도釣魚島 등 영유권 문제 관련국만 해도 한국, 중국, 대만, 일본, 러시아 등 동아시아 주요 국가들이 망라되어 있다. 한반도의 변화 방향 또한 이 지역의 질서 재편에 중대한 변수임은 두 말할 필요도 없다. 1994년 북·미 제네바 기본 합의 이후 8년 이상 봉합되어 온 북한 핵 문제가 2002년 10월 북한의 고농축 우라늄을 통한 핵무기 개발 프로그램이 탄로나면서 새로운 위기 국면으로 치닫기 시작하여, 2003년 6월 말 북한은 8,000개의 폐연료봉에 대한 재처리 작업을 완료했다고 공언한 데 이어 2005년 핵 보유 선언 및 6자회담 무기한 불참 선언, 2006년 10월 9일에는 핵 실험 실행을 전격 발표하였다. 그 파장으로 동북아는 물론 전 세계가 요동치고 있으며 2차 핵실험에 대한 우려가 증폭되고 있다. 부시 행정부는 북한 스스로가 검증 가능한 방식으로 핵 개발 계획을 폐기할 것과 다자 차원의 협의를 통해 이 문제가 해결되어야 한다는 입장을 완강하게 표명해 왔다. 북한의 핵무장은 한반도의 안보 불안을 고조시키고 경제를 위축시킴은 물론 우리의 대북 억지력을 무력화시키는 결과를 초래할 것이다. 또한 북한의 핵무장은 일본이 핵무장을 하는 구실을 제공하여 동북아에 핵무장 도미노를 유발함으로써 동북아 역내 안보 불안을 고조시킬 것이고, 나아가 국제 핵 비확산 체제의 붕괴를 가져올 수도 있다는 점에서 국제 안보적 맥락에서도 심대한 문제라 아니할 수 없다. 이와 같이 냉전 종식 이후에도 이 지역에는 여전히 많은 불확실한 요인들이 산재해 있다.

2. 동북아 연대 동향과 전망

동북아 지역에 많은 불확실한 요인들이 산재해 있음에도 불구하고 한 가지 분명한 사실은 냉전 체제의 한 축인 소연방의 해체로 미국에 대한 동북아 국가들의 안보 의존도가 감소됨으로써 이 지역에서 미국의 역할 변화가 불가피해졌다는 것이다. 다른 한 축인 미국 또한 막대한 냉전 비용 지출로 인해 경제력이 약화되고 그에 따라 달러 패권주의가 붕괴되면서 군사 안보에서 통상 안보로의 전환을 통해 경제 재건을 시도하고 있는 실정이어서 냉전 시기에서와 같은 적극적인 역할을 수행하기는 어렵게 되었다. 미국이 한국과 일본에 대해 미군 주둔에 필요한 경비 부담을 요구하는 것이 그 단적인 예다. 동북아 지역에서의 이러한 경쟁 구도의 변화는 앞으로 이 지역에서의 질서 재편에서 지역국가들의 비중이 상대적으로 증대될 것임을 말하여 준다. 그 중에서도 현재의 경제적 · 군사적 능력이나 잠재력 등으로 미루어 일본과 중국이 핵심적인 역할을 하게 될 것이라는 전망이 지배적이다. 우선, 일본은 군사 예산이나 군사 기술 면에서 이미 세계적인 군사 기술 대국임이 드러나고 있다. 또한 경제면에서도 엔화를 아시아의 기축통화基軸通貨로 키우고자 하는 '엔블록(Yen Bloc)' 구상[692]—그 구상 자체가 철저한 자국 이기주의에 근거하고 있는 것이라는 비난을 받고

---

[692] 엔화가 基軸通貨의 기능을 갖게 되면 아시아 각국의 무역결제 및 금융거래가 엔화를 통해 이루어지기 때문에 일본 기업들은 환율변동의 위험에서 해방될 수 있다.

있기는 하지만—의 본격화로 현재 나타나고 있는 동아시아 지역의 엔
블록화 조짐은 일본의 경제 패권을 실감케 한다. 뿐만 아니라 PKO에
서의 활발한 활동이나 UN 상임이사국으로의 진입에 대한 적극적인
의지 그리고 세계 최대 원조국으로의 부상 등을 볼 때 일본의 정치 대
국화가 진행 중에 있음을 알 수 있다. 더욱이 일본의 진정한 과거 반
성과 청산 없이 역사 왜곡의 망언이 반복되는 상황에서 2003년 6월
6일 일본 국회가 유사법제有事法制를 통과시킴으로써 실제 무력 공격
을 받았을 경우는 물론 공격이 예측되는 상황에도 적용될 수 있게 한
점은 주변국들의 우려를 자아내기에 충분하다.

중국 또한 지속적인 경제 성장으로 경제 규모가 비약적으로 확대
되면서 중국의 경제 규모에 대한 재평가 작업이 활발하게 일고 있다.
1993년 5월에 출판된 IMF의 ‘세계경제전망(World Economic Outlook)’
[693]에는 중국이 현재 구매력 등가(Purchasing Power Parity) 기준으로 미
국과 일본에 이어 세계 제3위의 경제 대국이며 현재의 경제 성장 속
도가 유지된다면 중국경제는 2010년에는 미국과 일본을 능가하는
세계 제1의 경제 대국이 될 것이라고 나와 있다. 이러한 중국의 경제
적 잠재력은 1997년 7월 홍콩 반환으로 대중화大中華 경제권의 형성
에 대한 전망과 더불어 더욱 커지고 있다. 2001년 12월 WTO 가입
으로 중국은 세계 경제 시스템에 완전히 편입하게 되었으며, 가입 1
년 만에 세계 경제 중심국으로 급부상하게 되었다.[694] 중국의 각 지방

---

[693] IMF, *World Economic Outlook*(Washington, D.C. : IMF, 1993),
       p.117.
[694] 이러한 중국의 괄목할 만한 경제성장은 개혁·개방의 가속화에 힘입은

과 주변 국가 간에 형성된 소지역 협력 가운데 주목할 만한 것으로는 중국 동북 3성 지역이 한국 및 일본과 형성하고 있는 환황해 경제 협력 또는 환동해 경제 협력과 푸찌엔성(福建省)과 광동성(廣東省)이 대만 및 홍콩 등과 형성하고 있는 중화경제권(中華經濟圈, 華南經濟圈)이 있다. 특히 중화경제권은 일본을 중심으로 하는 동남아경제권과 더불어 향후 동아시아 지역주의의 전개에 중요한 변수가 될 것으로 보인다. 또한 군사적 능력에 있어서도 중국은 이 지역 최대의 병력 보유국이자 핵무기 보유국이며 남사군도南沙群島의 영유권 분쟁 관련 당사국이라는 점에서, 그리고 중국의 경제력 강화가 공격적인 군사력으로 이전될 수 있을 것이라는 전망[695]이 나오면서 서방 제국과 주변 국가들의

것이다. 즉, 1992년 10월 중공당 제14차 全大會(江澤民, "加快改革開放和現代化建設步伐奪取有中國特色社會主義事業的更大勝利-在中國共産黨第十四次全國代表大會上的報告(一九九二年十月十二日)," 『求是』, 1992年 第21期)에서 '사회주의 시장경제' 노선이 정식으로 채택된 데 이어 1997년 9월 중공당 제15차 全大會(江澤民, "高擧鄧小平理論偉大旗幟, 把建設有中國特色社會主義事業全面推向二十一世紀-在中國共産黨第十五次全國代表大會上付的報告(一九九七年 九月十二日)," 『求是』, 1997年 第18期)에서는 자본주의 방식의 도입이 처음으로 공개 표명되었다. 또한 후진타오(胡錦濤) 국가부주석이 공산당 총서기에 임명된 2002년 11월 중공당 제16차 全大會에서는 당헌 개정을 통해 '홍색자본가' 라는 사영기업인 자본가의 공산당 입당 허용을 주요 골자로 하는 장쩌민 '3個代表論' 이 공산당 강령에 포함되면서 '공산당 자본가' 의 출현을 가능하게 했다. 3개대표론은 사영기업인에 대한 당의 문호를 개방함과 더불어 공산당의 통치기반을 확장하는 이론적 토대를 제공한다는 점에서 그 의미가 크다고 볼 수 있다.

695 Vincent Cable & Peter Ferdinand, "China as an Economic Giant : Threat or Opportunity," *International Affairs*, vol. 70, no. 2, 1994,

우려를 자아내고 있다. 이와 같이 중국과 일본은 동아시아 지역에서 핵심적 역할을 할 것으로 전망되고 있는데 이와 동시에 중일 양국 간의 패권 경쟁에 대한 전망도 무성하다.

이러한 동아시아 지역에서의 역학 관계 재편으로 인한 불안 요인을 감소시키고 국가간 신뢰 구축을 통하여 이 지역의 평화와 안정을 도모하기 위한 방안으로 다자간 안보 협의체 구성의 필요성이 제기되었다. 1994년 7월 ASEAN에 의해 설립된 아세안 안보 포럼(ARF)은 아태 지역의 유일한 공식적 다자 안보 협의체이다. 그러나 ARF의 실효성에 대해서는 역내 국가들의 적극적 참여가 이루어지지 않고 있다는 점 외에도 미국의 확고한 입장이 정립되지 않은 관계로 다분히 회의적이다.[696] 동아시아 지역 경제 협력체의 대표적인 것으로는 아시아-태평양경제협력체(Asia-Pacific Economic Cooperation, APEC)[697]를 들

---

p.258.

[696] 아세안 안보포럼(ARF)은 1993년 7월 미국 클린턴 행정부의 「신태평양 공동체(New Pacific Community)」구상을 통해 그 가능성이 공식적으로 제안된 데 이어 同年 7월 미국 크리스토퍼(Christopher) 국무장관이 그 설립 제안에 찬의를 표함으로써 출범하게 된 것이다. 그러나 그 실효성에 대해서는 다음과 같은 이유로 다분히 회의적이다. 즉, 중국이 동남아 지역안보의 최대 변수로 떠오르고 있는 남사군도 문제를 필리핀이 제안한 국제회의를 통한 해결방식을 일차 거부하고 쌍무적 관계에 의한 접근을 시도한 점, 미국이 ARF를 통한 지역안보 논의에 찬성하고 있기는 하지만 이 지역질서의 틀 자체가 냉전시기에 고착화된 미국과의 쌍무적 안보 관계를 지속하고 있다는 점, 그리고 역내 국가들의 체제의 이질성 및 발전 단계의 다층성과 문화적 다양성 그리고 안보환경의 상이성과 지리적 광활성 등으로 인해 ARF의 전망은 현재로서는 그리 밝지 않다.

[697] 1989년 11월 시드니에서 제1차 각료회의가 개최된 이후 EU형의 제도적

수 있다. APEC은 NAFTA(북미자유무역지대)와 ASEAN 회원국과 기타 국가들이 아시아·태평양 지역의 경제 협력과 무역 자유화 촉진을 통해 역내 경제·사회적 복지 개선과 더불어 회원국들의 지속적인 성장과 균형 발전을 도모하고자 만든 것으로 2006년 12월 현재 21개국[698]이 참여하고 있다. 미국을 중심으로 APEC의 기능 강화 움직임이 있긴 하지만 아태 지역의 특성상 강력한 협력 기구로 제도화되기 어려운 데다가 각국의 이해관계가 너무 복잡하게 얽혀 있어 낙관적이지만은 않다. APEC이 역내 경제 공동체 형성과 무역 자유화의 실현이라는 목표를 달성하기 위해서는 특히 미국과 아시아국가들 간의 상이한 정치·경제적 이해 조정과 협력 도출이 그 관건인 것으로 나타난다.[699] 무엇보다도 미국의 리더십에 대한 역내 국가들의 신뢰 형성

경제통합(institutional economic integration)과는 달리 '개방적 지역주의(open regionalism)'를 표방한 비공식적 협의체(consultative body)로서 기능해 오다가 미국을 중심으로 EU를 견제할 수 있는 조직으로서의 기능을 강화하려는 움직임이 일면서 1993년 제5차 시애틀 각료회의에 이어 아태경제협력체 지도자 경제회의(APEC Leaders Economic Conference)가 정례화되면서 무역자유화를 위한 다자간 협상기구로 발전하게 되었다.

698 http://www.apeckorea.go.kr/ (2007. 1. 7)

699 2000년 11월 브루나이에서 열린 제8차 APEC 정상회의에 참석한 각국 정상들이 세계화가 경제성장을 이룩할 수 있는 최선의 방법인지에 대해 상이한 입장을 보인 것은 그 단적인 예다. 당시 미국 빌 클린턴(Bill Clinton) 대통령은 무역 자유화가 생활수준을 향상시키고 모든 나라의 빈곤을 퇴치할 수 있는 좋은 방안이라며 세계화를 옹호한 반면, 러시아 블라디미르 푸틴(Vladimir Putin) 대통령은 무역 자유화가 전 세계인에게 더욱 많은 혜택을 줄 수 있으나 그 폐해를 최소화할 수 있는 방안을 강

이 그 선결 과제이며, 동시에 이는 역내 회원국과의 공조 체제—양자
간이든 다자간이든—구축을 위한 기초적 조건이기도 하다. 그러나 미
국의 APEC 정책의 전략적 목표가 무엇보다도 자국의 정치·경제적
이익을 방어하고, APEC을 통해 다른 국가 및 지역 기구에 대한 통제
력을 행사하며, 아태 지역에 대한 미국의 시장 접근을 개선하고 역내

구해야 한다고 하였고, 중국 장쩌민 주석은 세계화를 지지하면서도 세계
화 과정의 지침과 관리에 세심한 주의를 기울여야 할 것임을 지적했다.
또한 역내에 쌍무 무역자유화의 확산에 대한 우려가 번지는 가운데 싱가
포르는 오히려 이를 지지하고 있고, 한국·러시아·말레이시아 등은 무
역자유화의 속도를 늦출 필요가 있음을 강조하는 등 회원국 간의 이견 조
정을 필요로 하고 있는 실정이다. 그리고 2002년 10월 멕시코 로스 카보
스에서 열린 제10차 APEC 정상회의에서도 이라크 문제를 둘러싸고 멕
시코와 중국, 러시아가 유엔 안보리 내에서와 마찬가지로 같은 입장을 취
하고 미국이 고립된 양상을 보이는 분위기가 그대로 연장되어 나타남으
로써 회원국 간의 정치·경제적 이해 조정이 상당히 난항을 겪을 것임을
예고하고 있다. 한편 APEC의 주요 구성원인 ASEAN은 APEC의 강화
로 인한 자체의 위상 약화와 EU와의 통상마찰을 우려하여 부정적인 입
장을 취해 오다가 1993년 1월 역내 공동시장으로 아세안자유무역지대
(AFTA)를 창설하기에 이르렀다. 1994년 7월에는 ARF를 개최하여 아
태지역에서의 다자간 안보협의체 결성을 주도하는가 하면, 미국 주도의
APEC을 견제하기 위한 노력의 일환으로 동아시아경제협력회의(EAEC)
를 구상하기도 하였다. 뿐만 아니라 ASEAN은 EU형의 지역통합을 지향
하는 동남아공동체(SAC) 구상을 통해 인도차이나 3국(베트남, 라오스,
캄보디아)과 미얀마를 단계적으로 ASEAN에 가입시키는 방식으로
ASEAN의 동남아 전체로의 확대를 시도하고 있는데 이는 곧 AFTA의
동남아 경제권 전체로의 확대를 의미한다. 따라서 향후 AFTA, NAFTA,
그리고 EAEC 등 소지역주의(sub-regionalism) 경제협력체들과의 관계
설정 역시 APEC의 발전 방향을 가늠하는 주요 과제로 남아 있다.

국가들에 대한 양자적 시장 개방 노력에 따르는 거래 비용을 절감하는 데 있는 만큼,[700] 아태 지역 국가들의 높은 대미 경제 · 안보 의존도를 감안할 때 지역 경제 협력체로서의 APEC의 독자성은 그렇게 낙관적이지만은 않은 것으로 나타난다.[701]

이러한 미국의 APEC 정책의 전략적 목표와는 별도로, 동아시아 (한국 · 중국 · 일본 · 대만 · 홍콩 및 ASEAN 회원국 포함) 국가들의 역내 교역 비중 증대와 자본 교류 확대로 동아시아 역내 국가간 상호 의존도는 심화되어 가고 있다. 1985년 플라자 합의 이후 엔화의 평가 절상이 진행되면서 동아시아는 세계에서 가장 자본 투자 수익률이 높은 신흥 시장으로 부상하였다. 엔화 절상 이후 일본의 기업들은 경쟁력 약화를 보완하기 위하여 저임 노동력이 몰려 있는 동남아시아에 대거 진출하였고, 또한 엔화 절상이라는 환율 조정으로 한국이나 대만 등의 상품이 일본이나 싱가포르 시장에서 경쟁력을 갖게 되면서 동아시아

---

700 고대원, 「미국의 아시아 · 태평양 경제협력체(APEC) 정책과 리더십」, 경남대학교 극동문제연구소 편, 『동아시아 신질서의 모색』, 223-226쪽.
701 그 단적인 예로서, 미국이 역내국가들 가운데 특히 일본이나 중국에 대해 기존의 양자주의적 안보 · 경제정책의 기조는 그대로 유지하면서도 이들을 다자주의적 제도의 틀 속에 놓이게 함으로써 독자적인 국가전략을 추구하는 초강대국으로 성장하는 것을 견제하는 데서 잘 드러난다. 또한 「보고르 선언(Bogor Declaration)」에 따르는 2010년까지의 무역자유화와 관련하여 ASEAN국가들과 중국에 비해 관세 및 비관세장벽이 현저하게 낮은 미국이 APEC을 회원국들의 시장개방을 통해 상대적 이익을 얻을 수 있는 제도적 틀로 간주하는 데서도 APEC의 불확실한 미래를 읽을 수 있다. 미국의 APEC 정책의 전략적 목표 가운데 특히 일본에 대한 견제력 행사와 관련해서는 Joseph S. Nye, Jr., "Coping with Japan」, *Foreign Policy*, no.89(Winter 1992/93), pp.113-115 참조.

역내 국가간 상호 의존도는 급속히 심화되었다.[702] 이는 엔고円高가 가져온 동아시아 지역 경제의 통합적 효과라 할 수 있다. 전 세계 교역에서 동아시아가 차지하는 교역 비중 또한 1986년에 19.1%, 1996년에는 28.6%의 점유율을 차지하였고, 이러한 추세가 지속되면 2010년에는 32.4%로 늘어날 것으로 예상된다.[703] 1997~98년의 동아시아 금융 위기가 지역적 동조화(synchronization) 현상을 일으킨 것은 바로 동아시아 국가 간 자본 투자 비중의 증대로 역내 국가 간 금융 연계(financial linkage)가 심화된 데 그 원인이 있다. 금융 위기가 진행되는 동안 APEC이 보여준 무기력한 위기 대응 능력은 역내 국가들로 하여금 다자간 역내 경제 협력 체계 강화의 필요성을 적극적으로 제기하게 만들었다. 그리하여 APEC 기능의 재정립 필요성에 대한 인식과 더불어 역내 경제 협력 체계 논의로 엔화의 국제화, 아시아 통화기금(Asian Monetary Fund, AMF)[704] 설립과 자유무역협정(Free Trade Agreement, FTA) 등의 필요성이 제기되었다. 이와 같이 동아시아는 1985년 이후 무역을 통한 역내 국가간 상호 의존도의 심화와 더

---

702 Peter A. Petri, "The East Asian Trading Bloc : An Analytical History," in Jeffrey A. Frankel and Miles Kahler(eds.), *Regionalism and Rivalry : Japan and the United States in Pacific Asia*(Chicago : The University of Chicago Press, 1993), p.40.

703 안충영, 『현대 한국 · 동아시아 경제론』(서울: 박영사, 2002), 191쪽.

704 일본이 제안한 AMF 구상이 현실화되기 위하여서는 엔화가 동아시아 지역에서 基軸通貨로 자리 잡아야만 가능하다. 엔화가 국제화되기 위하여서는 일본은 무엇보다도 동아시아 주변국에 엔화의 공급 증대를 위하여 일본 국내시장을 개방함과 동시에 동아시아 국가들로부터 수입을 확대하는 기능을 수행하여야 한다(위의 책, 214-215쪽 참조).

불어 특히 해외 투자를 통한 역내 국가 상호간의 구조적 연계가 강화
되는 추세를 보이고 있다.

그러나 이러한 추세에도 불구하고 정치적 · 제도적 차원에서의 동
아시아 역내 협력 수준은 여전히 미약한 실정이다. 특히 여러 형태의
경제 통합 운동이 전개되고 있는 유럽이나 북미지역[705]과 비교해 볼
때 더욱 그러하다. 동아시아지역은 느슨한 협력체인 ASEAN의
AFTA와 여전히 협의 기구의 성격을 크게 벗어나지 못하고 있는
APEC 이외에는 조직화된 동아시아 지역 협력체는 구축되지 못하고
있는 실정이다. 이는 체제의 이질성 및 발전단계의 다층성 그리고 정
치 · 경제적 경쟁 및 문화 · 규범적 갈등 관계 등으로 인해 역내 국가
들의 적극적인 참여가 이루어지지 않고 있는데다가 이 지역 질서의
틀 자체가 냉전 체제의 유산인 쌍무적 관계를 유지하고 있고, 특히 안
보 · 경제 분야에서 대미 의존도가 높은 이 지역에 대해 미국이 확고
한 입장을 정립하지 않은 채 다자주의와 선별적 양자주의를 자의적으
로 결합한 정책을 구사하고 있기 때문인 것으로 보인다. 이렇게 볼 때
동아시아 지역 협력은 이 지역의 주요 행위자인 미국, 중국, 일본이
제각기 국익의 극대화를 향해 치닫고 있는 가운데 미국과 중국, 중국
과 일본, 미국과 일본 간의 패권 경쟁에 관한 전망도 무성하여 앞으로
도 이들의 세력 관계는 아태 지역의 협력 구도에 크게 영향을 미칠 것
으로 보인다. 더욱이 이 지역의 경제 협력은 정치 안보적 맥락과 깊이

---

705 1999년 1월에 출범한 유로(Euro) 단일통화권으로 EU가 경제통합을 완
결하였고, 달러 경제권 논의를 본격화하고 있는 NAFTA는 남미대륙을
포괄하는 FTAA(범미주자유무역지대) 설치를 추진 중에 있다.

연계되어 있는 까닭에 이들 주요 행위자가 냉전 시대의 유산인 지역 헤게모니 장악을 위한 경합을 그만두지 않는 한, 다시 말해서 초국가적 발전 패러다임의 경제적 유용성을 인식하지 못하는 한, 지역 협력의 불안정성은 계속될 수밖에 없다. 동아시아 역내 경제 협력 체계 강화와 공동 번영을 위한 연대 구축의 필요성이 강력히 제기되는 것도 이런 맥락에서이다.

　범세계적으로 지역별 경제 협의체가 형성되고 있는 추세에도 불구하고 아태 지역에서 가장 중요한 지역인 동북아시아에는 한국, 북한, 중국, 러시아, 일본, 나아가 몽골, 미국까지를 망라한 다자간 안보협의체는 물론 경제 협의체가 형성되어 있지 않다. 공식적인 경제 협력 기구가 없을 뿐만 아니라 아직 이를 위한 정부 차원의 구체적인 논의조차 이루어지지 않고 있어 지역 경제 협력에서 가장 취약한 곳으로 나타나고 있다. 중국, 북한 및 러시아에서 제기한 구상들 역시 동북아의 다자간 경제 협력체의 형성을 위한 것이라기보다는 낙후한 지역 개발을 목표로 한 것이었다. 한국 또한 미국과 일본에 의해 주도되는 APEC에서의 역할에 치중하고 있고 동북아 경제 협력에 대한 구체적인 구상의 제안은 유보한 상태이다. 이처럼 '동북아 경제권(Northeast Asian Economic Sphere)' 형성이 답보踏步 상태에 있는 것은 무엇보다도 한반도를 둘러싸고 미국, 일본, 중국, 러시아 등 강대국들의 정치·군사적 이해 관계가 첨예하게 대립하고 있는데다가 역내 국가들의 경제 체제의 이질성 및 발전 단계의 다층성과 안보·경제 분야에서의 높은 대미 의존도, 그리고 일본의 세계적 역할 및 과거사 문제 등이 그 요인으로 작용한 것이라 하겠다. 이러한 제약 요인으로 인해 동북아 지역에 단기적으로는 다자간 경제 협력 기구가 구성되기는 어려울 것으

로 보인다. 다만 장기적으로는 소지역 차원의 실제적 협력 기구가 협
의체 수준에서 추진될 수는 있을 것이다.

그러나 동북아 지역에도 개방적 지역주의(open regionalism)에 바탕
을 둔 소지역 차원의 경제 협력은 꾸준히 증진되고 있는 실정이다. 이
러한 동북아 역내 경제 협력의 증진은—비록 그것이 지리적 근접성과
문화적 등질성等質性에 기초한 북미와 유럽에서 전개된 경제 통합 개
념과는 다르긴 하지만—냉전 종식 이후 세계 질서의 재편과 더불어
동북아 사회주의 국가들의 변화에 따라 동북아 지역에서도 여타 지역
주의에 대응하고 지속적인 경제 성장을 도모해야 할 필요성에 따른
것이다. 더욱이 최근의 국제 경제 추세가 한편으론 WTO 체제의 출
범으로 세계주의가 가속화되고 있고 다른 한편으론 EEA(유럽경제지
역)706의 결성과 이에 대응한 NAFTA의 출범 등으로 지역주의 추세도
확산되고 있어 자유 경제 질서를 추구하는 세계주의와 배타적 · 보호
주의적 성격이 강한 지역주의의 공존이라는 양면적 특성을 지니게 됨
으로써 이러한 필요성은 더욱 절실해지고 있다. 이와 같이 협력과 경
쟁, 개방과 보호라는 양면적 특성을 지닌 세계 경제 질서에 적응하기
위한 동북아 사회주의 국가들의 노력이 역내 국가 간 경제 협력의 활
성화로 나타나고 있는 것이다. 이러한 일련의 변화는 탈냉전 하에서
의 경제 중심의 시대 조류가 군사적 · 정치적 개념으로 일관해 오던

---

706 EEA(European Economic Area)는 1994년 1월 EU(European
Union) 12개국과 EFTA(European Free Trade Area) 6개국이 만든
세계 최대의 공동단일시장으로, 경제는 물론 정치, 외교문제에 대해서도
공동대응을 하고 있다.

안보 개념의 외연적 확대를 가져오게 함으로써 경제의 안보 논리적 측면을 도외시할 수 없게 된 데 따른 것이다.

중국은 개혁 · 개방을 가속화하며 개발의 범위 또한 연안에서 내륙으로 확장하여 동북 3성 즉 지린성(吉林省) · 랴오닝성(遼寧省) · 헤이룽장성(黑龍江省)의 개발에 박차를 가하고 있다. 러시아는 국내 경제 개혁의 필요성 및 자국 경제 회생의 일환으로 개혁 · 개방의 급물살을 타며 특히 극동 지역의 개발에 관심을 보이고 있다. 북한은 경제난을 타개하기 위하여 나진 · 선봉 자유경제 무역지대 지정에 이어 신의주 경제 특구 · 금강산 경제 관광 특구 · 개성공단 경제 특구의 세 특구[707] 지정을 통하여 외자 유치를 위한 제한적인 개방을 시도하고 있다. 몽골 또한 국가 발전 전략의 일환으로 개혁 · 개방을 서두르며 역내 경

---

707 북한은 2002년 9월 신의주 경제특구에 이어 同年 11월 금강산 경제관광 특구 및 개성공단 경제특구를 지정했다. 북한이 발표한 세 특구법은 자유 활동 보장, 경제적 특혜, 외부인 참여 허용, 50년의 임차기간 등에서 유사점을 가지고 있는 반면, 신의주는 홍콩식 특별행정구, 금강산은 관광특구, 개성은 공업특구라는 특성에서 비롯되는 차이점이 있다. 즉 홍콩식 특별행정구를 상정하고 있는 신의주는 입법 · 사법 · 행정을 비롯하여 주민들의 의무와 권리까지 포괄적으로 규정하고 있다는 점에서 투자자의 권리와 활동범위를 규정하는데 초점을 맞추고 있는 금강산과 개성공단법과는 차이가 있다는 것이다(http://news.empas.com/issue/show.tsp/445/20021127n01424/). 신의주 특구의 초대 행정장관으로는 중국 어우야[歐亞]그룹 회장인 양빈(楊斌)이 임명되기도 하였으나 탈세 혐의로 중국 당국에 연행되어 조사를 받게 됨에 따라 해임되었다. 신의주 특구의 미래는 개혁 · 개방에 대한 북한의 확고한 의지와 국제공준에 근접한 국내외 통상규범, 경쟁적 시장 구조, 금융제도 등 후속조치가 얼마나 신속하게 이루어지느냐에 달려 있다.

제 협력에 커다란 관심을 보이고 있다. 이러한 사회주의권의 변화에 발맞추어 한국과 일본은 기술과 자본을 바탕으로 대륙 진출을 위하여 역내 경제 협력을 강화하고 있는 실정이다. 이렇듯 동북아 지역에서 정치 이념과 경제 발전 수준이 상이한 국가간의 경제 협력이 이루어 질 수 있는 것은 이 지역 경제가 갖는 상호 보완적인 측면 때문일 것이다. 중국, 러시아, 북한, 몽골은 경제 개발과 사회 간접 자본 확충을 위해 자본 및 기술이 필요하며, 한국과 일본은 시장 개척을 위해 대륙으로의 진출이 필요하다. 전자는 자본 및 기술이 부족한 반면, 후자는 자원 및 노동력이 부족한 실정이다. 동북아의 경제 여건을 보면, 우선 중국은 저렴하고 풍부한 노동력과 잠재력이 큰 시장을 가지고 있으며 특히 동북 지방에 풍부한 천연 자원과 급성장세를 타는 소비재 공업이 있고, 러시아 극동 지역과 북한은 일정한 수준의 중공업의 기초와 풍부한 천연 자원을 가지고 있다. 일본은 막대한 자본과 선진 기술을 가지고 있으며, 한국은 일정량의 자본과 고속 성장을 이루어낸 개발 경험과 경영 관리 기술을 가지고 있다. 이러한 역내 경제 여건의 상보성은 중국 동북 지역과 러시아 극동 지역의 개발에 상호 협력할 수 있는 기초적 조건이 되는 것이다.

이 지역의 경제 협력은 특히 북한이 개방체제로 편입하게 되면 높은 탄력을 받게 될 것으로 보인다. 정보화 혁명과 초국가적 경제 실체의 등장으로 21세기에 국가 혹은 지역 협력체의 가동력 내지 경제적 효율성은 역내 국가들이 군사력에 기초한 경성 국가(hard state)가 아니라 개인의 창의성과 문화 또는 사회 제도에 기초한 연성 국가(soft state)를 향해 나아갈 때 실질적으로 증대될 수 있고 동시에 역내 경제 협력 또한 보다 활성화될 수 있을 것이다. 말하자면 군사력에 기초한 힘의 논리에 의해서가 아니라 국제 규범과 투명성이 보장된 공정한 절차 및 창의적 제도의 창출 능력에 의해 크게 좌우될 것이다. 이러한 명제가 동북아시아 국가들, 특히 이 지역 내의 다른 국가들에 비해 군사적 능력이나 잠재력 등에서 월등히 우위에 있는 일본과 중국에 의해 받아들여질 때 동북아 경제의 미래는 보다 예측 가능해질 것이고 그에 따라 동북아 연대 또한 보다 탄력을 받게 될 것이다. 따라서 향후 동북아 연대 전망은 중·일 지배 세력의 성격과 동북아 지역에서의 미국의 역할 및 한반도를 포함한 국제 정치 체제의 구도 변화 등과 맞물려 있다 하겠다.

오늘날 세계 경제는 세계화와 다자주의를 지향하는 가운데 지역주의 추세 또한 강화되고 있고, 지역 협력의 범위 또한 다층적이다. 따라서 동북아 지역 협력의 문제는 역내 국가들이 초국가적 실체에 대한 인식 및 협력의 다층적 성격에 대한 이해와 더불어 냉전 시대의 국가 중심적 발전 전략에서 벗어나 윈-윈(win-win) 구조의 협력 체계를 기반으로 한 초국가적 발전 패러다임을 모색하는 접근이 필요하다. 향후 동북아 지역에 한반도 서해안과 중국 동해안을 포괄하는 환황해 경제권과 한반도 동해안과 중국 지린성 및 극동 러시아 연해주 그리고 일본 서부 지역을 포괄하는 환동해 경제권이 활성화되어 다자간 경제 협력이 가시화될 경우에는, 주권국가를 기본 단위로 하는 공식적 기구의 설립보다는 국가간 경계를 초월하는 일종의 자연경제지역(Natural Economic Territory) 개념의 형태로 발전될 것으로 전망된다.

이러한 전망에 비추어 볼 때 향후 동북아 연대는 제도적인 하드웨어만으로는 부족하며 '네트(the Net)'와 '셀프(the Self)'의 새로운 관계 형성을 촉진할 수 있는 다양한 소프트웨어를 개발할 필요가 있다. 정

보사회학의 기수로 알려진 마누엘 카스텔스(Manuel Castells)는 그의
『정보화시대 The Information Age』 3부작[708]을 통하여 산업 사회의 정
치·경제 논리와 문화적 정체성이 오늘날의 정보화 사회에서는 구심
력을 상실하고 네트워크가 모든 것을 지배하는 사회로 이행되고 있다
고 본다. 그는 경제, 기술, 정보, 권력 등의 차원에서 이루어지는 세계
적 변화를 '네트'라고 하고, 이러한 세계적 변화에 대한 문화적 정체
성의 대응을 '셀프'라고 정의하여 변화를 이끌어낼 수 있는 희망을
이 양자간의 새로운 관계 형성에서 찾고 있다. 즉, 반세계화운동·신
사회운동 등을 통해 '네트'와 '셀프'가 새로운 관계를 만들어 가고
있다는 것이다. 아시아를 휩쓸고 있는 한류 열풍이나 UCC(User
Created Contents, 사용자 제작 컨텐츠)로 대표되는 대중의 참여 트렌드는
자율적인 직접 참여를 통한 자기효능감(self-efficacy)의 확산에 따른 것
으로 국가 간의 경계를 초월한 시민사회의 연대 가능성을 보여 준다.
환경·문화의 세기에 걸맞는 문화적·생태적 감수성과 친화력을 갖
는 다양한 소프트웨어와 컨텐츠 개발을 통하여 초국가적 패러다임에
입각한 새로운 차원에서의 연대 가능성을 모색해 볼 수 있을 것이다.
인터넷 열풍이 기업의 상商 관행과 패러다임은 물론 지구촌의 삶의
방식까지도 급속도로 변화시키고 있는 지금 그러한 가능성은 열려 있

---

708 *The Rise of the Network Society, The Information Age: Economy,*
Society and Culture, Vol.1(1996); The Power of Identity, The
Information Age: Economy, Society and Culture, Vol.2(1997); The
End of the Millenium, The Information Age: Economy, Society and
Culture, Vol.3(1997).

다. 문화적 · 생태적 감수성과 친화력을 갖는 초국적 시민들이 늘어나고 인적 · 물적 교류의 확대와 협력이 촉진되면 동북아의 새로운 연대는 저절로 그 모습을 드러내게 될 것이다. 시민사회의 창의적인 글로벌 마인드와 건전한 자발적 참여가 절실하게 요구되는 시기이다.

제2절 생태적 지속성을 띤 지구공동체의 구현

오늘날 지구공동체 논의의 확산은 교통 · 통신 기술의 발달에 따른 지구적 공간 개념의 변화, 인터넷 · 언론 매체 등을 통한 정보 공유 및 지구촌 '한마당' 형성에 따른 세계 시민사회의 강화, 지구 환경의 변화에 따른 공동 대처의 필요성 증대 및 생명장場으로서의 지구의 유기체적 속성 강조와 생태적 이상향에 대한 인류의 염원 증대 등에 따른 것이다. 이러한 다양한 요소들에 의해 추동되고 있는 지구공동체는 한마디로 세계 시민사회가 국가 사회를 포괄하여 지구촌 차원에서 제도화되는 것이다. 지구공동체가 생태적 지속성(ecological sustainability)을 띨 수 있기 위해서는 국가 사회와 세계 시민사회가 조화를 이룰 수 있어야 한다는 점에서 그것의 성공 여부는 특수성과 보편성을 통합할 수 있는 인류의 의식 수준에 달려 있다고 할 수 있다. 따라서 생태적 지속성을 띤 지구공동체의 구현 정도는 생명의 근원적 평등성과 유기적 통합성에 대한 생태적 자각 수준에 비례하는 것이라 할 수 있다. 자각 수준이 높아질수록 공동체가 개체의 자아실현의 장이며 개체의 전체[우주자연]와의 대화 창구라는 사실을 명징하게 깨닫게 된다.

이렇게 볼 때 생태적 지속성을 띤 지구공동체의 구현은 개체 또는 집단의 생태적 자각 수준에 비례하여 단계적으로 진행될 것이다. 여기서 필자는 롤랜드 로버트슨(Roland Robertson)의 4가지 유형의 지구 공동체[709]를 원용하여, 〈패쇄적 지구 게마인샤프트 Closed Global Gemeinschaft〉와 〈개방적 지구 게마인샤프트 Open Global Gemeinschaft〉, 〈패쇄적 지구 게젤샤프트 Closed Global Gesellschaft〉와 〈개방적 지구 게젤샤프트 Open Global Gesellschaft〉로 유형화 해보기로 한다. 우선 〈패쇄적 지구 게마인샤프트〉는 부족, 민족, 인종, 종교 등 특수적 가치로 결합된 다수의 공동체들이 유기적 통합을 이루지 못하고 분절적으로 산재해 있는 게마인샤프트(공동사회) 유형이다. 이 경우 공동체들 간의 유기적 결합성이 낮아 전체 공동체의 효율성이 낮다. 역사적으로 중세 봉건체제가 이러한 유형에 가깝다. 반면 〈개방적 지구 게마인샤프트〉는 세계동포, 영성, 자유와 개성 등 보편적 가치로 결합된 다수의 공동체들이 평화롭게 공존하는 게마인샤프트 유형이다. 이 경우 개인적 가치와 공동체적 가치가 유기적으로 결합하여 전체 공동체의 효율성이 높다. 새로운 삶의 패러다임을 실천하고 있는 많은 공동체들이 여기에 해당된다. 뒤에 나오는 〈아난다 협동마을(Ananda Cooperative Village)〉, 〈르네상스 공동체(Renaissance Community)〉, 〈핀드혼(Findhorn)〉은 그 대표적인 것이다. 〈패쇄적 지구 게마인샤프트〉에서

---

[709] 로버트슨의 네 가지 유형의 지구공동체에 관해서는 강대기, 『현대사회에서 공동체는 가능한가』(서울: 아카넷, 2004), 114-115쪽; Roland Robertson, "Globality, Global Culture, and Images of World Order," in Hans Haferkamp and Neil J. Smelser(eds.), *Social Change and Modernity*(Berkeley, CA: University of California Press, 1992), pp.395-411.

〈개방적 지구 게마인샤프트〉로 이행할수록 공동체의 유기성과 효율성은 높아진다.

다음으로 〈패쇄적 지구 게젤샤프트〉는 국가사회의 특수적 가치와 세계시민사회의 보편적 가치가 유기적 통합을 이루지 못하고 대립을 이루므로 지구공동체의 효율성이 낮은 게젤샤프트(이익사회) 유형이다. 이러한 유형은 칼 포퍼(Karl Popper)가 말하는 '닫힌사회(closed society)'의 전형이다. 전체주의, 독재주의 및 권위주의 사회는 '닫힌사회'의 표본이다. '닫힌사회'는 패쇄 · 구속 · 집착 · 배척의 부정적인 의식이 지배하므로 소유 그 자체가 목적이 되어 인간에 의한 인간의 지배, 인간에 의한 자연의 지배가 만연해 있다. 반면 〈개방적 지구 게젤샤프트〉는 국가사회와 세계시민사회의 소통성이 높아 특수적 가치와 보편적 가치가 유기적으로 결합하므로 지구공동체의 효율성이 높은 게젤샤프트 유형이다. 이러한 유형은 '열린사회(open society)'의 전형이다. 생태민주주의 사회는 '열린사회'의 표본이다. '열린사회'는 개방 · 자유 · 사랑 · 포용의 긍정적인 의식이 지배하므로 소유가치보다는 사용가치를 중요시하며 인간과 인간, 인간과 자연의 연대성을 강조한다. 〈패쇄적 지구 게젤샤프트〉에서 〈개방적 지구 게젤샤프트〉로 이행할수록 생태적으로 건전하고 지속 가능한 공동체가 된다. 〈개방적 지구 게젤샤프트〉가 충분히 실현되면 〈개방적 지구 게마인샤프트〉의 자율성의 요소와 게노센샤프트(Genossenschaft, 협동사회)[710]의 협

---

710 독일의 사회학자 페르디난트 퇴니스(Ferdinand Tönnies)는 구성원의 결합의지에 따라 집단을 게마인샤프트(Gemeinschaft 공동사회), 게젤샤프트(Gesellschaft 이익사회), 게노센샤프트(Genossenschaft 협동사회)

동성의 요소를 최대한 발휘하게 되어 '섬김'과 '나눔'을 실천하며 공진화(co-evolution)를 삶의 목표로 삼는 고도의 효율적인 체제가 된다. 생태적 지속성을 띤 일종의 연방제적 지구공동체가 될 것이다.

상기의 4가지 유형의 지구공동체는 단계별 공동체의 특성을 분석하는 분석 틀로 활용하기 위한 이념형으로서 실제에 있어서는 대개 혼합된 형태로 나타난다. 공동체의 의미와 중요성은 개체가 천품을 꽃피울 수 있는 장이라는 사실에 있으며, 개체의 천품 발휘는 곧 자기 정체성의 확인이다. 개체 의식은 공동체와 연관되어 있는 연관성의 의식이며, 그런 점에서 개체의 자유 혹은 부자유의 의식은 단순한 개별체적인 의식이 아니라 공동체적인 의식이다. 자발성과 지선至善 지향성, 그리고 혼신을 다하는 치열함을 통해 의식의 진화〔영적 진화〕가 이루어진다. 따라서 비자발적이고 대충대충하는 식으로는 개체에도 공동체에도 아무런 도움이 되지 못한다. 일은 공동체〔전체의식, 보편의식, 우주의식, 참본성〕와의 대화이다. 실업의 본질적 두려움은 공동체와의 대화 단절의 두려움, 즉 소외감에서 오는 것이다. 공동체는 우주자연

로 구분하였다. 게마인샤프트는 본질의지(Wesenwille 자연의지)에 의해 자연적으로 결합된 집단으로 가족, 부족 등이 이에 속한다. 게젤샤프트는 선택의지(Kürwille 이성의지)에 의해 개방적으로 결합된 인위적 사회로 회사, 정당 등이 이에 속한다. 게노센샤프트는 이익사회 중 특히 공동사회적 성격이 강한 집단으로 학교가 이에 속한다. 퇴니스는 근대사회의 등장을 게마인샤프트에서 게젤샤프트로의 전환으로 보았다(Ferdinand Tönnies, *Community and Civil Society*(*Gemeinschaft und Gesellschaft*), edited by Jose Harris, translated by Jose Harris and Margaret Hollis(Cambridge; New York: Cambridge University Press, 2001)).

과의 끊임없는 대화 속에 있으며 개체는 이러한 공동체와 하나가 됨으로써 우주자연과 하나가 되어 진정으로 자유로워질 수 있고 행복해질 수 있다. 그것은 새로운 삶의 패러다임을 실천하는 공동체에의 참여를 통하여 효율이 극대화된다. 그렇다면 이러한 공동체의 실현은 가능한 것인가. 인류 역사를 통해 그 실례를 찾을 수가 있는가.

인류 공영의 지구공동체 실현에 대한 이상은 고대로부터 오늘에 이르기까지 여러 형태의 사상적 · 이론적 발전을 보여 왔다. 홍익인간 · 광명이세光明理世의 이념과 경천숭조敬天崇祖의 보본報本 사상, 대동사상, 불국정토佛國淨土의 이념과 원융회통圓融會通 사상, 무위자연 사상, 기독교의 천년왕국 사상, 인내천 사상과 지상천국의 이념, 사해동포주의(cosmopolita nism)와 세계일가사상世界—家思想, 그리고 『제정론帝政論 De Monarchia』에 나오는 단테(Alighieri Dante)의 세계정부의 이상과 칸트(Immanuel Kant)의 『영구평화론 Zum ewigen Frieden』 등에서 그 흔적을 찾아볼 수 있다. "영구평화란 결코 공허한 이념이 아니라 우리 인류의 과제"라고 한 칸트의 말은 근대와 현대를 거치는 동안 지구가 생명장場으로서의 기능을 다하지 못함에 따라 더욱 설득력을 얻게 되었다.

여기서 단테(1265~1321)의 세계정부의 이상은 오늘의 우리에게 그 시사하는 바가 크다. 단테는 그의 『제정론』[711]에서 제권帝權이 인류의 평화, 정의, 행복을 보장할 수 있는 유일한 체제라고 보고, 단일 군주

---

711 Alighieri Dante, *De Monarchia*, edited by E. Moore, with an introduction on the Political Theory of Dante by W. H. V. Reade(Oxford: Oxford University Press, 1916).

밑에 통합된 인류와 그리스도교의 보편교회에 상응하는 보편제국(universale Imperium)을 논구하는 것을 과제로 삼고 있다. 이 논구에서 그가 사용하는 인류 사회(humana civilitas)와 전 인류의 보편사회라는 용어는 인류의 공동체 의식 발달에 중요한 전기를 제공한 것으로 볼 수 있다. 『제정론』 제1권의 논지는 한마디로 "인류의 평화를 위해서 세계정부가 필요한가."라는 것이다. 그가 사용하는 '제권' 개념은 인류 전체의 협력 속에서 이루어지는 고유한 활동과 보편적 평화(pax universalis)와 단일 군주(unus Monarcha)의 개념을 상정하고 있다는 점에서 세계정부의 이상과 상통해 있는 것으로 볼 수 있다. 그가 말하는 '보편제국'은 전 인류의 연합과 통일에 의해 보편적 평화가 보장되는 유기체적인 세계 시민사회라 할 수 있다. 단테는 보편적 평화가 실제적이고도 영속적으로 보장될 수 있는 유일한 정부 형태가 세계 정부라고 보고, 당시 '신성로마제국'의 패러다임에 맞추어서 그것을 보편 군주제(universalis Monarchia)라고 불렀던 것이다. 단테의 『제정론』은 신성로마제국의 권위가 유명무실해지고 민족국가 내지는 도시국가들이 대두하면서 중세 그리스도교적 보편주의가 위협받던 르네상스기期 새벽의 정치 상황을 배경으로, 아직 사라지지 않은 중세 그리스도교적 보편제국의 패러다임에 맞추어 근대 민족국가의 미래를 전망하고 있다. 이제 다시 지난 수백 년 간 전 세계에 심대한 영향을 끼쳐 온 근대 서구의 세계관과 가치 체계가 그 한계를 드러내면서 우리 인류는 서구적 보편주의가 위협받는 제2의 르네상스 · 제2의 종교개혁기 새벽을 맞고 있다. 근대 서구의 기계론적 세계관에서 동양의 전일적 실재관으로의 패러다임 전환이 이루어지고 있는 것이다.

문명의 대전환기를 맞고 있는 현 시점에서 단테의 '제권' 개념을 기반으로 한 세계정부의 이상은 유엔의 개혁 방향에 유효한 단서를 제공해 준다. 전 지구적 차원의 내전이나 다름없는 테러와의 전쟁, 세계화가 가져온 광신도들에 의한 종교적 갈등과 배금주의자들에 의한 경제적·생태적 재앙으로 인류가 파멸의 위기에 처해 있는 지금, 유엔의 개혁은 인류의 지상과제로 떠오르고 있다. 유엔이 명실상부한 세계정부로서의 기능을 다할 수 있기 위해서는, 단테의 용어를 빌리자면 유엔의 '제권帝權'712을 위협하는 존재가 있어서는 안 될 것이다. 그러나 현재 국제연합은 이름 그대로 국익을 기반으로 한 국가 간의 연합인 까닭에 강대국의 횡포를 제어할 제도적 장치가 없다. 따라서 유엔은 초국가적 실체에 기초한 연합으로 거듭나지 않으면 안 된다. 프랑스 사회학자 에드가 모랭(Edgar Morin)이 제창하는 '세계 연방(Confederation mondiale)'론과 같은 역사적 단계에 대해 생각해 볼 수도 있을 것이다. 이는 국가를 없애지 않으면서 국가가 연방과 관련해 상대적으로 존재하는 단계인데, 이를테면 아랍·이슬람권 전체가 연방에서 하나의 거대한 지방이 되고, 세계 연방은 빈국에 대한 마셜 플랜(Marshall Plan)을 실시하고, 의약품과 치료 지원을 전담하는 국제기구

---

712 혹자는 '帝權'이란 개념에 대해 거부감을 느낄지 모른다. 여기서 '帝權'은 경직성·타율성을 띤 위계적 구조와 조응하는 개념이 아니라 탄력성·자율성을 띤 수평적 구조와 조응하는 개념이다. '다스리지 않고도 다스리지 않음이 없는(無爲而無不爲)', 고도의 효율적인 정부가 되게 되면 강력한 힘을 발휘할 수 있게 되므로 '帝權'이란 개념은 오늘에도 여전히 유효하다. 그 강력한 힘은 명령에 의해서가 아니라 자발적 복종에 의해 도출되는 것이라는 점에서 더욱 강력한 것이다. 이상적인 王道政治하에서의 '帝權'과도 같은 것이다.

를 창설하는 것 등이 그것이다.

　그러나 이러한 유엔의 개혁도 인류의 자각과 인식 전환이 선행되지 않고서는 요원한 과제일 수밖에 없다. 이제 인류가 필요로 하는 것은 물질에서 의식으로의 방향 전환을 통한 질적 비상이다. 그렇다고 지금 여기서의 문명의 삶을 모두 포기하자는 것은 아니다. 다만 과도하게 외부로 흐르고 있는 에너지 흐름의 방향을 내부로 바꾸자는 것이다. 윈-윈 구조의 협력 체계를 기초로 한 지구공동체 이상의 실현은 빅 프레임(Big Frame)이 아닌 자율적 소집단의 그랜드 네트워크(Grand Network)를 통한 세계시민사회의 형성과 그 맥을 같이 하는 것이라는 점에서 생태민주주의 원리를 근간으로 하는 생태 경영법을 도입할 필요가 있다. '정의 없이는 땅 위에 평화가 없다.'는 말을 상기하며, 새삼 휴머니즘과 평등주의적 세계관과 생태정의生態正義에 대해 다시 한번 생각해 본다. 지구공동체 실현을 위한 사상적·이론적 발전은 한결같이 공동체가 개체의 자아실현의 장이며 개체의 전체(우주자연)와의 대화 창구라는 점을 강조하고 있다. 특수성과 보편성, 개체성과 전체성이 통합된 세계 시민사회가 열리게 될 때 '참여하는 우주(participatory universe)'로서의 지구 생태공동체는 비로소 그 모습을 드러낼 것이다.

　그러면 다음으로 인류 역사를 통하여 이러한 공동체의 실례를 찾아보기로 하자. 예수의 사상과 사역使役에 많은 영향을 끼친 것으로 알려진 1세기 유대인 그리스도교 세계에서 보이는 에세네Essenes 공동체, 중세 말기 사회에 새로운 빛을 던져 준 중세 그리스도교 수도원 공동체, 50여 년 간 미국 문화에 지대한 영향을 끼친 19세기 오웬(Robert Owen)주의자들의 공동체, 영적인 이상과 공동체적인 이상을 함께 추구한 오나이더(Oneida) 공동체, 푸리에(Fourier)의 공동체 모델을 본딴 뉴저지 주(New Jersey 州)의 팔랑크스Phalanx와 위스콘신 주(Wisconsin 州)의 팔랑크스 등이 있다. 20세기에 들어서도 많은 공동체들이 형성되었다. 그러나 삶의 양식이나 관심사에 있어 19세기의 공동체와는 다른 모습을 띠고 있다. 자발적 검소, 환경 보전, 남녀 평등 등의 새로운 지구적 가치가 공동체적 삶에 반영되고 있는 것이다. 새로운 삶의 패러다임을 실천하고 있는 많은 공동체들이 있으니, 세계 동포의 이상을 추구하는 〈아난다 협동마을〉, 물질과 정신의 조화를 추구하는 〈르네상스 공동체〉, 인간의 자유와 개성을 존중하는 〈핀드혼〉[713] 등이 그 대표적인 것이다.

〈아난다 협동마을〉의 공동체적 삶의 요체는 나태한 삶과 비생산적인 삶, 둘 다를 경계하는 데 있다. 이에 대해서는 공동체의 헌장이 되고 있는 월터스(법명은 Swami Kriyananda)의 『협동적인 공동체: 그 설립 이유와 방법(Cooperative Communities : How to Start Them and Why)』에 잘 나와 있다. 나태한 삶은 물질주의의 한 형태로서 실제로는 황금만능주의보다 더 해로우며 비생산적인 삶 역시 인간의 영성에 파괴적인 영향을 미친다는 것이다. 또한 이상을 구현하기 위해 열심히 일함으로써 얻는 소득이란 결코 외적인 것이 아니라 내적 변화라는 사실을 직시하고 있다. 이렇게 내적인 성장을 이룩한 사람일수록 공동체 의식이 강하여 다른 사람들의 내적인 성장에도 도움을 줄 수 있다는 것이다. 이 공동체의 역사는 1940년대 자아실현동지회(Self-Realization

---

713 Oliver and Cris Popenoe, *Seeds of Tomorrow : New Age Communities That Work*(San Francisco : Harper & Row, 1984) 참조.

Fellowship)의 창립자인 파라마한사 요가난다(Paramahansa Yogananda)에게로 거슬러 올라간다. 당시 그는 세계 동포의 이상을 추구하는 한 공동체의 유형을 제시하면서 이러한 운동이 전세계적으로 요원의 불길처럼 퍼져 나갈 날이 반드시 찾아올 것이라고 예견했다. 그의 제자 가운데 도날드 월터스(Donald Walters)라는 젊은 수사修士가 후일 캘리포니아 주(California 州) 네바다(Nevada) 군에서 아난다 협동마을을 창립하게 된다. 진정한 아난다 공동체의 역사가 시작된 것은 1969년부터이다. 지복至福이란 뜻을 지닌 '아난다' 협동 마을은 지금까지 공동 소유와 개인 소유를 결합한 혼합 경제 체제를 유지해 오고 있고, 구성원 각자의 개성과 책임을 중요시하며 공동체 전체의 복지를 지향하는 운영 관리 체제를 채택하고 있다. 월터스가 제시하는 가장 간편한 운영 방식은 구성원 각자가 자신의 삶을 관리해 나가도록 하는 것, 말하자면 최대한의 노력을 기울여 생산적인 일에 종사할 수 있도록 유인誘因을 제공하는 것이다. 행동 지침으로는 강제성을 띤 규정보다는 권리를 상호 존중하는 관습이 보다 큰 역할을 하고 있다. 여러 가지 해결해야 할 과제가 남아있기는 하지만, 아난다 공동체 운동은 캘리포니아 주 도처에 산재해 있는 여러 거점들을 포함, 성장 일로에 있다.

〈르네상스 공동체〉는 인류가 물질 지향적인 성향에서 벗어나 영적인 변혁의 시기로 진입하고 있다는 믿음에 기초하여 자급자족하는 삶을 통한 영성 계발을 강조한다. 특히 자연과의 접촉은 영적인 본질을 발견하는 데 큰 도움이 되는 것으로 본다. 이 공동체는 1968년 마이클 라푼젤(Michael Rapunzel)이 '사랑의 여름(Summer of Love)'이라는 단체를 통해 영적인 눈을 뜨고 나서 그의 친구 몇 명과 공동 생활을 시작한 것이 그 시초다. 이후 다양한 부류의 사람들이 매사추세츠 주

(Massachusetts 州) 히이드(Heath)의 집단 합숙소에 합류하여 1970년 봄에 공동체는 '영적인 형제들(Brotherhood of the Spirit)'이라는 명칭을 갖게 되면서 폭발적인 성장이 이루어져 1975년에는 르네상스 공동체라는 명칭이 채택되게 된다. 이 공동체를 지탱해 주는 영적인 기초는 안내서에 잘 나타나 있다. 이에 따르면 르네상스 공동체는 대체 에너지원 개발과 진정한 영성 및 잠재성 계발을 통하여 자급자족하는 공동체, 창조적인 에너지를 마음껏 발휘할 수 있는 공동체, 물질적 가치와 정신적 가치의 조화를 추구하는 완전히 개방된 공동체로서, 이러한 이상을 위해 함께 노력할 의사가 있는 사람은 누구나 일곱 가지 불변의 법칙—질서, 조화, 성장, 균형, 영적인 사랑, 자비, 신神 인식—에 따라 함께 살 수 있다고 믿는다. 공동체의 주요 수입원은 각종 기부금과 수수료, 그리고 사업 소득이다. 공동체의 운영은 대체로 구성원 전체의 의견 일치에 의해 이루어지고 있다. 또한 구성원 각자의 적극적이고도 자발적인 행동이 강조된다. 이곳 사람들은 어떤 모임을 갖기 전, 반드시 몇 분 동안 함께 명상하는 시간을 갖는다. 비록 많은 실패를 경험하기는 했지만, 르네상스 공동체가 성공적인 공동체라는 데에는 논란의 여지가 없다.

〈핀드혼〉은 현대 사회가 당면하고 있는 문제들을 소위 빛의 네트워크(network of light)—영적인 조화를 이룬 사람들로 이루어진—를 통해 해결하려는 영적인 접근 방법에 기초해 있으며 현재 지구촌에서 다른 공동체에 가장 많은 영향을 미치고 있는 공동체인 것으로 알려져 있다. 공동체로서의 특징을 분명히 갖추고 있음에도 불구하고 핀드혼은 교육기관으로서의 기능에 초점이 맞춰져 있다. 매년 세계 각지에서 이곳을 찾는 수천 명을 교육하고 있으며, 이러한 교육 활동은 공동체의 주된 수입원이 되고 있다. 그 결과 공동체는 국제적인 성격을 띠게 됨은 물론 다른 어떤 공동체보다도 다양한 인종들과 긴밀한 관계를 형성하게 되었다. 이 공동체는 1960년대 영국인 캐디 부부(Peter and Eileen Caddy)와 캐나다인 도로시 맥클린(Dorothy MacLean), 그리고 소문을 듣고 찾아온 오길비 크롬비(Ogilvie Crombie) 외 몇 명이 함께 공동 생활을 시작한 것이 그 시초다. 1972년에 이르러 공동체는 거의 폭발적으로 성장하기 시작하여 지금은 명실공히 효율적인 공동체이자 수도원으로서, 대학이자 '빛의 학교'로서 기능하고 있다. 핀드혼은 구성원들에게 이 세상에 대한 봉사의 필요성을 일깨우고 헌신적인 삶의 자세를 훈련시키는 것을 목표로 하고 있다. 그곳에선 공공장소에서의 흡연과 불법적인 약물 복용을 금지하는 규정 외에는 모두 '리듬'에 맡기고 있다. 그들에게 있어 진정한 영성이란 무엇을 믿고 있는가 하는 것보다는 삶과 노동을 통해 구현되는 여러 가지 특질—열망, 헌신, 용기, 평화, 사랑, 그리고 각자에 내재해 있는 신성과의 교류 등—과 더 밀접한 관계에 있다는 것이다. 핀드혼 공동체는 관계성이나 조화와 같은 영적인 가치의 계발과 그러한 가치를 반영하는 삶의 구조를 창조하는 데 집중한다. 정부, 교회, 기관, 개인 등이 행하고 있는 각종 평화 운동을 지지하며, 또한 공동체 구성원들에게 평화롭고 건전한 세상을 만들고자 하는 각종 헌신적인 활동에 참여하도록 권고하고 있다. 그러나 공동체를 어떤 정치적 이념을 선전하기 위한 발판으로 이용하는 것은 결코 용납되지 않는다. 공동체 구성원들은 종교적·영적인 진리를 탐구해 가면서 그것을 일상적 삶 속에 구현하는 일에 헌신한다.

　이와 같이 인류 역사를 통해 인간과 우주자연, 인간과 인간, 인간

과 노동의 새로운 관계 정립을 통해 영적인 삶을 추구하는 공동체들
은 끊임없이 존재해 왔다. 영적인 공동체의 핵심은 구성원 각자가 영
성 및 잠재성 계발을 통하여 내적 성장을 기하는 동시에 공동의 이상
을 위해 헌신하고 있다는 사실이다. 말하자면 공동체적 삶을 통해 자
아실현과 공동체의 실현을 함께 도모해 나가고 있는 것이다. 물질 일
변도의 가치관에서 일탈하여 새로운 삶의 패러다임을 구체적으로 제
시하고 있는 이들 공동체는 가히 '미래의 씨앗(Seeds of Tomorrow)'이
라 할 만하다.

　이제 과거의 국가와 정치는 이미 낡은 개념이 되고 있다. 산업혁명
기의 전기의 역할에 비견되는 정보 기술의 혁명적 효과로 지구촌의
삶의 방식 자체가 급속도로 변화하고 있는 것이다. 무엇보다도 전 지
구가 동시에 연동되는 상호 의존적인 지구 '한마당'을 형성한 것은
지구를 하나의 감각체화한 것이라는 점에서 높이 평가할 만하다. 말
하자면 지역적으로 생각하고 전 지구적으로 행동하는 것이 가능하게
된 것이다. 그러나 전기가 우리의 눈을 밝게 해준 것은 사실이지만 삶
의 빛이 될 수는 없었듯이, 정보 기술 또한 인류의 삶의 조건을 변화
시키고 있는 것은 사실이지만 삶 자체의 질을 높여주지는 못하고 있
다. 오히려 정보 사회로 진전될수록 정보 부자와 정보 빈자 간의 격차
는 더욱 커지고 정신적 방황이 가속화되고 있다. 서구의 산업 문명은
지구 전체의 부富를 증대시키기는 했지만, 지역간·국가간·계층간
의 격차는 여전히 메워질 수 없는 간격으로 남아 있다. 무분별한 서구
의 개발 이데올로기가 초래한 환경 파괴·자원 고갈·정신 공황 등
우리 인류가 공통적으로 직면하고 있는 이러한 문제들은 기존의 낡은
패러다임으로서는 해결이 불가능하다. 그것은 코페르니쿠스적 전환

과도 같은 완전히 새로운 삶의 패러다임을 채택함으로써만 해결이 가능한 것이다.

이렇게 볼 때 지구 생태공동체의 구현을 위해서는 무엇보다도 생명의 전일성[다양성]과 자기근원성에 대한 자각을 전제로 생태적 합리성에 기초한 새로운 사회과학적 패러다임의 수립이 절실히 요구된다. 우주만물은 하나인 혼원일기(混元一氣, 우주의 창조적 에너지)의 자기복제(self-replication)이므로 전일성과 다양성의 속성을 동시에 지닌다. 자기복제란 누가 누구에 의해 창조되는 것이 아니라 자기조직화(self-organization)의 과정을 거쳐 성립함을 의미하는 것이니 주체와 객체의 이분법은 성립되지 않으며 일체 생명은 자기근원성을 지닌다. 그런 까닭에 생명의 원리는 자동성(automatism)이며 보편의지(universal will 또는 universal consciousness)에 기초한 자발성(spontaneity)이다. 말하자면 일체 생명은 스스로 생성되고 스스로 변화하여 스스로 돌아가는 것이다. 따라서 생태정의(ecological justice)가 뿌리내릴 수 있는 세상을 우리 스스로 만들어가는 것이 생명의 원리에 순응하는 것이다. 지구 생태공동체의 구현은 지속 가능한 성장을 위한 소프트 테크놀로지의 개발이나 환경 정책의 강화와 같은 제도적인 하드웨어만으로는 부족하며 '네트(the Net)'와 '셀프(the Self)'의 새로운 관계 형성을 촉진할 수 있는 다양한 소프트웨어를 개발할 필요가 있다. 문화적·생태적 감수성과 친화력을 갖는 다양한 소프트웨어와 컨텐츠 개발로 초국적 시민들이 늘어나고 인적·물적 교류 확대 및 협력이 촉진되면 생태공동체의 구현은 그만큼 탄력을 받게 될 것이다. 또한 '열린 자아'에 기초한 상생의 경영관과 더불어 창의적인 글로벌 마인드와 탁월한 생태 경영능력, 인의지심仁義之心과 의용지심義勇之心 그리고 도량度量·명견明

見·감화력 등은 오늘날 지구촌 경영에 요망되는 리더십의 요소들이다. 이제 우리 인류는 생명에 대한 새로운 철학적·과학적 성찰을 통하여 지구의 재조직화를 단행해야 할 시점에 서 있다.

제3절 지구촌의 pilot project: UN세계평화센터(UNWPC)

1. TRADP와 UNWPC

두만강지역개발계획(Tumen River Area Development Programme, TRADP)[714]은 두만강지역의 체계적이고 종합적인 개발을 위한 유엔개발계획(United Nations Development Programme, UNDP) 주관하의 다자간 개발협력사업이다. 한국은 중국, 북한, 러시아,[715] 몽골과 함께 그 계획관리위원회(PMC)의 정식 회원국이 되어 있으며, 일본은 옵저버국으로 참여하고 있다. 1991년 7월 몽골의 울란바토르 회의로부터

---

714 두만강지역개발에 관한 아이디어를 누가 처음 제시하였는지는 분명치 않으나 민간 차원의 학술적 논의가 정부간 개발협력사업으로 발전하게 된 계기는 1991년 7월 몽골 울란바토르에서 열린 '동북아 소지역 개발계획에 관한 정부간 회의'이다. 1991년 10월 평양에서 열린 UNDP 동북아 조정실무관회의에서 TRADP 발족이 결정되었다.
715 러시아는 처음에 옵저버국으로 참여하였으나 1992년 10월 북경 제2차 PMC회의에서 정식 회원국이 되었다.

1992년 2월 서울 제1차 PMC 회의까지의 주요 의제는 훈춘-나진·
선봉-포시에트를 잇는 1천㎢의 소小삼각지역(Tumen River Economic
Zone, TREZ)에 대한 회원국들의 공동 개발이었다. 그러나 1992년 10
월 북경 제2차 PMC 회의 이후에는 중점 개발 대상 지역이 소삼각에
서 연길延吉-청진-블라디보스토크716를 잇는 1만㎢의 대大삼각지역
(Tumen River Economic Development Area, TREDA)으로 바뀌었으며, 개발
방식도 공동 개발에서 접경 3국이 독자적으로 개발한 후 수송·통신
등 사회 간접 자본 확충을 통해 이를 상호 연계하는 방향으로 수정되
었다.717 TRADP가 비록 초기 단계에서는 낙후한 지역 개발을 목표
로 한 국지적 사업에 불과하지만, 접경 3국의 개발 의욕과 UNDP의
지속적 지원에 힘입어 TREDA의 개발이 성공으로 평가되는 경우 그
협력 범위는 동북아지역개발지구(Northeast Asia Regional Development
Area, NEARDA)718까지 확대될 것이라는 점에서 동북아 경제 협력의
시금석이 되고 있다. TRADP의 직·간접적인 영향으로 접경 3국은
두만강 지역을 경제 특구로 설정하여 개발 계획을 구체화하고 있는
바, 중국 연변 자치주를 중심으로 한 개방시와 개방구, 러시아 나홋카

---

716 1994년 7월 김일성 사망으로 북한이 불참한 가운데 모스크바에서 개최된
   제4차 PMC회의에서는 TREDA의 러시아 측 거점도시가 블라디보스토
   크에서 나홋카-보스토치니 지역으로 확장되었다.
717 TRADP의 초점은 투자와 무역(investment snd trade), 환경(environm
   ent), 관광(tourism), 수송(transport), 통신(telecommunications), 에
   너지(energy), 인적자원개발(human resource development)을 포함한
   지역경제협력에 있다(http://www.tradp.org/htmls/pbrief.htm).
718 동북아지역개발지구의 범위는 두만강 지역 개발의 효과가 미치는 동북아
   내륙 지역 전역, 즉 한반도, 중국 동북 3성, 극동 러시아 및 몽골에 이른다.

자유경제지대, 북한 나진·선봉 자유경제무역지대가 그것이다. 2001
년 4월 홍콩 "제5차 TRADP 5개국위원회 회의"에서는 북한이 불참
한 가운데 두만강 지역 개발 대상 지역을 현재 연길-청진-나홋카·보
스토치니를 연결하는 지역에서 몽골, 한국, 일본을 포함하는 동북아
지역으로 확대키로 합의하였으며, 또한 일본의 회원국 가입을 위해
공동으로 노력해 나가기로 했다. 2002년 6월 블라디보스토크 "제6
차 TRADP 5개국위원회 회의"에서는 두만강 지역 개발 대상 지역을
동북아 일대로 확대하는 문제와, 일본을 회원국으로 참여토록 유도함
으로써 동북아 경제 협의체로 확대·발전시키는 문제가 거론되었다.
그러나 이 지역의 안보·경제에 중대한 변수가 되고 있는 미국을 배
제한 동북아 경제 협의체 논의가 실효를 거둘 수 있을지는 의문이다.

TRADP의 필요성은 대개 세 가지로 요약해 볼 수 있다. 첫째는 경
제 발전의 잠재력이다. 이 지역의 배후에는 중국의 동북 3성, 즉 흑룡
강성 약 3천7백만, 길림성 약 2천6백만, 요녕성 약 4천만 등 약 1억
인구와 부존자원, 극동러시아 약 750만의 인구와 천연자원, 그리고
북한의 2천만 인구와 지하자원 등이 있어 일단 동해로의 출구가 열리
면 막대한 농산물, 목재, 석탄, 광물 등 자원을 보다 효과적으로 공급
하게 될 것이다. 이와 같이 약 1.3억의 배후 인구를 중심으로 경제 개
발이 이루어지게 된다면, 이는 곧 수요의 촉발로 이어져 경제 발전이
가속화될 것이다. 둘째는 교통망의 단축에 따른 경제적 이익이다. 현
재 시베리아를 포함하여 동북3성 및 연해주의 물자가 주 수송로인 하
얼빈-장춘-대련항을 통해 일본의 요꼬하마·고베로 운송되고 있는
데, 이미 대련항은 포화 상태에 이르러 새로운 항만의 개발이 긴요한
시점에 와 있다. 만일 이 지역의 개발로 나진·선봉항이나 청진항, 포

시에트항 또는 자루비노항이 정비되면, 운송거리는 니가따 간 900km로서 이는 기존의 2,000km의 절반에도 못 미치는 단거리가 될 것이다. 셋째는 해륙을 잇는 관문의 역할을 들 수 있다. 두만강 지역의 교통 요충지의 활성화는 시베리아 횡단철도(TSR)의 관문 확보를 의미하게 되며, 이는 수송상의 문제로 지연되고 있는 시베리아 부존 자원의 개발 비용의 효율성을 높여 경쟁력을 확보하게 되고 나아가 동북아 경제 발전의 견인차 역할로 이어질 수 있을 것이다.[719]

그러나 TRADP의 객관적인 타당성과 UNDP 및 관련국들의 높은 관심에도 불구하고 그 구체적인 성과는 아직 나오지 못하고 있다. 러시아는 아직도 시장경제 체제를 정착시키지 못하여 대규모 투자에 나서지 못하고 있고, 연해주 지역은 외국 기업인들의 투자를 효율적으로 수용할 수 있는 준비를 갖추지 못하고 있다. 북한은 식량난 등 3중고重苦 해소와 취약한 체제 안정에 주력하다 보니 두만강 지역 개발과 나진·선봉 특구 발전에는 큰 관심을 보이지 못하고 있는 실정이다. 중국은 UNDP와는 별도로 훈춘-크라스키노-자루비노를 축으로 하는 수송망을 정비하는 등 국경을 초월하는 개방 경제 시대에 대비하고 있다. 요컨대 TRADP라는 이름으로 시작된 동북아 지역 경제의 활성화와 통합의 추진은 최초의 훈춘-나진·선봉-포시에트에 연하는 소삼각 지역에 대한 개발에서 시작하여 연길-청진-나홋카·보스토치니에 연連하는 대삼각 지역, 그리고 몽골, 한국, 일본을 포함하는 동북아 지역으로 확대되고 있는 추세에도 불구하고, 다자간 경제 협력

---

719 TRADP와 동북아경제권의 관계에 대해서는 김익수 外, 『두만강지역개발사업에 관한 연구』, 대외경제정책연구원(1994. 5), 139-146쪽.

체의 형성과 공동 개발 추진은 지지부진한 상황이다. 탈냉전 시대를 맞이하여 이 지역 사회주의권국가들이 연성화軟性化되는 듯 보이기도 하지만, 한반도를 둘러싼 미국, 일본, 중국, 러시아 등 강대국들의 정치·군사적 이해관계는 여전히 첨예하게 대립하고 있고, 역내 국가들의 이해관계 또한 복잡하게 얽혀 있어 이 지역 국가들 간의 연대로서는 그 난맥상을 푸는 데 한계가 있을 수밖에 없다는 것이 필자의 관점이다. 더욱이 시베리아횡단철도(TSR)의 전철화電鐵化 작업이 완공됨으로써 TSR을 축으로 남북한~러시아 동서남북~유럽 전체를 연결하는 물류망 확보와 극동으로 연결되는 송유관·가스관 건설을 위한 극동 시베리아 개발과 같은 '철의 실크로드' 계획이 탄력을 받게 됨에 따라 역내 국가들의 이해관계는 더 복잡해질 전망이다.

필자의 범인류 간 유엔세계평화센터(United Nations World Peace Centre, UNWPC) 건립 발의는 국민국가의 패러다임을 넘어선 초국가적 발전 패러다임, 이른바 지구촌 패러다임에 입각한 것으로, 주권국가를 기본 단위로 하는 연대의 내재적 한계를 극복할 수 있는 이른바 윈-윈(win-win) 구조의 협력 체계의 가능성을 열어 보임으로써 21세기 새로운 동북아시대를 여는 해법을 제공하기 위한 것이다. 21세기 동북아시대에는 동북아 지역이 세계의 경제, 환경·문화, 안보의 중심이 될 것이다. 그러므로 이 지역 국가들 간의 관계가 세계 안보, 갈등과 분쟁의 단초로 작용하게 되며 만일 첨예한 갈등 상태가 지속되면 국제 역학 관계의 불안정이 심화될 수밖에 없다. 이러한 이유로 이 지역에서의 문제를 상호 대화와 이해로 해결하는 새로운 패러다임이 필요한 것이다. 이러한 인식에 기초하여 필자는 UNDP에서 주도하고 있는 '지속적인 인간 중심의 개발 계획' 중에서 환경 보호 및 환경

회생 운동의 일환으로 자연-인간-문명이 조화를 이루는 인류 공영의 생태친화적인 UNWPC 건립을 발의하게 된 것이다.[720]

UNWPC 건립은 1995년 유엔 창립 50주년 기념사업으로 필자가 유엔 측에 처음 발의하였다. 1995년 10월 중국 측과 2자 조인식이 있었고, 그로부터 3년 반 만인 1999년 4월 중국 훈춘 현지에서 유엔 측 대표, 중국 훈춘시 인민정부 시장, 러시아 핫산구 정부 행정장관 등과 필자는 중국과 북한과 러시아의 3국접경지역 약 2억 평 부지에 UNWPC 건립을 위한 4자 조인식을 갖고 두만강 하구 방천에서 기념비 제막식을 가졌다. UNWPC는 「최대보전 최소개발(97%보전, 3% 개발)」 개념으로 환경 친화적이고 생태효율적인 생활을 직접 체득할 수 있도록 지구촌의 미래 청사진으로 계획된 것이다. 말하자면 국가 간 경계를 초월한 세계 문화 경제 활동의 중심지이자 지구촌 환경 문화 교육 센터로서 「저底 환경 비용 고高 생산 효율」의 사회 체제를 구축함으로써 환경 회생과 지속적인 인간 개발을 성취하게 하고, 유엔 관련 기관과 유관 국제 기구 및 전 세계 환경 및 유비쿼터스 IT 관련 기업체와 단체, 그리고 비정부기구(NGOs)와 민간부문(private sector)이 참여하여 우주자연-인간-문명이 조화를 이루는 상생의 패러다임을 구현하기 위한 것이다.

동북아 지역에서 이러한 요건들을 충족할 수 있는 곳이 바로 두만강 하구 중국, 북한, 러시아 3국의 국경이 접해 있는 지역, 이른바 '황금의 삼각주' 일대이다. 중국 방천경구防川景區를 중심으로 경신평

---

720 UNWPC의 구상배경에 대해서는 崔珉子, 「길(道)을 찾아서」, 까치, 1997 참조.

중국 · 북한 · 러시아 3국접경지역

원경구敬信平原景區, 회룡봉경구回龍峰景區와 러시아 핫산구, 북한의 부포리 일대를 포함한 이 지역은 한국과 일본, 몽골 그리고 미국과 유엔이 직·간접으로 연결되어 있고 아태 지역 국가들의 이해관계가 내재된 곳으로 UNWPC의 건립 배경과 목적에 부합되고 새로운 동북아 시대의 중심이 될만한 필요충분조건을 갖춘 유일무이한 곳이다. 이 지역은 자연 환경 보호 구역으로 방천 망해각望海閣에서 내려다보면 '일안망삼국一眼望三國', 즉 한 눈에 세 나라를 바라볼 수 있는데, 그 경관이 수려하고 관광자원이 풍부하여 거대한 개발 잠재력을 갖추고 있다. 또한 이 지역은 도로, 철도, 해운, 항공 등 국제 교통망과 통신망의 요지이며 시설이 비교적 잘 개발되고 있어 UNWPC 건립을 추진하기에 최적지라 할 수 있다. 가깝게는 두만강을 사이에 두고 중국 훈춘 방천 지구와 북한 나진·선봉특구가 마주하고 있으며, 산과 평원을 사이에 두고 러시아 핫산, 포시에트 항港, 자루비노 항과 접하고 있고, 멀리는 중국 연길, 북한 청진, 러시아 블라디보스토크 등지의 개발과 연계되어 발전할 수 있다. 말하자면 아시아—유럽을 동서로 관통하는 태평양의 관문이자 전 세계로 통하는 사통팔달 지역인 것이다. 한반도·일본 등의 해양문화권과 중·러의 대륙문화권이 만나 북동부로는 캄차카 반도를 거쳐 북극권에 이르고, 북서부로는 울란바토르, 시베리아 평원을 거쳐 모스크바 및 유럽 각국으로 이어지며, 서부로는 알마아타, 타슈켄트를 거쳐 중동에 이르고, 남서부로는 동남아로, 티벳을 거쳐 인도로, 혹은 중동을 거쳐 아프리카로까지 이어지는 전 세계의 중심 축이 되는 지역이다.

이와 같이 3국 접경에 위치한 UNWPC 건립 지역이 중국, 러시아, 북한 지역에 연連해 있는 소삼각 구역과 대삼각 구역의 중앙에 위치하고 있음은 이곳이 세계평화센터의 적지適地임을 다시 한번 확인시켜 주는 것이다. 이러한 UNWPC에서의 평화를 위한 회의, 연구와 문화 예술 활동, 관광, 의료, 유기농 등 환경친화적 활동은 상생相生의 표본이 됨은 물론 지역 주민의 삶의 질을 향상시키고 역내 경제 개발 및 경제 문화 교류를 촉진하며 협력과 유대를 한층 제고해 나가는 견인차 역할을 하게 될 것이다. 국제정치적 의미에서 이러한 평화지대(peace zone)의 설치는 전쟁 억제 효과를 가져옴은 물론 국제 교류 협력의 증진과 공동 투자 개발 환경을 조성하여 동북아 지역의 통합을 가속화시키고 나아가 이 지역을 세계의 중심지로 만들어 갈 것이다. UNWPC는 환황해 경제권 및 환동해 경제권의 활성화와 더불어 경제·정치 개념을 환경 개념의 규제 하에 둠으로써 동북아 발전의 새로운 패러다임을 제시하게 될 것이며, 동북아 평화의 중심, 나아가 세계 평화의 중심으로 자리 잡게 될 것이다.[721]

2. UNWPC 건립 발의 배경과 주요 내용[722]

1) 발의 배경

(1) 이론적 및 정신적 배경

오늘날 지구촌은 인구 증가, 산업화 및 무기 체제의 발달 등으로 환경 생태 문제가 첨예한 이슈가 되고 있다. 환경 문제는 생태 위기와 함께 전 지구적 차원으로 급속히 확산되고 있으며 인간의 정신에도 치명적인 영향을 끼치고 있어 생명권(biosphere)으로 그 차원이 바뀌고 있다. 공존의 룰을 무시한 권력정치(power politics)의 횡포와 더불어 가공할 위력을 지닌 핵무기 및 생화학 무기 체제의 발달로 이제 인류는 공존이냐 공멸이냐의 중대한 선택을 해야 할 기로에 서 있다. 이러한 시점에서 환경과 경제가 통합된 환경 복지 개념에 기초한 이른바 환경 공동체 건설(Building an Environment Community)[723]이 21세기 환경·문화의 시대의 화두가 되고 있는 것은 어쩌면 당연한 일이라 하겠다.

---

721 최민자, 『세계인 장보고와 지구촌 경영』(서울: 도서출판 범한, 2003), 232-239쪽.

722 Committee for UNWPC · NEAPI, ROK, 『UN世界平和센터建立計劃 (2000. 1)』 참조.

723 자연과 조화를 이루는 환경공동체 건설에 대해서는 "The Presidential Vision for Environmental Welfare-Building an Environment Community that Exists in Harmony with Nature," by President Kim Young Sam of the Republic of Korea, March 21, 1996 Thursday 참조.

이러한 환경 공동체 건설의 필요성은 기존의 삶의 방식(way of life)과 사고방식(way of thinking)을 완전히 개변시키지 않으면 인류의 생존 기반 자체가 위협받을 수 있는 수준으로까지 환경 파괴가 심화된 데 있다. 환경 파괴로 인해 우리가 지불하게 되는 물질적·정신적 환경 비용을 계산해 볼 때 녹색 생산·녹색 소비의 생활화는 인류가 당면한 가장 시급하고도 심대한 과제의 하나임이 분명하다. 동북아지역 환경 복지(environmental welfare) 문제의 긴요성은 남북한, 중국, 러시아, 일본 5개국이 전 세계 면적의 20%, 세계 총인구의 25%이상을 점하는 광역 협력 지역이라는 사실에서도 분명히 드러난다. 특히 중국 13억 인구의 마이카(My Car) 시대가 열리면서 고질적인 황사 문제와 더불어 환경 복지 문제는 주변국들의 시급한 현안으로 떠오르고 있다. UNWPC는 환경 공동체 이외에도 경제적 여건의 상보성을 바탕으로 한 에너지 공동체, IT 공동체 등의 개념을 포괄한다.

이제 인류는 사회적 존재로서만이 아니라 자연적 존재로서의 의미를 재조명해 보고 생명경외生命敬畏의 차원에서 인류 문명의 구조를 재구성해야 할 시점에 처해 있다. 자연 파괴는 곧 인간 파괴이고 자연이 병든 것만큼 인간도 병들어 있는 것이다. 오늘날 지구촌에 만연해 있는 개인 및 공동체의 질환은 자연이 원상 회복되고 자연의 본질에 순응하는 삶을 추구함으로써 비로소 치유될 수 있는 것이다. UNWPC 건립은 전 지구적 차원에서 진행되고 있는 환경 파괴와 정신 공황으로 인한 총체적 인간 실존의 위기의 본질을 직시하고 생명경외사상에 입각하여 자연-인간-문명이 조화를 이루는 상생의 삶을 구현하는 것이 우리 인류가 지향해야 할 가치관이요 추구해야 할 삶의 형태라고 보는 데서 출발한다. UNWPC는 인간과 인간, 인간과 자연의 연대성을 중시하는 열린 사고와 상생의 패러다임에 입각한 생태 경영관을 강조한다. 새로운 동북아시대에 3국접경지역은 상생의 삶을 구현하는 세계 평화 센터로서 기능하게 될 것이다. 오늘날 '지구촌의 파수꾼'으로 자처하는 NGO의 '세계화'에 대한 연대적 반란은 공존의 룰을 무시한 특정 국가 중심의 세계 질서 내지는 다양한 시민사회를 의식하지 않은 국가 중심의 세계 질서에 대한 경종이다. 이는 교화되지 않은 국가 이기주의에 대응하여 시민사회의 힘이 분출하고 있음을 보여 주는 것으로 국내 및 국제 체계의 구조적 변화에 따른 인류의 자의식自意識 향상과 그 맥을 같이하는 것이다.

UNWPC는 정치·경제 및 군사안보 개념을 환경 생태 개념의 규제 하에 둠으로써 공존의 논리에 입각한 상생의 세계를 열기 위한 것이다. 특히 양차 세계 대전 이후 평화는 인류 사회의 지고의 개념으로 자리 잡게 되었으며, 국가 및 국제기구의 총체적 지향성을 나타내는 개념이기도 하다. 지속적인 평화는 인간과 인간, 인간과 자연의 연대성의 원리에 기초하여 윈-윈(win-win) 구조의 협력 체계를 형성해 갈 때 실현될 수 있을 것이다. 오늘날 동북아 통합은 물질 문명의 분절적 속성이 가져온 연대성의 파기로 인해 커다란 위험에 처하게 되었다. 동북아 나아가 지구촌을 무대로 문명의 대전환기에 처해 있는 이 시대를 선도할 수 있기 위해서는, 다시 말해서 상생의 패러다임에 입각한 새로운 역사의 장을 여는데 일조할 수 있기 위해서는 우리 모두 생태적 마인드를 가진 진정한 세계인이 되어야 한다. UNWPC는 세계 평화의 중심, 국가간의 경계를 초월한 새로운 동북아의 중심에서 공존공영의 정신을 발전시키는 구체적인 방안을 보여줌으로써 지구촌 미래의 청사진을 제시하게 될 것이다.

(2) 국제정치적 배경

미소를 정점으로 한 동서 냉전 체제는 1989년 이후 동유럽 사회주의권이 대변혁을 맞게 되면서 사실상 종식되고 그로 인해 국제질서의 구조에도 커다란 변화가 발생했다. 우선, 냉전 종식으로 양극 구조였던 국제 관계가 전 지구적으로 확장됨으로써 대부분의 국가들은 군사 안보 논리가 지배하는 양극 구조의 틀에서 벗어나 적극적 행위자로서 국제 관계에 참여하고 있고, 국제기구들의 위상과 역할 또한 새롭게 변화하고 있으며, 시장경제 논리가 전 세계로 확산되었다. 말하자면 세계화가 가속화되게 된 것이다. 그러나 다른 한편으로는 인종적 · 민족적 · 종교적 갈등과 분쟁을 증대시키고 경쟁적 지역주의를 촉발시키는 계기가 되었다. 오늘날 지구촌은 탈냉전에 힘입어 수많은 분쟁들이 평화적으로 해결되었음에도 불구하고 여전히 많은 지역에서 무력 충돌 또는 잠재 분쟁이 진행 중에 있다. 전 세계 국가의 절반이 분쟁 당사국으로 개입되어 있고, 또한 분쟁이 수십 년 간 지속됨에 따라 총 인명 피해도 사망자와 난민을 합쳐 수천 만에 달하고 있다. 걸프만 사태, 코소보 사태, 인도네시아 동티모르와 같은 독립 분쟁, 그리고 최근의 이라크 전 등이 이를 잘 말해 주고 있다.

향후 예상되는 종교 원리주의, 인종 · 문명 간의 긴장과 충돌[724]을

---

724 헌팅턴은 냉전종식 이후 세계를 움직여가는 話頭를 '문명'이라고 보았다. 그가 말하는 문명은 '야만'과 대비되는 보편적 의미의 '문명'이 아니라 언어, 종교 등 여러 가지 문화적 특질의 집합체로서 세계 여러 지역에 형성되어온 '문명권'을 말하는 것이다(Samuel P. Huntington, *The Clash of Civilizations and the Remaking of World Order*(New

예방하고 상호이해와 협력을 도모하기 위해 새로운 대화의 장이 필요한 현 시점에서 UNWPC는 지구촌 차원의 다양한 환경 문화 활동—「세계 평화 한울림 북축제(World Peace Hanullim Drum Festival)」, 「세계 현자회의(World Wise People's Conference)」 등—을 통해 공존 공영의 장을 실증적으로 열어보여 줄 수 있을 것이다. 더욱이 UNWPC가 군사적으로 예민한 3국접경지역에 위치해 있음으로 해서 동북아 역내 국가간의 긴장과 갈등을 완화시키는 완충 지대 역할을 할 수도 있을 것이다. 이를테면 장고봉張鼓峰 사건[725]과 같은 참화의 재현을 방지하는 국제정치적 환경을 조성할 수 있다는 것이다.

러시아의 경우 UNWPC 건립 지역인 핫산이 속해 있는 연해주가 그들 영토로 병합된 것은 1860년 영국 · 프랑스 연합군의 베이징 침입 당시 조정에 나섰던 대가로 청국과 그들 간에 맺어진 '베이징 조약(北京條約)'에 의해서이다. 따라서 연해주가 러시아 영토가 된 것은 150년이 채 되지 않으므로 UNWPC와 같은 평화 지대 내지는 완충 지대의 설치는 그들의 영토적 불안 해소에 도움이 될 수 있을 것이다. 요컨대 UNWPC 건립의 국제정치적 배경은 긴장과 갈등 해소를 통해 자연–인간–문명이 조화를 이루는 21세기 환경 · 문화의 시대를 개

York : Simon & Schuster, 1996)).

[725] 1938년 여름, 중국과 소련 국경의 장고봉에서 일어난 소련군과 일본군 사이의 충돌사건. 불명확한 경계로 인한 국경분쟁으로 시작된 이 사건은 일본 군대의 적극적인 공세로 점차 확대되면서 1938년 7월 15일부터 8월 11일까지 일본군의 공격 · 점령, 소련군의 반격 · 탈환이라는 치열한 전투가 계속되다가 일본군의 패배가 결정적으로 되면서 8월 12일에 정전 교섭이 성립되어 장고봉의 소련 귀속이 사실상 승인되었다.

창하고 동북아 나아가 지구촌의 생태 문화 · 생태 경제 중심으로서 지역 통합과 세계 평화의 기반을 조성하는 데 기여하는 것 등이다.

(3) 경제적 배경

경제적 측면에서 UNWPC의 적실성은 우선 동북아의 지역적 특성과 역내 국가들의 상호 보완적인 경제 여건으로 효율적인 협력 체제의 기초가 마련되어 있다는 데 있다. 동북아는 다른 지역에 비해서 커다란 개발 잠재력을 갖고 있을 뿐만 아니라 체제의 이질성 및 발전 단계의 다층성과 경제의 상호 보완성 때문에 경제 협력의 형태 또한 경제와 정치의 분리, 민간과 정부의 분리, 지방과 중앙의 분리의 원칙에 따라 단계적으로 추진하는 것이 바람직한 것으로 보인다. UNWPC 건립은 NGO와 민간 부문, UN 관련 기관들과 유관 국제기구 및 환경 관련 기업체와 단체의 참여와 투자로 이루어진다는 점에서 역내 국가 간 정치적 이해관계에서 비교적 자유로울 수 있다는 이점이 있다.

동북아 역내 국가들의 상호 보완적인 경제 여건에 대해서는 앞서 설명한 바 있거니와, 특히 중국의 경우 UNWPC 건립 지역인 경신평원경구, 회룡봉경구, 방천경구가 속한 지린성(吉林省)은 랴오닝성(遼寧省)이나 헤이룽장성(黑龍江省)과는 달리 다른 성의 항구를 통하지 않고서는 직접 바다로 나갈 수 있는 길이 없다. 과거에는 두만강 하구를 통해서 동해로 나갈 수 있었으나, 1938년 장고봉 사건으로 동해로의 출해권이 상실된 채 지금에 이르고 있다. UNWPC의 건립으로 동북아 상황이 변화하여 동해 출해권이 회복되면 막대한 농산물, 목재, 석탄, 광물 등의 물류 운송 비용이 대폭 절감될 것이라는 점에서 중국으로서는 UNWPC 건립의 경제적 효과에 기대를 걸어볼 만하다.

한편 러시아의 경우 구소련의 붕괴로 러시아의 유럽 영토를 구성하였던 우크라이나, 벨라루스, 몰도바가 독립 유럽 국가로 분리되면서 유럽 쪽의 영토를 대거 잃게 됨에 따라 아태 지역으로 관심을 돌려 극동지역의 자원 개발에 힘쓰는 한편, 안보 차원에서 역내 패권 국가의 출현을 막고 영향력을 유지하기 위해 특히 중국, 일본, 미국 등 세계 열강들과 만나는 극동 지역 중시 정책을 펴게 되었다. 또한 시베리아 횡단철도(TSR)를 축으로 남북한~러시아 동서남북~유럽 전체를 연결하는 물류망 확보와 극동으로 연결되는 송유관·가스관 건설을 위한 극동 시베리아 개발 계획에 따라 UNWPC는 세계적인 중개 무역지로서의 기초적 조건을 갖추게 되었다.

TRADP라는 이름으로 시작된 동북아 지역 경제 활성화와 통합의 추진이 지지부진한 상황 하에서 UNWPC 건립은 TRADP와 연계하여 「최대보전 최소개발」로 지역 경제 및 환경 문화 발전을 촉진하고 도로, 항만, 통신 등 사회간접자본의 확충으로 각국간 경제문화교류를 증대시킬 것이며, 이는 북한의 개혁·개방도 앞당기게 될 것이다. UNWPC의 건립은 환동해경제권개발 및 경제문화교류의 활성화와 더불어 경제·정치 개념을 환경 개념의 규제 하에 둠으로써 새로운 환경·문화의 세기에 걸맞는 동북아 경제 발전의 새로운 패러다임을 제시하게 될 것이며, 동북아 경제의 중심 나아가 세계 경제의 한 중심이 되게 할 것이다.

(4) 환경 문화적 배경

UNWPC는 우리 인류가 지향해야 할 가치관과 추구해야 할 삶의 형태를 총괄적이고도 구체적으로 제시해주고 있다. 그것은 한마디로

생명경외사상에 입각하여 인류문명의 구조를 환경친화적인 형태로
재구성함으로써 자연-인간-문명이 조화를 이루는 상생의 삶을 구현
하는 것이다. 인간과 자연의 연대성을 인식하고 '진보의 역설'을 직
시하며 '무소유의 소유' 개념에 입각하여 소박하고 단순한 삶을 추구
하는 것이야말로 우리 인류가 지향해야 할 이상적인 삶의 형태이다.
인간과 자연의 연대성이라는 측면에서 자연의 대도大道에 순응하는
삶을 이상적인 것으로 본 노자老子의 무위자연사상無爲自然思想은 우리
에게 그 시사하는 바가 크다. 그는 인간의 자연스런 연대의식이 피어
날 수 있는 이상사회의 원형을 소국과민小國寡民의 촌락공동체에서 찾
고 있는데 이러한 그의 자연주의적 사회관은 NGO와 다국적 기업의
다원화된 활동 증대로 점차 국민국가의 패러다임이 깨어지고 있는 오
늘날에 재음미될 수 있는 것이다.

현대 산업 기술 사회의 거대 공동체가 소규모의 분권화된 체제로
대체되어야 할 필요성에 대해서는 드볼과 세션(B. Devall & G. Sessions)
의 심층생태론(deep ecology)에서도 볼 수 있다. 이들은 생태 문제의 주
된 원인이 자연과 인간을 분리시키는 근대 서구의 기계론적 세계관이
라고 보고 그 해결책으로 인간의 의식개조에 의해 경제, 과학, 정치,
사회 전반의 패러다임을 생태 패러다임으로 변형시킬 것을 주장한다.
이들의 주된 논의는 기존의 경제 체제가 양적 성장에 기초하여 환경
을 파괴하므로 우선 인간 사회와 주변 생태계의 유기적 관계를 인식
하고 이러한 인식이 생태적으로 반영될 수 있는 질적 발전을 추구해
야 한다는 것이다. 그리하여 풀뿌리 민주주의, 분권화, 비폭력, 사회
적 책임, 영성의 강조 등과 같은 정치적 원칙을 제시하는데 이는 카프
라가 새로운 정치의 제1원리를 생태학에서 찾고 녹색정치의 위상을

새로운 생태 패러다임에 근거하는 것으로 규정짓는 것과 맥을 같이한다. 한마디로 심층생태론의 대안적인 체제는 자립적이고 상부상조적이며 생태적으로 조화를 이루는 소규모의 분권화된 공동체이다.

UNWPC는 인류가 회복해야 할 환경친화적이고 생태효율적인 생활을 직접 체득할 수 있도록 지구촌의 미래 청사진으로 계획된 것이다. 과거 인디언이나 몽골족의 생활방식과 같이 농사를 짓되 토지형질을 바꾸지 않으며, 사냥을 하되 남획은 삼가는 방식 등으로 자연과 조화를 이루면서 높은 삶의 질을 유지하는 시범구역이 될 것이다. 자연조건이 좋은 이 지역에 대체의학연구소와 자연요법센터를 함께 설치하여 자연치유 방식에 대한 연구와 연구소가 제안하는 건강프로그램 참여자를 위한 자연요법 기능을 병행하게 함으로써 상호보완적 기능으로 상승효과를 기대할 수 있다. 또한 경제와 환경을 동시에 살리기 위한 「저底환경비용, 고高생산효율」의 사회체제를 구축하게 될 것이다. 예컨대 에너지절약 주택단지, 수자원절약 주거지구, 절약형 전구사용 등이 그 예로써, 효율성이 높은 공장이나 주택이 건설되면 자연자원의 소모가 줄어 생산성을 높일 수 있는 동시에 환경비용 지출도 최소화 될 것이다. 요컨대 UNWPC 건립은 21세기 인류의 자유와 권리 및 환경 파수꾼 역할을 주도할 NGO의 이념이 총체적으로 구현된 것이라 볼 수 있다. 그것은 곧 생물학적 다양성과 지구 환경이 존중되는 세계를 지향하는 것이다.

2) 주요 내용

(1) 목적 및 기대 효과

UNWPC 건립은 생명 경외 사상에 입각하여 자연-인간-문명이 조화를 이루는 상생의 패러다임을 구현하기 위한 것으로 NGO와 민간 부문(private sector)의 참여와 투자를 근간으로 한다. 두만강 하구 3국 접경 지역의 광대한 부지 위에 UNWPC를 건립하는 것은 곧 '평화지대(peace zone)'의 설치를 의미하는 것으로 이러한 국제정치적 환경의 조성은 국가적·지역적 차원에서의 교류 활성화 및 협력 증대와 공동 투자 개발 환경을 정착시켜 동북아 지역의 통합을 가속화시켜 나가는 견인차 역할을 하게 될 것이다. UNWPC 건립 지역인 중국 방천경구·경신평원경구·회룡봉경구와 러시아 핫산구는 지정학적으로는 반도와 대륙 그리고 해양과 대륙을 가교하는 동북아의 요지로서, 경제 지리학적으로나 물류 유통상으로는 유라시아 특급 물류 혁명의 전초기지로서 새로운 동북아시대의 허브hub가 될 수 있는 요건을 갖춘 곳이다. 또한 3국이 접해 있는 지리적 특수성으로 인하여 경제 여건의 상보성은 물론 중국 동북 지역과 러시아 극동 지역의 개발에 상호 협력할 수 있는 기초적 조건을 갖춘 곳이기도 하다. 말하자면 지정학적 입지가 상품화될 수 있는 가치가 높은 곳이다.

UNWPC 건립은 새로운 천년을 위한 지속적인 생계 전략(sustainable livelihoods strategy)에 기초하여 생태적 지속성(ecological sustainability)을 띤 효율적인 경제 체계의 건설[726]과 지역 주민과 일할 수 있는 지방 정부의 역량 건설(capacity building), 지역 주민에 대한 고용 창출 효과를 기대할 수 있다. 또한 인도주의적 고려에 입각한 민간 차원의 환경 친화적인 투자를 통해 훈춘, 핫산, 나진·선봉 세 지역의 총체적인 삶의 질의 향상을 도모할 수 있다. 자연-인간-문명이 조화를 이루는 다국적 문화 환경 지역의 설치는 파괴적인 물성物性의 대자연에로의 회귀를 촉구함으로써 인류의 삶의 질을 향상시키고 인류의 존재 이유와 목적을 구현하며 생명 경외의 문화·문명을 창출하여 세계 평화의 기반 조성에 기여함은 물론, 동북아 문화 경제 활동의 중심지로서 새로운 천년을 여는 활력을 창출하는 힘의 원천이자 세계 번영의 한 중심축이 되게 할 것이다.

UNWPC는 미래의 UN 본부가 들어설 수 있는 자리이기도 하다. 원래 국제연맹은 그 본부가 스위스 제네바에 있었으나 2차 대전 이후 미국이 부상하면서 당시 미국의 루즈벨트(Franklin Delano Roosevelt) 대통령이 국제연합으로 개칭하여 록펠러 2세가 기증한 뉴욕 땅 2만평(現 UN 본부 자리)으로 옮겨왔듯이, 21세기 동북아시대에는 동북아가 세계의 중심이 될 수밖에 없으며 그런 점에서 UNWPC는 미래 지구촌의 수도로 예정된 곳이라 할 수 있다. 당시 UN 본부 터는 양조장, 도살장, 공장들이 난립한 슬럼가였는데 비해, UNWPC는 자연 생태계가 그대로 보존된 천혜의 땅이다. 21세기에는 당연히 동북아가 세

---

726 '지속가능한 발전(sustainable development)' 개념으로 압축되는 환경과 개발의 불가분의 관계에 대해서는 1992년 '환경과 개발에 대한 리오 선언(Rio Declaration on Environment and Development)' 에서도 잘 나타나고 있다 (United Nations Development of Public Information, *Basic Facts about the United Nations*(New York : United Nations Publication, 1998), pp.194-196).

계의 중심이 될 것이고 그렇게 되면 대삼각과 소삼각의 중심인 UNWPC가 세계의 중심이 될 것이다.

(2) 추진 경과

범인류간 UNWPC 건립의 발의는 1995년 9월 1일 유엔 창립 50주년을 기념하여 내한한 스페드(James Gustave Speth) UNDP 총재와 버스톡(Herbert A. Behrstock) UNDP 동아시아 지역 대표에게 필자가 제안하였고 본 제안을 지지한 상기 2인이 UN 명칭 사용에 동의함으로써 시작되었다.

1995년 10월 11일 당시 중국 길림성 부성장, 연변자치주장, 훈춘시 관계자 등이 배석한 자리에서 필자는 UNWPC 건립위원장 자격으로 길림성 임업국과 중국 · 북한 · 러시아 3국 접경지역의 UNWPC 건립부지 1억평에 대한 2자 조인식을 가졌다. 이때 개회 중이던 연변포럼 신문발포회新聞發布會에서 동同 프로젝트의 취지, 성격 및 내용에 대해 발표하였으며, 데이비스(Ian Davies) UNIDO(United Nations Industrial Development Organization, 유엔공업개발기구) 중국대표를 비롯한 많은 사람들의 지지 서명을 획득하고 발표내용 등과 함께 뉴욕 UN본부에 송부하였다. 이러한 일련의 노력의 결실로써 동년同年) 10월 13일 두만강하구 방천防川 회룡봉回龍峰에서 UNWPC 건립 기초기공식을 가졌다. 라(Kyaw Lwin Hla) UN 한국주재대표는 동 프로젝트에 적극 협력할 의사를 밝히고 UN 본부에 보고하였다.

1997년 5월 13일에는 「국회 21세기 동북아 평화포럼」 주최로 개최된 조찬강연회에서 본 사업의 취지 및 필요성에 대해 강연하였고, 참석한 인사들로부터 초당적인 공감과 지지를 획득하였다. 이후 솜사이

UNWPC 4자 조인식에서 연설하는 최민자 교수

노린(Somsey Norindr) UN 한국주재대표에게 본 사업의 취지와 추진방향에 대해 설명하고 UNDP 자문회의에 참석하여 공개 발표하였다.

1998년 7월 27일 필자는 훈춘을 방문, 본 사업을 진일보시킨 협의서를 훈춘시 인민정부 시장과 교환하였고, 동년 8월 20일 UN한국주재대표는 본 사업의 중요성을 감안, 수석기획관을 현지 시찰목적으로 훈춘에 파견하였다. 동同 기간에 국회 21세기 동북아평화포럼 후원으로 UNWPC 현지 시찰단 일행이 훈춘시 인민정부를 방문, UNWPC 부지를 시찰하고 훈춘시장으로부터 본 사업에 관한 설명을 들었다. 또한 건립위원장은 바르마(H. Varma) WTO(World Tourism Organization) 대표에게 UNWPC 사업 취지와 추진 방향에 대해 설명하였다.

1998년 10월 29일 러시아 핫산구 정부가 UNWPC 건립 사업의 취지에 공감하고 적극적인 지지 의사를 표명함에 따라 UNWPC 건립 사업이 괄목할 만한 진전을 보게 되었다. 동년 11월 1일 개최된 UNDP 밀레니엄 미팅에서 UNDP 아태국장, UNDP 두만강 구역 대표, UNDP 아태지역 홍보담당관 등과 만난 자리에서 본 사업에 관해 설명하였으며, 11월 5일에는 르메르(Christian C. Lemaire) UN 평양주

UNWPC 건립협의서 협정을 위한 4자 조인식 장면과 UNWPC 기념비

재 대표와 만나 본 사업에 관한 설명을 하였다. 노린 UN 한국 주재 대표는 1998년 연례 보고서에서 코피 아난(Kofi Annan) 전 UN 사무총장과 스페드 전 UNDP 총재에게 본 사업에 관한 경과보고를 하였다.

1999년 1월 28일 훈춘 시장이 내한하여 UN 한국 주재 대표, UN WPC 건립 위원장과 3자회담을 갖고, 동년 2월 23일에 UN, UNWPC 건립위, 중국, 러시아, 북한 5자 조인식(Signing Ceremony)을 갖기로 합의하였다. 그러나 2월 23일 5자 조인식은 북한 측이 연기를 요청함으로써 일단 연기하게 되었다.

1999년 4월 22일 중국 훈춘 현지에서 노린 UN 한국 주재 대표, 김석인金碩仁 중국 훈춘시 인민정부 시장, 멜니첸코(Anatoly Melnichenko) 러시아 핫산구 정부 행정장관, UNWPC 건립위원장(필자) 등은 UNW PC 건립협의서(A Letter of Intent) 협정을 위한 조인식을 가진 후 두만강 하구 방천에서 기념비 제막식을 거행하였다. 이 자리에 길림성 정부 두만강 지구 개발 판공실 주임, 연변 조선족 자치주 인민정부 부주장副州長, 두만강개발사무국 수석 투자 고문, 훈춘시 위원회 서기 등 중국측 대표단, UN 세계관광기구 아태지역 부副대표 등 UN 측 대표단, 그리고 러시아 대표단과 한국 대표단 등 300여 명이 참석하였다.

1999년 5월 UNESCO(United Nations Educational, Scientific and Cultural Organization, 유엔교육과학문화기구) 사무총장(Federico Mayor)으로부터 동同 사업을 지지하는 서한을 접수하였으며, 그해 6월 UNWPC 건립위 서울 사무국을 설치하고 관련 업무를 체계적으로 수행하게 되었다.

1999년 7월과 10월 UNWPC 건립위원장과 사무국 실무조사단 일행은 중국 훈춘과 러시아 핫산 · 블라디보스토크 현지를 답사하여 중국 훈춘시 정부와 러시아 연해주 정부 측 대표자 및 실무자들과 UN WPC 건립 관련 3자 회의를 갖고 의견을 교환하였으며, 아울러 지질 및 지형 조사를 갖고 UNWPC 건립 계획서 작성에 필요한 제반 사항을 확인, 보완하였다. 동년 12월에는 각국 관계자와 전문가들의 현지 조사 및 연구 토론회가 개최되었다.[727]

---

727 당시 중 · 러 관계자와 전문가들은 UNWPC 건립이 '환경적 지속성'을 최우선과제로 삼아야 한다는 점을 역설했다.

2000년 1월 UNWPC 건립 계획서가 한글판과 영문판으로 각각 발간, 배포되었다. 동년 11월에는 UN 한국대표부 주최 회의석상에서 모리스 스트롱(Maurice Strong) 전 UN 사무차장에게 UNWPC 건립에 관해 브리핑하였다.

2001년 이후 세계 현자 회의 및 지구촌 차원의 한울림 북축제 등을 기획하고 미국, 일본 등지에 적극적으로 홍보하였으며, 홈페이지 재구축 및 프리젠테이션을 위한 파워 포인트 작성, 홍보 차원의 출판물 간행, 네트워크 구축을 위한 노력이 전개되었다.

2004년 이후 2006년에 이르기까지 UNWPC 1차 조성 지역으로 경신지구 40만 평을 확정하여 중국 측에서 지적도를 만들고 한국 측에서 기본 설계도와 본부 세부 설계도 및 조감도를 완성하였으며, 본부 부지에 대한 지질 탐사를 실시하였다. 본부 세부 설계도는 1년여에 걸쳐 중국 설계원과 협의 및 수정 과정을 거쳐 최종 중국식으로 변용되었다.

(3) 건립 방향

우선 UNWPC는 크게 네 구역으로 구분되며 단계적으로 건립해 나간다.

첫째 구역은 UNWPC의 문화 · 정신적 중심 구역인 자미원 지구이다. 회룡回龍 꽃동산과 천문도 등으로 구성된다. 지도상에서의 평면적 형태가 '태극' 모양인 회룡봉경구지역의 수려한 경관과 자연 환경 상태를 최대한 보전하는 가운데 세계의 다양한 종류의 꽃을 재배하고 개량하여 전시하는 꽃동산을 만들고 천지 운행의 원리에 조응하는 우주적 존재로서의 인간의 정신을 순화할 도장으로 발전시킨다. 이곳의 중앙에는 세계 평화의 종(Bell) 협회에서 뉴욕 UN 본부에 기증한 종과 유사한 「평화의 종」을 설치하여 세계 평화를 기원하고 수호하고자 다짐하는 제단이 되도록 한다.

둘째 구역은 UNWPC의 활동 중심 구역인 업무 지구이다. UNWPC 내 가장 빈번한 활동이 예상되는 중심 활동 지구로서, 유엔 관련 국제회의 및 업무 공간, 전시 · 문화 활동을 위한 공간, 방문객을 위한 숙박 공간, 옥외 행사를 위한 광장 등 다양한 활동을 포함한 지구로서 이에 부합되는 시설물을 설치한다. UN 동북아 대표부, UN 평화대학(이상 유치 추진 예정), 세계평화연구원, 환경생태연구소, UN 빌리지, 호텔 · 유스호스텔, 간이비행장, 박물관, 과학관, 국제환경상품전시장, 컨벤션센터, 비즈니스센터, 평화의 여신상, 사통팔달교四通八達橋 등으로 구성된다.

셋째 구역은 UNWPC의 관광 생활 산업 중심 구역인 경신지구이다. 자연을 이용하되 환경 훼손을 최대한 방지할 수 있는 새로운 관광 패러다임에 입각하여 관광로의 개발과 함께 이 지구의 자생적 기능을 충족시킬 수 있게 하며, 개발 방향을 환경 친화적이고 생태효율적이 되게 한다. 또한 테마파크를 위한 지구를 설치하여 세계 각국의 특성을 반영한 관광 코스를 개발함으로써 세계시민을 위한 생태 관광 명소가 될 수 있도록 계획한다. 자연 유기농장, 방목장, 자연 생태 보존 지역, 세계 민속촌, 역사 · 문화유적지구, 예술관, 평화의 광장, 세계 평화의료원 · 대체의학연구소 · 자연요법 센터 등으로 구성된다. 두만강 관광로, 해상 관광로, 그리고 말을 이용한 승마 관광로 등을 설치하여 운용한다.

넷째 구역은 준準 UNWPC 구역이다. 훈춘, 포시에트 항, 자루비

노 항, 나진·선봉항 등으로 구성되며 이들 지역은 TRADP의 소삼
각 지대에 해당된다. 이 구역은 UNWPC 건립이 완료될 때까지 배후
도시의 기능과 사회간접시설(SOC)의 제공 역할을 하게 된다. UNWP
C 건립이 완성되면 동북아 경제 안보 중심지로서의 역할뿐만 아니라
세계 환경 문화 중심지로서의 역할을 하게 될 것이므로 준 UNWPC
와는 기능적으로 상호 보완적인 관계에 있다고 볼 수 있다.

다음으로 UNWPC 건립은 동북아 문화 경제 활동의 중심지이자
지구촌 환경 문화 교육 센터로서 기능할 수 있도록 시설물을 설치하
는 유형적 건립과 행사 위주의 무형적 건립으로 구분된다. UN 세계
평화를 위한 한울림 북축제, 세계 현자 회의 등은 후자에 속하는 것이
다. 매년 세계 북축제를 개최하여 UNWPC 건립을 만방에 알리고,

UNWPC 본부 조감도

모든 국가 · 부족 · 문화권이 참가할 수 있는 북(drum)을 매개로 한울림을 통해 인류의 정신 순화와 화합을 도모하고, 지역 · 세계 평화를 기원 및 촉구하며, 아울러 텐트 거주를 통해 환경 친화적 생활 방식을 체득하게 한다. 또한 세계 현자 회의를 정기적으로 개최하여 전 세계 각 분야의 현자들이 인류에게 보내는 메시지를 CNN 등을 통해 전 세계에 파급하게 한다. 다양한 민족과 국가가 명멸했던 곳인 만큼 각종 문화적인 컨텐츠를 개발하는 것도 21세기 환경 문화 시대를 선도하는 방안의 하나이다. 1차로 경신敬信 지역에 본부 설치와 더불어 평화의 광장이 설치되면 세계 북축제와 같은 문화 예술 활동이 전개될 수 있을 것이다. 평화의 광장은 엄청난 규모의 설치비 및 관리 유지비가 드는 기존의 시설물과는 달리, 자연 풀밭을 그대로 살린 자연 친화적인 형태로 조성할 예정이며 설치비 규모는 크지 않다. 이 외에도 방천 지역은 풍경구(중국전체 85개)로 지정되어 기념비, 연꽃늪 공원(30ha), 모래산 공원 등이 조성되어 있으며,[728] 경신 · 방천 연꽃은 세계에서 가장 오래된 1억 3천5백만 년의 역사를 가지고 있다. 매년 7~9월에 연꽃절 행사가 개최되고 있다.

　다양한 환경 · 문화 · 교육 · 관광 활동과 더불어 건설은 경신지역에서부터 시작하여 여건이 조성되는 대로 지구촌 차원의 참여를 통하여 점진적으로 시행하도록 한다. UNWPC 본부는 유형적 건립과 무형적 건립을 총괄하며 행정적인 업무를 관장하고 연구 조사 활동을 하며 이와 관련한 국제회의 및 환경 문화 교육을 주재하는 기능을 담당한다. 따라서 본부 설치와 더불어 UNWPC의 실질적인 기능이 개

---

[728] 中國琿春市人民政府, 『琿春旅游業近期發展計劃』(1999. 10), 21面 참조.

시된다. 본부 위치는 중국 훈춘시 경신진 이도포자二道泡子이다. 드넓은 경신 평원에 풍수지리상 배산임수背山臨水의 대명당으로 평평한 산기슭이 병풍처럼 뒤를 두르고 있으며, 정면 비교적 가까이는 대형 자연 호수가 있고 멀리는 두만강이 있으며, 본부 뒷산 너머는 러시아이고 북한으로 건너가는 권하교圈河橋도 경신에 있다. UNWPC 1차 조성지역인 경신 지역은 TKR(한반도 종단철도)과 TSR(시베리아 횡단철도)이 연결될 경우 그 종착역인 러시아 핫산(UNWPC지역)에서 중국의 관문인 장영자長岭子 세관을 지나면 바로 진입하게 되는 최단거리 지역이며, 속초에서 배를 이용할 경우에도 장영자 세관을 통과하게 되므로 최단거리 지역이고, 2009년 완공 예정인 고속도로를 이용할 경우 연길 공항에서 자동차로 1시간 정도 거리이다.

(4) 건립 계획

기본 구상

UNWPC 건립의 기본 구상은 대개 다음과 같은 사항들에 주안점을 두고 있다.

첫째는 세계 평화 및 분쟁 해소에 기여하는 것이다. 두만강 하구는 역사적으로 여러 민족이 흥망성쇠를 거듭했던 지역이다. 지정학적으로나 경제 지리학적으로 또는 물류 유통상으로 이 지역은 동북아 나아가 세계의 전략적 요충지가 될 수 있는 요건을 갖춘 곳이라는 점에서 분쟁의 가능성이 높은 지역으로 분류된다. 이 같이 분쟁의 가능성이 높은 지역에 접경 국가들의 긴밀한 협의하에 UNWPC가 조성되게 되면 분쟁의 발발 가능성을 근원적으로 억제할 수 있다.

둘째는 저공해, 환경친화적 개발이다. 인류가 문명화되면서 공해 발생과 환경파괴라는 원치 않는 문제를 수반하게 되었으며 이러한 문제는 날이 갈수록 심화되고 있는 실정이다. 공해 발생을 극소화시키고 친환경적 산업을 중심으로 하는 개발 정책을 구사함으로써 주변국 및 세계가 저공해, 환경 친화적 성향을 추구하는 표본이 되게 한다.

셋째는 에너지 절약형 모델 제시이다. 화석 연료가 고갈되어 가고 있는 21세기에 해결해야 할 인류의 당면 과제의 하나는 새로운 에너지원의 개발과 함께 기존의 에너지를 절약하여 사용할 수 있는 시스템의 개발이다. 에너지 소비를 최소화할 수 있도록 계획하고 UNWPC를 에너지 절약형 주거 공간의 원형(prototype)이 되게 한다.

넷째는 생태 관광(eco-tourism)[729] 개발 계획의 수립이다. 자생력 있는 UNWPC로 성장하기 위해서는 관광 산업을 육성할 필요가 있으며, 지구상에서 자연 자원이 가장 잘 보존된 지역 중의 하나인 이 지역을 생태 관광 개념에 의해 개발하도록 한다.

다섯째, 지역 경제 발전의 유도이다. 3국접경지역에 위치한 두만강 하구 지역은 경제적 발전이 미미한 상태이다. 이 지역에 국가 간 경계를 초월한 UNWPC를 건설하여 UNWPC 내는 물론 인근 지역까지 고용 창출과 경제 발전의 효과를 가져올 수 있게 한다.

여섯째, 지속 가능한 개발이다. UNWPC가 건립되어 생태적 지속

---

[729] 생태관광에 대해서는 ESPRI of KWAAK Hwankyung Group · UNDP, ROK, *Environmentally Sound Tourism Development in the Tumen Rigion : Realizing the Potential of the Mt. Paekdusan/Changbaishan Area*(1999. 2).

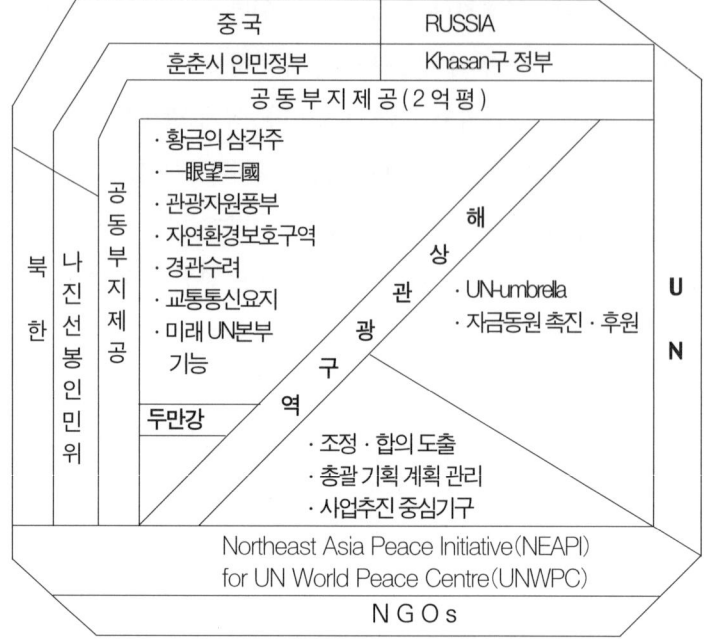

다국적 컨소시엄 기능 및 역할

성을 띨 수 있도록 환경 친화적이고 생태효율적이며 자생력 있는 형태로 개발한다.

일곱째, 저밀도 개발이다. 두만강 하구 지역은 생태 보존이 잘 되어 있고 희귀 조류를 포함한 철새 도래지일 뿐 아니라 각종 동식물의 서식지로서 세계적으로도 보존 가치가 높은 지역이다. 따라서 환경 생태를 훼손하지 않고 개발하기 위해서 인구 저밀도 지역으로 개발한다.

상기의 주안점을 반영한 미래 지향적 UNWPC를 건립하여 이곳 상주자는 물론 방문자에게도 대도시 중심의 현대 도시 생활이 아닌 평화롭고 환경 친화적인 공동체 생활을 체험할 수 있게 한다. UNWPC를 "평화"라는 테마를 가진 커다란 하나의 테마 공원으로 계획함으로써 이곳을 경유하는 사람들이 단순한 관광에 머무르지 않고 상생의 삶에 대한 느낌을 가질 수 있게 한다. 본 계획은 단순관광 목적으로 여행하는 자와 UNWPC 업무 지구 내 계획 중인 UN 관련 기구 및 컨벤션센터 등을 업무 목적으로 방문하는 자를 포함하는 장·단기 거주자에게 동시에 적용 가능하도록 계획한다.

경계 설정

UNWPC는 효율적인 개발과 고유한 기능을 다하기 위해 적절한 시기에 각국으로부터 반半 독립적인 형태를 유지할 필요가 있다. 두만강 하구 지역 중 특정 지역이 UNWPC 지역에 포함되는가의 여부가 개발 후에는 다소의 차이를 보이게 되므로 UNWPC의 정확한 경계 설정이 요구된다. UNWPC 경계 설정과 관련하여 다음 요소들을 고려하였다.

① 전체 면적 : UNWPC는 3국의 영토를 사용하며,[730] 3국 중 중국과 러시아가 각각 330㎢정도의 자국대지 사용을 제안한 바 있으므로 3국에 걸친 전체 UNWPC지역 면적을 660~990㎢의 범위로 설정

---

[730] 북한은 UNWPC 건립협의서(A Letter of Intent) 협정을 위한 조인식에 UN측을 통해 '고위급을 보내겠다'는 참여의사 통보와 함께 조인식 일자를 연기해 달라는 요청을 해오기도 하였으나 정작 조인식에는 나타나지 않았다. 4자 조인식 당시 UN 측 대표, 중국 측 대표, 러시아 측 대표, UNWPC 건립위 대표는 북한을 잠재적 참여자로 간주하고 UNWPC 문호를 북한에 개방하기로 합의하였다. UNWPC 건립은 북한의 조인식 불참과는 상관없이 우선적으로 중국의 경신평원경구, 회룡봉경구, 방천경구와 러시아 핫산에서 시작하는 것으로 계획되어 있다.

한다.

② 위치 : UNWPC가 3국의 영토를 사용하게 되므로 두만강 하구 지역 중 3국의 국경이 만나는 지점을 포함하여 설정한다.

③ 형태 : 두만강 하구의 수원(river, 水原)을 UNWPC에 포함시킬 계획이므로 두만강의 형태를 따라 설정한다.

④ 3국에 대한 영토 안배 : 3국 중 1국이 지나치게 많은 대지를 제공하지 않도록 대지 할당을 균등하게 설정하며, 또한 UNWPC의 경계선 설정으로 특정 국가의 영토가 육로로부터 고립되지 않게 설정한다.

⑤ 접근성 : 주변 지역 및 세계 어느 곳에서나 쉽게 진입할 수 있는 지역으로 설정한다. 기존의 철도·도로·항로 및 항공로를 활용할 수

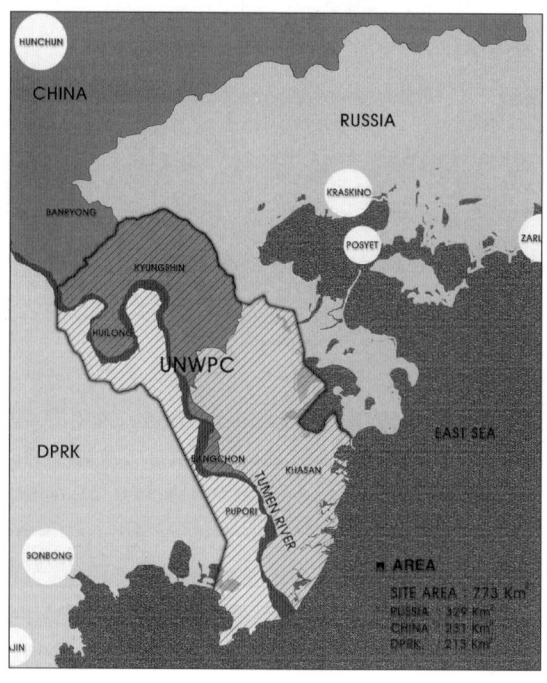

UNWPC 경계설정도

있는 위치로 한다.

⑥ 개발 잠재력 : UNWPC 건립을 수용할 수 있는 잠재력 있는 지역을 설정한다.

상기의 사항을 고려하여 두만강 하구 지역에 잠정적으로 설정된 UNWPC는 전체 면적이 773㎢에 이르며, 국가별로는 중국 231㎢, 러시아 329㎢, 북한 213㎢이다. UNWPC 구역 내 지역으로 중국의 경신, 회룡, 방천, 러시아의 핫산, 북한의 부포리가 포함된다.

토지 이용계획

UNWPC의 효율적인 토지 이용 계획을 위하여 다음 사항들을 고려하였다.

① 환경 친화적 성향: UNWPC의 건립으로 인한 자연 훼손을 극소화할 수 있도록 환경 친화적 계획을 한다.

② 발전 잠재력: 자생력 있는 UNWPC로 발전할 수 있도록 하고 계획한 규모 이상의 양적 팽창이 되는 경우라도 환경 친화적 성향을 잃지 않고 조화롭게 성장할 수 있게 계획한다.

③ 상징성: UNWPC가 두만강 하구의 3국접경 지역에 위치하고 있는 만큼 지구 배치시 그 상징적 의미가 표현될 수 있도록 계획한다.

④ 기반 시설의 효율적 이용: 각 지구의 위치 선정시 도로, 철도 등 기존 기반시설을 효율적으로 이용할 수 있도록 계획한다.

⑤ 초기 투자비: 초기의 투자 규모를 축소시키고 단계적 개발 계획을 수립한다.

⑥ 자연과의 순응: 지구 배치시 지형, 해발 등의 요소를 고려하여 절토, 성토와 같은 인위적인 작업을 최소화하고 태풍, 두만강의 범람

과 같은 자연재해로부터 안전할 수 있도록 계획한다.

　⑦ 접근성: UNWPC 내 지역 간의 이동이 편리하도록 계획한다.

　⑧ 3국에 대한 안배: 3국의 영토가 비교적 고르게 안배되도록 계획한다.

　⑨ 개발 효율: 높은 작업효율을 유지할 수 있도록 계획한다.

　⑩ UNWPC 운전비용: UNWPC 건립 후 운전 비용이 절감될 수 있도록 계획한다.

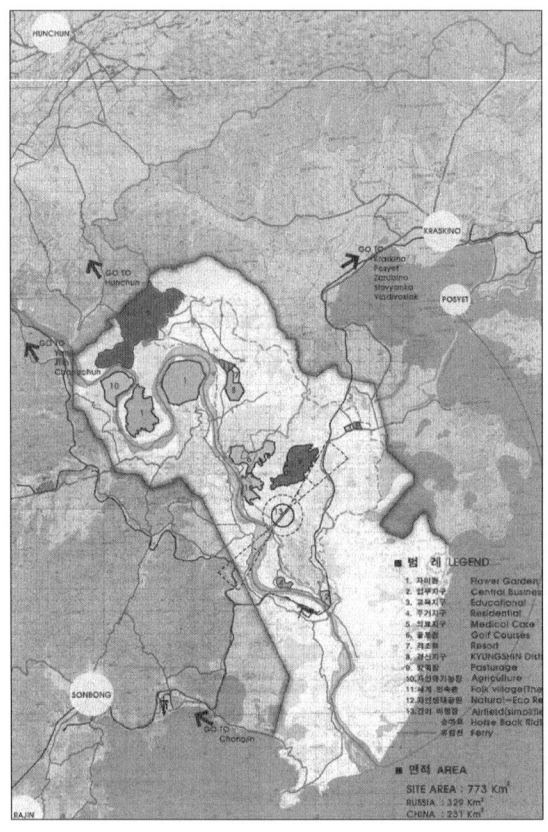

UNWPC 토지이용계획도

⑪ 자연과 어울리는 경관: UNWPC의 전체적 분위기가 자연 경관과 조화될 수 있도록 계획한다. 또한 UNWPC 중앙으로 흐르는 두만강을 중심으로 또 하나의 관광 구역이 될 수 있도록 아름다운 스카이라인을 계획한다.

위에서 보는 바와 같이 UNWPC 건립 지역인 3국접경지역은 동북아 대동맥의 요충지이자 동서 문화권의 교차 지점이다. 중국 · 러시아 · 북한 3국의 육지가 서로 통해 있고, 중국 · 북한 · 러시아 · 한국 · 일본 5개국의 수로가 서로 연결되어 있어 동북아 각국이 아시아-유럽으로 나아가는 가장 편리한 국제적 통로이고, 국제 승객, 화물의 육해 연락 운송의 최상의 결합점이다. 이러한 특징은 다국적 관광 발전의 유리한 조건이 되고 있다. 또한 여러 소수 민족이 산재하고 있어서 민족 문화와 민족 생태 연구의 귀중한 보고寶庫이기도 하다. 그리고 이 지역 내에는 많은 종류의 생태계가 자연 그대로 보존되어 있다. 두만강 하구를 중심으로 러시아의 삼림, 늪지대 및 해양 생태계와 북한의 해양, 해안 생태계, 그리고 중국의 삼림, 늪지대, 구릉지대 및 해양 생태계가 그것이다. 따라서 이 지역은 환경 친화적이고 생태 효율적인 개발을 통하여 동북아의 경제 활로를 모색하고 안정과 번영 및 세계 평화에 기여하기 위해 공동의 노력이 필요한 곳이다.

21세기 환경 · 문화의 시대를 맞이하여 인류문명의 구조를 환경친화적인 형태로 재구성해야 할 시점에서 UNWPC 건립은 정치 · 경제 개념을 환경 · 문화 개념의 규제 하에 둠으로써 인류의 보편적 가치인 평화의 이념을 지구촌 차원으로 확산시키는 계기를 마련케 될 것이다. 또한 UNWPC는 우리 인류가 지향해야 할 가치관과 추구해야 할 삶의 형태를 구체적으로 제시함으로써 자연-인간-문명이 조화를 이루는 생명경외生命敬畏의 문화 · 문명을 선도적으로 창출하는 시범구역이 될 것이다. 이는 곧 근대 서구사회의 형성과 여타 세계에 심대한 영향을 끼쳤던 데카르트–뉴턴의 기계론적 세계관으로부터 전일적인 새로운 실재관으로의 패러다임 전환과 맥을 같이하는 것이다. 또한 이는 서구적 근대의 초극을 통하여 진정한 지구 생태공동체의 형성을 촉발하는 계기를 마련하는 것이기도 하다.

참고문헌

1. 경전經典 및 사서史書

『高麗圖經』   『揆園史話』   『金剛經』

『金剛三昧經論』 『論語』   『檀奇古事』

『大乘起信論』   『大乘起信論別記』 『大乘起信論疏』

『大倧敎經典』   『大學』   『道德經』

『頓悟無生般若頌』 『東經大全』   『孟子』

『符都誌』   『三國遺事』   『三一神誥』

『聖經』   『易經』   『涅槃宗要』

『龍潭遺詞』   『六祖壇經』   『義菴聖師法說』

『莊子』   『帝王韻紀』   『中庸』

『澄心錄追記』   『天符經』   『參佺戒經』

『太極圖說』   『海月神師法說』 『華嚴經』

『華嚴一乘法界圖』 『桓檀古記』   『黃極經世書』

『黃帝內徑』   『The Upanishads』 『The Bhagavad Gita』

2. 국내 자료

강대기, 『현대사회에서 공동체는 가능한가』, 서울: 아카넷, 2004.

강용진, 「생태정치학과 국제정치」, 『대한정치학회보』 13집 1호(2005. 6), 대한정치학회, 2005.

강정인, 『서구중심주의를 넘어서』, 서울: 아카넷, 2004.

고길섶, 「정치, 새로운 민주주의로: 생태정치와 자치민주주의」, 『문화과학』 통권 제44호(2005. 12), 문화과학사, 2005.

고대원, 「미국의 아시아·태평양 경제협력체(APEC) 정책과 리더십」, 경남대학교 극동문제연구소 편, 『동아시아 신질서의 모색』, 서울: 서울프레스, 1996.

고준환, 『하나되는 한국사』, 서울: 한국교육진흥재단, 2002.

구갑우, 「지역통합의 원인과 결과: 유럽의 사례」, 경남대학교 극동문제연구소 편, 『동아시아 신질서의 모색』, 서울: 서울프레스, 1996.

구도완, 「녹색국가의 전망」, 바람과 물 연구소 편, 『한국에서의 녹색정치, 녹색국가』, 서울: 당대, 2002.

_____, 『한국 환경운동의 사회학: 정의롭고 지속가능한 사회를 위하여』, 서울: 문학과지성사, 1996.

구승회, 『에코필로소피』, 서울: 새길 출판사, 1995.

권혁범, 「민족주의의 정치생태학」, 『공간과 사회』 통권 제16호(2001. 12), 서울: 한울, 2001.

_____, 「한국에서 녹색정치는 가능한가?: 한국정치의 반성과 과제」, 『환경과 생명』 통권 22호(1999. 12), 환경과 생명사, 1999.

김교헌 엮음, 윤세복 번역, 『홍암신형조천기』, 서울: 대종교출판사, 단기 4459.

김동수, 「기후변화협약의 국제정치: 우리나라에 대한 영향과 대응방안」, 『한국정치학회보』 28집 2호(1994. 12), 한국정치학회, 1994.

김명식, 『환경, 생명, 심의민주주의』, 서울: 범양사, 2002.

김번웅, 『환경행정학』, 서울: 대영문화사, 2004.

_____, 「생태학적 정치이론과 공공정책」, 『한국정치학회보』 14권, 한국정치학회, 1980.

김병완, 『한국의 환경정책과 녹색운동』, 서울: 나남, 1994.

김상현, 『환경 · 환경운동 · 환경정치』, 서울: 학민사, 1994.

김석준 외, 『거버넌스의 정치학』, 서울: 법문사, 2002.

김세균 외, 『정치학의 대상과 방법』, 서울: 박영사, 2005.

김영한, 「푸코, 데리다, 료타르의 해체사상」, 『해석학연구』 제4집, 한국해석학회, 1997.

김익수 외, 『두만강지역개발사업에 관한 연구』, 대외경제정책연구원,

1994.

김장권, 「지구환경문제의 국제정치적 고찰」, 『정세논총』 1집 1호(1990.
　　12), 세종연구소, 1990.

김재영, 「우리나라 지방자치에 있어서 환경문제에 관한 사례연구: 전라북
　　도의 경우를 中心으로」, 『한국정치학회보』 28집 2호(1994. 12),
　　한국정치학회, 1994.

김재영 외, 『환경정치와 환경정책』, 서울: 삼우사, 1996.

김준호, 『한국 생태학 100년』, 서울: 서울대학교출판부, 2004.

김지하, 『생명학』 2 vols., 서울: 화남, 2003.

＿＿＿, 『동학이야기』, 서울: 솔, 1994.

김한식, 『한국인의 정치사상』, 서울: 백산서당, 2006.

＿＿＿, 『한국정치의 변혁사상』, 서울: 백산서당, 2005.

김홍우, 『현상학과 정치철학』, 서울: 문학과 지성사, 1999.

김홍우 외, 『가치와 한국정치』, 서울: 소화, 2005.

나정원, 「환경위기시대의 정치논리」, 『환경과 생명』 통권 19호(1999. 3),
　　환경과 생명사, 1999.

노진철, 「환경문제에 대한 정치의 적응능력과 한계」, 『한국정치학회보』
　　31집 4호(1997. 12), 한국정치학회, 1997.

대종교총본사 편, 『삼일철학역해종경합편』, 서울: 대종교출판사, 단기
　　4335.

데이비드 V. J. 벨 외 편, 정규호 · 오수길 · 이윤숙 옮김, 『정치생태학』,
　　서울: 당대, 2005.

데이비드 페퍼, 이명우 외 옮김, 『현대환경론』, 서울: 한길사, 1989.

도널드 워스터 지음, 문순홍 옮김, 『지속가능한 사회를 향한 생태전략』,
　　서울: 나라사랑, 1995.

레스터 브라운 지음, 한국생태경제연구회 옮김, 『에코 이코노미』, 서울:
　　도서출판 도요새, 2003.

레스터 W. 밀브래스 지음, 이태건 · 노병철 · 박지운 공역, 『지속가능한 사
　　회: 새로운 환경 패러다임의 이해』, 고양: 인간사랑, 2001.

로빈 애트필드, 구승회 옮김,『환경윤리학의 제문제』, 서울: 따님, 1997.

로이 모리슨 지음, 노상우 역,『생태민주주의』, 서울: 교육과학사, 2005.

마단 사럽 지음, 임헌규 옮김,『데리다와 푸꼬 그리고 포스트모더니즘』, 서울: 인간사랑, 1999.

마단 사럽 지음, 전영백 옮김,『후기구조주의와 포스트모더니즘』, 서울: 조형교육, 2005.

마이클 레드클리프트, 강현수 외 옮김,『발전과 환경위기: 새로운 환경이념의 모색』, 서울: 한울, 1993).

마이클 탤보트 지음, 이균형 옮김,『홀로그램 우주』, 서울: 정신세계사, 1999.

M. 호르크하이머 · Th. W. 아도르노 지음, 김유동 · 주경식 · 이상훈 옮김,『계몽의 변증법』, 서울: 문예출판사, 1996.

머레이 북친, 문순홍 옮김.『사회 생태론의 철학』. 서울: 솔출판사, 1997.

문순홍,『생태위기와 녹색의 대안』, 서울: 나라사랑, 1992.

_____,『생태학의 담론』, 서울: 아르케, 2006.

_____,『정치생태학과 녹색국가』, 서울: 아르케, 2006.

문태훈,「한국에서 녹색정부의 제약요인과 가능성」, 바람과 물 연구소 편,『한국에서의 녹색정치, 녹색국가』, 서울: 당대, 2002.

_____,『환경정책론』, 서울: 형설출판사, 1997.

미셸 푸코 지음, 오생근 옮김,『감시와 처벌: 감옥의 역사』, 서울: 나남, 2003.

바람과 물 연구소,『한국에서의 녹색정치, 녹색국가』, 서울: 당대, 2002.

박병상,「생명은 실용의 대상일 수 없다」,『환경과 생명』47(2006 봄), 환경과 생명사, 2006.

박이문,『문명의 미래와 생태학적 세계관』, 서울: 당대, 1997.

박충석,『한국정치사상사』, 서울: 삼영사, 1982.

박충석 · 진덕규,『민주주의를 위한 변명: 민주주의의 이론과 전개』, 서울: 삼영사, 1986.

박현모,『세종의 수성(守成) 리더십』, 서울: 삼성경제연구소, 2006.

박희병,『한국의 생태사상』, 서울: 돌베개, 1999.

브라이언 M. 페이건 지음, 남경태 옮김,『고대 세계의 70가지 미스터리』,
　　서울: 오늘의책, 2003.

서규선,「환경정치사상연구」,『사회과학연구』제11권(1998. 2), 서원대
　　학교 사회과학연구소, 1998.

손기웅,「갈등과 분쟁의 원인에 관한 연구-환경자원을 중심으로」,『국제정
　　치논총』33권 1호 (1993. 10), 한국국제정치학회, 1993.

손주용,「탈근대의 지구환경문제」, 하영선 편,『탈근대 지구정치학』, 서
　　울: 나남, 1993.

송명규,『현대 생태사상의 이해』, 서울: 따님, 2004.

_____,「심층생태학과 사회생태학의 논쟁에 대한 비판적 고찰」,『도시행
　　정학보』제16집 제3호(2003. 12), 한국도시행정학회. 2003.

송희식,『존재로부터의 해방』, 서울: 비봉출판사, 1991.

시오자와 요시노리 지음, 임채성 등 옮김,『왜 복잡계 경제학인가』, 서울:
　　푸른길, 1999.

신복룡,『한국정치사』, 서울: 박영사, 2003.

신일철,「동학과 전통사상(하)」,『신인간』636호(2003. 8).

안외순,「맹자의 왕도정치론에 나타난 정치리더십론」,『유교리더십과 한
　　국정치』, 서울: 백산서당, 2002.

안청시,「한국 도시화의 정치경제적 특징과 생활환경의 길」,『한국정치학
　　회보』15집(1981. 12), 한국정치학회, 1981.

안충영,『현대 한국·동아시아 경제론』, 서울: 박영사, 2002.

앤드루 돕슨, 정용화 옮김,『녹색정치사상』, 서울: 민음사, 1990.

얀 클라게 지음, 이상기 옮김,『날씨가 역사를 만든다』, 서울: 황소자리,
　　2004.

에른스트 울리히 폰 바이츠제커 지음, 권정임 옮김,『환경의 세기』, 서울:
　　생각의 나무, 1999.

오경택,「지구 환경정치와 세계 시민사회 형성의 과제」,『환경과 생명』통
　　권 22호(1999. 12), 환경과 생명사, 1999.

오귀스탱 베르크 지음, 김주경 옮김, 『대지에서 인간으로 산다는 것』, 서울: 미다스북스, 2001.

와다 하루키 지음, 이원덕 옮김, 『동북아시아 공동의 집』, 서울: 일조각, 2004.

월드워치연구소 펴냄, 생태사회연구소 번역, 『2004 지구환경보고서』, 서울: 도서출판 도요새, 2004.

윤내현 · 박성수 · 이현희, 『새로운 한국사』, 서울: 삼광출판사, 1995.

이귀우, 「생태담론과 에코페미니즘」, 『새한영어영문학』 제43권 1호, 2001.

이도원 엮음, 『한국의 전통생태학』, 서울: 사이언스북스, 2004.

이득연, 『환경운동의 사회학』, 서울: 민영사, 1998.

이상헌, 『세상을 움직이는 물: 물의 정치와 정치생태학』, 서울: 이매진, 2003.

_____, 「지구화 시대의 지속가능한 규범, 정치생태학」, 『환경과 생명』 통권 19호(1999. 3), 환경과 생명사, 1999.

이영조 · 김석태 · 문인수 · 김대원, 『행정학원론』, 서울: 학우, 2004.

이승환, 「오리엔탈리즘을 해부한다」, 『전통과 현대』 1997년 겨울호.

이시영, 『감시만어』, 서울: 일조각, 1983.

이언 스튜어트 지음, 전대호 옮김, 『눈송이는 어떤 모양일까』, 서울: 한승, 2005.

이언 스튜어트 지음, 김동광 옮김, 『자연의 패턴』, 서울: 사이언스북스, 2005.

이진우, 『녹색 사유와 에코토피아』, 서울: 문예출판사, 1998.

_____, 「말없는 자연은 윤리적 책임의 대상이 될 수 없는가」, 『사회비평』 제15호(1996. 5), 서울: 나남출판, 1996.

이택휘, 『한국정치사상사』, 서울: 전통문화연구회, 1999.

임효선, 「전일적 정치시각의 의의」, 『한국정치학회보』, 30집 4호(1996. 12), 한국정치학회, 1996

_____, 『삶의 정치사상』, 서울: 한길사, 1996.

장승희, 「'仁' 개념에 나타난 유학의 생태철학-명도 정호의 '仁'을 중심으로」, 『동양철학연구』, 제44집(2005. 11), 동양철학연구회, 2005.

장원석, 「생태정치학의 이념과 새로운 사회주의론: 앙드레 고르(André Gorz)의 경우」, 『한국정치학회보』 30집 4호, 한국정치학회, 2004.

장회익, 『삶과 온생명: 새 과학 문화의 모색』, 서울: 솔, 1998.

_____, 『과학과 메타과학』, 서울: 지식산업사, 1990.

정규호, 「지방의제21을 통한 거버넌스 실험과 녹색가치의 제도화 방안」, 바람과 물 연구소 편, 『한국에서의 녹색정치, 녹색국가』, 서울: 당대, 2002.

_____, 「녹색 거버넌스란 무엇인가」, 『환경과 생명』 통권 31호(2002 봄), 환경과 생명사, 2002.

정대연, 『환경사회학』, 서울: 아카넷, 2002.

정문길 외, 『삶의 정치: 통치에서 자치로』, 서울: 대화출판사, 1998.

정선양, 『환경정책론』, 서울: 박영사, 1999.

정수복, 『녹색대안을 찾는 생태학적 상상력』, 서울: 문학과지성사, 1996.

정정길 · 최종원 · 이시원 · 정준금, 『정책학원론』, 서울: 대명출판사, 2003.

정진홍 편, 『단군교부흥경략』 임아상 주, 「삼일신고 '천궁'」, 서울: 계신당, 1937.

정형욱, 「녹색민주주의이론에 관한 담론들: 그 담론들에 대한 재구성과 비평」, 『한국정치학회보』 39집 4호(2005. 1), 한국정치학회, 2005.

제레드 다이아몬드 지음, 강주헌 옮김, 『문명의 붕괴』, 서울: 김영사, 2005.

조경근, 「국제환경정치의 소망과 현실: 국제환경협력의 가능성」, 『국제정치논총』 33권 2호(1993. 12), 한국국제정치학회, 1993.

조길영, 『녹색국가의 구상』, 서울: 환경과 생명사, 2003.

조명기 편, 『원효대사전집』, 서울: 보련각, 1978.

조명래, 『녹색사회의 탐색』, 서울: 한울, 2001.

_____, 「국가론의 녹색화를 위한 시론」, 바람과 물 연구소 편, 『한국에서의 녹색정치, 녹색국가』, 서울: 당대, 2002.

J. R. 데자르뎅, 김명식 역, 『환경윤리의 이론과 전망』, 서울: 자작아카데미, 1999.

존 배리 지음, 추선영·허남혁 옮김, 『녹색사상사: 루소에서 기든스까지』, 서울: 이매진, 2004.

존 S. 드라이제크 지음, 정승진 옮김, 『지구환경정치학 담론』, 서울: 에코리브르, 2005.

존 벨라미 포스터, 조길영 옮김, 『환경혁명: 새로운 문명의 패러다임을 찾아서』, 서울: 동쪽나라, 1996.

주성수, 『글로벌 거버넌스와 NGO』, 서울: 아르케, 2000.

천정웅, 『지구환경레짐의 정치경제학: 환경정치의 쟁점과 환경레짐의 발전』, 서울: 한울, 1995.

최민자, 『천부경·삼일신고·참전계경』, 서울: 도서출판 모시는사람들, 2006.

_____, 『동학사상과 신문명』, 서울: 도서출판 모시는사람들, 2005.

_____, 『세계인 장보고와 지구촌 경영』, 서울: 도서출판 범한, 2003.

최병두 외, 『녹색전망: 21세기 환경사상과 생태정치』, 서울: 도요새, 2002.

최태영, 『한국 고대사를 생각한다』, 서울: 눈빛, 2002.

_____, 『인간단군을 찾아서』, 서울: 학고재, 2000.

티모시 도일·더그 맥케이컨 지음, 이유진 옮김, 『환경정치학』, 서울: 한울 아카데미, 2002.

펠릭스 가타리 지음, 윤수종 옮김, 『세 가지 생태학』, 서울: 동문선, 2003.

프란츠 알트 지음, 박진희 옮김, 『생태적 경제기적』, 서울: 양문, 2004.

프란츠 알트 지음, 손성현 옮김, 『생태주의자 예수』, 서울: 나무심는사람, 2003.

프리초프 카프라 지음, 김용정·김동광 옮김, 『생명의 그물』, 서울: 범양사, 1999.

프리초프 카프라 지음, 김재희 옮김, 『신과학과 영성의 시대』, 서울: 범양사, 1997.

하영선 편,『탈근대 지구정치학』, 서울: 나남, 1993.

한국동양정치사상사학회 편,『한국정치사상사: 단군에서 해방까지』, 서울: 백산서당, 2005.

한국불교환경교육원 편,『동양사상과 환경문제』, 서울: 모색, 1996.

한국칸트학회,『포스트모던 칸트』, 서울: 문학과지성사, 2006.

한면희,『초록문명론』, 서울: 동녘, 2004.

_____,『환경윤리』, 서울: 철학과 현실사, 2000.

허상수,『기술발달과 생태적 패러다임 전환』, 서울: 과학기술정책연구원, 2005.

환경연구회 편,『환경 논의의 쟁점들』, 서울: 나라사랑, 1994.

황태연,『환경정치학과 현대정치사상』, 서울: 나남출판, 1994.

회슬레, 김용정(대담),「전일적 세계관을 향해서"『과학사상 제13호』, 서울: 범양사, 1995.

히로마쓰 와타루 지음, 김항 옮김,『근대초극론』, 서울: 민음사, 2003.

Committee for UNWPC · NEAPI, ROK,『UN世界平和센터建立計劃』(2000. 1).

DeSimone Livio D., & Frank Popoff, *Eco-Efficiency*, 서울: The MIT Press, 1997.

ESPRI of KWAAK Hwankyung Group · UNDP, ROK, Environmentally Sound Tourism Development in the Tumen Rigion : Realizing the Potential of the Mt. Paekdusan/Changbaishan Area(1999. 2).

President Kim Young Sam of the Republic of Korea, "The Presidential Vision for Environmental Welfare-Building an Environment Community that Exists in Harmony with Nature," March 21, 1996.

UNEP, Our Planet, 통권 8호, UNEP 한국위원회, 2003.

_____, Our Planet, 통권 14호, UNEP 한국위원회, 2004.

3. 국외 자료

Almond, Gabriel A. and Sidney Verba, *The Civic Culture: Political Attitudes and Democracy in Five Nations*, Princeton, New Jersey: Princeton University Press, 1963.

Aristotle, Politics(1277b), ed. and trans. by Ernest Barker, Oxford: Oxford University Press, 1962.

_____, *Nicomachean Ethics*(1134a), trans. by J. L. Ackrill, London: Faber & Faber Ltd., 1973.

Ashby, Ross, "Principles of the Self-Organizing System," *Journal of General Psychology*, vol. 37, 1947.

Ashvaghosha, *The Awakening of Faith*, trans. Teitaro Suzuki, Mineola, New York: Dover Publications, INC., 2003.

Aquinas, Thomas, *Summa Theologiae*, ed. by Thomas Gilby, Garden City, N.Y.: Image Books, 1969.

Augustine, Saint, *The City of God*, New York: Random House Inc., 2000.

Barabasi, Albert-Laszlo, *Linked*, New York: Penguin, 2003.

Beck, Ulrich, Anthony Giddens and Scott Lash, *Reflexive Modernity: Politics, Tradition and Aesthetics in the Modern Social Order*, UK : Polity Press, 1994.

Beckerman, W., "Sustainable Development: Is it a Useful Concept?," *Environmental Values*, 3, 1994.

Bell, Simon and Stephen Morse, *Sustainability Indicators: Measuring the Immeasurable?*, London: Earthscan Publications Ltd., 1999.

Bertalanffy, Ludwig von, *General System Theory: Foundations, Development, Applications*, New York: Braziller, 1968.

Bohm, David, *Wholeness and the Implicate Order*, London:

Routledge & Kegan Paul, 1980.

Bookchin, Murray, *Remaking Society: Pathways to a Green Future*, Boston, MA: South End Press, 1990.

_____, *The Ecology of Freedom: The Emergence and Dissolution of Hierarchy*, rev. ed., Montréal, New York: Black Rose Books, 1991.

_____, *Which Way for the Ecology Movement?*, Edinburgh: AK Press, 1994.

_____, *The Philosophy of Social Ecology: Essays on Dialectical Naturalism*, Montréal and New York: Black Rose Books, 1995.

Brown, Lester R., *Building a Sustainable Society*, New York: W. W. Norton, 1981.

Cable, Vincent & Peter Ferdinand, "China as an Economic Giant : Threat or Opportunity," *International Affairs*, vol. 70, no. 2, 1994.

Capra, Fritjof, *The Tao of Physics*, Boston : Shambhala Publications, Inc., 1975.

_____, *The Turning Point*, New York : Simon & Schuster, 1982.

_____, *Uncommon Wisdom*, New York: Simon & Schuster Inc., 1988.

_____, *The Web of Life*, New York: Anchor Books, 1996.

_____, *The Hidden Connections*, New York: Random House Inc. 2004.

Carlassare, Elizabeth, "Essentialism in Ecofeminist Discourse," in Carolyn Merchant(ed.), *Ecology: Key Concepts in Critical Theory*, New Jersey: Humanities Press, 1994.

Chomsky, Noam, *Profit over People*, New York : Mosek Publishing Co., 1999.

Christoff, Peter, "Ecological Modernisation, Ecological Modernities," *Environmental Politics*, 5, 1996.

Copleston, Frederick, S. J., *A History of Philosophy*, Westminster, Maryland: The Newman Press, 1962.

Crosby, A. W., *Ecological Imperialism: The Biological Expansion of Europe, 900-1900*, Cambridge: Cambridge University Press, 1986.

Dante, Alighieri, *The Divine Comedy: Hell, Purgatory, Paradise*, translated by Henry F. Cary, Danbury, Conn.: Grolier Enterprises Corp., 1980.

_____, *De Monarchia*, edited by E. Moore, with an introduction on the Political Theory of Dante by W. H. V. Reade, Oxford: Oxford University Press, 1916.

DesJardins, J. R., *Environmental Ethics: An Introduction to Environmental Philosophy*, California: Wadsworth Publishing Company, 1997.

Devall, Bill & George Sessions, *Deep Ecology*, Salt Lake City, Utah: Peregrine Smith Books, 1985.

Dobson, Andrew, "Representative Democracy and the Environment," in William M. Lafferty and James Meadowcroft(eds.), *Democracy and the Environment: Problems and Prospects*, Cheltenham, UK: Edward Elgar, 1996.

Dryzek, John S., *The Politics of the Earth: Environmental Discourses*, Oxford; New York: Oxford University Press, 1997.

_____, "Strategies of Ecological Democratization," in William M. Lafferty and James Meadowcroft(eds.), *Democracy and the Environment: Problems and Prospects*, Cheltenham, UK:

Edward Elgar, 1996.

Eckersley, Robyn, "The Ecocentric Perspective," in C. Prybus and R. Flanagan(eds.), *The Rest of the World is Watching*, *Sydney*: Pan Macmillian, 1990.

Ekins, Paul, "The Environmental Sustainability of Economic Processes: A Framework for Analysis," in Jervan C.J.M. van den Bergh and Jan van der Straaten(eds.), *Toward Sustainable Development: Concepts, Methods, and Policy*, Washington, D. C.: Island Press, 1994.

Etzioni, Amitai W., *The Active Society*, New York: The Free Press, 1968.

Foucault, Michel, *Discipline and Punish: the Birth of the Prison*, translated from the French by Alan Sheridan, New York: Vintage Books, 1979.

_____, "What is Critique?", in James Schmidt(ed.), *What is Enlightenment? Eighteenth-Century Answers and Twentieth-Century Question*, Berkely: University of California Press, 1996.

Fox, Warrick, *Toward a Transpersonal Ecology: Developing New Foundations for Environmentalism*, Boston: Shambala, 1990.

GATT, *The Final Act Embodying the Results of the Multilateral Trade Negotiations*, 1994.

_____, *The Final Act of the Uruguay Round: Press Summary*, 1994.

Giddens, Anthony, *The Third Way: The Renewal of Social Democracy*, Cambridge: Polity Press, 1998.

Green, Thomas Hill, *Lectures on the Principles of Political Obligation*, with preface by Bernard Bosanquet, London:

Longmans, Green, 1941.

Griffin, Susan, *Women and Nature: The Roaring Inside Her*, New York: Harper & Row, 1978.

Habermas, J gen, "Further Reflections on the Public Sphere," in Craig Calhoun(ed.), *Habermas and the Public Sphere*, Cambridge, Mass.: MIT Press, 1992.

Hajer, Maarten, *The Politics of Environmental Discourse: Ecological Modernization and the Policy Process*, Oxford: Oxford University Press, 1995.

Hegel, G. W. F., *The Phenomenology of Mind*, trans. by J. B. Baillie, London: George Allen & Nuwin, 1931.

_____, *Philosophy of Right*, ed. and trans. by T. M. Knox, Oxford: Oxford University Press, 1980.

_____, *Philosophy of Mind*, translated from the *Encyclopedia of the Philosophical Sciences* by William Wallace, Oxford: The Clarendon Press, 1894.

_____, *The Philosophy of History*, trans. by J. Sibree, New York: Dover Publications, 1956.

_____, *Reason in History*, trans. by R. S. Hartman, New York: The Bobbs-Merrill Co., Inc., 1953.

_____, *Lectures on the History of Philosophy*, trans. by E. S. Haldans and F. H. Simon, London: Kegan Paul, 1896.

Heisenberg, Werner, *Physics and Beyond*, New York: Harper & Row, 1971.

Horkheimer, Max and Theodor W. Adorno, *Dialectic of Enlightenment*, San Francisco: Stanford University Press, 2002.

Huntington, Samuel P., *The Clash of Civilizations and the Remaking of World Order*, New York: Simon & Schuster,

1996.

IMF, *World Economic Outlook*, Washington, D.C.: IMF, 1993.

Jacobs, M., "Sustainable Development, Capital Substitution and Economic Humility: A Response to Beckerman," *Environmental Values*, 4, 1995.

Jantsch, Erich, *The Self-Organizing Universe*, New York: Pergamon, 1980.

Kant, Immanuel, *Critique of Judgment*, trans., Werer S. Pluhar, Indianapolis, Ind.: Hackett, 1987.

Kaufmann, Walter, *Hegel: Texts and Commentary*, New York: Anchor Books, Doubleday, 1965.

Kojève, Alexandre, *Introduction to the Reading of Hegel*, ed. by Allan Bloom, trans. by James H. Nichols Jr., New York: Basic Books, 1969.

Kooiman, Jan, "Governance and Governability: Using Complexity, Dynamics and Diversity," *Modern Governance: New Government-Society Interactions*, London: Sage Publications, 1993.

Lele, S. M., "Sustainable Development: A Critical Review," *World Development*, 19(6), 1991.

Leopold, Aldo, *A Sand County Almanac: With Essays on Conservation*, Oxford: Oxford University Press, 2001.

Lipson, Leslie, "The Philosophy of Democracy - Can Its Contradictions Be Reconciled?" *Journal of International Affairs*, vol.38, no.2(winter 1985).

Lucian W. Pye, *Aspects of Political Development*, Boston and Toronto: Little, Brown & Co., 1966.

Luisi, Pier Luigi, "Defining the Transition to Life: Self-Replicating Bounded Structures and Chemical Autopoiesis," in W. Stem

and F. J. Varela(eds.), *Thinking about Biology*, New York:
Addison-Wesley, 1993.

Macy, Joanna, *World as Lover, World as Self*, Berkeley, CA:
Parallax Press, 1991.

Meadows, Donella H., *Beyond the Limits: Global Collapse or a
Sustainable Future*, London: Earthscan Publications Ltd.,
1992.

Merchant, Carolyn, *The Death of Nature: Women, Ecology, and
the Scientific Revolution*, San Francisco: Harper & Row,
1980.

_____, *The Search for a Livable World*, New York and London:
Routledge, 1992.

Midlarsky, Manus I., "Hierarchical Equilibria and the Long-Run
Instability of Multipolar Systems," in Midlarsky(ed.),
Handbook of War Studies, Boston : Unwin Hyman, 1989.

Mies, Maria & Vandana Shiva, *Ecofeminism*, New Delhi: Zed
Books, 1993.

Mol, Arthur P. J., "Ecological Modernisation and Institutional
Reflexivity: Environmental Reform in the Late Modern
Age," *Environmental Politics*, 5, 1996.

Morowitz, Harold J., "Biology as a cosmological science," *Main
Currents in Modern Thought*, vol. 28, 1972.

_____, *Beginnings of Cellular Life*, New Haven: Yale University
Press, 1992.

Naas, Michael, *Taking on the Tradition: Jacques Derrida and the
Legacies of Deconstruction*, Stanford, CA: Stanford
University Press, 2003.

Naisbitt, John, *Global Paradox: The Bigger the World Economy,
the More Powerful Its Smallest Players*, New York: William

Morrow and Company, Inc., 1994.

Naisbitt, John and Patricia Aburdene, *Megatrends 2000*, New York: William Morrow and Company, Inc., 1990.

Nicolis, G. and Ilya Prigogine, *Self-Organization in Nonequilibrium Systems: From Dissipative Structures to Order through Fluctuations*, New York: Jone Wiley & Sons, 1977.

Nye, Joseph S. Jr., "Coping with Japan," *Foreign Policy*, no.89(Winter 1992/93).

Odum, Eugene, *Fundamentals of Ecology*, Philadelphia: Saunders, 1953.

Ophuls, William, *Ecology and the Politics of Scarcity*, San Francisco: W. H. Freeman and Company, 1977.

Peters, B. G. & J. Pierre. "Governance without Government?: Rethinking Public Administration." *Journal of Public Administration Research and Theory*, 8(2), 1998.

Petri, Peter A., "The East Asian Trading Bloc : An Analytical History," in Jeffrey A. Frankel and Miles Kahler(eds.), *Regionalism and Rivalry: Japan and the United States in Pacific Asia*, Chicago : The University of Chicago Press, 1993.

Pirages, Dennis C., "Introduction: A Social Design for Sustainable Growth," in Dennis C. Pirages(ed.), *The Sustainable Society: Implications for Limited Growth*, London: Praeger Publishers, 1977.

Plumwood, Val, *Feminism and the Mastery of Nature*, London and New York: Routledge, 1993.

Popenoe, Oliver and Cris, *Seeds of Tomorrow: New Age Communities That Work*, San Francisco : Harper & Row, 1984.

Porter, G. and J. W. Brown, *Global Environmental Politics*, Boulder, Colo.: Westview Press, 1991.

Prigogine, Ilya, *From Being to Becoming*, San Francisco: Freeman, 1980.

Prigogine, Ilya and Isabelle Stengers, *Order out of Chaos: Man's New Dialogue with Nature*, foreword by Alvin Toffler, Toronto, New York: Bantam Books, 1984.

Redclifft, Michael, *Sustainable Development*, London: Methuen, 1987.

Robertson, Roland, "Globality, Global Culture, and Images of World Order," in Hans Haferkamp and Neil J. Smelser(eds.), *Social Change and Modernity*, Berkeley, CA: University of California Press, 1992.

Robinson, M., *The Greening of British Party Politics*, Manchester: Manchester University Press, 1992.

Rosenau, James & Ernst-Otto Czempiel(ed.), *Governance without Government: Order and Change in World Politics*, Cambridge: Cambridge University Press. 1992.

Roszak, Theodore, *The Cult of Information: A Neo-Luddite Treatise on High Tech, Artificial Intelligence, and the True Art of Thinking*, Berkeley, CA: University of California Press, 1994.

Rousseau, J. J., A *Discourse on Inequality*, trans. Maurice Cranston, Loncon: Penguin Books Ltd., 1984.

Rychlak, J. F., "The Multiple Meanings of Dialectic," in Rychlak(ed.), *Dialectic: Humanistic Rationale for Behavior and Development*, Basel, Switzerland: S. Karger AG., 1976.

Schumacher, E. F., *Small is Beautiful: Economic as if People*

Mattered, New York: Harper & Row, 1973.

Shiva, Vandana, "Development, Ecology and Women," in Carolyn Merchant(ed.), *Ecology: Key Concepts in Critical Theory*, New Jersey: Humanities Press, 1994.

Sorokin, Pitirim A., *Social and Cultural Dynamics*, 4 vols., New York : American Book Company, 1937-41.

Spengler, Oswald, *The Decline of the West*, 2 vols., trans. Charles Francis Atkinson, New York: Alfred A. Knopf, 1922.

Thatcher, Margaret, *Statecraft : Strategies for a Changing World*, London : Perennial, 2003.

The Bhagavad Gita, translated from the Sanskrit with an introduction by Juan Mascaro, London: Penguin Books Ltd., 1962.

The Upanishads, translated from the Sanskrit with an introduction by Juan Mascaro, London: Penguin Books Ltd., 1962.

Thom, René, *Structural Stability and Morphogenesis*, trans. C. H. Waddington, Reading, Mass.: W.A. Benjamin, 1972.

Toffler, Alvin and Heidi, *Creating a New Civilization*, Atlanta: Turner Publishing, Inc.,1994.

Tönnies, Ferdinand, *Community and Civil Society(Gemeinschaft und Gesellschaft)*, edited by Jose Harris, translated by Jose Harris and Margaret Hollis, Cambridge; New York: Cambridge University Press, 2001.

Torgerson, D., *The Promise of Green Politics*, Durham: Duke University Press, 1999.

United Nations Development of Public Information, *Basic Facts about the United Nations*, New York: United Nations Publication, 1998.

Wallerstein, Immanuel, *The Modern World System: Capitalist*

Agriculture and the Origins of the European World Economy in the Sixteenth Century, New York : Academic Press, 1974.

WCED, *Our Common Future*, Oxford: Oxford University Press, 1987.

White, Lynn Jr., "The Historical Roots of Our Ecological Crisis," *Science* 155, 1967.

Whitehead, Alfred North, *Process and Reality*, New York: Macmillan, 1929.

WTO, *Guide to the Uruguay Round Agreements*, 1998.

Zimmerman, Michael. *Contesting Earth's Future: Radical Ecology and Postmodernity*, Berkeley: University of California Press, 1994.

江澤民, "高擧鄧小平理論偉大旗幟, 把建設有中國特色社會主義事業全面推向二十一世紀-在中國共産黨第 十五次全國代表大會上付的報告(一九九七年 九月十二日)," 『求是』, 1997年 第18期.

江澤民, "加快改革開放和現代化建設步伐奪取有中國特色社會主義事業的更大勝利-在中國共産黨第十四 次全國代表大會上的報告(一九九二年十月十二日)," 『求是』, 1992年 第21期.

王雲五主 編, 陳鼓應 註譯, 『老子今註今譯』(臺北: 商務印書館, 中華民國 66년).

中國琿春市人民政府, 『琿春旅游業近期發展計劃』(1999. 10).

許大同, 『老子哲學』(臺北: 五洲出版社, 中華民國 66년).

4. 인터넷 사이트

http://www.deep-ecology.org/drengson.html(2006. 8. 28)

http://www.coop.or.kr/bbs/view.php?id=edu_pds&page=2&sn1=

&divpage=1&sn=off&ss=on&sc=on&select_arrange=su
　　bject&desc=asc&no=23(2006. 9. 6)

http://blog.naver.com/knhhy?Redirect=Log&logNo=20020279318
　　(2006. 9. 7)

http://blog.naver.com/cadline?Redirect=Log&logNo=8896895(20
　　06. 9. 10)

http://www.kps.or.kr/%7Epht/10-1_2/010108.htm(2006. 9. 12)

http://news.naver.com/news/read.php?mode=LSD&office_id=020
　　&article_id=0000354810&section_id=103&menu_id=103
　　(2006. 9. 15)

http://www.kps.or.kr/%7Epht/10-1_2/010108.htm (2006. 9. 20)

http://blog.naver.com/pilest?Redirect=Log&logNo=110004285974
　　(2006. 9. 22)

http://100.naver.com/100.nhn?docid=84111 (2006. 9. 25).

http://blog.naver.com/btshin52?Redirect=Log&logNo=120012698
　　699 (2006. 9. 27)

http://blog.naver.com/nakedmind?Redirect=Log&logNo=8001331
　　3263 (2006. 9. 28)

http://env.ibz4u.com/upload/마산대심신의학.doc (2006. 10. 2)

http://terms.naver.com/item.php?d1id=7&docid=6897 (2006. 11.
　　19)

http://wssd.kei.re.kr/sdkorea/sdkorea.asp (2006. 11.20)

http://www.la21.or.kr (2006. 11. 20)

http://news.naver.com/news/read.php?mode=LSD&office_id=086
　　&article_id=0000038693&section_id=102&menu_id=102
　　(2006. 12. 15)

http://news.naver.com/news/read.php?mode=LSD&office_id=098
　　&article_id=0000106259&section_id=117&menu_id=117
　　(2006. 12. 15)

http://kref.naver.com/doc.naver?docid=4906316 (2006. 12. 18)

http://www.la21.or.kr (2006. 12. 24)

http://epic.kdi.re.kr/epic/epic_view.jsp?menu=1&num=82815(20
    06. 12. 26)

http://blog.naver.com/visionkim07?Redirect=Log&logNo=500122
    72190(2006. 12. 26)

http://100.naver.com/100.nhn?docid=753406 (2006.12. 31)

http://news.kbs.co.kr/article/politics/200701/20070101/1276823.h
    tml (2007. 1. 2)

http://blog.naver.com/tillwinwin?Redirect=Log&logNo=14001535
    3737 (2007. 1. 3)

http://bbs1.kbs.co.kr/ezboard.cgi?db=1Tsunspe_notice&dbf=34&
    action=read&scenario=1 (2007. 1. 5)

http://www.apeckorea.go.kr/ (2007. 1. 7)

http://news.empas.com/issue/show.tsp/445/20021127n01424/
    (2007. 1. 8)

http://www.tradp.org/htmls/pbrief.htm(2007. 1. 11)

찾아보기

【ㄱ】

【ㅈ】

【ㅎ】

생태정치학

인쇄일 2007년 3월 1일
발행일 2007년 3월 10일

지은이 최민자
펴낸이 박길수
편집장 임효정
펴낸곳 도서출판 모시는 사람들(1994.7.1 제1-1071)
        110-775/서울시 종로구 경운동 88 수운회관 1303호
        전화 735-7173, 737-7173 / 팩스 723-7170

편집 디자인 이주향
출력 삼영그래픽스(02-2277-1694)
인쇄 제본 (주)상지피엔비(031-955-3636)
홈페이지 http://www.donghaknews.net

값은 뒷표지에 있습니다.

ISBN 978-89-90699-44-2

* 이 저서는 2005년도 성신여자대학교 학술연구조성비 지원에 의하여
  연구되었음